工经云® | 中国工业经济联合会 中工经云数据(北京)有限公司

首页　工业大数据　互联网+服务

打造超兼容超组织的工业经济云平台

Build a cloud platform compatible with ultra organization's industrial economy

打通工业领域各行业、企业相互之间的数据孤岛

Through the industrial areas of the industry, enterprises between the data island

国投新疆罗布泊钾盐有限责任公司
SDIC XINJIANG LUOBUPO POTASH CO.,LTD

落日余晖映盐田

荣誉

盐田盐花

时代先锋　罗钾精神

神秘的罗布泊里，一群传奇的国投罗钾人，创造的神奇故事
——国投新疆罗布泊钾盐有限责任公司掠影

情系三农，为国分忧的爱国精神

献身盐湖，艰苦奋斗的创业精神

一流技术，永不止步的创新精神

同心同德，敢于担当的团队精神

成矿盐田

办公大楼

职工生活区

社会核心价值观宣讲团

生产车间

致力于打造大健康领航品牌

ENDEAVOUR TO CREATE THE PILOT BRAND OF GREAT HEALTH

天士力创建于1994年，是以大健康产业为主线，以大生物医药产业为核心，以健康保健产业、医疗健康服务产业为两翼的高科技国际化企业集团。秉承“追求天人合一，提高生命质量”的企业理念，以“创造健康，人人共享”为使命，致力于打造中药现代化、国际化品牌，大健康产业领航品牌。

打造全产业链质量标准体系，走生态新型智能化工业道路，追求人与环境、企业与社会的和谐发展。天士力大健康六大核心产业板块，构筑集大生物医药产业、中药材产业、健康保健产业、医疗康复与健康管理服务产业、儿童教育文化与健康产业、国际化产业为一体的大健康产业航母。

天士力围绕消费者的健康品质生活需求,积极融合全球资源，打造“六个一”品牌工程，即做好一盒药、一瓶水、一杯茶、一樽酒、一套健康管理方案、一个儿童教育平台。建立“防—治—养—管”一体化的大健康管理新模式，让大健康产品和服务走进每个家庭，更多地惠及大众生活，实现“生得优，育得好，活得长，病得少，走得安”的健康幸福人生。

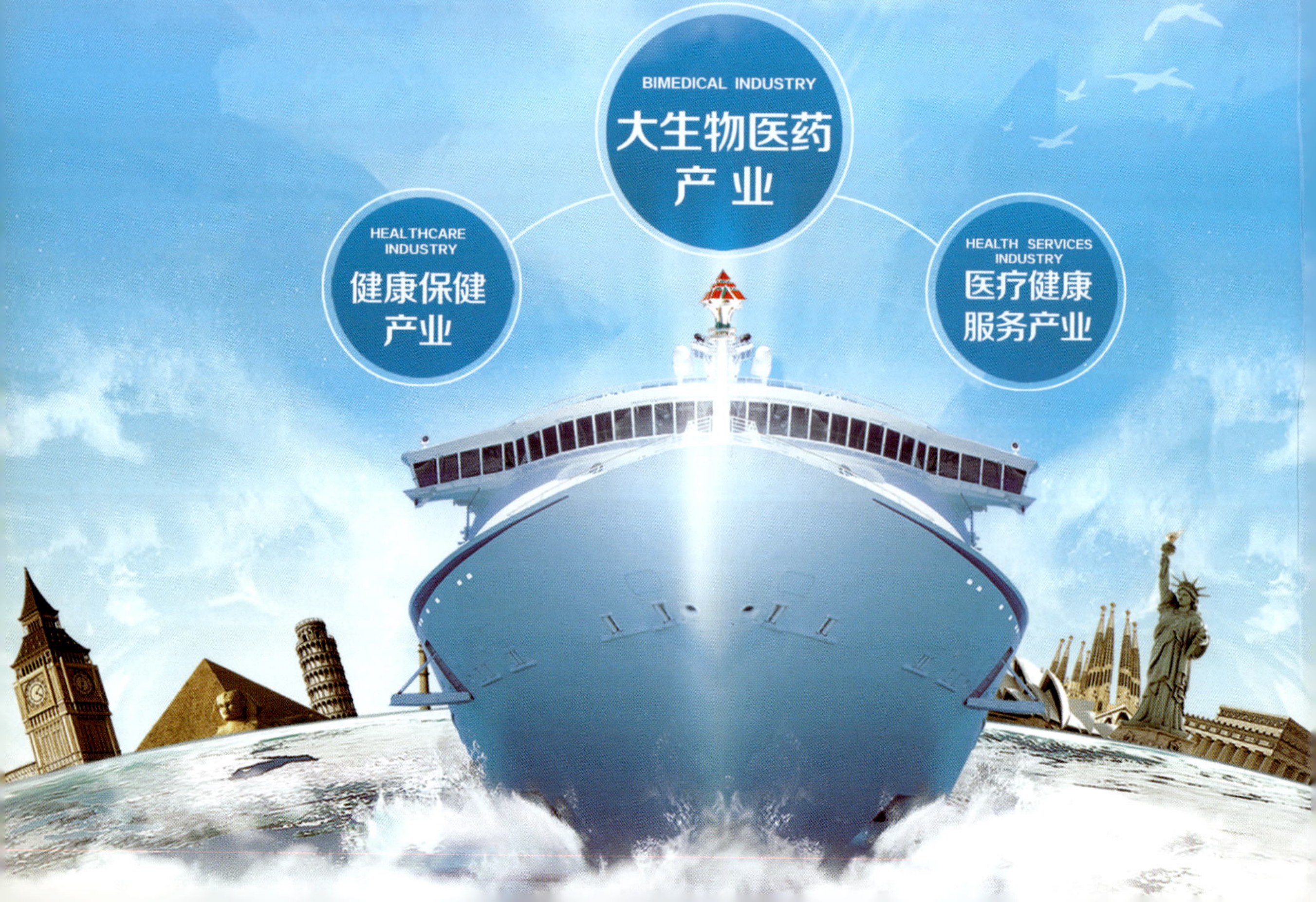

BIMEDICAL INDUSTRY
大生物医药产业

HEALTHCARE INDUSTRY
健康保健产业

HEALTH SERVICES INDUSTRY
医疗健康服务产业

北京神州英豪科技有限公司

北京神州英豪科技有限公司

战略发展观：博观约取，厚积薄发

经营理念：不断开拓眼界，洞悉市场需求；专注4G业务，满足客户需求；力求完美，铸造品牌

发展思想：以信息产业的自主创新和发展，带动产业结构调整和传统产业的成功转型

2016
全国经贸形势展望

中国工业经济联合会
China Federation of Industrial Economics

中国财富出版社

图书在版编目（CIP）数据

2016全国经贸形势展望/中国工业经济联合会编．—北京：中国财富出版社，2016.4

ISBN 978-7-5047-6127-9

Ⅰ．①2… Ⅱ．①中… Ⅲ．①中国经济—经济发展—研究 Ⅳ．①F124

中国版本图书馆CIP数据核字（2016）第080159号

策划编辑	惠 婳	**责任编辑**	惠 婳		
责任印制	何崇杭	**责任校对**	饶莉莉	**责任发行**	斯 琴

出版发行	中国财富出版社		
社　　址	北京市丰台区南四环西路188号5区20楼	**邮政编码**	100070
电　　话	010-52227568（发行部）		010-52227588转307（总编室）
	010-68589540（读者服务部）		010-52227588转305（质检部）
网　　址	http://www.cfpress.com.cn		
经　　销	新华书店		
印　　刷	中国农业出版社印刷厂		
书　　号	ISBN 978-7-5047-6127-9/F·2575		
开　　本	787mm×1092mm 1/16	**版　　次**	2016年4月第1版
印　　张	37 彩插 4	**印　　次**	2016年4月第1次印刷
字　　数	888千字	**定　　价**	180.00元

《2016 全国经贸形势展望》
编 委 会

序

2016年是我国“十三五”规划实施的开局之年，中国工业经济联合会编辑出版《2016全国经贸形势展望》，对“十三五”规划进行宣传和贯彻，对2016年全国及各省市经贸形势进行分析，很有意义。

前不久结束的2016年全国两会，通过了“十三五”规划。到2020年全面建成小康社会，“十三五”是冲刺的5年。作为一份引领国家开创发展新境界的纲领性文件，“十三五”规划指明了经济转型和社会发展转型的改革“路线图”。经济转型要靠制度变革、结构优化、要素升级的供给侧发动机来推动。自去年年底的中央经济工作会议后，以去产能、去库存、去杠杆、降成本、补短板五大任务为重点的供给侧结构性改革正式启动。“十三五”规划还对推动科技创新、注入社会经济发展新动能，对民生改善、共享改革发展成果，对绿色发展、加快建设美丽中国，对司法改革、为全面小康提供有力法律保障，对“一带一路”、京津冀协同发展、长江经济带建设三大战略深入推进等，都做出了全面部署，展现了更高层次的开放、更广阔视野的发展、更大范围的优化配置资源。

过去的一年，全球经济增速下降，国际金融危机的负面冲击依然存在，发达经济体复苏乏力，新兴经济体追赶速度放缓。我国作为世界第二大经济体，面对错综复杂的国际形势和不断加大的经济下行压力，主动适应引领“新常态”，以新理念指导新实践，以新战略谋求新发展，不断创新宏观调控，深入推进结构性改革，扎实推动“大众创业、万众创新”，在世界经济最困难的时刻，承担了拉动增长的重任，保持了经济总体平稳、稳中有进、稳中有好的发展态势。2016年，是实现全面建成小康社会目标进入决胜阶段的标志之年，是推进结构性改革的攻坚战正式打响的关键之年。

在这样的背景下，中国工业经济联合会主办“2016年经贸形势报告会”，邀请国家发改委、工业和信息化部、商务部、国家税务总局等国务院有关部门领导同志做主题报告，解读“十三五”规划及分析当前国内外宏观经济形势。这个平台真正担负起了“解读国家政策、探寻发展机遇、倾听行业声音、反映企业诉求”的责任。

中国工业经济联合会组织编写的《2016全国经贸形势展望》，着眼于对工业经济贸易工作的实用性、指导性、权威性，在很短的时间内做了大量工作。一是对各省市“十三五”规划纲要（经贸部分）做了摘选和梳理，可以作为未来五年行业企业和经济学者的指导性工具书籍备查；二是邀请了经济研究领域的一些学者、专家撰写专题文章，对“十三五”规划进行解读分析，为经济发展建言献策；三是收录地方工业经济联合会、相关学者、企业对区域发展、行业前景的展望文章，也给大家提供了畅所欲言的交流平台。本书的主要任务是总结梳理、探讨研究“十三五”时期我国经济发展的特征、对策，特别是分析和应对中国经济发展“新常态”下的机遇和挑战，把握“十三五”规划的主题和主线。从这个角度讲，本书的推出有一定的现实意义。

希望编写单位继续深入调研、认真选题，形成品牌，为我国实现经济发展目标做出自己的努力。

顾秀莲

2016 年 4 月 18 日

目　录

国家“十三五”规划篇

综述解读篇

国家战略篇

地方“十三五”规划篇

地方战略规划解读篇

企业转型升级篇

国家“十三五”规划篇

中华人民共和国国民经济和社会发展第十三个五年规划纲要

中华人民共和国国民经济和社会发展第十三个五年（2016－2020年）规划纲要，根据《中共中央关于制定国民经济和社会发展第十三个五年规划的建议》编制，主要阐明国家战略意图，明确经济社会发展宏伟目标、主要任务和重大举措，是市场主体的行为导向，是政府履行职责的重要依据，是全国各族人民的共同愿景。

第一篇　指导思想、主要目标和发展理念

“十三五”时期是全面建成小康社会的决胜阶段。必须认真贯彻党中央战略决策和部署，准确把握国内外发展环境和条件的深刻变化，积极适应把握引领经济发展新常态，全面推进创新发展、协调发展、绿色发展、开放发展、共享发展，确保全面建成小康社会。

第一章　发展环境

“十二五”时期是我国发展很不平凡的五年。面对错综复杂的国际环境和艰巨繁重的国内改革发展稳定任务，党中央、国务院团结带领全国各族人民顽强拼搏、开拓创新，经济社会发展取得显著成就，胜利完成“十二五”规划确定的主要目标和任务。

积极应对国际金融危机持续影响等一系列重大风险挑战，适应经济发展新常态，不断创新和完善宏观调控，推动形成经济结构优化、发展动力转换、发展方式转变加快的良好态势。经济保持持续较快发展，经济总量稳居世界第二位，人均国内生产总值增至49351元（折合7924美元）。经济结构调整取得重大进展，农业稳定增长，第三产业增加值占国内生产总值比重超过第二产业，居民消费率不断提高，城乡区域差距趋于缩小，常住人口城镇化率达到56.1%，基础设施水平全面跃升，高技术产业、战略性新兴产业加快发展，一批重大科技成果达到世界先进水平。公共服务体系基本建立、覆盖面持续扩大，教育水平明显提升，全民健康状况明显改善，新增就业持续增加，贫困人口大幅减少，人民生活水平和质量进一步提高。生态文明建设取得新进展，主体功能区制度逐步健全，主要污染物排放持续减少，节能环保水平明显提升。全面深化改革有力推进，经济体制继续完善，人民民主不断扩大，依法治国开启新征程。全方位外交取得重大进展，国际地位显著提高，对外开放不断深入，成为全球第一货物贸易大国和主要对外投资大国，人民币纳入国际货币基金组织特别提款权货币篮子。中华民族伟大复兴的中国梦和社会主义核心价值观深入人心，国家文化软实力不断增强。中国特色军事变革成就显著，强军兴军迈出新步伐。全面从严治党开创新

局面，党风廉政建设成效显著。我国经济实力、科技实力、国防实力、国际影响力又上了一个大台阶。

尤为重要的是，党的十八大以来，以习近平同志为总书记的党中央毫不动摇坚持和发展中国特色社会主义，勇于实践、善于创新，深化对共产党执政规律、社会主义建设规律、人类社会发展规律的认识，形成一系列治国理政新理念新思想新战略，为在新的历史条件下深化改革开放、加快推进社会主义现代化提供了科学理论指导和行动指南。

“十三五”时期，国内外发展环境更加错综复杂。从国际看，和平与发展的时代主题没有变，世界多极化、经济全球化、文化多样化、社会信息化深入发展。国际金融危机冲击和深层次影响在相当长时期依然存在，世界经济在深度调整中曲折复苏、增长乏力。主要经济体走势和宏观政策取向分化，金融市场动荡不稳，大宗商品价格大幅波动，全球贸易持续低迷，贸易保护主义强化，新兴经济体困难和风险明显加大。新一轮科技革命和产业变革蓄势待发，国际能源格局发生重大调整。全球治理体系深刻变革，发展中国家群体力量继续增强，国际力量对比逐步趋向平衡，国际投资贸易规则体系加快重构，多边贸易体制受到区域性高标准自由贸易体制挑战。局部地区地缘博弈更加激烈，传统安全威胁和非传统安全威胁交织，国际关系复杂程度前所未有。外部环境不稳定不确定因素明显增多，我国发展面临的风险挑战加大。

从国内看，经济长期向好的基本面没有改变，发展前景依然广阔，但提质增效、转型升级的要求更加紧迫。经济发展进入新常态，向形态更高级、分工更优化、结构更合理阶段演化的趋势更加明显。消费升级加快，市场空间广阔，物质基础雄厚，产业体系完备，资金供给充裕，人力资本丰富，创新累积效应正在显现，综合优势依然显著。新型工业化、信息化、城镇化、农业现代化深入发展，新的增长动力正在孕育形成，新的增长点、增长极、增长带不断成长壮大。全面深化改革和全面推进依法治国正释放新的动力、激发新的活力。同时，必须清醒认识到，发展方式粗放，不平衡、不协调、不可持续问题仍然突出，经济增速换挡、结构调整阵痛、动能转换困难相互交织，面临稳增长、调结构、防风险、惠民生等多重挑战。有效需求乏力和有效供给不足并存，结构性矛盾更加凸显，传统比较优势减弱，创新能力不强，经济下行压力加大，财政收支矛盾更加突出，金融风险隐患增大。农业基础依然薄弱，部分行业产能过剩严重，商品房库存过高，企业效益下滑，债务水平持续上升。城乡区域发展不平衡，空间开发粗放低效，资源约束趋紧，生态环境恶化趋势尚未得到根本扭转。基本公共服务供给仍然不足，收入差距较大，人口老龄化加快，消除贫困任务艰巨。重大安全事故频发，影响社会稳定因素增多，国民文明素质和社会文明程度有待提高，法治建设有待加强，维护社会和谐稳定难度加大。

综合判断，我国发展仍处于可以大有作为的重要战略机遇期，也面临诸多矛盾叠加、风险隐患增多的严峻挑战。必须准确把握战略机遇期内涵和条件的深刻变化，增强忧患意识、责任意识，强化底线思维，尊重规律与国情，积极适应把握引领新常态，坚持中国特色社会主义政治经济学的重要原则，坚持解放和发展社会生产力、坚持社会主义市场经济改革方向、坚持调动各方面积极性，坚定信心，迎难而上，继续集中力量办好自己的事情，着力在优化结构、增强动力、化解矛盾、补齐短板上取得突破，切实转变发展方式，提高发展质量和效益，努力跨越“中等收入陷阱”，不断开拓发展新境界。

第二章　指导思想

高举中国特色社会主义伟大旗帜，全面贯彻党的十八大和十八届三中、四中、五中全会精神，以马克思列宁主义、毛泽东思想、邓小平理论、“三个代表”重要思想、科学发展观为指导，深入贯彻习近平总书记系列重要讲话精神，坚持全面建成小康社会、全面深化改革、全面依法治国、全面从严治党的战略布局，坚持发展是第一要务，牢固树立和贯彻落实创新、协调、绿色、开放、共享的发展理念，以提高发展质量和效益为中心，以供给侧结构性改革为主线，扩大有效供给，满足有效需求，加快形成引领经济发展新常态的体制机制和发展方式，保持战略定力，坚持稳中求进，统筹推进经济建设、政治建设、文化建设、社会建设、生态文明建设和党的建设，确保如期全面建成小康社会，为实现第二个百年奋斗目标、实现中华民族伟大复兴的中国梦奠定更加坚实的基础。

必须遵循以下原则：

——坚持人民主体地位。人民是推动发展的根本力量，实现好、维护好、发展好最广大人民根本利益是发展的根本目的。必须坚持以人民为中心的发展思想，把增进人民福祉、促进人的全面发展作为发展的出发点和落脚点，发展人民民主，维护社会公平正义，保障人民平等参与、平等发展权利，充分调动人民积极性、主动性、创造性。

——坚持科学发展。发展是硬道理，发展必须是科学发展。我国仍处于并将长期处于社会主义初级阶段，基本国情和社会主要矛盾没有变，这是谋划发展的基本依据。必须坚持以经济建设为中心，从实际出发，把握发展新特征，加大结构性改革力度，加快转变经济发展方式，实现更高质量、更有效率、更加公平、更可持续的发展。

——坚持深化改革。改革是发展的强大动力。必须按照完善和发展中国特色社会主义制度、推进国家治理体系和治理能力现代化的总目标，健全使市场在资源配置中起决定性作用和更好发挥政府作用的制度体系，以经济体制改革为重点，加快完善各方面体制机制，破除一切不利于科学发展的体制机制障碍，为发展提供持续动力。

——坚持依法治国。法治是发展的可靠保障。必须坚定不移走中国特色社会主义法治道路，加快建设中国特色社会主义法治体系，建设社会主义法治国家，推进科学立法、严格执法、公正司法、全民守法，加快建设法治经济和法治社会，把经济社会发展纳入法治轨道。

——坚持统筹国内国际两个大局。全方位对外开放是发展的必然要求。必须坚持打开国门搞建设，既立足国内，充分运用我国资源、市场、制度等优势，又重视国内国际经济联动效应，积极应对外部环境变化，更好利用两个市场、两种资源，推动互利共赢、共同发展。

——坚持党的领导。党的领导是中国特色社会主义制度的最大优势，是实现经济社会持续健康发展的根本政治保证。必须贯彻全面从严治党要求，不断增强党的创造力、凝聚力、战斗力，不断提高党的执政能力和执政水平，确保我国发展航船沿着正确航道破浪前进。

第三章　主要目标

按照全面建成小康社会新的目标要求，今后五年经济社会发展的主要目标是：

——经济保持中高速增长。在提高发展平衡性、包容性、可持续性基础上，到2020年国内生产总值和城乡居民人均收入比2010年翻一番，主要经济指标平衡协调，发展质量和效益明显提高。产业迈向中高端水平，农业现代化进展明显，工业化和信息化融合发展水平进一步提高，先进制造业和战略性新兴产业加快发展，新产业新业态不断成长，服务业比重进一步提高。

——创新驱动发展成效显著。创新驱动发展战略深入实施，创业创新蓬勃发展，全要素生产率明显提高。科技与经济深度融合，创新要素配置更加高效，重点领域和关键环节核心技术取得重大突破，自主创新能力全面增强，迈进创新型国家和人才强国行列。

——发展协调性明显增强。消费对经济增长贡献继续加大，投资效率和企业效率明显上升。城镇化质量明显改善，户籍人口城镇化率加快提高。区域协调发展新格局基本形成，发展空间布局得到优化。对外开放深度广度不断提高，全球配置资源能力进一步增强，进出口结构不断优化，国际收支基本平衡。

——人民生活水平和质量普遍提高。就业、教育、文化体育、社保、医疗、住房等公共服务体系更加健全，基本公共服务均等化水平稳步提高。教育现代化取得重要进展，劳动年龄人口受教育年限明显增加。就业比较充分，收入差距缩小，中等收入人口比重上升。我国现行标准下农村贫困人口实现脱贫，贫困县全部摘帽，解决区域性整体贫困。

——国民素质和社会文明程度显著提高。中国梦和社会主义核心价值观更加深入人心，爱国主义、集体主义、社会主义思想广泛弘扬，向上向善、诚信互助的社会风尚更加浓厚，国民思想道德素质、科学文化素质、健康素质明显提高，全社会法治意识不断增强。公共文化服务体系基本建成，文化产业成为国民经济支柱性产业。中华文化影响持续扩大。

——生态环境质量总体改善。生产方式和生活方式绿色、低碳水平上升。能源资源开发利用效率大幅提高，能源和水资源消耗、建设用地、碳排放总量得到有效控制，主要污染物排放总量大幅减少。主体功能区布局和生态安全屏障基本形成。

——各方面制度更加成熟更加定型。国家治理体系和治理能力现代化取得重大进展，各领域基础性制度体系基本形成。人民民主更加健全，法治政府基本建成，司法公信力明显提高。人权得到切实保障，产权得到有效保护。开放型经济新体制基本形成。中国特色现代军事体系更加完善。党的建设制度化水平显著提高。

第四章　发展理念

实现发展目标，破解发展难题，厚植发展优势，必须牢固树立和贯彻落实创新、协调、绿色、开放、共享的新发展理念。

创新是引领发展的第一动力。必须把创新摆在国家发展全局的核心位置，不断推进理论创新、制度创新、科技创新、文化创新等各方面创新，让创新贯穿党和国家一切工作，让创新在全社会蔚然成风。

协调是持续健康发展的内在要求。必须牢牢把握中国特色社会主义事业总体布局，正确处理发展中的重大关系，重点促进城乡区域协调发展，促进经济社会协调发展，促进新型工业化、信息化、城镇化、农业现代化同步发展，在增强国家硬实力的同时注重提升国家软实力，不断增强发展整体性。

绿色是永续发展的必要条件和人民对美好生活追求的重要体现。必须坚持节约资源和保护环境的基本国策，坚持可持续发展，坚定走生产发展、生活富裕、生态良好的文明发展道路，加快建设资源节约型、环境友好型社会，形成人与自然和谐发展现代化建设新格局，推进美丽中国建设，为全球生态安全作出新贡献。

开放是国家繁荣发展的必由之路。必须顺应我国经济深度融入世界经济的趋势，奉行互利共赢的开放战略，坚持内外需协调、进出口平衡、引进来和走出去并重、引资和引技引智并举，发展更高层次的开放型经济，积极参与全球经济治理和公共产品供给，提高我国在全球经济治理中的制度性话语权，构建广泛的利益共同体。

共享是中国特色社会主义的本质要求。必须坚持发展为了人民、发展依靠人民、发展成果由人民共享，作出更有效的制度安排，使全体人民在共建共享发展中有更多获得感，增强发展动力，增进人民团结，朝着共同富裕方向稳步前进。

坚持创新发展、协调发展、绿色发展、开放发展、共享发展，是关系我国发展全局的一场深刻变革。创新、协调、绿色、开放、共享的新发展理念是具有内在联系的集合体，是“十三五”乃至更长时期我国发展思路、发展方向、发展着力点的集中体现，必须贯穿于“十三五”经济社会发展的各领域各环节。

第五章　发展主线

贯彻落实新发展理念、适应把握引领经济发展新常态，必须在适度扩大总需求的同时，着力推进供给侧结构性改革，使供给能力满足广大人民日益增长、不断升级和个性化的物质文化和生态环境需要。必须用改革的办法推进结构调整，加大重点领域关键环节市场化改革力度，调整各类扭曲的政策和制度安排，完善公平竞争、优胜劣汰的市场环境和机制，最大限度激发微观活力，优化要素配置，推动产业结构升级，扩大有效和中高端供给，增强供给结构适应性和灵活性，提高全要素生产率。必须以提高供给体系的质量和效率为目标，实施宏观政策要稳、产业政策要准、微观政策要活、改革政策要实、社会政策要托底的政策支柱，去产能、去库存、去杠杆、降成本、补短板，加快培育新的发展动能，改造提升传统比较优势，夯实实体经济根基，推动社会生产力水平整体改善。

第二篇　实施创新驱动发展战略

把发展基点放在创新上，以科技创新为核心，以人才发展为支撑，推动科技创新与大众创业万众创新有机结合，塑造更多依靠创新驱动、更多发挥先发优势的引领型发展。

第六章　强化科技创新引领作用

发挥科技创新在全面创新中的引领作用，加强基础研究，强化原始创新、集成创新和引进消化吸收再创新，着力增强自主创新能力，为经济社会发展提供持久动力。

第一节　推动战略前沿领域创新突破

坚持战略和前沿导向，集中支持事关发展全局的基础研究和共性关键技术研究，更加重视原始创新和颠覆性技术创新。聚焦目标、突出重点，加快实施已有国家重大科技专项，部署启动一批新的重大科技项目。加快突破新一代信息通信、新能源、新材料、航空航天、生物医药、智能制造等领域核心技术。加强深海、深地、深空、深蓝等领域的战略高技术部署。围绕现代农业、城镇化、环境治理、健康养老、公共服务等领域的瓶颈制约，制订系统性技术解决方案。强化宇宙演化、物质结构、生命起源、脑与认知等基础前沿科学研究。积极提出并牵头组织国际大科学计划和大科学工程，建设若干国际创新合作平台。

第二节　优化创新组织体系

明确各类创新主体功能定位，构建政产学研用一体的创新网络。强化企业创新主体地位和主导作用，鼓励企业开展基础性前沿性创新研究，深入实施创新企业百强工程，形成一批有国际竞争力的创新型领军企业，支持科技型中小企业发展。推进科教融合发展，促进高等学校、职业院校和科研院所全面参与国家创新体系建设，支持一批高水平大学和科研院所组建跨学科、综合交叉的科研团队。在重大关键项目上发挥市场经济条件下新型举国体制优势。实施国家技术创新工程，构建产业技术创新联盟，发展市场导向的新型研发机构，推动跨领域跨行业协同创新。

第三节　提升创新基础能力

瞄准国际科技前沿，以国家目标和战略需求为导向，布局一批高水平国家实验室。加快能源、生命、地球系统与环境、材料、粒子物理和核物理、空间和天文、工程技术等科学领域和部分多学科交叉领域国家重大科技基础设施建设，依托现有先进设施组建综合性国家科学中心。依托企业、高校、科研院所建设一批国家技术创新中心，支持企业技术中心建设。推动高校、科研院所开放科研基础设施和创新资源。

第四节　打造区域创新高地

引导创新要素聚集流动，构建跨区域创新网络。充分发挥高校和科研院所密集的中心城市、国家自主创新示范区、国家高新技术产业开发区作用，形成一批带动力强的创新型省份、城市和区域创新中心。系统推进全面创新改革试验。支持北京、上海建设具有全球影响力的科技创新中心。

第七章　深入推进大众创业万众创新

把大众创业万众创新融入发展各领域各环节，鼓励各类主体开发新技术、新产品、新业态、新模式，打造发展新引擎。

第一节　建设创业创新公共服务平台

实施“双创”行动计划，鼓励发展面向大众、服务中小微企业的低成本、便利化、开放式服务平台，打造一批“双创”示范基地和城市。加强信息资源整合，向企业开放专利信息资源和科研基地。鼓励大型企业建立技术转移和服务平台，向创业者提供技术支撑服务。完善创业培育服务，打造创业服务与创业投资结合、线上与线下结合的开放式服务载体。更好发挥政府创业投资引导基金作用。

第二节　全面推进众创众包众扶众筹

依托互联网拓宽市场资源、社会需求与创业创新对接通道。推进专业空间、网络平台和企业内部众创，加强创新资源共享。推广研发创意、制造运维、知识内容和生活服务众包，推动大众参与线上生产流通分工。发展公众众扶、分享众扶和互助众扶。完善监管制度，规范发展实物众筹、股权众筹和网络借贷。

第八章　构建激励创新的体制机制

破除束缚创新和成果转化的制度障碍，优化创新政策供给，形成创新活力竞相进发、创新成果高效转化、创新价值充分体现的体制机制。

第一节　深化科技管理体制改革

尊重科学研究规律，推动政府职能从研发管理向创新服务转变。改革科研经费管理制度，深化中央财政科技计划管理改革，完善计划项目生成机制和实施机制。建立统一的科技管理平台，健全科技报告、创新调查、资源开放共享机制。完善国家科技决策咨询制度，增强企业家在国家创新决策体系中的话语权。市场导向的科技项目主要由企业牵头。扩大高校和科研院所自主权，实行中长期目标导向的考核评价机制，更加注重研究质量、原创价值和实际贡献。赋予创新领军人才更大人财物支配权、技术路线决策权。支持自主探索，包容非共识创新。深化知识产权领域改革，强化知识产权司法保护。

第二节　完善科技成果转化和收益分配机制

实施科技成果转化行动，全面下放创新成果处置权、使用权和收益权，提高科研人员成果转化收益分享比例，支持科研人员兼职和离岗转化科技成果。建立从实验研究、中试到生产的全过程科技创新融资模式，促进科技成果资本化产业化。实行以增加知识价值为导向的分配政策，加强对创新人才的股权、期权、分红激励。

第三节　构建普惠性创新支持政策体系

营造激励创新的市场竞争环境，清理妨碍创新的制度规定和行业标准，加快创新薄弱环节和领域立法，强化产业技术政策和标准的执行监管。增加财政科技投入，重点支持基础前沿、社会公益和共性关键技术研究。落实企业研发费用加计扣除和扩大固定资产加速折旧实施范围政策，强化对创新产品的首购、订购支持，激励企业增加研发投入。强化金融支持，大力发展风险投资。更好发挥企业家作用，包容创新对传统利益格局的挑战，依法保护企业家财产权和创新收益。

第九章　实施人才优先发展战略

把人才作为支撑发展的第一资源，加快推进人才发展体制和政策创新，构建有国际竞争力的人才制度优势，提高人才质量，优化人才结构，加快建设人才强国。

第一节　建设规模宏大的人才队伍

推动人才结构战略性调整，突出“高精尖缺”导向，实施重大人才工程，着力发现、培养、集聚战略科学家、科技领军人才、社科人才、企业家人才和高技能人才队伍。培养一批讲政治、懂专业、善管理、有国际视野的党政人才。善于发现、重点支持、放手使用青年优秀人才。改革院校创新型人才培养模式，引导推动人才培养链与产业链、创新链有机衔接。

第二节　促进人才优化配置

建立健全人才流动机制，提高社会横向和纵向流动性，促进人才在不同性质单位和不同地域间有序自由流动。完善工资、医疗待遇、职称评定、养老保障等激励政策，激励人才向基层一线、中西部、艰苦边远地区流动。开展东部沿海地区与中西部地区、东北等老工业基地人才交流和对口支援，继续实施东部城市对口支持西部地区人才培训工程。

第三节　营造良好的人才发展环境

完善人才评价激励机制和服务保障体系，营造有利于人人皆可成才和青年人才脱颖而出的社会环境。发挥政府投入引导作用，鼓励人才资源开发和人才引进。完善业绩和贡献导向的人才评价标准。保障人才以知识、技能、管理等创新要素参与利益分配，以市场价值回报人才价值，强化对人才的物质和精神激励，鼓励人才弘扬奉献精神。营造崇尚专业的社会氛围，大力弘扬新时期工匠精神。实施更积极、更开放、更有效的人才引进政策，完善外国人永久居留制度，放宽技术技能型人才取得永久居留权的条件。加快完善高效便捷的海外人才来华工作、出入境、居留管理服务。扩大来华留学规模，优化留学生结构，完善培养支持机制。培养推荐优秀人才到国际组织任职，完善配套政策，畅通回国任职通道。

第十章　拓展发展动力新空间

坚持需求引领、供给创新，提高供给质量和效率，激活和释放有效需求，形成消费与投资良性互动、需求升级与供给升级协调共进的高效循环，增强发展新动能。

第一节　促进消费升级

适应消费加快升级，以消费环境改善释放消费潜力，以供给改善和创新更好满足、创造消费需求，不断增强消费拉动经济的基础作用。增强消费能力，改善大众消费预期，挖掘农村消费潜力，着力扩大居民消费。以扩大服务消费为重点带动消费结构升级，支持信息、绿色、时尚、品质等新型消费，稳步促进住房、汽车和健康养老等大宗消费。推动线上线下融合等消费新模式发展。实施消费品质量提升工程，强化消费者权益保护，充分发挥消费者协会作用，营造放心便利的消费环境。积极引导海外消费回流。以重要旅游目的地城市为依托，优化免税店布局，培育发展国际消费中心。

第二节　扩大有效投资

围绕有效需求扩大有效投资，优化供给结构，提高投资效率，发挥投资对稳增长、调结构的关键作用。更好发挥社会投资主力军作用，营造宽松公平的投资经营环境，鼓励民间资本和企业投资，激发民间资本活力和潜能。充分发挥政府投资的杠杆撬动作用，加大对公共产品和公共服务的投资力度，加大人力资本投资，增加有利于供给结构升级、弥补小康短板、城乡区域协调、增强发展后劲的投资，启动实施一批全局性、战略性、基础性重大投资工程。

第三节　培育出口新优势

适应国际市场需求变化，加快转变外贸发展方式，优化贸易结构，发挥出口对增长的促进作用。加快培育以技术、标准、品牌、质量、服务为核心的对外经济新优势，推动高端装备出口，提高出口产品科技含量和附加值。扩大服务出口，健全售后保养维修等服务体系，促进在岸、离岸服务外包协调发展。加大对中小微企业出口支持力度。

第三篇　构建发展新体制

发挥经济体制改革牵引作用，正确处理政府和市场关系，在重点领域和关键环节改革上取得突破性进展，形成有利于引领经济发展新常态的体制机制。

第十一章　坚持和完善基本经济制度

坚持公有制为主体、多种所有制经济共同发展。毫不动摇巩固和发展公有制经济，毫不动摇鼓励、支持、引导非公有制经济发展。依法监管各种所有制经济。

第一节 大力推进国有企业改革

坚定不移把国有企业做强做优做大，培育一批具有自主创新能力和国际竞争力的国有骨干企业，增强国有经济活力、控制力、影响力、抗风险能力，更好服务于国家战略目标。商业类国有企业以增强国有经济活力、放大国有资本功能、实现国有资产保值增值为主要目标，依法独立自主开展生产经营活动，实现优胜劣汰、有序进退。公益类国有企业以保障民生、服务社会、提供公共产品和服务为主要目标，引入市场机制，加强成本控制、产品服务质量、运营效率和保障能力考核。加快国有企业公司制股份制改革，完善现代企业制度、公司法人治理结构。建立国有企业职业经理人制度，完善差异化薪酬制度和创新激励。加快剥离企业办社会职能和解决历史遗留问题。着力推进农垦改革发展。

第二节 完善各类国有资产管理体制

以管资本为主加强国有资产监管，提高资本回报，防止国有资产流失。改组组建国有资本投资、运营公司，提高国有资本配置和运行效率，形成国有资本流动重组、布局调整的有效平台。健全国有资本合理流动机制，推进国有资本布局战略性调整，引导国有资本更多投向关系国家安全、国民经济命脉的重要行业和关键领域。建立国有资产出资人监管权力清单和责任清单，稳步推进经营性国有资产集中统一监管，建立覆盖全部国有企业、分级管理的国有资本经营预算管理制度。对国有企业国有资本和企业领导人员履行经济责任情况实行审计全覆盖。

第三节 积极稳妥发展混合所有制经济

支持国有资本、集体资本、非公有资本等交叉持股、相互融合。推进公有制经济之间股权多元化改革。稳妥推动国有企业发展混合所有制经济，开展混合所有制改革试点示范。引入非国有资本参与国有企业改革，鼓励发展非公有资本控股的混合所有制企业。鼓励国有资本以多种方式入股非国有企业。

第四节 支持非公有制经济发展

坚持权利平等、机会平等、规则平等，更好激发非公有制经济活力和创造力。废除对非公有制经济各种形式的不合理规定，消除各种隐性壁垒，保证依法平等使用生产要素、公平参与市场竞争、同等受到法律保护、共同履行社会责任。鼓励民营企业依法进入更多领域。

第十二章 建立现代产权制度

健全归属清晰、权责明确、保护严格、流转顺畅的现代产权制度。推进产权保护法治化，依法保护各种所有制经济权益。依法合规界定企业财产权归属，保障国有资本收益权和企业自主经营权，健全规则、过程、结果公开的国有资产产权交易制度。完善农村集体产权权能，全面完成农村承包经营地、宅基地、农房、集体建设用地确权登记颁证。完善集体经济组织成员认定办法和集体经济资产所有权实现形式，将经营性资产折股量化到本集体经济组织成员。规范农村产权流转交易，完善农村集体资产处置决策程序。全面落实不动产统一登记制度。加快构建自然资源资产产权制度，确定产权主体，创新产权实现形式。保护自然资源资产所有者权益，公平分享自然资源资产收益。深化矿业权制度改革。建立健全生态环境性权益交易制度和平台。实施严格的知识产权保护制度，完善有利于激励创新的知识产权归属制度，建设知识产权运营交易和服务平台，建设知识产权强国。

第十三章　健全现代市场体系

加快形成统一开放、竞争有序的市场体系，建立公平竞争保障机制，打破地域分割和行业垄断，着力清除市场壁垒，促进商品和要素自由有序流动、平等交换。

第一节　健全要素市场体系

加快建立城乡统一的建设用地市场，在符合规划、用途管制和依法取得前提下，推进农村集体经营性建设用地与国有建设用地同等入市、同权同价。健全集体土地征收制度，缩小征地范围，规范征收程序，完善被征地农民权益保障机制。开展宅基地融资抵押、适度流转、自愿有偿退出试点。完善工业用地市场化配置制度。统筹人力资源市场，实行平等就业制度。加强各类技术交易平台建设，健全技术市场交易规则，鼓励技术中介服务机构发展。

第二节　推进价格形成机制改革

减少政府对价格形成的干预，全面放开竞争性领域商品和服务价格，放开电力、石油、天然气、交通运输、电信等领域竞争性环节价格。理顺医疗服务价格。完善水价形成机制。完善居民阶梯电价，全面推行居民阶梯水价、气价。健全物价补贴联动机制。建立健全公用事业和公益性服务政府投入与价格调整相协调机制。规范定价程序，加强成本监审，推进成本公开。

第三节　维护公平竞争

清理废除妨碍统一市场和公平竞争的各种规定和做法。健全竞争政策，完善市场竞争规则，实施公平竞争审查制度。放宽市场准入，健全市场退出机制。健全统一规范、权责明确、公正高效、法治保障的市场监管和反垄断执法体系。严格产品质量、安全生产、能源消耗、环境损害的强制性标准，建立健全市场主体行为规则和监管办法。健全社会化监管机制，畅通投诉举报渠道。强化互联网交易监管。严厉打击制假售假行为。

第十四章　深化行政管理体制改革

加快政府职能转变，持续推进简政放权、放管结合、优化服务，提高行政效能，激发市场活力和社会创造力。

第一节 深入推进简政放权

建立健全权力清单、责任清单、负面清单管理模式，划定政府与市场、社会的权责边界。深化行政审批制度改革，最大限度减少政府对企业经营的干预，最大限度缩减政府审批范围。增强简政放权的针对性、协同性。深化商事制度改革，提供便捷便利服务。深化承担行政职能事业单位改革，大力推进政事分开。

第二节 提高政府监管效能

转变监管理念，加强事中事后监管。制定科学有效的市场监管规则、流程和标准，健全监管责任制，推进监管现代化。创新监管机制和监管方式，推进综合执法和大数据监管，运用市场、信用、法治等手段协同监管。全面实行随机抽取检查对象、随机抽取执法人员、检查结果公开。强化社会监督。

第三节 优化政府服务

创新政府服务方式，提供公开透明、高效便捷、公平可及的政务服务和公共服务。加快推进行政审批标准化建设，优化直接面向企业和群众服务项目的办事流程和服务标准。加强部门间业务协同。推广"互联网＋政务服务"，全面推进政务公开。

第十五章 加快财税体制改革

围绕解决中央地方事权和支出责任划分、完善地方税体系、增强地方发展能力、减轻企业负担等关键性问题，深化财税体制改革，建立健全现代财税制度。

第一节 确立合理有序的财力格局

建立事权和支出责任相适应的制度，适度加强中央事权和支出责任。结合税制改革，考虑税种属性，进一步理顺中央和地方收入划分，完善增值税划分办法。完善中央对地方转移支付制度，规范一般性转移支付制度，完善资金分配办法，提高财政转移支付透明度。健全省以下财力分配机制。

第二节 建立全面规范公开透明的预算制度

建立健全预算编制、执行、监督相互制约、相互协调机制。完善政府预算体系，加大政府性基金预算、国有资本经营预算与一般公共预算的统筹力度，完善社会保险基金预算编制制度。实施跨年度预算平衡机制和中期财政规划管理，加强与经济社会发展规划计划的衔接。全面推进预算绩效管理。建立政府资产报告制度，深化政府债务管理制度改革，建立规范的政府债务管理及风险预警机制。建立权责发生制政府综合财务报告制度和财政库底目标余额管理制度。扩大预算公开范围，细化公开内容。

第三节 改革和完善税费制度

按照优化税制结构、稳定宏观税负、推进依法治税的要求全面落实税收法定原则，建立税种科学、结构优化、法律健全、规范公平、征管高效的现代税收制度，逐步提高直接税比重。全面完成营业税改增值税改革，建立规范的消费型增值税制度。完善消费税制度。实施资源税从价计征改革，逐步扩大征税范围。清理规范相关行政事业性收费和政府性基金。开征环境保护税。完善地方税体系，推进房地产税立法。完善关税制度。加快推进非税收入管理改革，建立科学规范、依法有据、公开透明的非税收入管理制度。深化国税、地税征管体制改革，完善税收征管方式，提高税收征管效能。推行电子发票。

第四节　完善财政可持续发展机制

优化财政支出结构，修正不可持续的支出政策，调整无效和低效支出，腾退重复和错位支出。建立库款管理与转移支付资金调度挂钩机制。创新财政支出方式，引导社会资本参与公共产品提供，使财政支出保持在合理水平，将财政赤字和政府债务控制在可承受范围内，确保财政的可持续性。

第十六章　加快金融体制改革

完善金融机构和市场体系，促进资本市场健康发展，健全货币政策机制，深化金融监管体制改革，健全现代金融体系，提高金融服务实体经济效率和支持经济转型的能力，有效防范和化解金融风险。

第一节　丰富金融机构体系

健全商业性金融、开发性金融、政策性金融、合作性金融分工合理、相互补充的金融机构体系。构建多层次、广覆盖、有差异的银行机构体系，扩大民间资本进入银行业，发展普惠金融和多业态中小微金融组织。规范发展互联网金融。稳妥推进金融机构开展综合经营。推动民间融资阳光化，规范小额贷款、融资担保机构等发展。提高金融机构管理水平和服务质量。

第二节　健全金融市场体系

积极培育公开透明、健康发展的资本市场，提高直接融资比重，降低杠杆率。创造条件实施股票发行注册制，发展多层次股权融资市场，深化创业板、新三板改革，规范发展区域性股权市场，建立健全转板机制和退出机制。完善债券发行注册制和债券市场基础设施，加快债券市场互联互通。开发符合创新需求的金融服务，稳妥推进债券产品创新，推进高收益债券及股债相结合的融资方式，大力发展融资租赁服务。健全利率、汇率市场决定机制，更好发挥国债收益率曲线定价基准作用。推动同业拆借、回购、票据、外汇、黄金等市场发展。积极稳妥推进期货等衍生品市场创新。加快发展保险再保险市场，探索建立保险资产交易机制。建立安全高效的金融基础设施，实施国家金库工程。

第三节　改革金融监管框架

加强金融宏观审慎管理制度建设，加强统筹协调，改革并完善适应现代金融市场发展的金融监管框架，明确监管职责和风险防范处置责任，构建货币政策与审慎管理相协调的金融管理体制。统筹监管系统重要性金融机构、金融控股公司和重要金融基础设施，统筹金融业综合统计，强化综合监管和功能监管。完善中央与地方金融管理体制。健全符合我国国情和国际标准的监管规则，建立针对各类投融资行为的功能监管和切实保护金融消费者合法权益的行为监管框架，实现金融风险监管全覆盖。完善国有金融资本管理制度。加强外汇储备经营管理，优化外汇储备运用。有效运用和发展金融风险管理工具，健全监测预警、压力测试、评估处置和市场稳定机制，防止发生系统性、区域性金融风险。

第十七章　创新和完善宏观调控

健全宏观调控体系，创新宏观调控方式，增强宏观政策协同性，更加注重扩大就业、稳定物价、调整结构、提高效益、防控风险、保护环境，更加注重引导市场行为和社会预期，为结构性改革营造稳定的宏观经济环境。

第一节　强化规划战略导向作用

依据国家中长期发展规划目标和总供求格局实施宏观调控。发挥国家发展战略和规划的引导约束作用，各类宏观调控政策要服从服务于发展全局需要。完善以财政政策、货币政策为主，产业政策、区域政策、投资政策、消费政策、价格政策协调配合的政策体系，增强财政货币政策协调性。

第二节　改进调控方式和丰富政策工具

坚持总量平衡、优化结构，把保持经济运行在合理区间、提高质量效益作为宏观调控的基本要求和政策取向，在区间调控的基础上加强定向调控、相机调控，采取精准调控措施，适时预调微调。稳定政策基调，改善与市场的沟通，增强可预期性和透明度。更好发挥财政政策对定向调控的支持作用。完善货币政策操作目标、调控框架和传导机制，构建目标利率和利率走廊机制，推动货币政策由数量型为主向价格型为主转变。

第三节　完善政策制定和决策机制

加强经济监测预测预警，提高国际国内形势分析研判水平。强化重大问题研究和政策储备，完善政策分析评估及调整机制。建立健全重大调控政策统筹协调机制，有效形成调控合力。建立现代统计调查体系，推进统计调查制度、机制、方法创新，注重运用互联网、统计云、大数据技术，提高经济运行信息及时性、全面性和准确性。加快推进宏观调控立法工作。

第四节　深化投融资体制改革

建立企业投资项目管理权力清单、责任清单制度，更好落实企业投资自主权。进一步精简投资审批，减少、整合和规范报建审批事项，完善在线审批监管平台，建立企业投资项目并联核准制度。进一步放宽基础设施、公用事业等领域的市场准入限制，采取特许经营、政府购买服务等政府和社会合作模式，鼓励社会资本参与投资建设运营。完善财政资金投资模式，更好发挥产业投资引导基金撬动作用。

第四篇　推进农业现代化

农业是全面建成小康社会和实现现代化的基础，必须加快转变农业发展方式，着力构建现代农业产业体系、生产体系、经营体系，提高农业质量效益和竞争力，走产出高效、产品安全、资源节约、环境友好的农业现代化道路。

第十八章　增强农产品安全保障能力

确保谷物基本自给、口粮绝对安全，调整优化农业结构，提高农产品综合生产能力和质量安全水平，形成结构更加合理、保障更加有力的农产品有效供给。

第一节　提高粮食生产能力保障水平

坚持最严格的耕地保护制度，全面划定永久基本农田。实施藏粮于地、藏粮于技战略，以粮食等大宗农产品主产区为重点，大规模推进农田水利、土地整治、中低产田改造和高标准农田建设。完善耕地占补平衡制度，研究探索重大建设项目国家统筹补充耕地办法，全面推进建设占用耕地耕作层剥离再利用。建立粮食生产功能区和重要农产品生产保护区，确保稻谷、小麦等口粮种植面积基本稳定。健全粮食主产区利益补偿机制。深入推进粮食绿色高产高效创建。

第二节　加快推进农业结构调整

推动粮经饲统筹、农林牧渔结合、种养加一体发展。积极引导调整农业种植结构，支持优势产区加强棉花、油料、糖料、大豆、林果等生产基地建设。统筹考虑种养规模和资源环境承载力，推广粮改饲和种养结合模式，发展农区畜牧业。分区域推进现代草业和草食畜牧业发展。提高畜禽、水产标准化规模化养殖水平。促进奶业优质安全发展。实施园艺产品提质增效工程。发展特色经济林和林下经济。优化特色农产品生产布局。加快现代农业示范区建设。

第三节　推进农村一二三产业融合发展

推进农业产业链和价值链建设，建立多形式利益联结机制，培育融合主体、创新融合方式，拓宽农民增收渠道，更多分享增值收益。积极发展农产品加工业和农业生产性服务业。拓展农业多种功能，推进农业与旅游休闲、教育文化、健康养生等深度融合，发展观光农业、体验农业、创意农业等新业态。加快发展都市现代农业。激活农村要素资源，增加农民财产性收入。

第四节　确保农产品质量安全

加快完善农业标准，全面推行农业标准化生产。加强农产品质量安全和农业投入品监管，强化产地安全管理，实行产地准出和市场准入制度，建立全程可追溯、互联共享的农产品质量安全信息平台，健全从农田到餐桌的农产品质量安全全过程监管体系。强化农药和兽药残留超标治理。严格食用农产品添加剂控制标准。开展国家农产品质量安全县创建行动。加强动植物疫病防控能力建设，强化进口农产品质量安全监管。创建优质农产品品牌，支持品牌化营销。

第五节　促进农业可持续发展

大力发展生态友好型农业。实施化肥农药使用量零增长行动，全面推广测土配方施肥、农药精准高效施用。实施种养结合循环农业示范工程，推动种养业废弃物资源化利用、无害化处理。开展农业面源污染综合防治。开展耕地质量保护与提升行动，推进农产品主产区深耕深松整地，加强东北黑土地保护。重点在地下水漏斗区、重金属污染区、生态严重退化地区，探索实行耕地轮作休耕制度试点。在重点灌区全面开展规模化高效节水灌溉行动。推广旱作农业。在南疆叶尔羌河、和田河等流域，以及甘肃河西走廊、吉林白城等严重缺水区域，实施专项节水行动计划。加强气象为农服务体系建设。创建农业可持续发展试验示范区。

第六节　开展农业国际合作

健全农产品贸易调控机制，优化进口来源地布局，在确保供给安全条件下，扩大优势农产品出口，适度增加国内紧缺农产品进口。积极开展境外农业合作开发，建立规模化海外生产加工储运基地，培育有国际竞争力的农业跨国公司。拓展农业国际合作领域，支持开展多双边农业技术合作。

第十九章　构建现代农业经营体系

以发展多种形式适度规模经营为引领，创新农业经营组织方式，构建以农户家庭经营为基础、合作与联合为纽带、社会化服务为支撑的现代农业经营体系，提高农业综合效益。

第一节　发展适度规模经营

稳定农村土地承包关系，完善土地所有权、承包权、经营权分置办法，依法推进土地经营权有序流转，通过代耕代种、联耕联种、土地托管、股份合作等方式，推动实现多种形式的农业适度规模经营。

第二节　培育新型农业经营主体

健全有利于新型农业经营主体成长的政策体系，扶持发展种养大户和家庭农场，引导和促进农民合作社规范发展，培育壮大农业产业化龙头企业，大力培养新型职业农民，打造高素质现代农业生产经营者队伍。鼓励和支持工商资本投资现代农业，促进农商联盟等新型经营模式发展。

第三节　健全农业社会化服务体系

实施农业社会化服务支撑工程，培育壮大经营性服务组织。支持科研机构、行业协会、龙头企业和具有资质的经营性服务组织从事农业公益性服务，支持多种类型的新型农业服务主体开展专业化、规模化服务。推进农业生产全程社会化服务创新试点，积极推广合作式、托管式、订单式等服务形式。加强农产品流通设施和市场建设，完善农村配送和综合服务网络，鼓励发展农村电商，实施特色农产品产区预冷工程和“快递下乡”工程。深化供销合作社综合改革。创新农业社会化服务机制。

第二十章　提高农业技术装备和信息化水平

健全现代农业科技创新推广体系，加快推进农业机械化，加强农业与信息技术融合，发展智慧农业，提高农业生产力水平。

第一节　提升农业技术装备水平

加强农业科技自主创新，加快生物育种、农机装备、绿色增产等技术攻关，推广高产优质适宜机械化品种和区域性标准化高产高效栽培模式，改善农业重点实验室创新条件。发展现代种业，开展良种重大科技攻关，实施新一轮品种更新换代行动计划，建设国家级育制种基地，培育壮大育繁推一体化的种业龙头企业。推进主要作物生产全程机械化，促进农机农艺融合。健全和激活基层农业技术推广网络。

第二节　推进农业信息化建设

推动信息技术与农业生产管理、经营管理、市场流通、资源环境等融合。实施农业物联网区域试验工程，推进农业物联网应用，提高农业智能化和精准化水平。推进农业大数据应用，增强农业综合信息服务能力。鼓励互联网企业建立产销衔接的农业服务平台，加快发展涉农电子商务。

第二十一章　完善农业支持保护制度

以保障主要农产品供给、促进农民增收、实现农业可持续发展为重点，完善强农惠农富农政策，提高农业支持保护效能。

第一节　持续增加农业投入

建立农业农村投入稳定增长机制。优化财政支农支出结构，创新涉农资金投入方式和运行机制，推进整合统筹，提高农业补贴政策效能。逐步扩大“绿箱”补贴规模和范围，调整改进“黄箱”政策。将农业“三项补贴”合并为农业支持保护补贴，完善农机具购置补贴政策，向种粮农民、新型经营主体、主产区倾斜。建立耕地保护补偿制度。

第二节　完善农产品价格和收储制度

坚持市场化改革取向和保护农民利益并重，完善农产品市场调控制度和市场体系。

继续实施并完善稻谷、小麦最低收购价政策。深化棉花、大豆目标价格改革。探索开展农产品目标价格保险试点。积极稳妥推进玉米价格形成机制和收储制度改革，建立玉米生产者补贴制度。实施粮食收储供应安全保障工程，科学确定粮食等重要农产品储备规模，改革完善粮食储备管理体制和吞吐调节机制，引导流通、加工企业等多元化市场主体参与农产品收储。推进智慧粮库建设和节粮减损。

第三节　创新农村金融服务

发挥各类金融机构支农作用，发展农村普惠金融。完善开发性金融、政策性金融支持农业发展和农村基础设施建设的制度。推进农村信用社改革，增强省级联社服务功能。积极发展村镇银行等多形式农村金融机构。稳妥开展农民合作社内部资金互助试点。建立健全农业政策性信贷担保体系。完善农业保险制度，稳步扩大“保险＋期货”试点，扩大保险覆盖面，提高保障水平，完善农业保险大灾风险分散机制。

第五篇　优化现代产业体系

围绕结构深度调整、振兴实体经济，推进供给侧结构性改革，培育壮大新兴产业，改造提升传统产业，加快构建创新能力强、品质服务优、协作紧密、环境友好的现代产业新体系。

第二十二章　实施制造强国战略

深入实施《中国制造 2025》，以提高制造业创新能力和基础能力为重点，推进信息技术与制造技术深度融合，促进制造业朝高端、智能、绿色、服务方向发展，培育制造业竞争新优势。

第一节　全面提升工业基础能力

实施工业强基工程，重点突破关键基础材料、核心基础零部件（元器件）、先进基础工艺、产业技术基础等“四基”瓶颈。引导整机企业与“四基”企业、高校、科研院所产需对接。支持全产业链协同创新和联合攻关，系统解决“四基”工程化和产业化关键问题。强化基础领域标准、计量、认证认可、检验检测体系建设。实施制造业创新中心建设工程，支持工业设计中心建设。设立国家工业设计研究院。

第二节　加快发展新型制造业

实施高端装备创新发展工程，明显提升自主设计水平和系统集成能力。实施智能制造工程，加快发展智能制造关键技术装备，强化智能制造标准、工业电子设备、核心支撑软件等基础。加强工业互联网设施建设、技术验证和示范推广，推动“中国制造＋互联网”取得实质性突破。培育推广新型智能制造模式，推动生产方式向柔性、智能、精细化转变。鼓励建立智能制造产业联盟。实施绿色制造工程，推进产品全生命周期绿色管理，构建绿色制造体系。推动制造业由生产型向生产服务型转变，引导制造企业延伸服务链条、促进服务增值。推进制造业集聚区改造提升，建设一批新型工业化产业示范基地，培育若干先进制造业中心。

第三节 推动传统产业改造升级

实施制造业重大技术改造升级工程，完善政策体系，支持企业瞄准国际同行业标杆全面提高产品技术、工艺装备、能效环保等水平，实现重点领域向中高端的群体性突破。开展改善消费品供给专项行动。鼓励企业并购，形成以大企业集团为核心，集中度高、分工细化、协作高效的产业组织形态。支持专业化中小企业发展。

第四节 加强质量品牌建设

实施质量强国战略，全面强化企业质量管理，开展质量品牌提升行动，解决一批影响产品质量提升的关键共性技术问题，加强商标品牌法律保护，打造一批有竞争力的知名品牌。建立企业产品和服务标准自我声明公开和监督制度，支持企业提高质量在线检测控制和产品全生命周期质量追溯能力。完善质量监管体系，加强国家级检测与评定中心、检验检测认证公共服务平台建设。建立商品质量惩罚性赔偿制度。

第五节 积极稳妥化解产能过剩

综合运用市场机制、经济手段、法治办法和必要的行政手段，加大政策引导力度，实现市场出清。建立以工艺、技术、能耗、环保、质量、安全等为约束条件的推进机制，强化行业规范和准入管理，坚决淘汰落后产能。设立工业企业结构调整专项奖补资金，通过兼并重组、债务重组、破产清算、盘活资产，加快钢铁、煤炭等行业过剩产能退出，分类有序、积极稳妥处置退出企业，妥善做好人员安置等工作。

第六节 降低实体经济企业成本

开展降低实体经济企业成本行动。进一步简政放权，精简规范行政审批前置中介服务，清理规范中介服务收费，降低制度性交易成本。合理确定最低工资标准，精简归并“五险一金”，适当降低缴费比例，降低企业人工成本。降低增值税税负和流转税比重，清理规范涉企基金，清理不合理涉企收费，降低企业税费负担。保持合理流动性和利率水平，创新符合企业需要的直接融资产品，设立国家融资担保基金，降低企业财务成本。完善国际国内能源价格联动和煤电价格联动机制，降低企业能源成本。提高物流组织管理水平，规范公路收费行为，降低企业物流成本。鼓励和引导企业创新管理、改进工艺、节能节材。

第二十三章 支持战略性新兴产业发展

瞄准技术前沿，把握产业变革方向，围绕重点领域，优化政策组合，拓展新兴产业增长空间，抢占未来竞争制高点，使战略性新兴产业增加值占国内生产总值比重达到15％。

第一节　提升新兴产业支撑作用

支持新一代信息技术、新能源汽车、生物技术、绿色低碳、高端装备与材料、数字创意等领域的产业发展壮大。大力推进先进半导体、机器人、增材制造、智能系统、新一代航空装备、空间技术综合服务系统、智能交通、精准医疗、高效储能与分布式能源系统、智能材料、高效节能环保、虚拟现实与互动影视等新兴前沿领域创新和产业化，形成一批新增长点。

第二节　培育发展战略性产业

加强前瞻布局，在空天海洋、信息网络、生命科学、核技术等领域，培育一批战略性产业。大力发展新型飞行器及航行器、新一代作业平台和空天一体化观测系统，着力构建量子通信和泛在安全物联网，加快发展合成生物和再生医学技术，加速开发新一代核电装备和小型核动力系统、民用核分析与成像，打造未来发展新优势。

第三节　构建新兴产业发展新格局

支持产业创新中心、新技术推广应用中心建设，支持创新资源密集度高的城市发展成为新兴产业创新发展策源地。推动新兴产业链创新链快速发展，加速形成特色新兴产业集群。实施新兴产业全球创新发展网络计划，鼓励企业全球配置创新资源，支持建立一批海外研发中心。

第四节　完善新兴产业发展环境

发挥产业政策导向和促进竞争功能，构建有利于新技术、新产品、新业态、新模式发展的准入条件、监管规则和标准体系。鼓励民生和基础设施重大工程采用创新产品和服务。设立国家战略性产业发展基金，充分发挥新兴产业创业投资引导基金作用，重点支持新兴产业领域初创期创新型企业。

第二十四章　加快推动服务业优质高效发展

开展加快发展现代服务业行动，扩大服务业对外开放，优化服务业发展环境，推动生产性服务业向专业化和价值链高端延伸、生活性服务业向精细和高品质转变。

第一节　促进生产性服务业专业化

以产业升级和提高效率为导向，发展工业设计和创意、工程咨询、商务咨询、法律会计、现代保险、信用评级、售后服务、检验检测认证、人力资源服务等产业。深化流通体制改革，促进流通信息化、标准化、集约化，推动传统商业加速向现代流通转型升级。加强物流基础设施建设，大力发展第三方物流和绿色物流、冷链物流、城乡配送。实施高技术服务业创新工程。引导生产企业加快服务环节专业化分离和外包。建立与国际接轨的生产性服务业标准体系，提高国际化水平。

第二节　提高生活性服务业品质

加快教育培训、健康养老、文化娱乐、体育健身等领域发展。大力发展旅游业，深入实施旅游业提质增效工程，加快海南国际旅游岛建设，支持发展生态旅游、文化旅游、休闲旅游、山地旅游等。积极发展家庭服务业，促进专业化、规模化和网络化发展。推动生活性服务业融合发展，鼓励发展针对个性化需求的定制服务。支持从业人员参加职业培训和技能鉴定考核，推进从业者职业化、专业化。实施生活性服务业放心行动计划，推广优质服务承诺标识与管理制度，培育知名服务品牌。

第三节　完善服务业发展体制和政策

面向社会资本扩大市场准入，加快开放电力、民航、铁路、石油、天然气、邮政、市政公用等行业的竞争性业务，扩大金融、教育、医疗、文化、互联网、商贸物流等领域开放，开展服务业扩大开放综合试点。清理各类歧视性规定，完善各类社会资本公平参与医疗、教育、托幼、养老、体育等领域发展的政策。扩大政府购买服务范围，推动竞争性购买第三方服务。

第六篇　拓展网络经济空间

牢牢把握信息技术变革趋势，实施网络强国战略，加快建设数字中国，推动信息技术与经济社会发展深度融合，加快推动信息经济发展壮大。

第二十五章　构建泛在高效的信息网络

加快构建高速、移动、安全、泛在的新一代信息基础设施，推进信息网络技术广泛运用，形成万物互联、人机交互、天地一体的网络空间。

第一节　完善新一代高速光纤网络

构建现代化通信骨干网络，提升高速传送、灵活调度和智能适配能力。推进宽带接入光纤化进程，城镇地区实现光网覆盖，提供1000兆比特每秒以上接入服务能力，大中城市家庭用户带宽实现100兆比特以上灵活选择；98%的行政村实现光纤通达，有条件地区提供100兆比特每秒以上接入服务能力，半数以上农村家庭用户带宽实现50兆比特以上灵活选择。建立畅通的国际通信设施，优化国际通信网络布局，完善跨境陆海缆基础设施。建设中国－阿拉伯国家等网上丝绸之路，加快建设中国－东盟信息港。

第二节　构建先进泛在的无线宽带网

深入普及高速无线宽带。加快第四代移动通信（4G）网络建设，实现乡镇及人口密集的行政村全面深度覆盖，在城镇热点公共区域推广免费高速无线局域网（WLAN）接入。加快边远山区、牧区及岛礁等网络覆盖。优化国家频谱资源配置，加强无线电频谱管理，维护安全有序的电波秩序。合理规划利用卫星频率和轨道资源。加快空间互联网部署，实现空间与地面设施互联互通。

第三节 加快信息网络新技术开发应用

积极推进第五代移动通信（5G）和超宽带关键技术研究，启动 5G 商用。超前布局下一代互联网，全面向互联网协议第 6 版（IPv6）演进升级。布局未来网络架构、技术体系和安全保障体系。重点突破大数据和云计算关键技术、自主可控操作系统、高端工业和大型管理软件、新兴领域人工智能技术。

第四节 推进宽带网络提速降费

开放民间资本进入基础电信领域竞争性业务，形成基础设施共建共享、业务服务相互竞争的市场格局。深入推进“三网融合”。强化普遍服务责任，完善普遍服务机制。开展网络提速降费行动，简化电信资费结构，提高电信业务性价比。完善优化互联网架构及接入技术、计费标准。加强网络资费行为监管。

第二十六章 发展现代互联网产业体系

实施“互联网+”行动计划，促进互联网深度广泛应用，带动生产模式和组织方式变革，形成网络化、智能化、服务化、协同化的产业发展新形态。

第一节 夯实互联网应用基础

积极推进云计算和物联网发展。鼓励互联网骨干企业开放平台资源，加强行业云服务平台建设，支持行业信息系统向云平台迁移。推进物联网感知设施规划布局，发展物联网开环应用。推进信息物理系统关键技术研发和应用。建立“互联网+”标准体系，加快互联网及其融合应用的基础共性标准和关键技术标准研制推广，增强国际标准制定中的话语权。

第二节 加快多领域互联网融合发展

组织实施“互联网+”重大工程，加快推进基于互联网的商业模式、服务模式、管理模式及供应链、物流链等各类创新，培育“互联网+”生态体系，形成网络化协同分工新格局。引导大型互联网企业向小微企业和创业团队开放创新资源，鼓励建立基于互联网的开放式创新联盟。促进“互联网+”新业态创新，鼓励搭建资源开放共享平台，探索建立国家信息经济试点示范区，积极发展分享经济。推动互联网医疗、互联网教育、线上线下结合等新兴业态快速发展。放宽融合性产品和服务的市场准入限制。

第二十七章 实施国家大数据战略

把大数据作为基础性战略资源，全面实施促进大数据发展行动，加快推动数据资源共享开放和开发应用，助力产业转型升级和社会治理创新。

第一节　加快政府数据开放共享

全面推进重点领域大数据高效采集、有效整合，深化政府数据和社会数据关联分析、融合利用，提高宏观调控、市场监管、社会治理和公共服务精准性和有效性。依托政府数据统一共享交换平台，加快推进跨部门数据资源共享共用。加快建设国家政府数据统一开放平台，推动政府信息系统和公共数据互联开放共享。制定政府数据共享开放目录，依法推进数据资源向社会开放。统筹布局建设国家大数据平台、数据中心等基础设施。研究制定数据开放、保护等法律法规，制定政府信息资源管理办法。

第二节　促进大数据产业健康发展

深化大数据在各行业的创新应用，探索与传统产业协同发展新业态新模式，加快完善大数据产业链。加快海量数据采集、存储、清洗、分析发掘、可视化、安全与隐私保护等领域关键技术攻关。促进大数据软硬件产品发展。完善大数据产业公共服务支撑体系和生态体系，加强标准体系和质量技术基础建设。

第二十八章　强化信息安全保障

统筹网络安全和信息化发展，完善国家网络安全保障体系，强化重要信息系统和数据资源保护，提高网络治理能力，保障国家信息安全。

第一节　加强数据资源安全保护

建立大数据安全管理制度，实行数据资源分类分级管理，保障安全高效可信应用。实施大数据安全保障工程，加强数据资源在采集、存储、应用和开放等环节的安全保护，加强各类公共数据资源在公开共享等环节的安全评估与保护，建立互联网企业数据资源资产化和利用授信机制。加强个人数据保护，严厉打击非法泄露和出卖个人数据行为。

第二节　科学实施网络空间治理

完善网络空间治理，营造安全文明的网络环境。建立网络空间治理基础保障体系，完善网络安全法律法规，完善网络信息有效登记和网络实名认证。建立网络安全审查制度和标准体系，加强精细化网络空间管理，清理违法和不良信息，依法惩治网络违法犯罪行为。健全网络与信息突发安全事件应急机制。推动建立多边、民主、透明的国际互联网治理体系，积极参与国际网络空间安全规则制定、打击网络犯罪、网络安全技术和标准等领域的国际合作。

第三节　全面保障重要信息系统安全

建立关键信息基础设施保护制度，完善涉及国家安全重要信息系统的设计、建设和运行监督机制。集中力量突破信息管理、信息保护、安全审查和基础支撑关键技术，提高自主保障能力。加强关键信息基础设施核心技术装备威胁感知和持续防御能力建设。完善重要信息系统等级保护制度。健全重点行业、重点地区、重要信息系统条块融合的联动安全保障机制。积极发展信息安全产业。

第七篇　构筑现代基础设施网络

拓展基础设施建设空间，加快完善安全高效、智能绿色、互联互通的现代基础设施网络，更好发挥对经济社会发展的支撑引领作用。

第二十九章　完善现代综合交通运输体系

坚持网络化布局、智能化管理、一体化服务、绿色化发展，建设国内国际通道联通、区域城乡覆盖广泛、枢纽节点功能完善、运输服务一体高效的综合交通运输体系。

第一节　构建内通外联的运输通道网络

构建横贯东西、纵贯南北、内畅外通的综合运输大通道，加强进出疆、出入藏通道建设，构建西北、西南、东北对外交通走廊和海上丝绸之路走廊。打造高品质的快速网络，加快推进高速铁路成网，完善国家高速公路网络，适度建设地方高速公路，增强枢纽机场和干支线机场功能。完善广覆盖的基础网络，加快中西部铁路建设，推进普通国省道提质改造和瓶颈路段建设，提升沿海和内河水运设施专业化水平，加强农村公路、通用机场建设，推进油气管道区域互联。提升邮政网络服务水平，加强快递基础设施建设。

第二节　建设现代高效的城际城市交通

在城镇化地区大力发展城际铁路、市域（郊）铁路，鼓励利用既有铁路开行城际列车，形成多层次轨道交通骨干网络，高效衔接大中小城市和城镇。实行公共交通优先，加快发展城市轨道交通、快速公交等大容量公共交通，鼓励绿色出行。促进网络预约等定制交通发展。强化中心城区与对外干线公路快速联系，畅通城市内外交通。加强城市停车设施建设。加强邮政、快递网络终端建设。

第三节　打造一体衔接的综合交通枢纽

优化枢纽空间布局，建设北京、上海、广州等国际性综合交通枢纽，提升全国性、区域性和地区性综合交通枢纽水平，加强中西部重要枢纽建设，推进沿边重要口岸枢纽建设，提升枢纽内外辐射能力。完善枢纽综合服务功能，优化中转设施和集疏运网络，强化客运零距离换乘和货运无缝化衔接，实现不同运输方式协调高效，发挥综合优势，提升交通物流整体效率。

第四节　推动运输服务低碳智能安全发展

推进交通运输低碳发展，集约节约利用资源，加强标准化、现代化运输装备和节能环保运输工具推广应用。加快智能交通发展，推广先进信息技术和智能技术装备应用，加强联程联运系统、智能管理系统、公共信息系统建设，加快发展多式联运，提高交通运输服务质量和效益。强化交通运输、邮政安全管理，提升安全保障、应急处置和救援能力。推进出租汽车行业改革、铁路市场化改革，加快推进空域管理体制改革。

第三十章　建设现代能源体系

深入推进能源革命，着力推动能源生产利用方式变革，优化能源供给结构，提高能源利用效率，建设清洁低碳、安全高效的现代能源体系，维护国家能源安全。

第一节　推动能源结构优化升级

统筹水电开发与生态保护，坚持生态优先，以重要流域龙头水电站建设为重点，科学开发西南水电资源。继续推进风电、光伏发电发展，积极支持光热发电。以沿海核电带为重点，安全建设自主核电示范工程和项目。加快发展生物质能、地热能，积极开发沿海潮汐能资源。完善风能、太阳能、生物质能发电扶持政策。优化建设国家综合能源基地，大力推进煤炭清洁高效利用。限制东部、控制中部和东北、优化西部地区煤炭资源开发，推进大型煤炭基地绿色化开采和改造，鼓励采用新技术发展煤电。加强陆上和海上油气勘探开发，有序开放矿业权，积极开发天然气、煤层气、页岩油（气）。推进炼油产业转型升级，开展成品油质量升级行动计划，拓展生物燃料等新的清洁油品来源。

第二节　构建现代能源储运网络

统筹推进煤电油气多种能源输送方式发展，加强能源储备和调峰设施建设，加快构建多能互补、外通内畅、安全可靠的现代能源储运网络。加强跨区域骨干能源输送网络建设，建成蒙西—华中北煤南运战略通道，优化建设电网主网架和跨区域输电通道。加快建设陆路进口油气战略通道。推进油气储备设施建设，提高油气储备和调峰能力。

第三节　积极构建智慧能源系统

加快推进能源全领域、全环节智慧化发展，提高可持续自适应能力。适应分布式能源发展、用户多元化需求，优化电力需求侧管理，加快智能电网建设，提高电网与发电侧、需求侧交互响应能力。推进能源与信息等领域新技术深度融合，统筹能源与通信、交通等基础设施网络建设，建设“源—网—荷—储”协调发展、集成互补的能源互联网。

第三十一章　强化水安全保障

加快完善水利基础设施网络，推进水资源科学开发、合理调配、节约使用、高效利用，全面提升水安全保障能力。

第一节　优化水资源配置格局

科学论证、稳步推进一批重大引调水工程、河湖水系连通骨干工程和重点水源等工程建设，统筹加强中小型水利设施建设，加快构筑多水源互联互调、安全可靠的城乡区域用水保障网。因地制宜实施抗旱水源工程，加强城市应急和备用水源建设。科学开发利用地表水及各类非常规水源，严格控制地下水开采。推进江河流域系统整治，维持基本生态用水需求，增强保水储水能力。科学实施跨界河流开发治理，深化与周边国家跨界水合作。科学开展人工影响天气活动。

第二节　完善综合防洪减灾体系

加强江河湖泊治理骨干工程建设，继续推进大江大河大湖堤防加固、河道治理、控制性枢纽和蓄滞洪区建设。加快中小河流治理、山洪灾害防治、病险水库水闸除险加固，推进重点海堤达标建设。加强气象水文监测和雨情水情预报，强化洪水风险管理，提高防洪减灾水平。

第八篇　推进新型城镇化

坚持以人的城镇化为核心、以城市群为主体形态、以城市综合承载能力为支撑、以体制机制创新为保障，加快新型城镇化步伐，提高社会主义新农村建设水平，努力缩小城乡发展差距，推进城乡发展一体化。

第三十二章　加快农业转移人口市民化

统筹推进户籍制度改革和基本公共服务均等化，健全常住人口市民化激励机制，推动更多人口融入城镇。

第一节　深化户籍制度改革

推进有能力在城镇稳定就业和生活的农业转移人口举家进城落户，并与城镇居民享有同等权利和义务。优先解决农村学生升学和参军进入城镇的人口、在城镇就业居住 5 年以上、举家迁徙的农业转移人口、新生代农民工落户问题。省会及以下城市要全面放开对高校毕业生、技术工人、职业院校毕业生、留学归国人员的落户限制。推广专业技术职称、技能等级等同大城市落户挂钩做法。大中城市不得采取购买房屋、投资纳税、积分制等方式设置落户限制。超大城市和特大城市要以具有合法稳定就业和合法稳定住所（含租赁）、参加城镇社会保险年限、连续居住年限等为主要条件，实行差异化的落户政策。强化地方政府推动农业转移人口市民化主体责任。

第二节　实施居住证制度

全面实施居住证暂行条例，推进居住证制度覆盖全部未落户城镇常住人口。保障居住证持有人在居住地享有义务教育、公共就业服务、公共卫生服务等国家规定的基本公共服务。鼓励各级政府不断扩大对居住证持有人的公共服务范围并提高服务标准，缩小与户籍人口的差距。

第三节　健全促进农业转移人口市民化的机制

健全财政转移支付同农业转移人口市民化挂钩机制，建立城镇建设用地增加规模同吸纳农业转移人口落户数量挂钩机制，建立财政性建设资金对城市基础设施补贴数额与城市吸纳农业转移人口落户数量挂钩机制。维护进城落户农民土地承包权、宅基地使用权、集体收益分配权，并支持引导依法自愿有偿转让。深入推进新型城镇化综合试点。

第三十三章　优化城镇化布局和形态

加快构建以陆桥通道、沿长江通道为横轴，以沿海、京哈京广、包昆通道为纵轴，大中小城市和小城镇合理分布、协调发展的“两横三纵”城市化战略格局。

第一节　加快城市群建设发展

优化提升东部地区城市群，建设京津冀、长三角、珠三角世界级城市群，提升山东半岛、海峡西岸城市群开放竞争水平。培育中西部地区城市群，发展壮大东北地区、中原地区、长江中游、成渝地区、关中平原城市群，规划引导北部湾、山西中部、呼包鄂榆、黔中、滇中、兰州一西宁、宁夏沿黄、天山北坡城市群发展，形成更多支撑区域发展的增长极。促进以拉萨为中心、以喀什为中心的城市圈发展。建立健全城市群发展协调机制，推动跨区域城市间产业分工、基础设施、生态保护、环境治理等协调联动，实现城市群一体化高效发展。

第二节　增强中心城市辐射带动功能

发展一批中心城市，强化区域服务功能。超大城市和特大城市要加快提高国际化水平，适当疏解中心城区非核心功能，强化与周边城镇高效通勤和一体发展，促进形成都市圈。大中城市要加快产业转型升级，延伸面向腹地的产业和服务链，形成带动区域发展的增长节点。科学划定中心城区开发边界，推动城市发展由外延扩张式向内涵提升式转变。

第三节　加快发展中小城市和特色镇

以提升质量、增加数量为方向，加快发展中小城市。引导产业项目在中小城市和县城布局，完善市政基础设施和公共服务设施，推动优质教育、医疗等公共服务资源向中小城市和小城镇配置。加快拓展特大镇功能，赋予镇区人口 10 万以上的特大镇部分县级管理权限，完善设市设区标准，符合条件的县和特大镇可有序改市。因地制宜发展特色鲜明、产城融合、充满魅力的小城镇。提升边境口岸城镇功能。

第三十四章　建设和谐宜居城市

转变城市发展方式，提高城市治理能力，加大“城市病”防治力度，不断提升城市环境质量、居民生活质量和城市竞争力，努力打造和谐宜居、富有活力、各具特色的城市。

第一节　加快新型城市建设

根据资源环境承载力调节城市规模，实行绿色规划、设计、施工标准，实施生态廊道建设和生态系统修复工程，建设绿色城市。加强现代信息基础设施建设，推进大数据和物联网发展，建设智慧城市。发挥城市创新资源密集优势，打造创业乐园和创新摇篮，建设创新城市。提高城市开放度和包容性，加强文化和自然遗产保护，延续历史文脉，建设人文城市。加强城市空间开发利用管制，建设密度较高、功能融合、公交导向的紧凑城市。

第二节　加强城市基础设施建设

构建布局合理、设施配套、功能完备、安全高效的现代城市基础设施体系。加快城市供水设施改造与建设。加强市政管网等地下基础设施改造与建设。加强城市道路、停车场、交通安全等设施建设，加强城市步行和自行车交通设施建设。全面推进无障碍设施建设。严格执行城市新建居民区配套建设幼儿园、学校的规定。严格执行新建小区停车位、充电桩等配建标准。加强城市防洪防涝与调蓄、公园绿地等生态设施建设，支持海绵城市发展，完善城市公共服务设施。提高城市建筑和基础设施抗灾能力。

第三节　加快城镇棚户区和危房改造

基本完成城镇棚户区和危房改造任务。将棚户区改造与城市更新、产业转型升级更好结合起来，加快推进集中成片棚户区和城中村改造，有序推进旧住宅小区综合整治、危旧住房和非成套住房改造，棚户区改造政策覆盖全国重点镇。完善配套基础设施，加强工程质量监管。

第四节　提升城市治理水平

创新城市治理方式，改革城市管理和执法体制，推进城市精细化、全周期、合作性管理。创新城市规划理念和方法，合理确定城市规模、开发边界、开发强度和保护性空间，加强对城市空间立体性、平面协调性、风貌整体性、文脉延续性的规划管控。全面推行城市科学设计，推进城市有机更新，提倡城市修补改造。发展适用、经济、绿色、美观建筑，提高建筑技术水平、安全标准和工程质量，推广装配式建筑和钢结构建筑。

第三十五章　健全住房供应体系

构建以政府为主提供基本保障、以市场为主满足多层次需求的住房供应体系，优化住房供需结构，稳步提高居民住房水平，更好保障住有所居。

第一节　完善购租并举的住房制度

以解决城镇新居民住房需求为主要出发点，以建立购租并举的住房制度为主要方向，深化住房制度改革。对无力购买住房的居民特别是非户籍人口，支持其租房居住，对其中符合条件的困难家庭给予货币化租金补助。把公租房扩大到非户籍人口，实现公租房货币化。研究完善公务人员住房政策。

第二节　促进房地产市场健康发展

优化住房供给结构，促进市场供需平衡，保持房地产市场平稳运行。在住房供求关系紧张地区适度增加用地规模。在商品房库存较大地区，稳步化解房地产库存，扩大住房有效需求，提高棚户区改造货币化安置比例。积极发展住房租赁市场，鼓励自然人和各类机构投资者购买库存商品房，扩大租赁市场房源，鼓励发展以住房租赁为主营业务的专业化企业。促进房地产业兼并重组，提高产业集中度，开展房地产投资信托基金试点。发展旅游地产、养老地产、文化地产等新业态。加快推进住宅产业现代化，提升住宅综合品质。

第三节　提高住房保障水平

将居住证持有人纳入城镇住房保障范围。统筹规划保障性住房、棚户区改造和配套设施建设，确保建筑质量，方便住户日常生活和出行。完善投资、信贷、土地、税费等支持政策。多渠道筹集公共租赁房房源。实行实物保障与货币补贴并举，逐步加大租赁补贴发放力度。健全保障性住房投资运营和准入退出管理机制。

第三十六章　推动城乡协调发展

推动新型城镇化和新农村建设协调发展，提升县域经济支撑辐射能力，促进公共资源在城乡间均衡配置，拓展农村广阔发展空间，形成城乡共同发展新格局。

第一节　发展特色县域经济

培育发展充满活力、特色化、专业化的县域经济，提升承接城市功能转移和辐射带动乡村发展能力。依托优势资源，促进农产品精深加工、农村服务业及劳动密集型产业发展，积极探索承接产业转移新模式，融入区域性产业链和生产网络。引导农村二三产业向县城、重点乡镇及产业园区集中。扩大县域发展自主权，提高县级基本财力保障水平。

第二节　加快建设美丽宜居乡村

推进农村改革和制度创新，增强集体经济组织服务功能，激发农村发展活力。全面改善农村生产生活条件。科学规划村镇建设、农田保护、村落分布、生态涵养等空间布局。加快农村宽带、公路、危房、饮水、照明、环卫、消防等设施改造。开展新一轮农网改造升级，农网供电可靠率达到99.8%。实施农村饮水安全巩固提升工程。改善农村办学条件和教师工作生活条件，加强基层医疗卫生机构和乡村医生队伍建设。建立健全农村留守儿童和妇女、老人关爱服务体系。加强和改善农村社会治理，完善农村治安防控体系，深入推进平安乡村建设。加强农村文化建设，深入开展“星级文明户”“五好文明家庭”等创建活动，培育文明乡风、优良家风、新乡贤文化。开展农村不良风气专项治理，整治农村非法宗教活动等突出问题。开展生态文明示范村镇建设行动和农村人居环境综合整治行动，加大传统村落和民居、民族特色村镇保护力度，传承乡村文明，建设田园牧歌、秀山丽水、和谐幸福的美丽宜居乡村。

第三节 促进城乡公共资源均衡配置

统筹规划城乡基础设施网络，健全农村基础设施投入长效机制，促进水电路气信等基础设施城乡联网、生态环保设施城乡统一布局建设。把社会事业发展重点放在农村和接纳农业转移人口较多的城镇，推动城镇公共服务向农村延伸，逐步实现城乡基本公共服务制度并轨、标准统一。

第九篇 推动区域协调发展

以区域发展总体战略为基础，以“一带一路”建设、京津冀协同发展、长江经济带发展为引领，形成沿海沿江沿线经济带为主的纵向横向经济轴带，塑造要素有序自由流动、主体功能约束有效、基本公共服务均等、资源环境可承载的区域协调发展新格局。

第三十七章 深入实施区域发展总体战略

深入实施西部开发、东北振兴、中部崛起和东部率先的区域发展总体战略，创新区域发展政策，完善区域发展机制，促进区域协调、协同、共同发展，努力缩小区域发展差距。

第一节 深入推进西部大开发

把深入实施西部大开发战略放在优先位置，更好发挥“一带一路”建设对西部大开发的带动作用。加快内外联通通道和区域性枢纽建设，进一步提高基础设施水平，明显改善落后边远地区对外通行条件。大力发展绿色农产品加工、文化旅游等特色优势产业。设立一批国家级产业转移示范区，发展产业集群。依托资源环境承载力较强地区，提高资源就地加工转化比重。加强水资源科学开发和高效利用。强化生态环境保护，提升生态安全屏障功能。健全长期稳定资金渠道，继续加大转移支付和政府投资力度。加快基本公共服务均等化。加大门户城市开放力度，提升开放型经济水平。

第二节 大力推动东北地区等老工业基地振兴

加快市场取向的体制机制改革，积极推动结构调整，加大支持力度，提升东北地区等老工业基地发展活力、内生动力和整体竞争力。加快服务型政府建设，改善经商环境，加快发展民营经济。大力开展和积极鼓励创业创新，支持建设技术和产业创新中心，吸引人才等各类创新要素集聚，使创新真正成为东北地区发展的强大动力。加快发展现代化大农业，促进传统优势产业提质增效，建设产业转型升级示范区，推进先进装备制造业基地和重大技术装备战略基地建设。支持资源型城市转型发展，组织实施好老旧城区改造、沉陷区治理等重大民生工程。加快建设快速铁路网和电力外送通道。深入推进国资国企改革，加快解决厂办大集体等问题。支持建设面向俄日韩等国家的合作平台。

第三节　促进中部地区崛起

制定实施新时期促进中部地区崛起规划，完善支持政策体系，推动城镇化与产业支撑、人口集聚有机结合，形成重要战略支撑区。支持中部地区加快建设贯通南北、连接东西的现代立体交通体系和现代物流体系，培育壮大沿江沿线城市群和都市圈增长极。有序承接产业转移，加快发展现代农业和先进制造业，支持能源产业转型发展，建设一批战略性新兴产业和高技术产业基地，培育一批产业集群。加强水环境保护和治理，推进鄱阳湖、洞庭湖生态经济区和汉江、淮河生态经济带建设。加快郑州航空港经济综合实验区建设。支持发展内陆开放型经济。

第四节　支持东部地区率先发展

支持东部地区更好发挥对全国发展的支撑引领作用，增强辐射带动能力。加快实现创新驱动发展转型，打造具有国际影响力的创新高地。加快推动产业升级，引领新兴产业和现代服务业发展，打造全球先进制造业基地。加快建立全方位开放型经济体系，更高层次参与国际合作与竞争。在公共服务均等化、社会文明程度提高、生态环境质量改善等方面走在前列。推进环渤海地区合作协调发展。支持珠三角地区建设开放创新转型升级新高地，加快深圳科技、产业创新中心建设。深化泛珠三角区域合作，促进珠江一西江经济带加快发展。

第五节　健全区域协调发展机制

创新区域合作机制，加强区域间、全流域的协调协作。完善对口支援制度和措施，通过发展“飞地经济”、共建园区等合作平台，建立互利共赢、共同发展的互助机制。建立健全生态保护补偿、资源开发补偿等区际利益平衡机制。鼓励国家级新区、国家级综合配套改革试验区、重点开发开放试验区等平台体制机制和运营模式创新。

第三十八章　推动京津冀协同发展

坚持优势互补、互利共赢、区域一体，调整优化经济结构和空间结构，探索人口经济密集地区优化开发新模式，建设以首都为核心的世界级城市群，辐射带动环渤海地区和北方腹地发展。

第一节　有序疏解北京非首都功能

积极稳妥推进北京非首都功能疏解，降低主城区人口密度。重点疏解高耗能高耗水企业、区域性物流基地和专业市场、部分教育医疗和培训机构、部分行政事业性服务机构和企业总部等。高水平建设北京市行政副中心。规划建设集中承载地和“微中心”。

第二节　优化空间格局和功能定位

构建"一核双城三轴四区多节点"的空间格局。优化产业布局，推进建设京津冀协同创新共同体。北京重点发展知识经济、服务经济、绿色经济，加快构建高精尖产业结构。天津优化发展先进制造业、战略性新兴产业和现代服务业，建设全国先进制造研发基地和金融创新运营示范区。河北积极承接北京非首都功能转移和京津科技成果转化，重点建设全国现代商贸物流重要基地、新型工业化基地和产业转型升级试验区。

第三节　构建一体化现代交通网络

建设高效密集轨道交通网，强化干线铁路建设，加快建设城际铁路、市域（郊）铁路并逐步成网，充分利用现有能力开行城际、市域（郊）列车，客运专线覆盖所有地级及以上城市。完善高速公路网络，提升国省干线技术等级。构建分工协作的港口群，完善港口集疏运体系，建立海事统筹监管新模式。打造国际一流航空枢纽，构建航空运输协作机制。

第四节　扩大环境容量和生态空间

构建区域生态环境监测网络、预警体系和协调联动机制，削减区域污染物排放总量。加强大气污染联防联控，实施大气污染防治重点地区气化工程，细颗粒物浓度下降25%以上。加强饮用水源地保护，联合开展河流、湖泊、海域污染治理。划定生态保护红线，实施分区管理，建设永定河等生态廊道。加大京津保地区营造林和白洋淀、衡水湖等湖泊湿地恢复力度，共建坝上高原生态防护区、燕山—太行山生态涵养区。

第五节　推动公共服务共建共享

建设区域人力资源信息共享与服务平台，衔接区域间劳动用工和人才政策。优化教育资源布局，鼓励高等学校学科共建、资源共享，推动职业教育统筹发展。建立健全区域内双向转诊和检查结果互认制度，支持开展合作办医试点。实现养老保险关系在三省市间的顺利衔接，推动社会保险协同发展。

第三十九章　推进长江经济带发展

坚持生态优先、绿色发展的战略定位，把修复长江生态环境放在首要位置，推动长江上中下游协同发展、东中西部互动合作，建设成为我国生态文明建设的先行示范带、创新驱动带、协调发展带。

第一节　建设沿江绿色生态廊道

推进全流域水资源保护和水污染治理，长江干流水质达到或好于Ⅲ类水平。基本实现干支流沿线城镇污水垃圾全收集全处理。妥善处理好江河湖泊关系，提升调蓄能力，加强生态保护。统筹规划沿江工业与港口岸线、过江通道岸线、取排水口岸线。推进长江上中游水库群联合调度。加强流域磷矿及磷化工污染治理。实施长江防护林体系建设等重大生态修复工程，增强水源涵养、水土保持等生态功能。加强长江流域地质灾害预防和治理。加强流域重点生态功能区保护和修复。设立长江湿地保护基金。创新跨区域生态保护与环境治理联动机制，建立生态保护和补偿机制。建设三峡生态经济合作区。

第二节 构建高质量综合立体交通走廊

依托长江黄金水道，统筹发展多种交通方式。建设南京以下 12.5 米深水航道，开展宜昌至安庆航道整治，推进三峡枢纽水运新通道建设，完善三峡综合交通运输体系。优化港口布局，加快建设武汉、重庆长江中上游航运中心和南京区域性航运物流中心，加强集疏运体系建设，大力发展江海联运、水铁联运，建设舟山江海联运服务中心。推进长江船型标准化，健全智能安全保障系统。加快高速铁路和高等级公路建设。强化航空枢纽功能，完善支线机场布局。建设沿江油气主干管道，推动管道互联互通。

第三节 优化沿江城镇和产业布局

提升长三角、长江中游、成渝三大城市群功能，发挥上海“四个中心”引领作用，发挥重庆战略支点和连接点的重要作用，构建中心城市带动、中小城市支撑的网络化、组团式格局。根据资源环境承载力，引导产业合理布局和有序转移，打造特色优势产业集群，培育壮大战略性新兴产业，建设集聚度高、竞争力强、绿色低碳的现代产业走廊。加快建设国际黄金旅游带。培育特色农业区。

第四十章 扶持特殊类型地区发展

加大对革命老区、民族地区、边疆地区和困难地区的支持力度，实施边远贫困地区、边疆民族地区和革命老区人才支持计划，推动经济加快发展、人民生活明显改善。

第一节 支持革命老区开发建设

完善革命老区振兴发展支持政策，大力推动赣闽粤原中央苏区、陕甘宁、大别山、左右江、川陕等重点贫困革命老区振兴发展，积极支持沂蒙、湘鄂赣、太行、海陆丰等欠发达革命老区加快发展。加快交通、水利、能源、通信等基础设施建设，大幅提升基本公共服务水平，加大生态建设和保护力度。着力培育特色农林业等对群众增收带动性强的优势产业，大力发展红色旅游，积极有序推进能源资源开发。加快推进革命老区劳动力转移就业。

第二节 推动民族地区健康发展

把加快少数民族和民族地区发展摆到更加突出的战略位置，加大财政投入和金融支持，改善基础设施条件，提高基本公共服务能力。支持民族地区发展优势产业和特色经济。加强跨省区对口支援和对口帮扶工作。加大对西藏和四省藏区支持力度。支持新疆南疆四地州加快发展。促进少数民族事业发展，大力扶持人口较少民族发展，支持民族特需商品生产发展，保护和传承少数民族传统文化。深入开展民族团结进步示范区创建活动，促进各民族交往交流交融。

第三节　推进边疆地区开发开放

推进边境城市和重点开发开放试验区等建设。加强基础设施互联互通，加快建设对外骨干通道。推进新疆建成向西开放的重要窗口、西藏建成面向南亚开放的重要通道、云南建成面向南亚东南亚的辐射中心、广西建成面向东盟的国际大通道。支持黑龙江、吉林、辽宁、内蒙古建成向北开放的重要窗口和东北亚区域合作的中心枢纽。加快建设面向东北亚的长吉图开发开放先导区。大力推进兴边富民行动，加大边民扶持力度。

第四节　促进困难地区转型发展

加强政策支持，促进资源枯竭、产业衰退、生态严重退化等困难地区发展接续替代产业，促进资源型地区转型创新，形成多点支撑、多业并举、多元发展新格局。全面推进老工业区、独立工矿区、采煤沉陷区改造转型。支持产业衰退的老工业城市加快转型，健全过剩产能行业集中地区过剩产能退出机制。加大生态严重退化地区修复治理力度，有序推进生态移民。加快国有林场和林区改革，基本完成重点国有林区深山远山林业职工搬迁和国有林场撤并整合任务。

第四十一章　拓展蓝色经济空间

坚持陆海统筹，发展海洋经济，科学开发海洋资源，保护海洋生态环境，维护海洋权益，建设海洋强国。

第一节　壮大海洋经济

优化海洋产业结构，发展远洋渔业，推动海水淡化规模化应用，扶持海洋生物医药、海洋装备制造等产业发展，加快发展海洋服务业。发展海洋科学技术，重点在深水、绿色、安全的海洋高技术领域取得突破。推进智慧海洋工程建设。创新海域海岛资源市场化配置方式。深入推进山东、浙江、广东、福建、天津等全国海洋经济发展试点区建设，支持海南利用南海资源优势发展特色海洋经济，建设青岛蓝谷等海洋经济发展示范区。

第二节　加强海洋资源环境保护

深入实施以海洋生态系统为基础的综合管理，推进海洋主体功能区建设，优化近岸海域空间布局，科学控制开发强度。严格控制围填海规模，加强海岸带保护与修复，自然岸线保有率不低于 35%。严格控制捕捞强度，实施休渔制度。加强海洋资源勘探与开发，深入开展极地大洋科学考察。实施陆源污染物达标排海和排污总量控制制度，建立海洋资源环境承载力预警机制。建立海洋生态红线制度，实施“南红北柳”湿地修复工程和“生态岛礁”工程，加强海洋珍稀物种保护。加强海洋气候变化研究，提高海洋灾害监测、风险评估和防灾减灾能力，加强海上救灾战略预置，提升海上突发环境事故应急能力。实施海洋督察制度，开展常态化海洋督察。

第三节 维护海洋权益

有效维护领土主权和海洋权益。加强海上执法机构能力建设，深化涉海问题历史和法理研究，统筹运用各种手段维护和拓展国家海洋权益，妥善应对海上侵权行为，维护好我管辖海域的海上航行自由和海洋通道安全。积极参与国际和地区海洋秩序的建立和维护，完善与周边国家涉海对话合作机制，推进海上务实合作。进一步完善涉海事务协调机制，加强海洋战略顶层设计，制定海洋基本法。

第十篇 加快改善生态环境

以提高环境质量为核心，以解决生态环境领域突出问题为重点，加大生态环境保护力度，提高资源利用效率，为人民提供更多优质生态产品，协同推进人民富裕、国家富强、中国美丽。

第四十二章 加快建设主体功能区

强化主体功能区作为国土空间开发保护基础制度的作用，加快完善主体功能区政策体系，推动各地区依据主体功能定位发展。

第一节 推动主体功能区布局基本形成

有度有序利用自然，调整优化空间结构，推动形成以“两横三纵”为主体的城市化战略格局、以“七区二十三带”为主体的农业战略格局、以“两屏三带”为主体的生态安全战略格局，以及可持续的海洋空间开发格局。合理控制国土空间开发强度，增加生态空间。推动优化开发区域产业结构向高端高效发展，优化空间开发结构，逐年减少建设用地增量，提高土地利用效率。推动重点开发区域集聚产业和人口，培育若干带动区域协同发展的增长极。划定农业空间和生态空间保护红线，拓展重点生态功能区覆盖范围，加大禁止开发区域保护力度。

第二节 健全主体功能区配套政策体系

根据不同主体功能区定位要求，健全差别化的财政、产业、投资、人口流动、土地、资源开发、环境保护等政策，实行分类考核的绩效评价办法。重点生态功能区实行产业准入负面清单。加大对农产品主产区和重点生态功能区的转移支付力度，建立健全区域流域横向生态补偿机制。设立统一规范的国家生态文明试验区。建立国家公园体制，整合设立一批国家公园。

第三节 建立空间治理体系

以市县级行政区为单元，建立由空间规划、用途管制、差异化绩效考核等构成的空间治理体系。建立国家空间规划体系，以主体功能区规划为基础统筹各类空间性规划，推进“多规合一”。完善国土空间开发许可制度。建立资源环境承载能力监测预警机制，对接近或达到警戒线的地区实行限制性措施。实施土地、矿产等国土资源调查评价和监测工程。提升测绘地理信息服务保障能力，开展地理国情常态化监测，推进全球地理信息资源开发。

第四十三章　推进资源节约集约利用

树立节约集约循环利用的资源观，推动资源利用方式根本转变，加强全过程节约管理，大幅提高资源利用综合效益。

第一节　全面推动能源节约

推进能源消费革命。实施全民节能行动计划，全面推进工业、建筑、交通运输、公共机构等领域节能，实施锅炉（窑炉）、照明、电机系统升级改造及余热暖民等重点工程。大力开发、推广节能技术和产品，开展重大技术示范。实施重点用能单位“百千万”行动和节能自愿活动，推动能源管理体系、计量体系和能耗在线监测系统建设，开展能源评审和绩效评价。实施建筑能效提升和绿色建筑全产业链发展计划。推行节能低碳电力调度。推进能源综合梯级利用。能源消费总量控制在 50 亿吨标准煤以内。

第二节　全面推进节水型社会建设

落实最严格的水资源管理制度，实施全民节水行动计划。坚持以水定产、以水定城，对水资源短缺地区实行更严格的产业准入、取用水定额控制。加快农业、工业、城镇节水改造，扎实推进农业综合水价改革，开展节水综合改造示范。加强重点用水单位监管，鼓励一水多用、优水优用、分质利用。建立水效标识制度，推广节水技术和产品。加快非常规水资源利用，实施雨洪资源利用、再生水利用等工程。用水总量控制在 6700 亿立方米以内。

第三节　强化土地节约集约利用

严控新增建设用地，有效管控新城新区和开发区无序扩张。有序推进城镇低效用地再开发和低丘缓坡土地开发利用，推进建设用地多功能开发、地上地下立体综合开发利用，促进空置楼宇、厂房等存量资源再利用。严控农村集体建设用地规模，探索建立收储制度，盘活农村闲置建设用地。开展建设用地节约集约利用调查评价。单位国内生产总值建设用地使用面积下降 20%。

第四节　加强矿产资源节约和管理

强化矿产资源规划管控，严格分区管理、总量控制和开采准入制度，加强复合矿区开发的统筹协调。支持矿山企业技术和工艺改造，引导小型矿山兼并重组，关闭技术落后、破坏环境的矿山。大力推进绿色矿山和绿色矿业发展示范区建设，实施矿产资源节约与综合利用示范工程、矿产资源保护和储备工程，提高矿产资源开采率、选矿回收率和综合利用率。完善优势矿产限产保值机制。建立矿产资源国家权益金制度，健全矿产资源税费制度。开展找矿突破行动。

第五节　大力发展循环经济

实施循环发展引领计划，推进生产和生活系统循环链接，加快废弃物资源化利用。按照物质流和关联度统筹产业布局，推进园区循环化改造，建设工农复合型循环经济示范区，促进企业间、园区内、产业间耦合共生。推进城市矿山开发利用，做好工业固废等大宗废弃物资源化利用，加快建设城市餐厨废弃物、建筑垃圾和废旧纺织品等资源化利用和无害化处理系统，规范发展再制造。实行生产者责任延伸制度。健全再生资源回收利用网络，加强生活垃圾分类回收与再生资源回收的衔接。

第六节　倡导勤俭节约的生活方式

倡导合理消费，力戒奢侈消费，制止奢靡之风。在生产、流通、仓储、消费各环节落实全面节约要求。管住公款消费，深入开展反过度包装、反食品浪费、反过度消费行动，推动形成勤俭节约的社会风尚。推广城市自行车和公共交通等绿色出行服务系统。限制一次性用品使用。

第七节　建立健全资源高效利用机制

实施能源和水资源消耗、建设用地等总量和强度双控行动，强化目标责任，完善市场调节、标准控制和考核监管。建立健全用能权、用水权、碳排放权初始分配制度，创新有偿使用、预算管理、投融资机制，培育和发展交易市场。健全节能、节水、节地、节材、节矿标准体系，提高建筑节能标准，实现重点行业、设备节能标准全覆盖。强化节能评估审查和节能监察。建立健全中央对地方节能环保考核和奖励机制，进一步扩大节能减排财政政策综合示范。建立统一规范的国有自然资源资产出让平台。组织实施能效、水效领跑者引领行动。

第四十四章　加大环境综合治理力度

创新环境治理理念和方式，实行最严格的环境保护制度，强化排污者主体责任，形成政府、企业、公众共治的环境治理体系，实现环境质量总体改善。

第一节　深入实施污染防治行动计划

制订城市空气质量达标计划，严格落实约束性指标，地级及以上城市重污染天数减少25%，加大重点地区细颗粒物污染治理力度。构建机动车船和燃料油环保达标监管体系。提高城市燃气化率。强化道路、施工等扬尘监管，禁止秸秆露天焚烧。加强重点流域、海域综合治理，严格保护良好水体和饮用水水源，加强水质较差湖泊综合治理与改善。推进水功能区分区管理，主要江河湖泊水功能区水质达标率达到80%以上。开展地下水污染调查和综合防治。实施土壤污染分类分级防治，优先保护农用地土壤环境质量安全，切实加强建设用地土壤环境监管。

第二节　大力推进污染物达标排放和总量减排

实施工业污染源全面达标排放计划。完善污染物排放标准体系，加强工业污染源监督性监测，公布未达标企业名单，实施限期整改。城市建成区内污染严重企业实施有序搬迁改造或依法关闭。开展全国第二次污染源普查。改革主要污染物总量控制制度，扩大污染物总量控制范围。在重点区域、重点行业推进挥发性有机物排放总量控制，全国排放总量下降 10%以上。对中小型燃煤设施、城中村和城乡结合区域等实施清洁能源替代工程。沿海和汇入富营养化湖库的河流沿线所有地级及以上城市实施总氮排放总量控制。实施重点行业清洁生产改造。

第三节　严密防控环境风险

实施环境风险全过程管理。加强危险废物污染防治，开展危险废物专项整治。加大重点区域、有色等重点行业重金属污染防治力度。加强有毒有害化学物质环境和健康风险评估能力建设。推进核设施安全改进和放射性污染防治，强化核与辐射安全监管体系和能力建设。

第四节　加强环境基础设施建设

加快城镇垃圾处理设施建设，完善收运系统，提高垃圾焚烧处理率，做好垃圾渗滤液处理处置；加快城镇污水处理设施和管网建设改造，推进污泥无害化处理和资源化利用，实现城镇生活污水、垃圾处理设施全覆盖和稳定达标运行，城市、县城污水集中处理率分别达到 95%和 85%。建立全国统一、全面覆盖的实时在线环境监测监控系统，推进环境保护大数据建设。

第五节　改革环境治理基础制度

切实落实地方政府环境责任，开展环保督察巡视，建立环境质量目标责任制和评价考核机制。实行省以下环保机构监测监察执法垂直管理制度，探索建立跨地区环保机构，推行全流域、跨区域联防联控和城乡协同治理模式。推进多污染物综合防治和统一监管，建立覆盖所有固定污染源的企业排放许可制，实行排污许可“一证式”管理。建立健全排污权有偿使用和交易制度。严格环保执法，开展跨区域联合执法，强化执法监督和责任追究。建立企业环境信用记录和违法排污黑名单制度，强化企业污染物排放自行监测和环境信息公开，畅通公众参与渠道，完善环境公益诉讼制度。实行领导干部环境保护责任离任审计。

第四十五章　加强生态保护修复

坚持保护优先、自然恢复为主，推进自然生态系统保护与修复，构建生态廊道和生物多样性保护网络，全面提升各类自然生态系统稳定性和生态服务功能，筑牢生态安全屏障。

第一节　全面提升生态系统功能

开展大规模国土绿化行动，加强林业重点工程建设，完善天然林保护制度，全面停止天然林商业性采伐，保护培育森林生态系统。发挥国有林区林场在绿化国土中的带动作用。创新产权模式，引导社会资金投入植树造林。严禁移植天然大树进城。扩大退耕还林还草，保护治理草原生态系统，推进禁牧休牧轮牧和天然草原退牧还草，加强“三化”草原治理，草原植被综合盖度达到56%。保护修复荒漠生态系统，加快风沙源区治理，遏制沙化扩展。保障重要河湖湿地及河口生态水位，保护修复湿地与河湖生态系统，建立湿地保护制度。

第二节　推进重点区域生态修复

坚持源头保护、系统恢复、综合施策，推进荒漠化、石漠化、水土流失综合治理。继续实施京津风沙源治理二期工程。强化三江源等江河源头和水源涵养区生态保护。加大南水北调水源地及沿线生态走廊、三峡库区等区域生态保护力度，推进沿黄生态经济带建设。支持甘肃生态安全屏障综合示范区建设。开展典型受损生态系统恢复和修复示范。完善国家地下水监测系统，开展地下水超采区综合治理。建立沙化土地封禁保护制度。有步骤对居住在自然保护区核心区与缓冲区的居民实施生态移民。

第三节　扩大生态产品供给

丰富生态产品，优化生态服务空间配置，提升生态公共服务供给能力。加大风景名胜区、森林公园、湿地公园、沙漠公园等保护力度，加强林区道路等基础设施建设，适度开发公众休闲、旅游观光、生态康养服务和产品。加快城乡绿道、郊野公园等城乡生态基础设施建设，发展森林城市，建设森林小镇。打造生态体验精品线路，拓展绿色宜人的生态空间。

第四节　维护生物多样性

实施生物多样性保护重大工程。强化自然保护区建设和管理，加大典型生态系统、物种、基因和景观多样性保护力度。开展生物多样性本底调查与评估，完善观测体系。科学规划和建设生物资源保护库圃，建设野生动植物人工种群保育基地和基因库。严防并治理外来物种入侵和遗传资源丧失。强化野生动植物进出口管理，严厉打击象牙等野生动植物制品非法交易。

第四十六章　积极应对全球气候变化

坚持减缓与适应并重，主动控制碳排放，落实减排承诺，增强适应气候变化能力，深度参与全球气候治理，为应对全球气候变化作出贡献。

第一节　有效控制温室气体排放

有效控制电力、钢铁、建材、化工等重点行业碳排放，推进工业、能源、建筑、交通等重点领域低碳发展。支持优化开发区域率先实现碳排放达到峰值。深化各类低碳试点，实施近零碳排放区示范工程。控制非二氧化碳温室气体排放。推动建设全国统一的碳排放交易市场，实行重点单位碳排放报告、核查、核证和配额管理制度。健全统计核算、评价考核和责任追究制度，完善碳排放标准体系。加大低碳技术和产品推广应用力度。

第二节　主动适应气候变化

在城乡规划、基础设施建设、生产力布局等经济社会活动中充分考虑气候变化因素，适时制定和调整相关技术规范标准，实施适应气候变化行动计划。加强气候变化系统观测和科学研究，健全预测预警体系，提高应对极端天气和气候事件能力。

第三节　广泛开展国际合作

坚持共同但有区别的责任原则、公平原则、各自能力原则，积极承担与我国基本国情、发展阶段和实际能力相符的国际义务，落实强化应对气候变化行动的国家自主贡献。积极参与应对全球气候变化谈判，推动建立公平合理、合作共赢的全球气候治理体系。深化气候变化多双边对话交流与务实合作。充分发挥气候变化南南合作基金作用，支持其他发展中国家加强应对气候变化能力。

第四十七章　健全生态安全保障机制

加强生态文明制度建设，建立健全生态风险防控体系，提升突发生态环境事件应对能力，保障国家生态安全。

第一节　完善生态环境保护制度

落实生态空间用途管制，划定并严守生态保护红线，确保生态功能不降低、面积不减少、性质不改变。建立森林、草原、湿地总量管理制度。加快建立多元化生态补偿机制，完善财政支持与生态保护成效挂钩机制。建立覆盖资源开采、消耗、污染排放及资源性产品进出口等环节的绿色税收体系。研究建立生态价值评估制度，探索编制自然资源资产负债表，建立实物量核算账户。实行领导干部自然资源资产离任审计。建立健全生态环境损害评估和赔偿制度，落实损害责任终身追究制度。

第二节　加强生态环境风险监测预警和应急响应

建立健全国家生态安全动态监测预警体系，定期对生态风险开展全面调查评估。健全国家、省、市、县四级联动的生态环境事件应急网络，完善突发生态环境事件信息报告和公开机制。严格环境损害赔偿，在高风险行业推行环境污染强制责任保险。

第四十八章　发展绿色环保产业

培育服务主体，推广节能环保产品，支持技术装备和服务模式创新，完善政策机制，促进节能环保产业发展壮大。

第一节　扩大环保产品和服务供给

完善企业资质管理制度，鼓励发展节能环保技术咨询、系统设计、设备制造、工程施工、运营管理等专业化服务。推行合同能源管理、合同节水管理和环境污染第三方治理。鼓励社会资本进入环境基础设施领域，开展小城镇、园区环境综合治理托管服务试点。发展一批具有国际竞争力的大型节能环保企业，推动先进适用节能环保技术产品走出去。统筹推行绿色标识、认证和政府绿色采购制度。建立绿色金融体系，发展绿色信贷、绿色债券，设立绿色发展基金。完善煤矸石、余热余压、垃圾和沼气等发电上网政策。加快构建绿色供应链产业体系。

第二节　发展环保技术装备

增强节能环保工程技术和设备制造能力，研发、示范、推广一批节能环保先进技术装备。加快低品位余热发电、小型燃气轮机、细颗粒物治理、汽车尾气净化、垃圾渗滤液处理、污泥资源化、多污染协同处理、土壤修复治理等新型技术装备研发和产业化。推广高效烟气除尘和余热回收一体化、高效热泵、半导体照明、废弃物循环利用等成熟适用技术。

第十一篇　构建全方位开放新格局

以“一带一路”建设为统领，丰富对外开放内涵，提高对外开放水平，协同推进战略互信、投资经贸合作、人文交流，努力形成深度融合的互利合作格局，开创对外开放新局面。

第四十九章　完善对外开放战略布局

全面推进双向开放，促进国内国际要素有序流动、资源高效配置、市场深度融合，加快培育国际竞争新优势。

第一节　完善对外开放区域布局

加强内陆沿边地区口岸和基础设施建设，开辟跨境多式联运交通走廊。发展外向型产业集群，形成各有侧重的对外开放基地。加快海关特殊监管区域整合优化升级，提高边境经济合作区、跨境经济合作区发展水平。提升经济技术开发区的对外合作水平。以内陆中心城市和城市群为依托，建设内陆开放战略支撑带。支持沿海地区全面参与全球经济合作和竞争，发挥环渤海、长三角、珠三角地区的对外开放门户作用，率先对接国际高标准投资和贸易规则体系，培育具有全球竞争力的经济区。支持宁夏等内陆开放型经济试验区建设。支持中新（重庆）战略性互联互通示范项目。推进双边国际合作产业园建设。探索建立舟山自由贸易港区。

第二节　深入推进国际产能和装备制造合作

以钢铁、有色、建材、铁路、电力、化工、轻纺、汽车、通信、工程机械、航空航天、船舶和海洋工程等行业为重点，采用境外投资、工程承包、技术合作、装备出口等方式，开展国际产能和装备制造合作，推动装备、技术、标准、服务走出去。建立产能合作项目库，推动重大示范项目建设。引导企业集群式走出去，因地制宜建设境外产业集聚区。加快拓展多双边产能合作机制，积极与发达国家合作共同开拓第三方市场。建立企业、金融机构、地方政府、商协会等共同参与的统筹协调和对接机制。完善财税、金融、保险、投融资平台、风险评估等服务支撑体系。

第三节　加快对外贸易优化升级

实施优进优出战略，推动外贸向优质优价、优进优出转变，加快建设贸易强国。促进货物贸易和服务贸易融合发展，大力发展生产性服务贸易，服务贸易占对外贸易比重达到16%以上。巩固提升传统出口优势，促进加工贸易创新发展。优化对外贸易布局，推动出口市场多元化，提高新兴市场比重，巩固传统市场份额。鼓励发展新型贸易方式。发展出口信用保险。积极扩大进口，优化进口结构，更多进口先进技术装备和优质消费品。积极应对国外技术性贸易措施，强化贸易摩擦预警，化解贸易摩擦和争端。

第四节　提升利用外资和对外投资水平

扩大开放领域，放宽准入限制，积极有效引进境外资金和先进技术，提升利用外资综合质量。放开育幼、建筑设计、会计审计等服务领域外资准入限制，扩大银行、保险、证券、养老等市场准入。鼓励外资更多投向先进制造、高新技术、节能环保、现代服务业等领域和中西部及东北地区，支持设立研发中心。鼓励金融机构和企业在境外融资。支持企业扩大对外投资，深度融入全球产业链、价值链、物流链。建设一批大宗商品境外生产基地及合作园区。积极搭建对外投资金融和信息服务平台。

第五十章　健全对外开放新体制

完善法治化、国际化、便利化的营商环境，健全有利于合作共赢、同国际投资贸易规则相适应的体制机制。

第一节　营造优良营商环境

营造公平竞争的市场环境、高效廉洁的政务环境、公正透明的法律政策环境和开放包容的人文环境。统一内外资法律法规，制定外资基础性法律，保护外资企业合法权益。提高自由贸易试验区建设质量，深化在服务业开放、金融开放和创新、投资贸易便利化、事中事后监管等方面的先行先试，在更大范围推广复制成功经验。对外资全面实行准入前国民待遇加负面清单管理制度。完善外商投资国家安全审查制度。创新外资监管服务方式。建立便利跨境电子商务等新型贸易方式的体制，全面推进国际贸易单一窗口、一站式作业、一体化通关和政府信息共享共用、口岸风险联防联控。健全服务贸易促进体系，发挥贸易投资促进机构、行业协会商会等的作用。加强知识产权保护和反垄断执法，深化执法国际合作。

第二节 完善境外投资管理体制

完善境外投资发展规划和重点领域、区域、国别规划体系。健全备案为主、核准为辅的对外投资管理体制，健全对外投资促进政策和服务体系，提高便利化水平。推动个人境外投资，健全合格境内个人投资者制度。建立国有资本、国有企业境外投资审计制度，健全境外经营业绩考核和责任追究制度。

第三节 扩大金融业双向开放

有序实现人民币资本项目可兑换，提高可兑换、可自由使用程度，稳步推进人民币国际化，推进人民币资本走出去。逐步建立外汇管理负面清单制度。放宽境外投资汇兑限制，改进企业和个人外汇管理。放宽跨国公司资金境外运作限制，逐步提高境外放款比例。支持保险业走出去，拓展保险资金境外投资范围。统一内外资企业及金融机构外债管理，稳步推进企业外债登记制管理改革，健全本外币全口径外债和资本流动审慎管理框架体系。加强国际收支监测。推进资本市场双向开放，提高股票、债券市场对外开放程度，放宽境内机构境外发行债券，以及境外机构境内发行、投资和交易人民币债券。提高金融机构国际化水平，加强海外网点布局，完善全球服务网络，提高国内金融市场对境外机构开放水平。

第四节 强化对外开放服务保障

推动同更多国家签署高标准双边投资协定、司法协助协定、税收协定，争取同更多国家互免或简化签证手续。构建高效有力的海外利益保护体系，维护我国公民和法人海外合法权益。健全反走私综合治理机制，完善反洗钱、反恐怖融资、反逃税监管措施，完善风险防范体制机制。提高海外安全保障能力和水平，完善领事保护制度，提供风险预警、投资促进、权益保障等便利服务。强化涉外法律服务，建立知识产权跨境维权援助机制。

第五十一章 推进“一带一路”建设

秉持亲诚惠容，坚持共商共建共享原则，开展与有关国家和地区多领域互利共赢的务实合作，打造陆海内外联动、东西双向开放的全面开放新格局。

第一节 健全“一带一路”合作机制

围绕政策沟通、设施联通、贸易畅通、资金融通、民心相通，健全“一带一路”双边和多边合作机制。推动与沿线国家发展规划、技术标准体系对接，推进沿线国家间的运输便利化安排，开展沿线大通关合作。建立以企业为主体、以项目为基础、各类基金引导、企业和机构参与的多元化融资模式。加强同国际组织和金融组织机构合作，积极推进亚洲基础设施投资银行、金砖国家新开发银行建设，发挥丝路基金作用，吸引国际资金共建开放多元共赢的金融合作平台。充分发挥广大海外侨胞和归侨侨眷的桥梁纽带作用。

第二节 畅通“一带一路”经济走廊

推动中蒙俄、中国—中亚—西亚、中国—中南半岛、新亚欧大陆桥、中巴、孟中印缅等国际经济合作走廊建设，推进与周边国家基础设施互联互通，共同构建连接亚洲各次区域以及亚欧非之间的基础设施网络。加强能源资源和产业链合作，提高就地加工转化率。支持中欧等国际集装箱运输和邮政班列发展。建设上合组织国际物流园和中哈物流合作基地。积极推进“21 世纪海上丝绸之路”战略支点建设，参与沿线重要港口建设与经营，推动共建临港产业集聚区，畅通海上贸易通道。推进公铁水及航空多式联运，构建国际物流大通道，加强重要通道、口岸基础设施建设。建设新疆丝绸之路经济带核心区、福建“21 世纪海上丝绸之路”核心区。打造具有国际航运影响力的海上丝绸之路指数。

第三节 共创开放包容的人文交流新局面

办好“一带一路”国际高峰论坛，发挥丝绸之路（敦煌）国际文化博览会等作用。广泛开展教育、科技、文化、体育、旅游、环保、卫生及中医药等领域合作。构建官民并举、多方参与的人文交流机制，互办文化年、艺术节、电影节、博览会等活动，鼓励丰富多样的民间文化交流，发挥妈祖文化等民间文化的积极作用。联合开发特色旅游产品，提高旅游便利化。加强卫生防疫领域交流合作，提高合作处理突发公共卫生事件能力。推动建立智库联盟。

第五十二章 积极参与全球经济治理

推动国际经济治理体系改革完善，积极引导全球经济议程，维护和加强多边贸易体制，促进国际经济秩序朝着平等公正、合作共赢的方向发展，共同应对全球性挑战。

第一节 维护多边贸易体制主渠道地位

坚持互利共赢原则，促进全球贸易投资的自由化和便利化，坚定反对各种形式的贸易保护主义。维护世界贸易组织在全球贸易投资中的主渠道地位，推动多边贸易谈判进程，促进多边贸易体制均衡、共赢、包容发展，形成公正、合理、透明的国际经贸规则体系。

第二节 强化区域和双边自由贸易体制建设

加快实施自由贸易区战略，逐步构筑高标准自由贸易区网络。积极同“一带一路”沿线国家和地区商建自由贸易区，加快区域全面经济伙伴关系协定、中国—海合会、中日韩自贸区等谈判，推动与以色列、加拿大、欧亚经济联盟和欧盟等建立自贸关系以及亚太自贸区相关工作。全面落实中韩、中澳等自由贸易协定和中国—东盟自贸区升级议定书。继续推进中美、中欧投资协定谈判。

第三节 推动完善国际经济治理体系

积极参与全球经济治理机制合作，支持主要全球治理平台和区域合作平台更好发挥作用，推动全球治理体制更加公平合理。支持发展中国家平等参与全球经济治理，促进国际货币体系和国际金融监管改革。加强宏观经济政策国际协调，促进全球经济平衡、金融安全、稳定增长。积极参与网络、深海、极地、空天等领域国际规则制定。积极参与国际标准制定。办好二十国集团杭州峰会。

第五十三章　积极承担国际责任和义务

扩大对外援助规模，完善对外援助方式，为发展中国家提供更多免费的人力资源、发展规划、经济政策等方面咨询培训，扩大科技教育、医疗卫生、防灾减灾、环境治理、野生动植物保护、减贫等领域对外合作和援助，加大人道主义援助力度。积极落实2030年可持续发展议程。推动形成多元化开发性融资格局。维护国际公共安全，反对一切形式的恐怖主义，积极支持并参与联合国维和行动，加强防扩散国际合作，参与管控热点敏感问题，共同维护国际通道安全。加强多边和双边协调，参与国际网络空间治理，维护全球网络安全。推动反腐败国际合作。

第十二篇　深化内地和港澳、大陆和台湾地区合作发展

支持港澳巩固传统优势、培育发展新优势，拓宽两岸关系和平发展道路，更好实现经济互补互利、共同发展。

第五十四章　支持香港、澳门长期繁荣稳定发展

全面准确贯彻“一国两制”、“港人治港”、“澳人治澳”、高度自治的方针，严格依照宪法和基本法办事，发挥港澳独特优势，提升港澳在国家经济发展和对外开放中的地位和功能，支持港澳发展经济、改善民生、推进民主、促进和谐。

第一节　支持港澳提升经济竞争力

支持香港巩固和提升国际金融、航运、贸易三大中心地位，强化全球离岸人民币业务枢纽地位和国际资产管理中心功能，推动融资、商贸、物流、专业服务等向高端高增值方向发展。支持香港发展创新及科技事业，培育新兴产业。支持香港建设亚太区国际法律及解决争议服务中心。支持澳门建设世界旅游休闲中心、中国与葡语国家商贸合作服务平台，积极发展会展商贸等产业，促进经济适度多元可持续发展。

第二节　深化内地与港澳合作

支持港澳参与国家双向开放、“一带一路”建设，鼓励内地与港澳企业发挥各自优势，通过多种方式合作走出去。加大内地对港澳开放力度，推动内地与港澳关于建立更紧密经贸关系安排升级。深化内地与香港金融合作，加快两地市场互联互通。加深内地同港澳在社会、民生、文化、教育、环保等领域交流合作，支持内地与港澳开展创新及科技合作，支持港澳中小微企业和青年人在内地发展创业。支持共建大珠三角优质生活圈，加快前海、南沙、横琴等粤港澳合作平台建设。支持港澳在泛珠三角区

域合作中发挥重要作用，推动粤港澳大湾区和跨省区重大合作平台建设。

第五十五章　推进两岸关系和平发展和祖国统一进程

坚持“九二共识”和一个中国原则，坚决反对“台独”。在坚持原则立场基础上，以互利共赢方式深化两岸经济合作，扩大两岸合作领域，增进两岸同胞福祉，巩固和推进两岸关系和平发展。

第一节　促进两岸经济融合发展

加强两岸宏观政策交流，拓展经济合作空间和共同利益。推动两岸产业优势互补、融合发展，鼓励两岸企业相互持股、合作创新、共创品牌、共拓市场。深化两岸金融合作，支持两岸资本市场开展多层次合作。推动两岸贸易投资扩大规模、提升层次。扩大对台湾服务业开放，加强两岸在农渔业、中小企业、电子商务等领域合作。推进海峡西岸经济区、中国（福建）自由贸易试验区建设，打造台商投资区、平潭综合实验区、福州新区、昆山深化两岸产业合作试验区等对台合作平台，深化厦门对台合作支点建设。鼓励长三角、珠三角、环渤海等台资企业聚集区发挥优势，支持台资企业转型升级，引导向中西部地区梯度转移。

第二节　加强两岸人文社会交流

扩大两岸人员往来，完善台湾同胞待遇政策措施，为台湾居民在大陆工作、学习、生活提供更多便利。加强两岸文化交流合作，共同弘扬中华文化，增进两岸同胞文化、民族认同。深化两岸教育交流合作，扩大两岸高校学历互认范围，推进闽台职业教育交流合作试验区建设。鼓励两岸联合开展科技研发合作，深化两岸学术交流。加强两岸基层和青少年交流，让更多台湾普通民众、青少年和中小企业在交流合作中受益。

第十三篇　全力实施脱贫攻坚

充分发挥政治优势和制度优势，贯彻精准扶贫、精准脱贫基本方略，创新扶贫工作机制和模式，采取超常规措施，加大扶贫攻坚力度，坚决打赢脱贫攻坚战。

第五十六章　推进精准扶贫精准脱贫

按照扶贫对象精准、项目安排精准、资金使用精准、措施到户精准、因村派人精准、脱贫成效精准的要求，切实提高扶贫实效，稳定实现农村贫困人口不愁吃、不愁穿，义务教育、基本医疗和住房安全有保障。

第一节　创新扶贫开发方式

根据致贫原因和脱贫需求，对贫困人口实行分类精准扶持。通过发展特色产业、转移就业、易地扶贫搬迁、生态保护扶贫、教育培训、开展医疗保险和医疗救助等措施，实现约 5000 万建档立卡贫困人口脱贫；通过实行社保政策兜底，实现其余完全或部分丧失劳动能力的贫困人口脱贫。探索资产收益扶持制度，通过土地托管、扶持资金折股量化、农村土地经营权入股等方式，让贫困人口分享更多资产收益。

第二节　健全精准扶贫工作机制

全面做好精准识别、建档立卡工作。加强贫困人口动态统计监测，建立精准扶贫台账，加强定期核查和有进有出动态管理。建立贫困户脱贫认定机制，制定严格规范透明的贫困县退出标准、程序、核查办法。建立扶贫工作绩效社会监督机制，开展贫困地区群众扶贫满意度调查，建立扶贫政策落实情况跟踪审计和扶贫成效第三方评估机制。

第五十七章　支持贫困地区加快发展

把革命老区、民族地区、边疆地区、集中连片贫困地区作为脱贫攻坚重点，持续加大对集中连片特殊困难地区的扶贫投入力度，增强造血能力，实现贫困地区农民人均可支配收入增长幅度高于全国平均水平，基本公共服务主要领域指标接近全国平均水平。

第一节　加强贫困地区基础设施建设

因地制宜解决贫困地区通路、通水、通电、通网络等问题。构建贫困地区外通内联的交通运输通道。建设15.2万千米通建制村沥青（水泥）路。加强贫困地区水利建设，全面解决贫困人口饮水安全问题，大力扶持贫困地区农村水电开发。加大贫困地区农网改造力度。宽带网络覆盖90%以上的贫困村。加大以工代赈投入力度，支持贫困地区中小型公益性基础设施建设。继续实施整村推进，加快改善贫困村生产生活条件。

第二节　提高贫困地区公共服务水平

把建档立卡贫困户放在优先位置，全面完成危房改造，切实保障贫困户住房安全。改善贫困地区基本公共服务，提高教育质量和医疗服务水平。集中实施一批文化惠民扶贫项目，推动贫困地区县级公共文化体育设施达到国家标准。

第五十八章　完善脱贫攻坚支撑体系

完善扶贫脱贫扶持政策，健全扶贫工作机制，创新各类扶贫模式及其考评体系，为脱贫攻坚提供强有力支撑。

第一节　强化政策保障

加大中央和省级财政扶贫投入，发挥政策性金融、开发性金融、商业性金融和合作性金融的互补作用，整合各类扶贫资源，拓宽资金来源渠道。优先保证扶贫开发用地需要，专项安排贫困县年度新增建设用地计划指标。加大贫困地区土地整治支持力度，允许贫困县将城乡建设用地增减挂钩指标在省域范围内使用。对在贫困地区开发水电、矿产资源占用集体土地的，试行给原住居民集体股权方式进行补偿。完善资源开发收益分享机制，使贫困地区更多分享开发收益。加大科技扶贫力度。实施贫困地区人才支持计划和本土人才培养计划。

第二节　健全广泛参与机制

健全东西扶贫协作和党政机关、部队、人民团体、国有企业定点扶贫机制。鼓励支持民营企业、社会组织、个人参与扶贫开发，引导社会扶贫重心下移，实现社会帮扶资源和精准扶贫有效对接。创新参与模式，鼓励设立产业投资基金和公益信托基金，实施扶贫志愿者行动计划和社会工作专业人才服务贫困地区计划。着力打造扶贫公益品牌。

第三节　落实脱贫工作责任制

进一步完善中央统筹、省（自治区、直辖市）负总责、市（地）县抓落实的工作机制。强化脱贫工作责任考核，全面落实扶贫开发工作成效考核办法，对贫困县重点考核脱贫成效。建立扶贫工作督查制度，强化责任追究。

第十四篇　提升全民教育和健康水平

把提升人的发展能力放在突出重要位置，全面提高教育、医疗卫生水平，着力增强人民科学文化和健康素质，加快建设人力资本强国。

第五十九章　推进教育现代化

全面贯彻党的教育方针，坚持教育优先发展，加快完善现代教育体系，全面提高教育质量，促进教育公平，培养德智体美全面发展的社会主义建设者和接班人。

第一节　加快基本公共教育均衡发展

建立城乡统一、重在农村的义务教育经费保障机制，加大公共教育投入向中西部和民族边远贫困地区的倾斜力度。科学推进城乡义务教育公办学校标准化建设，改善薄弱学校和寄宿制学校办学条件，优化教育布局，努力消除城镇学校“大班额”，基本实现县域校际资源均衡配置，义务教育巩固率提高到95%。加强教师队伍特别是乡村教师队伍建设，落实乡村教师支持计划，通过政府购买岗位等方式，解决结构性、阶段性、区域性教师短缺问题。改善乡村教学环境。鼓励普惠性幼儿园发展，加强农村普惠性学前教育，实施学前教育三年行动计划，学前三年毛入园率提高到85%。普及高中阶段教育，率先从建档立卡的家庭经济困难学生实施普通高中免除学杂费，高中阶段教育毛入学率达到90%以上。提升残疾人群特殊教育普及水平、条件保障和教育质量。积极推进民族教育发展，科学稳妥推行双语教育，加大双语教师培训力度。

第二节　推进职业教育产教融合

完善现代职业教育体系，加强职业教育基础能力建设。推动具备条件的普通本科高校向应用型转变。推行产教融合、校企合作的应用型人才和技术技能人才培养模式，促进职业学校教师和企业技术人才双向交流。推动专业设置、课程内容、教学方式与生产实践对接。促进职业教育与普通教育双向互认、纵向流动。逐步分类推进中等职业教育免除学杂费，实行国家基本职业培训包制度。

第三节　提升大学创新人才培养能力

推进现代大学制度建设，完善学校内部治理结构。建设一流师资队伍，用新理论、新知识、新技术更新教学内容。完善高等教育质量保障体系。推进高等教育分类管理和高等学校综合改革，优化学科专业布局，改革人才培养机制，实行学术人才和应用人才分类、通识教育和专业教育相结合的培养制度，强化实践教学，着力培养学生创意创新创业能力。深入实施中西部高等教育振兴计划，扩大重点高校对中西部和农村地区招生规模。全面提高高校创新能力，统筹推进世界一流大学和一流学科建设。

第四节　加快学习型社会建设

大力发展继续教育，构建惠及全民的终身教育培训体系。推动各类学习资源开放共享，办好开放大学，发展在线教育和远程教育，整合各类数字教育资源向全社会提供服务。建立个人学习账号和学分累计制度，畅通继续教育、终身学习通道，制定国家资历框架，推进非学历教育学习成果、职业技能等级学分转换互认。发展老年教育。

第五节　增强教育改革发展活力

深化教育改革，增强学生社会责任感、法治意识、创新精神、实践能力，全面加强体育卫生、心理健康、艺术审美教育，培养创新兴趣和科学素养。深化考试招生制度和教育教学改革。推行初高中学业水平考试和综合素质评价。全面推开中小学教师职称制度改革，改善教师待遇。推动现代信息技术与教育教学深度融合。依法保障教育投入。实行管办评分离，扩大学校办学自主权，完善教育督导，加强社会监督。建立分类管理、差异化扶持的政策体系，鼓励社会力量和民间资本提供多样化教育服务。完善资助体系，实现家庭经济困难学生资助全覆盖。

第六十章　推进健康中国建设

深化医药卫生体制改革，坚持预防为主的方针，建立健全基本医疗卫生制度，实现人人享有基本医疗卫生服务，推广全民健身，提高人民健康水平。

第一节　全面深化医药卫生体制改革

实行医疗、医保、医药联动，推进医药分开，建立健全覆盖城乡居民的基本医疗卫生制度。全面推进公立医院综合改革，坚持公益属性，破除逐利机制，降低运行成本，逐步取消药品加成，推进医疗服务价格改革，完善公立医院补偿机制。建立现代医院管理制度，落实公立医院独立法人地位，建立符合医疗卫生行业特点的人事薪酬制度。完善基本药物制度，深化药品、耗材流通体制改革，健全药品供应保障机制。

鼓励研究和创制新药，将已上市创新药和通过一致性评价的药品优先列入医保目录。鼓励社会力量兴办健康服务业，推进非营利性民营医院和公立医院同等待遇。强化全行业监管，提高医疗服务质量，保障医疗安全。优化从医环境，完善纠纷调解机制，构建和谐医患关系。

第二节 健全全民医疗保障体系

健全医疗保险稳定可持续筹资和报销比例调整机制，完善医保缴费参保政策。全面实施城乡居民大病保险制度，健全重特大疾病救助和疾病应急救助制度。降低大病慢性病医疗费用。改革医保管理和支付方式，合理控制医疗费用，实现医保基金可持续平衡。改进个人账户，开展门诊费用统筹。城乡医保参保率稳定在95%以上。加快推进基本医保异地就医结算，实现跨省异地安置退休人员住院医疗费用直接结算。整合城乡居民医保政策和经办管理。鼓励商业保险机构参与医保经办。将生育保险和基本医疗保险合并实施。鼓励发展补充医疗保险和商业健康保险。探索建立长期护理保险制度，开展长期护理保险试点。完善医疗责任险制度。

第三节 加强重大疾病防治和基本公共卫生服务

完善国家基本公共卫生服务项目和重大公共卫生服务项目，提高服务质量效率和均等化水平。提升基层公共卫生服务能力。加强妇幼健康、公共卫生、肿瘤、精神疾病防控、儿科等薄弱环节能力建设。实施慢性病综合防控战略，有效防控心脑血管疾病、糖尿病、恶性肿瘤、呼吸系统疾病等慢性病和精神疾病。加强重大传染病防控，降低全人群乙肝病毒感染率，艾滋病疫情控制在低流行水平，肺结核发病率降至58/10万，基本消除血吸虫病危害，消除疟疾、麻风病危害。做好重点地方病防控工作。加强口岸卫生检疫能力建设，严防外来重大传染病传入。开展职业病危害普查和防控。增加艾滋病防治等特殊药物免费供给。加强全民健康教育，提升健康素养。大力推进公共场所禁烟。深入开展爱国卫生运动和健康城市建设。加强国民营养计划和心理健康服务。

第四节 加强妇幼卫生保健及生育服务

全面推行住院分娩补助制度，向孕产妇免费提供生育全过程的基本医疗保健服务。加强出生缺陷综合防治，建立覆盖城乡居民，涵盖孕前、孕期、新生儿各阶段的出生缺陷防治免费服务制度。全面提高妇幼保健服务能力，加大妇女儿童重点疾病防治力度，提高妇女常见病筛查率和早诊早治率，加强儿童疾病防治和预防伤害。全面实施贫困地区儿童营养改善和新生儿疾病筛查项目。婴儿死亡率、5岁以下儿童死亡率、孕产妇死亡率分别降为7.5‰、9.5‰、18/10万。

第五节 完善医疗服务体系

优化医疗机构布局，推动功能整合和服务模式创新。加强专业公共卫生机构、基层医疗卫生机构和医院之间的分工协作，健全上下联动、衔接互补的医疗服务体系，完善基层医疗服务模式，推进全科医生（家庭医生）能力提高及电子健康档案等工作，实施家庭签约医生模式。全面建立分级诊疗制度，以提高基层医疗服务能力为重点，完善服务网络、运行机制和激励机制，实行差别化的医保支付和价格政策，形成科学合理就医秩序，基本实现基层首诊、双向转诊、上下联动、急慢分治。加强医疗卫生队伍建设，实施全民健康卫生人才保障工程和全科医生、儿科医生培养使用计划，健全住院医师规范化培训制度。通过改善从业环境和薪酬待遇，促进医疗资源向中西部地区倾斜、向基层和农村流动。完善医师多点执业制度。全面实施临床路径。提升健康信息服务和大数据应用能力，发展远程医疗和智慧医疗。每千人口执业（助理）医师数达到2.5名。

第六节　促进中医药传承与发展

健全中医医疗保健服务体系，创新中医药服务模式，提升基层服务能力。加强中医临床研究基地和科研机构建设。发展中医药健康服务。开展中药资源普查，加强中药资源保护，建立中医古籍数据库和知识库。加快中药标准化建设，提升中药产业水平。建立大宗、道地和濒危药材种苗繁育基地，促进中药材种植业绿色发展。支持民族医药发展。推广中医药适宜技术，推动中医药服务走出去。

第七节　广泛开展全民健身运动

实施全民健身战略。发展体育事业，加强群众健身活动场地和设施建设，推行公共体育设施免费或低收费开放。实施青少年体育活动促进计划，培育青少年体育爱好和运动技能，推广普及足球、篮球、排球、冰雪等运动，完善青少年体质健康监测体系。发展群众健身休闲项目，鼓励实行工间健身制度，实行科学健身指导。促进群众体育与竞技体育全面协调发展。鼓励社会力量发展体育产业。做好北京2022年冬季奥运会筹办工作。

第八节　保障食品药品安全

实施食品安全战略。完善食品安全法规制度，提高食品安全标准，强化源头治理，全面落实企业主体责任，实施网格化监管，提高监督检查频次和抽检监测覆盖面，实行全产业链可追溯管理。开展国家食品安全城市创建行动。深化药品医疗器械审评审批制度改革，探索按照独立法人治理模式改革审评机构。推行药品经营企业分级分类管理。加快完善食品监管制度，健全严密高效、社会共治的食品药品安全治理体系。加大农村食品药品安全治理力度，完善对网络销售食品药品的监管。加强食品药品进口监管。

第十五篇　提高民生保障水平

按照人人参与、人人尽力、人人享有的要求，坚守底线、突出重点、完善制度、引导预期，注重机会公平，保障基本民生，不断提高人民生活水平，实现全体人民共同迈入全面小康社会。

第六十一章　增加公共服务供给

坚持普惠性、保基本、均等化、可持续方向，从解决人民最关心最直接最现实的利益问题入手，增强政府职责，提高公共服务共建能力和共享水平。

第一节　促进基本公共服务均等化

围绕标准化、均等化、法制化，加快健全国家基本公共服务制度，完善基本公共服务体系。建立国家基本公共服务清单，动态调整服务项目和标准，促进城乡区域间服务项目和标准有机衔接。合理增加中央和省级政府基本公共服务事权和支出责任。健全基层服务网络，加强资源整合，提高管理效率，推动服务项目、服务流程、审核监管公开透明。

第二节　满足多样化公共服务需求

开放市场并完善监管，努力增加非基本公共服务和产品供给。积极推动医疗、养老、文化、体育等领域非基本公共服务加快发展，丰富服务产品，提高服务质量，提供个性化服务方案。积极应用新技术、发展新业态，促进线上线下服务衔接，让人民群众享受高效便捷优质服务。

第三节　创新公共服务提供方式

推动供给方式多元化，能由政府购买服务提供的，政府不再直接承办；能由政府和社会资本合作提供的，广泛吸引社会资本参与。制定发布购买公共服务目录，推行特许经营、定向委托、战略合作、竞争性评审等方式，引入竞争机制。创新从事公益服务事业单位体制机制，健全法人治理结构，推动从事生产经营活动事业单位转制为企业。

第六十二章　实施就业优先战略

实施更加积极的就业政策，创造更多就业岗位，着力解决结构性就业矛盾，鼓励以创业带就业，实现比较充分和高质量就业。

第一节　推动实现更高质量的就业

把促进充分就业作为经济社会发展优先目标、放在更加突出位置，坚持分类施策，提高劳动参与率，稳定并扩大城镇就业规模。落实高校毕业生就业促进和创业引领计划，搭建创新创业平台，健全高校毕业生自主创业、到基层就业的激励政策。促进农村富余劳动力转移就业和外出务工人员返乡创业。加强对灵活就业、新就业形态的扶持，促进劳动者自主就业。做好退役军人就业安置工作。加强就业援助，对就业困难人员实行实名制动态管理和分类帮扶，做好“零就业”家庭帮扶工作。加大再就业支持力度。不断改善劳动条件，规范劳动用工制度，落实职工带薪年休假制度。严禁各种形式的就业歧视。规范就业中介服务。健全劳动关系协调机制，加强劳动保障监察和争议调解仲裁，维护职工合法权益，保障非正规就业劳动者权益，全面治理拖欠农民工工资问题，建立和谐劳动关系。

第二节　提高公共就业创业服务能力

完善就业创业服务体系，推行终身职业技能培训制度。开展贫困家庭子女、未升学初高中毕业生、农民工、失业人员和转岗职工、退役军人和残疾人免费接受职业培训行动。完善高技能人才职称评定、技术等级认定等政策。完善就业失业统计指标体系，健全失业监测预警机制，发布城镇调查失业率数据，强化对部分地区、行业规模性失业的监测和应对。提高公共就业创业服务信息化水平，推进各类就业信息共享开放。

第六十三章　缩小收入差距

正确处理公平和效率关系，坚持居民收入增长和经济增长同步、劳动报酬提高和劳动生产率提高同步，持续增加城乡居民收入，规范初次分配，加大再分配调节力度，调整优化国民收入分配格局，努力缩小全社会收入差距。

第一节　完善初次分配制度

完善市场评价要素贡献并按贡献分配的机制。健全科学的工资水平决定机制、正常增长机制、支付保障机制，推行企业工资集体协商制度，完善最低工资增长机制。健全高技能人才薪酬体系，提高技术工人待遇。完善适应机关事业单位特点的工资制度。加强对国有企业薪酬分配的分类监管。注重发挥收入分配政策激励作用，扩展知识、技术和管理要素参与分配途径。多渠道增加城乡居民财产性收入。

第二节　健全再分配调节机制

实行有利于缩小收入差距的政策，明显增加低收入劳动者收入，扩大中等收入者比重。加快建立综合和分类相结合的个人所得税制度。将一些高档消费品和高消费行为纳入消费税征收范围。完善鼓励回馈社会、扶贫济困的税收政策。健全针对困难群体的动态社会保障兜底机制。增加财政民生支出，公共资源出让收益更多用于民生保障，逐步提高国有资本收益上缴公共财政比例。

第三节　规范收入分配秩序

保护合法收入，规范隐性收入，遏制以权力、行政垄断等非市场因素获取收入，取缔非法收入。严格规范工资外收入和非货币性福利。全面推行非现金结算，建立健全自然人收入和财产信息系统，完善收入统计调查和监测体系。

第六十四章　改革完善社会保障制度

坚持全民覆盖、保障适度、权责清晰、运行高效，稳步提高社会保障统筹层次和水平，建立健全更加公平、更可持续的社会保障制度。

第一节 完善社会保险体系

实施全民参保计划，基本实现法定人员全覆盖。坚持精算平衡，完善筹资机制，分清政府、企业、个人等的责任。适当降低社会保险费率。完善统账结合的城镇职工基本养老保险制度，构建包括职业年金、企业年金和商业保险的多层次养老保险体系，持续扩大覆盖面。实现职工基础养老金全国统筹。完善职工养老保险个人账户制度，健全参保缴费激励约束机制，建立基本养老金合理调整机制。推出税收递延型养老保险。更好发挥失业、工伤保险作用，增强费率确定的灵活性，优化调整适用范围。建立更加便捷的社会保险转移接续机制。划转部分国有资本充实社保基金，拓宽社会保险基金投资渠道，加强风险管理，提高投资回报率。大幅提升灵活就业人员、农民工等群体参加社会保险比例。加强公共服务设施和信息化平台建设，实施社会保障卡工程，持卡人口覆盖率达到90%。

第二节 健全社会救助体系

统筹推进城乡社会救助体系建设，完善最低生活保障制度，强化政策衔接，推进制度整合，确保困难群众基本生活。加强社会救助制度与其他社会保障制度、专项救助与低保救助统筹衔接。构建综合救助工作格局，丰富救助服务内容，合理提高救助标准，实现社会救助“一门受理、协同办理”。建立健全社会救助家庭经济状况核对机制，努力做到应救尽救、应退尽退。开展“救急难”综合试点，加强基层流浪乞讨救助服务设施建设。

第三节 支持社会福利和慈善事业发展

健全以扶老、助残、爱幼、济困为重点的社会福利制度。建立家庭养老支持政策，提增家庭养老扶幼功能。做好困境儿童福利保障工作。完善儿童收养制度。加强优抚安置工作。发展公益性基本殡葬服务，支持公共殡仪馆、公益性骨灰安放（葬）设施和墓地建设。加快公办福利机构改革，加强福利设施建设，优化布局和资源共享。大力支持专业社会工作和慈善事业发展，健全经常性社会捐助机制。广泛动员社会力量开展社会救济和社会互助、志愿服务活动。

第六十五章 积极应对人口老龄化

开展应对人口老龄化行动，加强顶层设计，构建以人口战略、生育政策、就业制度、养老服务、社保体系、健康保障、人才培养、环境支持、社会参与等为支撑的人口老龄化应对体系。

第一节 促进人口均衡发展

坚持计划生育的基本国策，全面实施一对夫妇可生育两个孩子政策。改革完善计划生育服务管理，完善生育登记服务制度。提高生殖健康、妇幼保健、托幼等公共服务水平。做好相关经济社会政策与全面两孩政策的有效衔接。完善农村计划生育家庭奖励扶助和特别扶助制度，加强对失独家庭的关爱和帮助。做好优生优育的全程服务。注重家庭发展。综合治理出生人口性别比偏高问题。全国总人口 14.2 亿人左右。

完善人口发展战略，建立健全人口与发展综合决策机制。综合应对劳动年龄人口下降，实施渐进式延迟退休年龄政策，加强老年人力资源开发，增强大龄劳动力就业能力。开展重大经济社会政策人口影响评估，健全人口动态监测机制。

第二节　健全养老服务体系

建立以居家为基础、社区为依托、机构为补充的多层次养老服务体系。统筹规划建设公益性养老服务设施，支持面向失能老年人的老年养护院、社区日间照料中心等设施建设。全面建立针对经济困难高龄、失能老年人的补贴制度。加强老龄科学研究。实施养老护理人员培训计划，加强专业化养老服务护理人员和管理人才队伍建设。推动医疗卫生和养老服务相结合。完善与老龄化相适应的福利慈善体系。推进老年宜居环境建设。全面放开养老服务市场，通过购买服务、股权合作等方式支持各类市场主体增加养老服务和产品供给。加强老年人权益保护，弘扬敬老、养老、助老社会风尚。

第六十六章　保障妇女未成年人和残疾人基本权益

坚持男女平等基本国策和儿童优先，切实加强妇女、未成年人、残疾人等社会群体权益保护，公平参与并更多分享发展成果。

第一节　促进妇女全面发展

实施妇女发展纲要。保障妇女平等获得就学、就业、婚姻财产和参与社会事务等权利和机会，保障农村妇女土地权益，提高妇女参与决策管理水平。加强妇女扶贫减贫、劳动保护、卫生保健、生育关怀、社会福利、法律援助等工作。严厉打击拐卖妇女儿童、暴力侵害妇女等违法犯罪行为。消除对妇女的歧视和偏见，改善妇女发展环境。

第二节　关爱未成年人健康成长

实施儿童发展纲要。强化对未成年人生存权、发展权、受保护权、参与权的依法保障和社会责任。完善未成年人监护制度，构建未成年人关爱社会网络，健全社区未成年人保护与服务体系。消除童工现象。制订实施青年发展规划，营造良好成长成才环境，促进学校教育、家庭教育、社会教育协调互动，培养青少年勤学、修德、明辨、笃实的良好品质，激发青少年活力和创造力。加强学校及周边社会治安综合治理，严厉打击危害未成年人身心健康的违法犯罪行为。加强未成年人心理健康引导。有效预防未成年人犯罪。鼓励青少年更多参与志愿服务和社会公益活动。

第三节　提升残疾人服务保障水平

支持残疾人事业发展，建立健全残疾人基本福利制度，实现残疾人基本民生兜底保障。完善重度残疾人医疗报销制度。优先保障残疾人基本住房。完善残疾人就业创业扶持政策，健全公共机构为残疾人提供就业岗位制度。加强残疾人康复和托养设施建设，鼓励社会力量提供服务。加强残疾人无障碍设施建设和维护。实施0—6岁残疾儿童康复、贫困残疾人基本型辅助器具适配等重点康复工程。建设康复大学，培养康复专业技术人才。

第十六篇　加强社会主义精神文明建设

坚持社会主义先进文化前进方向，坚持以人民为中心的工作导向，坚持把社会效益放在首位、社会效益和经济效益相统一，加快文化改革发展，推动物质文明和精神文明协调发展，建设社会主义文化强国。

第六十七章　提升国民文明素质

以社会主义核心价值观为引领，加强思想道德建设和社会诚信建设，弘扬中华传统美德和时代新风，倡导科学精神和人文精神，全面提高国民素质和社会文明程度。

第一节　培育和践行社会主义核心价值观

用中国梦和社会主义核心价值观凝聚共识、汇聚力量，增强国家意识、法治意识、道德意识、社会责任意识、生态文明意识。加强理想信念教育，深化中国特色社会主义理论体系的学习研究宣传，把社会主义核心价值观贯穿融入经济社会发展各领域和社会生活各方面。通过教育引导、舆论宣传、文化熏陶、行为实践、制度保障，使社会主义核心价值观内化为人们的坚定信念，外化为人们的自觉行动，增强全社会的道路自信、理论自信、制度自信。加强和改进基层宣传思想文化工作。推进公民道德建设，培育正确的道德判断和道德责任。

第二节　推进哲学社会科学创新

实施哲学社会科学创新工程，构建哲学社会科学创新体系。加强思想理论工作平台和学科建设，深入实施马克思主义理论研究和建设工程。深化治国理政新理念新思想新战略的研究阐释。发展中国特色社会主义政治经济学。重点建设50—100家国家高端智库。

第三节　传承发展优秀传统文化

构建中华优秀传统文化传承体系，实现传统文化创造性转化和创新性发展。广泛开展优秀传统文化普及活动并纳入国民教育，继承五四运动以来的革命文化传统。大力推行和规范使用国家语言文字。加强文物保护利用，杜绝破坏性开发和不当经营。加强非物质文化遗产保护与传承，振兴传统工艺，传承发展传统戏曲。发展民族民间文化，扶持民间文化社团组织发展。

第四节　深化群众性精神文明创建活动

广泛开展文明城市、文明村镇、文明单位、文明家庭、文明校园等群众性精神文明创建活动，深化学雷锋志愿服务活动。发挥重要传统节日、重大礼仪活动、公益广告的思想熏陶和文化教育功能。普及科学知识，推动全民阅读，公民具备科学素质的比例超过10%。深入开展惠民演出、艺术普及等活动。培育良好家风、乡风、校风、行风，营造现代文明风尚。

第六十八章　丰富文化产品和服务

推进文化事业和文化产业双轮驱动，实施重大文化工程和文化名家工程，为全体人民提供昂扬向上、多姿多彩、怡养情怀的精神食粮。

第一节　繁荣发展社会主义文艺

扶持优秀文化作品创作生产，推出更多传播当代中国价值观念、体现中华文化精神、反映中国人审美追求的精品力作。更好发挥政府投入和各类基金作用，鼓励内容和形式创新，支持文艺院团发展，加强排演场所建设。加强文艺理论和评论工作。建设德艺双馨的文艺队伍。

第二节　构建现代公共文化服务体系

推进基本公共文化服务标准化、均等化。完善公共文化设施网络，加强基层文化服务能力建设。加大对老少边穷地区文化建设帮扶力度。加快公共数字文化建设。加强文化产品、惠民服务与群众文化需求对接。鼓励社会力量参与公共文化服务。继续推进公共文化设施免费开放。繁荣发展文学艺术、新闻出版、广播影视和体育事业。加强老年人、未成年人、农民工、残疾人等群体的文化权益保障。

第三节　加快发展现代文化产业

加快发展网络视听、移动多媒体、数字出版、动漫游戏等新兴产业，推动出版发行、影视制作、工艺美术等传统产业转型升级。推进文化业态创新，大力发展创意文化产业，促进文化与科技、信息、旅游、体育、金融等产业融合发展。推动文化企业兼并重组，扶持中小微文化企业发展。加快全国有线电视网络整合和智能化建设。扩大和引导文化消费。

第四节　建设现代传媒体系

加强主流媒体建设，提高舆论引导水平，增强传播力公信力影响力。以先进技术为支撑、内容建设为根本，推动传统媒体和新兴媒体在内容、渠道、平台、经营、管理等方面深度融合，建设“内容＋平台＋终端”的新型传播体系，打造一批新型主流媒体和传播载体。优化媒体结构，规范传播秩序。

第五节　加强网络文化建设

实施网络内容建设工程，丰富网络文化内涵，鼓励推出优秀网络原创作品，大力发展网络文艺，发展积极向上的网络文化。创新符合网络传播规律的网上宣传方式，提升网络舆情分析和引导能力。加强互联网分类管理，强化运营主体的社会责任。推进文明办网、文明上网，引导广大青年争当“中国好网民”，倡导网络公益活动，净化网络环境。

第六节　深化文化体制改革

健全党委领导、政府管理、行业自律、社会监督、企事业单位依法运营的文化管理体制。深化公益性文化单位改革。推动文化企业建立有文化特色的现代企业制度。健全国有文化资产管理体制。降低社会资本进入门槛，鼓励非公有制文化企业发展。开展新闻出版传媒企业特殊管理股试点。健全现代文化市场体系，落实完善文化经济政策。深入开展“扫黄打非”，加强市场监管，提升综合执法能力。

第六十九章　提高文化开放水平

加大中外人文交流力度，创新对外传播、文化交流、文化贸易方式，在交流互鉴中展示中华文化独特魅力，推动中华文化走向世界。

第一节　拓展文化交流与合作空间

推动政府合作和民间交流互促共进，增进文化互信和人文交流。推进国际汉学交流。完善海外中国文化中心建设运营机制。支持海外侨胞开展中外人文交流。鼓励文化企业对外投资合作，推进文化产品和服务出口，努力开拓国际文化市场。积极吸收借鉴国外优秀文化成果、先进文化经营管理理念，鼓励外资企业在华进行文化科技研发和服务外包。维护国家文化安全。

第二节　加强国际传播能力建设

拓展海外传播网络，丰富传播渠道和手段。打造旗舰媒体，推进合作传播，加强与国际大型传媒集团的合资合作，发挥各类信息网络设施的文化传播作用。打造符合国际惯例和国别特征、具有我国文化特色的话语体系，运用生动多样的表达方式，增强文化传播亲和力。

第十七篇　加强和创新社会治理

加强社会治理基础制度建设，构建全民共建共享的社会治理格局，提高社会治理能力和水平，实现社会充满活力、安定和谐。

第七十章　完善社会治理体系

完善党委领导、政府主导、社会协同、公众参与、法治保障的社会治理体制，实现政府治理和社会调节、居民自治良性互动。

第一节　提升政府治理能力和水平

创新政府治理理念，强化法治意识和服务意识，寓管理于服务，以服务促管理。改进政府治理方式，充分运用现代科技改进社会治理手段，推进社会治理精细化，加强源头治理、动态管理、应急处置和标本兼治。健全政府信息发布制度。加强基层政府服务能力建设。建立国家人口基础信息库，加强人口管理、实名登记、信用体系、危机预警干预等制度建设。完善政府社会治理考核问责机制。

第二节　增强社区服务功能

完善城乡社区治理体制，依法厘清基层政府和社区组织权责边界，建立社区、社会组织、社会工作者联动机制。健全城乡社区综合服务管理平台，促进公共服务、便民利民服务、志愿服务有机衔接，实现一站式服务。实现城市社区综合服务设施全覆盖，推进农村社区综合服务设施建设。提升社区工作者队伍职业素质。注册志愿者人数占居民人口比例达到13％。

第三节　发挥社会组织作用

健全社会组织管理制度，形成政社分开、权责明确、依法自治的现代社会组织体制。推动登记制度改革，实行分类登记制度。支持行业协会商会类、科技类、公益慈善类、社区服务类社会组织发展。加快行业协会商会与行政机关脱钩，健全法人治理结构。推进有条件的事业单位转为社会组织，推动社会组织承接政府转移职能。加强综合监督和诚信建设，更好发挥自律、他律、互律作用。

第四节　增强社会自我调节功能

引导公众用社会公德、职业道德、家庭美德、个人品德等道德规范修身律己，自觉履行法定义务、社会责任和家庭责任，自觉遵守和维护社会秩序。加强行业规范、社会组织章程、村规民约、社区公约等社会规范建设，充分发挥社会规范在协调社会关系、约束社会行为等方面的积极作用。

第五节　完善公众参与机制

依法保障居民知情权、参与权、决策权和监督权，完善公众参与治理的制度化渠道。对关系公众切身利益的重大决策，以居民会议、议事协商、民主听证等形式，广泛征求公众意见建议。完善村务公开、居务公开、民主评议等途径，加强公众监督评估。

第六节　健全权益保障和矛盾化解机制

健全利益表达、协调机制，引导群众依法行使权利、表达诉求、解决纠纷。完善行政复议、仲裁、诉讼等法定诉求表达机制，发挥人大代表、政协委员、人民团体、社会组织等的诉求表达功能。全面推行阳光信访，落实及时就地化解责任，完善涉法涉诉信访依法终结制度。落实重大决策社会稳定风险评估制度，完善调解、仲裁、行政裁决、行政复议、诉讼等有机衔接、相互协调的多元化纠纷解决机制。健全利益保护机制，保障群众权利得到公平对待、有效维护。健全社会心理服务体系，加强对特殊人群的心理疏导和矫治。

第七十一章　完善社会信用体系

加快推进政务诚信、商务诚信、社会诚信和司法公信等重点领域信用建设，推进信用信息共享，健全激励惩戒机制，提高全社会诚信水平。

第一节　健全信用信息管理制度

全面实施统一社会信用代码制度。制定全国统一的信用信息采集和管理标准。依法推进信用信息在采集、共享、使用、公开等环节的分类管理，加强涉及个人隐私和商业秘密的信用信息保护。加快推动信用立法。

第二节　强化信用信息共建共享

建立信息披露和诚信档案制度，加快完善各类市场主体和社会成员信用记录。加强部门、行业和地方信用信息整合，建立企业信用信息归集机制，完善全国信用信息共享平台，建设国家企业信用信息公示系统。依法推进全社会信用信息资源开放共享。

第三节　健全守信激励和失信惩戒机制

建立守信奖励激励机制。在市场监管和公共服务过程中，对诚实守信者实行提供便利化服务等激励政策。健全多部门、跨地区、跨行业联动响应和联合惩戒机制，强化企业信用依法公示和监管，建立各行业失信黑名单制度和市场退出机制。

第四节　培育规范信用服务市场

建立公共和社会信用服务机构互为补充、信用信息基础服务和增值服务相辅相成的多层次信用服务组织体系。推动信用服务产品开发创新和广泛运用。支持征信、信用评级机构规范发展，提高服务质量和国际竞争力。健全征信和信用服务市场监管体系。

第七十二章　健全公共安全体系

牢固树立安全发展观念，坚持人民利益至上，加强全民安全意识教育，健全公共安全体系，为人民安居乐业、社会安定有序、国家长治久安编织全方位、立体化的公共安全网，建设平安中国。

第一节　全面提高安全生产水平

建立责任全覆盖、管理全方位、监管全过程的安全生产综合治理体系，构建安全生产长效机制。完善和落实安全生产责任、考核机制和管理制度，实行党政同责、一岗双责、失职追责，严格落实企业主体责任。加快安全生产法律法规和标准的制定修订。改革安全评审制度，健全多方参与、风险管控、隐患排查化解和预警应急机制，强化安全生产和职业健康监管执法，遏制重特大安全事故频发势头。加强隐患排查治理和预防控制体系、安全生产监管信息化和应急救援、监察监管能力等建设。实施危险化学品和化工企业生产、仓储安全环保搬迁工程。加强交通安全防控网络等安全生产基础能力建设，强化电信、电网、路桥、供水、油气等重要基础设施安全监控保卫。实施全民安全素质提升工程。有效遏制重特大安全事故，单位国内生产总值生产安全事故死亡率下降30%。

第二节　提升防灾减灾救灾能力

坚持以防为主、防抗救相结合，全面提高抵御气象、水旱、地震、地质、海洋等自然灾害综合防范能力。健全防灾减灾救灾体制，完善灾害调查评价、监测预警、防治应急体系。建立城市避难场所。健全救灾物资储备体系，提高资源统筹利用水平。加快建立巨灾保险制度。制定应急救援社会化有偿服务、物资装备征用补偿、救援人员人身安全保险和伤亡抚恤等政策。广泛开展防灾减灾宣传教育和演练。

第三节　创新社会治安防控体系

完善社会治安综合治理体制机制，以信息化为支撑加快建设社会治安立体防控体系，建设基础综合服务管理平台。大力推进基础信息化、警务实战化、执法规范化、队伍正规化建设。构建群防群治、联防联治的社会治安防控网，加快推进网上综合防控体系建设。实施社会治安重点部位、重点领域、重点地区联动管控和排查整治。加强打击违法犯罪、禁毒、防范处理邪教等基础能力建设。

第四节　强化突发事件应急体系建设

建成与公共安全风险相匹配、覆盖应急管理全过程和全社会共同参与的突发事件应急体系。加强应急基础能力建设，健全完善重大危险源、重要基础设施的风险管控体系，增强突发事件预警发布和应急响应能力，提升基层应急管理水平。加强大中城市反恐应变能力建设。强化危险化学品处置、海上溢油、水上搜救打捞、核事故应急、紧急医疗救援等领域核心能力，加强应急资源协同保障能力建设。建立应急征收征用补偿制度，完善应急志愿者管理，实施公众自救互救能力提升工程。提高境外涉我突发事件应对能力。

第七十三章　建立国家安全体系

深入贯彻总体国家安全观，实施国家安全战略，不断提高国家安全能力，切实保障国家安全。

第一节　健全国家安全保障体制机制

制定实施政治、国土、经济、社会、资源、网络等重点领域国家安全政策，明确中长期重点领域安全目标和政策措施，提高应对各种风险挑战的能力。加强国家安全科技和装备建设，建立健全国家安全监测预警体系，强化不同领域监测预警系统的高效整合，提升安全信息搜集分析和处理能力。建立外部风险冲击分类分等级预警制度。加强重大安全风险监测评估，制定国家安全重大风险事件应急处置预案。健全国家安全审查制度和机制。对重要领域、重大改革、重大工程、重大项目、重大政策等进行安全风险评估。建立重点领域维护国家安全工作协调机制，加强国家安全工作组织协调。

第二节　保障国家政权主权安全

建立健全跨部门跨地区联合工作机制，依法严密防范和严厉打击敌对势力渗透颠覆破坏活动、暴力恐怖活动、民族分裂活动、宗教极端活动。加强反恐怖专业力量建设。加强反恐国际合作。加强反间谍工作。加强网上主权空间对敌斗争和网络舆情管控，遏制敌对势力和恐怖势力利用网络空间进行渗透破坏活动。加强边境技防体系建设。高度重视做好意识形态领域工作，切实维护意识形态安全。

第三节　防范化解经济安全风险

坚持底线思维、预防为主，维护战略性资源、关键产业、财政金融、资本跨境流动等领域国家经济安全。加强重要经济指标的动态监测和研判，制定重要经济领域风险应对预案。统筹应对去过剩产能、去商品房库存和去债务杠杆过程中的财政金融风险，以可控方式和节奏主动释放风险。加强对金融市场异常波动、风险传递和金融新业态风险的监管应对。完善全口径政府债务管理，推动地方政府融资平台市场化转型，有效化解地方政府债务风险。拓宽银行业不良资产处置渠道，完善流动性风险管理工具和应急预案，严厉打击非法集资。防范企业债务风险。提高能源、矿产资源、水资源、粮食、生态环保、安全生产、网络等方面风险防控能力。健全国家战略物资储备，构建产品产能产地储备相结合的国家战略资源能源储备体系。

第四节　加强国家安全法治建设

贯彻落实国家安全法，出台相关实施细则。推进国家经济安全、防扩散、国家情报、网络安全、出口管制、外国代理人登记、外资安全审查等涉及国家安全的立法工作，加快健全国家安全法律制度体系，充分运用法律手段维护国家安全。

第十八篇　加强社会主义民主法治建设

坚持中国共产党领导、人民当家做主、依法治国有机统一，加快建设社会主义法治国家，发展社会主义政治文明。

第七十四章　发展社会主义民主政治

坚持和完善人民代表大会制度、中国共产党领导的多党合作和政治协商制度、民族区域自治制度以及基层群众自治制度，扩大公民有序政治参与，充分发挥我国社会主义政治制度优越性。加强协商民主制度建设，构建程序合理、环节完整的协商民主体系，进一步加强政党协商，拓宽国家政权机关、政协组织、党派团体、基层组织、社会组织的协商渠道。完善基层民主制度，畅通民主渠道，健全基层选举、议事、公开、述职、问责等机制。开展形式多样的基层民主协商，推进基层协商制度化。

第七十五章　全面推进法治中国建设

坚持依法治国、依法执政、依法行政共同推进，坚持法治国家、法治政府、法治社会一体建设，建设中国特色社会主义法治体系，建设社会主义法治国家。

第一节　完善以宪法为核心的中国特色社会主义法律体系

维护宪法尊严、权威，健全宪法实施和监督制度。完善立法体制，加强党对立法工作的领导，健全有立法权的人大主导立法工作的体制机制，加强和改进政府立法制度建设，明确立法权力边界。深入推进科学立法、民主立法，加强人大对立法工作的组织协调，健全立法起草、论证、协调、审议机制，健全立法机关主导、社会各方有序参与立法的途径和方式。加快重点领域立法，坚持立改废释并举，完善社会主义市场经济和社会治理法律制度，加快形成完备的法律规范体系。

第二节　加快建设法治政府

全面实施法治政府建设实施纲要，深入推进依法行政，依法设定权力、行使权力、制约权力、监督权力，实现政府活动全面纳入法治轨道。依法全面履行政府职能，完善行政组织和行政程序法律制度，推进机构、职能、权限、程序、责任法定化。完善重大行政决策程序制度，健全依法决策机制。深化行政执法体制改革，推行综合执法，健全行政执法和刑事司法衔接机制。坚持严格规范公正文明执法，最大限度地缩小自由裁量权。健全执法考核评价体系。完善审计制度，保障依法独立行使审计监督权。

第三节　促进司法公正

深化司法体制改革，完善对权利的司法保障、对权力的司法监督，建设公正高效权威的社会主义司法制度。健全司法权力分工负责、互相配合、互相制约机制，完善审级制度、司法组织体系和案件管辖制度。探索设立跨行政区划的人民法院和人民检察院。强化司法人员职业保障，完善确保依法独立公正行使审判权和检察权的制度。全面推进审判公开、检务公开、警务公开、狱务公开，加强人权司法保障。加强对司法活动的监督，健全司法机关内部监督制约机制。完善司法机关办案责任制，落实谁办案谁负责。加强监狱、强制戒毒、社区矫正、安置帮教、司法鉴定等设施建设。

第四节　全面推进法治社会建设

推进多层次多领域依法治理，提高社会治理法治化水平。加强法治文化建设，弘扬社会主义法治精神，增强全社会特别是公职人员尊法学法守法用法观念，在全社会形成良好法治氛围和法治习惯。深入开展“七五”普法，把法治教育纳入国民教育体系，健全公民和组织守法信用记录。完善法律服务体系，加强律师等法律人才和法律服务队伍建设，推进覆盖城乡居民的公共法律服务体系建设，完善法律援助制度，健全司法救助体系。

第七十六章　加强党风廉政建设和反腐败斗争

党风廉政建设和反腐败斗争永远在路上，反腐不能停步、不能放松。坚持全面从严治党，落实“三严三实”要求，严明党的纪律和规矩，落实党风廉政建设主体责任和监督责任，强化责任追究。贯彻中央八项规定精神，坚持不懈纠正“四风”，健全改进作风长效机制。坚决整治和纠正侵害群众利益的不正之风和腐败问题，坚持有腐必反、有贪必肃，巩固反腐败成果，构建不敢腐、不能腐、不想腐的有效机制，努力实现干部清正、政府清廉、政治清明，为经济社会发展营造良好政治生态。

把权力关进制度的笼子，强化权力运行制约和监督，坚持用制度管权管事管人，铲除权力腐败的温床，让人民监督权力，保证权力在阳光下运行。规范领导干部职责权限，建立科学的问责程序和制度，强化领导干部经济责任审计。健全政府内部权力制约机制，加强对权力部门的监察和审计监督。

第十九篇　统筹经济建设和国防建设

坚持发展和安全兼顾、富国和强军统一，实施军民融合发展战略，形成全要素、多领域、高效益的军民深度融合发展格局，全面推进国防和军队现代化。

第七十七章　全面推进国防和军队建设

以党在新形势下的强军目标为引领，贯彻新形势下军事战略方针和改革强军战略，全面推进军队革命化、现代化、正规化建设。加强军队党的建设和思想政治建设，深入贯彻落实古田全军政治工作会议精神，培育“四有”新一代革命军人。深入推进依法治军、从严治军，加快军事立法工作，构建与形势任务和新领导指挥体制相适应的军事法规体系。加强各方向各领域军事斗争准备，发挥军事需求牵引作用，优化军事战略布局，积极经略重大安全领域，加强新型作战力量建设，加强国防科技、装备和现代后勤发展建设，扎实开展实战化军事训练，着力提高基于网络信息体系的联合作战能力。基本完成国防和军队改革目标任务，基本实现机械化，信息化取得重大进展，构建能够打赢信息化战争、有效履行使命任务的中国特色现代军事力量体系。加强国际军事交流与合作，积极参加国际维和行动。

第七十八章　推进军民深度融合发展

在经济建设中贯彻国防需求，在国防建设中合理兼顾民用需要。完善军民融合发展体制机制，健全军民融合发展的组织管理、工作运行和政策制度体系。建立国家和各省（自治区、直辖市）军民融合领导机构。推进军民融合发展立法。坚持军地资源优化配置、合理共享、平战结合，促进经济领域和国防领域技术、人才、资金、信息等要素交流，加强军地在基础设施、产业、科技、教育和社会服务等领域的统筹发展。探索建立军民融合项目资金保障机制。深化国防科技工业体制改革，建立国防科技协同创新机制，实施国防科技工业强基工程。改革国防科研生产和武器装备采购体制机制，加快军工体系开放竞争和科技成果转化，引导优势民营企业进入军品科研生产和维修领域。加快军民通用标准化体系建设。实施军民融合发展工程，在海洋、太空、网络空间等领域推出一批重大项目和举措，打造一批军民融合创新示范区，增强先进技术、产业产品、基础设施等军民共用的协调性。加强国防边海防基础设施建设。

深化国防动员领域改革，健全完善国防动员体制机制。加强以爱国主义为核心的全民国防教育，强化全民国防观念。加强后备力量建设，突出海上动员力量建设，增强基于打赢战争和服务国家大局需要的组织动员、快速反应、支援保障能力。加强现代化武装警察部队建设。加强人民防空工程建设和维护管理。加强对退役军人管理保障工作的组织领导，健全服务保障体系和相关政策制度。密切军政军民团结。党政军警民合力强边固防，大力推进政治安边、富民兴边、军事强边、外交睦边、科技控边，提高边境综合管控能力，维护边境地区安全稳定。增强新疆生产建设兵团综合实力和自我发展能力，加快向南发展，充分发挥维稳戍边功能。

第二十篇　强化规划实施保障

保障“十三五”规划有效实施，要在中国共产党的领导下，更好履行各级政府职责，最大限度地激发各类主体的活力和创造力，形成全党全国各族人民全面建成小康社会的强大合力。

第七十九章　发挥党的领导核心作用

坚持党总揽全局、协调各方，发挥各级党委（党组）领导核心作用，提高领导能力和水平，为实现“十三五”规划提供坚强保证。坚持党要管党、从严治党，以改革创新精神全面推进党的建设新的伟大工程，保持和发展党的先进性、纯洁性，提高党的执政能力，确保党始终成为中国特色社会主义事业的坚强领导核心。加强领导班子和干部队伍建设，完善政绩考核评价体系和奖惩机制，调动各级干部干事创业积极性、主动性、创造性。强化基层党组织整体功能，发挥战斗堡垒作用和党员先锋模范作用，更好带领群众全面建成小康社会。

注重发挥工会、共青团、妇联等群团组织的作用，巩固和发展最广泛的爱国统一战线，全面落实党的知识分子、民族、宗教、侨务等政策，充分发挥民主党派、工商联和无党派人士作用，最大限度凝聚全社会共识和力量，推进改革发展，维护社会和谐稳定。

第八十章　形成规划实施合力

明确政府主体责任，科学制定政策和配置公共资源，广泛动员全社会力量，共同推动规划顺利实施。

第一节 加强规划协调管理

加强统筹管理和衔接协调，形成以国民经济和社会发展总体规划为统领，专项规划、区域规划、地方规划、年度计划等为支撑的发展规划体系。国务院有关部门要组织编制一批国家级专项规划特别是重点专项规划，细化落实本规划提出的主要目标任务。地方规划要做好发展战略、主要目标、重点任务、重大工程项目与国家规划的衔接，切实贯彻落实国家规划的统一部署。加快出台发展规划法。

第二节 完善规划实施机制

各地区、各部门要加强对本规划实施的组织、协调和督导。开展规划实施情况动态监测和评估工作，把监测评估结果作为改进政府工作和绩效考核的重要依据，并依法向全国人民代表大会常务委员会报告规划实施情况，自觉接受人大监督。本规划确定的约束性指标以及重大工程、重大项目、重大政策和重要改革任务，要明确责任主体、实施进度要求，确保如期完成。对纳入本规划的重大工程项目，要简化审批核准程序，优先保障规划选址、土地供应和融资安排。发挥审计机关对推进规划实施的审计监督作用。密切关注形势变化和风险演化，坚持守住底线，做好应对困难复杂局面准备。需要对本规划进行调整时，由国务院提出调整方案，报全国人民代表大会常务委员会批准。

第三节 强化财力保障

加强财政预算与规划实施的衔接协调，在明晰各级政府支出责任的基础上，强化各级财政对规划实施的保障作用。中期财政规划和年度预算要结合本规划提出的目标任务和财力可能，合理安排支出规模和结构。加快政府投资立法。

第四节 充分调动全社会积极性

本规划提出的预期性指标和产业发展、结构调整等任务，主要依靠市场主体的自主行为实现。要激发全国各族人民参与规划实施、建设祖国的主人翁意识，充分发挥各级政府、社会各界的积极性、主动性和创造性，尊重基层首创精神，汇聚人民群众的力量和智慧，形成全体人民群策群力、共建共享的生动局面。

实现“十三五”时期发展目标，前景光明，任务繁重。全党全国各族人民要更加紧密地团结在以习近平同志为总书记的党中央周围，高举中国特色社会主义伟大旗帜，坚定不移走中国特色社会主义道路，解放思想、实事求是，与时俱进、改革创新，万众一心、艰苦奋斗，共同夺取全面建成小康社会决胜阶段的伟大胜利！

综述解读篇

推动供给侧改革　工业是主战场

全国政协常委、经济委员会副主任
工业和信息化部原部长
中国工业经济联合会会长
李毅中

适应经济新常态、新形势，在适度扩大内需的同时，要着力推进供给侧结构性改革。中央的这个决策已深入人心，大家都在认真领会、积极贯彻。供给侧指的是实体经济，工业是主战场，企业是主力军。

一、加强供给侧结构性改革是新形势、新常态下的主动选择和必然趋势

（一）改革发展的实践使我们对经济客观规律的认识不断深化

回顾改革开放初期，打开国门，走向国际，统筹“两个市场、两种资源”“两头在外”“大进大出”“加工贸易”等发展模式取得了成功。进出口贸易大幅增加，尤其在2005—2007年外贸依存度高达63%，净出口对经济增长贡献率高达10%～15%。2008年国际金融危机袭来，首先是出口受阻大幅下滑，接着影响到实体经济，由下游到上游，由沿海到内地，价格、产量跳水式跌落。现实使我们认识到，经济发展不能过多依赖国际市场，发展经济要以扩大内需为主。首先是投资拉动，连年固定资产投资增幅高达25%～30%，刺激经济回升效果明显，但也造成了产能过剩、债台高筑、效率下降、结构性矛盾加剧，如基础零部件元器件、关键材料至今80%要依赖进口。其次是消费拉动，采取一系列鼓励消费政策如住房、汽车、家电等扩大国内市场，增加收入提高购买力等也取得明显成效。但随着时代进步、需求结构升级，产品满足不了消费者，不仅问题多发，而且出现了境外采购的热潮。

（二）总结经验，适应变化，要在供给侧结构性改革上下工夫

实践证明，投资拉动要控制总量、合理增长、注重效率、防范风险；消费拉动要注重质量、品种、品牌、绿色、时尚以及用户的个性化、多样化需求。在增速放缓、利润下降、出口低迷、低端过剩供大于求、高端不足供不应求的矛盾状况下，低水平供需平衡要向高水平跃升。在继续扩大内需的同时，更要把注意力转向改善供给、提高质量和效能。也就是通过供给侧的结构性改革增加有效供给，改善结构、提高效益，创造需求、拉动消费，增强供给的综合实力。加强供给侧的结构性改革是新形势、新常态下的必然选择。

当前企业生产经营困难，应分类摸清情况、采取对策。2015年规上工业企业主营业务收入只增加1%，百元主营业务收入成本创85.97元新高，（2013年为85.26元，

2014 年为 85.64 元)，主营业务利润率为 5.57%新低，（2010 年以来分别为 7.6%、7.3%、6.1%、6.1%、5.9%)，利润下降 2.3%，亏损面 14.5%。不同行业、不同类型企业分化明显。从企业看，大型工业企业增加值增幅只有 3.2%，主营业务收入下降 3.3%，实现利润降低 13.5%。其中国有和国有控股工业企业状况更差，据统计 2015 年利润减少 23%，亏损面高达 33.5%，这个趋势一直延续到今年一季度。大型工业企业一般产业结构偏重，能源、原材料及重型设备制造为多；人工成本社会负担较重；低效资产较多以及存在体制机制等问题。建议研究供给侧改革，在继续关注解决中小微企业融资难、融资贵这个痼疾的同时，也要重视大型工业企业特别是国有企业的生产经营状况和症结所在。

二、支持传统产业改造升级，加快培育发展新兴产业，“十三五”形成新的经济“双引擎”

我国当前经济发展的旧动力减弱、新动力不足的结构性矛盾突出。从五中全会、中央经济工作会议到今年两会，中央一再强调加快新旧发展动能接续转换。改造提升传统动能，使之焕发新的生机活力；做大做强高技术产业、生产性服务业等新兴产业群体，打造强劲的新动能。

（一）加快传统产业技术改造，推进转型升级

经过 60 多年的积累我国已具有完整的产业体系和市场体系，据统计，2015 年年末，我国规模以上工业企业总资产已超过 100 万亿元人民币。当前，由于经济形势变化和自身存在问题的长期积淀，一些传统产业遇到了较大困难。经济能不能稳得住，当下主要取决于现有企业和产业能不能修复动力。要通过技术改造推动传统产业优化升级，盘活巨大存量资产，仍然是我们创造财富、推动经济增长的主要力量。

技术改造是内涵为主的发展方式，技术新、投资省、工期短、见效快、效益好，许多行业尤其国有企业都有成功的经验。以石油化工行业为例，技术改造采用先进实用新技术，投资一般比新建节省三分之一，工期缩短一半，投资当年可达标。根据工信部统计的 2009—2015 年全国技术改造数据，大体上中央财政每提供 1 亿元可拉动投资近 20 亿元，改造项目投用后新增工业产值约 30 亿元，利润约 3.1 亿元。据此测算，“增量资本产出率”即增加单位 GDP 需要的增量资本，技术改造大约是 2.4，全部固定资产投资约为 6。再如销售利润率，改造项目约为 10%，而 2015 年规上工业企业是 5.57%。

技术改造全面提升了技术经济指标，不仅拉动了需求，更提升了供给侧的综合效能。加快技术改造，需要企业、政府、社会共同努力。企业要用新一代信息技术提升技术改造新水准，创造生产营销的新方式、新业态；政府要给予政策支持和投资引导，金融要通过银行信贷和各类资本市场予以资金支持，产学研用相结合加快科技成果的转化和应用。

（二）积极培育、大力发展战略性新兴产业和高技术产业，促进新旧动力加快接续转换

2015 年在整个工业利润负增长的情况下，高技术产业利润增速达到约 8.9%。这

两年新兴产业的增加值增幅比工业增加值的增幅始终高约 5 个百分点，2015 年高技术产业投资增幅 17%比工业投资增幅高出 9 个百分点。如航天航空装备、轨道交通装备、新能源汽车、高档数控机床和机器人、智能手机、高端医疗器械及生物医药等产品产量增长迅速，显示了蓬勃活力。但高技术产业目前在整个工业增加值里占比只有 11.8%（2016 年一季度为 12.1%），战略性新兴产业占 GDP 不足 8%。新产业增长的这一块，还远不能弥补传统产业掉下来的那一块，估计整个“十三五”都是转换期。新兴产业和高技术产业必须要再加快，扩大占比。

加快培育积极发展新兴产业，第一，必须着重于核心技术和关键技术的创新研发、协力攻关，尤其要重视成果转化和产业化。没有新技术，就没有新兴产业。国家十七项重大科技攻关项目“十三五”都要突破，并着手启动 2030 年的重大科技项目。第二，要加强合理规划，全国要有，地区行业也要有。各地要从资源、环境、市场和产业基础出发，选准优势产业、主导产业，尤其注重差别化发展，不能什么都搞，以免造成新一轮重复建设。第三，要依托现有的工业体系，它为新兴产业提供了技术、装备、人才、品牌和市场，两者可以互相促进，融合发展。第四，要注重生产性服务业的配套、服务和支撑功能，制造业向上下游扩展延伸，积极发展科技咨询、工业设计、信息服务、现代物流、电子商务等网络化社会化现代服务，构建完善的供应链和销售网。

三、认真落实“五大任务”是实现提质增效、转型升级最实际、最有效的途径

“去产能、去库存、去杠杆、降成本、补短板”供给侧改革攻坚的五大任务，切中了要害、抓住了实质。宏观、中观和微观层面都要认真贯彻。企业是微观基础，工业企业首先要具体落实。

“去产能”淘汰落后、化解过剩已工作多年，2016 年一季度全国工业产能利用率只有 72%。要抓住重点难点，钢铁、煤炭是重中之重。对那些严重浪费资源、污染环境，产品无销路、改造无望、资源枯竭、资不抵债、甚至依赖贷款补贴过日子的所谓“僵尸企业”要下决心采取经济、技术和法律的手段出清市场。改革的阵痛会换来新生，执行中要把握节奏，安置好下岗职工，处理好资产和呆坏账。为此国务院出台了关于钢铁、煤炭这两个行业的指导意见，并给予了政策支持。

“去库存”不仅是对房地产，规上工业企业 2015 年年末产成品库存增加 4.6%，应收账款增加 7.8%，今年 1—2 月，同比又增加 8.2%，远高于同期主营业务收入 1%的增幅，相互拖欠货款现象严重。企业去库存、回货款、畅通资金链的任务十分繁重。一些国有企业还承担着保供给、保稳定的责任，需要一定的产品或原料储备，也要精打细算、加快周转、提高效率。

“去杠杆”工业企业要降低过高的负债率。虽然规上工业企业平均资产负债率 56%尚属正常，但部分行业、不少企业负债超高甚至资不抵债。一些国有企业由于历史原因，资本金不足，负债沉重，高负债经营、高负债建设不可取。要努力减债增资，发展直接融资，试行“债转股”；防范财务风险既是经营方针，也是当务之急。

“降成本”更是当前的突出问题。2015 年全国规上工业企业百元主营收入成本创 85.97 元新高。减轻税费，降低财务、物流、物化、工程等成本，控制人工成本，减少管理费、销售费。据调查，我国工业企业平均税收及各种收费负担占销售收入的 7%，“五险一金”占工资总额的 45%，不少行业、企业还高于这两个数字。加快税费改革、制止乱收费、制度性改革，降低制度性交易成本等当然需要政府努力、政策支持，相关部门正在落实安排；同时需要企业自身努力，要澄清认识误区，降本增效是企业永恒的主题。执行中要防止为追求低成本而损害质量、节能、环保、安全，要遵守企业会计准则，防止违规行为。一些国有企业办社会负担沉重，更要加快剥离；主辅分离、辅业改制，推向市场，发展服务外包，降低主营业务成本。要厘清企业社会责任，合理介定，减轻负担。

“补短板”，企业要与国际同行对标达标，要分析找准全流程中的瓶颈和短板。通过技术创新、改造优化、“两化融合”，消除瓶颈、补齐短板，提升全要素生产率。有效投资是补短板的重要手段，要保持合理的投资增幅，关键是选准投资方向，提高投资效率。实施中要注意防止假借补短板变相盲目扩能。

全面分析不同地区、不同行业、各类企业的经济运营状况差异明显，都存在不少问题和较大潜力。通过深入开展上述行动，全社会共同努力，调整和改善产业结构、资本构成、运营效率。自查问题不回避，面对困难不退缩，坚决整改不犹豫。政府部门要转变职能、转换机制，给予政策支持，引导企业自我变革，真正在供给侧改革中成为市场主体。

“十三五”时期中国经济若干热点问题研究

联办财经研究院院长、国家税务总局原副局长　许善达

一、中国经济下行的趋势：非周期性，不可能断崖式

目前，我国经济处在下行的状态，对政府、企业和居民个人都产生着深刻的影响，也引起了外部世界的极大关注。如何对这一状态进行判断，从而准确地把握和积极地应对，意义非常重大。

一些经济学家认为，我国目前的经济是周期性的下行，经过一个不长的时间就会出现下行的拐点，经济可以在相对比较短的时间内从下行转为上行，随后呈现出新的、比较高速的增长。另外一种看法则认为，这次经济下行不是周期性的，而是长期波动性下行，不可能在短时期内恢复高速增长。还有一些人、包括国内的一些经济学家认为，中国的经济会出现断崖式的下降，或者说“硬着陆”。

目前，我国决策层已经对经济下行的性质做出了判断，认为这种下行是非周期性的，也明确地表明这种下行绝不可能是断崖式的。基于这种判断，为了放缓下行速度，避免断崖式下行，政府采取了积极的应对措施；调整了我们一直强调的稳健的货币政策，提出要稳健偏宽松，并提出了扩大赤字的财政政策；特别是下决心做出了全面完成营改增从而减税 5000 亿元的决定，更反映出政府的积极态度。所有人都知道，这项措施本应该在 2015 年推出，但是由于种种原因，计划不但落空，而且新的计划只考虑 2016 年“力争”完成。2016 年 1 月，政府决定 2016 年不再“力争”，要求全面推开，并且在 3 月宣布 2016 年 5 月 1 日开始实施，背水一战。这都反映出，我国政府面对经济下行，决定采取更加积极的宏观经济政策。

企业面对经济非周期性下行，也在进行分析判断。在相当长的时间内，我国经济无论是内需还是外需，都不可能有较快的增长，很多企业将面对订单持续减少、价格持续下跌的局面。企业必须逆势而上，把握好经济走势，采取积极的应对措施。

经济下行也将影响到居民个人。由于经济下行，整个社会的需求会减弱，对就业产生负面影响；虽然物价不会很快上涨，但是居民、特别是低收入群体的收入增长缓慢，影响到居民的消费能力。这些对居民就业、理财、投资、甚至基本生活等都产生着重大的影响。

一些国内外的媒体和智库认为，中国的经济会出现断崖式的下降，这种判断不符合中国的实际。我国政府目前还掌握着很多可用的资源，特别是政策资源。除了前面介绍的宽松稳健的货币政策、削减税费、扩大赤字、增加需求等政策外，我国还有很多财政和资金方面的资源。

第一个大的资源就是我国的外汇储备。现在我国动用外汇储备来大力推行“一带

一路”，这是国家新的对外经济战略。通过“一带一路”，与国际上的其他经济体合作，实现互利共赢。我国的出口中，属于劳动密集型的加工贸易，以及那些专供出口的低档消费品生产行业目前在急剧萎缩。很多此类企业迁往国外，这一趋势难以逆转。但是国内目前还有很多优质的产能，包括制造业、建筑业等。这些产能如果能够走出国门，就会推动我国经济的较快增长。相比而言，全世界有很多经济体基础建设需求较大，但是缺乏有效的购买力，特别是缺乏资金。如果能够把我们的资金和优质产能，与这些经济体所拥有的资源和需求进行整合，就会创造出更多的社会财富，由中国和这些经济体分享。对中国而言，就能够为企业创造出更强、更多的外需。我国曾经有将近 4 万亿元的外汇储备，但是闲置了比较长的时间。在当前的形势下，可以充分发挥这些外汇储备的作用，通过动用外汇储备，解决我国的外需问题，充分展示“一带一路”的战略魅力。

我国的另一项非常重要的资源就是国有资本。关于国有企业改革，中央已经下发了文件，其中一个重要的内容就是调整国有资本布局。许多人对中央文件的这个精神还没有充分领会。可以说，若要避免中国经济出现断崖式下行，改革是必由之路。但是，落实改革措施需要有一个前提条件，就是必须要有财政支持，政府需要有财政资源投入改革。目前国家筹集资金的手段较多，比如增加税费、增发国债、提高赤字水平等。这些都可以在一般预算的范围内加以调节。但是，如果要想全面落实党的十八届三中全会规定的各项改革措施，仅仅依靠一般预算调节是不够的。一般预算无论如何也筹集不到落实三中全会改革任务所需要的财政资源，必须调整国有资本的布局，用国有资本这一资源来解决改革所需要的资金问题。

通过这样的安排，积极推动改革，经济断崖式下行的前景是不存在的，想做空中国也是不符合实际的。中国经济会在一个相当长的时间内保持中速或者中高速的增长，稳步实现中国梦。

二、从需求侧到供给侧改革

2015 年 11 月，在中央财经领导小组会议上，习近平总书记提出“在适度扩大总需求的同时，着力加强供给侧结构性改革，着力提高供给体系质量和效率”，首次提出了“供给侧改革”的概念。这标志着我国长期以来的宏观经济政策出现了一个重大的、工作方向上的调整。

为了应对 2008 年全球金融危机，我国主要是从需求侧、特别是通过扩大投资来应对危机。所采取的对策就是用政府的 4 万亿元投资来拉动内需，拉动整个经济。这其中有相当一部分投资项目提高了我国基础设施的水平，收到了较好的效果。但是，也有一部分不但没有解决问题，反而加剧了我国的产能过剩。

实际上，当时的投资只是将我国经济下行的时间推迟了几年。到 2011 年，4 万亿元投资对经济的拉动作用逐渐减退，而产能过剩的影响却日益显露。当初制订“十二五”规划时，没有预料到国际市场大宗商品的价格下跌并持续低迷，目前在煤炭、钢铁、电力等产能过剩领域仍然有不少扩大产能的在建项目。这些项目无论是停建还是续建完成，都会对国民经济发展带来严重的负面影响。2012 年，我国面对经济下行的压力，继续采取了一些需求侧的政策，仍然搞了一些投资项目。但这次的投资，从数量上远远达不到当年的规模，而且对投资项目采取了更加严格的审核措施，凡是加剧产能过剩的项目一个都没再搞。新的投资对我国经济发展起了一定的作用，但规模有限，难以使整个经济恢复上行。

以前在我国广泛存在的加工贸易、生产低档消费品的劳动密集型企业，当生产成本提高后纷纷外迁到一些东南亚国家。为解决这一问题，有关部门曾经设想让湖南、江西等与沿海省份相邻的内地省份接收沿海省份无法持续发展的此类企业。但是由于我国物流成本较高，生产成本仍然居高不下，这样一个措施难以实行，收效甚微。

中央提出“一带一路”的新发展战略，目的之一就是从需求侧来做工作，创造外需，把我们优质的过剩产能输出去。现在很多人认为，我们输出产能对全世界会产生负面影响，这是一种偏见。我国有很多资金资源、基础设施建设能力和优质的制造业、建筑业产能资源，如果我们能够把这些资源与其他国家的资源组合起来，就会为全世界创造出更多的财富，我们和这些国家也能分享这些成果，同时也能够解决我们的外需问题，原来劳动密集型的低价消费品生产，也因此可以转移到技术含量比较高的产能上来。这一对外经济战略符合中国国情，也顺应世界形势。

从需求侧做工作，还有一个重要的环节就是提高居民消费水平。这首先要求较快地提高居民收入，特别是低收入群体的收入。通过这种方式，进一步扩大消费占经济发展的份额，推动经济的发展，这一战略无疑是正确的。但是，它的推进不会很快，因此对内需的增长不会很快见效。

近3年来，对于经济发展，我们主要是从需求侧做了很多工作。这些工作虽然很有成效，但是也面临一个问题。由于全世界的经济形势、特别是美国的经济形势发生了重大变化，页岩气技术的突破使得美国不但解决了国内的需求，还可以将石油天然气用于出口。作为世界第一的经济大国，美国对能源的需求变化造成了全世界的能源供需失衡，继而引发全世界大宗商品价格下跌。从表面上看，因为我国进口石油、煤炭、铁矿石等大宗商品，这种下跌形势对我国有利。但是我们还面临一个间接的、负面的影响，那就是由于大宗商品降价，使得全世界的投资需求大幅度的萎缩。一些国家的铁矿、煤矿停业了，我们国内的一些油井也关掉了，这些都源于能源结构变化所引发的经济萎缩。

在这种形势下，我们完全依靠需求侧来解决中国的经济下行问题，已经不可持续。党中央客观分析经济形势，果断地做出了战略调整，把宏观调控的工作重点转移到了供给侧。

解决供给侧的问题主要从三个领域来考虑。

第一，首先要解决产能过剩的问题。中央提出去产能、去杠杆、去库存、降成本、补短板等，内容很多。其中的工作重点是去产能，特别是钢铁行业、煤炭行业的去产能，这是供给侧改革的一个重要方面。

第二，调整企业的成本结构。目前，很多企业的生产效率相对较低，其中一个原因就是成本结构不合理，有一部分成本偏高；包括税费成本、物流成本、融资成本和劳动力成本等，这些偏高的成本影响了企业的生产效率。降成本，就是要解决这些成本相对偏高的问题。

第三，提高企业的技术创新能力。相对而言，我国企业对于科技创新的投入不足。全世界比较好的、优秀的跨国公司，他们的研发投入基本上都占到整个销售收入的10％以上，而我国除了华为等少数企业外，大部分企业的研发投入都在1％—2％之间。研发投入不足阻碍了企业的技术进步。同时，企业的折旧率太低。过去我们主要学习苏联的财务制度，折旧主要从物理上来考虑，包括设备、厂房和固定资产等，以物理上的使用年限为主要标准进行折旧。但是现在技术进步非常快，很多国家都鼓励企业加速折旧，提高设备更新的速度。我国近几年也出台了一些措施，但是总体来看企业的折旧率仍然很低。特别要注意的是，这部分企业成本不是要降低，而是要增加。如果企业采取了减少研发投入和降低折旧率的办法来降低企业成本就会误入歧途。

供给侧改革的主要内容之一是要降低企业的税费、物流、融资、劳动力成本，同时鼓励企业提高折旧率、增加研发的投入。双管齐下，就能使企业从通过数量增长、规模扩大求发展的模式，转化到通过技术进步、通过创新求发展的模式。

十八届三中全会已经做出了一系列的改革决定，目前正在加大力度，推动供给侧改革。如果我们能够在比较短的时间内，通过供给侧改革解决产能过剩的问题，降低企业成本、提高企业的科技创新能力，如果去产能、去杠杆、去库存、降成本、补短板等都能够逐步实现，整个经济不再过多地依赖于劳动密集型产业，不再过多地依赖于规模的增长、数量的增长，科学技术进步含量将会极大地增加。

如果供给侧的改革实现了预期的目标，我国的经济发展就一定会出现一个崭新的局面。

2016 年中国宏观经济形势展望

国务院发展研究中心副主任　王一鸣

2015 年，中国经济增长 6.9%，增速比 2014 年回落 0.4 个百分点，但经济运行总体平稳，就业、居民收入和物价水平保持稳定。在世界经济深刻调整和国内经济艰难转型的背景下，能够取得这样的增长业绩殊为不易。2016 年，中国经济下行压力还将继续释放，但随着投资增速逐步趋稳、化解过剩产能实质性启动和增长动力转换加快推进，经济有望筑底企稳，全年能够实现 6.5%～7%的预期增长目标。

一、深入认识进入新常态的中国经济

讨论当前的中国经济形势，需要从更长的时间跨度去观察。在经历了 30 多年高速增长后，中国经济正在发生阶段性变化和系统性调整，这一轮变化和调整有国际金融危机后全球经济深度调整的背景，但更重要的，这也是中国经济在主要变量均衡关系被打破后的主动再平衡调整。

进入新常态的中国经济，首先表现为增速换挡。自 2010 年以来，中国经济在波动中下行已持续五年多，GDP 增速从 2010 年 10.6%逐步回落到 2015 年 6.9%，下降 3.7 个百分点。若观察季度增长率，从 2010 年 2 季度至 2015 年 4 季度，经济增速在波动中下行已持续 23 个季度。经济放缓有全球经济环境变化等周期性因素的作用，但更主要的是受到内生结构性问题的影响，根本上是传统增长方式已难以为继，到了需要系统性调整的阶段。

进入新常态，依靠廉价要素大规模投入和潜在市场需求集中释放支撑经济高速增长的条件发生根本变化。从供给条件看，2012—2015 年中国 16～59 岁的劳动年龄人口累计减少约 1300 万人，人口数量红利快速消失；土地、资源和环境硬约束进一步强化，综合生产成本快速提高。从需求条件看，按照可比的国际经验，城镇居民户均住房超过 1 套，千人拥有汽车超过 100 辆，“住”和“行”的市场需求会发生明显变化，中国分别在 2013 年和 2014 年达到了这一水平，房地产开发投资和汽车销售正在从过去两位数高速增长回落到个位数甚至逼近零增长。传统动力对经济增长的支撑作用减弱，而较长时期内还难以形成与房地产、汽车体量相当、带动作用相近的新动力。可以说，经济增速放缓正是内在结构调整和动力转换的反映。

在增速回落的同时，中国经济正在向更加依靠内需、依靠消费驱动的增长模式转型。2015 年中国消费增速自 1999 年以来首次超过投资增速，消费对经济增长的贡献率达到 66.4%，过去五年也一直稳定在 50%以上。中国拥有全球最多的互联网和移动互联网用户，2015 年网上商品零售额比上年增长 31.6%，增速比社会消费品零售总额快 20.9 个百分点。服务业比重达到 50.5%，未来上升空间还很大，将对改善就业和收入分配产生积极影响。中国已建成大规模、高水平、成体系的基础设施，比如高铁运营里程接近 2 万公里，相当于全世界运营里程的 60%。城乡居民人均住宅建筑面积较 2000 年增加 10 平方米以上，居住条件明显改善。分区域看，31 个省份当中，有 10 个省份人均 GDP（国内生产总值）超过 1 万美元，这些省份常住人口数量总和超过 5 亿人。上述变化表明，中国在增长阶段转换中并没有放缓经济转型升级的步伐，正在向更高水平迈进。

二、2016 年中国经济有望筑底企稳

2016 年，中国经济虽仍面临一定下行压力，但随着稳增长政策和供给侧改革效应逐步显现，投资增长有望缓中趋稳，化解过剩产能将实质性启动，新动力对经济增长的拉动作用增强，在这三方面力量的共同作用下，经济增长有望筑底企稳。

1. 投资增速有望缓中趋稳

投资增速一直是影响中国经济增长的重要因素。2015 年投资增速回落到 10%，比上年下降 5.7 个百分点，2016 年将继续回落到个位数，并将逐步探底。一是房地产投资增速有望触底。近两年来，房地产开发投资增速大幅回落，2015 年仅增长 1.0%，比上年回落 9.5 个百分点。今年以来，在市场销售转暖的带动下，房地产开发投资有所回升，预计 2016 年增速将逐步趋稳。二是基础设施投资高位回调并逐步回稳。2015 年基础设施投资增长 17.2%，比上年下降 4.3 个百分点。受投资回报率和地方融资能力制约，2016 年基础设施投资增速将有所回落，但仍将在高位上逐步回稳。三是制造业投资增速将逐步企稳。受产能过剩的制约，2015 年制造业投资仅增长 8.1%，比上年回落 5.4 个百分点。随着去产能力度增大，以及房地产和基础设施投资逐步趋稳，2016 年制造业投资在轻微放缓后将逐步企稳。

2. 化解过剩产能将实质性启动

在制造业经历了“井喷式”扩张后，近年来，伴随经济增速下行和内外需市场需求不足，产能绝对过剩和周期性过剩同时显现。以钢铁和煤炭为例，2015 年，中国粗钢产能 11.3 亿吨，但产量仅为 8.04 亿吨，同比下降 2.3%；煤炭实有产能 42 亿吨，加上新建扩建的合计总规模约为 57 亿吨，而消费量仅为 39.2 亿吨。至 2016 年 3 月，工业品出厂价格指数降幅虽有所收窄，但负增长已持续 49 个月，规模以上工业企业利润虽由负转正，但企业亏损面仍然较大，表明过剩产能拖累工业企业整体盈利状况改善，必须痛下决心对过剩产能进行“外科手术”式祛除。2016 年 2 月，国务院下发了煤炭、钢铁行业化解过剩产能实现脱困发展的意见，标志着化解过剩产能将实质性启动，这对改善市场预期，增强市场信心将起到重要作用。

3. 增长动力转换将加快推进

随着劳动力、土地、环境等要素成本上升、约束持续强化，旧动力高速扩张期已经过去，迫切要求从提高要素生产率、优化资源配置效率中挖掘新动力。培育发展新动力，关键在于体制改革和科技创新。中国新一轮改革将增强市场配置资源的作用，从而有助于提高经济资源配置效率。中国正在建设创新型国家，2015 年研究与试验发展（R&D）经费支出占 GDP 比重达到 2.1%，已是世界上研发投入第二大国。正在推

动的“大众创业、万众创新”，也将激发全社会的创新动能。科技创新将助推中国提高要素生产率，进而提高经济的潜在产出水平。

综上所述，2016 年中国经济仍处在探底过程中，在投资增速趋稳、化解过剩产能启动、新动能加快形成的条件下，持续 5 年多的增速放缓有望触底，全年经济增速能够实现 6.5%～7%的预期目标。

三、需求管理与供给侧结构性改革相结合

中国经济增速放缓，是结构性因素和周期性因素叠加的结果，但深层原因还是结构性问题。当前，结构性问题主要是供给和需求不匹配、不平衡、不协调，矛盾的主要方面在供给侧，主要表现为供给结构调整跟不上需求结构变化，无效供给过多，有效供给不足；低端供给过多，中高端供给不足。2010 年以来经济在波动中下行的态势表明，扩大投资需求的边际作用正在递减，对经济增长的拉动作用减弱。宏观调控必须重视需求管理与供给侧改革的有效结合，在做好需求管理，保持总需求基本稳定的同时，着力推进供给侧结构性改革，矫正供需结构错配和要素配置扭曲，推动中国经济在更高水平实现新的平衡。

需求管理要把握好度，既不能超越社会承受能力，又不能出现大面积流动性紧缩。积极的财政政策要适当加大力度，阶段性提高赤字率，适度扩大赤字规模；调整中央与地方债务结构，提高铁路、水利、农村电网、生态环保等重大项目中央出资比例；继续实行结构性减税和普遍性降税，推进营改增扩围。稳健的货币政策要适度灵活，保持新增贷款和全社会融资规模合理增长；适度降低法定存款准备金率，对冲外储资金流出；完善利率走廊机制，加强预期引导和管理。

供给侧改革要加大力度，重点是有效化解过剩产能，推动产业优化重组，降低企业生产成本，发展战略性新兴产业和现代服务业，增加公共产品和服务供给，提高供给结构对需求变化的调适能力。当前，要从化解过剩产能和处置僵尸企业入手，摸清底数，把实际情况摸准摸透；明确产能削减目标，加快出台人员安置、债务处置、资产重组等具体政策措施，消除企业退出的各种制度性障碍，财政和金融支持政策要与地方产能核减挂钩；积极探索用市场化方法出清产能，促进生产要素从低效率领域转移到高效率领域，从已经过剩的产业转移到有市场需求的产业，提高全要素生产率。

四、中国仍将是全球经济的稳定锚和动力源

2015 年中国经济增长 6.9%，在世界主要经济体中位居前列。根据 IMF 公布数据，按照可比价格计算，2015 年中国对全球经济增长的贡献率为 29.8%。过去 5 年，都保持在 20%～30%之间，是全球经济增长最重要的引擎。

随着经济体量不断增大，中国经济与全球经济的互动效应空前增强，中国的经济转型和政策调整客观上会形成一定的“溢出效应”。总体上看，中国经济转型对世界经济的影响是正面和积极的。

在贸易层面，近年来，中国占全球进口贸易比重没有下降，中国仍是许多经济体最重要的出口市场。国际上有人提出中国经济放缓拖累全球大宗商品价格，事实上，

中国2015年原油进口净增加2712万吨，谷物进口净增加1319万吨，大豆进口净增加1034万吨。2015年前11个月，美国、欧盟27国、日本加上中国一共进口商品9.15万亿美元，中国进口商品占比接近17%，与前5年的比重基本相当。

在金融层面，由于资本账户尚未完全开放，相对于广泛的贸易联系，中国对国际金融市场的溢出效应还不明显。不少国际金融机构也认为，国外金融机构持有的境内人民币资产规模有限，中国金融市场波动可能带来的直接影响较小。2015年8月11日，中国汇率形成机制调整，以及股市波动，引起全球资本市场的过度反应，这主要是通过预期渠道实现的，与全球经济低迷环境下形成的悲观情绪是分不开的。

总之，中国作为一个经济规模近11万亿美元的经济体，将继续发挥世界经济稳定锚和动力源的作用。同时，中国正在推进的经济转型也将对世界经济形成关联影响，其他经济体也需要适应这种变化。中国与世界各国需携起手来，共同开创全球“强劲、可持续、平衡增长”的新局面。

中国经济大变局与供给侧改革

民生证券首席经济学家、研究院名誉院长　邱晓华

一、中国经济大趋势：增长有底线、速度无高度

概括当前的中国经济：纵向看很糟糕，横向看还说得过去。纵向看中国经济，如今中国经济的表现可能处在多年未有的困难之中，特别是传统产业，遭遇了改革开放以来少有的困局，集中反映在业绩大幅下滑，成本居高不下，产能严重过剩。然而，从横向看，如今的中国经济也不是那么糟糕。7％左右虽远不及以往两位数的快速增长，但相对绝大多数国家而言，7％左右也是一个较高的增长率了。

综合判断中国经济的走向，结论是“增长有底线，速度无高度”。之所以有底线，是因为中国经济正处在一个重要的阶段——这就是实现中国共产党提出的第一个百年目标，即到 2020 年要实现经济总量比 2010 年再翻一番，居民人均收入实现倍增。在这样一个政治目标下，我们不难得到这样一个结论：未来五年，中国经济不可能出现断崖式下滑。即便会有很多复杂的挑战与风险，但中国经济仍会保持一个最基本的增长。这就是所谓的“底线”。

增长“底线”在哪里？我个人认为是 7％左右，至少是 6.5％以上。这是实现到 2020 年经济总量和居民人均收入倍增目标所需要达到的最基本的经济增速，必须守住。对实现这个底线的增长要求，人们存有一定的疑问，但我认为没有理由太悲观。因为从以下三方面来看，我们有条件保住经济增长的“底”。

第一，我们有这种潜力。目前，中国经济正处在一个新经济大量涌现、传统经济加快转型的变化进程当中。经济通过转型升级、结构调整所带来的增长，将随经济改革的深化而不断放大，逐步成为中国经济的新动力、新源泉，中国经济将在凤凰涅槃中浴火重生。

第二，我们有这种能力。从政府掌握的资源角度说，财政政策、货币政策、投资政策都还有比较大的回旋余地，可以支撑最基本的经济增长。从民众、企业自身具有的能力而言，民众的高储蓄率、企业的适应力和创造力也不可小视。伴随着垄断的打破、管制的解除，来自企业与民众的活力将进一步释放。

第三，我们有这个空间。从新型工业化、信息化、城镇化和农业现代化的发展趋势来看，中国也还没有到经济增长的天花板，眼下改变的只是“四化”的速度和程度，但趋势还在持续，发展空间远为穷尽。伴随着“新型”力度的加强，“新四化”将引领中国经济前行。

当然，我们也不能盲目乐观。中国经济增长想要回到往日的“高度”是难上加难。这是因为往日支撑中国经济高增长的条件、环境和因素都已经发生了很大变化，中国

经济列车调速换挡已大势所趋。在未来数年内，中国经济都有可能是围绕6.5%这个增长底线运行。

从统计角度说，过去中国经济快速成长靠四大动力：第一，靠投资。投资每年以20%～30%的速度增长，对年度经济增长的拉动力至少有4～5个百分点，贡献率在60%以上。第二，靠房地产。房地产投资过去多数年份都是两位数的增长，对年度经济增长的直接拉动力有两个百分点，间接拉动更大。第三，靠工业。主要是传统制造业，每年都有10%～20%的快增长，对年度经济增长的拉动力至少有5个百分点。第四，靠出口。出口每年增长率也都是两位数，平均每年增长16%以上，对经济增长的拉动力每年也有两个百分点左右。

如今，投资增长率已经降到了10%左右，房地产投资增长率已经降到3%～5%，工业增长率降到6%左右，出口增长率降到负增长，往日的高速快速增长局面已不复存在，经济增长率慢下来也就是在所难免的，是很自然的过程。短期内，“奇迹”很难再复制，中国经济重回高速增长显然不现实。

二、中国经济大变局：需求端稳健管理、供给侧改革力度加大

现阶段，内外环境的变化给中国经济带来了种种困局，这些困局不仅需要需求侧的管理来对冲，更需要供给侧的改革来突破。

第一，发展阶段变了，过去是低收入阶段，现在是中等收入阶段。低收入阶段，经济容易实现高速增长，中等收入阶段，经济将转入中高速增长。中国经济经历了30多年的快速成长，就像一个人经历了长时间剧烈运动一样，需要调整、需要休养生息，不可能始终保持高速运动。从中国经济本身来说，现在已成为世界第二大经济体，从低收入阶段进入到了中等收入阶段。阶段的变化意味着原有的生产体系、经济体系已经越来越无法适应变化了的市场需求。如果我们还是继续延续着原有的生产和经济体系，是没有出路的，只会进一步加剧生产与销售的矛盾，加剧产能过剩。因此必须对生产体系和经济体系进行重新构造，从低端转向中高端，这就是中央推行供给侧结构性调整与改革的基本背景。

没有调整，不可能换来新生，然而这种调整，必须付出代价。眼下，我们正在付出这个代价，这就是失去低端生产所带来的经济增长。显然，在新的生产体系还没有建立起来之前，中国经济不可能持续原有的辉煌。

第二，市场环境变了，过去是短缺，现在是过剩。由卖方市场转到买方市场，市场环境在变，我们的政策体系也需要变。但是我们国家的政策体系长期以来都是以生产作为主导，可以说是生产至上。而今天主要问题已发生了变化，由生产领域转到了市场领域。开拓市场需要政府职能从建设者、生产者的角色转到服务者和监管者。而这对政府而言，显然是一场根本性的转变。从解决生产问题到解决市场问题，政府并没有成熟的经验。更何况还需要政府放弃一些既得利益，把政策的重点由发展生产转变为开拓市场。

要解决产能过剩的问题，又涉及两方面的变革。一方面是供给侧改革。往日政府主导投资和生产的这条传统道路实践证明已经走不下去。今天需要企业，需要民众，

需要市场自己来解决投资和生产问题。通过市场优胜劣汰机制，把那些所谓的落后产能、僵尸企业淘汰掉，把有限的资源配置到先进产能和好的企业上去。通过企业与民众的活力和创造力，生产出更好更优的产品和服务。政府更多地创造好的市场环境和市场秩序。另一方面是收入分配改革。需要对收入分配的格局做新的变革，要对失衡的收入分配关系进一步理顺。在城乡之间、企业之间、阶层之间、地区之间形成更合理的收入分配关系，特别是解决国富民贫的问题，大幅度提升民众的收入水平，使消费者有能力消费，可以放心安心消费。

中国收入分配关系失衡的表现在哪？从政府、企业、民众三者而言，显然是政府拿得多了，民众拿得少了，需要进一步提高民众收入的分量。从民众角度来说，显然城乡差距很大，需要增加农民的收入。与工业化相比较，中国城市化进程略显落后，加上城乡差距悬殊，使得中国农村农业农民问题十分突出，折射出中国农民处于相对弱势的状态，特别是收入上不去的问题相对严重。

如果我们的农村居民有更多的收入、更高的支付能力，今天中国大量的工业品，并不是没有市场。但是由于农村基础设施的落后、农村消费环境不健全、农民收入上不去，制约工业品市场逐步由城市向农村扩散和转移这样一个进程的顺利实现。中国农民购买力低下，主要是：一没有足够现金收入，二没有财产收入，三没有足够信用手段做保证，因此中国农村市场长期滞后于国民经济发展。

与此相对应，近十年中国城市市场也出现了新问题。集中反映在由于高房价、高学费、高药费，使得城市居民，特别是白领阶层、工薪阶层的大量货币收入被上述“三高”所挤压，影响了消费水平的提高。这是市场问题突出的第二个原因。

此外，从反腐败到八项规定，也使得往日旺盛的公款消费的巨大市场在过去几年逐步萎缩。从社会进步而言，这是好事，但从短期经济发展而言，市场不能不受此影响。如近几年，高端领域消费品和服务市场出现阶段性低迷，更多是由于公款消费减少所导致。这就是今天中国市场问题突出的第三个原因。

第三，外部环境也在变，过去是高度景气，现在是相对低速。过去30年，中国很幸运地赶上了一个世界经济全球化的大潮流。特别是2000年之后，中国加入WTO（世界贸易组织），赢得了在对外经济领域里的跨越式发展，迅速成为全球第一大贸易体，成为除美国之外利用外资最多的一个国家。而2008年之后，由于发达经济体出现问题而导致的全球经济和贸易低速增长，给中国的出口带来了明显制约，加上发达国家再工业化，其他发展中国家加快工业化，使得中国在国际市场遭遇了前所未有的贸易摩擦和挑战。

需要指出的是我们内部的生产成本也发生了很大改变——中国制造不再便宜，国际竞争力有所下降。从外部市场环境变化和内部竞争力变化的双重角度看中国经济的对外经济板块，往日靠低成本制造和利用外资发展出口所带来的动力已逐渐失灵，新的对外经济动力虽然在成长，但尚不足以抵消原有动力减弱所带来的影响。我们显然还需要进一步挖掘、创造和发展新的对外经济发展动力，现在我们还在创造、挖掘、发展之中。

第四，游戏规则变了，过去是以“快”论英雄，今日是以“好”论英雄。“十八大”之后，中国的游戏规则确实在发生改变，无论政治游戏规则，还是经济游戏规则，都在发生新的变化。从经济游戏规则来说，现在我们倡导以好、以优取胜，追求的是有质量、有效益、可持续的发展，不再是往日的以快、以多取胜，追求短期的繁荣。然而，不少企业和地方还不习惯这种改变。不习惯以创新驱动来推动发展，更习惯依靠高投资、高消耗推动发展，很多时候投资是不计代价的，显然现在这条路已经走不下去。因此游戏规则的改变，必然对中国经济旧的运行模式造成极大的挑战，需要改变。

三、中国经济两台大戏：对内升级、对外开放

中国正站在一个新的历史起点上。突破所谓“中等收入陷阱”，迈向高收入行列，是国人与政府的一致心愿。这就需要顺应时代潮流，把握中国大势，做好发展要务。

从中国经济的现状看未来，中国政府正在搭建两个平台，准备上演两台大戏。

第一个平台是转型升级的平台，将要上演的是升级版的中国经济发展大戏。而这个平台正在搭建之中，大戏刚刚拉开序幕，还构不成现阶段中国经济发展主动力。但是它一定是支撑未来中国经济增长的主动力。为此，政府已经出台了《中国制造2025》行动纲领，力图在高端制造、智能制造领域占有一席之地；正在创造“互联网＋”和“＋互联网”发展的环境，力图发展各类新经济；正在进一步地简政放权，力图激活企业和民众活力。这一切都预示着中国经济发展的新愿景将是更加良好。

第二个平台是走向世界的平台，将要上演的是中国经济国际化的发展大戏。这个平台，就是区域大开放、贸易大开放、投资大开放、创业大开放的平台。这台大戏就是以人民币国际化作为一条主线，以一带一路战略实施作为一个重要的内容，以自贸区建设作为一个制度安排，以亚投行、丝路基金、金砖国家银行等投融资平台作为支撑，为中国企业、中国投资走向世界创造条件，为创造新的全球化红利增添中国话语权。可以预期，这台大戏的上演成功，必定为中国经济发展提供更加广阔的空间。

两个平台，一旦建成，两台大戏一旦上演成功，我们有什么理由对中国的未来感到悲观？

四、中国产业新趋势：跨国、跨界、跨所有制

第一是跨国经营。改革开放的深化，正在为中国的企业家、投资者走向世界、实现全球配置资源、全球组织生产、全球进行销售创造条件。一个国家是否强大，有一个很重要的衡量标志，就是跨国公司数量的多少，以及跨国公司竞争能力的大小。今天的中国经济虽然体量大，但并不强，一个重要理由就是因为跨国公司少，跨国公司竞争能力弱。在跨国经营领域，中国有的几乎都是靠垄断所形成的金融、石化、电力企业，真正靠市场竞争形成的制造业企业现在只看到了华为、联想等少数企业，还看不到其他更多的企业，如果有更多的在制造业领域有国际影响力的跨国公司，那么中国的强大，就有了一个坚实的基础。正因为此，国家正在实施一揽子改革、开放、发展措施，为更多的企业跨国经营提供支持，我们的企业应当顺势而为！

第二是跨界融合。一是“互联网＋现代金融＋产业”，这个跨界融合趋势，是确保

企业在未来做大做强的一个重要路径。因为互联网的出现，打破了企业发展的时空限制，现代金融工具的运用，有效降低了企业投资融资的成本。二是服务业与制造业融合。一定意义上，也就是企业从设计、研发到制造、再到市场营销和服务，必须形成一个有机的发展链条，打造发展的生态圈，形成不同的经济增长点和价值链。三是城市与农村融合，即我们的产业、企业必须兼顾农村市场和城市市场，有效利用城市、农村两种资源，才能够有更好的未来。这就是我所理解的跨界融合的三个主要方面。

第三是跨所有制发展。在两个方面需要关注：一是国有资本与民营资本怎么整合发展，二是国内资本与国际资本怎么整合发展。我想只有实现了国有经济与民营经济的有机整合，实现了国内资本与国际资本的有效整合，未来的中国经济才会有新的增长力量，才会有新的增长源泉，才会有新的增长优势。这就是所谓的跨所有制发展的意义所在。

五、中国经济新红利：人口质量、全面改革、深度开放、创新创造

第一，人口质量红利，也就是人力资本的红利。虽然我们正在告别人口数量的红利，但人口质量红利远没有得到释放，恰恰人口质量红利是未来支撑中国经济成长的一个重要力量源泉，潜能巨大。中国每年上百万大学毕业生，数百万职业教育毕业生，数百万高中毕业生，都是中国发展的重要人力资本，其潜能可观，正在积累和释放，值得期待。

第二，全面改革的红利。中国正在掀起全面改革大潮，尽管落地还有待时日，但改革举措箭在弦上，改革作为发展的重要动力，是显而易见的。特别是打破垄断、解除管制方面的改革，一定会给中国的企业和民众提供一个更加公正自由的市场环境和政策环境，促进生产力的进一步解放和发展。

第三，深度开放的红利。如前所述，政府正在搭建两个平台，其中走向世界的国际化平台，其实就是在创造一个深度开放的新红利。可以设想，随着人民币国际化逐步实现，随着自贸区的建设和完善，中国在对外开放方面，一定会迎来更多的红利，形成资本输出带动产能输出新格局，实现国际产能的新合作。

第四，创新创造的红利。今天中国正在发生改变，知识产权的保护正在进一步健全，投融资自由公正的渠道正在建立，鼓励创新、激励创造的环境正在形成，对创新风险的分担、创新成果的分享及公平合理的机制正在建立，一个万众创新、创造的热潮正在掀起。这是推动中国新发展的重要源泉。

需要特别指出的是，展望“十三五”时期中国经济发展大势，“创新、协调、绿色、开放、共享”五个发展理念将贯穿中国的发展与改革的全过程，既是国家前进的方向，也是企业发展的方向，我们应当顺应新趋势，寻求新发展，实现民富国强的宏伟理想。

六、资本市场大时代：疯牛已死、慢牛可期

2015 年的中国股市经历了较大的波动，一场股灾曾给投资者造成了巨大损失，大家对未来的市场比较迷茫，情绪相对悲观。我认为，虽然眼下的资本市场还不尽如人

意，震荡加剧，技术性熊市初步显现，但中国经济发展需要资本市场，股市还会呈现牛市行情，但可能不是以前的疯牛，而是逐步进入慢牛模式，是一个长周期的牛市行情。

第一，短期来看，中国资本市场的转换期正在开启。2015 年，股市上半场天时地利人和，是一个难得发展的好时机，但由于种种原因，我们没打好手里的好牌，以致出现股灾。之后，政府部门实施了一些救市措施，一度产生积极效果，但成效相对有限。相反，投资者的市场预期和信心发生了较大改变，同时救市留下了一些后遗症需要处理，加上人民币汇率的较大波动，外围资本市场的震荡，使得短期资本市场的发展充满了变数，影响了市场的稳定，这是需要保持警惕的。

第二，长期来看，中国发展离不开资本市场。首先，降低企业发展成本，经济发展战略要由银行信贷驱动转向资本市场驱动，为企业提供更快捷自由的投融资通道。没有资本市场的发展，中国经济的转型升级、中国参与全球化就不可能实现，因为信贷驱动已经接近天花板，我们需要尽快转变到靠资本市场来驱动，这是一个大的宏观背景。其次，逐步修复国家资产负债表的需要也决定了发展资本市场的重要性。资产证券化将是未来发展的一个重要内容。这一轮资本市场的复苏的一个重要驱动力是国家资产负债表的修复，无论是地方政府的资产负债表，还是国有银行和企业的资产负债表，都需要逐步修复。因此从这个意义上讲，资产证券化已经成为一个不可逆的趋势。此外，在转型升级阶段，存量资产的重组，增量资源的重配是一个必然的趋势，这同样需要有相应的通道，而资本市场就提供了这样一个通道。唯有借助资本市场方能给企业和产业结构调整提供一个更灵活有效的机制。在这里还需要指出的是，民众财富的重新管理与配置、人民币的国际化，同样需要资本市场助力，巨大的需求势必推动资本市场的发展。只要中国发展需要资本市场这个大背景没有改变，那么资本市场前行的基调就不会中断，现在只是出现了阶段性的调整，而不是周期性市场行情的结束。

展望 2016 年，中国的资本市场进入了阶段性震荡调整的阶段，短期内有可能呈现疲弱发展、结构分化、波动加剧、熊态初现的运行特点。但从发展趋势看，全年资本市场并不就是悲观的。只要长期发展的逻辑没有改变，资本市场的好转就是一个大概率事件，投资者应当坚定价值投资信心，抓住国家稳定健康发展的政策与改革机遇，科学有效地配置好各类资产，就可以实现稳中求进的好业绩！

保护长江源头　改进南水北调西线工程

四川省社会科学院　林　凌　刘世庆

一、南水北调西线工程建设的由来和论争

中国人口多，水资源少，人均水资源量仅为全世界人均的 1/4。而且时空分布不均，北方水少，南方水多；夏季水多，冬季水少。我国必须实行节约用水、科学优化配置水资源战略，才能保障我国经济社会的长期不断的现代化发展。由于长江和南方水多，黄河和北方水少，优化水资源配置又以南水北调为主线。经过数十年考察、研究、设计，规划，国务院于 2001 年 7 月制定出了南水北调东线、中线、西线三条线路的工程规划纲要。三期静态总投资 5000 亿元（以 2001 年为基数），其中西线工程投资 3040 亿元。东线、中线于 2002 年 2 月 27 日同时开工：东线从长江下游江苏沿京杭大运河北上向沿线和天津送水，已于 2013 年通水。中线从长江中游丹江口北上向沿线和北京送水，已于 2015 年通水。西线从长江源头通天河（金沙江上游）、雅砻江、大渡河，穿越分水岭巴颜喀拉山，向黄河上游送水。西线工程因地质生态环境复杂恶劣，调水水量不可靠，民族宗教问题特殊，调水区域工作基础薄弱，争议十分激烈。国务院决定，西线工程要分三期进行，先要做好第一期工程的前期工作。

2004 年，西线工程第一期工程即将开工的媒体报道连连迭起，引起在四川工作的自然科学家、工程技术专家、经济科学家、环境科学家、民族宗教等人文科学家和四川甘孜、阿坝两个藏族自治州干部和群众的广泛关注。他们虽然长期在这一地区工作、生活，但对要在这里建设一个比三峡工程投资更大、技术更加复杂的调水工程的情况却不甚了了。出于对工程成败和对全国经济社会发展影响的关注，由四川老科技工作者协会和四川水力发电工程学会发起，召开了一次研讨会，对西线工程是否应当建设提出了许多重大疑问和建议，并决定对这些问题进行深入调查研究，提出具体对策。在众多专家学者的努力下，写出了数十篇调查研究报告和论文，由林凌、刘宝珺、马怀新、刘世庆四位主编、副主编个人出资，出版了一本书名为《南水北调西线工程备忘录》，从 8 个方面，对《南水北调西线工程规划纲要及第一期工程规划》给予了否定性的评判。这本书的出版发布，引起了国内外的广泛重视。经过中国工程院钱正英、潘家铮、沈国舫三位院士的研究，认为："在这本书中，地方专家提出的南水北调西线工程建设的一些问题很重要，需要进一步加强前期研究工作，提出解决方案，当前不宜急于上马。"根据三院士的意见，中国工程院院长徐匡迪向国务院作了报告。2008 年 1 月，国务院总理温家宝在听取了各方面意见后，召开了国务院 204 次常务会议，决定西线工程暂停。2010 年 1 月 31 日，中共中央、国务院《关于加快水利改革发展的决定》重提《实时开展南水北调西线工程前期研究》，2013 年，这项工程的前期工作又在

缩小为二期的条件下展开。我们进一步研究后认为，虽然缩小了规模，但原来存在的问题基本上没有解决。为此又扩大了研究队伍，于 2015 年 10 月出版了第二本书，《南水北调西线工程备忘录》增订版，并再送中央、国务院领导审阅决策。除进一步阐明否定南水北调西线工程的意见外，提出了可行的替代方案。为前后共花了十年时间。

2016 年 1 月，习近平总书记在重庆考察时指出：长江、黄河都是中华民族的发源地，都是中华民族的摇篮。长江拥有独特的生态系统，是我国重要的生态宝库。当前和今后相当长一个时期，要把修复长江生态环境摆在压倒性位置，共抓大保护，不搞大开发。习近平总书记的这一指示，无疑是对停止西线工程建设的有力支持。然而迄今为止，要求西线工程上马的声音仍未停止。

二、在青藏高原建设西线工程，将对中国、东南亚、东亚产生长期深远影响

西线工程位于青藏高原，长江源头，是国家主体功能区规划明确规定的禁止开发区和限制开发区，与人们熟知的“三江源保护区”同属一个区域，是长江、黄河的生命线。这是一个跨源区调水工程，而不仅仅是跨流域调水，具有极大的生态风险和社会风险。

青藏高原是全球变化研究的焦点地区，受到国际社会高度关注。著名地质学家刘宝珺院士和江新胜教授著文揭示：青藏高原是全球变化的发动机、东亚水循环的心脏、东亚地区的水塔，是我国乃至东亚的生态屏障。如果没有青藏高原的隆升，中国今天可能是东亚的“撒哈拉大沙漠”，四川天府之国、东北和华北粮仓、江南鱼米之乡会为沙漠覆盖。如果全球温度不断上升，高原冰盖可能全部消融，发源于青藏高原的 7 条主要河流枯竭，东亚水塔坍塌，青藏高原周边的依赖冰川生存的国家，将遭受严重的水资源危机，中国将首当其冲。从这个角度可以说，青藏高原是中国和东亚的母亲。尤其是，青藏高原 15 万年形成的平衡，如果被仅仅数十年的西线工程打破，灾难后果难以想象，人类将难以应对。我们应高度认识，建设南水北调西线工程与保护青藏高原的极端重要性，像保护眼睛那样保护青藏高原。

三、西线工程面临地质、水量、民族地区三大难题，工程建设不可行，不能行，不易行

西线工程地质条件脆弱，生态环境恶劣，调水水源不可靠，民族宗教问题敏感，调水区域工作基础薄弱，西线调水不可行不能行不易行。

（1）地质生态脆弱，西线工程不能行。西线工程位于高寒、高海拔的青藏高原，工程区海拔 3500 米。是地球上最年轻的还在不断隆升且每年发生着几十毫米至几毫米旋转位移的高原，工程区地质和生态极端脆弱，地震、地质灾害频发。在如此脆弱、复杂的地区，建 7 座高坝、6 座水库，穿越不同地质单元的数百千米长距离深埋隧道，不仅施工和维护条件差，而且施工及建成后地表水锐减，生态和地质退化，诸如冻土层退化甚至消失、植被退化甚至物种消失、气候恶化和河流干涸不断引致荒漠化等，都可能带来不可逆的巨大灾难性后果。据四川地震专家分析，工程区是当前青藏高原

最强烈的巨大地震最活跃的高发区，工程线路70%的地段都有遭受七八级地震破坏的危险，是多次历史大地震的可能复发危险区，而绝非稳定的“安全岛”，加之工程呈带状分布，比点状分布更加不可避让。近五年接连发生的汶川8级地震（2008年）、玉树7.1级地震（2012年）、芦山7级地震（2013年）、鲁甸6.5级地震（2014年），是对西线工程最沉重的地震警示，刚刚发生的鲁甸地震再次警示“地震空区”是高危险区而绝非“安全岛”。青藏高原的极端重要性，有专家形容为“不能在太岁头上动土”，这个评价一点也不为过，而是科学界的共识。

（2）调水量无保障，西线工程不可行。设计单位最新提出的西线工程原一二期合并方案，一期调水增至80亿立方米/年，占调水库址多年平均径流量119.23亿立方米/年的67%，调水量从计算看似乎是有保障的，但该计算忽视了两个重要因素。一是调水区是高寒区域，径流量年内各月差别很大，漫长的冬季无水可调。二是调水河流径流量呈显著减少趋势。由于全球气候变化和环境退化，特别是西线取水位置及其来水途径的特殊性，未来二三十年若没有强大外部因素改善，这一变化成为趋势性而非周期性是大概率事件，长江科考专家杨勇连续数十年六次考察证明了相同结论。

（3）民族宗教敏感，西线工程不易行。西线工程位于四川藏民族集中聚居区，民族和宗教问题极为敏感，叠加恶劣的生态环境，移民搬迁极为困难，或将成为西线工程的最大困扰。西线工程将承受比一般区域更大的移民压力和损失，不仅涉及经济领域，而且涉及难以评估的宗教和文化领域，容易引发心理抵触情绪，容易被分裂势力利用、煽动，这些都可能成为导致社会不稳定的诱因，影响民族的团结和地区的安定。

四、黄河水情沙情发生巨大变化，出现黄河水代替从西线调水的可能

（1）调水冲砂的需水量大幅度减少。西线工程调水的主要目标之一是冲沙。原设计西线工程总调水量为170亿方，其中用于冲砂为120亿方，也就是说，所调的水70%是用于冲砂的，当时泥沙量年均为40亿吨。近年来黄河泥沙呈明显减少趋势。据《黄河流域综合规划（2012—2030年）》，黄河干流沙量近年明显减少。1960—1964年进入黄河干流泥沙量年均20.95亿吨，1964—1973年入黄沙量年均18.22亿吨，1973—1986年这一数字减少为12.35亿吨，1986—1999年进一步减少为11.13亿吨，1999—2005年锐减为6.16亿吨。虽然目前对这一现象究竟是趋势性还是周期性尚存争议，但多年治理努力，诸如上中游退耕还林和退牧还草等“山川秀美工程”、小流域治理工程、小浪底工程冲沙等，多项工程的综合效应开始显现也是十分明显的。此外，还有农村人口大量向城镇和东部迁移从而发挥大自然的修复能力等因素，黄河调水冲沙的压力大大减轻。如果黄河泥沙减少是趋势性的，千百年来作为中华民族忧患的黄河面临的重大问题就得以解决，这也是实现中国梦的重大成果。与此同时，高效输沙用水效率也在不断提升，20世纪60年代平均需要40立方米水输1吨沙，现在采取措施可力争实现4立方米水输1吨沙，冲沙需水量可大大节约，黄河调水冲沙的必要性大大降低。

（2）南水北调东线和中线工程建成，山东、河南、天津所用黄河水就可以用南水北调的长江水代替，三省市合计可代替的黄河水为140亿方。这140亿方水完全可以

满足黄河中游缺水的宁蒙河段的需要。加上若尔盖草原湿地的修复，增加 80 亿方水，整个黄河流域的水就可能自给自足。这里需要解决的是水价问题。黄河水价低，长江水价高。通过水价的调整，鼓励原黄河下游各省市愿用长江水。现在山东、河南黄河水和长江水是不交叉的。如实施小江调水方案，使小江调到渭河的水进入河南和山东的黄河河道，长江水的作用就会更大。

（3）水权制度建设正在发挥重要作用。黄河实行“八七分水方案”后，水权制度建设和水权交易正在加速发展，节约用水已取得重要经验。内蒙古鄂尔多斯市，农业用水节约潜力大，工业新上项目则基本无水可用，难以发展。去年，经过政府有关部门牵线搭桥，工农双方进行价格协调，农业方面就把部分节约的水卖给工业，卖水得到的钱用来改造灌溉渠道，用喷灌等现代化方法灌溉，不但把水节约下来了，还省了钱。原来工业有项目，没有水，上不了马，买到农业水后，一下子上了 24 个项目。这种水权交换真正做到了工农双赢。河南省平顶山市把南水北调中线工程分给他们的 2.5 亿立方米水，拿出 2200 立方米，以高于供给的价格卖给本省的新密市，解决了新密市用水不足的问题。表面上看是钱的问题，实际上是把水节约下来了。这两个例子告诉我们，建立水权制度和水权有偿交换机制，是一个很好的方法，在某种程度上比建调水工程还重要，应对大力推进。

黄河水 62%产自兰州以上流域，黄河上游有些省份缺水的真实原因是没有用水指标。1987 年黄河进行全流域水资源分配时，黄河源头和上游的青海、甘肃等省区经济不发达，水资源分配很少。27 年来，这些省区经济社会发展发生了很大变化，特别是西部大开发以来，大型能源基地建设用水需求增加很多，原分配指标不能满足需要，为此迫切需要调整八七分水方案，增加这些省份的分配比例。钱正英院士多年前就指出：长江水多不在源头，黄河缺水不在上游。黄河 62%的水产在兰州以上流域，产在兰州、青海的水为什么不可以留在兰州、青海使用呢？应该高水高用。调整八七分水方案，是一个很复杂的问题，可以考虑结合南水北调东、中线分水的方案来进行。

由于以上三方面的变化，黄河流域本身可用水量将逐步上升，以黄河水取代西线工程调水将成为可能。

五、用小江调水方案取代西线工程

在研究南水北调西线工程替代方案时，国务院三峡办郭树言等资深专家，提出了“三峡引水方案”（又称“小江调水”方案）。小江位于三峡库区，引水具有三大优势。一是引水口海拔低。小江引水口仅为 145～175 米，而西线工程引水口则高达 3000～3500 米。在小江引水可以避开从长江源头取水和在青藏高原动土的风险。二是调水量有充足的保障。三峡水库多年径流量平均为 4510 亿方，小江调水为 135 方，仅占三峡水库年平均径流量的 3%。西线工程目前设计的西线取水点年平均径流量不足 200 亿方，且气候同源，丰枯同期，无法互补，水源无保障。三是“高水高用”，可规避长江上游水电基地减少发电量的损失。初步估算，西线一期将导致“三江”各梯级年发电量减少约 442 亿千瓦时，四川每年减少发电收入 136 亿元，电力税收减少 26 亿元。小江调水方案的难题是取水点位置低于黄河，需要用电提水到秦巴山区建的大型水库，扬程为 381 米。初步设想，可以通过低谷期用电和弃水发电在一定程度上减少成本，也可通过其他地方的发电替代三峡发电损失，即“以电换水”。如果小江调水方案可行，就可经渭河把长江水流入河南、山东的长江河道。这样南水北调调用长江水的作用就更大了。小江调水入黄河，实际上也可称为西线工程。我们期望这个方案能够实现。

各地构建产业新体系的主要做法和启示

中国电子信息产业发展研究院院长　卢　山

“十三五”规划纲要明确提出，要加快构建创新能力强、品质服务优、协作紧密、环境友好的现代产业新体系。面对新一轮发展，上海、深圳、北京等城市纷纷提出打造四新经济、未来产业和高精尖产业，安徽、四川、陕西、贵州等也在加紧培育发展平板显示、智能终端、集成电路、大数据等高成长性产业。这些省市构建产业新体系的做法，为各地谋划“十三五”、加快产业转型升级提供了很好的经验借鉴。

一、各地构建产业新体系的主要举措

1. 战略理念上更加注重构建面向未来的产业新体系

为突破传统路径依赖，塑造增长新动力，各地纷纷前瞻部署，提出了一些新理念新思路。如上海大力培育“四新经济”，聚焦新产业、新业态、新技术和新模式，梳理出30多个领域细分的“抓手型行业”，着力构建面向未来发展的现代产业新体系。深圳积极培育和发展生命健康、海洋、航空航天等“未来产业”，打造先进制造业研发创新基地。北京重点发展创新前沿、关键核心、集成服务、设计创意和名优民生等5类产品，着力构建“高精尖”产业体系。浙江大力发展信息经济，加快培育云计算、大数据、物联网、电子商务等新兴产业。江西提出发展“蛙跳产业”，将LED照明、直升机等作为战略主导产业，打造产业发展新名片。

2. 产业选择上更加聚焦培育先进智能类、绿色健康类和跨界融合类产业

智能化、绿色化、服务化是当前制造业发展的新趋势，也是新一轮科技革命和产业变革的主要特征。为顺应这一趋势性变化，不少发达地区在谋划“十三五”过程中，不约而同地将发展重点聚焦在先进智能、绿色健康和跨界融合三类产业上。如上海“四新经济”提出的3大类43个行业中，有20个属于智能制造类产业；23个属于跨界融合类产业。深圳提出的未来产业中，生命健康和智能制造就是其中的两个大类。此外，沈阳、长沙等城市纷纷提出重点打造智能制造产业，南京、贵阳等城市提出发展大健康产业等。

3. 主攻方向上更加突出推动产业转型升级和提质增效

随着要素成本和资源环境的深刻变化，沿海发达地区推动产业转型升级的迫切性和主动性明确增强，并进行了一系列探索和实践，取得了积极成效。如东莞市推行“机器换人”计划，以自动化和智能化装备提升传统优势产业生产水平，推动技术红利替代人口红利；杭州市提出“亩产倍增”计划，倒逼企业和园区节约集约利用土地；宁波市实施“电商换市”，构建门类齐全、特色鲜明、充满活力的电子商务产业体系，着力培育宁波经济发展新动力。同时，各地还不断加大对企业技术改造的支持，带动

工业转型升级和提质增效。据统计，2015年各地设立省级技术改造专项资金规模共计246亿元。同时，北京、浙江、重庆等18个省市还设立了38支基金，用以支持企业技术改造，总规模达1780亿元。

二、存在的主要问题

“十三五”的开局之年，各地在发展新产业方面涌现了很多亮点，但从全国来看，还普遍存在“五多五少”的现象。

一是思路理念多，有效措施少。面对新一轮发展，各地积极性很高，纷纷提出了很多新的理念和发展思路，如发展信息经济、培育名企名家、打造制造强市等，对未来发展作出了很好的战略谋划。然而，在这些宏伟的战略谋划下面，往往缺少针对性、特色化的配套措施，不少地方仍处在照搬、复制中央文件或发达地区经验的阶段，影响了战略规划的落地和实施效果。

二是产业趋同多，特色优势少。从全国范围看，各地产业选择雷同的现象还较为突出。以《中国制造2025》为例，工信部根据规划纲要中提出的10大重点领域，进一步梳理细化了136个主攻方向。据不完全统计（已经公开发布的11个省份），有10个省提出发展芯片产业，8个省发展无人机、7个省发展工业机器人等；同时，有先进存储技术、新型计算技术等近40个方向没有省份提及。没有充分发挥地方的特色优势，必将导致产业选择雷同和新一轮的重复建设。

三是整机组装多，专精特新少。走“专精特新”的发展之路，是中小企业成长的重要途径，也是提高产业综合竞争力的必然选择。然而，各地在扶持主导产业发展的过程中，普遍重视对整机项目、龙头企业的引进和培育，“重显轻潜”的现象较为突出。各种扶持政策都向整机、品牌企业倾斜，对打造“小而优”“小而强”的行业“隐形冠军”既没有给予充分的重视，也缺乏有效的手段。

四是试点示范多，经验推广少。近年来，各地在技术改造、智能制造、绿色发展等领域推出了一批试点示范项目，但总体上看，对试点示范项目效果的检查评估少、经验总结少、推广应用少。比如，江西的九江石化经过近几年的智能化改造，取得了显著成效。与2011年年初相比，公司员工总数减少12%，班组数量减少13%，外操室数量减少35%。像这样好的做法和经验，应该加快在全国推广，充分发挥试点示范项目的引领带动作用。

五是硬实力重视多，软环境营造少。从实地调研来看，各地还是普遍重视核心技术突破、龙头项目引进等硬实力建设，而对质量品牌建设、创新文化营造、生态体系培育等软环境建设重视不足。实践表明，质量、品牌、文化、制度等软实力是竞争优势最重要的根源，甚至比硬实力更具持久性和影响力。从长远来看，塑造产业新优势、提升产业核心竞争力，决不能忽视软实力建设和软环境的营造。

三、几点启示

首先，加强顶层设计是打造产业竞争新优势的关键环节。习近平总书记指出：“国际竞争历来就是时间和速度的竞争，谁动作快，谁就能抢占先机，掌控制高点和主动权；谁动作慢，谁就会丢失机会，被别人甩在后边。”面对当前复杂多变的国内外形势和要素支撑条件的变化，必须加强顶层设计，统筹考虑地方产业基础、比较优势、生态环境等发展条件，科学合理地谋划未来发展的方向和重点，同时也要加强政策设计，细化创新创业、人才培引、资源配置等相关政策，形成发展合力。

其次，立足特色优势是构建现代产业新体系的根本出发点。要摆脱以往的路径依赖、实现结构优化和动力转换，必须在准确把握发展方向和原则的基础上，抓住重点领域、关键环节和核心问题，找准着力点和突破口。每个地区都有各自的区位优势、资源优势、产业优势和科技优势，应当结合这些优势，找准发展重点，做到有所为有所不为。各地在制定“十三五”规划时，应充分借鉴上海、深圳、北京等先进城市的做法和经验，在“特色”和“优势”上下足功夫，进一步聚焦发展重点、打通关键环节、明晰发展路径，打造出几个在全国甚至全球具有举足轻重地位的优势行业来。

再次，坚持分类施策是推动产业提质增效升级的有效途径。要针对不同的产业以及产业发展的不同阶段，确定发展重点和时序，提出有针对性的支持手段。比如，对于基础原材料产业，要严格控制总量，优化产业布局，提高产业集中度，同时加大资源的国际化保障力度。对于装备和电子信息等产业，要注重核心技术突破、加强品牌建设、发展服务型制造等，积极参与国际产业游戏规则制定，增强产业核心竞争力。对于消费品工业，要以技术创新、品牌建设、品种质量安全可靠为重点，实现产品升级换代和产业有序转移。

最后，注重载体建设是塑造产业发展新生态的重要着力点。从各地经验看，能否搭建起有利于各类要素集聚的产业生态，是一个地方顺利实现产业转型升级的关键所在。一方面，要注重加强信息基础设施、创新中心、产业园区等硬平台的建设，积极吸引各类要素资源集聚，促进优势企业和主导产业快速发展。另一方面，要注重品牌、文化、制度等软环境的营造，进一步深化管理体制改革，消除不利于转型升级的体制机制障碍，积极营造良好的知识产权法治环境、市场环境和社会环境，形成尊重人才、鼓励创新、宽容失败的文化氛围。

加速下行、结构分化与战略突破
——2015年工业经济运行特征与2016年展望

中国社会科学院工业经济研究所所长　黄群慧

2015年是“十二五”的收官之年，中国工业经济运行的基本特征可以概括为“加速下行、结构分化、战略突破”。2016年，中国工业增速还将减缓，但减缓的幅度有望收窄。对于中国工业发展而言，关键是在“十三五”开局之年真正能够实质性推进供给侧结构性改革。

一、2015年工业经济运行特征

改革开放以来，按照经济波动来看，我国的工业增长大体可以划分四个波动周期，分别是1978年到1985年，1985到1992年，1992到2007年，2007年到现在，其中1992年为改革开放以来最高增速，全部工业增加值增速高达21.2%。在2007年以来这个最近周期中，2010年以来工业增长呈现明显下滑态势，2011—2014年全部工业增加值增速分别为10.7%、7.9%、7.6%和6.9%，降幅分别1.4、1.8、0.3、0.7个百分点，预计2015年全部工业增加值增速将下降至5.6%左右，降幅扩大到1.3个百分点。从规模以上工业企业增加值看，2011—2014年分别为13.9%、10%、9.7%和8.3%，分别下降1.8、3.9、0.3和1.4个百分点，而2015年规模以上工业企业工业增加值下降到6.1%，降幅扩大到2.2个百分点。这意味着，2015年工业不仅延续五年来同比下滑态势，而且相对2013和2014年，呈现加速下滑的态势。实际上，2015年已经是自1992年以来两个周期长达23年中的最低工业增速。

工业增速呈现下降趋势，无论是人口红利角度分析，还是从我国进入工业化后期阶段来判断，都是与潜在增长率下降趋势相吻合的。2015年的增速是在我国已经是世界第一的制造业大国基础上取得的，面对“工业规模巨大，环境约束增强”的背景，这个增速的确来之不易。虽然2015年这种增速还不能称之为“失速”，仅仅是减速，但工业增速加速下滑趋势意味着，当前工业增速加速探底的过程尚未结束，我国工业经济增长还未从高速下降到一个中高速的均衡点或者均衡区间，因此称我国已经从“旧常态”进入“新常态”还为时过早，稳定均衡的中高速“新常态”还只是愿景。在这个新旧常态过渡时期，企业利润锐减，债务加重，工业运行风险突出。2015年，全国规模以上工业企业实现利润总额63554亿元，比上年下降2.3%，实现主营业务活动利润58640.2亿元，比上年下降4.5%。伴随着利润下降，企业负债率开始高企，未来我们必须高度重视债务——通缩风险。

对于工业运行的结构看，行业分化的特征也十分明显。一是从大类看，采矿业规模以上工业增加值增长2.7%，电力、热力、燃气及水生产和供应业增长1.4%，而制造业增长 7.0%。其中制造业中的高技术产业比上年增长 10.2%，比规模以上工业快 4.1 个百分点，占规模以上工业比重为 11.8%，比上年提高 1.2 个百分点。二是从具体的行业看，41 个工业大类行业中，一些高技术行业和一些经济下行时逆周期性行业保持了较高的增速，而一些资源开采、原材料产业下滑十分严重。金属制品、机械和设备修理业，水的生产和供应业，家具制造业，医药制造业这四个行业的主营业务收入增长都超过了 9%，利润增长都超过了 10%，而煤炭开采和洗选业，石油和天然气开采业，黑色金属矿采选业，黑色金属冶炼和压延加工业的主营业务收入分别下降 14.8%、32.6%、20.7% 和 13%，利润则分别下降高达 65%、74.5%、43.9% 和 67.9%。这被描述为“冰火两重天”。与这种行业分化特征相对应，在东中西部工业经济增速分化势头减弱的大背景下，以资源和原材料行业作为主导产业的地区经济增速都出现了明显下降，辽宁、山西、黑龙江规模以上工业增速为－4.8%、－2.8% 和 0.4%，远落后于全国水平。这种行业分化特征，是一种工业增长结构不断优化、动力正在转换的表现，表明工业结构正在跨入以加工组装为中心的高加工度化阶段，要素投入结构也逐渐由以劳动密集型和资本密集型为主向以资本和技术密集型为主转变。但是，这种转换的速度和力度还远远不够，一方面，高新技术等新兴产业规模不够，在整个工业中所占比例还不高，在经济下行巨大压力下增速还不够快，另一方面，一些原材料产业产能过剩问题突出，出现了断崖式的下降，这“增少减多”的动力转换格局必然影响了整体工业的增速。

2015 年，中国工业运行加速下行的特征，一方面体现了中国工业亟待转型升级的“转型之痛”，另一方面是发达国家的高端挤压和新兴经济体低端挤出的“双端挤压”的结果。针对制造业的转型升级重任和“双端挤压”困境，2015 年 5 月我国推出的《中国制造 2025》，2015 年 7 月国务院出台《关于积极推进“互联网＋”行动的指导意见》。这两个战略的推出，实现了中国工业发展战略的重大突破，其意义不仅仅在于自身中国制造业有了到 2050 年的发展蓝图，更在于描绘了中国未来整体经济增长“新发动机”的设计蓝图，这是 2015 年中国工业经济发展的最大亮点。

二、2016 年工业经济展望

2016 年是“十三五”的开局之年，我国工业经济形势仍然复杂严峻。国际上受发达经济体需求管理政策的能否持续、新兴经济体和发展中国家连续 5 年下滑的势头能否得到有效遏制等多因素影响，有专家预测世界经济增长率将维持在 3%左右的增速；国内考虑到投资和消费增长可能都会回落到 10%以下的个位数增长，出口难有大转机，国内外多家机构预测经济增速应该在 6.5%左右，其中多数认可在 6.7%。

对于工业而言，一是制造业投资将继续下滑。这主要是 2015 年制造业企业利润下降，加之企业高负债及去杠杆，以及到 2015 年 12 月已连续 46 个月 PPI（生产价格指数）负增长，去产能和去库存任务艰巨等多因素叠加造成的；二是受到全球经济增速继续徘徊、人民币汇率波动和中国制造业成本上升等因素影响，工业出口将持续低迷；三是受房地产去库存、全面二孩政策、最低工资标准调整及发挥新消费引领政策的影响，消费会企稳回升。四是从中国制造业采购经理指数看，到 2016 年 4 月已经连续 6

个月低于50的荣枯线；五是新旧工业增长动能还处于转换中，而《中国制造2025》、“互联网＋”等战略和政策实施效果还有待时日，新动能在2016年还相对较弱，而传统产业、尤其是资源和原材料产业的去产能步伐加快，增长动力“增少减多”的格局在2016年将继续。考虑到这些因素，基于我们的预测模型，规模以上工业增加值全年应该在5.5％左右，月度波动区间应在4.5％～6％，2016年工业还处于持续探底阶段，但工业增速降幅有所收窄。这说明，短期内我国工业经济增长还会延续低位徘徊状态，并在较长的时间内处于再平衡的阵痛中，难以真正回升，下行压力仍然很大。

2016年，中国工业经济运行的主旋律是在坚持“稳中求进”与“底线思维”指导思想下积极推进增长动能的“除旧布新”。一方面，“去产能”在2016年将有实质性突破。化解产能过剩问题已经提及多年，今年应有真正突破，以钢铁和煤炭行业为重点、以处置“僵尸企业”为抓手、结合国有经济战略性调整实现产能压缩；另一方面，积极推进《中国制造2025》、“互联网＋”战略的融合实施，迅速培育新的动能，传统产业通过“互联网＋”实现改造升级，《中国制造2025》中“五大工程”和“十大领域”将极大促进我国战略性新兴产业快速成长。在工业增长动能“除旧布新”过程中，坚持“底线思维”积极化解工业企业的债务风险，以及由此引起的各类社会风险。

三、实质性推进工业供给侧结构性改革

对于中国工业发展而言，2016年关键是在供给侧结构性改革上的有所突破，真正能够在“十三五”开局之年有实质性深层次的改革推进，逐步形成实施工业强国战略的有效机制，从而加快推进工业增长动力转换，尽早实现工业经济增长的筑底成功。工业供给侧结构性改革的主要目标是改善要素资源配置机制，再造一个工业发展的新生态系统。这个新工业生态系统运行的核心是提高工业创新能力与全要素生产率，从而促进工业增长方式从劳动力和物质要素总量投入驱动主导转向知识和技能等创新要素驱动主导，推动我国从工业大国向工业强国转变。工业供给侧结构性改革的具体任务可体现在企业、产业和区域三个层面。

在企业层面，要加快处置“僵尸企业”，对持续亏损三年以上且不符合产业结构调整方向采用资产重组、关闭破除等措施予以“出清”；政府向企业简政放权，降低包括税费在内的企业制度性交易成本；深化国有企业改革，2016年要能够在垄断行业国有企业混合所有制改革、建立以“管资本”为主的国有资产管理体制、国有经济战略性布局调整和完善现代企业治理结构等方面迈出实质性的步伐；完善企业创新激励机制，重视发挥和调动企业家的核心作用。

在产业层面，积极推进《中国制造2025》与“互联网＋”战略，但要坚决避免以加快推进《中国制造2025》为借口，进一步强化实施选择性产业政策，从而影响良好技术创新生态的建设，最终背离了《中国制造2025》的初衷；打破生产性服务业垄断和市场管制、改革投资审批、加强信用制度建设等深化体制机制改革措施，消除体制机制障碍，提高生产性服务业服务制造业的能力和效率；注意产业政策与竞争政策的协调，推进产业政策从政府选择、特惠措施为主的选择性产业政策取向，转向普惠性、促进公平竞争和科技进步的功能性产业政策取向，从而促进竞争政策基础地位的逐步

实现。当以“稳增长”为目的的选择性产业政策与以“调结构”为目标的竞争政策发生抵触时，一定要在决策价值观上倾斜竞争政策。例如，近期工信部推出的水泥行业错峰生产的产业政策就有悖于反垄断的竞争政策和供给侧结构性改革的要求。

在区域层面，要强调通过培育和发挥市场机制的引导，来推进“一带一路”战略、京津冀协同发展战略、长江经济带战略和东北老工业基地振兴新战略，政府作用在于构建有效的产业环境来促进工业劳动力、资金等供给要素的跨区域流动，形成区域开放与协调发展新格局。

面向“十三五”的中国服务业：前景展望与对策思路

中国社会科学院财经战略研究院副院长、研究员　夏杰长

一、前景展望

本文将运用ARMA预测法对三次产业增加值规模及占GDP比重，三次产业就业人数及占比，三次产业的固定资产投资规模及占比进行预测。

（一）自回归滑动平均模型（ARMA模型）

ARMA模型（Auto－Regressive and Moving Average Model）是计量经济学研究时间序列的主要方法之一，是在自回归模型（简称AR模型）与滑动平均模型（简称MA模型）的基础上“混合”构成。该模型的预测数据既受到相关影响因素的影响，又体现了自身的变动规律，因此是经济预测普遍使用的方法。我们假定影响因素为x_1，x_2，…，x_k，由回归分析，可得下式：

$$Y_t=\beta_1 x_1+\beta_2 x_2+\cdots+\beta_p x_p+Z$$

其中Y是预测对象的观测值，Z为误差。作为预测对象Yt受到自身变化的影响，其规律可由下式体现，

$$Y_t=\beta_1 Y_{t-1}+\beta_2 Y_{t-2}+\cdots+\beta_p Y_{t-p}+Z_t$$

误差项在不同时期具有依存关系，由下式表示，

$$Z_t=\varepsilon_t+\alpha_1\varepsilon_{t-1}+\alpha_2\varepsilon_{t-2}+\cdots+\alpha_q\varepsilon_{t-q}$$

由此，获得*ARMA*模型表达式：

$$Y_t=\beta_0+\beta_1 Y_{t-1}+\beta_2 Y_{t-2}+\cdots+\beta_p Y_{t-p}+\varepsilon_t+\alpha_1\varepsilon_{t-1}+\alpha_2\varepsilon_{t-2}+\cdots+\alpha_q\varepsilon_{t-q}$$

（二）预测结果

根据ARMA模型，运用最小二乘法，利用Eviews计量分析软件，得出如下预测结果。

1. 三次产业增加值数值及占比预测结果

表1　　**三次产业增加值占GDP比重预测**　　单位：亿元

年份	第一产业	第二产业	第三产业	GDP	三次产业比例
2016	58554.15	296545.5	376607.9	731707.6	8.0∶40.5∶51.5
2017	58664.42	311808.3	417779.2	788251.9	7.4∶39.6∶53.0
2018	58775.38	324464.8	463451.4	846691.5	6.9∶38.3∶54.8
2019	58887.04	334086.6	514116.5	907090.1	6.5∶36.8∶56.7

续 表

年份	第一产业	第二产业	第三产业	GDP	三次产业比例
2020	58999.4	340193.5	570320.4	969513.3	6.1∶35.1∶58.8

数据来源：根据国家统计局网站年度数据数据库 2006—2014 年 GDP 数据统计预测得出。

从表 1 可以看出，2012 年是我国产业结构调整的重要拐点，第三产业（服务业）占比首次超过第二产业，之后第三产业占比不断提升，与第二产业的差距越拉越大，到了 2015 年，服务业占比更是超过了 50%，奠定了服务业在国民经济中“半壁江山”的地位。预计到 2020 年，服务业占比将达到 58.8%，将比 2015 年提高 8.6 个百分点。由于多重利好因素叠加，“十三五”时期我国服务业有望继续保持快速增长，在工业增长速度明显下滑的背景下，服务业的快速增长是实现我国经济实现中高速增长目标的重要力量。

2. 三次产业就业人数预测结果

表 2　　三次产业就业人数预测　　单位：万人

年份	第一产业就业人数	第二产业就业人数	第三产业就业人数	全社会就业人数
2016	20715.98	22635.69	33634.01	76985.68
2017	20297.11	23226.18	34793.09	78316.38
2018	19886.72	22899.10	35992.11	78777.93
2019	19484.63	23427.94	37232.45	80145.02
2020	19090.66	23135.00	38515.54	80741.20

数据来源：根据国家统计局网站年度数据数据库 2006—2014 年分行业就业人数数据统计预测得出。

表 3　　三次产业就业人数占比　　单位：%

年份	第一产业就业比重	第二产业就业比重	第三产业就业比重
2016	26.91	29.40	43.69
2017	25.92	29.66	44.42
2018	25.24	29.07	45.69
2019	24.31	29.23	46.46
2020	23.65	28.65	47.70

数据来源：根据国家统计局网站年度数据数据库 2006—2014 年分行业就业人数数据统计预测得出。

用服务业劳动就业占比衡量一个国家或地区服务业地位，是国际上最通行的做法。因为它能更准确客观地反映三次产业结构演变情况。因为劳动就业是最实在的经济指标，不像 GDP 很可能受到价格因素的影响。从表 2、表 3 可以看出，2010 年，服务业的劳动就业与农业劳动就业人数大致相同，但 2011 年是一个重要拐点，这年的服务业首次超过了农业劳动就业。预测结果显示，到2020年，我国服务业劳动就业占比有望达到47.7%。如果考虑到服务业就业的隐蔽性和农村劳动就业者的多重属性，我国服务业劳动就业占比被严重低估了。现代农业特点之一就是农业与工业、服务业分工边界日益模糊，彼此融合发展现象很普遍。部分从事第一产业的农民，往往也可能在从事服务产业工作。许多农村地区的劳动者部分时间在从事种植业这样传统的农业生产，但更多的时间可能在从事农村电商、农产品流通、乡村旅游等服务业工作。传统上，我们把这些劳动者统计到农业劳动就业之中，而实际他们大多时间在做服务业工作。如果考虑这个因素，我国服务业劳动就业占比肯定不是现在的42%左右，应该很可能超过50%了。由此推断，到2020年服务业劳动就业实际占比很可能高达57%。

3. 三次产业固定资产投资预测结果

表4　　三次产业的固定资产投资预测值　　单位：亿元

年份	第一产业	第二产业	第三产业	全社会固定资产投资总规模
2016	23850.74	240242.10	327809.30	591902.14
2017	28422.91	255554.80	347306.60	631284.31
2018	33779.62	270513.10	366200.50	670493.22
2019	40056.54	285125.20	384509.80	709691.54
2020	44411.91	299399.20	409252.50	753063.61

数据来源：根据国家统计局年度数据数据库2006—2014年固定资产投资数据统计预测得出。

表5　　三次产业固定资产投资各占比重　　单位：%

年份	第一产业	第二产业	第三产业
2016	4.03	40.58	55.39
2017	4.50	40.48	54.92
2018	5.03	40.34	54.63
2019	5.64	40.17	54.19
2020	5.89	39.75	54.36

数据来源：根据国家统计局网站年度数据数据库2006—2014年固定资产投资数据统计预测得出。

一般认为，服务业是一个轻资产行业，固定资产投资的规模应该比第二产业低很多，但由于把交通运输被统计到第三产业，而大多年份交通运输业是我们的重点投资领域，所以服务业的固定资产投资规模10余年之前就超过第二产业了。目前，服务业市场潜力不断被开发出来，大多数服务业因为投资门槛较低、收益较高、国家产业政策偏好等原因，正在成为各类投资的“香饽饽”。表5的预测结果显示，到2020年，三次产业固定资产投资份额很可能是5.89：39.75：54.36，服务业是固定资产投资主要领域或选择的地位依旧不会改变。

二、基本结论：中国正处在迈向服务经济时代的“窗口期”

“十二五”时期我国服务业保持着蓬勃向上的发展态势，服务业主要指标如期甚至超额完成。根据前面的预测结果，到 2020 年，我国服务业增加值比重、劳动就业和固定资产投资比重将分别达到 58.80%、47.70%和 54.36%，服务业主导地位将进一步巩固。这些数据变化，意味着“十三五”时期我国服务业发展将迎来难得的战略机遇期，我国经济结构转型升级将迈出更大步伐，很有可能迎来服务经济时代的“窗口期”。

近十年来，我国服务业规模显著扩大，服务业占比快速提升，劳动就业不断向服务业转移，服务贸易地位不断上升，用成绩斐然来概括我国服务业发展与开放的历程可谓恰如其分。但我们更要清醒地认识到，国际市场对我国制成品需求萎缩、欧美国家实施再工业化战略、制造业要素成本上升等所导致的第二产业增加值增速下降，也是促成了我国服务业比重相对上升的重要原因。我国服务业地位还不是很巩固，服务业发展相对滞后的格局仍然没有改变。而且，我们追求的不是哪一个产业的占比高低问题，对一个发展中大国而言，如何实现三次产业协调可持续发展更为重要。在人均收入较低的水平上，第二产业比重就达到了峰值或走下坡路，可能导致了经济增长停滞，甚至进入中等收入陷阱。衡量服务业发展进步与否，既要从数量指标变化看其进步，更要把服务业“功能”发挥作为其进步的标志。比如，对新型城镇化的推动作用，对制造业升级的促进作用、对民生福利的改善作用。

三、对策思路

到 2020 年实现国内生产总值和城乡居民人均收入比 2010 年翻一番是我国“十三五”时期重要的奋斗目标。要实现这个宏伟的目标，“十三五”期间 GDP 增速不能低于 6.53%。在农业难以快速增长、部分制造业向发达国家回流或向其他发展中国家分流的大背景下，我们必须有相应的替代性战略。这就是，在巩固农业基础地位、打造制造业强国的基础上，把发展服务业特别是生产性服务业就提升到重要的战略高度。那么，我们应该采取什么样的对策思路助推服务业又好又快发展呢?

（一）推动服务创新

国内外经验表明，创新，对于服务业来讲尤为重要。唯有创新，才能提高服务业生产率、扩展服务业新领域和提高服务品质。要从制度创新与技术创新两个层面推动服务业创新工作。服务业的诸多特征决定了其创新是一种高风险行为，因此，激励创新创业者和包容创业创新失败者同样重要。长期以来，我们对创新者锦上添花者多，雪中送炭者少。要扭转这一格局，就必须对创新创业失败者予以更对关注和支持。此外，我们过去理解支持创新，就是财政银行掏钱。服务业是一个轻资产行业，对资金的要求相对较低。但服务创新充满着太多的不确定性，往往是传统的制度环境束缚了创新。因此，给创业者、创新者宽松的制度环境尤为重要。最要紧的制度环境就是“法不禁则可为”。甚至可以在一定程度的试错纠偏。只有这样，才能把创业者、创新者的积极性充分调动起来。

（二）鼓励跨界融合

产业间界限越来越模糊是现代产业发展一个重要特征。服务业与制造业、农业之间跨界与融合互动发展是大势所趋。发达国家的经验表明，在制造业和农业注入更多更高质量的“服务元素”是实现跨界融合最直接的路径和最有效的做法。这种鼓励跨界融合的做法是“一箭双雕”的选择。因为既为服务业自身发展赢得了发展空间，也为制造业转型升级、传统农业走向现代农业提供了坚强支撑。鉴于服务业和制造业的融合发展趋势，我们要突破传统的产品定义和统计分类，不要过度纠缠于服务业和工业差异，而要充分利用服务业和工业日益增强的相似性和互补性。通过第一产业和第三产业的有机融合是助推农业现代化的新途径。不断延伸产业链、努力拓展农业功能，促进农业与服务业深度融合，是现代农业发展的大趋势。服务业与农业的深度融合，在第一产业土地上做好第三产业这篇文章，是一个全新的命题。其核心的措施就是健全农业产业化综合服务体系，比如通过城市服务资源与农业（农户）的需求有机对接，鼓励“服务下乡”，大力发展农村普惠金融、农业科技服务、涉农物流产业、动植物疫病防控、农产品质量安全体系、农机租赁服务、新型职业农民培训服务等农业产业化服务体系。

（三）引导空间集聚

鼓励服务业集聚已经成为许多地方政府加快发展现代服务业的主导方式与重要选择。服务业集聚区是服务业集群的空间载体，它是相互联系的一群服务企业及其相关机构在一定地域范围内的集聚，进而形成具有较强创新能力和竞争力的并根植于当地社会文化环境中的社会经济综合体。服务业集聚区（园区）发展与成长基本上有两种模式：政府主导和市场有机自然成长。在“十三五”时期，我们应该鼓励服务业园区自然形成和有机成长，充分发挥市场机制和企业自主意愿的主导作用，尽量减少政府插手集聚区建设与运行的具体事务。政府在服务业集聚区（园区）建设也担有非常重要的责任，其核心责任就是“搭平台、优环境、聚人才”。纵观这些年地方政府服务业集聚区建设的经验，只有那些打造完善的公共服务平台、健全良好的投资环境、荟萃从事相关服务业的优秀人才群，才能吸引有实力的相关服务业企业入驻集聚区（园区），形成新的经济增长极。

（四）培育市场主体

服务业做大做强之关键是要充分发挥市场机制的决定性作用，而企业又是市场的主体。所以要在培育市场主体上做好做足文章。服务业企业大中小并存，差异化很大。我们必须针对不同服务业性质、不同服务业规模的企业采取差别化政策。既要鼓励服务业企业细化分工，走专业化发展道路；也要推动优势龙头服务企业跨地区、跨行业、跨所有制兼并重组，形成具备国际竞争力和影响力的跨界融合的服务业产业集团或产业联盟，培育若干有特点、有品牌、有控制力的服务业龙头企业或企业集团。相比制造业，服务业更具小、散、灵的特点。必须采取提高中小服务业企业的生存机会和发展能力。政府支持中小服务企业发展，不是简单直接的在资金方面帮扶，而是要从健全社会化服务体系，建设中小企业公共技术服务平台着手，通过公共平台和技术平台建设，让企业产需对接，供需匹配。

（五）积极有序开放

开放倒逼发展和改革，是我国经济发展的一条重要经验。服务业对外开放是我国开放体系和开放型经济体制的短板，自然也是我国下一步对外开放的重中之重。准入前国民待遇加负面清单的管理模式，是大多数国家服务业开放的典型做法。我国服务业开放也要借鉴这个惯例做法。要按照这个准则，积极有序地推进我国金融、文化、教育、医疗、体育、商务、会展等领域的对外开放。在维护国家产业安全的前提下，逐渐减少服务业开放的审批事项，简化审批程序和手续。自贸区是服务要素对接全球市场的重要平台，要创造条件，积极扩大自贸园试点工作。从目前自贸区试点情况看，服务业开放是绝对的主力军。“十三五”期间要选择金融服务、文化教育、医疗服务、商务会展等重点领域做好服务业扩大开放的试点工作，力争在全国更大范围内推进服务业扩大开放，不断提升服务业对外开放水平，并通过服务业开放带动竞争和效率，进而改进服务质量和居民福利。

对“十三五”愿景的若干判断

重庆智库理事长、研究员、《改革》杂志总编辑　王佳宁

作为国家中长期发展蓝图，“十三五”规划将是中国从容应对国内外发展环境重大变化的五年规划、全面而系统地展示中央领导集体的执政思路，为公众描绘泱泱大国经济社会在科学发展轨道上运行的愿景。

一、“十三五”愿景可期，系于“四个全面”治国大纲

全面建成小康社会最早提出于中共十八大报告，是中共十八大提出的总目标，而全面深化改革与全面推进依法治国是中共十八届三中全会和四中全会的主题，全面深化改革与全面推进依法治国共同推动全面建成小康社会奋斗目标顺利实现。而前述过程中，全面从严治党是群众路线教育实践活动的核心要义，也是全面建成小康社会、全面深化改革与全面推进依法治国顺利推进、顺利实现的根本保证。“四个全面”可谓治国大纲，借此考量行将到来的“十三五”，意义非同寻常。

“十三五”规划（2016—2020 年）在全面而系统地展示中央领导集体执政思路的同时，将为公众描绘经济社会转入科学发展轨道的愿景。在制定“十三五”规划期间，应当在“四个全面”这一治国大纲下尽早达成共识，正所谓“理论在一个国家实现的程度，总是决定于理论满足这个国家的需要的程度”。

提前考量“十三五”愿景，一方面缘于“十三五”期间对一些关键性领域，如政府转型、“一带一路”和长江经济带建设与推进，以及国有企业、垄断行业、金融、财税、收入分配、社会保障等存在体制性障碍的破除和攻坚能否成功，率先取决于“四个全面”中的全面深化改革；另一方面重在总结之前一个五年规划的教训，有的放矢，精确定位。如前两个五年规划曾提出转变经济增长方式和加强生态环境保护，但在执行上迄今一直缺乏有效的措施保障。因此，公众有理由期待“十三五”期间在经济增长方式上有一个根本的转变，那么，走新型工业化和城镇化道路的各种措施必须可行且实用，否则，资源、环境无法支撑，增长难以为继。

在“四个全面”背景中看待全面建成小康社会，须甄别经济运行主体和社会利益主体的多元化。一如政府在“十三五”期间能够计划和直接调控的对象仅仅是自身。要保证全面建成小康社会各项指标的实现，以及“十三五”规划得到有效的执行，必须解决规划期与政府的任期不一致问题，特别是要处理好政府换届与规划思路延续、对接的问题，注意新一届政府采取的政策与前任的连贯性，从而发挥好五年规划的实质作用。所以，对“十三五”规划的中长期规划应“风物长宜放眼量”，对近期计划中的经济社会发展周期，做到与政府任期目标相一致。这是在“四个全面”这一治国大纲下实现“十三五”愿景的肯綮。

从凯恩斯时代到福利国家兴起，政府责任逐渐变大。而将权变领导理论应用于“十三五”愿景，领导行为的有效性不单纯取决于领导者的个人行为。某种领导方式在“十三五”期间是否有效，则取决于具体的情境。一如当下对竞争环境的判断，包括整个大环境和各区域的小环境。由于不同区域的市场重点不同，资源投入也有差异，造成不同区域间竞争环境各有特点，因此执行计划不能一刀切，应根据不同区域市场竞争环境的差异相应调整，使计划符合实际状况。再就是行业发展趋势判断，鉴于各区域间行业的发展是不平衡的，执行计划中要根据行业发展状况分析提出相应措施，以符合行业不同发展阶段的特点。

全面建成小康社会和全面深化改革时间表定格在 2020 年，这与“十三五”规划收官之年的路线图相吻合，其联袂展示的愿景将是一个人心向往的生动画面。

二、“十三五”发展主轴，还将经历一轮又一轮验证

面临中国经济长期快速增长后的调整与经济周期性调整的交集，经济下行压力既有改革措施推进的自我倒逼，也有各地发展的不同局面体现。正在编制的全国“十三五”规划强调发展理念，各类指标的制订和实际措施的把控，将在平稳与较快间轮动。

“十三五”规划如何轮动发展主轴，其肯綮在于虚拟经济与实体经济的联袂“坚挺”。在国际情势波及全球特别是新兴经济体之际，悉数国家意识到实体经济的发展远比虚拟经济的发展更让公众踏实。而平稳较快发展的“主流”取决于实体经济。

泱泱大国在国际舞台力争市场经济地位，与策动经济发展本质关联。如是当视为编制“十三五”规划的政策注脚。平稳较快发展的背后尤应审视消费与投资的功用。消费拉动是最终需求，其主体是消费者，是市场。投资拉动则是引致性需求，期望既定的投资发挥凯恩斯所讲的乘数效应，并最终传达为消费，投资拉动的效果最终需要市场的检验。

尽管部署促进进出口稳定增长的政策措施，在扩大开放中增强发展动力，是 2015 年 7 月 15 日召开的国务院常务会议的主题，然而，“十三五”期间如何实现更高水平的对外开放，则是经济提质增效升级的重要支撑。尤其是，保持人民币汇率在合理均衡水平上基本稳定，促进跨境贸易人民币结算便利化，帮助企业规避汇率风险，以及在扩大短期出口信用保险规模，加大对中小微企业和新兴市场开拓的支持方面，须在金融实操和监管领域渐次达成共识。

党的十一届三中全会后，中共中央的一些负责人根据三中全会所做出的把工作重点转移到社会主义现代化建设上来的战略决策和解决好国民经济重大比例严重失调的要求，深入进行了调查研究，分析了国民经济的现状，在总结历史经验后提出了一系列推动经济发展的措施。1979 年 1 月 6 日，邓小平指出，我国要从总方针上来一个调整，先搞那些容易搞的、上得快、能赚钱的项目，减少一些钢铁厂和大的项目，1979 年计划中的有些指标要压缩一下，不然不踏实、不可靠。（陈云，李先念：《关于财经工作中给中央的信》，《陈云文选（1956—1985）》，人民出版社，1986 年，第 224 页）

前述党的十一届三中全会正逢“六五”计划，与演进至“十三五”规划编制的理念别无二致。表现在政府行为改进上，运用大数据等现代信息技术是促进政府职能转

变，简政放权、放管结合、优化服务的有效手段。而在政务信息化工程建设，推动政府信息开放共享方面，尚需关联群众办事的程序和要求，即让政务信息悉数依法及时上网公开行政许可、处罚等信息，建设信用信息共享交换平台，推动信用信息一站式查询，建立守信联合激励、失信联合惩戒机制，大力发展信用服务业。

诚然，“十三五”期间着力平稳较快发展必须注意前车之鉴。如地方政府在保增长过程中，如何避免重复建设，防止重数量规模、轻质量效益，重上项目、轻体制改革和结构调整的倾向；如何对已实施政策的效果进行客观正确的评估；如何合理搭配财税、货币政策，即减税力度还要加大，同时财政补贴需要考虑选择帮助农民工还是拨给相关企业，以及相关投资的土地配套问题等，皆不能有失。例如如何促进中国农业的发展。马寅初的看法是：“农业问题，为我国经济问题之中心，土地问题，又为农业问题之焦点。错综复杂，由来已久。欲图彻底解决，诚非易事。然需要整理之亟，又莫如今日。”（马寅初：《中国经济改造》，商务印书馆，1936 年，第 649 页）

藉此引申，全球治理下的发展态势涉及各国自身的政策变量。从这个意义上讲，世界经济失衡并不全是“危”，因此派生的“机”将令各国反思经济全球化和金融全球化环境中自由贸易和市场竞争的方略。尽管中国经济仍处在积极调整的进程中，但国家改革的战略主动性犹在，主流经济学家和政策分析家对“十三五”预判的客观性大体与官方接轨。纵然发展的不确定性还会接踵而至，还将经历一轮又一轮的验证，但值得欣慰的是，公众对个人生活和国家实力大多内心充盈和饱含期待！

三、“十三五”征程，差别化探索中诞生改革探路者

全面深化改革的“深化”意涵与现实演进将置身于“十三五”时期。“既勇于冲破思想观念的障碍，又勇于突破利益固化的藩篱”，最高决策层以这一改革理念履新以来，已引起各经济体政要和境内外舆论瞩目。“十三五”规划前期，一系列触动利益的改革方略正渐次破冰。

“十三五”时期全面深化改革的意涵之一即改革再探路，其肯綮乃差别化探索。尽管公众对改革再探路的路线图饱含期待，但可以明确的是，改革再探路既需要中央和地方同步刷新施政作风，又呼唤在改革再探路的愿景中闯将频出。具有辩证思维、战略思维与统筹观念、长远眼光是闯将的基本特质，是改革进行差别化探索的前提。而担当和定力不仅催生差别化探索，还牵涉公众的理性和客观评估。

“事如芳草春长在，人似浮云影不留。”指只有留下事业才会如芳草常在，而其他一切都是浮云。这启迪各层面官员，需立志做事，勿迷恋做官。续此语境，缺乏执旗的闯将，差别化探索难免再遇梗阻。

“十三五”时期改革再探路需闯将执旗，那些想做事、善做事、做成事的闯将环境当净。是否想做事、考量善做事，以及能不能做成，什么时间做成是差别化探索的进度和标准。这四个环节环环相扣，允许并支持探索，理解且宽容失败，则环境宽松，“十三五”时期闯将执旗无忧。

“十三五”时期差别化探索需闯将执旗，那些想做事、善做事、做成事的闯将思路得清。改革开放以来中国经济的典型特征是：经济体制上从计划经济转向社会主义市

场经济；经济结构上从“二元经济”转向新型工业化道路；增长方式从粗放型转向集约型，特别是转向以民生为要的可持续型。三种特征交织，使得“十三五”时期的中国正处于一个特定的发展时期，在经济下行压力下既有稳增长要务，还面临结构调整和推进改革。处理好这三者关系，把这三者结合起来绝非易事。为此，中央政府创新宏观管理方式，界定了经济增长的合理区间，与这个区间相配套，建立了相应的宏观政策框架，在微观领域策动创业和创新。难怪对中国经济改革具有高度影响力的经济学家科斯曾说：我深知中国前途远大，深知中国的奋斗就是全人类的奋斗。

“发展可以看作是扩展人们享有真实自由的一个过程。”（A. 森：《以自由看待发展》，中国人民大学出版社，2002 年）“十三五”时期差别化探索需闯将执旗，那些想做事、善做事、做成事的闯将策略要准。政府率先转型，减少政府部门“寻租”机会；再度取消和下放行政审批事项；营改增、推进政府购买服务方式，不断培养经济发展的内生动力；利率市场化、铁路融资和放宽行业对各类所有制企业的准入等改革举措，使垄断行业渐次破冰。同时，区域经济发展再添“亮色”。在重庆市委四届三次全会上，市委书记孙政才指出，科学划分全市功能区域、明确区县功能定位，是充分尊重规律，在新的发展阶段做出的重大战略决策。综合考虑人口、资源、环境、经济、社会、文化等因素，重庆市划分为都市功能核心区、都市功能拓展区、城市发展新区、渝东北生态涵养发展区和渝东南生态保护发展区等五大功能区域。其规划引导、政策设计、考核机制也将陆续配套。此举当视为差别化探索得当，凸显“十三五”时期的重庆“其羽更丰、其音更清、其神更髓”。

过往的改革进程，芸芸众生无不从中或多或少受益，此当谓之“帕累托改进”；而“十三五”时期不同利益格局因改革而产生更大调整，此更为贴近“卡尔多改进”。激发创新，允许试错，甚至宽容失败，实乃“十三五”时期差别化探索的“试金石”。

四、提前考量执行力，可料“十三五”规划行进稳妥

在全面而系统地展示中央领导集体执政思路的同时，“十三五”规划（2016—2020 年）将为公众描绘经济社会转型发展的大国愿景。在编制“十三五”规划期间、行将于人民代表大会讨论“十三五”规划之前，怎样力推规划的执行，应当在不同层面尽早达成共识。

执行力是让既定目标“落地”的操作能力，是将规划诉求演绎为效益、效能和良性结果的关键。提前考量“十三五”愿景的执行力，一方面缘于“十三五”期间对一些关键性领域（政府转型、国有企业改革、垄断行业改革、金融改革、财税改革、收入分配改革、社会保障改革等，城乡、区域差距，雾霾等环保难题化解，就业矛盾）的攻坚能否成功，率先取决于执行力；另一方面重在总结之前一个五年规划的教训，有的放矢，精确定位。如前几个五年规（计）划均曾提出转换经济增长方式、消解过剩产能和加强生态环境保护，但在执行上迄今一直缺乏有效的措施保障。

藉前述引申，公众有理由期待“十三五”期间在经济增长方式上有一个根本的转变，那么，“四化”同步的各种措施必须可行且实用，否则，资源、环境无法支撑，增长难以为继。诺贝尔经济学奖获得者萨缪尔森在对美国经济数据进行分析后指出，在

1900—1984 年美国每年人均 2.2%的增长率中，只有 0.5%是由资本深化带来，而 1.7%来源于效率提高。他说，在现代经济增长中，随着效率的提高，用同样多的资源投入将可以生产出更多的产品，这阻止了利润率的下降，同时提高了工资水平。“在收益递减和技术进步之间展开的竞赛中，技术以数步之遥取得胜利。”[P. 萨缪尔森、W. 诺德豪斯：《经济学》(第 12 版)]

诚然，随着经济运行主体和社会利益主体的多元化，政府在“十三五”期间能够计划和直接调控的对象仅仅是自身。要保证“十三五”规划得到有效的执行，必须解决规划期与政府的任期不一致问题，特别是要处理好政府换届与规划思路延续、对接的问题，注意新一届政府采取的政策与前任的连贯性，从而发挥好五年规划的实质作用。所以，对“十三五”规划的中长期规划应“风物长宜放眼量”，对近期规划中的经济社会发展周期，做到与政府任期目标相一致。这是实现“十三五”愿景、强化执行力的肯綮。

再从纵深观瞻，私营经济增长的活跃度和小微企业创业的踊跃度，“互联网+”的模式存续，都将考验“十三五”规划调结构的效果和稳增长的措施。从凯恩斯时代到福利国家兴起，政府责任逐渐变大。而将权变领导理论应用于“十三五”愿景，领导行为的有效性不单纯取决于领导者的个人行为。某种领导方式在“十三五”期间是否有效，则取决于具体的情境。一如当下对竞争环境的判断，包括整个大环境和各区域的小环境。由于不同区域的市场重点不同，资源投入也有差异，造成不同区域间竞争环境各有特点，因此执行规划不能一刀切，应根据不同区域市场竞争环境的差异相应调整，使规划符合实际状况。再就是行业发展趋势判断，鉴于各区域间行业的发展是不平衡的，执行规划中要根据行业发展状况分析提出相应措施，符合行业不同发展阶段的特点。

愿景是一个人心向往的、将来的生动画面。从“十三五”规划给出公众可以期望得到什么，愿景更是一个历久弥坚的承诺。

“十三五”时期面临的挑战、国家治理理念和全面深化改革的方略已通过各种文献、口径和渠道陆续释出。其总体思路抑或路线图确立了改革的抓手、重点和主轴，无论顶层设计、优先顺序，皆贯穿发展动力；无论重点领域、关键环节，都牵涉市场活力。而用更大“勇气”和“智慧”推进改革乃最大公约数。“十三五”时期，政府干预、主导经济的种种手段仍难避免，这是渐进式市场经济国家与成熟型市场经济国家的“分水岭”。尽管中国属于前者，但必须厘清政府与市场的边界：政府的哪些干预是当下和未来必须一以贯之的；政府哪些主导经济的手段在现阶段较弱而未来是需要强化的；政府的哪些干预是当下必不可少但未来必须淡出的；政府的哪些主导经济的手段无论在当下还是未来都必须“退出”的。

在改革开放的第 38 个年头，高层对改革逻辑缜密的阔论，足见“改革不停顿，开放不止步”。“公平多一点，腐败少一点，干部管得严一点，百姓福利增一点”，让公众对新政抱以希望。而改革方向、改革方法、改革路径、改革主体、改革动力能够成为“空谈误国，实干兴邦”的得力注脚，盖因度尽人世劫波不可能逢岁再临，人性幽暗的如影随形终将被曙光洞穿！

2016 年上海经贸形势分析与预测

上海社会科学院数量经济研究中心主任　朱平芳
上海社会科学院经济研究所　伏开宝

“十三五”是上海基本建成“四个中心”和深化经济改革与调整经济结构、转变经济发展方式的关键时刻，也是实施科创中心发展战略走向纵深的阶段。当前经济发展进入新常态，上海既面临大有作为的重要发展机遇，也遇到诸多矛盾叠加、风险隐患增多的严峻挑战。2016 年是“十三五”的开局之年，以转变发展方式推动经济质量和效益提升，调整优化产业结构，推进创新驱动，维持上海经济长期稳定健康具有重要意义。本文通过回顾 2015 年上海经济运行的特点，从投资、消费、出口三大需求及国内外经济环境角度分析预测上海 2016 年的经贸形势。

一、2015 年上海经济运行特点

为应对经济新常态和各种风险挑战，2015 年上海积极推动创新驱动和转型发展战略的实施，“四个中心”功能持续提升、开放型经济水平不断提高、创新创业环境不断优化、自贸试验区改革创新效应不断显现，经济运行总体平稳。当年全市生产总值达到 2.5 万亿元，比上年增长 6.9%。产业结构调整加快推进，服务经济为主的产业结构基本形成，第三产业增长较为强劲，增加值比上年增长 10.6%，占全市 GDP 比重达到 67.8%，比“十一五”末提高了 10.5 个百分点，表现出其对经济较强的稳定与提振作用。传统产业升级带了新型服务业快速显现，知识密集型服务业增加值占比达到 29%左右，信息传输、软件和信息技术服务业增长达 12%。国际金融中心建设成效突出，金融业增加值增长达 22.9%，成为服务业第一大行业。但制造业占比却降到 30%之下，且仍处于下降趋势，考虑到“十三五”规划中已经设置制造业占比不低于 25%的下限以及“科创中心”建设目标、城乡结构，人口规模、产业基础等因素，这将构成对支持先进制造业发展的重要支撑。

二、投资增长存在下行压力

2015 年上海全社会固定资产投资总额增长了 5.6%，三产投资增长 11.4%，全年外商直接投资合同金额比上年增长 86.5%，其中三产合同外资占比达 92.5%。房地产业投资增长 9.2%，邮电通信投资增长 8.8%，这对全社会固定资产投资总额增长同比拉动效应很大；但工业投资却大幅下降 17.2%。实体经济不振、运行相当疲软。六个重点行业投资下降 19.4%，投资增长的动力明显不足。

从上述数据来看，上海投资增长主要由基础设施和房地产投资主导。由于 2015 年至 2016 年上海房价快速上涨，泡沫风险积聚，限制房价过快上涨、促使上海楼市沿着理性健康的轨道发展已经迫在眉睫。因此，2016 年房地产投资较快增长的难度会加大。

同时，随着科创中心的建设及资本市场的成熟和多层次资本市场建设的目标，未来大众创业、万众创新的氛围将会释放较大的投资热情，可以乐观预期这将带动投资的稳定增长。预计2016年上海全社会固定资产投资很可能在2015年增长速度上下小幅波动，驱动力短期不足。

上海经济增长速度高于目前的投资增速，这主要来自于稳定的消费增长和服务业新兴业态的高速发展，显示上海经济率先转型的成效。但上海经济依然没有脱离投资依赖的路径，投资低迷必然会影响消费的稳定与新兴产业和服务业态的扩张，从而抑制宏观经济的常态增长。

三、消费对经济增长贡献明显提升的可能性不大

2015年全年全市商品销售总额93406.57亿元，比上年增长6.4%，增速比上年回落5.1个百分点；社会消费品零售总额10055.76亿元，增长8.1%，增速回落0.6个百分点。无店铺零售继续快速增长，全年无店铺零售业态零售额1250.60亿元，比上年增长26.9%，增速比上年提高5.2个百分点。其中，网上商店零售额1091.35亿元，增长31.6%，占社会消费品零售总额的比重为10.9%，比上年提高1.5个百分点。

上海未来维持消费稳定较快增长的动力主要来自于消费模式的创新和电子商务、物联网等的发展。但若未来居民可支配收入增长不显著，税负不见减轻，医疗与社会保障压力加重以及教育支出持续增加的话，消费的常态增长就难有质的跳跃。私人部门消费总体疲软，短期内要有显著提升缺乏支撑。受居民收入增速减缓的影响，社会消费品零售总额仍将保持平稳，难以出现较快提升；商品销售总额受进出口低速增长和国际大宗商品价格低位徘徊的影响，也不会有明显回升。因此，需求不足仍将是制约2016年上海经济增长的重要因素。

“十三五”规划提出2020年实现城乡居民人均可支配收入比2010年翻番，实现此目标要求期间城镇居民人均可支配收入增长达到7.2%，农村达到6.7%。考虑到经济增速放缓，目标实现并不容易，需要通过各种途径增加城乡居民可支配收入，同时不断深化收入分配制度改革。从目前的情况来看，迪斯尼乐园启动有助于上海的消费的增长，但难以出现快速增长，预计其实际增长速度将处在7.4%左右水平。

四、出口增长预计仍将停留在较低水平

2015年上海市货物进出口总额28060.88亿元，较上年下降2.1%。其中，进口15832.33亿元，增长0.5%；出口12228.56亿元，下降5.3%。其中进出口产品构成中，机电产品出口下降4.1%，进口增加4.3%；加工贸易出口下降7.4%，进口下降5.0%；高新技术产品出口下降2.1%，进口增长4.6%。综观2016年欧、美、日经济形势，外需难旺。IMF预计2016年全球经济增速略有提高，为3.6%。其中，发达国家增长2.2%，上升0.2个百分点；新兴市场和发展中国家增长4.5%，上升0.5个百分点。世界经济面临的最大问题是尚未找到新的强劲增长点，全球劳动生产率增长减速，大宗商品价格处于底部、资本外流等还可能加大其下行压力。我们对外贸形势的预期不乐观，存在下行压力。

受世界经济复苏迟缓和发达国家再工业化的影响，加上我国出口成本持续上升，

成本压力、市场竞争压力加大，比较优势将逐步消失，出口下滑压力仍然较大。

虽然一系列稳定外贸增长措施不断出台，包括积极拓展对外经贸合作网络，加强跨境电商平台建设等，这将给 2016 年稳外贸措施带来支撑；随着中韩自由贸易区协定和中国-东盟自贸区升级版的签署，将为上海企业"走出去"和扩大出口拓展新空间；"一带一路"、中国（上海）自由贸易试验区扩区也将在一定程度上缓解外贸下滑压力，但还没有看到显著的提升外贸的效应，我们预计 2016 年上海出口较难明显转好，出口仍将停留在较低水平，出口下滑或低速增长的态势难以扭转，波动幅度收窄。

五、2016 年上海经济运行中面临的困难与有利条件

2016 年上海经济运行面临不少困难。①经济企稳的基础还不够稳固，部分领域投资冲动较强与经济内生性增长动力相对不足，结构不平衡问题突出。增长动力短期内难以完全恢复，企业经营困难难以根本改观。②房价风险积聚、地方融资平台和债务问题、影子银行等方面的威胁需高度警惕。③产能过剩问题依旧没有明显改善。④税收高增长态势难以持续，财政支撑经济发展能力会弱化。

虽然，2016 年上海经济下行压力逐步加大，但也存在支撑经济增长的有利条件。①重大项目将形成新的增长点。迪士尼乐园即将开园，预计参观人流将达到千万人次，这对消费将产生拉动作用。同时，ARJ21 支线飞机批量生产和凯迪拉克生产线投产运营，也将对全市工业增长产生一定的拉动作用。②人民币"入篮"将为上海推进国际金融中心和自贸试验区建设带来新的机遇。这对上海促进人民币跨境使用、打造人民币结算中心和扩大对外投资、跨境贸易，建设国际金融中心和开放度最高的自贸试验区带来明显利好。③中韩自由贸易区协定和中国-东盟自贸区升级版的签署将为上海企业"走出去"和扩大出口拓展新空间，有利于创造投资需求、促进贸易增长。④国家大力实施供给侧结构性改革和稳增长措施有利于推动上海结构调整和增强经济发展动力。⑤创新创业环境不断优化。"十三五"规划提出全社会研发经费支出相当于全市 GDP 比重的 3.5%以上；这对于上海建设具有全球影响力的科创中心，形成大众创业、万众创新的局面将起到推动作用，经济运行也会有所得益。

六、2016 年上海经济形势预测

2016 年世界经济虽仍将延续缓慢复苏态势，但不稳定不确定因素依然存在；国内经济下行压力仍然较大，上海经济虽然存在负面冲击与正面推动，但整体下行趋势并没有改观端倪，我们根据自己研发的先行指数的运行态势，借助于宏观计量经济模型运行的结果，初步预计 2016 年上海 GDP 增速在 6.5%～6.8%之间；制造业将止住下滑趋势，出现弱势反弹，预计二产增加值增速在 2.0%～2.4%之间，其中，工业增加值增速在 2.0 左右；经济增长对第三产业的路径依赖不会改变，预计三产增加值增速在 9.8%～10.3%之间。

我们认为，2016 年上海经济运行应坚持底线思维和稳中求进，发挥市场对资源配置的决定性作用，通过转型驱动有效支持大众创业、万众创新的战略，从中获取维持平稳增长的动力，为实现"十三五"时期经济社会发展的各项目标奠定基础。

国家战略篇

推动共建丝绸之路经济带和21世纪海上丝绸之路的愿景与行动

2000多年前，亚欧大陆上勤劳勇敢的人民，探索出多条连接亚欧非几大文明的贸易和人文交流道路，后人将其统称为“丝绸之路”。千百年来，“和平合作、开放包容、互学互鉴、互利共赢”的丝绸之路精神薪火相传，推进了人类文明进步，是促进沿线各国繁荣发展的重要纽带，是东西方交流合作的象征，是世界各国共有的历史文化遗产。

进入21世纪，在以和平、发展、合作、共赢为主题的新时代，面对复苏乏力的全球经济形势，纷繁复杂的国际和地区局面，传承和弘扬丝绸之路精神显得更为重要和珍贵。

2013年9月和10月，中国国家主席习近平在出访中亚和东南亚国家期间，先后提出共建“丝绸之路经济带”和“21世纪海上丝绸之路”（以下简称“一带一路”）的重大倡议，得到国际社会高度关注。中国国务院总理李克强参加2013年中国—东盟博览会时强调，铺就面向东盟的海上丝绸之路，打造带动腹地发展的战略支点。加快“一带一路”建设，有利于促进沿线各国经济繁荣与区域经济合作，有利于加强不同文明交流互鉴，促进世界和平发展，是一项造福世界各国人民的伟大事业。

“一带一路”建设是一项系统工程，要坚持共商、共建、共享原则，积极推进沿线国家发展战略的相互对接。为推进实施“一带一路”重大倡议，让古丝绸之路焕发新的生机与活力，以新的形式使亚欧非各国联系更加紧密，让互利合作迈向新的历史高度，中国政府特制定并发布《推动共建丝绸之路经济带和21世纪海上丝绸之路的愿景与行动》。

一、时代背景

当今世界正发生复杂而深刻的变化，国际金融危机深层次影响继续显现，世界经济缓慢复苏、发展分化，国际投资贸易格局和多边投资贸易规则酝酿深刻调整，各国面临发展问题依然严峻。共建“一带一路”顺应世界多极化、经济全球化、文化多样化、社会信息化的潮流，秉持开放的区域合作精神，致力于维护全球自由贸易体系和开放型世界经济。共建“一带一路”旨在促进经济要素有序自由流动、资源高效配置和市场深度融合，推动沿线各国实现经济政策协调，开展更大范围、更高水平、更深层次的区域合作，共同打造开放、包容、均衡、普惠的区域经济合作架构。共建“一带一路”符合国际社会的根本利益，彰显人类社会共同理想和美好追求，是国际合作以及全球治理新模式的积极探索，将为世界和平发展增添新的正能量。

共建“一带一路”致力于亚欧非大陆及附近海洋的互联互通，建立和加强沿线各国互联互通伙伴关系，构建全方位、多层次、复合型的互联互通网络，实现沿线各国多元、自主、平衡、可持续发展。“一带一路”的互联互通项目将推动沿线各国发展战略的对接与耦合，发掘区域内市场的潜力，促进投资和消费，创造需求和就业，增进沿线各国人民的人文交流与文明互鉴，让各国人民相逢相知、互信互敬，共享和谐、安宁、富裕的生活。

当前，中国经济和世界经济高度关联。中国将一以贯之地坚持对外开放的基本国策，构建全方位开放新格局，深度融入世界经济体系。推进“一带一路”建设既是中国扩大和深化对外开放的需要，也是加强和亚欧非及世界各国互利合作的需要，中国愿意在力所能及的范围内承担更多责任与义务，为人类和平发展作出更大的贡献。

二、共建原则

恪守联合国宪章的宗旨和原则。遵守和平共处五项原则，即尊重各国主权和领土完整、互不侵犯、互不干涉内政、和平共处、平等互利。

坚持开放合作。“一带一路”相关的国家基于但不限于古代丝绸之路的范围，各国和国际、地区组织均可参与，让共建成果惠及更广泛的区域。

坚持和谐包容。倡导文明宽容，尊重各国发展道路和模式的选择，加强不同文明之间的对话，求同存异、兼容并蓄、和平共处、共生共荣。

坚持市场运作。遵循市场规律和国际通行规则，充分发挥市场在资源配置中的决定性作用和各类企业的主体作用，同时发挥好政府的作用。

坚持互利共赢。兼顾各方利益和关切，寻求利益契合点和合作最大公约数，体现各方智慧和创意，各施所长，各尽所能，把各方优势和潜力充分发挥出来。

三、框架思路

“一带一路”是促进共同发展、实现共同繁荣的合作共赢之路，是增进理解信任、加强全方位交流的和平友谊之路。中国政府倡议，秉持和平合作、开放包容、互学互鉴、互利共赢的理念，全方位推进务实合作，打造政治互信、经济融合、文化包容的利益共同体、命运共同体和责任共同体。

“一带一路”贯穿亚欧非大陆，一头是活跃的东亚经济圈，一头是发达的欧洲经济圈，中间广大腹地国家经济发展潜力巨大。丝绸之路经济带重点畅通中国经中亚、俄罗斯至欧洲（波罗的海）；中国经中亚、西亚至波斯湾、地中海；中国至东南亚、南亚、印度洋。21 世纪海上丝绸之路重点方向是从中国沿海港口过南海到印度洋，延伸至欧洲；从中国沿海港口过南海到南太平洋。

根据“一带一路”走向，陆上依托国际大通道，以沿线中心城市为支撑，以重点经贸产业园区为合作平台，共同打造新亚欧大陆桥、中蒙俄、中国—中亚—西亚、中国—中南半岛等国际经济合作走廊；海上以重点港口为节点，共同建设通畅安全高效的运输大通道。中巴、孟中印缅两个经济走廊与推进“一带一路”建设关联紧密，要进一步推动合作，取得更大进展。

“一带一路”建设是沿线各国开放合作的宏大经济愿景，需各国携手努力，朝着互利互惠、共同安全的目标相向而行。努力实现区域基础设施更加完善，安全高效的陆海空通道网络基本形成，互联互通达到新水平；投资贸易便利化水平进一步提升，高标准自由贸易区网络基本形成，经济联系更加紧密，政治互信更加深入；人文交流更加广泛深入，不同文明互鉴共荣，各国人民相知相交、和平友好。

四、合作重点

沿线各国资源禀赋各异，经济互补性较强，彼此合作潜力和空间很大。以政策沟通、设施联通、贸易畅通、资金融通、民心相通为主要内容，重点在以下方面加强合作。

1. 政策沟通

加强政策沟通是“一带一路”建设的重要保障。加强政府间合作，积极构建多层次政府间宏观政策沟通交流机制，深化利益融合，促进政治互信，达成合作新共识。沿线各国可以就经济发展战略和对策进行充分交流对接，共同制定推进区域合作的规划和措施，协商解决合作中的问题，共同为务实合作及大型项目实施提供政策支持。

2. 设施联通

基础设施互联互通是“一带一路”建设的优先领域。在尊重相关国家主权和安全关切的基础上，沿线国家宜加强基础设施建设规划、技术标准体系的对接，共同推进国际骨干通道建设，逐步形成连接亚洲各次区域以及亚欧非之间的基础设施网络。强化基础设施绿色低碳化建设和运营管理，在建设中充分考虑气候变化的影响。

抓住交通基础设施的关键通道、关键节点和重点工程，优先打通缺失路段，畅通“瓶颈”路段，配套完善道路安全防护设施和交通管理设施设备，提升道路通达水平。推进建立统一的全程运输协调机制，促进国际通关、换装、多式联运有机衔接，逐步形成兼容规范的运输规则，实现国际运输便利化。推动口岸基础设施建设，畅通陆水联运通道，推进港口合作建设，增加海上航线和班次，加强海上物流信息化合作。拓展建立民航全面合作的平台和机制，加快提升航空基础设施水平。

加强能源基础设施互联互通合作，共同维护输油、输气管道等运输通道安全，推进跨境电力与输电通道建设，积极开展区域电网升级改造合作。

共同推进跨境光缆等通信干线网络建设，提高国际通信互联互通水平，畅通信息丝绸之路。加快推进双边跨境光缆等建设，规划建设洲际海底光缆项目，完善空中（卫星）信息通道，扩大信息交流与合作。

3. 贸易畅通

投资贸易合作是“一带一路”建设的重点内容。应着力研究解决投资贸易便利化问题，消除投资和贸易壁垒，构建区域内各国良好的营商环境，积极同沿线国家和地区共同商建自由贸易区，激发释放合作潜力，做大做好合作“蛋糕”。

沿线国家宜加强信息互换、监管互认、执法互助的海关合作，以及检验检疫、认证认可、标准计量、统计信息等方面的双多边合作，推动世界贸易组织《贸易便利化协定》生效和实施。改善边境口岸通关设施条件，加快边境口岸“单一窗口”建设，降低通关成本，提升通关能力。加强供应链安全与便利化合作，推进跨境监管程序协调，推动检验检疫证书国际互联网核查，开展“经认证的经营者”（AEO）互认。降低非关税壁垒，共同提高技术性贸易措施透明度，提高贸易自由化便利化水平。

拓宽贸易领域，优化贸易结构，挖掘贸易新增长点，促进贸易平衡。创新贸易方式，发展跨境电子商务等新的商业业态。建立健全服务贸易促进体系，巩固和扩大传统贸易，大力发展现代服务贸易。把投资和贸易有机结合起来，以投资带动贸易发展。

加快投资便利化进程，消除投资壁垒。加强双边投资保护协定、避免双重征税协定磋商，保护投资者的合法权益。

拓展相互投资领域，开展农林牧渔业、农机及农产品生产加工等领域深度合作，积极推进海水养殖、远洋渔业、水产品加工、海水淡化、海洋生物制药、海洋工程技术、环保产业和海上旅游等领域合作。加大煤炭、油气、金属矿产等传统能源资源勘探开发合作，积极推动水电、核电、风电、太阳能等清洁、可再生能源合作，推进能源资源就地就近加工转化合作，形成能源资源合作上下游一体化产业链。加强能源资源深加工技术、装备与工程服务合作。

推动新兴产业合作，按照优势互补、互利共赢的原则，促进沿线国家加强在新一代信息技术、生物、新能源、新材料等新兴产业领域的深入合作，推动建立创业投资合作机制。

优化产业链分工布局，推动上下游产业链和关联产业协同发展，鼓励建立研发、生产和营销体系，提升区域产业配套能力和综合竞争力。扩大服务业相互开放，推动区域服务业加快发展。探索投资合作新模式，鼓励合作建设境外经贸合作区、跨境经济合作区等各类产业园区，促进产业集群发展。在投资贸易中突出生态文明理念，加强生态环境、生物多样性和应对气候变化合作，共建绿色丝绸之路。

中国欢迎各国企业来华投资。鼓励本国企业参与沿线国家基础设施建设和产业投资。促进企业按属地化原则经营管理，积极帮助当地发展经济、增加就业、改善民生，主动承担社会责任，严格保护生物多样性和生态环境。

4. 资金融通

资金融通是“一带一路”建设的重要支撑。深化金融合作，推进亚洲货币稳定体系、投融资体系和信用体系建设。扩大沿线国家双边本币互换、结算的范围和规模。推动亚洲债券市场的开放和发展。共同推进亚洲基础设施投资银行、金砖国家开发银行筹建，有关各方就建立上海合作组织融资机构开展磋商。加快丝路基金组建运营。深化中国一东盟银行联合体、上合组织银行联合体务实合作，以银团贷款、银行授信等方式开展多边金融合作。支持沿线国家政府和信用等级较高的企业以及金融机构在中国境内发行人民币债券。符合条件的中国境内金融机构和企业可以在境外发行人民币债券和外币债券，鼓励在沿线国家使用所筹资金。

加强金融监管合作，推动签署双边监管合作谅解备忘录，逐步在区域内建立高效监管协调机制。完善风险应对和危机处置制度安排，构建区域性金融风险预警系统，形成应对跨境风险和危机处置的交流合作机制。加强征信管理部门、征信机构和评级机构之间的跨境交流与合作。充分发挥丝路基金以及各国主权基金作用，引导商业性股权投资基金和社会资金共同参与“一带一路”重点项目建设。

5. 民心相通

民心相通是“一带一路”建设的社会根基。传承和弘扬丝绸之路友好合作精神，广泛开展文化交流、学术往来、人才交流合作、媒体合作、青年和妇女交往、志愿者服务等，为深化双多边合作奠定坚实的民意基础。

扩大相互间留学生规模，开展合作办学，中国每年向沿线国家提供1万个政府奖学金名额。沿线国家间互办文化年、艺术节、电影节、电视周和图书展等活动，合作开展广播影视剧精品创作及翻译，联合申请世界文化遗产，共同开展世界遗产的联合保护工作，深化沿线国家间人才交流合作。

加强旅游合作，扩大旅游规模，互办旅游推广周、宣传月等活动，联合打造具有丝绸之路特色的国际精品旅游线路和旅游产品，提高沿线各国游客签证便利化水平。推动21世纪海上丝绸之路邮轮旅游合作。积极开展体育交流活动，支持沿线国家申办重大国际体育赛事。

强化与周边国家在传染病疫情信息沟通、防治技术交流、专业人才培养等方面的合作，提高合作处理突发公共卫生事件的能力。为有关国家提供医疗援助和应急医疗救助，在妇幼健康、残疾人康复以及艾滋病、结核、疟疾等主要传染病领域开展务实合作，扩大在传统医药领域的合作。

加强科技合作，共建联合实验室（研究中心）、国际技术转移中心、海上合作中心，促进科技人员交流，合作开展重大科技攻关，共同提升科技创新能力。

整合现有资源，积极开拓和推进与沿线国家在青年就业、创业培训、职业技能开发、社会保障管理服务、公共行政管理等共同关心领域的务实合作。

充分发挥政党、议会交往的桥梁作用，加强沿线国家之间立法机构、主要党派和政治组织的友好往来。开展城市交流合作，欢迎沿线国家重要城市之间互结友好城市，以人文交流为重点，突出务实合作，形成更多鲜活的合作范例。欢迎沿线国家智库之间开展联合研究、合作举办论坛等。

加强沿线国家民间组织的交流合作，重点面向基层民众，广泛开展教育医疗、减贫开发、生物多样性和生态环保等各类公益慈善活动，促进沿线贫困地区生产生活条件改善。加强文化传媒的国际交流合作，积极利用网络平台，运用新媒体工具，塑造和谐友好的文化生态和舆论环境。

五、合作机制

当前，世界经济融合加速发展，区域合作方兴未艾。积极利用现有双多边合作机制，推动“一带一路”建设，促进区域合作蓬勃发展。

加强双边合作，开展多层次、多渠道沟通磋商，推动双边关系全面发展。推动签署合作备忘录或合作规划，建设一批双边合作示范。建立完善双边联合工作机制，研究推进“一带一路”建设的实施方案、行动路线图。充分发挥现有联委会、混委会、协委会、指导委员会、管理委员会等双边机制作用，协调推动合作项目实施。

强化多边合作机制作用，发挥上海合作组织（SCO）、中国—东盟“10+1”、亚太经合组织（APEC）、亚欧会议（ASEM）、亚洲合作对话（ACD）、亚信会议（CICA）、中阿合作论坛、中国一海合会战略对话、大湄公河次区域（GMS）经济合作、中亚区域经济合作（CAREC）等现有多边合作机制作用，相关国家加强沟通，让更多国家和地区参与“一带一路”建设。

继续发挥沿线各国区域、次区域相关国际论坛、展会以及博鳌亚洲论坛、中国—东盟博览会、中国—亚欧博览会、欧亚经济论坛、中国国际投资贸易洽谈会，以及中国—南亚博览会、中国—阿拉伯博览会、中国西部国际博览会、中国—俄罗斯博览会、前海合作论坛等平台的建设性作用。支持沿线国家地方、民间挖掘“一带一路”历史文化遗产，联合举办专项投资、贸易、文化交流活动，办好丝绸之路（敦煌）国际文化博览会、丝绸之路国际电影节和图书展。倡议建立“一带一路”国际高峰论坛。

六、中国各地方开放态势

推进“一带一路”建设，中国将充分发挥国内各地区比较优势，实行更加积极主动的开放战略，加强东中西互动合作，全面提升开放型经济水平。

1. 西北、东北地区

发挥新疆独特的区位优势和向西开放重要窗口作用，深化与中亚、南亚、西亚等国家交流合作，形成丝绸之路经济带上重要的交通枢纽、商贸物流和文化科教中心，打造丝绸之路经济带核心区。发挥陕西、甘肃综合经济文化和宁夏、青海民族人文优势，打造西安内陆型改革开放新高地，加快兰州、西宁开发开放，推进宁夏内陆开放型经济试验区建设，形成面向中亚、南亚、西亚国家的通道、商贸物流枢纽、重要产业和人文交流基地。发挥内蒙古联通俄蒙的区位优势，完善黑龙江对俄铁路通道和区域铁路网，以及黑龙江、吉林、辽宁与俄远东地区陆海联运合作，推进构建北京—莫斯科欧亚高速运输走廊，建设向北开放的重要窗口。

2. 西南地区

发挥广西与东盟国家陆海相邻的独特优势，加快北部湾经济区和珠江一西江经济带开放发展，构建面向东盟区域的国际通道，打造西南、中南地区开放发展新的战略支点，形成21世纪海上丝绸之路与丝绸之路经济带有机衔接的重要门户。发挥云南区位优势，推进与周边国家的国际运输通道建设，打造大湄公河次区域经济合作新高地，建设成为面向南亚、东南亚的辐射中心。推进西藏与尼泊尔等国家边境贸易和旅游文化合作。

3. 沿海和港澳台地区

利用长三角、珠三角、海峡西岸、环渤海等经济区开放程度高、经济实力强、辐射带动作用大的优势，加快推进中国（上海）自由贸易试验区建设，支持福建建设21世纪海上丝绸之路核心区。充分发挥深圳前海、广州南沙、珠海横琴、福建平潭等开放合作区作用，深化与港澳台合作，打造粤港澳大湾区。推进浙江海洋经济发展示范区、福建海峡蓝色经济试验区和舟山群岛新区建设，加大海南国际旅游岛开发开放力度。加强上海、天津、宁波一舟山、广州、深圳、湛江、汕头、青岛、烟台、大连、福州、厦门、泉州、海口、三亚等沿海城市港口建设，强化上海、广州等国际枢纽机场功能。以扩大开放倒逼深层次改革，创新开放型经济体制机制，加大科技创新力度，形成参与和引领国际合作竞争新优势，成为“一带一路”特别是21世纪海上丝绸之路建设的排头兵和主力军。发挥海外侨胞以及香港、澳门特别行政区独特优势作用，积极参与和助力“一带一路”建设。为台湾地区参与“一带一路”建设作出妥善安排。

4. 内陆地区

利用内陆纵深广阔、人力资源丰富、产业基础较好优势，依托长江中游城市群、成渝城市群、中原城市群、呼包鄂榆城市群、哈长城市群等重点区域，推动区域互动合作和产业集聚发展，打造重庆西部开发开放重要支撑和成都、郑州、武汉、长沙、南昌、合肥等内陆开放型经济高地。加快推动长江中上游地区和俄罗斯伏尔加河沿岸联邦区的合作。建立中欧通道铁路运输、口岸通关协调机制，打造“中欧班列”品牌，建设沟通境内外、连接东中西的运输通道。支持郑州、西安等内陆城市建设航空港、国际陆港，加强内陆口岸与沿海、沿边口岸通关合作，开展跨境贸易电子商务服务试点。优化海关特殊监管区域布局，创新加工贸易模式，深化与沿线国家的产业合作。

七、中国积极行动

一年多来，中国政府积极推动“一带一路”建设，加强与沿线国家的沟通磋商，推动与沿线国家的务实合作，实施了一系列政策措施，努力收获早期成果。

1. 高层引领推动

习近平主席、李克强总理等国家领导人先后出访20多个国家，出席加强互联互通伙伴关系对话会、中阿合作论坛第六届部长级会议，就双边关系和地区发展问题，多次与有关国家元首和政府首脑进行会晤，深入阐释“一带一路”的深刻内涵和积极意义，就共建“一带一路”达成广泛共识。

2. 签署合作框架

与部分国家签署了共建“一带一路”合作备忘录，与一些毗邻国家签署了地区合作和边境合作的备忘录以及经贸合作中长期发展规划。研究编制与一些毗邻国家的地区合作规划纲要。

3. 推动项目建设

加强与沿线有关国家的沟通磋商，在基础设施互联互通、产业投资、资源开发、经贸合作、金融合作、人文交流、生态保护、海上合作等领域，推进了一批条件成熟的重点合作项目。

4. 完善政策措施

中国政府统筹国内各种资源，强化政策支持。推动亚洲基础设施投资银行筹建，发起设立丝路基金，强化中国—欧亚经济合作基金投资功能。推动银行卡清算机构开展跨境清算业务和支付机构开展跨境支付业务。积极推进投资贸易便利化，推进区域通关一体化改革。

5. 发挥平台作用

各地成功举办了一系列以“一带一路”为主题的国际峰会、论坛、研讨会、博览会，对增进理解、凝聚共识、深化合作发挥了重要作用。

八、共创美好未来

共建“一带一路”是中国的倡议，也是中国与沿线国家的共同愿望。站在新的起点上，中国愿与沿线国家一道，以共建“一带一路”为契机，平等协商，兼顾各方利益，反映各方诉求，携手推动更大范围、更高水平、更深层次的大开放、大交流、大融合。“一带一路”建设是开放的、包容的，欢迎世界各国和国际、地区组织积极参与。

共建“一带一路”的途径是以目标协调、政策沟通为主，不刻意追求一致性，可高度灵活，富有弹性，是多元开放的合作进程。中国愿与沿线国家一道，不断充实完善“一带一路”的合作内容和方式，共同制定时间表、路线图，积极对接沿线国家发展和区域合作规划。

中国愿与沿线国家一道，在既有双多边和区域次区域合作机制框架下，通过合作研究、论坛展会、人员培训、交流访问等多种形式，促进沿线国家对共建“一带一路”内涵、目标、任务等方面的进一步理解和认同。

中国愿与沿线国家一道，稳步推进示范项目建设，共同确定一批能够照顾双多边利益的项目，对各方认可、条件成熟的项目抓紧启动实施，争取早日开花结果。

“一带一路”是一条互尊互信之路，一条合作共赢之路，一条文明互鉴之路。只要沿线各国和衷共济、相向而行，就一定能够谱写建设丝绸之路经济带和 21 世纪海上丝绸之路的新篇章，让沿线各国人民共享“一带一路”共建成果。

以“一带一路”战略助力中国经济转型

国观智库

当前中国经济已经进入新常态，经济下行压力较大，造成这一问题的重要原因在于传统的需求侧管理模式下，形成了阻碍产业结构升级和过剩产能出清的粗放型发展模式。未来，中国应通过实现较为彻底的体制机制改革，实现包括劳动力、资本、土地、技术等要素的自由流动，而“一带一路”战略正是实现这一目标的重要抓手。

一、目前中国经济面临的问题及未来的改革思路

传统的需求侧管理模式是导致中国形成阻碍产业结构升级和过剩产能出清的粗放型发展模式的重要原因。在传统的需求侧管理中，在面临经济增速下滑时，政府往往采取扩大财政投资、放松货币、增加信贷等方式，通过刺激总需求来拉动经济增长。然而，这种需求的被动增长会向供给侧发出虚假信号，刺激各种生产要素按照“泡沫需求”的要求进行配置，造成产能不断扩大。这一问题反映在微观层面，主要表现为生产要素出现了僵化和错配。

然而，一旦进一步刺激需求的政策难以持续，泡沫需求势必会向真实需求回归。由于供给弹性远低于需求弹性，供给端的棘轮效应十分显著，因此之前盲目扩张的产能就形成了过剩产能，不仅对经济形成巨大负担和风险，而且极大抑制了战略性新兴产业的发展空间，成为中国经济结构性调整的最大阻力。目前我国劳动力、土地、资本等要素的增量供给高点已过，同时大量存量要素聚集在传统落后产能上，二者最终导致我国传统发展模式难以持续，而新兴产业又难以转型升级。

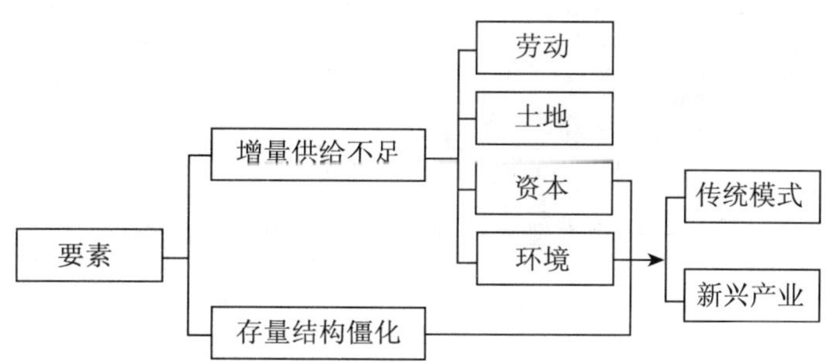

图 1　目前中国经济面临的主要问题

资料来源：国观智库。

通过前面的分析可以知道，未来应将要素层面的改革作为未来改革的重点。具体而言，应通过大刀阔斧的改革，实现要素原有组织方式解构、要素自由流动，以及生

产要素供给质量提升这三大任务，通过要素的重塑来实现产业结构升级和过剩产能出清的目标。

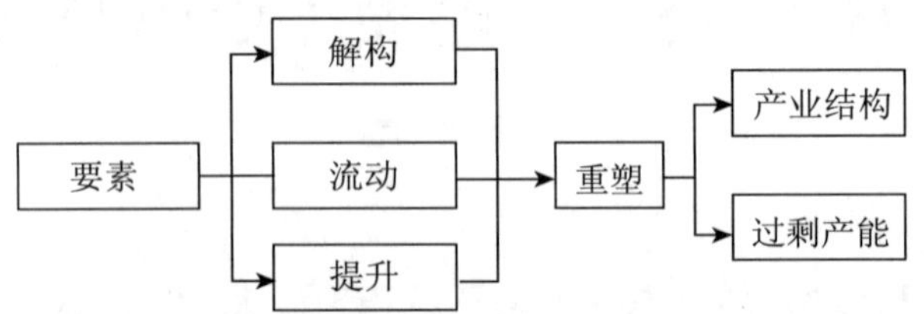

图 2 未来改革的主要思路

资料来源：国观智库。

目前，中央推出的几项重大发展战略可以在一定程度上用我们提出的改革思路进行解读。总体来看，目前的中国经济，与 20 世纪 70 年代末面临的情况有些类似，都处于旧的发展模式难以为继，需要建立新型发展模式的关键时期。

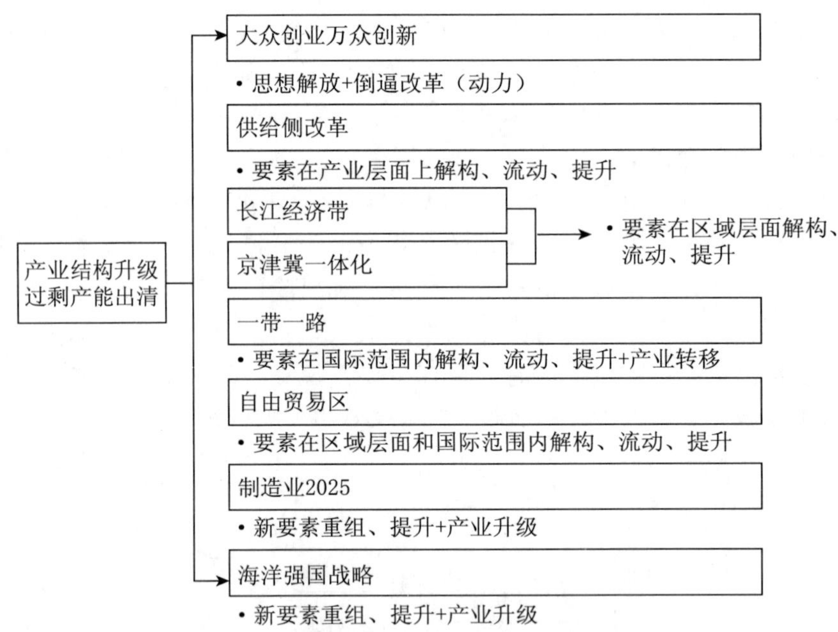

图 3 中央推进产业转型升级的思路及实践

资料来源：国观智库。

具体而言，中央提出了“大众创业、万众创新”，希望更多的人接受创业、创新，释放经济发展的活力，同时倒逼体制机制进行调整以适应新的发展模式；供给侧改革更多的是希望实现要素在产业层面上的解构、流动和提升，目前大量存量要素积聚在过剩产能领域，实现这些领域内要素的解构和自由流动，是重新释放要素资源、实现产业结构升级的前提；“长江经济带”和“京津冀一体化”两大战略的提出，其重要目的是在长江沿线各地区和京津冀两大区域内部，实现要素的解构、流动和提升；“一带一路”战略，则是希望要素在国内外更大范围内的实现解构、流动和提升；“制造业2025”“海洋强国”等战略，侧重于成为要素从传统领域解构出来之后，重新组织和提升的发展方向；而“自由贸易区”的提出，类似于改革开放之初的经济特区，肩负着对要素自由流动、体制机制改革等关键问题试点性突破的探索任务。

二、中国在“一带一路”战略实施过程中应注意的几个问题

（一）要借助“一带一路”促进中国要素流动和产业结构升级

综合“一带一路”战略在巴基斯坦等国的实践，目前该战略的实施侧重于以交通基础设施和能源建设作为投资重点，首先解决各国发展中面临的重大“瓶颈”，并辅之以相关工业园区的建设，以此作为未来中国更多投资项目落地的载体。在这一过程中，对中国的对内对外开放水平提出了更高要求，中国应借此机会，进一步强化机制体制改革，更好地促进中国具有优势的技术、资金、管理等要素，与“一带一路”国家的资源、产业发展需求等相对接，实现要素在国内外的自由流动和提升。

在要素实现在国内外的自由流动后，要充分发挥市场在资源配置中的决定性作用，不断强化中国的产业结构升级。中国的产业结构升级程度，将决定“一带一路”战略实施效果的上限。目前中国在基础设施建设、基础产业方面相较于多数“一带一路”沿线国具有优势，这也成为该战略得以推进的重要动力。但是，在中国“一带一路”战略的帮助下，沿线国在解决了发展瓶颈后，也可能进入经济快速发展、产业结构不断升级的阶段。此时，中国产业结构升级就成为关键问题，否则中国势必会与这些国家在低端产能上陷入无序竞争，而且中国的产业结构不升级，也无法吸纳这些国家未来源源不断上升的产能。

（二）在对外投资过程中坚持合理回报并强化资产的可变现能力

在中国现行的结售汇制度下，外汇储备实际上是中央政府的负债。利用负债进行投资是符合现代金融发展要求的，银行、保险等金融机构都是利用负债进行投资而获益，因此利用外汇储备进行海外投资具备充分的理论和现实基础。但是，利用外汇储备进行海外投资，必须高度重视投资的合理回报能力和资产的可变现能力。如果巨量外汇储备被海外投资项目锁定，无法实现稳定的收益并难以灵活变现，此时一旦出现外汇兑换挤兑，将造成十分严重的后果。这就要求我们在通过亚投行、丝路基金等机构进行海外投资时，要对项目的风险和盈利能力进行深度研判，必要时可以考虑在投资协议中附加部分强制性条款，以防出现大量投资坏账而威胁外储安全。

（三）努力寻找中国与“一带一路”沿线国家的利益契合点

“一带一路”上涉及的国家多为中低收入的发展中国家，我们可以进一步将其细分，以此找到中国与这些国家的利益契合点，划分的主要依据包括三点：首先，是一国经济发展现状，即一国发展的起点是什么；其次，是一国经济发展的内部硬约束，即发展所需的基础条件是否具备，包括资源禀赋（劳动力、资源等）、基础设施、产业结构等；最后，是一国经济发展的内部软约束，包括政治因素、经济体制性因素、经

济政策性因素、历史文化因素等。我们希望能够借此对一带一路沿线国家进一步分类，能够初步回答这些国家面临一系列问题，包括：该国内部有没有做好进入发展快车道的准备？如果没有做好这一准备，那么该国面临的主要问题是什么？影响这些问题的关键因素是什么？如何解决这些问题？我们有没有能力对其进行引导？等等。在回答这些问题的过程中，我们就能够总体把握这些国家未来发展的基本脉络，并找到中国与这些国家共同发展的利益契合点。

(四) 加强对国别的前置性研究，构建完整的"一带一路"研究体系

寻找中国与"一带一路"沿线国的利益契合点，以及加强对具体投资项目风险和盈利能力的判断，这对于"一带一路"战略的顺利推进具有重要意义。然而，做出这些重要判断的基础在于构建完整的"一带一路"研究体系、全面强化对国别的前置性研究。

在"一带一路"战略的实施过程中，沿线各国的投资价值将成为这一战略推进的重要原动力。基于此，国观智库在 2015 年 3 月发布了新书《对外投资新空间——"一带一路"国别投资价值排行榜》，在国内率先开展了针对各国投资价值的系统性研究。在该项研究中，国观智库构建了包括基础设施指数、经济实力指数、制度指数、政治指数等在内的投资环境评级指标体系，并据此对"一带一路"沿线 63 个主要国家的投资环境进行了测算和排名。测算结果显示，综合指数排名前 10 位的国家分别为新加坡、俄罗斯、哈萨克斯坦、沙特阿拉伯、越南、阿联酋、马来西亚、波兰、黑山以及卡塔尔；排名后十位国家依次为伊拉克、约旦、东帝汶、缅甸、尼泊尔、巴基斯坦、孟加拉国、叙利亚、阿富汗、也门。在全部 63 个国家中，得分区间为 35.3～100.0，均值为 71.6，其中大于平均值的国家共计 38 个。

"一带一路"国家投资环境评级指标体系

政治因素	经济因素	制度因素	基础设施
政治稳定性	自然资源出口	签署双边投资协定	交通
领导人访问次数	自然资源经济租金/国内生产总值	融资便利度	通信
腐败	东道国吸收外国直接投资程度	税率	电力
犯罪成本	汇率波动性	税务管理	
	双边贸易	劳动力市场监管	
	国内生产总值		

资料来源：国观智库。

级别	国家	投资价值
第I级别	新加坡	100.0
	俄罗斯	96.7
第Ⅱ级别	哈萨克斯坦	90.2
	沙特阿拉伯	89.4
	越南	88.5
	阿联酋	85.4
	马来西亚	84.9
	波兰	82.0
	黑山	81.7
	卡塔尔	81.3
	爱沙尼亚	81.2
	斯洛文尼亚	80.9
	捷克	80.8
	克罗地亚	80.2
	匈牙利	79.8
	科威特	79.7
	蒙古	79.2
	阿曼	79.2
	印度尼西亚	78.5
	保加利亚	78.5
	伊朗	78.1
	以色列	78.0
	印度尼西亚	78.0
	亚美尼亚	77.5
	阿塞拜疆	76.6
	立陶宛	76.4
	土耳其	75.9
	阿尔巴尼亚	75.8
	乌克兰	75.6
	斯洛伐克	75.5
	白俄罗斯	75.2
	泰国	74.6
	塞尔维亚	74.4
	格鲁吉亚	73.4
	文莱	73.2
	土库曼斯坦	72.8
	罗马尼亚	72.1
	埃及	71.8
	拉脱维亚	70.7
	巴林	70.4
第Ⅲ级别	乌兹别克斯坦	68.6
	摩尔多瓦	68.1
	老挝	67.0
	吉尔吉斯斯坦	66.7
	马其顿	66.7
	菲律宾	64.2
	柬埔寨	63.8
	不丹	63.8
	斯里兰卡	63.5
	波黑	63.3
	黎巴嫩	61.4
	塔吉克斯坦	60.9
第Ⅳ级别	马尔代夫	58.0
	伊拉克	57.9
	约旦	57.1
	东帝汶	56.4
	缅甸	53.8
	尼泊尔	51.5
	巴基斯坦	49.6
	孟加拉国	48.5
	叙利亚	46.7
	阿富汗	44.9
第Ⅴ级别	也门	35.3

图4 "一带一路"沿线国投资价值排行榜

资料来源：国观智库。

除了开展针对各国投资价值的专项研究之外，国观智库还在探索构建“一带一路战略”的系统性研究框架。目前国观智库已经初步构建了“一体四翼”的研究体系，即以《国别投资环境及产业投资机会报告》为主体，以《国别重点产业投资研究报告》《国别投资数据库》《海外投资案例研究》《国别信息月报》为支撑的“一带一路”战略研究体系。具体而言，《国别投资环境及产业投资机会报告》重点分析国别政治走向、国内安全趋势、经济发展前景等宏观问题，以此解决投资的方向性问题，防止因宏观走势判断失误导致投资损失；《国别重点产业投资研究报告》以对宏观政治、经济的长期判断为基础，侧重于研究被投资国产业发展周期、市场空间、优惠政策等中观产业发展的具体内容，以期为中国企业的产业投资提供借鉴；而数据库、案例库、信息月报的建设，则从数据总结、投资案例分析、动态信息搜集等方面，为中国企业在“一带一路”国家的投资提供基础信息和决策参考。

“一带一路”战略的实施肩负着中国经济转型升级的重任，战略意义重大，而利用外汇储备进行投资也具备理论和现实的可操作性。在“一带一路”战略的实施过程中，必须全面加强对投资目标国的前置性研究，把战略推进的基础建立在中国与“一带一路”沿线国的利益契合点上，牢牢把握实现要素自由流动和促进中国产业结构转型升级这两大战略目标，这样才能实现“一带一路”战略的顺利推进。

《京津冀协同发展规划纲要》摘选

2015年03月23日，中央财经领导小组第九次会议审议研究了《京津冀协同发展规划纲要》。中共中央政治局2015年4月30日召开会议，审议通过《京津冀协同发展规划纲要》。推动京津冀协同发展是一个重大国家战略。战略的核心是有序疏解北京非首都功能，调整经济结构和空间结构，走出一条内涵集约发展的新路子，探索出一种人口经济密集地区优化开发的模式，促进区域协调发展，形成新增长极。这意味着，经过一年多的准备，京津冀协同发展的顶层设计基本完成，推动实施这一战略的总体方针已经明确。

一、指导思想

推动京津冀协同发展的指导思想是，以有序疏解北京非首都功能、解决北京“大城市病”为基本出发点，坚持问题导向，坚持重点突破，坚持改革创新，立足各自比较优势、立足现代产业分工要求、立足区域优势互补原则、立足合作共赢理念，以资源环境承载能力为基础、以京津冀城市群建设为载体、以优化区域分工和产业布局为重点、以资源要素空间统筹规划利用为主线、以构建长效体制机制为抓手，着力调整优化经济结构和空间结构，着力构建现代化交通网络系统，着力扩大环境容量生态空间，着力推进产业升级转移，着力推动公共服务共建共享，着力加快市场一体化进程，加快打造现代化新型首都圈，努力形成京津冀目标同向、措施一体、优势互补、互利共赢的协同发展新格局，打造中国经济发展新的支撑带。

二、功能定位

功能定位是科学推动京津冀协同发展的重要前提和基本遵循。经反复研究论证，京津冀区域整体定位和三省市功能定位各4句话，体现了区域整体和三省市各自特色，符合协同发展、促进融合、增强合力的要求。京津冀整体定位是“以首都为核心的世界级城市群、区域整体协同发展改革引领区、全国创新驱动经济增长新引擎、生态修复环境改善示范区”。

区域整体定位体现了三省市“一盘棋”的思想，突出了功能互补、错位发展、相辅相成；三省市定位服从和服务于区域整体定位，增强整体性，符合京津冀协同发展的战略需要。

北京市：“全国政治中心、文化中心、国际交往中心、科技创新中心”；

天津市：“全国先进制造研发基地、北方国际航运核心区、金融创新运营示范区、改革开放先行区”；

河北省：“全国现代商贸物流重要基地、产业转型升级试验区、新型城镇化与城乡统筹示范区、京津冀生态环境支撑区”。

三、发展目标

京津冀协同发展的目标是：近期到 2017 年，有序疏解北京非首都功能取得明显进展，在符合协同发展目标且现实急需、具备条件、取得共识的交通一体化、生态环境保护、产业升级转移等重点领域率先取得突破，深化改革、创新驱动、试点示范有序推进，协同发展取得显著成效。

中期到 2020 年，北京市常住人口控制在 2300 万人以内，北京“大城市病”等突出问题得到缓解；区域一体化交通网络基本形成，生态环境质量得到有效改善，产业联动发展取得重大进展。公共服务共建共享取得积极成效，协同发展机制有效运转，区域内发展差距趋于缩小，初步形成京津冀协同发展、互利共赢新局面。

远期到 2030 年，首都核心功能更加优化，京津冀区域一体化格局基本形成，区域经济结构更加合理，生态环境质量总体良好，公共服务水平趋于均衡，成为具有较强国际竞争力和影响力的重要区域，在引领和支撑全国经济社会发展中发挥更大作用。

四、空间布局

1. 首要任务解决北京“大城市病”

经反复研究论证，京津冀确定了“功能互补、区域联动、轴向集聚、节点支撑”的布局思路，明确了以“一核、双城、三轴、四区、多节点”为骨架，推动有序疏解北京非首都功能，构建以重要城市为支点，以战略性功能区平台为载体，以交通干线、生态廊道为纽带的网络型空间格局。

“一核”即指北京。把有序疏解非首都功能、优化提升首都核心功能、解决北京“大城市病”问题作为京津冀协同发展的首要任务。

“双城”是指北京、天津，这是京津冀协同发展的主要引擎，要进一步强化京津联动，全方位拓展合作广度和深度，加快实现同城化发展，共同发挥高端引领和辐射带动作用。

“三轴”指的是京津、京保石、京唐秦三个产业发展带和城镇聚集轴，这是支撑京津冀协同发展的主体框架。

“四区”分别是中部核心功能区、东部滨海发展区、南部功能拓展区和西北部生态涵养区，每个功能区都有明确的空间范围和发展重点。

“多节点”包括石家庄、唐山、保定、邯郸等区域性中心城市和张家口、承德、廊坊、秦皇岛、沧州、邢台、衡水等节点城市，重点是提高其城市综合承载能力和服务能力，有序推动产业和人口聚集。

2. 公共服务均等化目标

促进基本公共服务均等化是推动京津冀协同发展不可或缺的重要内容。目前，河北省在社会发展、公共服务水平和质量层次上差异明显，有些方面甚至呈现“断崖式”的差距。

到 2017 年，实现京津冀公共服务规划和政策统筹衔接，在教育、医疗、文化等方面开展改革试点，逐步推广。

到2020年，河北与京津的公共服务差距明显缩小，区域基本公共服务均等化水平明显提高，公共服务共建共享体制机制初步形成。重点是建立统一规范灵活的人力资源市场，统筹教育事业发展，加强医疗卫生联动协作，推动社会保险顺畅衔接，提升公共文化体育水平。

统筹三省市考试招生制度改革推动京津冀协同发展，重点要从以下几方面加快改革步伐。一是推动要素市场一体化改革，包括推进金融市场一体化、土地要素市场一体化、技术和信息市场一体化等；二是构建协同发展的体制机制，包括建立行政管理协同机制、基础设施互联互通机制、生态环境保护联动机制、产业协同发展机制、科技创新协同机制等；三是加快公共服务一体化改革，包括建立区域内统一的公共就业服务平台和劳务协作会商机制，落实养老保险跨区域转移政策，统筹三省市考试招生制度改革等。

五、功能疏解

当前，北京人口过度膨胀，雾霾天气频现，交通日益拥堵，房价持续高涨，资源环境承载力严重不足，造成这些问题的根本原因是北京集聚了过多的非首都功能。按照习近平总书记重要指示精神，有序疏解北京非首都功能。

从疏解对象讲，重点是疏解一般性产业特别是高消耗产业，区域性物流基地、区域性专业市场等部分第三产业，部分教育、医疗、培训机构等社会公共服务功能，部分行政性、事业性服务机构和企业总部等四类非首都功能。

疏解的原则是：坚持政府引导与市场机制相结合，既充分发挥政府规划、政策的引导作用，又发挥市场的主体作用；坚持集中疏解与分散疏解相结合，考虑疏解功能的不同性质和特点，灵活采取集中疏解或分散疏解方式；坚持严控增量与疏解存量相结合，既把住增量关，明确总量控制目标，也积极推进存量调整，引导不符合首都功能定位的功能向周边地区疏解；坚持统筹谋划与分类施策相结合，结合北京城六区不同发展重点要求和资源环境承载能力统筹谋划，建立健全倒逼机制和激励机制，有序推出改革举措和配套政策，因企施策、因单位施策。

目前，有关方面正在制定疏解北京非首都功能控增量、疏存量相关政策和配套措施。

六、重点领域

在交通一体化方面，构建以轨道交通为骨干的多节点、网格状、全覆盖的交通网络。重点是建设高效密集轨道交通网，完善便捷通畅公路交通网，打通国家高速公路“断头路”，全面消除跨区域国省干线“瓶颈路段”，加快构建现代化的津冀港口群，打造国际一流的航空枢纽，加快北京新机场建设，大力发展公交优先的城市交通，提升交通智能化管理水平，提升区域一体化运输服务水平，发展安全绿色可持续交通。

在生态环境保护方面，打破行政区域限制，推动能源生产和消费革命，促进绿色循环低碳发展，加强生态环境保护和治理，扩大区域生态空间。重点是联防联控环境污染，建立一体化的环境准入和退出机制，加强环境污染治理，实施清洁水行动，大力发展循环经济，推进生态保护与建设，谋划建设一批环首都国家公园和森林公园，积极应对气候变化。

在推动产业升级转移方面，加快产业转型升级，打造立足区域、服务全国、辐射全球的优势产业集聚区。重点是明确产业定位和方向，加快产业转型升级，推动产业转移对接，加强三省市产业发展规划衔接，制定京津冀产业指导目录，加快津冀承接平台建设，加强京津冀产业协作等。

国务院关于依托黄金水道推动长江经济带发展的指导意见

长江是货运量位居全球内河第一的黄金水道，长江通道是我国国土空间开发最重要的东西轴线，在区域发展总体格局中具有重要战略地位。依托黄金水道推动长江经济带发展，打造中国经济新支撑带，是党中央、国务院审时度势，谋划中国经济新棋局作出的既利当前又惠长远的重大战略决策。为进一步开发长江黄金水道，加快推动长江经济带发展，现提出以下意见。

一、重大意义和总体要求

长江经济带覆盖上海、江苏、浙江、安徽、江西、湖北、湖南、重庆、四川、云南、贵州等11省市，面积约205万平方千米，人口和生产总值均超过全国的40%。长江经济带横跨我国东中西三大区域，具有独特优势和巨大发展潜力。改革开放以来，长江经济带已发展成为我国综合实力最强、战略支撑作用最大的区域之一。在国际环境发生深刻变化、国内发展面临诸多矛盾的背景下，依托黄金水道推动长江经济带发展，有利于挖掘中上游广阔腹地蕴含的巨大内需潜力，促进经济增长空间从沿海向沿江内陆拓展；有利于优化沿江产业结构和城镇化布局，推动我国经济提质增效升级；有利于形成上中下游优势互补、协作互动格局，缩小东中西部地区发展差距；有利于建设陆海双向对外开放新走廊，培育国际经济合作竞争新优势；有利于保护长江生态环境，引领全国生态文明建设，对于全面建成小康社会，实现中华民族伟大复兴的中国梦具有重要现实意义和深远战略意义。

（1）指导思想。以邓小平理论、“三个代表”重要思想、科学发展观为指导，深入贯彻党的十八大和十八届二中、三中全会精神，认真落实党中央和国务院的决策部署，充分发挥市场配置资源的决定性作用，更好发挥政府规划和政策的引导作用，以改革激发活力、以创新增强动力、以开放提升竞争力，依托长江黄金水道，高起点高水平建设综合交通运输体系，推动上中下游地区协调发展、沿海沿江沿边全面开放，构建横贯东西、辐射南北、通江达海、经济高效、生态良好的长江经济带。

（2）基本原则。改革引领、创新驱动。坚持制度创新、科技创新，推动重点领域改革先行先试。健全技术创新市场导向机制，增强市场主体创新能力，促进创新资源综合集成，建设统一开放、竞争有序的现代市场体系。

通道支撑、融合发展。以沿江综合运输大通道为支撑，促进上中下游要素合理流动、产业分工协作。着力推进信息化和工业化深度融合，积极引导沿江城镇布局与产业发展有机融合，持续增强区域现代农业、特色农业优势。

海陆统筹、双向开放。深化向东开放，加快向西开放，统筹沿海内陆开放，扩大沿边开放。更好推动“引进来”和“走出去”相结合，更好利用国际国内两个市场、两种资源，构建开放型经济新体制，形成全方位开放新格局。

江湖和谐、生态文明。建立健全最严格的生态环境保护和水资源管理制度，加强长江全流域生态环境监管和综合治理，尊重自然规律及河流演变规律，协调好江河湖泊、上中下游、干流支流关系，保护和改善流域生态服务功能，推动流域绿色循环低碳发展。

（3）战略定位。具有全球影响力的内河经济带。发挥长江黄金水道的独特作用，构建现代化综合交通运输体系，推动沿江产业结构优化升级，打造世界级产业集群，培育具有国际竞争力的城市群，使长江经济带成为充分体现国家综合经济实力、积极参与国际竞争与合作的内河经济带。

东中西互动合作的协调发展带。立足长江上中下游地区的比较优势，统筹人口分布、经济布局与资源环境承载能力，发挥长江三角洲地区的辐射引领作用，促进中上游地区有序承接产业转移，提高要素配置效率，激发内生发展活力，使长江经济带成为推动我国区域协调发展的示范带。

沿海沿江沿边全面推进的对内对外开放带。用好海陆双向开放的区位资源，创新开放模式，促进优势互补，培育内陆开放高地，加快同周边国家和地区基础设施互联互通，加强与丝绸之路经济带、海上丝绸之路的衔接互动，使长江经济带成为横贯东中西、连接南北方的开放合作走廊。

生态文明建设的先行示范带。统筹江河湖泊丰富多样的生态要素，推进长江经济带生态文明建设，构建以长江干支流为经脉、以山水林田湖为有机整体，江湖关系和谐、流域水质优良、生态流量充足、水土保持有效、生物种类多样的生态安全格局，使长江经济带成为水清地绿天蓝的生态廊道。

二、提升长江黄金水道功能

充分发挥长江运能大、成本低、能耗少等优势，加快推进长江干线航道系统治理，整治浚深下游航道，有效缓解中上游瓶颈，改善支流通航条件，优化港口功能布局，加强集疏运体系建设，发展江海联运和干支直达运输，打造畅通、高效、平安、绿色的黄金水道。

（1）增强干线航运能力。加快实施重大航道整治工程，下游重点实施12.5米深水航道延伸至南京工程；中游重点实施荆江河段航道整治工程，加强航道工程模型试验研究；上游重点研究实施重庆至宜宾段航道整治工程。加快推进内河船型标准化，研究推广三峡船型和江海直达船型，鼓励发展节能环保船舶。

（2）改善支流通航条件。积极推进航道整治和梯级渠化，提高支流航道等级，形成与长江干线有机衔接的支线网络。加快信江、赣江、江汉运河、汉江、沅水、湘江、乌江、岷江等高等级航道建设，研究论证合裕线、嘉陵江高等级航道建设和金沙江攀枝花至水富段航运资源开发。抓紧实施京杭运河航道建设和船闸扩能工程，系统建设长江三角洲地区高等级航道网络，统筹推进其他支流航道建设。

（3）优化港口功能布局。促进港口合理布局，加强分工合作，推进专业化、规模化和现代化建设，大力发展现代航运服务业。加快上海国际航运中心、武汉长江中游航运中心、重庆长江上游航运中心和南京区域性航运物流中心建设。提升上海港、宁波—舟山港、江苏沿江港口功能，加快芜湖、马鞍山、安庆、九江、黄石、荆州、宜昌、岳阳、泸州、宜宾等港口建设，完善集装箱、大宗散货、汽车滚装及江海中转运输系统。

（4）加强集疏运体系建设。以航运中心和主要港口为重点，加快铁路、高等级公路与重要港区的连接线建设，强化集疏运服务功能，提升货物中转能力和效率，有效解决“最后一公里”问题。推进港口与沿江开发区、物流园区的通道建设，拓展港口运输服务的辐射范围。

（5）扩大三峡枢纽通过能力。挖掘三峡及葛洲坝既有船闸潜力，完善公路翻坝转运系统，推进铁路联运系统建设，建设三峡枢纽货运分流的油气管道，积极实施货源地分流。加快三峡枢纽水运新通道和葛洲坝枢纽水运配套工程前期研究工作。

（6）健全智能服务和安全保障系统。完善长江航运等智能化信息系统，推进多种运输方式综合服务信息平台建设，实现运输信息系统互联互通。加强多部门信息共享，建设长江干线全方位覆盖、全天候运行、具备快速反应能力的水上安全监管和应急救助体系。

（7）合理布局过江通道。统筹规划建设过江通道，加强隧道桥梁方案比选论证工作，充分利用江上和水下空间，推进铁路、公路、城市交通合并过江；优化整合渡口渡线，加强渡运安全管理，促进过江通道与长江航运、防洪安全和生态环境的协调发展。

三、建设综合立体交通走廊

依托长江黄金水道，统筹铁路、公路、航空、管道建设，加强各种运输方式的衔接和综合交通枢纽建设，加快多式联运发展，建成安全便捷、绿色低碳的综合立体交通走廊，增强对长江经济带发展的战略支撑力。

（1）形成快速大能力铁路通道。建设上海经南京、合肥、武汉、重庆至成都的沿江高速铁路和上海经杭州、南昌、长沙、贵阳至昆明的沪昆高速铁路，连通南北高速铁路和快速铁路，形成覆盖50万人口以上城市的快速铁路网。改扩建沿江大能力普通铁路，规划建设衢州至丽江铁路，提升沪昆铁路既有运能，形成覆盖20万人口以上城市客货共线的普通铁路网。

（2）建设高等级广覆盖公路网。以上海至成都、上海至重庆、上海至昆明、杭州至瑞丽等国家高速公路为重点，建成连通重点区域、中心城市、主要港口和重要边境口岸的高速公路网络。提高国省干线公路技术等级和安全服务水平，普通国道二级及以上公路比重达到80%以上。加快县乡连通路、资源开发路、旅游景区路、山区扶贫路建设，实现具备条件的乡镇、建制村通沥青（水泥）路。

（3）推进航空网络建设。加快上海国际航空枢纽建设，强化重庆、成都、昆明、贵阳、长沙、武汉、南京、杭州等机场的区域枢纽功能，发挥南昌、合肥、宁波、无锡等干线机场作用，推进支线机场建设，形成长江上、中、下游机场群。完善航线网络，提高主要城市间航班密度，增加国际运输航线。深化空域管理改革，大力发展通用航空。依托空港资源，发展临空经济。

（4）完善油气管道布局。统筹油气运输通道和储备系统建设，合理布局沿江管网设施。加强长江三角洲向内陆地区、沿江地区向腹地辐射的原油和成品油输送管道建设，完善区域性油气管网，加快互联互通，形成以沿江干线管道为主轴，连接沿江城市群的油气供应保障体系。

（5）建设综合交通枢纽。按照“零距离换乘、无缝化衔接”要求，加强水运、铁路、公路、航空和管道的有机衔接，建设和完善能力匹配的集疏运系统。加快建设上海、南京、连云港、徐州、合肥、杭州、宁波、武汉、长沙、南昌、重庆、成都、昆明、贵阳等 14 个全国性综合交通枢纽，有序发展区域性综合交通枢纽，提高综合交通运输体系的运行效率，增强对产业布局的引导和城镇发展的支撑作用。

（6）加快发展多式联运。抓紧制定标准规范，培育多式联运经营人，鼓励发展铁水、公水、空铁等多式联运，提高集装箱和大宗散货铁水联运比重。加快智能物流网络建设，增强沿江物流园区综合服务功能，培育壮大现代物流企业，形成若干区域性物流中心，提高物流效率，降低物流成本。

四、创新驱动促进产业转型升级

顺应全球新一轮科技革命和产业变革趋势，推动沿江产业由要素驱动向创新驱动转变，大力发展战略性新兴产业，加快改造提升传统产业，大幅提高服务业比重，引导产业合理布局和有序转移，培育形成具有国际水平的产业集群，增强长江经济带产业竞争力。

（1）增强自主创新能力。强化企业的技术创新主体地位，引导创新资源向企业集聚，培育若干领军企业。设立新兴产业创业投资基金，激发中小企业创新活力。深化产学研合作，鼓励发展产业技术创新战略联盟。在统筹考虑现状和优化整合科技资源的前提下，布局一批国家工程中心（实验室）和企业技术中心。运用市场化机制探索建立新型科研机构，推动设立知识产权法院。深化科技成果使用、处置和收益权改革。发挥上海张江、武汉东湖自主创新示范区和合芜蚌（合肥、芜湖、蚌埠）自主创新综合试验区的引领示范作用，推进长株潭自主创新示范区建设，推进攀西战略资源创新开发。研究制定长江经济带创新驱动产业转型升级方案。

（2）推进信息化与产业融合发展。支持沿江地区加快新一代信息基础设施建设，完善上海、南京、武汉、重庆、成都等骨干节点，进一步加强网间互联互通，增加中上游地区光缆路由密度。大力推进有线和无线宽带接入网建设，扩大 4G（第四代移动通信）网络覆盖范围。推进沿江下一代互联网示范城市建设，优化布局数据中心，继续完善上海、云南面向国际的陆海缆建设。充分利用互联网、物联网、大数据、云计算、人工智能等新一代信息技术改造提升传统产业，培育形成新兴产业，推动生产组织、企业管理、商业运营模式创新。推动沿江国家电子商务示范城市建设，加快农业、制造业和服务业的电子商务应用。

（3）培育世界级产业集群。以沿江国家级、省级开发区为载体，以大型企业为骨干，打造电子信息、高端装备、汽车、家电、纺织服装等世界级制造业集群，建设具有国际先进水平的长江口造船基地和长江中游轨道交通装备、工程机械制造基地，突破核心关键技术，培育知名自主品牌。在沿江布局一批战略性新兴产业集聚区、国家高技术产业基地和国家新型工业化产业示范基地。推动石化、钢铁、有色金属等产业转型升级，促进沿江炼化一体化和园区化发展，提升油品质量，加快钢铁、有色金属产品结构调整，淘汰落后产能。

（4）加快发展现代服务业。改革服务业发展体制，创新发展模式和业态，扩大服务业对内对外开放，放宽外资准入限制。围绕服务实体经济，优先发展金融保险、节能环保、现代物流、航运服务等生产性服务业；围绕满足居民需求，加快发展旅游休闲、健康养老、家庭服务、文化教育等生活性服务业。依托国家高技术服务业基地，发展信息技术、电子商务、研发设计、知识产权、检验检测、认证认可等服务产业。积极推动区域中心城市逐步形成以服务业为主的产业结构。充分发挥长江沿线各地独具特色的历史文化、自然山水和民俗风情等优势，打造旅游城市、精品线路、旅游景区、旅游度假休闲区和生态旅游目的地，大力发展特色旅游业，把长江沿线培育成为国际黄金旅游带。

（5）打造沿江绿色能源产业带。积极开发利用水电，在做好环境保护和移民安置的前提下，以金沙江、雅砻江、大渡河、澜沧江等为重点，加快水电基地和送出通道建设，扩大向下游地区送电规模。加快内蒙古西部至华中煤运通道建设，在中游地区适度规划布局大型高效清洁燃煤电站，增加电力、天然气等输入能力。研究制定新城镇新能源新生活行动计划，大力发展分布式能源、智能电网、绿色建筑和新能源汽车，推进能源生产和消费方式变革。立足资源优势，创新体制机制，推进页岩气勘查开发，通过竞争等方式出让页岩气探矿权，建设四川长宁—威远、滇黔北、重庆涪陵等国家级页岩气综合开发示范区。稳步推进沿海液化天然气接收站建设，统筹利用国内外天然气，提高居民用气水平。

（6）提升现代农业和特色农业发展水平。保护和利用好长江流域宝贵农业资源，推进农产品主产区特别是农业优势产业带和特色产业带建设，建设一批高水平现代农业示范区，推进国家有机食品生产基地建设，着力打造现代农业发展先行区。上游地区立足山多草多林多地少的资源条件，在稳定优势农产品生产的基础上，大力发展以草食畜牧业为代表的特色生态农业和以自然生态区、少数民族地区为代表的休闲农业与乡村旅游。中游地区立足农业生产条件较好、耕地资源丰富的基础，强化粮食、水产品等重要农产品供给保障能力，提高农业机械化水平，积极发展现代种业，打造粮食生产核心区和主要农产品优势区。下游地区立足人均耕地资源少、资本技术人才资源优势，在稳定粮食生产的同时，大力发展高效精品农业和都市农业，加快推进标准化生产和集约化品牌化经营。

（7）引导产业有序转移和分工协作。按照区域资源禀赋条件、生态环境容量和主体功能定位，促进产业布局调整和集聚发展。在着力推动下游地区产业转型升级的同时，依托中上游地区广阔腹地，增强基础设施和产业配套能力，引导具有成本优势的资源加工型、劳动密集型产业和具有市场需求的资本、技术密集型产业向中上游地区转移。支持和鼓励开展产业园区战略合作，建立产业转移跨区域合作机制，以中上游地区国家级、省级开发区为载体，建设承接产业转移示范区和加工贸易梯度转移承接地，推动产业协同合作、联动发展。借鉴负面清单管理模式，加强对产业转移的引导，促进中上游特别是三峡库区产业布局与区域资源生态环境相协调，防止出现污染转移和环境风险聚集，避免低水平重复建设。

五、全面推进新型城镇化

按照沿江集聚、组团发展、互动协作、因地制宜的思路，推进以人为核心的新型城镇化，优化城镇化布局和形态，增强城市可持续发展能力，创新城镇化发展体制机制，全面提高长江经济带城镇化质量。

(1) 优化沿江城镇化格局。以沿江综合运输大通道为轴线，以长江三角洲、长江中游和成渝三大跨区域城市群为主体，以黔中和滇中两大区域性城市群为补充，以沿江大中小城市和小城镇为依托，促进城市群之间、城市群内部的分工协作，强化基础设施建设和联通，优化空间布局，推动产城融合，引导人口集聚，形成集约高效、绿色低碳的新型城镇化发展格局。

(2) 提升长江三角洲城市群国际竞争力。促进长江三角洲一体化发展，打造具有国际竞争力的世界级城市群。充分发挥上海国际大都市的龙头作用，加快国际金融、航运、贸易中心建设。提升南京、杭州、合肥都市区的国际化水平。推进苏南现代化建设示范区、浙江舟山群岛新区、浙江海洋经济发展示范区、皖江承接产业转移示范区、皖南国际文化旅游示范区建设和通州湾江海联动开发。优化提升沪宁合（上海、南京、合肥）、沪杭（上海、杭州）主轴带功能，培育壮大沿江、沿海、杭湖宁（杭州、湖州、南京）、杭绍甬舟（杭州、绍兴、宁波、舟山）等发展轴带。合理划定中心城市边界，保护城郊农业用地和绿色开敞空间，控制特大城市过度蔓延扩张。

(3) 培育发展长江中游城市群。增强武汉、长沙、南昌中心城市功能，促进三大城市组团之间的资源优势互补、产业分工协作、城市互动合作，把长江中游城市群建设成为引领中部地区崛起的核心增长极和资源节约型、环境友好型社会示范区。优化提升武汉城市圈辐射带动功能，开展武汉市国家创新型城市试点，建设中部地区现代服务业中心。加快推进环长株潭城市群建设，提升湘江新区和湘北湘南中心城市发展水平。培育壮大环鄱阳湖城市群，促进南昌、九江一体化和赣西城镇带发展。建设鄱阳湖、洞庭湖生态经济区。

(4) 促进成渝城市群一体化发展。提升重庆、成都中心城市功能和国际化水平，发挥双引擎带动和支撑作用，推进资源整合与一体发展，把成渝城市群打造成为现代产业基地、西部地区重要经济中心和长江上游开放高地，建设深化内陆开放的试验区和统筹城乡发展的示范区。重点建设成渝主轴带和沿长江、成绵乐（成都、绵阳、乐山）等次轴带，加快重庆两江新区开发开放，推动成都天府新区创新发展。

(5) 推动黔中和滇中区域性城市群发展。增强贵阳产业配套和要素集聚能力，重点建设遵义—贵阳—安顺主轴带，推动贵安新区成为内陆开放型经济示范区，重要的能源资源深加工、特色轻工业和民族文化旅游基地，推进大数据应用服务基地建设，打造西部地区新的经济增长极和生态文明建设先行区。提升昆明面向东南亚、南亚开放的中心城市功能，重点建设曲靖—昆明—楚雄、玉溪—昆明—武定发展轴，推动滇中产业集聚区发展，建设特色资源深加工基地和文化旅游基地，打造面向西南开放重要桥头堡的核心区和高原生态宜居城市群。

（6）科学引导沿江城市发展。依托近山傍水的自然生态环境，合理确定城市功能布局和空间形态，促进城市建设与山脉水系相互融合，建设富有江城特色的宜居城市。加强城区河湖水域岸线管理。集聚科技创新要素，节约集约利用资源，提升信息化水平。延续城市历史文脉，推进创新城市、绿色城市、智慧城市、人文城市建设。加强公共交通、防洪排涝等基础设施建设，提高教育、医疗等公共服务水平，提高承载能力。

（7）强化城市群交通网络建设。充分利用区域运输通道资源，重点加快城际铁路建设，形成与新型城镇化布局相匹配的城际交通网络。长江三角洲城市群要建设以上海为中心，南京、杭州、合肥为副中心，“多三角、放射状”的城际交通网络；长江中游城市群要建设以武汉、长沙、南昌为中心的“三角形、放射状”城际交通网络；成渝城市群要建设以重庆、成都为中心的“一主轴、放射状”城际交通网络，实现城市群内中心城市之间、中心城市与节点城市之间1～2小时通达。建设黔中、滇中城际交通网络，实现省会城市与周边节点城市之间1～2小时通达。

（8）创新城镇化发展体制机制。根据上中下游城镇综合承载能力和发展潜力，实施差别化落户政策。下游地区要增强对农业转移人口的吸纳能力，有序推进外来人口市民化；中上游地区要增强产业集聚能力，更多吸纳农业转移人口。建立健全与居住年限等条件相挂钩的基本公共服务提供机制。探索实行城镇建设用地增加规模与农村建设用地减少挂钩、与吸纳农业转移人口落户数量挂钩政策。稳步推进农村宅基地制度改革。开展新型城镇化试点示范，探索建立农业转移人口市民化成本分担机制，构建多元化、可持续的城镇化投融资机制，建立有利于创新行政管理、降低行政成本的设市设区模式。选择具备条件的开发区进行城市功能区转型试点，引导产业和城市同步融合发展。

六、培育全方位对外开放新优势

发挥长江三角洲地区对外开放引领作用，建设向西开放的国际大通道，加强与东南亚、南亚、中亚等国家的经济合作，构建高水平对外开放平台，形成与国际投资、贸易通行规则相衔接的制度体系，全面提升长江经济带开放型经济水平。

（1）发挥上海对沿江开放的引领带动作用。加快建设中国（上海）自由贸易试验区，大力推进投资、贸易、金融、综合监管等领域制度创新，完善负面清单管理模式，打造国际化、法治化的营商环境，建立与国际投资、贸易通行规则相衔接的基本制度框架，形成可复制、可推广的成功经验。通过先行先试、经验推广和开放合作，充分发挥上海对外开放的辐射效应、枢纽功能和示范引领作用，带动长江经济带更高水平开放，增强国际竞争力。

（2）增强云南面向西南开放重要桥头堡功能。提升云南向东南亚、南亚开放的通道功能和门户作用。推进孟中印缅、中老泰等国际运输通道建设，实现基础设施互联互通。推动孟中印缅经济走廊合作，深化参与中国—东盟湄公河流域开发、大湄公河次区域经济合作，率先在口岸、边境城市、边境经济合作区和重点开发开放试验区实施人员往来、加工物流、旅游等方面的特殊政策。将云南建设成为面向西南周边国家开放的试验区和西部省份“走出去”的先行区，提升中上游地区向东南亚、南亚开放水平。

(3) 加强与丝绸之路经济带的战略互动。发挥重庆长江经济带西部中心枢纽作用，增强对丝绸之路经济带的战略支撑。发挥成都战略支点作用，把四川培育成为连接丝绸之路经济带的重要纽带。构建多层次对外交通运输通道，加强各种运输方式的有效衔接，形成区域物流集聚效应，打造现代化综合交通枢纽。优化整合向西国际物流资源，提高连云港陆桥通道桥头堡水平，提升“渝新欧”“蓉新欧”“义新欧”等中欧班列国际运输功能，建立中欧铁路通道协调机制，增强对中亚、欧洲等地区进出口货物的吸引能力，着力解决双向运输不平衡问题。加强与沿线国家海关的合作，提高贸易便利化水平。提升江苏、浙江对海上丝绸之路的支撑能力。加快武汉、长沙、南昌、合肥、贵阳等中心城市内陆经济开放高地建设。推进中上游地区与俄罗斯伏尔加河沿岸联邦区合作。

(4) 推动对外开放口岸和特殊区域建设。增强沿江沿边开放口岸和特殊区域功能，打造高水平对外开放平台。在中上游地区适当增设口岸及后续监管场所，在有条件的地方增设铁路、内河港口一类开放口岸，推动口岸信息系统互联共享。条件成熟时，在基本不突破原规划面积的前提下，逐步将沿江各类海关特殊监管区域整合为综合保税区，探索使用社会运输工具进行转关作业。在符合全国总量控制目标的前提下，支持具备条件的边境地区按程序申请设立综合保税区，支持符合条件的边境地区设立边境经济合作区和边境旅游合作区，研究完善人员免签、旅游签证等政策。推动境外经济贸易合作区和农业合作区发展，鼓励金融机构在境外开设分支机构并提供融资支持。

(5) 构建长江大通关体制。加强内陆海关与沿海沿边口岸海关的协作配合，加强口岸与内陆检验检疫机构的合作，全面推进“一次申报、一次查验、一次放行”模式，实现长江经济带海关区域通关一体化和检验检疫一体化。在有效防控风险前提下，适时扩大启运港退税的启运地、承运企业和运输工具等范围。推进口岸执法部门信息互换、监管互认和执法互助。

七、建设绿色生态廊道

顺应自然，保育生态，强化长江水资源保护和合理利用，加大重点生态功能区保护力度，加强流域生态系统修复和环境综合治理，稳步提高长江流域水质，显著改善长江生态环境。

(1) 切实保护和利用好长江水资源。落实最严格水资源管理制度，明确长江水资源开发利用红线、用水效率红线。加强流域水资源统一调度，保障生活、生产和生态用水安全。严格相关规划和建设项目的水资源论证。加强饮用水水源地保护，优化沿江取水口和排污口布局，取缔饮用水水源保护区内的排污口，鼓励各地区建设饮用水应急水源。建设水源地环境风险防控工程，确保城乡饮用水安全。严厉打击河道非法采砂。优化水资源配置格局，加快推进云贵川渝等地区大中型骨干水源工程及配套工程建设。建设沿江、沿河、环湖水资源保护带、生态隔离带，增强水源涵养和水土保持能力。

（2）严格控制和治理长江水污染。明确水功能区限制纳污红线，完善水功能区监督管理制度，科学核定水域纳污容量，严格控制入河（湖）排污总量。大幅削减化学需氧量、氨氮排放量，加大总磷、总氮排放等污染物控制力度。加大沿江化工、造纸、印染、有色等排污行业环境隐患排查和集中治理力度，实行长江干支流沿线城镇污水垃圾全收集全处理，加强农业畜禽、水产养殖污染物排放控制及农村污水垃圾治理，强化水上危险品运输安全环保监管、船舶溢油风险防范和船舶污水排放控制。完善应急救援体系，提高应急处置能力。建立环境风险大、涉及有毒有害污染物排放的产业园区退出或转型机制。加强三峡库区、丹江口库区、洞庭湖、鄱阳湖、长江口及长江源头等水体的水质监测和综合治理，强化重点水域保护，确保流域水质稳步改善。

（3）妥善处理江河湖泊关系。综合考虑防洪、生态、供水、航运和发电等需求，进一步开展以三峡水库为核心的长江上游水库群联合调度研究与实践。加强长江与洞庭湖、鄱阳湖演变与治理研究，论证洞庭湖、鄱阳湖水系整治工程，进行蓄滞洪区的分类和调整研究。完善防洪保障体系，实施长江河道崩岸治理及河道综合整治工程，尽快完成长江流域山洪灾害防治项目，推进长江中下游蓄滞洪区建设及中小河流治理。

（4）加强流域环境综合治理。完善污染物排放总量控制制度，加强二氧化硫、氮氧化物、PM2.5（细颗粒物）等主要大气污染物综合防治，严格控制煤炭消费总量。加强挥发性有机物排放重点行业整治，扭转中下游地区、四川盆地等区域性雾霾、酸雨恶化态势，改善沿江城市空气质量。推进农村环境综合整治，降低农药和化肥使用强度，加大土壤污染防治力度，强化重点行业和重点区域重金属污染综合治理。大力推进工业园区污染集中治理和循环化改造，鼓励企业采用清洁生产技术。积极推进城镇污水处理设施和配套污水管网建设，提高现有污水处理设施处理效率。

（5）强化沿江生态保护和修复。坚定不移实施主体功能区制度，率先划定沿江生态保护红线，强化国土空间合理开发与保护，加大重点生态功能区建设和保护力度，构建中上游生态屏障。推进太湖、巢湖、滇池、草海等全流域湿地生态保护与修复工程，加强金沙江、乌江、嘉陵江、三峡库区、汉江、洞庭湖和鄱阳湖水系等重点区域水土流失治理和地质灾害防治，中上游重点实施山地丘陵地区坡耕地治理、退耕还林还草和岩溶地区石漠化治理，中下游重点实施生态清洁小流域综合治理及退田还草还湖还湿。加大沿江天然林草资源保护和长江防护林体系建设力度，加强沿江风景名胜资源保护和山地丘陵地区林草植被保护。加强长江物种及其栖息繁衍场所保护，强化自然保护区和水产种质资源保护区建设和管护。探索建立沿江国家公园。研究制定长江生态环境保护规划。

（6）促进长江岸线有序开发。建立健全长江岸线开发利用和保护协调机制，统筹规划长江岸线资源，严格分区管理和用途管制，合理安排沿江工业与港口岸线、过江通道岸线与取水口岸线，加大生态和生活岸线保护力度。严格河道管理范围内建设项目工程建设方案审查制度。统筹岸线与后方土地的使用和管理，提高岸线资源集约利用水平。依法建立岸线资源有偿使用制度。有效保护岸线原始风貌，利用沿江风景名胜和其他自然人文景观资源，为居民提供便捷舒适亲水空间。

八、创新区域协调发展体制机制

打破行政区划界限和壁垒，加强规划统筹和衔接，形成市场体系统一开放、基础设施共建共享、生态环境联防联治、流域管理统筹协调的区域协调发展新机制。

（1）建立区域互动合作机制。加强国家层面协调指导，统筹研究解决长江经济带发展中的重大问题，建立推动长江经济带发展部际联席会议制度。发挥水利部长江水利委员会、交通运输部长江航务管理局、农业部长江流域渔政监督管理办公室以及环境保护部华东、华南、西南环境保护督查中心等机构作用，协同推进长江防洪、航运、发电、生态环境保护等工作。建立健全地方政府之间协商合作机制，共同研究解决区域合作中的重大事项。充分调动社会力量，建立各类跨地区合作组织。

（2）推进一体化市场体系建设。进一步简政放权，清理阻碍要素合理流动的地方性政策法规，打破区域性市场壁垒，实施统一的市场准入制度和标准，推动劳动力、资本、技术等要素跨区域流动和优化配置。健全知识产权保护机制。推动社会信用体系建设，扩大信息资源开放共享，提高基础设施网络化、一体化服务水平。

（3）加大金融合作创新力度。适时推进符合条件的民间资本在中上游地区发起设立民营银行等中小金融机构。引导区域内符合条件的创新型、创业型、成长型中小企业到全国中小企业股份转让系统挂牌进行股权融资、债权融资、资产重组等。探索创新金融产品，鼓励开展融资租赁服务，支持长江船型标准化建设。鼓励大型港航企业以资本为纽带整合沿江港口和航运资源。鼓励政策性金融机构加大对沿江综合交通体系建设的支持力度。

（4）建立生态环境协同保护治理机制。完善长江环境污染联防联控机制和预警应急体系。鼓励和支持沿江省市共同设立长江水环境保护治理基金，加大对环境突出问题的联合治理力度。按照“谁受益谁补偿”的原则，探索上中下游开发地区、受益地区与生态保护地区试点横向生态补偿机制。依托重点生态功能区开展生态补偿示范区建设。推进水权、碳排放权、排污权交易，推行环境污染第三方治理。

（5）建立公共服务和社会治理协调机制。适应上中下游劳动力转移流动的趋势，加强跨区域职业教育合作和劳务对接，推进统一规范的劳动用工、资格认证和跨区域教育培训等就业服务制度。加大基本养老保险、基本医疗保险等社会保险关系转移接续政策的落实力度。应对长江事故灾难、环境污染、公共卫生等跨区域突发事件，构建协同联动的社会治理机制。建立区域协调配合的安全监管工作机制，加强跨区域重点工程项目的监管，有效预防和减少生产安全事故。完善集中连片特殊困难地区扶贫机制，加大政策支持力度。

附件：长江经济带综合立体交通走廊规划（2014—2020 年）

国务院

2014 年 9 月 12 日

附件

长江经济带综合立体交通走廊规划（2014—2020年）

为统筹长江经济带交通基础设施建设，加强各种运输方式有机衔接，完善综合交通运输体系，特编制长江经济带综合立体交通走廊规划。规划期为2014—2020年。

一、规划基础

（一）现实条件

改革开放以来，长江经济带交通基础设施建设成效显著，路网规模持续扩大，结构布局不断改善，技术水平明显提升，运输能力大幅增强，初步形成了以长江黄金水道为依托，水路、铁路、公路、民航、管道等多种运输方式协同发展的综合交通网络。

与推动长江经济带发展要求相比，综合交通网建设仍然存在较大差距，主要表现在：一是长江航运潜能尚未充分发挥，高等级航道比重不高，中上游航道梗阻问题突出，高效集疏运体系尚未形成。二是东西向铁路、公路运输能力不足，南北向通道能力紧张，向西开放的国际通道能力薄弱。三是网络结构不完善，覆盖广度不够，通达深度不足，技术等级偏低。四是各种运输方式衔接不畅，铁水、公水、空铁等尚未实现有效衔接。综合交通枢纽建设亟待加强。五是城际铁路建设滞后，城际交通网络功能不完善，不适应城镇化格局和城市群空间布局。

表1　改革开放以来长江经济带综合交通网建设情况

指标	单位	1978年	2013年	增长（倍）
一、内河航道里程	万公里	8.9	8.9	—
高等级航道里程	万公里	0.23	0.67	1.9
二、铁路营业里程	万公里	1.4	2.96	1.1
高速铁路里程	万公里	0	0.4	—
复线率	%	11.9	49.8	—
电化率	%	2.7	69.7	—
三、公路通车里程	万公里	35	188.8	4.4
国家高速公路里程	万公里	0	3.2	—
四、输油（气）管道里程	万公里	0.06	4.4	72.3
五、城市轨道交通营业里程	公里	0	1089	—
六、民用运输机场数	个	20	74	2.7

（二）发展要求

依托黄金水道，推动长江经济带发展，对现代化综合交通运输体系建设提出新的更高要求。

（1）为内河经济带建设提供支撑。长江经济带建设将推动产业转型升级，提升整体实力和国际竞争力，深入推进新型城镇化，形成以城市群为主体形态的城镇化格局，要求加快构建综合运输大通道，打造高效快捷的交通走廊，加快完善城际交通网络，提高运输能力和服务水平。

（2）为东中西协调发展奠定基础。长江经济带横跨我国东中西三大地带，是实现区域协调发展的重要载体。促进长江经济带上中下游协调发展，要求提高东部地区交通网络畅通水平，扩大中西部地区交通网络覆盖范围，为引导要素合理流动和优化配置，缩小地区发展差距，形成优势互补、分工合作、协同发展的区域格局提供保障。

（3）为陆海双向开放创造条件。长江经济带建设充分发挥沿海沿江沿边的区位优势，深化向东开放，加快向西开放，培育开放型经济新格局，全面提升对外开放水平，要求统筹推进沿海沿江港口建设，充分发挥上海国际航运中心的引领作用，加快国际运输通道建设，实现与周边国家基础设施互联互通，为海陆双向开放创造交通先行条件。

（4）为生态文明建设做好示范。长江经济带是我国重要的人口密集区和产业承载区，随着经济社会快速发展，土地、能源、岸线等资源日益紧缺，生态环境压力持续增大。加强资源节约和环境保护，要求加快转变交通发展方式，节约集约利用交通运输资源，优化综合交通网络结构，发挥水运和铁路的节能环保优势，实现交通绿色低碳发展。

表 2　　2020 年长江经济带交通运输量预测

指标	单位	2013 年	2020 年	年均增长（%）
客运量	亿人	181	310	8.0
旅客周转量	亿人公里	15867	26320	7.5
货运量	亿吨	179	270	6.0
货物周转量	亿吨公里	68203	103910	6.2

二、总体思路和发展目标

（一）总体思路

按照全面建成小康社会的总体部署和推动长江经济带发展的战略要求，加快打造长江黄金水道，扩大交通网络规模，优化交通运输结构，强化各种运输方式的衔接，提升综合运输能力，率先建成网络化、标准化、智能化的综合立体交通走廊，为建设中国经济新支撑带提供有力保障。

（二）基本原则

合理布局。区域间实现高效畅通，城市间实现快速通达，乡村实现便捷联通，城市体现公交优先，形成层次分明、覆盖广泛、功能完善的综合交通网络。

优化结构。统筹水路、铁路、公路、民航和管道发展，以提高主要通道运输能力为重点，加快水路和铁路建设，提升设施技术等级水平，强化综合交通枢纽功能，充分发挥各种运输方式的比较优势和组合效率。

适度超前。顺应经济转型升级、全面对外开放等趋势，在满足客货运输需求基础上，适当扩大运力余量，预留技术标准提升空间，加快基础设施建设，发挥交通运输基础保障和先行引导作用。

平安绿色。将安全第一、资源节约和环境保护贯穿于规划、设计、建设和运营全过程，着力提升安全性、可靠性和应急保障能力。节约集约利用土地、岸线、线位等资源，避让环境敏感区和生态脆弱区，实现安全、低碳、永续发展。

（三）发展目标

到2020年，建成横贯东西、沟通南北、通江达海、便捷高效的长江经济带综合立体交通走廊。

——建成畅通的黄金水道。形成以上海国际航运中心为龙头、长江干线为骨干、干支流网络衔接、集疏运体系完善的长江黄金水道，高等级航道里程达到1.2万公里。

——建成高效的铁路网络。形成以沿江、沪昆高速铁路为骨架的快速铁路网和以沿江、衢（州）丽（江）、沪昆铁路为骨架的普通铁路网。

——建成便捷的公路网络。形成以沪蓉、沪渝、沪昆、杭瑞高速公路为骨架的国家高速公路网和覆盖所有县城的普通国道网，实现具备条件的乡镇、建制村通沥青（水泥）路。

——建成发达的航空网络。形成以上海国际航空枢纽和重庆、成都、昆明、贵阳、长沙、武汉、南京、杭州等区域航空枢纽为核心的民用航空网。

——基本建成区域相连的油气管网。形成以沿江干线管道为主轴，连接成渝城市群、长江中游城市群、长江三角洲城市群的油气管网。

——基本建成一体发展的城际交通网。形成以快速铁路、高速公路等为骨干的城际交通网，实现中心城市之间以及中心城市与周边城市之间1～2小时交通圈。

表3　长江经济带综合交通网发展目标

指标	单位	2013年	2020年
一、内河航道里程	万公里	8.9	8.9
高等级航道里程	万公里	0.67	1.2
二、铁路营业里程	万公里	2.96	4
高速铁路里程	万公里	0.4	0.9
复线率	%	49.8	60.7
电化率	%	69.7	88.5

续 表

指标	单位	2013 年	2020 年
三、公路通车里程	万公里	188.8	200
国家高速公路里程	万公里	3.2	4.2
乡镇通沥青（水泥）路率	%	97.9	100
建制村通沥青（水泥）路率	%	84.7	100
四、输油（气）管道里程	万公里	4.4	7.0
五、城市轨道交通营业里程	公里	1089	3600
六、民用运输机场数	个	74	100
七、长江干线过江桥梁（含隧道）数	座	89	180

三、打造长江黄金水道

充分发挥长江水运运能大、成本低、能耗少等优势，加快推进长江干线航道系统治理，整治浚深下游航道，有效缓解中上游瓶颈，改善支流通航条件，优化港口功能布局，加强集疏运体系建设，打造畅通、高效、平安、绿色的黄金水道。

（一）全面推进长江干线航道系统化治理

加快实施重大航道整治工程，充分利用航道自然水深条件和信息化技术，进一步提升干线航道通航能力。下游重点实施 12.5 米深水航道延伸至南京工程；中游重点实施荆江河段航道整治工程，抓紧开展宜昌至安庆段航道工程模型试验研究；上游重点实施重庆至宜宾段航道整治工程，研究论证宜宾至水富段航道整治工程。

专栏 1　长江干线航道规划重点项目

实施九龙坡至朝天门航道、宜昌至昌门溪航道、昌门溪至熊家洲航道、赤壁至潘家湾航道、中游天兴洲航道、湖广至罗湖洲航道、牯牛沙水道航道二期、鲤鱼山水道航道、下游江心洲水道航道整治工程，南京以下 12.5 米深水航道建设工程，长江口深水航道减淤工程，长江口北港航道治理工程、长江口南支航道扁担沙守护工程等。

（二）统筹推进支线航道建设

积极推进航道整治和梯级渠化，提高支流航道等级，形成与长江干线有机衔接的支线网络。加快建设合裕线、信江、赣江、江汉运河、汉江、沅水、湘江、乌江、岷江等高等级航道，抓紧实施京杭运河航道建设和船闸扩能工程，系统建设长江三角洲地区高等级航道网络。研究论证金沙江攀枝花至水富、引江济淮通航和长江水系具有开发潜力航道升级改造的可能性，统筹推进其他支线航道建设。

专栏2 长江支线航道规划重点项目

实施连申线、芜申线、杭申线、苏申内港线、苏申外港线、长湖申线、通扬线、湖嘉申线、杭甬运河、杭平申线、钱塘江、大芦线等航道整治工程，岷江、乌江、湘江、汉江、赣江、合裕线等航道升级改造工程。研究建设岷江犍为、龙溪口、东风岩、嘉陵江利泽、汉江雅口、赣江新干、井冈山等航电枢纽。研究推进洞庭湖、鄱阳湖支线航道建设。实施京杭运河山东段、湖西段、苏南段、浙江段航道扩能改造。

（三）促进港口合理布局

优化港口功能，加强分工合作，积极推进专业化、规模化和现代化建设，大力发展现代航运服务业。加快上海国际航运中心、武汉长江中游航运中心、重庆长江上游航运中心和南京区域性航运物流中心建设。推进上海港、宁波—舟山港、江苏沿江港口功能提升，有序推进内河主要港口建设，完善集装箱、大宗散货、汽车滚装及江海中转运输系统。

专栏3 长江港口系统规划重点项目

海港

建设上海港、宁波—舟山港、苏州港、南京港集装箱码头，宁波—舟山港、连云港进口铁矿石码头，宁波—舟山港、苏州港、镇江港煤炭中转储运基地码头。

河港

加快无锡港、徐州港、嘉兴内河港、杭州港、湖州港、马鞍山港、芜湖港、安庆港、合肥港、蚌埠港、九江港、南昌港、武汉港、黄石港、荆州港、宜昌港、岳阳港、长沙港、重庆港、泸州港等主要港口集约化港区建设，提高现代化水平。

（四）加强集疏运体系建设

以航运中心和主要港口为重点，加快铁路、高等级公路等与重要港区的连接线建设，强化集疏运服务功能，提升货物中转能力和效率，有效解决“最后一公里”问题。推进港口与沿江开发区、物流园区的通道建设，扩大港口运输服务的覆盖范围。

（五）扩大三峡枢纽通过能力

挖掘既有船闸潜力，启动三峡及葛洲坝既有船闸扩能和三峡至葛洲坝两坝间航道整治工程。加快完善公路水路无缝衔接的翻坝转运系统，大力推进铁路水路有效连接的联运系统建设，抓紧建设三峡枢纽货运分流油气管道，积极实施货源地分流。加强三峡枢纽水运新通道和葛洲坝枢纽水运配套工程前期研究工作。

（六）增强长江干线过江能力

统筹规划、合理布局过江通道，做好隧道桥梁方案比选、洪水影响评价等论证工作，充分利用江上和水下空间，着力推进铁路、公路、城市交通合并过江，节约集约利用土地和岸线资源。优化整合渡口渡线，加强渡运安全管理。促进过江通道与长江航运、防洪安全和生态环境协调发展，实现长江两岸区域间、城市间以及城市组团间便捷顺畅连接，形成功能完善、安全可靠的过江通道系统。

专栏4 长江干线新建过江通道规划重点项目

江苏省（14座）：建设锦文路、南京第五、七乡河公路过江通道，汉中西路、和燕路、张靖城市道路过江通道，南京4号线城市轨道过江通道，上元门、宁仪城际铁路过江通道，五峰山、常泰、江阴第二、江阴第三、锡通公铁两用过江通道。

安徽省（17座）：建设池州、姑孰公路过江通道，横港、铜陵开发区、芜湖城南、泰山路、马鞍山龙山路城市道路过江通道，海口、安庆、池安、江口、梅龙、龙窝湖、弋矶山第二、九华路、湖北路、慈湖公铁两用过江通道。

江西省、安徽省（1座）：建设宿松公铁两用过江通道。

湖北省（19座）：建设红花套、枝江、荆州第二、石首、赤壁、嘉鱼、沌口、青山、棋盘洲、武穴公路过江通道，伍家岗、杨泗港、鄂黄第二城市道路过江通道，武汉11号线、武汉7号线、武汉8号线、武汉10号线城市轨道过江通道，陡山沱、宜昌轨道公铁两用过江通道。

重庆市（27座）：建设白沙、油溪、五举沱、珞璜、长寿第二、长寿第三、韩家沱、兴义、顺溪、西沱、万州绕城高速、故陵、安坪、奉节公路过江通道，小南海、黄桷坪、果园、新田城市道路过江通道，李家沱、鹅公岩城市轨道过江通道，白居寺、雷家坡、黄桷沱、郭家沱、铁路东南环线、新田港铁路、安张铁路公铁两用过江通道。

四川省（17座）：建设豆坝、普和金沙江、罗龙、南溪公路过江通道，白塔山、盐坪坝、安富第二、蓝田、沙茜、泰安第二、合江县城城市道路过江通道，绵遂内宜铁路、江安第二、纳溪、安富第一、合江新城、榕山公铁两用过江通道。

注：1. 公铁两用过江通道系指公路或城市道路与铁路或城市轨道交通合并过江形成的通道的统称。

2. 过江通道采用的建设方案（隧道或桥梁）在项目前期工作中研究论证后确定。

四、建设综合立体交通走廊

依托长江黄金水道，统筹发展水路、铁路、公路、航空、管道等各种运输方式，加快综合交通枢纽和国际通道建设，建成衔接高效、安全便捷、绿色低碳的综合立体交通走廊，增强对长江经济带发展的战略支撑力。

（一）强化铁路运输网络

加强快速铁路建设，重点建设上海经南京、合肥、武汉、重庆至成都的沿江高速铁路和上海经杭州、南昌、长沙、贵阳至昆明的沪昆高速铁路，建设商丘经合肥至杭州、重庆至贵阳等南北向高速铁路和快速铁路，形成覆盖50万人口以上城市的快速铁路网。

加快普通铁路新建和既有线路改扩建，改扩建沿长江普通铁路。新建衢州至丽江铁路，进一步提高沪昆铁路既有运能，加快南北向铁路、中西部干线建设，加强既有铁路扩能改造，形成覆盖20万人口以上城市客货共线的普通铁路网。

专栏5 铁路规划重点项目

快速铁路

建设上海至南通、上海经江阴至南京、连云港经扬州至镇江、徐州经淮安至盐城、杭州经长沙至昆明、杭州至黄山、商丘经合肥至杭州、郑州至合肥、合肥至九江、南昌至赣州、赣州至深圳、九江至武汉、武汉至西安、怀化经邵阳至衡阳、重庆至郑州、重庆至贵阳、重庆至昆明、成都至重庆、汉中经巴中至重庆、成都至贵阳、贵阳至南宁等铁路。

普通铁路

建设衢州经九江、岳阳、常德、黔江、遵义、昭通、攀枝花至丽江，上海至乍浦，南通至启东，庐江至铜陵，六安经安庆至景德镇，鹰潭至梅州，内蒙古西部至华中煤炭运输通道，成都至康定等铁路。实施皖赣、渝怀、成昆等铁路扩能改造。

（二）优化公路运输网络

积极推进国家高速公路建设。以上海至成都、上海至重庆、上海至昆明、杭州至瑞丽等国家高速公路为重点，统筹推进高速公路建设，消除省际“断头路”，尽快形成连通20万人口以上城市、地级行政中心、重点经济区、主要港口和重要边境口岸的高速公路网络。在科学论证和规划基础上，建设必要的地方高速公路，作为国家高速公路网的延伸和补充。

加大普通国省道改造力度。加快普通国道建设，消除瓶颈路段制约，提高技术等级和安全水平，使东中部地区普通国道二级及以上公路比重达到90%以上，西部地区普通国道二级及以上公路比重达到70%以上。配套完善道路安全防护设施和交通管理设施设备。加强省际通道和连接重要口岸、旅游景区、矿产资源基地等的公路建设，实现主要港口、民航机场、铁路枢纽、重要边境口岸、省级以上工业园区基本通二级及以上公路。

专栏6 公路规划重点项目

国家高速公路

新建桐庐至金华、景宁至泰顺、大丰港至盐城、苏浙界至嘉善、巢湖至庐江、桐城至岳西、利辛至祁门、广德至宁国、歙县至淳安、船顶隘至吉安、南昌至茅店、张家界至武冈、张家界至龙山、湘鄂界至慈利、来凤至咸丰、建始至恩施、黔江至石柱、涪陵至南川、雅安至康定、汶川至马尔康、绵阳至九寨沟、丽江至香格里拉、都匀经安顺至西昌、惠水至罗甸、弥勒至楚雄、新平至临沧等公路，启动井研经攀枝花至丽江公路前期研究。

普通国道

改扩建G104、G105、G106、G107、G108、G204、G205、G206、G207、G209、G210、G211、G212、G213、G214、G215、G220、G230、G240、G241、G242、G312、G316、G318、G319、G320、G346、G348等普通国道相关路段。

（三）拓展航空运输网络

加快上海国际航空枢纽建设，强化重庆、成都、昆明、贵阳、长沙、武汉、南京、杭州等机场的区域枢纽功能，发挥南昌、合肥、宁波、温州、无锡、丽江、西双版纳等干线机场作用，完善支线机场布局，形成长江上、中、下游机场群。优化航线网络，科学论证，提高主要城市间航班密度，增加国际运输航线。深化低空空域管理改革，发展通用航空。依托空港资源，发展临空经济。

专栏7　机场规划重点项目

长江下游机场群

实施上海浦东、南京、合肥、宁波、温州机场扩建工程，新建嘉兴、丽水、芜湖、蚌埠、亳州、宿州、滁州等机场。

长江中游机场群

实施武汉、长沙机场扩建工程，新建上饶、抚州、瑞金、神农架、十堰、荆州、黄冈、衡阳、岳阳、武冈、湘西、郴州、娄底等机场。

长江上游机场群

实施重庆、贵阳机场扩建工程，推进成都新机场建设，新建乐山、红原、甘孜、巴中、阆中、巫山、武隆、六盘水、仁怀、威宁、黔北、罗甸、泸沽湖、红河、沧源、澜沧、元阳、丘北、宣威等机场。

（四）完善油气管道布局

统筹规划、合理布局沿江油气管网，加快建设主干管道，配套建设输配体系和储备设施，提高原油、成品油管输比例，增加天然气供应能力。完善长江三角洲、长江中游、川渝云贵地区原油、成品油输送管道以及区域天然气管网，加快油气管道互联互通，形成以沿江干线管道为主轴，连接成渝城市群、长江中游城市群、长江三角洲城市群的油气供应保障体系。

专栏8　油气管道规划重点项目

依托兰成原油管道、中卫—贵阳天然气管道，配套建设区域干支线、相国寺储气库等。加大西部天然气引入力度，建设西气东输三线、新疆煤制气外输管道等主干管道向长江中游城市群供气支线。建设仪征至长岭原油管道复线，长岭至重庆原油管道，荆门经宜昌至巴东成品油管道及配套设施，中俄东线南段（永清至上海）、青岛至南京、如东经海门至崇明岛等天然气管道及支线，浙江舟山LNG（液化天然气）加注站和江苏金坛、刘庄、淮安储气库。优化布局长江三角洲地区LNG接收站及分销转运站。

（五）加强综合交通枢纽建设

按照“零距离换乘、无缝化衔接”要求，加快建设14个全国性综合交通枢纽（节点城市）和重要区域性综合交通枢纽（节点城市）。

加强客运枢纽一体化衔接。根据城市空间形态、旅客出行等特征，合理布局不同层次、不同功能的客运枢纽。实现城市轨道交通、地面公共交通、市郊铁路、私人交通等设施与干线铁路、城际铁路、干线公路、机场等紧密衔接。鼓励采取开放式、立体化方式建设交通枢纽，尽可能实现同站换乘。

完善货运枢纽集疏运功能。统筹货运枢纽与开发区、物流园区等的空间布局。按照“无缝化衔接”要求，建设能力匹配的公路、铁路连接线和换装设施，提高货物换装的便捷性、兼容性和安全性，降低物流成本。

加快综合交通枢纽规划工作，做好与省域城镇体系规划、城市总体规划、土地利用总体规划等的衔接与协调。统筹综合交通枢纽与产业布局、城市功能布局的关系，以综合交通枢纽为核心，协调枢纽与通道的发展。

专栏9　综合交通枢纽（节点城市）

建设上海、南京、连云港、徐州、杭州、宁波、合肥、南昌、长沙、武汉、重庆、成都、贵阳、昆明等全国性综合交通枢纽（节点城市）以及南通、芜湖、九江、岳阳、宜昌、泸州等重要区域性综合交通枢纽（节点城市）。

（六）建设国际运输通道

建设孟中印缅通道、中老泰通道和中越通道，加快基础设施互联互通。推进昆明至缅甸铁路、公路和油气管道建设，形成至南亚的国际运输通道。推进昆明至越南、老挝的铁路和公路建设，形成至东南亚的国际运输通道。开发利用国际河流航运资源，建设澜沧江、红河等水路国际运输通道。配套建设与国际通道相关的基础设施，完善口岸功能。

专栏10　国际通道规划重点项目

建设中缅铁路大理至瑞丽段，中老泰铁路玉溪至磨憨段，中越铁路玉溪至河口段，祥云经临沧至普洱铁路，杭瑞国家高速公路龙陵至瑞丽段，银昆国家高速公路景洪至磨憨段。与中缅油气管道相配套，建设区域干支线及安宁储气库，昆明炼厂成品油外输管道。

五、加快城市群交通网络建设

以快速铁路和高速公路为骨干，以国省干线公路为补充，建设长江三角洲、长江中游、成渝、滇中和黔中城市群城际交通网络，实现城市群内中心城市之间、中心城市与周边城市之间的快速通达，完善城市公共交通和乡村交通网络，促进新型城镇化有序发展。

（一）完善长江三角洲城市群城际交通网络

打造以上海为中心，南京、杭州、合肥为副中心，城际铁路为主通道的“多三角、放射状”城际交通网络。建设以上海为中心，南京、杭州、合肥、宁波、南通为节点的“多三角”城际交通网。建设以上海为中心，连通南通、苏州、嘉兴、宁波等城市的放射状城际交通网。建设以南京为中心，连通苏州、无锡、常州、镇江、南通、泰州、扬州等城市的放射状城际交通网。建设以杭州为中心，连通绍兴、宁波、舟山、台州、湖州、嘉兴等城市的放射状城际交通网。建设以合肥为中心，连通芜湖、马鞍山、宣城、铜陵、池州、安庆、淮南、蚌埠、滁洲等城市的放射状城际交通网。实现城市群内中心城市之间以及中心城市与周边城市之间 1～2 小时通达。

（二）扩大长江中游城市群城际交通网络

打造长江中游城市群“三角形、放射状”城际交通网络。建设以武汉、长沙、南昌为中心，快速铁路为主通道的“三角形”城际交通网。建设以武汉为中心，连通黄石、鄂州、咸宁、宜昌、荆州、荆门、潜江、仙桃、天门、孝感、黄冈等城市的放射状城际交通网。建设以长沙为中心，连通株洲、湘潭、衡阳、娄底、岳阳、益阳、常德等城市的放射状城际交通网。建设以南昌为中心，连通九江、景德镇、鹰潭、抚州、新余、宜春、萍乡等城市的放射状城际交通网。实现武汉、长沙、南昌之间 2 小时通达，武汉、长沙、南昌与周边城市之间 1～2 小时通达。

（三）构建成渝城市群城际交通网络

打造以重庆、成都为中心的“一主轴、放射状”城际交通网络。建设以重庆至成都铁路客运专线为主通道的运输主轴，重庆中心城区连通万州、涪陵、江津、永川、合川等区（县）的放射状城际交通网，成都连通德阳、绵阳、遂宁、南充、广安、达州、资阳、内江、自贡、泸州、宜宾、乐山、眉山、雅安等城市的放射状城际交通网。实现重庆、成都之间以及与周边城市之间 1～2 小时通达。

（四）建设黔中、滇中城市群城际交通网络

建设以贵阳为中心，连通安顺、遵义、毕节、都匀、凯里的放射状城际交通网络，实现贵阳与周边城市之间 1 小时通达。建设以昆明为中心，连通曲靖、玉溪、楚雄等城市的放射状城际交通网，实现昆明与周边城市之间 1 小时通达。

（五）提升城市公共交通网络能力

贯彻落实公共交通优先政策，统筹城市发展与重大交通基础设施建设。有序发展城市轨道交通，上海、南京、武汉、重庆、成都等建成城市轨道交通网络，杭州、合肥、南昌、长沙、贵阳、昆明、宁波、苏州、无锡等建成城市轨道交通主骨架。充分利用现有铁路资源，积极推进市郊铁路建设。提升公共交通枢纽场站规划建设水平，基本实现大城市中心城区公共交通站点500米全覆盖，公共交通占机动化出行比例达到60%左右。强化城市主干道路建设，完善路网结构，改善微循环系统，优化交通组织，广泛应用智能交通技术，提高道路通行效率。加强静态交通管理。进一步推动城市步行和自行车交通系统建设。

（六）改善乡村交通条件

以满足农村交通需求为出发点，继续实施以通沥青（水泥）路为重点的通畅工程，加快集中连片特殊困难地区农村公路建设，形成以县城为中心，辐射乡镇，覆盖行政村的乡村公路网络，实现上中下游地区具备条件的乡镇、建制村通沥青（水泥）路率达到100%。实施县乡道改造和连通工程，提高乡村公路骨架网络质量。实施乡村公路的桥涵建设、危桥改造以及客运场站等公交配套工程，加强乡村公路的标识、标线、护栏等设施建设，提高乡村公路安全保障水平。大力发展农村客运，实现乡镇、建制村通客车率达到100%。

六、保障措施

（一）深化交通投融资体制改革

创新交通发展投融资方式，进一步完善国家投资、地方筹资、社会融资、利用外资的投融资机制。深化铁路投融资体制改革，扩大铁路发展基金募集规模，优化结构和投向。创新轨道交通导向型土地综合开发模式。完善普通公路投融资体制，建立以公共财政为基础，各级政府责任清晰、事权和支出责任相适应的投融资长效机制，加大财政性资金对普通公路建设的支持力度。继续加大中央资金对内河航道和中西部支线机场的投入。开展综合交通枢纽开发试点工作，并给予必要政策支持。

（二）拓宽交通建设融资渠道

抓紧制定鼓励包括民营资本在内的社会资本投资交通基础设施建设的政策措施，破解融资瓶颈。鼓励政策性金融机构加大对交通基础设施建设的支持力度，鼓励保险和各类融资性担保机构提供信用支持。推进经营性内河水运工程市场化融资，支持符合条件的企业通过发行债券满足城际铁路、普通公路、内河航道等建设资金需求。

（三）加快推进船型标准化

加大专项资金投入，创新金融业务和产品，鼓励开展融资租赁业务，大力推进长江干线船型标准化。积极推广应用节能环保、经济高效船舶，加快淘汰低效率高污染老旧船型；坚持安全第一，严格按照有关规定使用专业化船舶运输危险品。抓紧推广三峡船型，充分释放三峡船闸通航潜力。根据跨江桥梁净空高度、航道水深和运输需求等条件，积极发展江海直达船型，进一步提高运输效率和效益。

（四）大力发展多式联运

加快推进铁水、空铁、公水等联运发展，扩大辐射范围，提高联运比重。抓紧制定多式联运标准规范，完善运输装备技术标准体系，推广标准合同范本，统一多式联运单证。培育多式联运经营人，鼓励大型港航、铁路和公路运输企业以长江为依托开展多式联运业务，构筑长江黄金水道快捷高效的进出口货运大通道。充分发挥“渝新欧”、“蓉新欧”、“义新欧”等既有通道作用，优化整合中欧通道国际集装箱班列，打造具有国际影响力的运输平台。整合航空货运资源，加快发展现代航空物流。推动联运企业信息系统互联互通，提高联运效率。

（五）提升智能服务和安全保障水平

建立全面感知、广泛互联、深度融合、机制完善的智能航道技术体系，健全高速公路联网收费和不停车收费系统。全面推动铁路、公路、水运、民航、城市交通等客运综合服务信息平台建设，加快智能物流网络发展。提升交通行业安全监管和应急保障水平，加快建设长江干线全方位覆盖、全天候运行、具备快速反应能力的水上安全监管和应急救助体系。

（六）强化资源节约和环境保护

加强长江干线岸线管理和保护，严格水域岸线用途管制和河道管理范围内建设项目审批，探索以公开招标方式确定岸线使用人和港口岸线有偿使用办法。鼓励大型港航企业以资本为纽带整合沿江港口资源。对规划通航河流，水利水电梯级开发应同步建设或改造现有通航设施。进一步优化运输组织，改进船舶技术条件，推进节能减排。鼓励内河船舶使用液化天然气等清洁燃料。完善船舶污染防治标准，加强水上危险品运输监管、船舶溢油防治和污染物处理，严格控制船舶污染排放。确立公共交通在城市交通中的主体地位，加快新能源、清洁能源车辆在城市公共交通、出租运营和城市配送等方面的推广应用。

（七）科学组织项目实施

统筹规划，科学论证，突出重点，区分轻重缓急，有序推进项目实施，避免一哄而上。加快畅通长江黄金水道项目建设，优先实施消除铁路“卡脖子”和公路“断头路”、“瓶颈路段”工程。抓好铁路公路连接线建设，解决进港铁路、高等级公路“最后一公里”问题。加强过江通道研究论证，通道选址、过江方式（隧道或桥梁）和建设方案等均应满足通航、岸线利用、防洪等要求。

七、规划环评

（一）规划实施环境影响分析

本规划实施对环境的影响主要体现在资源占用、生态影响、污染排放和社会经济影响等四个方面。交通基础设施建设和运营会消耗土地和大量物资资源，并可能对局部地区地理生态环境产生影响。同时，运输装备运营和服务系统运行向周边环境排放废气、污水、噪声和固体废物等污染物，影响环境质量。规划期间，预计长江经济带将新增交通用地约 50 万公顷；新增能源消耗 2600 万吨标准煤，年均增速 5%左右。

（二）规划实施环境影响评价

本规划与国家相关政策和发展战略规划保持一致，以建成横贯东西、沟通南北、通江达海、便捷高效的综合立体交通走廊为目标，发挥交通对长江经济带的重要引导和支撑作用。从与国家相关战略规划的协调性看，本规划较好地体现了与《全国主体功能区规划》、《国家新型城镇化规划（2014—2020 年）》《中华人民共和国国民经济和社会发展第十二个五年规划纲要》《国家环境保护“十二五”规划》《全国重要江河湖泊水功能区划（2011—2030 年）》《节能中长期专项规划》《综合交通网中长期发展规划》《中长期铁路网规划（2008 年调整）》《国家公路网规划（2013—2030 年）》《全国内河航道与港口布局规划》《全国民用机场布局规划》以及沿江有关城市总体规划等的衔接。本规划提出的项目将在国家“十三五”时期有关建设规划中进一步落实，同时充分吸纳相关专项规划环评工作的成果，不突破相应环评结论，并将有关环评结论作为后续规划实施的依据。

（三）预防和降低环境不良影响的措施

优化交通运输结构，优先发展轨道交通、水路等资源节约型、环境友好型运输方式。鼓励轨道交通、公路等共用线位、桥位资源，减少土地占用。鼓励建设公用码头，提高岸线资源利用效率。发展先进适用的运输节能减排技术，采用新型节能的运输工具，推行更高的排放标准，鼓励使用清洁能源，逐步淘汰落后技术和高能耗、低效率的运输设备，提高铁路电气化水平，实施营运车船燃料排放消耗限制标准，推广清洁环保车辆。

积极开展生态环境恢复和污染治理。切实采取措施，防止水土流失，做好地形、地貌、生态环境恢复和土地复垦工作。合理设计项目线路走向和场站选址，避绕水源地、自然保护区、风景名胜等环境敏感区域，保护生态环境。注重景观修复，积极推动生态恢复工程和绿色通道建设，积极恢复和改善交通建设中遭破坏的生态环境和自然景观。大力推广采用环保新技术，促进废气、废水和固体废物的循环使用和综合利用。鼓励运输企业采用清洁生产工艺，加强交通运输领域工业“三废”和生活废物的资源化利用，积极开展烟气脱硫脱硝除尘、机动车尾气净化工作。

完善环境监控体系。严格执行《中华人民共和国环境保护法》和《中华人民共和国环境影响评价法》等法律法规，严格项目论证审核和土地、环保准入。规范管理制度和监测方法，强化建设项目全过程环境管理，建立完善、统一、高效的环境监控体系。

地方“十三五”规划篇

践行五大发展理念　建设“强富美高”新江苏
——江苏省“十三五”规划纲要（经贸部分摘要）

“十三五”时期，是江苏全面贯彻党的十八大和十八届三中、四中全会、五中全会精神，深入贯彻落实习近平总书记系列重要讲话特别是视察江苏重要讲话精神、推动“迈上新台阶、建设新江苏”取得重大进展的关键时期，是率先全面建成小康社会决胜阶段和积极探索开启基本实现现代化建设新征程的重要阶段。

一、率先全面建成小康社会

（一）发展基础

“十二五”时期，是江苏发展史上综合实力提升最快、转型发展进展最大、人民群众得到实惠最多的时期之一。面对错综复杂的宏观经济环境和艰巨繁重的改革发展稳定任务，全省上下认真贯彻落实党中央、国务院决策部署，深入实施六大战略，扎实推进“八项工程”，胜利完成了“十二五”规划确定的主要目标和任务，“两个率先”取得新的重大成果，“迈上新台阶、建设新江苏”实现良好开局，为“十三五”乃至更长时期发展奠定了坚实基础。

综合经济实力显著提升。经济总量连跨三个万亿元台阶，超过 7 万亿元，年均增长 9.6%，高于全国 1.8 个百分点；人均 GDP 超过 8.8 万元，位居全国各省（区）首位。一般公共预算收入连跨四个千亿元台阶，突破 8000 亿元，年均增长 14.5%。

经济转型升级取得重大进展。创新型省份建设迈出重要步伐，区域创新能力连续 7 年位居全国第一，研发经费支出占 GDP 比重由 2.07%提升至 2.55%，苏南国家自主创新示范区建设扎实推进。产业结构调整实现“三二一”的标志性转变，第三产业比重超过 48%，年均提升 1.4 个百分点。战略性新兴产业销售收入年均增长 16.8%，高新技术产业产值占规上工业比重达到 40.1%，年均提升 1.4 个百分点。粮食总产实现“十二连增”，现代农业发展水平达到 80%以上。消费成为经济增长第一拉动力，社会消费品零售总额年均增长 13.7%，消费对经济增长贡献率达到 51.5%。投资结构持续优化，固定资产投资年均增长 16.2%，服务业投资占比达到 49.6%，民间投资比重达到 69.7%。信息化发展水平保持全国前列。

城乡区域发展更趋协调。苏南提升、苏中崛起、苏北振兴实现重大突破，苏南现代化建设示范区引领带动作用日益显现，南京江北新区成功获批，苏中融合发展特色发展加快推进，苏北发展六项关键工程取得阶段性成效，苏中苏北经济总量占全省比重提高 2.4 个百分点。沿海开发五年推进计划和六大行动顺利完成，经济总量突破 1.25 万亿元，成为新的经济增长极。新型城镇化和城乡发展一体化成效明显，国家新型城镇化综合试点全面推开，城乡发展“六个一体化”深入实施，城镇化率达到

66.5%，提高 6.2 个百分点。交通、能源、水利、通信等现代基础设施体系日趋完善，综合支撑能力进一步增强。

改革开放向纵深推进。全面深化改革有力有序推进，以经济体制改革为主轴，重要领域和关键环节改革取得重要阶段性成果。以“5 张清单、1 个平台、7 项相关改革”为基本架构推动简政放权、转变政府职能，省级层面取消、下放行政审批事项 587 项，非行政许可审批事项全部取消。财税、价格、投融资、地方金融、医药卫生、教育等领域改革扎实推进。全方位开放布局全面展开，企业、城市、人才国际化水平显著提升，开发园区载体功能不断增强，一般贸易出口占出口总额比重达到 43.8%，服务贸易进出口总额增长一倍，2015 年对外投资突破 100 亿美元。

生态环境稳步改善。生态省建设深入推进，在全国率先划定生态保护红线区域，生态环境保护长效机制逐步健全，可持续发展能力不断增强。资源节约集约利用水平显著提高，单位 GDP 能耗水耗和二氧化碳排放下降幅度、主要污染物减排均超额完成国家下达任务。蓝天、清水、绿地工程加快实施，大气污染防治区域联防联控机制基本建立，太湖水质逐年改善，长江、淮河流域治污规划实施成效居全国前列。城乡环境整治取得显著成效，基本完成自然村环境整治任务。绿色江苏建设加快推进，林木覆盖率达到 22.5%。

人民生活水平不断提高。城乡居民收入五年分别增长 66.8%、79.3%，与经济增长基本保持同步，城乡居民收入差距缩小为 2.29∶1。民生“六大体系”建设和实事工程扎实推进，五年城镇新增就业 681.6 万人，社会保障体系全面覆盖，劳动关系总体和谐稳定，教育、文化、卫生、体育等发展水平继续走在全国前列，全面完成人均年纯收入低于 4000 元低收入人口脱贫任务，人民群众的幸福感和满意度不断提升。中国特色社会主义和中国梦深入人心，社会主义核心价值观广为弘扬，群众性精神文明创建富有成效，社会信用建设走在全国前列。法治建设、平安建设水平保持全国领先，社会治安综合治理工作绩效连续五年位居全国前列，社会安定有序、团结和谐、充满活力。

（二）发展目标

“十三五”时期，江苏经济社会发展的总体目标是：全省率先全面建成小康社会，苏南有条件的地方在探索基本实现现代化的路子上迈出坚实步伐，人民群众过上更加美好的生活，经济强、百姓富、环境美、社会文明程度高的新江苏建设取得重大成果。

——经济综合实力显著增强。经济保持中高速增长，提前实现地区生产总值和城乡居民人均收入比 2010 年翻一番。地区生产总值达到 10 万亿元左右（2015 年价，下同），年均增长 7.5%左右，居民收入增长与经济增长同步。供给侧结构性改革和经济转型升级取得明显成效，发展质量和效益显著提升，全员劳动生产率比 2015 年提高 40%左右。

——创新型省份建设取得重要突破。自主创新能力显著增强，主要创新指标达到创新型国家和地区中等以上水平，具有全球影响力的产业科技创新中心框架体系基本形成，大众创业万众创新体制机制更加健全，苏南国家自主创新示范区建设取得重大成果。全省研发经费支出占 GDP 比重提高到 2.8%左右，科技进步贡献率提高到 65%

以上，人才资源总量达 1400 万人。

——产业国际竞争力大幅提升。产业迈向中高端水平取得显著成效，战略性新兴产业加快发展，新产业新业态不断成长，具有国际竞争力的先进制造业基地建设取得重大进展，现代服务业贡献份额和发展水平显著提升，农业现代化建设走在全国前列。服务业增加值占比达到 53%左右，高新技术产业产值占规模以上工业产值比重达到 45%左右。

——城乡区域发展更加协调。全面完成国家新型城镇化综合试点任务，新型城镇化和城乡发展一体化质量明显提升，城镇化战略格局和生产力布局更趋合理，以城市群为主体形态的城镇体系更加完善，城市规划、建设和管理水平全面提升，户籍人口城镇化率达到 67%。新的区域和次区域增长极加快形成，南京江北新区建设在国家级新区中脱颖而出。区域发展差距进一步缩小，苏中和苏北地区生产总值占全省比重提高 2.5 个百分点左右。现代基础设施体系基本形成。

——改革开放进一步深化。重要领域和关键环节改革取得实质性进展，体制机制更加完善，在全面深化改革中走在前列。企业、城市、人才国际化水平进一步提高，全方位开放新格局、开放型经济新体制、对内对外开放新优势加快形成，对外投资中方协议额力争实现倍增，保持开放型经济领先优势。

——人民生活水平和质量普遍提高。在“七个更”上取得更大进展，人民群众更多更公平地分享改革发展成果。城乡居民收入持续增长，中等收入人口比重上升，收入差距进一步缩小。居民消费价格总水平保持基本稳定。社会就业更加充分，创业致富蔚然成风，劳动关系更加和谐，城镇登记失业率控制在 4%以内，五年城镇新增就业 500 万人。实现省域教育总体现代化，高等教育毛入学率达到 60%。形成更加公平更可持续的社会保障制度，城乡基本社会保险覆盖率超过 98%。现代医疗卫生体系和“健康江苏”建设取得重要进展，居民健康主要指标达到国际先进水平。推动住有所居向住有宜居迈进。建成更加完善的养老服务体系，每千人老年人口养老床位数达到 40 张以上。

——生态环境质量明显改善。生产方式和生活方式绿色、低碳水平上升，实现生态省建设目标。能源资源开发利用效率大幅提高，主要污染物排放总量大幅减少，环境风险防范体系更加健全，完成国家下达的耕地保护任务，逐步实施建设用地减量化，单位 GDP 占用建设用地下降 27%。主体功能区布局和生态安全屏障基本形成。城乡生态环境和人居环境显著改善。绿色江苏建设深入推进，生态产品供给持续增加。生态文明制度体系更加健全，全社会环境意识显著增强。

——公民文明素质和社会文明程度显著提高。中国梦和社会主义核心价值观更加深入人心，“三创三先”新时期江苏精神广泛弘扬，向上向善、诚信互助的社会风尚更加浓厚，人民群众思想道德素质、科学文化素质、健康素质明显提高。公共文化服务体系更加完善，文化事业和文化产业加快发展，文化国际影响持续扩大。平安中国示范区建设加快推进，人民群众安全感保持 90%以上。公共安全体系更加健全。法治江苏建设扎实推进，全社会法治意识不断增强，人民民主更加健全，法治政府基本建成，人权得到切实保障，产权得到有效保护。

二、实施创新驱动发展战略

（一）建设具有全球影响力的产业科技创新中心

1. 培育创新型企业集群

重点培育创新型领军企业。强化企业创新主体地位和主导作用，加快创新资源、创新政策、创新服务向企业集聚。实施创新型领军企业培育计划和科技企业培育“百千万”工程，深入开展本地龙头企业创新发展试点，以知识产权创造运用为重点打造一批全球知名创新型领军企业。以新技术研发、新业态培育、新模式创造为方向，推动跨行业合作和股权兼并，壮大以高新技术企业为骨干的创新型企业集群。深入实施企业研发机构建设“百企示范、千企试点、万企行动”计划，鼓励大中型企业和规模以上高新技术企业建设高水平研发机构，打造一批集成化研发服务集团，实现大中型工业企业和规模以上高新技术企业研发机构全覆盖。

支持中小微企业创新。深入实施科技企业“小升高”计划和中小企业创新工程，完善创业孵化体系和中小企业创新服务体系，促进中小企业技术创新、管理创新和商业模式创新，建设一批中小企业创业基地，发展一批“专、精、特、新”的科技“小巨人”企业，培育一批以高新技术企业为骨干的中小创新型企业集群。实施小微企业“创新之家”培育计划，引导企业建立研发准备金制度，推广创新券、信息化券等公共服务新模式。支持高成长性科技企业上市融资。到2020年，培育高新技术企业1.5万家。

2. 构建产学研协同创新体系

发挥高校和科研院所的创新源头作用。坚持需求导向和产业化方向，瞄准国际科技发展前沿，持续推进前瞻性、系统性、应用性基础研发。支持高校院所承担国家重大基础研究计划，争取一批国家重大科技基础设施落户江苏，打造若干科学研究中心。组织实施江苏高校协同创新计划，促进创新资源高效集成，优化重点实验室布局，打造一批国际化、高水平的原始创新基地。鼓励高校与企业建立“校企联盟”等产学研合作组织，启动实施重大产业技术创新专项，在重点领域建设一批有国际影响力的产业技术创新中心。积极参与国际大科学计划和大科学工程，建设若干具有国际竞争力的大科学装置和重点产业科技创新基地。完善对基础研究的稳定支持机制。

推进产学研深度融合。发挥省产业技术研究院改革试验田作用，鼓励通过民办公助、公司联营、会员制、产业技术联盟等形式，探索建立一批新型产业技术研发组织，加快重大基础研究成果产业化。支持骨干企业与科研机构、高等院校组建技术研发平台和产业技术创新战略联盟，建立风险共担、利益共享长效机制。支持高校院所进入高新区，设立新型研发机构，开展技术研发、企业孵化等活动。实施产学研协同创新行动计划，探索“互联网＋产学研”新模式，支持南京通信与网络、苏州纳米技术、泰州生物医药等国家科教结合产业创新基地和一批省产学研产业协同创新基地建设。

推动关键核心技术突破。围绕科技发展趋势和重大战略需求，强化原始创新、集成创新和引进消化吸收再创新，重视颠覆性技术创新，集中支持事关全省产业发展的前瞻性与共性关键技术研发，推动重点领域实现突破，加快形成创新制高点。支持纳米材料、大数据、未来网络、3D打印、新一代信息技术和软件、石墨烯、智能机器人、小核酸和抗体药物等领域超前部署基础前沿技术研究，着力在战略性新兴领域加快形成一批技术含量高、比较优势明显的创新成果。

3. 建设一流产业科技创新载体

加快重点技术创新平台建设。积极争取国家重大科技项目，在重点领域设立一批国家和省级创新平台，引导与国际一流科研机构共建联合实验室。高水平建设省产业技术研究院，充分发挥其创新引领和科技成果产业化重要作用。组建一批国家技术创新中心，重点推进国家传感网工程技术研究中心、未来网络创新研究院等创新平台建设，全面提升国家级工程技术研究中心、工程（重点）实验室对产业创新发展的引领支撑能力，支持行业龙头企业创建国家企业技术中心等高水平研发机构，打造若干具有世界一流水平的科学研究实验基地。

加快科技服务平台建设。实施科技服务业升级行动，推动国家技术转移苏南中心等跨地区综合性服务平台建设，推进研发设计、检验检测、文化创意、技术转化、科技咨询等科技公共服务平台建设，促进科技服务业专业化、网络化、规模化、国际化发展。高标准提升创新创业孵化平台建设水平，完善“苗圃—孵化器—加速器”科技创业孵化链条，鼓励发展众创空间、创新工场、虚拟创新社区和创业咖啡等新型孵化器，支持创建创业大学、创客学院。加快建设自主创新广场等具备综合服务功能的科技服务业集聚区，在高新区培育建设一批专业化科技服务特色基地，开展国家科技服务业区域试点。推动高校技术转移中心建设，探索建立虚拟实验室等综合性科技服务平台，促进科研基础设施和科技基础资源开放共享。

4. 提高创新国际化水平

实施产业创新国际化行动计划，广泛集聚国际创新资源，深度融入全球研发创新网络。加强与世界创新型国家和地区的全方位科技合作，巩固提升与以色列、芬兰、英国、美国、德国等国家和地区的产业研发合作交流，探索建立多样化的产业技术创新国际合作平台。依托中国江苏国际产学研合作论坛暨跨国技术转移大会等国际品牌展会，加快建设知识产权国际合作载体，促进国际创新资源与创新需求有效对接。鼓励企业加强国际科技合作，积极加入世界技术标准组织，牵头或参与建立国际性产业技术创新联盟，参与承担国际科技合作项目，并购、合资、参股国际研发企业或设立海外研发中心。实施高端外资研发机构集聚计划，大力吸引海外知名大学、研发机构、跨国公司在江苏设立全球性或区域性研发中心，支持外资研发机构参与实施科技计划项目，促进国际先进技术成果转移转化。

（二）推进大众创业万众创新

强化科技同经济对接、创新成果同产业对接、创新项目同现实生产力对接、研发人员创新劳动同其利益收入对接，加快构建科学规范、富有效率、充满活力的创新创业生态，形成有利于大众创业万众创新的体制机制。

1. 激发全社会创新创业活力

深入实施众创空间建设、创业主体培育、创业企业孵育、投融资体系建设、创业服务提升、创业文化营造等“创业江苏”行动，充分释放全社会创新创业活力。进一步降低创新创业门槛，清理妨碍创业制度规定，破除不合理行业准入限制，增强激励创业制度供给。合理布局科技公共服务平台，打造低成本、便利化、全要素、开放式的众创空间，提升中国创新创业大赛暨江苏科技创业大赛等创新创业交流载体影响力。树立崇尚创新创业的价值导向，增强社会大众创新创业意识，推动大众创业万众创新蔚然成风。

2. 建设知识产权强省

开展知识产权综合管理改革试点，实施高价值知识产权培育计划，形成一批创新水平高、权利状态稳定、市场竞争力强的高价值知识产权。实施企业知识产权战略推进计划，壮大一批拥有核心知识产权和自主品牌的知识产权密集型企业，培育一批专利密集型、商标密集型、版权密集型产业。创新知识产权交易模式，建设江苏（国际）知识产权交易中心，打造国内外有影响力的知识产权展示交易平台。实行严格的知识产权保护制度，完善知识产权保护体系和社会信用评价机制，建立系统性的知识产权保护法律法规、知识产权侵权违法档案和征信系统。建立行政执法与司法保护有效衔接机制，推进知识产权民事、刑事、行政案件的“三审合一”，探索设立知识产权法院。建立健全多元化知识产权纠纷解决机制和涉外知识产权争端应对机制，构建海外知识产权保护服务网络，鼓励企业进行海外知识产权布局，建立海外知识产权维权联盟。支持国家级知识产权示范城市和有条件的地区创建知识产权保护示范区。

3. 深化科技体制改革

推动政府职能从研发管理向创新服务转变。政府科技管理重点转向完善规划政策、优化创新环境和提供创新服务，建立健全决策、执行、评价相对分开、互相监督的运行机制。健全省级科技项目管理平台，探索建立由第三方机构管理科技计划和项目资金体制，完善以目标和绩效为导向的科技计划管理体制，加强科技计划项目全过程的信息公开和信用管理。建立财政科技投入稳定增长机制，加强科研项目分类管理，建立创新调查和科技报告制度，提高财政资金使用效益。

完善激发创新的利益导向机制。推进科研院所和高校去行政化改革，扩大高校和科研院所自主权，改进科研经费配置和考核评价方式，建立主要由市场决定技术创新项目和经费分配、成果评价和传导扩散的新机制。赋予创新领军人才更大人财物支配权、技术路线决策权，实行以增加知识价值为导向的分配政策，提高科研人员成果转化收益分享比例。完善科技人员股权和分红激励办法，探索通过技术股权收益、期权确定等方式增加合法收入。

实施普惠性创新支持政策。消除影响科技创新的各种障碍，形成公平竞争的激励机制和可预期的投资回报机制。发挥财政资金的杠杆作用，通过风险补偿、后补助、创投引导等支持技术创新活动。制定政府采购支持自主创新产品实施办法，完善自主创新政府采购政策。落实企业研发费用加计扣除政策，扩大固定资产加速折旧实施范围，推动设备更新和新技术应用。

4. 推进国家科技与金融结合试点省建设

建立适应创新链需求的科技金融服务体系。充分发挥国家和省创业投资引导基金、省天使投资引导资金的导向作用，积极发展天使投资和风险投资，争取开展股权众筹试点。建立适合科技企业融资需求特点的授信模式，简化知识产权质押融资流程，建立从实验研究、中试到生产的全过程科技创新融资模式。支持各类机构发起设立股权投资基金，提供私募资产管理计划。推进重大技术装备（首台套）保险试点，鼓励保险机构不断完善科技保险产品和服务，支持保险资金参与科技成果产业化和科技基础设施建设。实施科技企业上市培育计划，支持符合条件的科技企业通过发行公司债券、企业债、短期融资券和中期票据等直接融资。支持无锡市开展海峡两岸科技与金融合作等试点。

建立健全科技金融组织体系。鼓励金融机构设立科技金融专营机构，建设科技金融服务中心，开发科技金融新产品，探索设立省级科技金融投融资平台。鼓励社会资本参与发起设立科技小额贷款公司、科技担保公司、科技融资租赁公司。引导互联网金融支持科技创新，帮助科技企业、创新项目扩大融资渠道。支持科技金融新型业态集聚发展。

三、加快经济转型升级、推动经济保持中高速增长、产业迈向中高端水平

（一）构建产业新体系

坚持调高调轻调优调强调绿的导向，深入实施转型升级工程，推进产业高端化、高技术化和服务化发展，加快健全以高新技术产业为主导、服务经济为主体、先进制造业为支撑、现代农业为基础的现代产业体系，推动先进制造业和现代服务业成为主干部分。

1. 建设具有国际竞争力的先进制造业基地

建设全国智能制造先行示范区。加快制造强省建设，深入实施《中国制造 2025 江苏行动纲要》，引导制造业向分工细化、协作紧密方向发展，促进信息技术向市场、设计、生产环节渗透，推动生产方式向柔性、智能、精细转变。制定实施企业制造装备升级行动计划，突出数控装备普及换代、现有装备智能改造、高端装备自主制造、工业机器人推广应用等重点领域，推进制造业装备由机械化向数字化、网络化、智能化提升。实施智能制造试点示范工程，加快培育智能制造模式，搭建智能制造国际合作平台，支持智能制造核心关键技术、智能化装备研发及产业化。推行基于网络的数字化制造，鼓励发展个性化定制、众包设计、云制造等网络生产新模式，支持工业云和中小企业公共服务平台建设，推进研发设计、数据管理、工程服务等制造资源开放共享，构建网络化企业集群。到 2020 年，建成 1000 个智能车间（工厂）。

改造提升优势传统产业。实施“工业强基”工程，推进“互联网＋制造业”“双百工程”项目、新产品新技术推广应用三大计划，全面实施制造业绿色化改造，推进节能改造示范、减排改造示范、再制造示范等。深入开展两化融合管理体系贯标试点，促进企业管理软件普及推广应用，推动机械、石化、冶金、纺织、轻工、建材等传统产业向高端化品牌化发展，打造一批具有国际竞争力的特色产业集群和先进制造业基地。改革产业准入和监管办法，实施负面清单制度。推进重点装备技术和产品质量攻关计划，支持制造业名品名牌建设。到 2020 年，两化融合发展指数达到 100，制造业质量竞争力指数达到 88。

2. 建设战略性新兴产业重要策源地

突出先导性和支柱性，深入实施战略性新兴产业培育发展规划和推进方案，更好发挥产业投资引导基金作用，优先选择培育一批拥有自主核心技术、发展成长性强、代表未来方向的战略性新兴产业集群。重点发展新一代信息技术、高端装备、海洋工程、航空航天、新材料、节能环保、生物医药和新型医疗器械、新能源和智能电网、新能源汽车、数字创意等产业，细分行业、细分领域，做精做特做优做实一批新兴产业。加快南京智能电网、无锡传感网、苏州新一代信息技术和高技术服务业、盐城海上风电、泰州和连云港生物医药、常州智能制造等集聚区建设。抓住国家开展下一代互联网试点城市、新能源汽车推广应用城市、电子商务试点城市、信息惠民试点城市、智能制造试点城市建设等机遇，深入开展新技术、新产品推广示范。到2020年，战略性新兴产业增加值占GDP比重达到15%。

3. 建设现代服务业创新发展高地

打造“江苏服务”品牌。实施现代服务业发展五年行动计划，推动生产性服务业向专业化、网络化和价值链高端延伸，生活性服务业向精细和高品质转变。围绕全产业链的整合优化，重点发展现代金融、软件和信息服务、电子商务、现代物流、科技服务、服务外包、检验检测、国际航运等生产性服务业，大力发展基于网络的平台经济、文化创意、工业设计、人力资源服务等新兴业态。推进产业融合与跨界发展，大力推动制造业由生产型向生产服务型转变，以拓展产品功能、提升交易效率、增强集成能力、满足深层需求为重点，培育一批服务型制造示范企业，实施一批服务型制造示范项目。支持企业面向客户提供个性化产品设计和整体解决方案，引导有条件的企业由提供设备向提供系统总集成总承包服务转变。推动服务业集聚区提档升级，培育5～6家营业收入超千亿元的现代服务业集聚区。推动南京、苏州等地建设区域金融中心。到2020年，生产性服务业增加值占服务业增加值比重提高到58%，金融业增加值占GDP比重达到9%左右。

加快服务业改革开放。加快落实服务业进一步扩大开放的政策措施，进一步放开服务业领域市场准入，引导外资投向高端服务业和新兴服务业领域，延伸外资企业服务链，促进本土服务业提升发展，推动服务业向资本密集型、技术密集型、知识密集型转变。进一步减少生产性服务业重点领域前置审批和资质认定项目，制定落实扶持服务业发展的优惠政策。总结推广服务业综合改革试点成果。加强苏港、苏澳、苏台、苏新、苏韩服务业合作。

4. 优化产业布局

沿沪宁线地区重点推动区域高端创新要素集聚，加快转型升级，发展拥有自主知识产权的高新技术产业、战略性新兴产业，推动金融服务、科技服务、研发设计等高端服务业集聚，大力发展总部经济，建设具有国际水平的战略性新兴产业、先进制造业基地和现代服务业高地。沿江地区重点发展现代物流、滨江旅游等服务业，推动新能源、新材料、生物技术和新医药、海洋工程装备等特色产业发展，提高关键技术和核心产品的自主研发和生产能力，有序推进劳动密集型、资源密集型、环境压力大的产业向苏北、沿海地区转移。沿海地区重点推进沿海深水大港、临港产业园区和城镇

“三位一体”协同发展，主动承接国内外先进制造业和高端产业转移，做强做大传统优势产业和特色产业，加快发展物流、石化等临海产业，做大海洋经济规模和品牌。沿东陇海线地区重点发挥“一带一路”战略交汇点和丝绸之路经济带的重要战略支点作用，加快传统产业改造升级，积极承接中高端产业转移，重点发展原材料工业、消费品工业、电子信息、工程机械等产业，打造新的经济增长极。支持南京等地推进市域制造业布局调整。

（二）拓展发展新空间

兼顾当前需要和长远可能，统筹有形和无形空间，用发展新空间培育发展新动力，用发展新动力开拓发展新空间。

1. 落实供给侧结构性改革重点任务

着力推动结构性改革，促进供给与需求有效对接、产业升级与需求升级协同推进，全面提升全要素生产率，切实提高供给体系质量和效率，增强经济持续增长动力。以去产能、去库存、去杠杆、降成本、补短板等为重点，调存量改造提升传统动能，扩有效增量培育发展新动能，提高供给结构的适应性和灵活性，实现由低水平供需平衡向高水平跃升。推动产业重组，积极稳妥处置“僵尸企业”，综合运用市场机制、经济手段、法治办法，通过严格环保、能耗、技术标准倒逼过剩产能退出，实现市场出清。化解房地产库存，发展住房租赁市场，满足新市民住房需求，稳定房地产市场。注重防范化解金融风险，降低企业负债率，主动释放信用违约风险，稳妥推进地方政府存量债务置换，有效防范化解政府债务、大企业资金链断裂、企业联保互保、互联网金融、非法集资等方面风险隐患。积极开展降低实体经济企业成本行动，落实国家减税清费政策，切实降低制度性交易成本、人工成本、企业税费负担、社会保险费、企业财务成本、电力价格、物流成本，增强优质企业竞争力。在精准扶贫脱贫、产业转型升级、基础设施建设、生态环境治理等方面，增加有效供给，着力补齐短板，进一步增强发展的全面性协调性。

2. 创造新供给释放新需求

积极扩大有效投入。发挥投资对增长的关键作用，进一步优化投资结构，加大对现代服务业、先进制造业、新兴产业、现代农业和重要基础设施、民生领域的投入力度，提高技改投入在工业投资中的比重，引导投资更多投向沿海、苏北等经济薄弱地区。推进投资主体多元化，积极鼓励社会投资，有效撬动民间资本参与重点领域建设，提高民间资本在全社会固定资产投资中的比重。

发展消费经济。发挥消费对增长的基础作用，落实和创新鼓励消费的各项政策，拓展居民多层次、个性化和多样化需求，引导消费向智能、绿色、健康、安全方向转变。突出服务消费、信息消费、绿色消费、时尚消费、品质消费、农村消费等重点领域，加快培育新的消费增长点，促进消费结构转型升级。发展消费金融公司和消费信贷专营机构，加快消费金融产品和服务创新。鼓励企业通过提高生产率和产品质量、扩大新产品和服务供给、改善用户体验等方式，开发引领消费时尚的概念产品、设计理念、新兴服务，发展个性化、智能化、定制式消费。深入推进放心消费创建工作，加强市场监督管理，切实维护消费者权益。促进流通信息化、标准化、集约化，推进南京国内贸易流通体制改革发展综合试点。到 2020 年，消费对经济增长的贡献率达到 55%。

发展品牌经济。大力推进质量强省和品牌强省建设，深入开展质量品牌提升行动和质量强市创建活动，实施商标和名牌战略，全面提升产品、工程和服务质量以及自主品牌建设水平，打造江苏品牌、江苏标准，推动江苏制造走向质量时代。实施“一企一标”“一社一标”工程，引导企业通过品牌创建推动经营理念、技术、产品、管理和商业模式创新。实施商标密集型产业发展计划，以旅游业、纺织服装业等为突破口，培育“畅游江苏”“时尚江苏”等 10 个左右品牌价值高的商标密集型产业。实施品牌价值提升工程，支持企业名品名牌建设，依托特色产业集群和产业集聚区打造区域品牌，培育一批知名品牌示范区，形成 500 家拥有核心知识产权和自主品牌、具有国际竞争力的商标密集型企业。

发展分享经济。重点支持快递业、家政服务业、教育业、培训业、新闻业、租赁业、广告业、创意业、健康服务业等领域，整合利用分散闲置社会资源，促进分享经济拓展领域、快速成长。创新分享经济模式，积极发展众包、众智、众扶、众筹等新业态。规范市场准入，建立健全行业标准，构建以信用为核心的市场监管机制，营造更加宽松的政策环境。建立多种互联网共享平台，完善网络信息安全体系，为分享经济发展提供保障。

（三）建设智慧江苏

实施网络强省战略，推进信息技术与经济社会发展深度融合，建设网络泛在普惠、技术创新活跃、服务丰富全面、资源开放共享、安全保障有力的信息网络体系。

1. 建设新一代信息基础设施

推进“宽带江苏”建设，加快城域网智能化改造，拓宽宽带互联网出省中继带宽，打造全光纤、宽带化接入网络，持续推进“光网城市”“光网乡村”工程，建设“区域交换中心”。启动实施光纤宽带“企企通”工程，加快国家广电骨干网江苏核心枢纽建设，推进宽带接入网业务开放试点。推进“无线江苏”建设，实施新一代宽带无线和移动通信网络建设工程，加快 4G 网络布局与应用普及，实现市、县城区主要公共区域免费 WiFi 全面覆盖。超前布局基于 IPv6 的下一代互联网，加强未来网络、5G 通信网、下一代广播电视网等关键技术攻关和培育孵化，推进国家下一代互联网示范城市建设，打造全国下一代未来网络产业化基地。推进网络信息安全保障体系建设，加强数据安全、云计算安全、移动互联网安全监测管理等关键网络防护和信息安全技术研发及产业化。到 2020 年，实现城市双百兆进家庭，农村千兆进村、百兆入户的宽度接入能力。

2. 实施“互联网+”行动计划

大力发展互联网经济。加强技术应用创新，突出商业模式创新，促进跨界融合创新，把互联网经济打造成为推动经济转型升级的强大动力。推动互联网再造制造业，制定实施企业互联网化提升计划，实现设计数字化、产品智能化、生产自动化和管理网络化。推动互联网再造服务业，促进供应链管理等服务模式创新。推动互联网嵌入现代农业，发展精准农业、信息农业和智慧农业。实施互联网企业创新培育和规模发展计划，支持互联网领军企业和骨干企业做大做强，鼓励国内外知名互联网企业在江苏设立区域总部和研发机构，打造互联网经济发展先行区。

加快建设互联网平台载体。发展互联网平台经济，整合产业链及多边市场资源，构建平台生态圈。培育大宗商品、消费服务、跨境贸易等电商交易平台，引导线上线下互动融合发展。加快国家电子商务示范城市建设，培育一批电子商务产业园、互联网产业园和众创园。鼓励金融机构融入互联网，探索开发新型支付方式和支付工具，创新发展互联网金融服务平台。鼓励符合条件的企业发起或参与发起设立互联网科技小额贷款公司。

加强智慧城市群建设。大力推进城市基础设施智能化和公共服务智慧化，建设智慧城市时空信息云平台，提升公共服务便利程度和普惠程度。加强信息技术在社会治理领域集成应用，促进社会治理精细化。建设全省统一电子政务公共服务平台，提高政府公共管理的有效性和透明度。支持开展国家智慧城市试点，推进无锡 IEEE 智慧城市建设。

3. 强化大数据深度应用

加快政府数据开放共享。制定实施政府数据资源开放共享工程，建立政府部门和事业单位等公共机构数据资源清单，建设统一开放平台。完善整合各类政府信息资源，优先推动民生保障服务相关领域的政府数据向社会开放。合理布局建设大数据平台、数据中心等基础设施，加快推动功能性信息服务平台建设，推动国家级数据服务中心、呼叫中心、云计算中心等功能性平台落户江苏，提升全省信息数据存储、挖掘和服务能力。

发展大数据产业。实施大数据战略，大力发展工业大数据、新兴产业大数据、农业农村大数据、创新创业大数据。建立工业大数据资源聚合和分析应用平台，推动大数据与移动互联网、物联网、云计算的深度融合，创新应用模式和商业模式。建设大数据产业发展集聚区，促进大数据产业向规模化、高端化发展。

四、提升经济国际化水平、增创开放型经济新优势

（一）积极参与“一带一路”建设

坚持开放发展、互利共赢，积极主动融入国家“一带一路”建设大格局，全方位拓展开放发展潜力空间，加快形成陆海统筹、东西互济、面向全球的开放新格局。

1. 拓展对外开放新空间

强化“一带一路”建设对全省开放布局优化和区域协调发展的牵引作用，深化“一带一路”建设与长江经济带、江苏沿海开发、苏南现代化示范区建设战略的互动融合，加快形成多点支撑、多区域联动、全方位深层次参与的对外开放新格局。充分发挥江苏地处“一带一路”重要交汇点的独特区位优势，协调推动向东与向西双向开放，深入发掘与沿线国家和地区的合作潜力，不断拓展对外开放的广度和深度，参与打造沿线区域合作的贸易流、产业带、联通网和人文圈，建设辐射带动力强的重要开放门户。加大西向陆上开放，强化新亚欧大陆桥经济走廊东方起始区域重要作用，积极参

与国际经济合作走廊建设，推动与沿线国家和地区广泛合作。继续扩大向东开放优势，在更高层次、更宽领域、更大范围深化与欧美、日韩、东南亚等国家和地区交流合作。

2. 强化新亚欧大陆桥经济走廊重要战略节点支撑

积极发挥连云港新亚欧大陆桥经济走廊东方起点的先导和支撑作用，重点开展与哈萨克斯坦等支点国家的交流合作，加快建设中哈（连云港）物流合作基地和上合组织（连云港）国际物流园，共同打造上合组织出海口，积极参与哈萨克斯坦“霍尔果斯一东门”经济特区建设，支持“一带一路”连云港农业国际合作示范区建设，推动“一带一路”国际安全执法合作，加快建成江苏省参与“一带一路”建设的核心区和先导区。强化徐州新亚欧大陆桥经济走廊东端重要枢纽城市和淮海经济区中心城市地位，推动与沿线地区基础设施互联互通及商贸、物流、旅游、产业等一体化发展，加快提升对外开放能级和水平。巩固提升苏南地区对外开放先行先导优势，加快建设苏中苏北对外开放新高地，着力培育沿海地区开放型经济新增长极。

3. 深化与沿线国家和地区全方位交流合作

推动基础设施互联互通。重点加强新亚欧大陆桥铁路通道建设，统筹推动能源、通信、物流基础设施建设，加快完善与亚太、欧洲联系的海陆联运网络和国际航空运输网络，提升与沿线国家基础设施互联互通水平，积极开展铁海等多式联运，构建亚欧国际陆桥物流大通道。发挥省“一带一路”基金作用，积极争取亚洲基础设施投资银行和国家丝路基金等融资支持，引导社会资本参与基础设施建设。支持铁路口岸开放，推动建立统一的全程运输协调机制，促进“连新欧”“苏满欧”南京至中亚、徐州至中亚等国际班列扩量增效。

推动经贸产业合作。加强与沿线国家在优势产能、农业、海洋经济、金融保险等领域深化合作，加大煤炭、油气、金属矿产等矿产资源勘探开发合作，推动技术标准走出去，拓展新的合作领域，发展具有“一带一路”特色的贸易新业态，促进与沿线国家贸易畅通。发挥建筑大省优势，以输出管理、技术等为方向，着力提高境外工程总承包、项目管理总承包能力。加强与沿线国家地方政府间交流合作，加快布局驻外经贸代表机构，推动建设双边经贸合作机制和平台，增强开放合作服务能力。引导和支持企业参与“一带一路”重要经济走廊、战略节点和平台建设。

（二）推动开放型经济转型升级

创新外贸发展方式，提升利用外资综合质量，增强对外投资与扩大出口结合度，营造法治化国际化便利化营商环境，发展更高层次的开放型经济，努力实现份额不减少、位次不后移、质量有提升，加快培育国际竞争新优势。

1. 巩固提升外贸竞争优势

优化进出口结构。坚持内外需并重、进出口并重，推动外贸向优质优价、优进优出转变，促进外贸提质增效升级，加快建设外贸强省。巩固传统优势市场份额，积极开拓新兴市场，重点加强与“一带一路”沿线国家和地区、与我国达成自贸区协定的相关市场对接，促进产品和服务出口。加强出口基地、营销和售后服务网络建设，推动传统产品出口高端化、品牌化，加快培育新的出口主导产业，加大技术密集和服务密集产品出口力度，促进出口产品提档升级。积极落实国家出口退（免）税政策，加快加工贸易转型升级，扩大一般贸易出口规模。实施积极的进口促进战略，促进我省经济转型升级。依托重点口岸和综合保税区建设一批进口商品交易中心，支持苏州工业园区建设国家级进口贸易创新示范区，推动进口贸易创新发展。健全贸易摩擦应对机制，保障企业合法权益。

大力发展服务贸易。加快推动运输服务、加工服务、信息服务等重点领域服务贸易发展，培育发展文化贸易、技术贸易、中医药贸易等新领域，加强自主服务品牌建设，建立健全服务贸易促进体系，着力扩大贸易规模、优化贸易结构。鼓励发展新型贸易方式，重点发展跨境电子商务、外贸综合服务企业和市场采购贸易等新型贸易方式，推广新型外贸经营综合服务平台，推进海门叠石桥等国家市场采购贸易方式试点，支持苏州开展货物状态分类监管改革，促进内外贸一体化发展。建设苏南服务外包产业带、江苏沿江服务外包示范城市群，支持有条件的地区争创服务贸易创新示范城市、特色服务出口基地和国家服务外包示范城市。“十三五”期间服务贸易进出口额年均增长10%以上。

2. 提高利用外资质量和水平

根据国家产业对外开放总体部署，有序开放金融、教育、文化、医疗、旅游等服务业领域，放开育幼养老、建筑设计、会计审计、商贸流通、电子商务等服务业领域，进一步放开一般制造业。重点引进在全球产业链、价值链处于中高端的产业，注重引进一批龙头型、旗舰型企业项目，鼓励外资企业在江苏设立地区总部及财务中心、研发中心、运营中心等功能性机构，力争外资总部和区域性功能机构落户江苏超过200家。创新利用外资方式，推动引资与引技、引智相结合，支持外资参与公共服务、基础设施建设，推进外资企业本土化发展，切实提升利用外资的综合优势和总体效益。积极引导外资投向苏中苏北和沿海地区，支持苏南地区外资企业优先向省内其他地区转移。

3. 营造优良营商环境

推进投资贸易便利化。完善外商投资市场准入制度，全面实施准入前国民待遇加负面清单的管理制度，深入推进“一口受理、并联审批”改革，不断简化外资企业准入程序，构建与国际接轨的体制机制。依托海关特殊监管区，积极推进“一线放开、二线管住”等贸易管理制度改革，加快国际贸易“单一窗口”建设，全面推行口岸管理相关部门“联合查验、一次放行”等通关新模式。强化大通关协作机制，加强电子口岸建设，实现口岸管理相关部门信息互换、监管互认、执法互助。加快一体化和无纸化通关改革，加强与“一带一路”、长江经济带沿线地区口岸业务合作。构建开放型经济综合服务平台，打造政府、中介机构、企业三位一体的开放型经济综合服务体系。

复制推广自由贸易试验区经验。鼓励各类开发开放平台率先复制国家自由贸易试验区在政府服务开放职能、促进投资贸易便利、加快金融改革创新、深化区域经济合作等方面的改革试点经验。积极争取在南京、苏州、连云港等地设立国家自由贸易园（港）区。推进昆山深化两岸产业合作试验区、苏州工业园区等开展跨境人民币创新业务试点，不断扩大跨境金融创新试点范围和规模，稳步推进金融开放合作。加强以企业征信体系为基础的监管信息共享和综合执法制度建设，建立并完善外商投资事中事后监管体系。

（三）加快走出去步伐

深入实施走出去倍增计划，建立健全对外投资管理服务体系，加快实现由“资本输入一产品输出”向“资本输出一利润输入”的开放模式转变。

1. 培育壮大境外投资主体

实施本土跨国企业培育工程。深入推进企业国际化，鼓励行业骨干企业加快全球生产布局，引导企业建立境外营销网络、销售中心、研发中心等功能性机构，支持企业通过链条式转移、集群式发展、园区化经营等方式走出去，推动企业海外兼并重组，探索组建混合所有制的国际化产业集团。鼓励行业骨干企业带动上下游企业或同行业企业抱团走出去，推动流通大企业与工业企业、外贸企业与生产企业组建战略联盟联合走出去，支持我省企业与大型央企或境外跨国企业联合开展境外合作工程项目，共同开拓国际市场。进一步简化境外投资管理，鼓励跨国公司参与外汇资金集中运营管理试点，推进境外投资便利化。

提升境外合作园区建设水平。优化境外经贸合作区和产业集聚区布局，重点推动柬埔寨西港特区和埃塞俄比亚东方工业园区加快形成规模产出效应，大力支持印尼双马加里曼丹岛农工贸经济合作区、坦桑尼亚中坦现代农业产业示范园区和韩中盐城（大邱）产业园建设，积极筹建“霍尔果斯一东门”产业合作园，支持在中亚、中东欧、拉美、非洲等地区创建新的国家级、省级境外经贸合作区，推动建立当地产业体系。支持有实力的跨国经营骨干企业建设境外经贸合作园区，鼓励省内开发区与境外经贸合作区、产业集聚区开展合作，探索自主建设与管理，创新境外经贸合作发展新路径。

2. 加强国际产能和装备制造合作

全面对接“一带一路”沿线国家和地区及新兴市场的建设与发展需求，充分发挥工程机械、轨道交通、新型电力、船舶和海洋工程等重大装备制造领域和轻纺、石化、冶金、建材等传统优势行业的优势，以企业为主体、境外园区为载体、重大项目为牵引、信息服务为保障，分类有序推进国际产能和装备制造合作。积极利用国家对外合作平台和境外经贸服务网络，支持企业参与国际标准制定和认证合作，加强国际产能合作战略智库建设，加快构建推进国际产能和装备制造合作的金融服务平台和促进体系。建设巴西江苏机械制造产业集聚区，推进与埃塞俄比亚、坦桑尼亚、肯尼亚、尼日利亚等国家或地区开展产能合作试点，着力打造产业转移与对接合作示范区。

3. 健全走出去综合服务体系

加强境外投资的规范和引导，完善重大国别风险防范机制，建立健全财税、金融、法律、咨询等综合服务和政策支持体系，建设走出去综合服务平台，营造有利于走出去的良好环境。培育一批国际化的设计咨询、资产评估、信用评级、法律服务等中介机构，为走出去提供服务支持。依托省企业国际化联席会议制度，形成多方合作的服务机制。探索境外经贸代表机构省市共建、政企共建、省部共建和部门联建等新模式，健全领事保护机制，完善境外经贸服务网络，促进境外代表处职能由招商引资向服务走出去转变，推进境外商会组织建设。建设走出去信息咨询和综合服务、商务云公共服务、海外投资发展服务网等服务平台，支持在苏州工业园区设立国家级境外投资服务示范平台。建立健全走出去金融支持体系，发展多种形式的境外投资基金，推动金融资本和产业资本联合走出去。建立走出去风险防控体系，加强境外风险预警与防控，鼓励发展出口信用保险、海外投资保险等业务，提升企业防范风险能力。

五、以深化经济体制改革为主轴、增强发展动力和活力

（一）健全现代市场体系

充分发挥市场在资源配置中的决定性作用和更好发挥政府作用，建立健全公平开放透明的市场规则，深化市场配置要素改革，加快建设统一开放、竞争有序的市场体系，提高资源配置效率和公平性。

1. 培育发展要素市场

稳步建立城乡统一的建设用地市场。根据国家部署安排积极稳妥推进农村土地制度改革，完善农村土地产权管理制度体系，逐步实行农村集体经营性建设用地与国有建设用地同等入市、同权同价。改革完善土地征收制度，缩小征收范围，规范征收程序，健全完善土地增值收益分配机制，完善和规范土地租赁、转让、抵押二级市场。

推动形成城乡一体的人力资源市场。统筹建设统一的公共就业和人才服务体系，完善人力资源跨区域、跨行业流动的社会保险转移接续机制。积极发挥市场促进就业创业作用，坚决破除人力资源市场的城乡、地区、行业分割和身份、性别歧视，维护劳动者平等就业权利。

加快发展技术市场。深化技术市场制度改革，完善有利于技术市场发展的地方法规、制度体系。加强各类技术和产权交易服务平台、技术转移中心建设，健全技术转移和成果转化机制，完善风险投资机制，切实增强技术市场服务能力。

积极培育中介服务市场。大力发展咨询、信用、技术、法律和仲裁、知识产权交易、估价等中介服务市场，加快构建门类齐全、功能完备、布局合理、运作规范的中介服务市场体系。组织实施行业协会商会与行政机关脱钩，全面完成现有中介机构脱钩改革。支持各类中介服务机构做优做强，促进中介服务业法制化、规范化、标准化、品牌化发展。

2. 构建地方金融市场体系

健全地方金融机构。大力发展消费金融公司、金融租赁公司、财务公司、资产管理公司等非银行金融机构。规范发展小额贷款公司、融资性担保公司、典当行、商业保理公司等地方金融企业。支持符合条件的民间资本发起设立民营银行。促进互联网金融健康发展，积极发展金融中介服务和金融服务外包。

支持多层次资本市场体系建设。加强拟上市企业辅导，提高国有资产证券化率。充分利用各类债券市场，扩大公司债发行规模。加强区域性股权交易市场、金融资产交易市场建设，探索推进高收益债券及股债相结合的融资方式。规范发展各类权益类交易市场和私募股权市场，完善交易场所统一登记结算体系。提升直接融资特别是股权融资比重，提高资本市场服务实体经济的能力和水平。

深化地方金融改革创新。深化农村金融改革，创新涉农贷款抵质押方式，建立健

全政策性农业融资担保再担保体系，持续推进涉农信用保证保险业务。推进小微企业转续贷方式创新，鼓励各地规范设立应急转贷基金，完善“江苏版”小微企业私募债发行机制，着力降低企业融资成本。

优化地方金融生态环境。进一步加强金融市场全方位监管，落实地方金融监管职责、风险处置和维稳责任，完善金融突发事件应急处置机制，整顿规范金融市场秩序，坚决守住不发生系统性、区域性金融风险底线。

3. 完善市场化取向的价格形成机制

全面放开竞争性领域商品和服务的价格，减少政府对价格形成的干预，将政府定价范围主要限定在重要公用事业、公益性服务、网络型自然垄断环节，实行定价项目清单化。全面推行并完善居民生活用电用水阶梯价格，实行非居民用电用水超定额、超计划累进加价收费制度，完善污水处理收费政策。强化差别电价和惩罚性电价政策、可再生能源电价补贴政策，完善尖峰电价政策，探索构建清洁能源电价形成、疏导、分担机制。研究制定油品提档升级配套价格政策，全面推行并完善居民生活用气阶梯价格制度。加快建立科学规范透明的价格监管制度和反垄断执法体系，进一步规范市场价格秩序。

4. 维护市场竞争秩序

按照放管并重、宽进严管要求，建立健全公平开放透明的市场规则，规范各类市场主体竞争行为，维护市场公平有序竞争。实行市场准入负面清单制度，放宽和规范市场准入。全面实行注册资本认缴登记制，加快实施“三证合一”“一照一码”登记制度，放宽市场主体住所（经营场所）登记条件，完善电子营业执照和全程电子化登记管理，实行省、市、县三级统一平台下的并联审批，推进工商注册制度便利化。强化和创新市场行为监管，建立全省统一的市场监管信息平台，规范监管执法程序，实行综合监管执法。

（二）激发市场主体活力

坚持公有制为主体、多种所有制经济共同发展，健全现代产权制度，营造公平发展环境，协同推进公有制经济、非公有制经济和混合所有制经济良性互动发展，着力激发各类市场主体活力和创造力。

1. 深化国有企业改革

完善国有资产管理体制，以管资本为主加强国有资产监管，加快实行国有企业分类改革、分类发展、分类监管、分类定责、分类考核。建立健全现代企业制度，完善权责对等、运转协调、有效制衡的公司法人治理机制，增强国有经济活力、控制力、影响力和抗风险能力。推进国企功能性重组和资源整合，改组组建国有资本投资、运营公司，探索有效运营模式，促进国有资本合理流动，优化国有经济布局结构。完善国有资本经营预算制度，适当提高国有资本收益上缴比例。加强和改进党对国有企业的领导。建立健全有效的内外部监督机制，严格责任追究，坚决防止国有资产流失。

2. 支持非公有制经济健康发展

坚持权利平等、机会平等、规则平等，废除一切不利于非公有制经济发展的各种规定和隐性壁垒。全面落实鼓励民间投资的各项政策，放宽准入领域，积极营造公平竞争的市场环境和制度环境。减少涉企行政审批事项，清理规范涉企行政事业性收费，切实减轻企业负担。积极拓宽融资渠道，降低融资成本，支持民营企业上市融资，重点解决中小微企业融资难题。激发企业家精神，依法保护企业家财产权和创新收益。鼓励非公有制企业参与国有企业改革，推动私营企业建立现代企业制度，支持符合条件的个体工商户转制为私营企业，促进非公有制经济提升发展质量和效益。

3. 发展混合所有制经济

以资本为纽带，创新运作方式，推动国有资本、集体资本、非公有资本等交叉持股、相互融合，组建现代企业集团，稳步促进混合所有制经济发展。坚持宜独则独、宜控则控、宜参则参的原则，分类分层推进国有企业混合所有制改革。鼓励非国有资本参股国有资本投资项目，支持非国有资本通过出资入股、收购股权、认购可转债、融资租赁以及组建股权投资基金等多种形式参与国企改制重组和合资经营。鼓励国有资本以多种方式入股非国有企业。探索实行混合所有制企业员工持股。建立健全混合所有制企业治理机制。

协调推进“四个全面” 建设“两富”“两美”浙江
——浙江省“十三五”规划纲要（经贸部分摘选）

一、走在前列谋新篇

“十三五”时期是全面建成小康社会的决胜阶段。浙江省将肩负起“干在实处永无止境，走在前列要谋新篇”的新使命，努力在提高全面建成小康社会水平上更进一步、在推进改革开放和社会主义现代化建设中更快一步，谱写美丽浙江、美好生活的新篇章。

（一）发展背景

面对错综复杂的宏观环境和艰巨繁重的改革发展稳定任务，全省上下深入实施“八八战略”，积极适应经济发展新常态，按照干好“一三五”、实现“四翻番”部署，顽强拼搏、开拓创新，胜利实现“十二五”规划目标。综合实力迈上新台阶，初步统计 2015 年全省生产总值 43000 亿元，人均生产总值 78000 元。转型升级迈出新步伐，着力打好以治水为突破口的转型升级组合拳，第三产业占生产总值比重超过第二产业，工业结构调整积极推进，现代农业加快发展。创新驱动形成新格局，科技综合实力和区域创新能力继续位居全国前列。

未来五年，从国际看，世界多极化、经济全球化、文化多样化、社会信息化深入发展，世界经济在深度调整中曲折复苏，新一轮科技革命和产业变革加速推进，全球治理体系深刻变革，国际力量对比逐步趋向平衡。但全球经济贸易增长乏力，保护主义抬头，国际和区域经贸规则主导权争夺加剧，地缘政治风险导致外部环境更加复杂。从国内看，我国综合国力和国际竞争力达到新高度，经济发展方式加快转变，新的增长动力正在孕育形成，经济长期向好的基本面没有改变，但发展不平衡、不协调、不可持续问题仍然比较突出。

我省经济社会持续平稳健康发展，通过打出转型升级系列组合拳，在市场化改革、制度供给、倒逼转型机制和信息经济等方面形成了新的先发优势，转型升级已经找到跑道、见到曙光。但发展中也存在一些矛盾和问题，主要是自主创新能力不强，粗放型增长方式和低层次低价格产业竞争模式尚未根本扭转，城乡区域发展还不够平衡，资源和环境约束趋紧，金融、安全生产、社会治安、网络安全等领域潜在风险隐患较多，加快转型发展比以往任何时候都更为迫切。

综合判断，“十三五”是我省强化创新驱动、推进新旧动力转换的关键期，是优化产业结构、全面提升产业竞争力的关键期，是加强制度供给、实现治理体系和治理能力现代化的关键期，是协同推进“两富”“两美”建设、增强人民群众获得感的关键期，是防范化解风险矛盾、夯实长治久安基础的关键期。面对充满重大战略机遇和诸多严峻挑战的转型时代，我们必须强化忧患意识和底线思维，努力化挑战为机遇，着力以转型促发展，努力谱写走在前列的新篇章。

（二）主要目标

今后五年，要确保实现已经确定的“四翻番”目标，高水平全面建成小康社会。主要目标是：

——综合实力更强。经济保持中高速增长，全省生产总值年均增长7%以上，到2020年生产总值、人均生产总值、城镇居民人均可支配收入、农村居民人均纯收入均比2010年翻一番，经济发展质量和效益稳步提升。自主创新能力加快提升，研究与试验发展经费支出相当于生产总值比重达到2.8%左右，率先进入国家创新型省份和人才强省行列。产业迈向中高端水平，工业化和信息化、先进制造业和现代服务业融合发展水平进一步提高，信息经济、节能环保、健康、旅游、时尚、金融、高端装备制造与新材料等万亿级产业增加值年均增长10%以上，服务业增加值占生产总值的比重达到53%以上，农业现代化取得新进展，新产业新业态引领作用明显增强。以交通为重点的现代化基础设施更加完善，建成一批具有国际影响力的重大开放平台，开放型经济水平全面提升。

——城乡区域更协调。都市区建设明显提速，海洋经济区和生态功能区布局更加合理，主体功能区布局基本形成。新型城市化有序推进，常住人口城市化率达到70%左右，户籍人口城市化率加快提高。中心城市极核功能大幅提升，杭州、宁波等城市的创新功能和国际化水平明显增强，美丽乡村建设水平进一步提高。城乡之间、区域之间居民收入水平、基础设施通达水平、基本公共服务均等化水平等方面差距进一步缩小，县县建成全面小康，人人享有全面小康。

——生态环境更优美。能源资源开发使用效率大幅提高，能源和水资源消耗、建设用地、碳排放总量得到有效控制，主要污染物排放总量大幅减少。生态环保投入持续增加，生态环境质量继续改善，黑臭河和地表水劣Ⅴ类水质全面消除、地表水达到或优于Ⅲ类水质比例达到80%，地级及以上城市空气质量优良天数比例达到80%，县县实现基本无违建，林木蓄积量进一步提高，浙江的天更蓝、地更净、水更清、山更绿。

——人民生活更幸福。中国梦和社会主义核心价值观更加深入人心，公民文明素质和社会文明程度显著提高。高质量普及15年基础教育，新增劳动力平均受教育年限达到14年。就业质量不断提升，居民人均可支配收入年均实际增长7.5%，低保水平逐步提高，低收入群众收入持续较快增长。文化、卫生、体育等公共服务体系和社会保障体系更加健全，居民健康水平和生活质量明显提高。

——治理体系更完善。重要领域和关键环节改革取得决定性成果，治理法治化、制度化、规范化、程序化、信息化水平不断提高。人民民主更加健全，法治政府基本建成，司法公信力明显提高，平安浙江、法治浙江建设全面深化，人民群众的安全感满意率位居全国前列，具有浙江特色的现代治理体系日益完善，治理能力逐步提升。

二、把创新驱动列为首位战略

坚持把创新摆在发展全局的核心位置，着力营造大众创业、万众创新生动局面，实施人才优先发展战略，构建立体化人才培育体系，打造人才生态最优省份，率先建成创新型省份和人才强省。

（一）聚力建设区域创新平台和载体

全力打造具有重要影响力的科创中心。高水平建设杭州国家自主创新示范区，系统整合各类创新资源，规划建设杭州城西科创大走廊，努力建成全国领先、具有全球影响力的“互联网＋”创新创业中心。支持宁波争创国家自主创新示范区，努力建设在高端装备、新材料等领域具有国际影响力的制造业创新中心。更好发挥环杭州湾地区创新平台优势，对接上海全球科创中心建设，打造高新技术产业密集带。

加快建设高能级科创平台。提升国家级高新区发展水平，支持有条件的高新区创建全国一流创新型高新区，推动省级园区争创国家级高新区，加快省级产业集聚区创建高新园区步伐，力争到 2020 年，每个设区市均设有规模较大和水平较高的高新园区。加强杭州青山湖科技城、杭州未来科技城、宁波新材料科技城、嘉兴科技城、舟山海洋科学城、温州浙南科技城、金华科技城建设，支持其他设区市合理布局建设科技城。支持科技、产业基础较好的县市建设全面创新改革实验区，全面提升全省创新能力。

推进建设新型研发载体和众创空间。突出企业创新主体地位，实施高新技术企业和科技型中小微企业“双倍增”计划，力争到 2020 年全省高新技术企业和科技型中小微企业数量均比 2015 年翻一番。推进省级重点企业研究院建设，推动高校、科研机构与企业加强产学研协同创新，形成创新共同体。大力引进大院名校和国外资源共建创新载体，积极争取重大科技项目和重大创新领域国家实验室在我省落户。在中心城市规划建设低成本、便利化、专业化、全要素、开放式众创空间，在省级以上开发区普遍建立孵化器，开发创客空间、创业咖啡等新型孵化模式。依托创新载体，实施一批重大科技专项。

（二）倾力营造最优创业创新环境

深化科技体制改革。落实高新技术企业税收优惠、企业研发费用加计扣除政策，推动全社会加大研发投入。完善政府科技投入机制，提高软性投资比例，健全绩效评价机制。建立全过程科技创新融资模式，推进科技金融发展，加强对创新产品应用的扶持。推动科技经费管理和使用方式改革，激发科技人员积极性和创造性。加快建设网上网下结合、省市县一体的科技大市场，推进创新链、产业链、资金链精准对接，打造具有全国影响力的科技成果交易中心。深入实施知识产权战略，提高知识产权运用效益，强化知识产权法律保护。

以创业促进创新。完善创业扶持政策，培育勇于创业、敢于创新的文化氛围。加快创业基地、创业项目、创业师资“三库”建设，发挥政府创业投资引导基金和社会资本作用，激发全社会创业创新活力。实施大学生创业引领计划，在本科高校普遍设立创业学院，鼓励以高校毕业生为代表的青年创业，支持科技人才在职创业和企业高管连续创业，加强农村电子商务等新兴领域创业辅导，培育更加活跃的创业创新主体。

（三）更大力度推进人才强省建设

加强高层次科技人才培养和引进力度。实施高层次人才特殊支持计划和领军型创新创业团队引进培育计划，健全“千人计划”工作体制机制，加大海外高层次人才引进力度，完善省特级专家制度，实施“院士智力集聚工程”，推进“151”及各领域高层次人才培育工程，造就一批掌握核心技术、引领创新发展的领军人才。

加强企业家人才队伍建设。实施名企、名家、名品“三名”工程和企业经营管理人才素质提升计划，培育具有全球视野的现代企业家，培养创业创新型企业家和职业经理人，更好地服务企业转型发展需要。

加强高技能人才培养。强化企业主体作用，实施“百校千企”和“千企千师”培养工程，推进校企合作。加强公共实训基地、技工院校和民办职业培训机构建设，健全面向全体劳动者的终身职业培训制度。

深化人才发展体制机制改革。深入实施人才生态优化工程，建立健全各类人才培养、使用、吸引、激励机制，加快形成更具竞争力的人才制度优势。推进人才管理改革试验区建设，探索一批可复制可推广的人才开发模式。构建多元化人才考评体系，完善以科研能力和创新成果等为导向的人才评价标准。促进形成广纳群贤、人尽其才、能上能下、公平公正、充满活力的干部人事管理制度。

三、建立引领经济发展新常态的体制机制

围绕使市场在资源配置中起决定性作用和更好发挥政府作用，坚持问题导向、需求导向和绩效导向，以经济体制改革为重点，加快推进供给侧结构性改革，在制度和政策供给上加大力度，在要素和服务供给上创新机制，协同推进其他领域改革，再创体制机制新优势。

（一）继续深化以治理能力现代化为目标的政府自身改革

深化“四张清单一张网”改革。继续完善政府权力清单和责任清单、企业项目投资负面清单、省级部门专项资金管理清单制度，大力推进权力清单、责任清单向乡镇基层延伸，积极推动权力清单向中央垂直管理部门延伸。健全清单动态调整机制，完善权力清单、责任清单执行情况跟踪督查机制，确保清单管理科学化、规范化、法治化。深入开展权力清单、责任清单再清理和运行流程优化，最大限度精简办事程序。提升浙江政务服务网功能，推动行政权力网上公开透明运行，推进政府和社会信息资源开放共享。整合建立统一的公共资源交易平台，基本实现公共资源交易全过程电子化。

深化行政审批制度改革。按照“简政放权、放管结合、优化服务”要求，进一步清理、规范和下放行政审批事项。深化投资项目审批制度改革，更好落实企业投资自主权。积极探索试行市场准入负面清单制度，推进企业投资不再审批和50天高效审批试点。推进相对集中行政许可权改革试点，深化行政执法体制改革，全面提高行政效

能。推动市县行政审批层级一体化改革。推进审批中介服务配套改革，加快中介机构脱钩改制，完善行业监管和行业自律体系。健全事中事后监管制度，推进协同监管和综合执法。加快推进行政许可、行政处罚“双公示”上网工作。

深化财税体制改革。完善公开透明规范的预算管理制度，优化财政支出结构，提高财政支出绩效。深化省以下财政体制改革，合理划分事权和支出责任，完善财政转移支付制度。强化产业基金引领作用，加大创新驱动发展财政支持力度，创新多元化基础设施投入机制和多渠道民生保障机制。

深化政府购买服务改革。积极推进政事分开改革，推动政府向社会力量购买服务改革试点。完善社会承接政府职能的事项目录和对接目录，建立政府向社会力量购买服务的招投标机制、资金管理和绩效评估机制。

推进事业单位和社会组织改革。加快生产经营和中介服务类事业单位转企改制和去行政化改革，推进行业协会商会与行政机关脱钩改革试点。强化公益类事业单位的公益属性，完善法人治理结构，推进管理、人事、财政供给、收入分配、社会保险等配套改革。激发社会组织活力，加大政策扶持和分类指导，创新直接登记和备案登记相结合的新型登记模式。

（二）大力推进资源要素市场化配置改革

全面开展县域经济体制综合改革。建立以“亩产效益”为导向的资源要素差别化配置机制，构建正向激励与反向倒逼相结合的产业结构调整创新机制，推进城乡发展一体化体制机制创新，健全鼓励和吸引民间资本进入社会事业领域的体制机制，建立企业投资项目高效网络审批制度，为经济转型升级提供体制保障。深化嘉善县域科学发展示范点建设。

创新地方金融体制。着眼于打开资本对接创业创新通道，整合各类金融资源要素，打造钱塘江金融港湾等资本集聚转化大平台。加快民营银行设立步伐，加大地方金融法人机构改革重组力度。推进温州市金融综合改革试验区、台州市小微企业金融服务改革创新试验区建设，深化丽水市农村金融改革试点等各类专项试点，构建普惠金融体系、科技金融体系和绿色金融体系，提升金融服务实体经济水平。大力发展天使、创业、产业投资，推动更多企业上市和挂牌，支持上市公司通过兼并重组做强做大。大力发展现代保险服务业，加快巨灾保险等政保合作项目实施。

完善建设用地配置机制。加强新增建设用地计划分类精细化管理，完善计划分配与集约节约用地相挂钩制度。深化土地有偿使用制度改革，全面实行工业用地弹性年期出让，加快形成合理的土地价格、收益分配与补偿机制。

深化水电气等资源性产品价格改革。加快放开天然气气源和销售价格，有序放开上网电价和公益性以外销售电价，全面建立城镇居民阶梯水价和气价制度，加快推广非居民超计划用水累进加价和差别化水价制度，进一步扩大差别化电价和惩罚性电价实施范围。建立光伏发电市场化推广机制，实现发电上网无障碍、电量补助无差别。实行核定配额内少量收费或不收费、新增用能量有偿申购、超限额差别加价收费制度，限制高耗能行业发展。

深化排污权有偿使用制度改革。健全排污权交易制度，探索生态环境资产证券化机制。完善生态保护补偿机制，全面实施主要污染物排放总量财政收费和奖惩制度，建立按入网污水有害污染物浓度多因子复合计收污水处理费制度。完善“三位一体”环境准入制度，实施排污许可证制度，探索污染源一证式管理制度。

建立区域性要素交易综合平台。整合排污权、用能指标、土地、产权、人才、技术等各类要素，提升要素交易平台功能，完善运行规则和交易流程，推动土地、排污权、用能、碳排放权等资源要素自由交易和市场化配置。

完善社会信用体系。全面落实公民、法人和其他社会组织统一社会信用代码制度，完善全省公共信用信息服务平台和企业信用信息公示系统。健全事前信用承诺、事中分类监管、事后联合惩戒的新型市场监管体系，建立各行业各领域失信黑名单制度。利用大数据、互联网技术完善网上信用监管机制，规范网上市场经营秩序。

（三）充分激发各类市场主体活力

分类推进国有企业改革。加大省市县国有资本、资源整合力度，推动国有资本向基础设施与民生保障、战略性新兴产业等关键领域集聚。以资产证券化为重点，积极推进混合所有制改革，完善现代企业制度，打造一批引领转型升级、在全国有较强影响的大型企业集团。围绕交通基础设施建设，打造国有资本投融资和运营平台。完善国有资产监管体制，推进经营性资产统一监管，有效整合监督资源，妥善解决历史遗留问题，确保国有资产保值增值。

再造民营经济新优势。继续深入实施浙商回归工程，充分发挥浙商总会等工商团体、商会组织的力量和作用，拓展浙商回归领域，提升浙商回归规模和质量。继续推进市场主体升级，深入实施小微企业成长计划，推动全省中小微企业总量持续扩大、效益持续提升、贡献持续增强。支持民间资本参与国有企业改革重组，全面放开竞争性行业和垄断行业竞争性业务，消除限制民间资本进入的各种隐性壁垒，拓展民营经济发展新空间。提升民营企业家素质，培育新生代企业家，与时俱进弘扬浙商精神，增强开放、诚信、守法意识，引导民营企业加强管理创新。推进产权保护法治化，依法保护企业家财产权和创新收益。建设温台民营经济创新示范区，积极探索投资、创业、贸易便利化。

深化商事登记及配套制度改革。推进工商登记前置审批事项改为后置审批，推行“一址多照”、集群注册等工商管理便利化措施。强化企业登记注册后的事中事后监管，明确行政审批部门、行业主管部门的监管职责，实现监管部门间的企业监管信息互联互享，实现协同监管、依法监管。

四、构建全方位开放合作新格局

抓住“一带一路”和长江经济带建设战略契机，更大范围、更高层次参与全球竞争和区域合作，大力提升国际市场份额和竞争力，争创开放合作新优势。

（一）努力争当“一带一路”建设排头兵

深入实施更加主动的“走出去”战略。落实中央“一带一路”建设战略规划和我省实施方案，打造国际商贸物流枢纽、国际产能合作示范区和跨境电子商务引领区。

发展浙江人经济，建设“海外浙江”。扩大国际优势产能和装备制造合作，以“一带一路”沿线国家为重点，布局建设境外经贸合作区和境外产业集聚区，推动优势产能在境外集群发展。积极培育本土跨国企业，支持企业尤其是上市公司开展跨国并购重组。鼓励大企业到境外建立生产基地、研发机构、设计中心、展销中心，实现资源全球配置和产业链价值链全球布局。大力发展对外承包工程，努力承揽附加值较高、影响力较大的交通、能源、通信等基础设施项目，带动成套设备、技术、标准、服务和品牌走出去。引导企业用好国家金融政策工具，发挥财政资金和政府产业基金引导作用，推动设立我省参与“一带一路”建设投资基金，为重大项目建设和企业“走出去”提供金融支撑。建立健全参与“一带一路”建设工作机制和风险防控机制。

进一步提高利用外资质量和水平。优化利用外资结构，促进外资规模稳中有升，鼓励外资投向高端制造业、高新技术产业和现代服务业，引导外资在浙中、浙西南地区发展符合环保要求的劳动密集型产业。创新利用外资方式，鼓励外资参与省内企业改组改造，探索民营企业以海外上市、引入战略投资者等方式与外商合资合作，支持省内企业与海外跨国公司开展深度合作。发挥浙江侨省优势，重视引进华侨资金，加强国际友城工作。

创新对外开放体制机制。完善法治化、国际化、便利化营商环境。健全贸易便利化体制机制，全面实施单一窗口和通关一体化，健全服务贸易促进体系。进一步放开投资领域，实行外商投资准入前国民待遇加负面清单管理制度，完善投资者权益有效保障机制。改革境外投资管理方式，对境外投资开办企业实行以备案制为主的管理方式。

（二）积极参与长江经济带建设和区域合作发展

积极参与长江经济带建设。统筹铁路、公路、水运、航空、管道建设，推动多式联运发展，率先建成对接长江经济带的现代立体综合交通运输体系。加强省际产业合作，建设长江经济带国家级转型升级示范开发区，引进消化吸收国际高端技术产品，努力向长江中上游地区输出技术、资本、人才、信息和管理经验，促进产业有序转移和生产要素合理流动。

深入推进长三角区域协同协调发展。主动接轨上海，重点推动交通、环保、公共服务、科技创新等领域共建共治共享，合力打造长三角世界级城市群。加强与上海的沟通协商和对接合作，加快推进小洋山北侧陆域和大洋山区域开发建设。积极对接上海制造业和服务业发展，支持临沪地区共建产城融合平台。推动浙闽赣皖四省九市协同发展，加强与海西区对接融合，合力打造国家东部生态文明旅游区。

深化国内合作和对口支援（帮扶）。积极参与西部大开发、东北等老工业基地振兴、中部崛起和京津冀协同发展等区域发展战略实施。加强与能源资源富集省份的合作交流，重点抓好与新疆和宁夏等省区的能源合作、与黑龙江等粮食主产区的粮食产销合作。进一步做好对口支援新疆阿克苏（生产建设兵团农一师）、西藏那曲、青海海西、四川藏区（阿坝州、凉山州木里县）、重庆涪陵和对口帮扶贵州黔东南、黔西南等工作。进一步拓展与港澳台地区合作空间。

（三）全力打造重大开放平台

全方位提升宁波舟山口岸开放水平。争取设立舟山自由贸易港区，充分发挥省海港集团大平台作用，统筹建设大宗商品储备加工交易基地，加快建设舟山江海联运服务中心，支持宁波规划建设梅山新区，打造面向环太平洋经济圈的海上开放门户。

深化义乌市国际贸易综合改革。加快建成国际邮件互换局和交换站，促进航空口岸、铁路口岸全面开放，推进义新欧班列线路扩展延伸，开展内贸流通体制改革，探索与新疆合作共建国际陆港，打造国际商贸中心和国际化陆港城市。谋划建设义甬舟开放大通道，推动开放型经济从沿海向内陆拓展布局。

加快建设杭州、宁波跨境电子商务综合试验区。推进空港开放步伐，完善综合服务功能，大力发展企业对企业跨境电商，打造“网上丝绸之路”战略枢纽，加快体制、政策、模式的复制推广，推进跨境电商海外物流体系建设，促进全省传统外贸和制造业企业通过“互联网＋外贸”实现优进优出。

打造温台沿海开放合作平台。加快建设海峡两岸（温州）民营经济创新发展示范区，在温台沿海地区建设若干民外合作产业发展大平台，争当民企民资参与“一带一路”建设的开路先锋。

推进各类开放载体建设。加快各综合保税区全面封关运作和功能提升，推动现有海关特殊监管区域整合优化升级，支持有条件的地区申报和创建综合保税区。改进口岸工作，推进大通关建设。统筹推动产业集聚区、经济开发区、高新区等各级各类开发区空间整合和体制融合，规划建设一批高水平中外合作产业园。

五、加快产业结构战略性调整

大力推动产业创新，联动提升现代农业、先进制造业和现代服务业发展水平，重点培育万亿级大产业，优化现代产业体系。

（一）推进先进制造业与现代服务业“双轮驱动”和融合发展

全面提升先进制造业竞争力。实施《中国制造 2025 浙江行动纲要》和“四换三名”工程，统筹推进战略性新兴产业、高新技术产业发展与传统产业改造提升，培育一批具有国际竞争力的创新型龙头企业，抢占制造业新一轮竞争制高点。以国内和国际市场引领制造业发展，联动推进标准强省、质量强省、品牌强省建设，深入开展标准引领、质量提升、技术培养三大行动，构建浙江标准体系，提高浙江产品品质，打响浙江制造品牌。推进工业化和信息化深度融合，谋划实施智能化改造工程，大力发展柔性制造、智能制造、精细制造，加快“浙江制造”向“浙江智造”转型。推进互联网和制造业统筹发展，推动制造方式和营销方式变革。改造提升传统产业，加快推动石油化工、纺织印染、五金机电、冶金、建材等产业转型升级，重点突破核心基础零部件、先进基础工艺、关键基础材料、产业技术基础等瓶颈，全方位提升产业发展水平。加大企业技术改造力度，推动设备更新和新技术应用。深化先进制造业强县（市、区）建设工作，切实消除环境污染以及安全生产和治安隐患，加快培育现代产业集群。推动建筑生产方式工业化，培育一批建筑业大集团和建筑强县。

着力打造现代服务业新引擎。提升发展金融、信息、物流、会展等生产性服务业，支持发展养老、家政、教育文化等生活性服务业，推动生产性服务业向专业化和产业链高端延伸，生活性服务业向精细化和高品质转变。优化中心城市服务业设施配套和功能布局，开展服务业强县（市、区）培育工作。强化规划引领与政策支持，推进国家、省、市三级联动的服务业改革试点。提升服务业发展载体，推进现代服务业集聚示范区等重大平台和项目建设，加大服务业重点企业培育力度，鼓励新技术、新业态、新模式发展。深化服务业对外开放，开展浙港、浙澳、浙台以及长三角服务业合作，吸引国内外著名服务业企业来浙设立地区总部及功能总部，促进服务业规模化、品牌化、国际化发展。

大力推动产业融合发展。实施“互联网＋”行动计划，建设特色鲜明、全国领先的电子商务、物联网、云计算、大数据、互联网金融创新、智慧物流、数字内容产业中心，发展分享经济，促进互联网和经济社会深度融合。推进产业组织、商业模式、供应链、物流链创新，支持基于互联网的各类创新。办好世界互联网大会，推进乌镇互联网创新发展试验区建设。促进先进制造业与生产性服务业融合发展，推动制造企业由单一生产型向生产服务复合型转变。深度贯彻军事需求，充分发挥浙江民用产业优势，加强军民两用技术研发交流，引进军工优质资源项目，推进重点产业“民参军”“军转民”。积极创建国家军民融合创新示范区，加快构建全要素、多领域、高效益的军民深度融合发展格局。

（二）重点培育万亿级大产业

明确万亿级大产业发展重点。组织实施万亿级产业发展规划，集中力量发展信息经济、节能环保、健康、旅游、时尚、金融、高端装备制造与新材料等七大万亿级产业，做强做精丝绸、黄酒、茶叶等历史经典产业，着力把文化创意产业培育成万亿级产业。聚焦产业主攻方向和重点领域，引导各类要素资源有效集聚，形成一批具有全国意义的大产业基地。

实施一批带动力强、创新作用突出、影响面较大的重大产业项目。信息经济，重点推进通信网络与智能终端、专用集成电路与新型元器件、云计算和大数据、地理信息产业、物联网和电子商务等重大项目。节能环保产业，重点推进新能源和节能环保装备、节能环保服务业等重大项目。高端装备制造与新材料产业，重点推进机器人与智能制造装备、新能源汽车、航空和轨道交通、高端船舶与海工装备、新材料等重大项目。健康产业，重点推进健康养老服务、生物医药和高性能医疗器械等重大项目。加快推进一批时尚产业、旅游产业、金融产业的重大项目。

创新产业引导扶持政策。加强金融资本与产业资本有效对接，更好发挥省转型升级产业基金示范作用，加快设立各级政府产业引导基金，组建壮大浙商转型升级母基金、浙商回归基金、“浙民投”等产业投资基金，撬动更多社会资本参与战略性新兴产业培育和传统产业转型升级。提高政策措施针对性和精准性，加大技术、人才、土地、财税等方面支持力度。

（三）高水平建设产业集聚区和特色小镇

提升发展产业集聚区。以提高空间集聚度、加快产业集群化、增强科技创新力为重点，深化体制机制改革，突出推进核心区块建设。加大政策支持力度，优化投资发展环境，积极引导大产业、大企业、大项目布点落户，加快打造全省有代表性、国内有影响力、国际有竞争力的大产业集聚发展高地。

六、努力保持新常态下经济平稳运行

我省经济正处于发展动力转换阶段，要以市场为引领，着力加强供给侧结构性改革，提高产品供给能力和水平，充分释放有效需求新潜能，切实做好新老动力交替接续工作。从需求侧和供给侧两端同时发力，构建市场拓展、有效投资、消费升级和降低企业成本有机结合的发展路径，合力保持新常态下经济平稳运行。

（一）着力推进“三去一降”

积极稳妥去产能。按照企业主体、政府推动、市场引导、依法处置的办法，分类有序化解过剩产能和处置僵尸企业，通过兼并重组、债务重组以及破产清算等举措，实现市场出清。完善财税支持、不良资产处置、失业人员再就业和生活保障以及专项奖补等配套政策。严格控制增量，防止新的产能过剩。

打通供需去库存。加快农民工市民化，扩大有效需求，化解房地产库存，稳定房地产市场。落实户籍制度改革方案，允许农业转移人口等非户籍人口在就业地落户，形成就业地买房或长期租房的需求。深化住房制度改革，以满足新市民住房需求为主要出发点，建立购租并举的住房制度。坚持实物保障和货币保障相结合、政府建设和市场筹集相结合，加快建设和运营模式创新，健全住房保障体系，努力实现住房保障人群全覆盖。加大农村危旧房改造力度，加快改善困难群众居住条件。

主动应对去杠杆。主动释放信用违约风险，打破刚性兑付。有效化解地方政府债务风险，完善全口径政府债务管理，改进地方政府债券发行办法。强化经济运行监测，运用大数据技术，深化重点行业、重点领域趋势性分析。建立经济风险识别和预警机制，重点提高财政、金融和企业运营等方面的风险防控能力。加强重点领域、行业和地区的风险隐患排查化解，加大不良资产处置力度，坚决守住不发生系统性和区域性风险的底线。

多措并举降成本。开展降低实体经济企业成本行动，制订企业减负方案以及防止反弹的总体安排。进一步转变政府职能、简政放权，降低制度性交易成本。落实中央“五险一金”精简归并和正税清费政策，降低企业社保成本和税费负担。支持金融机构完善利率正常化的政策环境，降低企业财务成本。建立电价市场化和煤电价格联动机制，降低电力价格。围绕提高运输效率深化流通体制改革，降低各种物流费用。

（二）大力拓展市场空间

完善有中国特色浙江特点的市场网络。发挥市场大省优势，改造提升传统市场，推动实体市场“走出去”发展、网络化扩张、连锁化经营。顺应“互联网＋”趋势，大力发展网络市场，推动传统实体市场上网。深入推进网上网下融合发展，加快建设现代化、标准化、精品化市场网络，打造实体经济发展的信息和渠道平台，不断扩大市场份额。

提升国际市场竞争优势。实施优进优出战略，提高传统优势产品竞争力，鼓励高新技术产品出口，培育大型成套设备等新的拳头出口产品，扩大高附加值服务贸易在对外贸易总额中比重。支持龙头企业加大力度兼并国际上有品牌、有技术、有营销渠道、有研发团队的知名企业，抢占市场发展制高点。实施“品质浙货，行销天下”工程，提高“浙江制造”在国内外市场的知名度和认可度，构筑以技术、品牌、质量为核心的市场竞争新优势。瞄准国内市场热销的进口产品，加大研发创新力度，努力实现进口替代并开拓国际市场。

妥善应对国际贸易摩擦。加强政府、企业、行业协会、中介机构之间协调配合，通过业界合作等方式化解贸易摩擦，支持企业积极应对反倾销、反补贴调查。加强进出口预警监测和防控，加快完善贸易摩擦和信息服务平台，建立健全主要进出口商品公平贸易预警点，做好贸易摩擦事前预防。

（三）积极扩大有效投资

优化投资方向。发挥政策撬动作用，重点投向民生、农业农村、清洁能源、轨道交通、城市功能提升、特色小镇、生态建设、七大万亿级产业、工业技术改造、研究开发等领域。强化节能节地节水、环境、技术、安全等市场准入标准，以效益和生态论英雄、挑项目，从源头上防止低水平重复建设。坚持问题导向，找准薄弱环节补短板。

创新投融资体制。坚持社会投资为主和市场化运作为主原则，加快推进各级政府投融资平台转型整合提升，积极构建政府资产证券化、政府投资基金、政府投资公司等多元化投融资体制和资本运作机制。进一步拓展重大建设项目境内外融资渠道，扩大直接融资规模。完善政银企合作机制，全面推广政府与社会资本合作模式，发挥政府资金、专项建设债券引导作用，形成“政府投资＋金融资本”“政府投资＋民间资本”等多种融资机制，深化台州民间投资创新综合改革试点建设。努力提高审批和核准效率，建立完善投资项目在线审批监管平台，实行投资项目“平台受理、在线办理、限时办结、依法监管、全程监察”，为扩大有效投资提供良好环境。

推进重大项目建设。建立重大项目库，科学确定“十三五”战略重点、投资规模、空间布局、建设时序，安排一批全局性、战略性、标志性、引领性的重大项目。按照国家推进粮食水利、城市轨道交通等重大投资工程包要求，分类分级精准实施。抓好省重点建设项目，建立健全重大项目与土地、资金、人才和环境容量等资源要素供给的联动保障机制，做到“竣工一批、续建一批、新开工一批、谋划一批”。

（四）适应和引领消费升级

着力提高供给体系质量和效率。顺应居民消费升级需求，培育形成更多新技术、新产业、新业态、新模式，以花色品种多样、服务品质提升为导向，增加优质新型产品和服务等有效供给，适应和引领消费升级，促进跨境消费回流。

积极拓展服务消费、信息消费、绿色消费、时尚消费、品质消费、农村消费等发展新空间，培育养老家政健康、信息、旅游休闲、绿色、文化教育体育等新的消费热点，巩固汽车、家电、电子等传统消费热点，支持新能源汽车消费，促进扩消费与惠民生有机结合。鼓励企业扩大消费品进口，丰富消费者境内购物选择。

优化改善消费环境。进一步完善消费政策促进体系，培育发展消费信贷和信用消费。完善城乡商贸设施布局，支持推进城市智慧商圈、社区和乡镇商业中心、农村电商网点建设。建立健全消费品质量安全监管、追溯、召回制度，严肃查处制售假冒伪劣行为。加大反价格垄断执法力度，坚决查处乱收费行为，保护消费者合法权益。

七、构筑现代基础设施网络

以交通网络化、能源清洁化、水利现代化、信息快捷化为目标，加快完善基础设施网络体系，不断提高基础设施现代化水平。

（一）构建互联互通现代综合交通体系

构建“三纵四横、对角贯通”的综合交通网络。以发展城际铁路和打通高速公路省际“断头路”、提升“扩容路”为重点，进一步扩容提升沿海、沪（宁）浙赣纵向通道和浙北（沪嘉湖）、杭绍甬（舟）、浙南（衢丽温）横向通道，加快构建以临金高速、黄衢南高速、建德至衢州铁路、衢州至宁德铁路等为支撑的浙西（皖建衢）纵向通道和以龙丽温高速、龙泉至浦城高速等为支撑的浙西南（温丽闽）横向通道，全面形成以“三纵四横”为主骨架的综合运输通道。加快建设以甬金高速、金甬舟铁路等为支撑的义甬舟大通道和以杭绍台城际铁路、杭温高铁、杭绍台高速等为支撑的杭台、杭温通道，实施运输机场改扩建和通用机场“市市通”工程，实现四大都市区对角贯通和更高水平互联互通，努力打造省会至各设区市高铁1小时交通圈和全省空中1小时交通圈。

构建“功能完善、全面升级”的综合交通枢纽。按照“零距离换乘、无缝化衔接”要求，全面提升杭州、宁波国家级综合交通枢纽和温州、金华—义乌等区域性综合交通枢纽功能。优化杭州综合客运枢纽建设布局，完善杭州萧山国际机场集疏运体系，加快空港物流平台建设，研究推进杭州铁路西客站建设。推进宁波栎社国际机场、梅山保税港区、铁路公路大型枢纽、跨杭州湾铁路通道等建设，提升大宗散货江海、海铁联运功能。加快温州机场改扩建和温州港转型升级，推动市域铁路等轨道交通发展，完善温州火车南站综合客运枢纽。优化金华铁路枢纽布局，强化义乌国际陆港枢纽功能。加快推进嘉兴、湖州、绍兴、衢州、台州、舟山、丽水等地方性综合交通枢纽规划建设。

构建“内畅外联、引领发展”的经济支撑走廊。深入推进现代交通“五大建设”，实施“万亿综合交通工程”，高标准建设“四大交通走廊”。构建都市经济交通走廊，加快城际（市域）铁路建设，健全杭州、宁波城市轨道交通网络，加快建成多制式一体化轨道交通体系骨干网。构建海洋经济交通走廊，加快整合沿海港口资源，完善江海、河海、海铁等多式联运体系，提升现代航运服务水平。构建开放经济交通走廊，以海港、陆港、空港和国家物流信息平台为载体，拓展加密远洋航线、义新欧班列和国际航空航线，加快形成海陆空一体化国际交通网络。构建美丽经济交通走廊，加快通景公路建设，创建绿色交通示范省。

（二）构建清洁低碳、安全高效、智慧多元的现代能源体系

打造“五基地”。打造可再生能源综合利用基地，大力发展光伏，有序推进风电、

抽水蓄能、海洋能、生物质能。安全发展核电，形成秦山、三门湾、苍南为重点的沿海核电基地。建设"互联网+"智慧能源实验基地，率先建立智慧能源管理平台、信息系统和监测中心。打造能源综合储运基地，以宁波舟山港、嘉兴港、温州港、台州港为重点，建设国际煤炭、石油、液化天然气综合储运基地。打造能源科技装备产业基地，全面实施清洁能源产业工程，建设吉瓦级太阳能电池生产基地，实现储能装备、核电关联设备、智能电网设备等制造的产业化。

构建"四张网"。构筑安全、高效、智能电网，建成宁东至浙江特高压直流工程，扩建浙中1000千伏变电站主变，建成以特高压站及电源基地为支撑的坚强500千伏骨干网，完善220千伏主干网，建设现代配电网。建设覆盖全省、多气源衔接互通的天然气管网，全面实施天然气管道"县县通"工程，建设城市天然气调峰储备设施，县域天然气管网通达率达到95%以上，县级以上城市天然气储备能力达到3天以上。建设设施先进、安全可靠的成品油管网，建成甬台温、绍杭等主干网，基本实现输油管道"市市通"。建设高效、快捷的热力管网，以全省产业集聚区、工业园区为重点，全面实施集中供热，确保全省热负荷100蒸吨/时以上工业园区全面实现集中供热。

建设能源大宗商品国际交易中心。在舟山等地建设石油、液化天然气等能源大宗商品交易平台，逐步成为全球能源重要交易、交割、周转、配送中心，探索建立国际石油现货定价"舟山指数"和国际液化天然气交易"浙江液化天然气指数"。

（三）建设高速、移动、安全、泛在的信息基础设施网络

加快宽带网络建设。大力推进骨干网、城域网和接入网升级改造，争取设立互联网络区域交换中心和国际出口直连点，加快下一代互联网的部署和商用。实施城市百兆光纤工程和宽带乡村工程，实现城市住宅光纤全覆盖，商务楼宇光纤、行政村宽带通达率均达100%。发展新一代移动通信，推进5G技术研发商用。建设无线城市群，实现全省宽带无线网络全覆盖。加速城乡有线电视网络整合和高清数字电视整体转换，构建以高清交互式数字电视为基础的下一代广播电视网。统筹资源配置，促进城乡区域信息基础设施均衡发展。

全面推进"三网融合"。统筹新一代移动通信网、下一代互联网和下一代广播电视网建设，强化基础设施标准规范，促进共建共享和互联互通，实现网络高效利用。加快全省光电网络"一省一网"整合提升和数字化、双向化改造。推进电信、广电业务双向进入，鼓励发展交互式网络电视（IPTV）、手机视频、优先电视宽带服务等融合性业务，确保省IPTV集成播控平台和传输系统安全稳定。

实施大数据战略。打造数据基础设施统一平台，推进政务数据资源共享交换，加快完善全省人口、法人单位、自然资源和空间地理、宏观经济等基础数据库建设，深化公共数据统一开放平台建设，统筹政府数据基础设施建设。建立社会治理大数据应用体系，促进社会治理精细化。建立监测分析大数据支撑体系，促进经济运行科学化。开展公共服务大数据创新，促进民生服务普惠化。夯实产业生态体系基础，推进数据应用产业化。建立大数据安全支撑体系，强化网络和信息安全保障能力。

以创新发展为引领　推动宁夏经济转型升级
——宁夏回族自治区“十三五”规划纲要（经贸部分摘要）

一、与全国同步建成全面小康社会

“十三五”时期是全面建成小康社会的决胜期，是全面深化改革、扩大开放的攻坚期，是爬坡过坎、转型升级的机遇期，是缩小差距、追赶发展的关键期，必须抓住“十三五”发展的有利因素，积极应对各种挑战，奋力推进开放富裕和谐美丽宁夏建设，确保实现与全国同步进入全面小康社会目标。

（一）“十二五”发展成就

“十二五”时期是我区改革发展进程中极不平凡的五年，也是经济社会发展取得巨大成就的五年。在党中央、国务院的正确领导下，自治区党委、人民政府团结带领全区各族人民，面对艰巨繁重的改革发展稳定任务，深入学习贯彻习近平总书记系列重要讲话精神和中央重大决策部署，积极应对错综复杂的形势和前所未有的经济下行压力，牢牢把握稳中求进工作总基调，主动适应经济发展新常态，解放思想，抢抓机遇，攻坚克难，开拓创新，统筹推进稳增长、促改革、调结构、惠民生、防风险等各项任务，基本完成了“十二五”规划确定的预期目标，夺取了全面建成小康社会的阶段性胜利，为“十三五”发展奠定了坚实基础，创造了良好条件。

——综合实力大幅提升。到“十二五”末，地区生产总值达到2911.8亿元，年均增长9.9%，人均地区生产总值达到43805元；地方公共财政预算收入达到373.7亿元，年均增长19.4%；累计完成固定资产投资13179亿元，是“十一五”时期的2.9倍，年均增长22.9%；科技创新对产业转型的支撑能力明显提高，科技进步贡献率达到49%。

——结构调整取得积极进展。三次产业比重由2010年的9∶49∶42调整到8.2∶47.4∶44.4。“一优三高”引领现代农业发展，特色优势农业产值占农业总产值的比重达到86.3%，主要农产品加工转化率达到60%。工业转型升级稳步推进，战略性新兴产业增加值占GDP比重达到8.2%，轻工业增加值占工业比重提高到17.9%；电力装机增长116%，建成了宁东至山东±600千伏直流输电工程，正在建设宁东至浙江±800千伏特高压直流输电工程；新能源装机占电力装机的比重达到36%，被列为全国首个国家新能源综合示范区；新型煤化工产能增加2.9倍，宁东成为全国最大的煤制烯烃生产基地，正在建设的400万吨煤制油将成为世界最大的煤炭间接液化示范项目。服务业就业比重达到36%。民营经济活力不断增强，非公经济比重达到47%。

——基础设施明显改善。全区铁路通车里程达到1131公里，铁路网密度达到1.7公里/百平方公里；高速公路通车里程达到1527公里，改造国省道1200公里，新改建农村公路 1 万公里，公路密度提高到 50 公里/百平方公里；开通了 61 条国内航线和 10 条国际与地区航线，初步形成连接全国大中城市和部分国际都市的航空网络，旅客吞吐量达到 539 万人次。建设了一批重大水利骨干工程，新增供水能力 2.9 亿立方米/年，新增高效节水灌溉面积 230 万亩，农业灌溉用水有效利用系数提高到 0.48，水利保障能力进一步增强。

——城乡面貌显著变化。在全国率先编制实施全省域空间发展战略规划，进一步优化了国土空间开发格局。沿黄城市带和山区大县城建设步伐加快，大银川都市区和石嘴山、中卫、固原 3 个副中心城市综合承载能力明显提升，银川阅海湾中央商务区、滨河新区、固原西南城区建设全面铺开，400 公里滨河大道全线贯通；实施美丽乡村建设“八大工程”，累计改造危窑危房 28.7 万户，建成新村 365 个，综合整治旧村 1880 个，建设改造小城镇 75 个，实现行政村环境综合整治全覆盖，进村主干道硬化率、农村自来水入户率、垃圾集中收集率均达到 80%以上。常住人口城镇化率达到 55.2%，城镇建成区绿化覆盖率达到 35%。

——生态环境得到改善。坚持全面封山禁牧，实施生态建设与环境保护重大工程，累计完成造林面积 685 万亩，治理沙化土地 250 万亩，全区森林覆盖率达到 13%。启动实施环境保护、大气污染防治、节能降耗和宁东基地环境保护 4 个行动计划，单位 GDP 能耗、单位 GDP 二氧化碳排放和化学需氧量、二氧化硫、氨氮、氮氧化物排放完成“十二五”目标任务。成为全国唯一省级节水型社会示范区。

——社会事业长足进步。各级各类学校办学条件显著改善，教育普及程度不断提高，率先在西部地区基本普及高中阶段教育，建成西部最大的职业教育园区，营养改善计划“宁夏模式”在全国得到推广，教育综合指数居西部前列。城乡医疗卫生服务体系不断完善，每千人口床位数达到 4.7 张，城乡居民基本医疗保险参保率达到 96%，群众“看病难、看病贵”问题得到缓解，人口自然增长率控制在 9‰以内。文化体制改革扎实推进，文化产业加快发展，创作生产了一批群众喜闻乐见的文艺精品。建成了宁夏大剧院等公共文化设施，基本实现直播卫星“户户通”、农村电影放映无盲点、公共文化场所全免费、农民健身工程全覆盖。社会主义核心价值观深入人心，民族团结、宗教和顺成为宁夏靓丽名片。

——民生福祉不断增强。坚持实施民生计划，每年为民办 30 件实事，地方财政用于民生领域的支出比重达到 70%以上。实施中南部城乡饮水安全工程等一批重大民生项目，解决了 139 万人口饮水安全问题，实施各类保障性安居工程 43.24 万套，搬迁安置生态移民 32.9 万人，减少贫困人口 43.37 万人。率先在全国实现城乡居民基本养老省级统筹，城乡居民大病医疗保险经验在全国推广，被征地农民养老保险制度走在了西部乃至全国前列，实现全区社保“一卡通”。5 年城镇新增就业 37 万人，城镇登记失业率控制在 4.5%以内；城镇和农村常住居民人均可支配收入分别达到 25186 元和 9119 元，年均分别增长 10.8%和 12.2%，人民生活水平迈上了一个新台阶。

——改革开放深入推进。深化行政审批管理体制、商事制度改革，取消、调整和下放行政审批事项 500 多项，重点领域和关键环节改革取得实质性进展，发展环境进一步优化。内陆开放型经济试验区建设稳步推进，银川综合保税区建成运营，中阿博览会的国际影响力不断提升，与38个国家的51个地方政府建立国际友城关系，与130多个国家和地区开展经贸文化合作交流，在30个国家和地区设立境外企业，外贸出口总额年均增长20.5%，对外开放取得重大进展。

（二）“十三五”时期面临的形势

“十三五”时期，和平与发展仍然是时代主题，全球治理体系深刻变革，世界经济在深度调整中曲折复苏，新一轮科技革命和产业变革蓄势待发，蕴含着新的增长空间和机会。我国经济发展进入速度变化、结构优化、动力转换的新常态，经济长期向好基本面没有改变，仍处于可以大有作为的重要战略机遇期。国家实施“一带一路”战略，深入推进西部大开发，加快推进结构性改革，全面部署打赢脱贫攻坚战，不断加大对民族地区、贫困地区、革命老区全方位的扶持，为我区加快发展提供了重大机遇。经过多年努力，我区工业化、城镇化、农业现代化新动能正在形成，新的增长点和增长动力正在培育，深化改革的红利正在释放，开放开发的空间正在拓展，全区上下加快建设开放富裕和谐美丽宁夏的信心更加坚定，完全有条件在新的起点上，实现更高质量、更有效率、更可持续的发展。

我区“十二五”虽然取得了巨大成就，但必须清醒看到，经济社会发展中还存在着一些深层次问题和明显短板，突出表现为：经济社会发展整体水平不高，产业发展层次低，链条短，竞争力不强，发展方式粗放，资源环境约束日益加大，结构调整任重道远；创新型人才短缺，自主创新能力不强，科技对经济的贡献率低；山川发展不平衡，基本公共服务供给不足，脱贫攻坚任务艰巨；基础设施现代化水平不高，对外开放通道不畅，水资源瓶颈突出等。这些问题和短板，严重制约了我区经济社会的发展。

综合分析判断，发展不足仍然是最大的区情，加快发展仍然是最紧迫的任务。对标全国平均发展水平，我们的差距仍然十分明显，对标全面建成小康社会目标，我们的任务十分艰巨。必须坚持目标导向和问题导向，自觉把我区发展置于全国大格局中，进一步解放思想，科学谋划，准确定位，着力在优化结构、增强动力、破解难题、补齐短板上取得突破，在全区上下形成咬定目标、不等不靠、奋力追赶、竞相发展的生动局面。

（三）指导思想和基本原则

“十三五”时期我区经济社会发展的指导思想是：高举中国特色社会主义伟大旗帜，全面贯彻党的十八大和十八届三中、四中、五中全会精神，以马克思列宁主义、毛泽东思想、邓小平理论、“三个代表”重要思想、科学发展观为指导，深入贯彻习近平总书记系列重要讲话精神，按照“五位一体”总体布局和“四个全面”战略布局，以创新、协调、绿色、开放、共享发展理念统领开放富裕和谐美丽宁夏建设，以创新发展转型追赶为主线，以提高质量和效益为中心，大力实施开放引领、创新驱动、富民共享、生态优先战略，加快形成适应经济发展新常态的体制机制和发展方式，统筹推进经济建设、政治建设、文化建设、社会建设、生态文明建设和党的建设，确保实现与全国同步进入全面小康社会的目标。

实现与全国同步进入全面小康社会的目标，推动经济社会持续健康发展，必须遵循以下原则。

坚持以人为本。以人民为中心，切实保障改善民生，增进人民福祉，促进人的全面发展，让全区人民共建共享改革发展成果。

坚持科学发展。以发展理念的转变推动发展方式的转变，以发展方式的转变推动发展质量和效益提升，努力走出一条速度快、结构优、生态美、人民富的发展新路。

坚持深化改革。充分发挥市场在资源配置中的决定性作用和更好发挥政府作用，先行先试，勇于突破，创新体制机制，为经济社会发展提供持续动力。

坚持扩大开放。把扩大开放作为强区富民的战略抉择，全方位融入国家“一带一路”战略，加快内陆腹地走向开放前沿步伐，以大开放引领大发展。

坚持依法治区。把法治贯穿经济发展和社会治理各方面，坚持和完善民族区域自治制度，加快建设法治经济、法治社会和法治政府。

坚持党的领导。贯彻全面从严治党的要求，不断增强各级党组织的创造力、凝聚力、战斗力，为开放富裕和谐美丽宁夏建设提供坚强保证。

（四）发展目标和基本理念

按照党的十八届五中全会和自治区党委十一届七次全委会总体要求，“十三五”时期经济社会发展的主要目标是：实现“一个翻番、三个同步、一个增强”，即到 2020 年地区生产总值在 2010 年基础上翻一番；城乡居民收入增长与经济增长同步，财政收入增长与经济增长同步，劳动报酬提高与劳动生产率提高同步；基础设施支撑能力显著增强。

——经济保持中高速增长。经济增长的平衡性、包容性和可持续性进一步提高，实现投资有效益、产品有市场、企业有利润、员工有收入、政府有税收。经济年均增速保持在 7.5%以上，人均地区生产总值接近 1 万美元，固定资产投资年均增长 10%以上。

——创新驱动能力显著提升。大众创业万众创新的生动局面基本形成，创业创新在全社会蔚然成风，各方面人才队伍基本适应经济社会发展需要，科技创新能力明显增强，科技成果转化率大幅提高。R&D 经费投入强度达到 2%以上，科技进步贡献率达到 55%。

——产业转型升级取得重大进展。现代产业体系基本建立，三次产业协调发展，产业技术装备水平和竞争力明显提高。服务业占地区生产总值的比重达到 50%左右，非公经济比重达到 50%以上。

——生态环境持续改善。能源、土地、水资源综合利用水平不断提升，国家西部生态安全屏障的地位和作用更加凸显，蓝天绿水青山的生态名片更加靓丽，人居环境质量在全国排名靠前。全区森林覆盖率达到 15.8%，地级城市空气质量优良天数比例达到 78%以上，万元 GDP 能耗、碳排放和主要污染物排放总量控制在国家下达的指标以内。

——改革开放取得重大突破。重点领域和关键环节改革取得实质性突破，推动科学发展的新体制基本建立，发展环境进一步优化。内陆开放型经济试验区建设取得重大进展，中阿博览会影响力大幅提升，对外经贸合作和人文交流更加广泛深入，进出口总额和外商直接投资年均增长25%。

——人民生活质量全面提升。全区提前两年实现现行标准下农村贫困人口脱贫，贫困村全部销号，贫困县全部摘帽。社会保障、基本公共服务走在西部前列。累计新增就业36万人，就业更加充分更有质量。城镇和农村常住居民人均可支配收入年均分别增长8%和9%，收入差距缩小。人民群众喝上干净的水、吃上放心的食品、呼吸清新的空气，幸福指数明显提高。

——社会文明程度明显提高。中国梦和社会主义核心价值观更加深入人心，精神文明和物质文明建设协调推进，人民思想道德素质、科学文化素质、健康素质全面提升，全社会法治意识、诚信意识不断增强，法治政府基本建成，各方面制度更加健全，社会治理体系更加完善，民族团结、宗教和顺、社会安定的局面进一步巩固发展。

“十三五”时期经济社会发展必须坚持的基本理念：实现“十三五”时期发展目标，破解发展难题，厚植发展优势，必须牢固树立创新、协调、绿色、开放、共享的发展理念，把创新作为引领发展的第一动力，把协调作为持续健康发展的内在要求，把绿色作为永续发展的必要条件，把开放作为繁荣发展的必由之路，把共享作为和谐发展的本质要求，将五大发展理念贯穿于全面建成小康社会的全过程。

二、以创新发展为引领 着力推动转型升级提质增效

实施创新驱动战略，加快建设富裕宁夏，坚持把创新摆在发展全局的核心位置，以创新发展引领转型升级，以转型升级推动提质增效，打造宁夏经济升级版。

（一）推进以科技创新为核心的全面创新

以科技创新引领全面创新，突出企业创新主体地位和主导作用，推动大众创业万众创新，激发创新创业活力，加快实现发展动力转换，力争在关键核心技术和科技成果转化推广应用上取得重大突破，促进人力资本与创新发展相匹配，劳动力素质与转型升级相适应，人才队伍与经济社会发展相协调。

1. 加强科技创新和成果转化

增强科技创新能力。推动省部共建沿黄经济带科技创新改革试验区，建设创新城市、打造创新园区，开展创新改革试验。围绕产业结构调整需求，实施传统产业改造、新兴产业培育、自主创新能力提升三大科技支撑计划，推进产业链、创新链、资本链、人才链、政策链“五链融合”。开展新型煤化工、装备制造、现代农业、生态建设等领域科技攻关，组织实施煤电化一体化、煤制油制气、先进装备和智能制造、稀有金属和镁铝轻金属、新能源发电、农业优良品种选育、节水高效农业、节能环保、生态环境治理和修复等重大科技专项。建立企业主导的产业技术创新机制，健全产学研用协同创新机制，强化创新链和产业链有机衔接，激发企业创新活力。

加快科技成果转化应用。建立市场化的科技成果转化机制，建设科技成果展示、技术评估、成果交易、科技金融、创业服务五大科技市场。建立科技成果转化基金，支持区外科研院所、高校、企业、园区、领军人才带科研成果来宁孵化、转化，推动科技成果产业化。完善企业研发费用计核方法，扩大研发费用加计扣除优惠政策适用范围。加强知识产权保护和应用。完善职务发明制度和奖励报酬制度，推行股权分红

激励政策、促进国有企业创新的激励制度、企事业单位成果转化奖励办法，完善技术转移机制。加大政府对创新产品和服务的采购力度，完善相关政策体系。

培育科技型龙头企业。实施科技型龙头企业培育计划，筛选培育一批主业突出、关联度大、创新力强的科技型行业龙头企业。引导创新资源向龙头企业集聚，形成龙头引领、链条延伸、集群共进的发展局面。鼓励龙头企业建设研发机构、加大研发投入、构建产业技术创新战略联盟。支持行业龙头企业牵头组织实施重大产品开发、应用技术研究和成果转化项目。引导中小微企业围绕龙头协作配套，拓展延伸产业链条。加大政府科技投入力度，完善政府科技投入绩效考核评价机制。到 2020 年，全区各类科技创新平台达到 500 个左右，高新技术企业达到 100 家左右，科技型中小企业达到 1000 家左右。

专栏 1　科技创新重点项目

科技创新平台：新建和完善新材料、装备制造、现代农业、生物医药、电子信息、能源环保等领域创新平台，建成宁夏工程技术研究院。

中阿技术转移中心：建设集信息云平台、科技成果展示、科技交流、中阿科技研发服务、中阿青年创业孵化等功能为一体的中阿技术转移中心。

科技创新云服务平台：建设宁夏科技创新云服务中心、宁夏中关村科技产业园中卫云中心、宁夏科技资源统筹中心、宁夏科技金融服务中心、宁夏创新创业孵化器、创客空间等。

高新技术开发区：改造提升银川、石嘴山国家高新技术产业开发区，推进宁夏中关村科技产业园西部云基地建设，提升吴忠清真食品及穆斯林用品产业示范区、宁夏纺织产业园科技支撑能力和水平。

农业科技园区：改造提升银川、吴忠、石嘴山、固原国家农业科技园区，建设中卫国家农业科技园区。

2. 造就创新型人才队伍

培养引进创新创业人才。实施人才强区战略，造就一支结构合理、素质优良、富有创新精神的高素质人才队伍。开展启发式、探究式、研究式教学方法改革试点，大力营造鼓励创新、宽容失败的创新文化。改革基础教育培养模式，尊重个性发展，强化创造性思维培养。发挥企业在人才发展中的主体作用，建立企业与学校合作育人模式，开展校企联合招生培养人才试点。实施院士后备人才培养、领军人才培养、青年拔尖人才培养、急需紧缺人才引进等人才工程，推进银川人才管理改革试验区建设，培养造就一批科技领军人才、企业家人才、金融高端人才和高技能人才，使创新型人才队伍基本适应经济社会发展需要。

推进科研人才双向流动。加快高等院校和科研事业单位去行政化改革。改进科研人员薪酬和岗位管理制度，鼓励符合条件的科研人员带项目带成果、保留基本待遇到企业开展创新工作或创办企业，鼓励有创新实践经验的企业家和企业技术人才到高校和科研机构兼职，促进科研人才双向自由流动。

提高人才管理和服务水平。着力构建政府引导服务、市场有效配置、单位自主用人、人才自主择业有机统一的人才管理服务机制。建立健全人才培养开发、评价发现、柔性引进、选拔任用、流动配置和激励保障机制。完善科技奖励评审制度，注重科技创新质量和实际贡献，建立有利于培养中青年优秀科技人才的评审机制。完善人才服务保障体系，在各级政务服务中心设立“一站式”人才服务窗口，为人才提供便捷高效服务。

专栏2　人才重点工程

领军人才培养工程：培养科技创新型和产业领军型人才150名左右，选拔10名左右具备申报院士潜质的领军人才进行重点培养。

急需紧缺人才引进工程：引进海外高层次科技人才200名左右，引进急需紧缺高层次人才100名左右，引进外国专家1800人次。

青年拔尖人才培养工程：选拔100名国家级、300名自治区级学术技术带头人后备人选，500名自治区优秀青年后备骨干人选进行重点培养。

科技创新团队建设工程：引进5个国（境）外、10个国内科技创新团队，培育30个左右自治区科技创新团队，全区科技创新团队达到100个以上。

3. 推进大众创业万众创新

激发企业创新活力。加大企业创业资金支持，建立创业创新投资引导基金，与国家新兴产业、科技型中小企业创业、科技成果转化、中小企业发展等投资引导基金协同捆绑、联动推进。支持以企业为主，承担重大科技专项等创新项目。加大科技创新在国有企业经营业绩考核中的比重。扩大小微企业“助保贷”规模，推进小微企业贷款保证保险试点，完善小微企业贷款风险分担机制。开展股权众筹融资试点。积极探索发展互联网金融，引导社会资金和金融资本支持创业创新活动。

优化创业创新服务。完善创业创新孵化和技术支撑服务，发展创新工场、创客空间、创业咖啡、众创空间等；引导和推动创业孵化与高校科研院所技术成果转移相结合。发展“互联网+”创业创新网络服务体系，建设一批小微企业创业创新基地，促进创业与创新、创业与就业、线上与线下相结合，推广众包、用户参与云设计等新型研发组织模式和创业创新模式。实施“塞上骄子回乡行”计划，支持宁夏籍人才返乡创业创新，建设同心县阿语翻译回乡创业园区；建立科技特派员创业制度，鼓励科研人员带头创业；引导大学生自主创业、农村青年创业，激发全社会创业创新活力。

打造创业创新平台。建设银川区域性创业创新城市，加快推进石嘴山小微企业创业基地城市建设，提升银川iBi育成中心、银川科技园孵化功能，将其建成西部重要的创业创新平台。建立创业政策集中发布平台、创业者交流平台，向社会开放国家级、自治区级科研平台，开展面向创业者的社会服务。

（二）推进体制机制改革创新

坚持社会主义市场经济改革方向，使市场在资源配置中起决定性作用和更好发挥政府作用，推进供给侧结构性改革，优化要素资源配置，降低实体经济企业成本，建立富有创造力、充满活力的体制机制。

1．推进供给侧结构性改革

鼓励市场主体通过科技创新、产品创新和商业模式创新，提高产品质量，扩大新产品和服务供给，创新并扩大有效供给。推动企业以消费意愿为导向，开发适销对路的新产品，探索开展个性化定制、柔性化生产，从创意设计、品种花样、品牌质量等方面求突破，创造和拓展新需求，使生产和消费在更高层次上实现互动和平衡。推动产业重组，处置“僵尸企业”，运用市场机制、经济手段和法治手段，通过严格环保、能耗、技术标准，倒逼落后产能、过剩产能退出。合理调整保障房建设规模，通过政府购买方式，将部分商品房转化为保障性住房，努力减少商品房库存。引导房地产企业提高房屋质量和品质，优化居住环境，提升物业服务水平，提供与市场需求相匹配的供给产品。加强政府债务监管和金融风险监测预警，坚决守住不发生系统性、区域性金融风险的底线。落实营改增、资源税从价计征、环境保护税等改革措施，规范清理涉企收费，扩大电力直接交易，降低物流成本、制度性交易成本、财务成本和非生产性管理成本，开展工业园区低成本化改造试点。努力破解交通水利瓶颈制约，有效增加公共服务供给，着力补齐明显短板。进一步盘活要素，实现劳动力、土地、资本、创新等全要素的优化配置，提高全要素生产率。全面放开竞争性领域商品和服务价格，稳步放开具备竞争条件的政府定价项目，最大限度减少政府对价格的干预。强化供给侧结构性改革政策的协调配套，形成有利于消费升级和产业升级协同发展的政策环境。

2．深化行政审批制度改革

大力推行权力清单、责任清单、负面清单制度并实施动态管理。进一步减少行政审批事项和审批环节，加强事中事后监管。全部取消非行政许可审批，规范行政审批行为。对自治区权限内的企业投资项目一律实行备案制管理，大幅缩减企业投资项目核准范围，精简审批前置，规范中介服务，实行并联审批。

3．深化投融资体制改革

政府投资重点向基础设施、生态环境、公共服务等领域倾斜，对竞争性产业改政府直接投资为基金投入滚动发展，更好发挥财政资金的引导和杠杆作用。完善政府投资决策机制和绩效评价机制。支持铁路、公路、机场、能源、棚户区改造等领域重点项目通过债券市场筹措资金。引导社会资本采用 PPP（公私合作）等模式参与公用事业建设。建立融资担保机构担保、政策性保险、村级互助担保基金等多种形式并行的增信机制，提高“三农”融资能力。

4．建立现代财政制度

实施全面规范、公开透明的预算制度。建立事权与支出责任相适应的财政管理制度，健全县级基本财力保障体系。调整完善财政转移支付制度，增加一般性转移支付规模。增加政府产业引导基金规模，促进产业资本和金融资本集聚。

加大政府购买服务推进力度。建立年度部门预算编制与政府购买服务相衔接的配套措施及奖补机制，逐步提高政府购买服务占公共服务项目资金的比重。进一步规范政府非税收入管理，完善非税收入征缴制度和监督体系。加强政府债务管理，提高全区政府性债务的管控能力。

5. 深化国资国企改革

全面完成区属企业脱钩改革和整合重组，通过组建改建国有资本投资、运营集团公司，搭建起两级授权的国有资产监管体系架构，实现以管资本为主的经营性国有资产集中统一分类监管，积极发展混合所有制经济，逐步开展董事会选聘经理人，建立完善现代企业制度，规范企业法人治理结构，深化企业内部机制改革，使企业真正成为市场经济主体。加强和改进企业党的建设，明确党组织在公司法人治理结构中的法定地位。优化和完善企业经营业绩考核，强化企业信息公开和监督，加强重大资产损失责任追究，严格防止国有资产流失，切实维护国有资产安全，努力提高国资监管质量和效率，确保国有资产保值增值。

6. 激发非公经济发展活力

废除各种形式的不合理规定和隐性壁垒，推动民营资本进入特许经营领域。创新合作模式、回报方式，形成民间资本以多种方式进入基础产业、社会事业以及特许经营领域的体制机制。完善鼓励民营企业以股权、知识产权等非货币方式扩大投资的制度。更加重视激发民营资本活力。

（三）加快构建现代工业体系

实施工业强基工程，以提高质量效益和竞争力为目标，推动工业由价值链低端向中高端迈进，构建结构优化、技术先进、绿色安全、优质高效的现代工业体系。

1. 做强做大优势主导产业

建设国家级宁东现代煤化工基地。统筹能源、水资源和环境容量，高效清洁利用煤炭资源，重点发展煤制油、煤制烯烃，实施煤制油领跑者计划，建成 400 万吨煤炭间接液化示范项目，争取开工建设二期 400 万吨，打造世界煤制油高地，把宁东基地建设成为千万吨级大型现代煤化工基地；按照精细化发展方向，积极引进国外先进技术和大型企业，推进煤化工产品向下游延伸，构建煤化工及精细化工产业体系；加快建设 PTA 项目，促进煤化工与石油化工融合发展，形成煤化工、石油化工、现代纺织产业链，打造宁东基地升级版。到 2020 年，煤化工产能达到 2000 万吨以上，新型煤化工产能达到 1200 万吨以上。

建设现代纺织示范区。以宁夏现代纺织产业园等为载体，通过承接东部产业转移，以特色化、精品化、系列化为方向，提升产品设计研发能力，扩大品牌产品和精深加工产品比重，培育壮大羊绒纺织、棉纺、麻纺、化纤、服装等现代纺织产业集群，构建现代纺织产业体系，打造国际重要的羊绒产业核心区，建设现代纺织示范区。

建设东方葡萄酒之都。以培育品牌、提升品质、开拓市场为主攻方向，完善质量监督、标准制定、市场信息等支撑体系，加快葡萄文化长廊、特色葡萄列级酒庄和专业人才队伍建设。加强与国际葡萄和葡萄酒组织成员国及国内外大企业的合作，在种植、酿造、营销等环节与国际全面接轨，培育发展葡萄酒储存、包装等配套产业。鼓励企业通过创建自主品牌、收购国内外企业和品牌等方式，提高品牌影响力；支持有品牌优势的企业在国内外建立地区性营销中心、并购销售渠道，提高产品国际市场占有率。到 2020 年，打造 100 家左右的高品质酒庄，建设 100 千米葡萄文化长廊，实现产值 300 亿元。

建设清真食品和穆斯林用品基地。加强清真食品质量安全保证体系建设，实施标准化生产，扩大清真食品标准认证国内国际互认范围。健全清真食品和穆斯林用品产业研发、生产、交易支撑体系，以吴忠市为重点，打造中阿产业园、中阿商贸城，做特做优清真食品和穆斯林用品，努力开拓以清真食品为重点的国内市场、以穆斯林用品为重点的国际市场，打造一批年销售收入过百亿龙头企业。到 2020 年，清真食品和穆斯林用品制造业总产值达到 800 亿元以上，基本形成全国重要的清真食品和穆斯林用品产业集中区。

专栏 3　优势主导产业重点项目

宁东现代煤化工项目：建成神华宁煤 400 万吨/年煤炭间接液化示范项目、100 万吨煤化工副产品制烯烃项目、100 万吨煤泥制甲醇，宝丰能源焦炭气化制 30 万吨乙烯、30 万吨丙烯项目，建设庆华集团 20 万吨乙二醇项目，昊华骏华集团 245 万吨系列化工生产及热电联产项目，瑞科化工 60 万吨甲醇制烯烃，通达 20 万吨轻烃项目，争取开工建设神华宁煤 400 万吨/年煤炭间接液化二期、100 万吨煤化工副产品制烯烃项目，神华宁煤与沙比克 70 万吨煤制烯烃及 120 万吨煤化工精细化工项目。

现代纺织项目：建设银川滨河如意年产 3000 万件高档衬衫、300 万套高档西装、年产 8 万吨涡流纺精梳纱线项目，宁夏如意科技年产 5000 万米高档衬衫面料项目，吴忠恒和纺织 3500 万米织布建设项目，中银绒业面料服装深加工项目，宁夏恒丰纺织面料精深加工、500 万件民族服饰生产项目，吴忠百万纱锭千台织机百亿产值生态纺织项目，宁夏恒达 30 万锭高档纺纱项目，固原 1 万锭毛纺织生产线项目。

清真食品和穆斯林用品项目：建设宁夏皓月国际清真产业园、固原市五朵梅全谷物食品产业园区项目，固原宏晨龙 1500 万吨清真肉制品项目，吴忠恒利 500 万套阿拉伯服饰加工项目、吴忠中盛农牧 1 亿只肉鸡全产业链项目，吴忠中民恒丰农牧科技基地项目，涝河桥清真肉食品产业链项目。

葡萄酒项目：新建 150 个特色酒庄，建设产区及园区基础设施，实施葡萄生产机械化、葡萄酒质量检测中心等项目。

2. 改造提升传统支柱产业

调整优化煤炭生产结构。压缩无烟煤、炼焦煤产量，适度扩大电力化工用煤产能。探索推广充填开采、保水开采等绿色采煤技术，建成一批智能化、现代化矿井。推进宁东现有煤矿产业技术升级，推广运用数字化矿山信息技术，实现采掘、洗选智能化管理。关闭一批与自然保护区范围重叠的小煤矿，引导退出一批长期亏损、安全条件差的老矿井，关停一批煤质差、暂无市场需求的大中型矿井。支持发电、化工企业通过收购、参股等方式参与煤矿建设生产，推动煤电、煤化联营。到 2020 年，形成宁东亿吨级现代化煤炭生产能力。

推动煤电清洁高效发展。围绕扩大电力外送规模，建成宁东至浙江特高压直流输电工程，配套建设6个大型现代化燃煤发电厂，把宁东建成千万千瓦级的“西电东送”火电基地；建成5个城市热电和4个大型燃煤火电厂，满足区内用电、用热需求；新建机组严格执行能效和环保准入标准，采用超临界、超超临界和高效脱硫、脱硝、除尘、空冷、超低排放等先进技术。实施燃煤电厂节能减排升级改造行动计划，对现役机组全部进行升级改造，提高发电效率，降低污染物排放。到2020年，全区煤电装机达到3600万千瓦。

提升冶金化工建材行业发展水平。对标国内外先进水平，推进电解铝、金属镁冶炼、电解金属锰、铁合金、钢铁等行业技术改造，加快发展高性能铝合金、镁合金、优质钢棒材线材，推进产品链延伸，促进冶金行业循环发展，力争冶金行业综合技术水平达到国内先进水平，重点大型骨干企业主要技术装备达到或接近国际先进水平；实施成品油质量升级改造行动计划，支持现有焦炭企业实施循环化改造，促进焦化一体化发展；鼓励现有水泥企业利用矿渣、钢渣、粉煤灰等工业固废，发展矿渣微粉、微晶玻璃、新型墙体材料。

专栏4　传统支柱产业重点项目

亿吨级煤炭基地建设工程：建成金家渠、银星一矿、银星二矿等大型安全现代化矿井，形成宁东亿吨级现代化煤炭生产能力。

千万千瓦级煤电基地建设工程：建成神华国能鸳鸯湖电厂二期、浙能枣泉、中铝银星、国华宁东二期、华能大坝四期、国电方家庄、华电永利、大唐平罗、京能中宁等大型燃煤电厂，新增火电装机规模1700万千瓦。

宁东电力外送工程：建成宁东至浙江±800千伏特高压直流输电工程，形成1200万千瓦的电力外送规模。

兴尔泰120万吨/年硝基复合肥综合系列项目：建设硝基复合肥一期项目，配套15万吨硝酸、20万吨硝酸铵溶液、10万吨氮化硅、24万吨合成氨项目。

宁夏宝塔120万吨PTA项目：依托现有500万吨/年炼油炼化能力，建设80万吨/年芳烃联合装置、120万吨/年PTA装置。

宁夏紫光天化蛋氨酸项目：建设2×5万吨/年蛋氨酸及产业配套项目装置。

宁夏银钛科技城项目：建设年产3000吨热等静压制高端领域用特殊钢材、5000吨热等静压处理能力生产线及3D打印用合金粉末项目。

宁夏大地化工轮胎项目：建设年产2000万条子午线轮胎、10万条航空轮胎。

中利科技阻燃耐火软电缆项目：建设年产50万千米软电缆。

宁夏贝利特氰胺下游产品深加工项目：建设4.5万吨氰胺下游产品、3万吨胍盐类农药医药中间体系列产品。

宁夏天元锰业电解金属锰系列项目：建设60万吨电解金属锰二期及10万吨锰酸锂、1亿支锂离子电池项目。

锦宁巨科铝板带箔加工项目：建设80万吨铝板带箔加工和80万吨高精度铝板带箔材深加工项目。

宁夏哈纳斯天然气输气管道项目：建设从鄂尔多斯至银川天然气管道，形成60亿立方米/年输气能力。

宁夏哈纳斯500万吨LNG项目：建设年产500万吨液化天然气项目。

3. 培育壮大战略性新兴产业

建设国家新能源综合示范区。大力发展太阳能，有序开发风能。坚持集中开发和分布式相结合，统筹土地资源和电网接入条件，重点建设10大光伏发电园区，培育一批龙头企业；支持企业在工业园区、大型公共建筑及民用住宅屋顶、采煤沉陷区、煤炭备采区、农业大棚上建设分布式光伏发电。以风火打捆外送为重点，科学选址，稳步推进风电发展。加快推进地热能资源勘探开发利用。依托新能源资源开发，推动新能源先进装备制造业发展。到2020年，新能源发电装机规模达到2100万千瓦，建成国家新能源综合示范区。

建设西部新材料产业基地。依托拥有领军人才、国家重点实验室、企业技术中心的创新型企业和院所，研发应用前沿技术，加快钽铌铍钛稀有金属新材料、铝镁锰合金及轻金属新材料、碳基材料、光伏材料、电池正负极材料和复合材料产业链群发展，建成西部特色鲜明、技术水平领先的重要新材料产业基地。

提升装备制造业核心竞争力。加快推动信息技术与制造技术深度融合，着力发展智能装备和智能芯片。以高档数控机床、智能仪器仪表、机器人、高端变电设备、成套矿山机械、煤化工装备、高端基础件等为重点，推广应用人机智能交互、智能物流管理、增材制造等技术和装备，加快推进智能化生产；加大技术攻关和科技成果应用，提升产品的智能化水平。培育一批具有核心竞争力的企业，扩大在国内外市场的占有率。到2020年，装备制造业技术水平总体迈入国内先进行列。

推动生物医药产业升级。以产业集群化、产品多元化为方向，开发生产系列功能发酵产品、维生素及抗生素类系列原料药，鼓励企业研发抗生素类原料药产品的衍生物，推动优势原料药升级换代，扩大化学制药制剂等高端产品生产。加快生物产业技术创新和科研成果转化，将银川打造成生物医药生物发酵产业基地。加快以特色中药材为原料的新药研发，推进甘草、肉苁蓉、秦艽、黄芪、柴胡等道地中药材产业化；重点发展枸杞、葡萄籽、红枣等系列高端保健品产品，形成独具优势特色的新兴产业。

发展节能环保产业。以煤电、化工、冶金等耗能产业节能环保技术开发应用为重点，加大实用环保技术和装备推广力度，实施环保科技示范工程，发展资源综合利用、节能环保装备制造等环保产业。建立激励制度体系，建立政府优先采购环境标志产品制度，构建引导激励企业向绿色生产转型的外部制度体系，促进企业加大绿色产品供给规模。

专栏5　战略性新兴产业重点项目

国家新能源综合示范区建设工程：新增风电装机300万千瓦、太阳能光伏发电700

万千瓦、太阳能光热发电50万千瓦。

新材料项目：建设宁夏中晶光电科技年产一亿毫米大尺寸蓝宝石衬底材料项目，宁夏协鑫晶体科技年产3850吨（1000兆瓦）单晶方棒项目，银川隆基硅业年产10吉瓦单晶硅棒硅片、500兆瓦电池组件项目，天通银厦年产5000万毫米智能移动终端应用大尺寸蓝宝石晶体项目，杉杉集团10万吨级动力电池正极材料项目。

先进装备制造项目：建设西北轴承年产400万套高端轴承项目、宁夏共享模具公司铸造用增材制造设备及智能工厂项目、舍弗勒公司超长寿命双列滚子轴承、汽车用轴承生产项目，吴忠仪表年产10万台高端智能控制阀产业化项目和年产10万吨高端装备承压合金材料项目、西部（银川）通用航空年产300架通航飞机和1000套新材料航空零部件项目、宁夏维尔铸造轨道交通装备及相关配套件产业化项目，大河高档数控机床制造项目，宁夏菲斯克汽车轮毂轴承公司汽车零部件制造产业园项目、宁夏银峰年产10000台铝合金专用汽车挂车项目、宁夏崴骏年产2000台多功能根茎收获机项目、华电固原风机叶片制造项目等。

生物医药项目：建设宁夏泰益欣生物科技年产1550吨盐酸克林霉素及其衍生物建设项目、宁夏金诺生物制药年产10吨腺苷钴胺、10吨甲钴胺原料药建设项目、宁夏医科大学附属医院脐带血库、宁夏基因检测技术应用示范中心、启元药业阿奇霉素和克拉霉素项目、吴忠万盛生物小品种氨基酸项目、吴忠怡健生物螺旋藻项目、吴忠润德生物枸杞酵素项目。

节能环保项目：建设紫荆花10万吨秸秆造纸循环经济示范项目。

4. 淘汰化解落后过剩产能

按照“总量控制、扶优汰劣、上大压小、等量或减量置换”的原则，限制新建、扩建铁合金、电石等高耗能产业产能，实施强制性能源审计，对不符合环保、安全标准的企业坚决关停，为新型工业发展腾出空间。“十三五”期间，六大高耗能行业淘汰落后产能约500万吨，节约能源消耗约300万吨标煤。

5. 培育一批特色园区和骨干企业

实施园区低成本战略。以宁东基地和五市工业园区为试点，通过改善园区物流、公共服务、基础设施、金融支撑、局域电网运作等手段，按园区产业定位，统一招商，集中布局，促进产业集聚配套，生产要素优化配置，形成园区、产业、企业循环发展。以低消耗、高产出、特色化为目标，对全区所有工业园区实施土地节约集约利用、产业间上下游衔接、企业间废物交换利用、集中供热、污水处理和循环利用、分布式光伏发电等循环化改造。建立科学的评价、激励机制，突出考核园区投资强度、投入产出比、能耗产出比、主业比，推动一批重点园区做特做强。建设宁东基地低成本生活服务区，承载产业工人3万～5万人。

实施千亿元企业培育计划。选择一批特色鲜明、成长性好，发展潜力较大，能够带动产业升级和结构调整的重点骨干工业企业，采取集中政策、集中资源、挂牌保护等方面的政策措施，加大扶持力度，使其尽快做大做强。继续实施1000家科技型小微企业培育工程。

（四）推进信息化与经济社会融合发展

统筹推进现代信息技术与产业深度融合，与新型工业化、新型城镇化、现代服务业和农业现代化同步发展，全方位提升经济社会信息化水平。到 2020 年，信息产业产值达到 1350 亿元，其中，电子信息制造和软件服务业产值达到 180 亿元。

1. 构建信息产业体系

优化信息产业布局。银川市依托 iBi（信息技术，生物科技，知识产权转化）育成中心重点发展软件研发、服务外包、游戏动漫、数据处理等信息服务产业，依托大数据应用示范基地发展集成电路、数字终端、电子元器件等电子信息制造；中卫市依托宁夏中关村科技产业园，建设服务全国的枢纽型云计算及大数据产业基地，吸引云计算及大数据企业落户聚集发展；石嘴山市重点发展面向新材料、新能源、化工、装备制造、生物医药、纺织等工业行业企业的云应用服务，建设工业软件和智能硬件产业园；吴忠市重点发展以中国小商品及清真食品、穆斯林用品为主的电子商务产业；固原市重点发展特色农产品电子商务产业，建设农村电商精准扶贫试验区。

增强云设施服务能力。推进西部云基地 200 万台服务器和亚马逊、奇虎 360 新一代云计算数据中心建设；针对国内重点行业和企业的海量数据存储、开发及应用需求，打造国家数据安全储备基地；发展配套云设施制造，吸引高端制造业厂商，围绕数据中心建设配套发展先进装备制造产业与制造服务业，增强产业配套能力；推进物联网在工业制造、农业生产、节能环保、商贸流通、交通能源、公共安全等领域的集成应用，推动智能供水、供电、供暖、供气和城市地下管线综合管理体系建设，提高公用事业智能化运行水平。

培育大数据产业。充分发挥数据作为生产资料的重要作用，推动数据的规范生产、集中汇聚、分类共享、全面应用、集成再造，以政府数据开放为引领，推动大数据产业快速发展。吸引和培育一批数据分析和数据应用企业，构建大数据采集、加工、处理、整合和深加工的完整产业链。探索建立数据资产标准规范、登记制度、交易规则和新型商业模式，推动形成数据资产交易市场。

2. 推动互联网与产业融合发展

加快信息技术向制造业、农业、服务业的渗透拓展和深度融合。将信息化嵌入现代农业产业体系和价值链，推动精准农业、安全农业和高效农业发展；通过设计数字化、产品智能化、生产自动化和管理网络化改造提升传统制造业，推动传统产业向高端制造和智能服务型转变；建立完善智能化的物流配送体系，引导金融机构和互联网企业依法开展网络借贷等业务，大力发展体验经济、社区经济等以互联网为载体、线上线下互动的新兴消费服务。

发挥信息化创新驱动作用，推动传统产业生产组织方式重构和商业模式创新，促进各类要素资源集聚、开放和共享，促进分散化生产与个性化消费的高效对接，加快形成新的经济增长点。

3. 打造政务民生信息化服务平台

建设电子政务外网和公共云平台，推进网络互联互通和应用集中部署，消除信息孤岛，克服安全隐患；整合各地各部门的数据库，统筹建设人口、地理空间、法人和宏观经济等基础数据共享库及社会信用等专题业务数据库；深化政务、社保、信用、扶贫等“8＋N朵云”的覆盖广度和应用深度，为公众提供跨部门、一站式的便捷信息服务；建立完善统一的大数据服务平台，推进政府信息公开、资源共享和数据开放；建立面向公众一站、一卡、一号的一体化在线公共服务体系，为群众提供高效便捷的政务服务。

专栏6　信息化与信息产业重点项目

电子政务基础设施项目：完善全区统一的电子政务外网，实现各级部门互联互通；在银川和中卫两地建设互为备份、融合统一的电子政务公共云平台，为各级部门业务应用系统提供统一的部署环境；建设政府大数据服务平台，作为政府数据开放的主要渠道。

基础信息资源共享库建设项目：建设全区人口、法人、地理空间、宏观经济等基础信息共享库；建设全区视频资源监控共享系统。

智慧云应用项目：实施“8＋N朵云”应用项目，继续拓展政务、商务、卫生、社保、民政、旅游、教育、政法“8朵云”覆盖范围和应用深度，逐步启动扶贫、交通、水利、信用、科技、家庭、生态、安全、文化、气象等“N朵云”应用建设。

中卫骨干网络优化升级项目：建设中卫西部云基地直达国家互联网骨干节点城市的传输网络，提升中卫市网络节点等级。

智慧银川项目：构建智慧政务、智慧社区、智慧家庭、企业云、智慧交通、智慧旅游、平安城市、一卡通、智慧环保、智慧气象、智慧网络、大数据中心等系统，支撑银川企业运营服务、城市政务应用、公众服务等创新发展，催生城市产业链创新与产业集聚。

银川滨河新区大数据中心二期工程：建设业务机房、动力中心和生产生活配套设施，建筑面积约41600平方米。

智慧中卫云应用项目：建设标准的信息集和代码集；中卫信息化支撑云平台工程；建设环卫管理系统；建设农业云智慧灌溉、灾害预警系统；建设社区安全云平台；建设智慧票务云应用平台。

中卫云基地数据中心：建设西部云公司、云创公司、移动公司、联通公司4个数据中心。

宁夏宽带乡村及中小城市（县）基础网络完善工程：实施宽带乡村工程，中小城市（县）基础网络完善工程，实现广电网区、市、县、乡、村五级贯通，推进基层公共文化信息服务均等化、标准化。

三、以开放发展为先导 着力拓展内陆发展空间

实施开放引领战略，加快建设开放宁夏，主动融入国家“一带一路”建设，努力把我区建成辐射西部、面向全国、融入全球的内陆开放示范区、中阿合作先行区和丝

绸之路经济带战略支点。

（一）打通对外开放通道

按照“向西出境、向东出海、协调周边、整体融入”的战略构想，以打通对外开放通道、建设陆路空中网上丝绸之路为重点，着力构建多层次、现代化综合交通运输体系，全面提升在全国综合交通网络布局中的战略地位。

1. 建设通疆达海铁路网

构建以银川为中心，辐射周边重要节点城市四通八达的高速客运网、功能完善的干线铁路网和方便快捷的城际铁路网。重点推进银川连通呼和浩特（北京）、兰州、郑州、乌鲁木齐、西安、青岛等六个方向的高速铁路通道建设。建成银西铁路，打通银川至西安的高铁通道；建成中卫至兰州铁路，打通银川至兰州、乌鲁木齐的高铁通道；争取建成银川至呼和浩特铁路，打通银川至北京的高铁通道；开工建设宝中铁路平凉至中卫段、太中银铁路扩能、海原至环县、定西经固原至庆阳、银川至巴彦浩特等铁路工程；积极争取银川至郑州铁路纳入国家规划，实现银川至北京、西安、兰州等方向 3 小时至 6 小时到达。建成吴忠至中卫等城际铁路，依托国铁实现五市“同城化”，形成 1 小时至 2 小时通行圈并覆盖全区主要景区。推进银川市城市轨道交通和旅游专线铁路前期工作，适时启动建设。

2. 构建内外通达航空网

以提升机场基础设施服务能力、加密和新开航线、优化拓宽空域为重点，逐步完善空中通道。完成银川河东国际机场三期扩建工程、适时启动四期前期工作，建设银川河东国际机场货运物流中心，推动中阿国际航空邮包和快件分拨转运中心建设，培育银川河东国际机场区域枢纽功能，积极拓展面向阿拉伯国家和穆斯林地区的航线航班。改造建设固原、中卫支线机场，推进通用机场建设，加大民航空域资源协调力度。银川至北京、上海、西安空中快线每天达到 12 班以上，加密和新开广州、成都、郑州、乌鲁木齐等 40 个重要城市航线，通航城市达到 100 个，省会城市直飞比例提高到 90%以上；新开多哈、阿拉木图、莫斯科等 5 条国际航线，国际地区航线达到 18 条，基地航空公司达到 2 家以上，驻场运力增加 10 架以上，达到 20 架。到 2020 年，力争全区民航旅客吞吐量达到 1000 万人次左右，国际地区旅客达到 30 万人次，货邮吞吐量超过 5 万吨。

3. 完善互联互通公路网

以提升等级、加密路网为重点，实施内联外通的大通道建设，构建“三环四纵六横”高速公路网。建成京藏、青银高速宁夏境内重点路段改扩建工程、固原至西吉、同心至海原、石嘴山至平罗等高速公路；开工建设银川至百色、乌海至玛沁、银川至昆明高速宁夏境内路段，早日打通省际“断头路”。实施“1222”普通干线直接连通工程，新建和改造一批普通干线公路，完善区内普通干线公路网。到 2020 年，全区公路通车里程达到 3.6 万千米，公路密度达到每百平方公里 54.2 千米，新增高速公路里程 500 千米，既有高速公路扩容 240 千米，高速公路通车里程达到 2000 千米，实现区内所有县城通高速；新建和改造普通干线 2800 千米，国省道覆盖所有县（市）、85%以上的乡（镇）、2A 级以上旅游景区及重要产业园区。国道二级公路达到 85%，省道达到三级以上公路标准。

4. 打造现代综合交通枢纽

推进银川国际航空港综合交通枢纽建设，形成公路、铁路、航空融为一体的综合客运换乘枢纽和多式联运的货运枢纽系统，建成客运集散中心和航空货运重要集散枢纽；打造银川全国性的综合交通枢纽，建设中卫、石嘴山区域性综合交通枢纽，提高客货运集散能力和增强对外通道疏解能力。

专栏 7　综合交通重点项目

铁路建设：

(1) 快速铁路。建设银川至西安客运专线、银川至呼和浩特客运专线、中卫至兰州客运专线、宝中线中卫至平凉段扩能、太中银银川（中卫）至定边增建二线、定西经固原至庆阳铁路、银川至巴彦浩特铁路。

(2) 普通铁路。建设干武增建二线、海原至环县铁路。

(3) 城际铁路。重点建设吴忠至中卫铁路、宁东铁路开行旅客列车等。

公路建设：

(4) 高速公路。建成通车青兰高速东山坡至毛家沟、固原至西吉、东山坡经泾源至泾河源、同心至海原、石银高速石嘴山至平罗联络线，完成青银高速银川至宁东段、京藏高速石嘴山至中宁段扩容改造，开工建设银百、乌玛、银昆新增国家高速宁夏段、银川河东国际机场专用高速公路，推进彭阳至镇原、泾河源至华亭、海原至平川、西吉至会宁等地方高速公路建设。

(5) 普通干线公路。实施国省道改造 2800 余千米，其中一级公路 110 千米、二级公路 1760 千米、三级公路 900 千米。

(6) 黄河公路大桥。建成银川兵沟、滨河、永宁、叶盛、红崖子等黄河大桥，推进下河沿、高仁、贺兰（月牙湖）、宣和、中卫南站等黄河大桥建设。

机场建设：

(7) 建设银川河东国际机场三期扩建工程和 T1 国际航站楼改建，改造固原六盘山机场、中卫沙坡头机场，新建银川、红寺堡、同心、隆德等通用机场。

枢纽建设：

(8) 建设银川河东国际机场综合交通枢纽，银川火车站综合客运枢纽，银川火车站客运东站综合枢纽，吴忠客运枢纽，中卫客、货运枢纽等。

（二）提升对外开放水平

坚持全面开放与重点突破相结合、引进来与走出去相结合，围绕优化开放格局、拓展开放空间、打造开放平台、深化务实合作，全面提升对外开放水平。

1. 构建全方位对外开放格局

加强与丝绸之路沿线国家的经贸文化往来，重点推进与阿拉伯国家和穆斯林地区在清真食品及穆斯林用品、能源化工、新能源、农业、人文等领域合作；深化与欧美、日韩、东南亚、港澳台等国家和地区务实合作，开拓俄罗斯、印度、南非等新兴国家市场。加强与京津冀、长三角、珠三角及中部地区的合作，建设银川、石嘴山承接产业转移基地；完善宁蒙陕甘毗邻地区协同发展机制，推动基础设施共建、产业发展联动、生态环境共治、公共服务共享、片区扶贫协作，合力推进南水北调西线工程，打造西部大开发新高地。

2. 提升中阿博览会国际影响力

完善政府引导、企业为主、民间互动、市场运作的办会机制，积极承接中阿合作论坛项下的会议和活动。推动阿拉伯国家在宁夏设立领事机构和商务代表处。积极与丝路沿线国家缔结友好城市，创办沿线国家节点城市市长圆桌会议。打造中阿博览会核心板块，推动中阿商品贸易、服务贸易、金融投资、技术合作等向纵深发展。

3. 增强银川综合保税区核心带动能力

加快银川综合保税区二期工程建设，加强综合保税区与区内外海关监管场所、产业园区联动，拓展综合保税区功能。发展以通用航空、黄金珠宝、生态纺织、清真食品和穆斯林用品为重点的保税加工，发展以仓储分拨、中转集拼、高端物流为重点的保税物流，发展以跨境电商、医药研发、融资租赁、贸易结算为重点的保税服务。加快建设进境肉类指定口岸和进境水果、种苗指定口岸，建成国内最大的进口清真牛羊肉加工基地和交易中心。争取设立主要面向阿拉伯国家和穆斯林地区的自由贸易园区，打造引领全区外向型经济发展的综合服务平台。

4. 打造外向型产业园区

探索委托战略投资者和跨国公司成片开发等多元化开发机制，通过直管、托管、代管和共建等模式，开发建设中阿产业园等国别和区域合作园区；加快国家级和自治区级高新区、开发区转型升级，推动宁东能源化工基地、银川综合保税区、银川空港物流园、纺织产业园区深度融合发展，争取设立国家级新区；改造提升市、县工业园区、物流园区、慈善产业园区的承载功能，积极承接产业转移，发展外向型经济。

5. 加快引进来走出去

实施优进优出计划，引进一批大企业大集团来宁投资发展，整合延伸产业链。鼓励国内外500强企业与我区建立战略合作关系，在宁设立总部或分支机构。鼓励有条件的企业走出去，积极参与国际产能合作，开展新能源、农业、矿产资源开发和产业园区建设，扩大工程承包、技术服务、清真产业等领域贸易和投资合作。壮大对外贸易和投资主体，鼓励在境外设立名优产品展示中心和营销网络，带动我区优势产能、特色产品走出去。推动建设阿曼、沙特、毛里塔尼亚合作产业园。

6. 深化中阿人文交流合作

发挥人文优势，以丝绸之路沿线国家为重点，以促进民心相通为核心，建设中阿人文交流合作示范区。加快中阿国家技术转移中心建设，共建联合实验室、信息交流平台，建设中阿科技园、阿拉伯国家研究院，全方位推动中阿科技和人才交流合作；办好中阿大学校长论坛，建设中阿国际学院，扩大留学生和外籍教师规模，加快宁夏国际医疗城建设，全方位推动中阿教育和卫生交流合作；推进中阿文化园建设，深化广播、影视、新闻、出版、文学、艺术、体育等领域的合作，传播弘扬中华文化，推动宁夏特色文化走出去；推动与丝路沿线国家旅游线路相通、客源共享、互为市场、共同发展，打造中阿旅游中转港和国际旅游目的地。

（三）优化对外开放环境

对接国际投资贸易规则，创新体制机制，着力推动投资、贸易、金融服务便利化，打造优质、高效、便捷的开放环境。

1. 推动投资服务便利化

创新利用外资管理体制，实行准入前国民待遇＋负面清单为重点的投资管理制度，加强外商投资项目跟踪服务，扩大外商投资规模，提高外资引进质量，构建开放型经济新体制，建立稳定、公平、透明、可预期的营商环境。

2. 推动贸易服务便利化

加快贸易促进平台建设，推行国际贸易"单一窗口"管理模式试点。建立开放型经济综合服务体系，完善出口产品售后服务标准。加强贸易摩擦预警信息公共服务、法律技术咨询服务，指导相关行业和企业应对贸易摩擦和投资风险。培育和引进外贸综合服务企业，提供集检验检疫、报关、货代、退税、融资为一体的外贸供应链服务。

3. 推动金融服务便利化

多途径搭建中阿金融对接平台，拓展中阿金融合作领域，力争建立中阿贸易人民币结算中心，扩大人民币跨境结算参与企业范围，简化跨境贸易和投资人民币结算业务流程。鼓励发展互联网金融和第三方支付业务，对符合国家产业结构调整鼓励类的金融服务项目，实行一次审核，一揽子申报，快捷办理，兑现相关优惠政策，将我区建成国家承接阿拉伯国家金融投资的重要平台和中阿金融合作示范区。

专栏8　对外开放重点项目

人文交流合作工程：建设阿拉伯国家研究院，打造中阿合作高端智库；建设中阿国际学院、宁夏大学亚马逊云计算学院、自治区阿语学院，提升高等教育国际化水平，打造阿语复合型人才培养基地；建设宁夏国际医疗城，打造主要面向阿拉伯国家的健康养生港；建设中阿文化创意产业园、六盘山国际旅游休闲度假区等文化旅游项目，培育融入国内国际文化旅游产业链新载体，打造独具特色的国际旅游目的地。

对外开放平台建设工程：加快银川综合保税区二期工程建设，拓展综合保税区功能；加快建设进境肉类指定口岸和进境水果、种苗指定口岸，建成国内最大的进口清真牛羊肉加工基地和交易中心。

中阿产业园区建设工程：重点建设中阿产业园、中阿商贸园、中阿科技园、中阿文化园等，在阿曼、沙特、毛里塔尼亚等国合作建设产业园。

围绕区域特色　实现内蒙古经济健康发展
——内蒙古“十三五”规划纲要（经贸部分摘要）

一、“十二五”发展成就和基本经验

（一）发展成就

“十二五”时期是我区发展进程中具有里程碑意义的时期。五年来，特别是党的十八大以来，面对复杂严峻的经济形势和艰巨繁重的改革发展稳定任务，在党中央、国务院和自治区党委坚强领导下，自治区政府紧紧依靠全区各族干部群众，深入贯彻落实党的十八大和十八届三中、四中、五中全会精神，深入贯彻落实习近平总书记系列重要讲话和考察内蒙古重要讲话精神，深入贯彻落实自治区党委“8337”发展思路和各项决策部署，围绕落实“五位一体”总体布局和“四个全面”战略布局，围绕打造祖国北疆亮丽风景线，守望相助，团结奋斗，推动全区综合经济实力、产业发展层次、城乡发展面貌、区域协调发展水平、发展保障能力和人民生活水平上了一个大台阶，改革开放、社会事业、和谐内蒙古建设得到全面加强，开创了我区经济社会发展的崭新局面。

——综合经济实力显著增强。地区生产总值由2010年的1.17万亿元增加到2015年的1.8万亿元，年均增长10%；人均生产总值由7070美元增加到1.15万美元，居全国前列。一般公共预算收入由1070亿元增加到1963.5亿元，年均增长12.9%；一般公共预算支出由2273.5亿元增加到4352亿元，年均增长13.9%。累计完成固定资产投资5.2万亿元，是“十一五”时期的2.6倍，年均增长18%。在下行压力持续加大的情况下创新调控举措，稳住了经济增长，实现了新常态下的新发展。

——转型升级步伐明显加快。“五大基地”建设取得重要进展，三次产业结构由9.4∶54.5∶36.1演进为9∶51∶40，初步形成了多元发展、多极支撑的产业格局。农牧业提质增效，粮食产量由431.6亿斤增加到565.4亿斤，牲畜存栏由1.08亿头只增加到1.36亿头只，牛奶、羊肉产量居全国首位，农畜产品加工转化率由51%提高到58%。工矿业转型升级，由“一煤独大”向产业多元转变，煤炭对工业增长贡献率由33.5%下降到11.3%，装备制造、高新技术、有色金属和农畜产品加工业贡献率由31.7%上升到49%。电力装机由6458万千瓦增加到1亿千瓦，风电装机由968万千瓦增加到2316万千瓦，均居全国首位。现代煤化工、稀土新材料、云计算等产业规模居全国前列。服务业比重明显提高，现代物流、文化旅游、金融保险、电子商务等蓬勃发展。非公有制经济快速健康发展，占地区生产总值的比重由43%提高到64%。大力实施创新驱动发展战略，优势产业装备技术达到国内先进水平。

——发展保障能力不断提高。公路总里程从15.8万千米增加到17.5万千米，高

速公路突破5000公里，一级公路突破6000公里，高速和一级公路总里程居全国前列，建成30条高速和一级出区通道，94个旗县市区通了高速或一级公路。铁路运营总里程由9500公里增加到1.35万公里，居全国首位。开工建设呼和浩特至张家口等3条高速铁路和锡林浩特至乌兰浩特铁路等一批重大项目，呼包集动车组开行，结束了我区没有动车组的历史。民航机场由12个增加到24个，居全国前列。开工建设锡盟至山东等4条特高压外送电通道，蒙西电网变电容量突破1亿千伏安。建成黄河防洪一期、海勃湾枢纽等重大水利工程。国土资源保障能力进一步增强，资源节约集约利用水平不断提高。

——城乡区域统筹迈出重大步伐。累计投资886亿元实施农村牧区“十个全覆盖”工程，全区84.4%的行政嘎查村实现全覆盖，农村牧区基本公共服务水平大幅提升，有力促进了城乡一体化、地区经济发展和农牧民增收，密切了党群干群关系，赢得了各族群众的赞誉。积极推进新型城镇化，常住人口城镇化率由55%提高到60.3%。“一核多中心、一带多轴线”的城镇体系初步形成，城市面貌、功能和宜居性持续改善。呼包鄂地区辐射带动作用增强，东部盟市发展步伐加快，老少边穷地区内生发展动力提升，县域经济发展水平明显提高。

——改革开放向纵深推进。全面深化各领域改革，推出一批有力度、有特色、有影响的改革举措，党的十八届三中全会以来形成改革成果572条，行政审批、财税金融、国资国企、农村牧区、生态文明等重要领域和关键环节改革取得明显成效。全面落实国家“一带一路”战略，创新与俄蒙合作机制，加快建设向北开放的重要桥头堡和充满活力的沿边开发开放经济带。累计完成进出口总额623.8亿美元，是“十一五”时期的1.64倍。深化与京津冀、东北地区和发达省市及港澳台的务实合作，全方位开放格局加快形成。

——生态环境持续改善。加快建设我国北方重要生态安全屏障，生态环境状况实现总体遏制、局部好转，美丽内蒙古建设取得明显成效。累计投入546亿元，实施五大生态工程和六大区域性绿化工程。争取国家出台草原生态补奖政策，将10.1亿亩可利用草原全部纳入保护范围，投入草原生态补奖资金300亿元，惠及146万户、534万农牧民。森林面积由3.6亿亩增加到3.8亿亩，草原植被盖度由37%提高到44%。环境保护工作力度明显加大，全面完成了国家下达的节能减排目标任务。

——民生水平显著提高。各级财政累计投入民生资金1.18万亿元，是“十一五”时期的2.6倍。城乡居民人均可支配收入由17698元、5781元增加到30594元和10776元，年均增长11.1%和13.3%，高于经济增速，城乡居民收入差距由3.1∶1缩小到2.8∶1。社会保障制度实现城乡全覆盖，保障标准达到或超过全国平均水平。大力实施扶贫开发、百姓安居和创业就业工程，192万农牧民摆脱了贫困，为220万户城乡困难家庭改善了居住条件，累计新增城镇就业134万人。“三个一”民生实事惠及336.7万农牧户、4.15万名贫困家庭大学生和4800个零就业家庭。

——社会事业全面进步。教育投入年均增长10.9%，各级各类教育协调发展，办学条件显著改善，建立了从学前教育到高等教育的助学体系，在全国率先实现高中阶段免费教育，新增两所本科高等院校。医疗卫生体系建设迈出重要步伐，医药卫生体制改革扎实推进，看病难、看病贵的问题得到有效缓解，优生优育水平不断提高。首次获得南丁格尔奖。民族文化强区建设成效显著，文化事业繁荣发展，文化产业增加值年均增长 18%，新闻出版、广播影视、哲学社会科学事业持续进步，草原文化影响力、传播力显著增强，我区鲁迅文学奖实现零的突破。全面贯彻落实党的民族政策，精心做好民族工作，持续加大对少数民族和民族聚居地区倾斜支持力度，各民族大团结的良好局面进一步巩固发展。竞技体育和群众性体育协调发展，体育产业发展加快，成功举办第十届全国少数民族传统体育运动会。地震气象、档案史志、参事文史、外事侨务和妇女儿童、老龄、残疾人工作都取得了新进展。

——和谐内蒙古建设扎实推进。全面推进依法治区，强化科学立法、严格执法、公正司法、全民守法。大力实施平安创建工程，社会矛盾化解机制不断健全，社会治理水平稳步提升。构建起立体化社会治安防控体系，严厉打击各类违法犯罪和敌对势力渗透颠覆破坏活动，人民群众安全感和满意度显著提升。安全生产形势总体平稳，食品药品安全、质量技术监督工作得到加强。认真做好人防和拥军优抚工作，大力支持国防和军队现代化建设，推动军民融合发展，祖国北疆安全稳定屏障进一步巩固。

（二）基本经验

五年来的实践证明，推动我区经济社会实现持续健康发展，必须始终坚持以下几个方面。

把发展作为解决一切问题的基础和关键。“十二五”期间特别是十八大以来，自治区党委、政府深刻领会贯彻落实习近平总书记系列重要讲话和考察内蒙古重要讲话的精神实质，坚持发展这个硬道理，抓好发展这个第一要务，不断深化对区情的认识，提出“8337”发展思路并与时俱进地丰富和完善内涵及要求，确立了“三大发展定位”“四个发展理念”“五条发展路径”“六道亮丽风景线”，全区上下凝心聚力、顶住压力、保持定力、精准发力，推动经济在发展中升级，在升级中发展，为适应引领经济发展新常态、应对经济下行压力、保持经济持续健康发展提供了重要保障，也是“十三五”发展的重要遵循。

把经济结构战略性调整作为转变经济发展方式的主攻方向。着力解决制约经济发展的薄弱环节和突出问题，制定实施了《产业结构调整规划》《加快推进服务业发展的指导意见》，围绕建设“五大基地”，坚持以提高经济发展质量和效益为中心，推动传统产业转型升级，加快发展非资源型和战略性新兴产业，大力发展县域经济和非公有制经济，促进投资消费协调拉动、三次产业协同带动、城乡区域良性互动，产业结构调整取得明显成效。

把保障和改善民生作为经济社会发展的出发点和落脚点。坚持富民优先导向，优先保障重点民生支出，深入推进扶贫开发工作，实行领导干部联系扶贫点制度，大力实施农村牧区“十个全覆盖”工程，努力增进人民福祉，促进人的全面发展。大力推进基本公共服务均等化，扶贫、教育、医疗、养老、就业、安居等社会事业稳步发展，使发展成果更多更好地惠及广大群众，人民生活水平进一步提高。

把改革开放和创新驱动作为经济社会发展的根本动力。深入推进重点领域和关键环节改革，用改革的办法解决制约发展的深层次矛盾和问题。主动融入国家“一带一路”、京津冀协同发展等重大战略，深化同俄蒙互利务实合作，加强与东北三省、京津冀、环渤海地区、长三角、珠三角等区域合作，构建对内对外开放新格局，不断拓展发展新空间，经济社会发展活力和动力明显增强。

全面实施创新驱动发展战略，推动创新型内蒙古建设不断深入，组织开展了高新技术成果转化、重点领域关键技术攻关、科技创新平台载体建设三大工程，以一批国家和自治区科技重大专项为牵引，科技创新能力显著提升。

把资源节约和环境保护作为经济社会发展的重要前提。坚持节约优先、保护优先、自然恢复为主的方针，统筹生产、生活、生态发展空间，加大生态文明建设力度，建立和完善了生态补偿机制，出台了《金融支持内蒙古生态文明建设指导意见》，实施了“三北”防护林建设、京津风沙源治理、科尔沁沙地治理、和谐矿区绿色矿山建设等一系列重大生态工程，生态环境得到进一步改善，为实现可持续发展奠定了良好基础。

把和谐稳定作为经济社会发展的重要保障。始终把巩固和加强全区各族人民的大团结作为经济社会发展的重要保证，坚持和完善民族区域自治制度，落实党的民族政策，发扬“模范自治区”的优良传统，统筹兼顾各方面利益关系，以繁荣发展促进和谐稳定，以和谐稳定保障繁荣发展，形成了各民族大团结、和睦相处、和衷共济、和谐发展的良好局面。

二、“十三五”发展总体要求

（一）发展形势

“十三五”时期，国际环境复杂多变，世界经济在深度调整中曲折复苏，全球科技和产业变革孕育新突破，能源结构和供求关系深刻变化，新技术、新材料、新产品、新模式、新业态不断涌现，国际贸易和投资规则深度博弈，新兴经济体与我国竞争加剧，产业分工和利益格局深度调整。我国经济发展进入新常态，经济增长速度由高速增长转向中高速增长，发展方式由规模速度型粗放增长转向质量效率型集约增长，经济结构由增量扩能为主转向调整存量、做优增量并举，发展动力从主要依靠资源和低成本劳动力等要素投入转向创新驱动，区域经济在新一轮竞争与合作中加快调整。

国际国内环境的深刻变化，给我区发展带来新的重要机遇。在新一轮科技革命和产业革命带动下，我国产业结构加速向中高端迈进，《中国制造 2025》、“互联网＋”行动计划深入实施，能源生产和消费革命深入推进，产业、要素和市场分工体系加速重构，我区面临着加快产业转型升级、全面提高发展质量和效益的重大契机；我国仍处于新型工业化、信息化、城镇化、农业现代化深入推进阶段，伴随着区域发展不平衡和城乡居民消费结构快速升级，推动供给侧改革，全社会公共产品和公共服务供给将持续增加，同时欠发达国家市场空间广阔，国内外对能源、原材料和重化工产品的绝对需求仍然较大，我区面临着用先进技术改造提升传统产业、加快发展优势特色产业、再造地区经济发展新优势的重大契机；国家深入实施“一带一路”、京津冀协同发展和长江经济带战略，大力推进“中蒙俄经济走廊”建设，投资、贸易、生产要素西移北上的趋势日益明显，互利共赢、内外联动的开放格局加速形成，我区面临着全方位扩大对内对外开放、深度融入国内外产业链价值链的重大契机；中央加强和改善宏观调控，实施差别化的区域经济政策，加大对西部大开发、东北振兴和边疆民族地区发展的支持力度，挖掘中西部地区回旋余地，释放欠发达地区内需潜力，我国区域经济格局将深刻调整，我区面临着打造经济增长新引擎、缩小同全国发展差距的重大契机。

同时也要看到，我区未来发展仍面临众多困难和挑战。我区是欠发达的边疆民族地区，综合经济实力还不够强，城乡、区域、经济社会发展不够协调，基础设施和基本公共服务比较滞后，城乡居民收入低于全国平均水平，与全国同步建成全面小康社会的任务艰巨繁重；我区产业结构比较单一，重型化特征明显，煤炭等资源型产业比重偏高，非资源型产业、战略性新兴产业、现代服务业发展不足，推进传统产业新型化、新兴产业规模化、支柱产业多元化的任务艰巨繁重；我区经济增长动力不够均衡，科技支撑能力不强，有效需求和有效供给不足并存，劳动力、资本等生产要素供求关系趋紧，加快转变经济发展方式、培育新的增长动力、实现从要素驱动向创新驱动转变的任务艰巨繁重；我区生态环境还比较脆弱，推进经济绿色转型、实现发展与保护双赢的任务艰巨繁重；我区经济运行积累的潜在风险较多，部分行业产能过剩，不少企业经营困难，一些地方政府债务负担较重，新常态下的新矛盾新问题逐步显现，加强经济运行调控和治理、有效应对各种风险挑战的任务艰巨繁重。

综合判断，我区发展仍处于可以大有作为的重要战略机遇期，经济长期向好的基本面没有改变，同时也面临诸多矛盾交织叠加的严峻挑战。我们必须准确把握发展战略机遇期内涵和条件变化的新特征，充分利用各种有利条件，主动适应和积极引领新常态的发展大势，加快解决突出矛盾和问题，有效应对各种风险挑战，走出一条具有内蒙古特色的新常态发展之路。

（二）发展目标

综合分析“十三五”时期发展战略机遇期内涵和条件的变化，按照到 2020 年全面建成小康社会宏伟目标要求，力争提前实现地区生产总值和城乡居民收入比 2010 年翻一番，今后五年我区经济社会发展的主要目标是：

——经济保持中高速增长。投资规模扩大、结构优化、效率提高，全社会固定资产投资年均增长 10%左右。消费对经济增长贡献率提高，社会消费品零售总额年均增长 10%左右。“五大基地”建设深入推进，资源综合利用率和产业精深加工度提高，预期我区电力总装机、新能源装机和电力外送能力均居全国首位。基础设施体系更加完善，将历史性实现地上有高铁、地下有地铁，铁路、公路、航空全面发展，连接内外、覆盖城乡的现代化综合交通运输体系基本形成。经济发展综合水平明显提高，地区生产总值年均增长 7.5%左右，人均地区生产总值达到 1.6 万美元左右。一般公共预算收入年均增长 7%左右。

——转变发展方式取得重大突破。产业发展迈向中高端水平，农牧业现代化加快推进，工业转型升级取得新突破，服务业和战略性新兴产业比重明显上升，多元发展多极支撑的现代产业体系基本形成，服务业增加值占地区生产总值比重达到 45%左右，战略性新兴产业增加值占地区生产总值比重达到 10%以上。要素结构优化，科技对经济增长的贡献率提高到 55%，信息化水平显著提升，创新驱动发展格局初步形成。城镇化内涵发展质量提高，户籍人口城镇化率年均提高 1.4 个百分点左右，新农村新牧区建设成效显著，城乡基本公共服务差距明显缩小，城乡协调发展格局基本形成。生产力布局进一步优化，呼包鄂协同发展战略深入实施，乌海及周边地区一体化发展水平明显提高，东部地区加快发展，县域经济实力持续壮大，区域发展协调性不断增强。

——人民生活水平和质量普遍提高。就业比较充分，城镇新增就业人数平均每年达到25万人。城乡居民人均可支配收入年均分别增长8%左右和9%左右，达到全国平均水平，城乡居民收入差距预计缩小到2.7∶1，中等收入人口比重明显上升。消费能力和消费层次显著提高。就业、教育、文化、体育、社保、医疗、住房等公共服务体系更加健全，基本公共服务均等化水平稳步提高，教育现代化取得重要进展，劳动年龄人口平均受教育年限明显提高。国家现行标准下农村牧区80.3万贫困人口实现脱贫，贫困旗县全部摘帽，解决区域性整体贫困。人均预期寿命达到76岁左右。

——国民素质和社会文明程度显著提高。“中国梦”和社会主义核心价值观更加深入人心，爱国主义、集体主义、社会主义思想广泛弘扬，向上向善、诚信互助的社会风尚更加浓厚，人民思想道德素质、科学文化素质、健康素质明显提高，全社会法治意识不断增强。公共文化服务体系基本建成，推动文化产业逐步成为国民经济支柱性产业，到2020年文化产业增加值占地区生产总值比重达到4%左右。

——生态环境质量持续改善。生产方式和生活方式绿色、低碳水平上升。生态环境持续好转。森林覆盖率提高到23%，草原植被盖度提高到46%，主要生态系统步入良性循环。能源资源开发利用效率大幅提高，能源消费总量和强度、水资源消耗总量和强度、建设用地总量和强度、碳排放强度、主要污染物排放总量达到国家要求，实现天更蓝、水更清、山更绿，城乡人居环境明显改善。主体功能区布局和生态安全屏障基本形成，对国家生态文明建设大局的贡献更加突出。

——各方面体制机制更加健全完善。政府和市场的关系进一步理顺，市场化程度提高，重点领域和关键环节改革取得决定性成果，鼓励创新的体制机制逐步完善，产权得到有效保护。非公有制经济快速发展，各类市场主体活力增强。开放型经济新体制基本形成，对内对外开放层次和水平明显提高，外贸进出口总额达到190亿美元左右，实际利用外资总额达到45亿美元。人民民主更加健全，法治政府基本建成，司法公信力明显提高，民族团结、社会稳定、边疆安宁的政治局面进一步巩固。

三、推动经济持续健康发展 壮大地区综合经济实力

（一）努力扩大有效需求

立足扩大内需战略基点，充分发挥投资对增长的关键作用，有效发挥消费对增长的基础作用，积极发挥出口对增长的促进作用，形成投资、消费、出口对经济增长协调拉动的新格局，增强经济增长的内生动力。

1. 充分发挥投资对增长的关键作用

把握国家投资政策导向，挖掘新常态下新的投资领域和投资需求，扩大政府投资，调动企业投资积极性，推进投资主体多元化，确保投资规模稳定增长。优化投资结构，加大基础设施建设、现代产业发展、公共产品和公共服务领域投资力度，推进重大工程和重大项目建设，发挥投资在优化资源配置方面的牵引作用。增加有效投资，着力

补短板、强基础、调结构、增后劲，提高投资质量和效益。深化投融资体制改革，创新融资方式，发挥财政资金撬动功能，通过 PPP、基金运作等方式，带动更多社会资本参与投资。力争“十三五”期间全社会固定资产投资年均增速保持在 10%左右。

2. 有效发挥消费对增长的基础作用

发挥市场在资源配置中的决定性作用，积极发现和满足群众消费升级需要，以体制机制创新激发新活力，以消费环境改善和市场秩序规范释放新空间，以扩大有效供给和品质提升满足新需求，以创新驱动产品升级和产业发展，推动消费和投资良性互动、产业升级和消费升级协同共进、创新驱动和经济转型有效对接，构建消费升级、有效投资、创新驱动、经济转型有机结合的发展路径，为经济提质增效升级提供更持久、更强劲的动力。扩大教育、健康、养老、文化、旅游等服务消费，催生带动跨区跨境、线上线下、体验分享等各领域多种信息消费，拓展从生态有机食品向空气净化器、净水器、节能节水器具、绿色家电、绿色建材等的绿色消费，推动个性化、多样化时尚品牌商品和服务的时尚消费，鼓励更加安全实用、更为舒适美观、更有品味格调等品牌商品的品质消费，提升扩大以交通通信、文化娱乐、绿色环保、家电类耐用消费品和家用轿车等方面的农村消费。落实带薪休假制度，进一步拉动消费。力争“十三五”期间社会消费品零售总额年均增速保持在 10%左右。

3. 积极发挥出口对增长的促进作用

发挥出口对增长的促进作用，增强对外投资和扩大出口结合度，培育以技术、标准、品牌、质量、服务为核心的对外经济新优势。提升劳动和资源密集型产品附加值，稳定纺织服装、机电冶金、有机绿色农畜产品等传统优势产品出口，促进文化艺术、蒙医药中医药、软件信息、数据处理等服务出口。实施优进优出战略，支持企业“走出去”开展工程承包和劳务合作，建立境外资源开发加工基地，带动设备、材料、技术、产品和服务出口，营造资本和技术密集型产业新优势，提高我区优势特色产业在全球价值链中的地位。力争到 2020 年实际利用外资总额达到 45 亿美元，外贸进出口总额达到 190 亿美元左右。

（二）积极发展战略性新兴产业

把培育发展战略性新兴产业作为推动产业转型升级和补短板的主攻方向，坚持依靠特色资源优势和加快科技创新相结合，围绕重点领域组织实施重大工程和特色产业链培育计划，着力打造先进装备制造、新材料、生物、煤炭清洁高效利用、新能源、节能环保、电子信息等新兴产业集群，培育成为新的支柱产业。到 2020 年战略性新兴产业增加值占地区生产总值比重达到 10%以上。

1. 发展壮大先进装备制造业

深入实施《中国制造 2025》，加快推进智能制造，积极开展以数字化、柔性化及系统集成技术为核心的专用智能制造装备研发，推动信息化和工业化深度融合，构建新型制造体系。大力支持装备制造企业自主创新，通过多种途径鼓励国产首台重大技术装备研制。以“互联网＋制造”推动装备制造业转型发展，支持现有大型装备制造企业数字化机床改造，促进传统制造业转型升级。重点发展汽车、铁路车辆、农牧业机械、工程机械、运输机械、矿山机械、煤炭机械、化工机械、发电及智能输变电设备、煤化工成套设备、新能源设备、石油综采设备等特色装备，着力提升关键零部件、基础工艺、基础材料、基础制造装备研发和系统集成水平，形成特色装备科技研发、总装制造、设备供应、技术服务等完整产业体系。积极培育先进轨道交通装备、节能与新能源汽车、航空航天装备、第四代核电燃料元件、高性能医疗器械、新一代电子信息设备、工业机器人等一批高端装备制造产业集群。以呼和浩特、包头、鄂尔多斯、乌兰察布、通辽、赤峰、呼伦贝尔、锡林郭勒等地区为重点，积极承接优势产业转移和科技成果转化，建成全国重要的现代装备制造业基地，形成高端装备制造共享、协同、深度融合的平台。

2. 做大做强新材料产业

先进功能材料领域，实施“稀土+”战略，组织开展稀土功能材料关键共性技术攻关，加大镧铈元素开发应用，掌握一批关键核心技术，扩大稀土永磁材料、储氢材料、催化材料、发光材料、稀土抛光粉、抛光液等高端产品生产规模，到2020年稀土高端产品占比达到50%以上，培育壮大永磁电机、磁共振成像仪、镍氢电池、环保颜料、稀土陶瓷材料、稀土磁致伸缩材料、稀土热稳定剂、蓝宝石晶片、尾气净化等稀土应用产业，加大铌钪资源综合利用，培育发展下游高端应用产品，推动白云鄂博稀土资源合理平衡利用，建成国家稀土功能材料产业基地；加快发展高效、低成本、节能环保型硅材料，积极开发多晶硅（单晶硅）切片及电池、薄膜电池、风积沙制太阳能光伏玻璃灯产品，建立以光伏材料、光伏电池组件、电动车电池和组件生产为主的材料产业聚集区；推动乌兰察布、阿拉善等地区石墨资源开发利用，加快推进高纯石墨、柔性石墨、核级石墨、石墨烯、碳素、磷酸铁锂等系列下游新型产品研发和应用，促进规模化生产，建成国家、自治区石墨材料产业基地。高性能结构材料领域，以耐高温、耐腐蚀、耐疲劳为重点，形成以高品质镁合金、铝硅钛合金、锗产品、非晶材料、稀土镁合金材料及高品质特殊钢材为主的先进结构材料体系。先进复合材料领域，以树脂基复合材料、金属基复合材料、陶瓷基复合材料为重点，大力发展工程塑料、特种橡胶、高性能有机硅聚合物、高端氟聚合物、碳纤维、芳纶纤维等特种材料。

3. 积极发展生物产业

培育壮大生物医药业，实施重大新药创制行动，加快形成现代蒙药中药、基因工程药物、新型疫苗、抗体药物、化学新药等为代表的新药开发平台，掌握一批新药创制研发的关键核心技术，大幅提升制药技术和装备水平。促进蒙药中药产学研结合，做大做强蒙药中药产业。推动生物农牧业加快发展，建设一批现代生物育种和农业、畜牧业生物产品创新平台，玉米、马铃薯、葵花和牛、羊育种能力达到国内领先水平，在生物肥料、饲料添加剂、生物化工及生物农药等领域形成一批国内知名品牌。提高生物制造业发展水平，着力提升生物制造领域技术创新能力，推动蓖麻、玉米深加工、高效乳酸菌、益生菌研发水平达到国际先进水平，实现规模化生产。

4. 壮大煤炭清洁高效利用产业

加快煤炭气化、净化、合成、三废处理、节能节水等关键技术研发，重点解决尾气转化利用，提升技术集成和系统集成能力。发展煤炭清洁生产技术，支持气化采煤、褐煤提质等核心技术研发及产业化示范。积极开展煤层气、页岩气勘探、开采和利用技术引进与开发。加快煤化电热一体化、煤炭分级利用等煤基多联产示范，提高资源利用率。加强煤炭分质利用技术研发，提高低阶煤、劣质煤、煤矸石、煤泥利用效率。

5. 加快发展新能源产业

坚持“集中式与分布式并举、区内消纳与外送相结合”，统筹规划、有序开发，支持在荒漠戈壁区域、矿山废弃地发展新能源产业，建设阿拉善（乌海）、包头北（巴彦淖尔）、鄂尔多斯（巴彦淖尔、乌海、阿拉善）、乌兰察布（呼和浩特）、锡林郭勒、赤峰、通辽、呼伦贝尔（兴安）等新能源基地，建立健全新能源保障性收购长效机制，依托电力通道打捆外送；积极开展风电信息接入与利用、风电运行特征研究、风电运行气象保障体系、风电功率预测技术及系统开发、风电安全稳定运行管理、太阳能发电、储热等方面的关键技术研究与攻关，发展风电供热和分布式光伏电站，合理布局抽水蓄能项目，推动储能技术突破和规模化应用，开展新能源微电网示范项目研究，提高可再生能源消纳能力。积极培育纤维素制燃料乙醇等基于非粮原料的下一代生物能源产业，在蒙东地区以赤峰为中心推动生物天然气示范区建设。依托包头现有重水堆、压水堆、AP1000、高温制冷堆等核燃料元件生产线，以及正在研发的拥有自主知识产权的第三代核燃料技术，在包头建设国家核燃料生产基地。依托内蒙古的铀资源，加快铀矿深加工纯化转化一体化，实现铀矿就地转化，建设国家级铀纯化转化基地。到 2020 年新能源装机达到 8000 万千瓦，占总装机的 36%，其中利用锡盟至山东、锡盟至江苏、蒙西至天津南、上海庙至山东 4 条电力输送通道外送 3300 万千瓦，自治区消纳约 4700 万千瓦。

6. 扶持发展节能环保产业

着力加强钢铁、有色、电力、煤化工、氯碱化工、建材等重点行业节能技术装备研发和重点示范工程建设，支持太阳能集热系统、地源热泵等新产品应用，推进高效节能产业发展。以先进环保技术装备推广应用为重点，加强介电电泳、生物膜处理、烟尘回收及脱硫脱硝技术研发与利用，推进先进环保产业发展。建设再利用、资源化、减量化等产业技术创新体系，形成一批具有核心竞争力的资源循环利用技术装备和产品制造企业，建成技术先进、覆盖城乡的资源循环利用产业体系，推进资源综合利用产业发展。

7. 培育发展电子信息产业

掌握新一代移动通信、数字电视、下一代互联网、网络与信息安全及智能终端等领域的核心关键技术，形成卫星移动通信服务系统，产业发展能力达到国内先进水平。加强新一代半导体材料和器件工艺技术研发，培育发展集成电路、大尺寸薄膜晶体管液晶显示、半导体发光二极管、有机发光二极管、智能传感器和新型电力电子器件产业。基本形成具有一定自主创新能力的电子信息技术产业体系，骨干企业竞争力显著增强。

（三）加强信息基础设施建设

顺应信息化和互联网发展趋势，大力推进信息基础设施建设，为促进新型工业化、信息化、城镇化和农牧业现代化同步发展，打造大众创业、万众创新和增加公共产品、公共服务“双引擎”提供有力支撑。

1. 加快实施宽带内蒙古工程

大力推进宽带网络建设。推进光纤到户进程，提高第四代移动通信（4G）网络覆盖面。加快建设宽带无线城市，重点打造“呼包鄂无线城市群”。实施“宽带乡村”工程。提升农村牧区宽带网络，灵活采用WLAN、卫星等无线网络作为农村牧区宽带网络建设的有益补充，推进边远地区和少数民族聚居地区宽带网络建设。发展宽带应用基础设施。积极推动以新一代互联网协议（IPv6）为代表的下一代互联网（NGI）建设。到2020年，互联网普及率达到95%，城市和农村牧区宽带用户平均接入能力分别达到50Mbps和8Mbps。

2. 有序建设云计算数据中心

优化云计算数据中心空间布局。重点推动呼和浩特、包头、鄂尔多斯、赤峰、乌兰察布、呼伦贝尔、锡林郭勒等地区大型云计算数据中心建设，打造呼包鄂智慧岛和赤峰、乌兰察布云计算备份中心，依托云计算数据中心，加强相关软件研发，建立云计算数据中心和服务的管理体系、安全体系和维护体系。加快云计算数据通道建设。完善国际、省际光缆网通道，积极争取国家级互联网骨干呼和浩特直联点和自治区国际出口局。到2020年，云计算数据中心服务器规模达到300万台，建成国家级云计算数据中心基地。

3. 全面推进“三网融合”

鼓励交互式网络电视（IPTV）、手机电视等核心业务大规模应用，以及交互数字电视、多媒体终端、智能家电等新产品的批量应用。以高清交互式数字电视网络为基础，建设下一代广播电视网（NGB）干线传输网络和接入网络，加快推进基于高清交互机顶盒的家庭网关推广与普及。建设有线、地面、卫星传输相结合的数字电视网络，全面提高广电网络技术水平、服务和覆盖能力。鼓励和支持“三网融合”相关产品研发、市场培育和企业发展，推动产业链上下游协调发展，实现电信企业和广电企业双向业务进入。推动网络基础设施资源整合与共享，减少电信行业相关基础设施的重复建设，提高行业投资效率。

四、坚持创新发展 提高发展质量效益

（一）实施创新驱动发展战略

发挥科技创新在全面创新中的引领作用，以深化体制机制改革为动力，以增强自主创新能力为核心，加快完善科技创新体系，强化成果转化激励政策，培养和引进一批高层次科技创新人才、产业创新团队，形成适应创新驱动发展要求的制度环境和政策法律体系，推动经济发展从主要依靠要素驱动向创新驱动转变。到2020年我区全社会研究与试验发展（R&D）经费支出占地区生产总值的比重达到2.2%，每万人发明专利拥有量达到3件。

1. 构建科技创新体系

强化企业技术创新主体地位，着力构建以企业为主体、市场为导向、产学研相结合的技术创新体系，鼓励构建产业技术创新战略联盟，推动跨地区、跨领域、跨学科、跨行业协同创新，促进科技与经济深度融合。发挥大型企业创新骨干作用，促进企业

真正成为技术创新决策、研发投入、科研组织和成果转化的主体。以科技创新为核心，统筹推进科技、管理、品牌、组织、商业模式等全面创新。大力推进有特色高水平大学和科研院所建设，加强重大科研基础设施建设，增强高等学校、科研院所原始创新和共性技术研发能力。加强创新平台建设，打造一批国家级和自治区级工程（重点）实验室、工程（技术）研究中心、企业技术中心和面向中小企业的公共服务平台，构建开放共享互动的创新网络。建设一批国家级和自治区级高新技术产业开发区、农业科技园区、可持续发展实验区等科技园区和基地，争取创建国家自主创新示范区。实施科技重大专项和创新能力提升工程，在清洁能源、现代煤化工、有色金属和现代装备制造、绿色农畜产品、文化科技融合、生态与环境、现代蒙医药、稀土等领域突破和掌握一批关键核心技术。支持节能环保、生物技术、新一代信息技术、云计算与大数据、智能制造、新材料等新兴产业发展，支持传统产业的优化升级。依托大型企业和重大项目，引进一批关键技术和创新人才。加强创新合作，充分利用国内外科技创新资源，全方位推进开放协同创新，构建区域合作平台，推动跨区域跨行业协调创新。

2. 完善创新体制机制

发挥市场在资源配置中的决定性作用和政府在推进创新中的重要作用。建立技术创新市场导向机制，打破行政主导和部门分割，改革科技计划管理方式，创新科技项目的形成机制和管理办法，调整优化科技计划布局。完善科研管理体制，建立现代院所管理制度，改革科研评价制度。构建普惠性创新支持政策体系，发挥金融创新对技术创新的助推作用，建立和完善创业投资引导机制，扩大新兴产业创业投资引导基金规模，带动社会资本支持战略性新兴产业和高技术产业早中期、初创期创新型企业发展。加强知识产权保护，建立技术和知识产权交易平台，推动形成科技基础设施、大型科研仪器、各类科研平台和专利信息资源向社会开放的长效机制。

3. 推进科技成果转化

贯彻落实《国家科技成果转化法》，修订《内蒙古自治区科技成果转化条例》。完善科技成果转化激励机制，研究制定事业单位科技成果使用、处置、收益管理办法和高层次人才收入分配激励政策。扩大高校和科研院所自主权，赋予创新领军人才更大人财物支配权、技术路线决策权。完善科技成果、知识产权归属和利益分享机制，加大科研人员股权和分红激励制度。深化职称制度改革，创新专业技术人才评价的方式和方法，建立健全高技能人才评价体系，完善科技人才职称评价标准和方式。发展多层次的技术（产权）交易市场体系。完善企业研发费用加计扣除政策，扩大固定资产加速折旧实施范围，推动设备更新和新技术应用。

4. 推进大众创业万众创新

深化商事制度改革，强化创业政策扶持，建设创业创新平台，释放全社会创业创新红利。加快创业孵化体系建设，大力发展创新工场、创客空间等新型孵化器，扩大众创空间。强化创业孵化服务，推广新型孵化模式，鼓励发展众创、众包、众扶、众筹空间。发挥财政资金杠杆作用，发展天使、创业、产业投资，支持风险投资，形成多渠道、多元化资金投入方式，打造一批具有较强辐射带动和引领示范作用的区域创业创新中心，为大众创业、万众创新提供有效支撑。深入实施全民科学素质行动计划，加强科普基础设施建设，大力推进科普信息化，提高面向公众的科学普及水平。

5. 实施人才强区战略

加快重点人才队伍建设。围绕提高科技创新能力，突出培养造就创新型科技人才，依托国家重大科研项目、重大工程、重点学科、重点科研基地和国际学术交流合作项目，重点培养一批高水平科技领军人才、学科带头人，一批科技创新能力和学术研究水平国内领先的创新团队。深入实施千百人计划、草原英才等工程，落实高技能人才振兴计划，打造特色产业聚才平台，积极发展人力资源服务业，大力培养和引进装备制造、能源资源、生物技术、新材料、农牧业科技等产业管理与技术人才，加快培养和引进教育、文化、政法、医药卫生等社会领域急需紧缺专门人才，积极培养和引进懂科技、善经营、会管理的企业家，全面促进农村牧区实用人才回乡创业兴业，培养职业化、专业化社会工作人才，建设德才兼备的干部队伍。到2020年形成基本完备的人才发展体制机制。

优化人才发展环境。坚持党管人才原则，按照自治区党委“服务发展、人才优先、以用为本、创新机制、高端引领、整体开发”的总要求，遵循市场经济规律和人才成长规律，健全政府宏观管理、市场有效配置、单位自主用人、个人自主择业的人才发展机制，改革人才选拔使用方式，促进人岗相适、用当其时、人尽其才，形成有利于各类人才脱颖而出、充分施展才能的发展环境。完善党政机关、企事业单位、社会各方面人才顺畅流动的制度体系，健全人才向基层和艰苦边远地区流动的激励机制。发挥用人单位评价的主体作用，发展专业化、社会化的人才评价组织，建立以品德、能力、业绩、素质为导向的社会化人才评价发现机制。加大人力资源建设投入，完善分配、激励、保障制度，通过加大政府奖励和实行股权、期权、年薪制等多种方式，吸引和激励关键岗位、核心骨干人才，营造尊重人才、支持创业、崇尚创新的社会氛围，加强人才服务，最大限度调动人才的积极性和创造力。

重视少数民族人才培养使用。加强少数民族优秀人才队伍建设，提高少数民族人才素质和能力，完善少数民族人才选拔和培养制度，支持少数民族人才到先进地区学习交流，注重少数民族人才实践锻炼，为少数民族人才的成长发展搭建更广阔的平台，努力培养一批维护祖国统一、促进民族团结、推动自治区经济社会发展的少数民族干部队伍和教育、科技、文化、医药卫生等少数民族专业技术人才队伍。

（二）深化经济体制改革

发挥经济体制改革牵引作用，使市场在资源配置中起决定性作用和更好发挥政府作用，形成有利于创新发展的市场环境、产权制度、投融资体制，释放制度红利。

1. 坚持和完善基本经济制度

完善产权保护制度。健全归属清晰、权责明确、保护严格、流转顺畅的现代产权制度，保证各种所有制经济依法平等使用生产要素、公开公平公正参与市场竞争、同等受到法律保护。加强对国有、集体资产所有权、经营权和各类企业法人财产权的保护，制定《不动产登记条例》。加快发展产权市场，引导农村牧区产权流转交易市场健康发展，整合建立统一的公共资源交易平台。

深化国有企业改革。分类推进国有企业改革，对提供公益性产品或服务的企业，要加大投入，提升公共服务能力；对一般性竞争领域的国有企业，要推进实现股权多元化；国有资本控股经营的自然垄断行业实行以政企分开、政资分开、特许经营、政府监管为主要内容的改革，放开竞争性业务。加快完善现代企业制度，健全公司法人治理结构，推行职业经理人制度，建立健全权责对等、协调运转、有效制衡的决策执行监督机制，深化企业内部人事和薪酬制度改革，完善国有企业经营管理人员激励约束机制。推进以管资本为主的国有资产管理体制改革，实现以管企业为主向管资本为主的监管机构职能转变，改组组建国有资本投资、运营公司，探索有效的运营模式，推动国有资本合理流动优化配置，推进经营性国有资产集中统一监管。分类分层推进国有企业混合所有制改革，支持国有资本、集体资本、非公有资本等交叉持股、相互融合，鼓励国有企业投资项目引入非国有资本，允许混合所有制经济实行企业员工持股。到 2020 年国有资本收益上缴公共财政比例提高到 30%，加大国有资本经营预算和公共财政预算统筹力度，更多用于保障和改善民生。推动中央企业分支机构变更为独立法人，引导新设立、符合条件的企业直接登记为独立法人。

支持非公有制经济健康发展。坚持权利平等、机会平等、规则平等，进一步放宽市场准入，除国家明令限制的行业外，允许民间资本进入金融、能源、运输、公共事业等领域项目建设。制定非公有资本进入城市供水、供气、供热和污水处理等特许经营领域具体办法。鼓励非公有制企业参与铁路、公路、航空等基础设施建设和运营，参与教育、文化、医疗卫生等社会事业发展，与国有资本享有同等待遇。支持非公有制企业利用产权市场开展跨地区跨行业兼并重组，通过参股、控股、资产收购等方式参与国有企业改革。引导非公有制企业通过股票、债券市场直接融资，建立鼓励金融机构支持中小微企业发展的激励机制。建设小微企业名录，集中公开各类扶持政策，公示企业享受扶持信息，建立小微企业库，促进小微企业健康发展。

2. 加快完善现代市场体系

深化市场准入制度改革。实施市场准入负面清单制度，市场准入负面清单以外的行业、领域、业务等，各类市场主体皆可依法平等进入。进一步放开外商投资市场准入限制，探索实行准入前国民待遇加负面清单的管理模式。放宽垄断专营领域市场准入，实施公平竞争审查制度，打破地域分割和行业垄断。持续做好并不断完善工商注册便利化措施，推行全程电子化登记管理和电子营业执照。加强对市场主体和市场行为的监督管理，建立具有普遍约束力和激励作用的监管规则及方法。

培育壮大市场主体。牢牢把握发展实体经济这一坚实基础，强化企业市场主体地位，增强各类市场主体活力。支持各类市场主体发展壮大。围绕培育壮大大型骨干企业，支持企业实施战略合作和兼并重组，形成若干具有较强核心竞争力和辐射带动力的大型企业集团。推动中小企业与大企业协作配套，走“专、精、特、新”道路，培育形成一批有活力、能创新、善协作、带动就业强的中小企业集群，形成大企业顶天立地、中小企业铺天盖地的发展格局。

加快推进社会信用体系建设。完善自然人、法人和其他组织的信用记录，加快推进统一社会信用代码制度的实施，加强自治区和盟市两级公共信用信息共享交换平台和行业信用信息系统建设及互联互通。完善自治区企业信用信息公示系统，强化对市场主体的信用监管。建立健全守信激励和失信惩戒机制。依法规范信用服务市场，培育和发展社会信用服务机构，加强对信用服务机构及其从业人员的监管，满足社会多层次、多样化、专业化的信用服务需求。

完善主要由市场决定价格的机制。凡是能由市场形成价格的都交给市场，政府不进行不当干预。政府定价范围主要限定在重要公用事业、公益性服务、网络型自然垄断环节，竞争性领域和环节价格基本放开。完善农产品价格主要由市场决定的价格形成机制，改革完善玉米收储制度，推进大豆目标价格改革试点，完善补贴发放办法，研究推进牛羊肉、牛奶、绒毛价格补贴试点，全面落实生鲜乳购销交易参考价和政府指导价相结合的定价机制。加快推进能源价格市场化，在蒙西电网输配电价改革试点基础上，按照"管住中间、放开两头"的总体思路，推进电力、天然气等能源价格改革，促进市场多元化竞争。完善环境服务价格政策，逐步使企业排放各类污染物承担的支出高于主动治理的成本，提高企业主动治污减排积极性。健全交通运输价格机制，创新公用事业和公益性服务价格管理。科学定位出租汽车服务，改革巡游出租汽车经营权管理制度，逐步实行经营权期限制和无偿使用，完善退出机制；发挥运价调节出租汽车运输市场供求关系的杠杆作用，建立健全出租汽车定价动态调整机制以及定价与燃料价格联动机制。

3. 加强供给侧结构性改革

积极化解过剩产能。按照企业主体、政府推动、市场引导、依法处置原则，着力加强宏观调控和市场监管，控制产能过剩行业单纯规模扩张，加大落后产能淘汰力度。因地制宜、分类有序推动煤炭、电力、化工、冶金、建材等行业纵向联合重组，推动企业开展优势产能合作，促进产能结构优化，带动产业转型升级。推动体制机制创新，完善产业、财税、价格、职工安置等配套政策体系，建立化解产能过剩矛盾长效机制。

合理降低企业成本。深入开展降低实体经济企业成本行动，以优势特色产业为重点，扶优汰劣，通过减税降费减轻一部分、金融机构分担一部分、深化改革消化一部分、企业挖潜压缩一部分，着力改善企业发展环境，优化运营模式，增强盈利能力，提高产业竞争力，增强经济持续稳定增长动力。

有效化解房地产库存。推进保障性住房与消化库存商品房相结合。深化住房制度改革，把棚改货币化安置作为房地产去库存的重要渠道，提高棚户区改造货币化安置比例。将公租房扩大到非户籍人口，适度扩大政府购买公租房规模，对商品住房存量较大、消化周期较长的地区，政府主要通过购买存量商品房筹集房源，减少库存。落实《财政部、国家税务总局关于棚户区改造有关税收政策的通知》，享受相应税收优惠政策，提高棚改户购买力。探索消化存量大户型商品住房的有效途径，搭建货币化安置房源选购信息平台。支持农牧民进城购房。落实户籍制度改革相关配套政策，增加城市户籍人口，出台并落实农牧民工在中小城镇首次购买住房的财政补贴、购房落户、税费减免等政策，鼓励金融机构向农牧民发放购房贷款，通过建立农牧民工参加住房公积金制度等支持在城镇有稳定就业能力的农牧民工购买住房，稳定房地产市场。探索扩大以农村牧区宅基地、承包地、草牧场、林权地等抵押或担保贷款试点范围，增强农牧民购房资金融资能力。培育开拓商品房屋租赁市场。全面实行公共租赁住房货币化保障机制，支持房地产开发企业直接把新建商品房通过“以租代售”方式进行零首付销售或实现资产证券化。加快培育房屋租赁市场，鼓励自然人和各类机构投资者购买库存商品房，成为租赁市场的房源提供者。鼓励发展以住房租赁为主营业务的专业化企业。鼓励房地产企业顺应市场规律调整营销策略，适当降低商品住房价格，促进销售，有效解决房地产库存问题。加快推进房地产用地结构调整，支持房地产行业加快转型重组，做好非住宅商品房去库存工作。

扩大有效供给。瞄准国际国内标准和市场需求，从提高产品功效、性能、实用性、可靠性和外观设计水平入手，改造提升冶金、建材等传统产业，培育壮大装备制造、新材料、新能源汽车等新兴产业，全方位提高产品质量，更好地满足消费者个性化、时尚化、智能化的消费需求。支持制造业由生产型向生产服务型转变，促进生产性服务业向专业化方向发展，实现以质量求生存、以服务树信誉。推动农畜产品向安全、绿色、高端化方向发展，满足居民消费升级需求。顺应居民生活消费方式向发展型、现代型、服务型转变的趋势，重点发展文化旅游、家政服务、健康养老等贴近人民生活、需求潜力大、带动力强的生活性服务业，推动生活性服务业向便利化、精细化、品质化方向发展。加快技术、产品、业态等创新，培育发展新产业，通过新供给创造新需求。

4. 深化财税体制改革

建立全面规范、公开透明的预算制度，完善政府预算体系，改进年度预算控制方式，实施跨年度预算平衡机制，实行中期财政规划管理。推进预算绩效管理，建立权责发生制的政府综合财务报告制度。完善转移支付制度，清理、整合、规范专项转移支付，扩大一般性转移支付规模。合理界定自治区以下各级政府事权，完善财政管理体制，建立事权与支出责任相适应的制度。健全优先使用创新产品、绿色产品的政府采购制度。按照国家部署推进税制改革，建立健全公平统一的地方税体系。

5. 创新金融体制机制

扩大直接融资。把扩大直接融资作为主攻方向，充分利用多层次资本市场推动企业发展。建立完善支持企业上市、场外挂牌融资的激励机制，推动企业到境内外上市融资和再融资。加强债券市场融资，引导企业综合运用企业债券、公司债券、短期融资券、中期票据、中小企业集合票据、小微企业增信债券以及创新衍生产品等融资工具融资，降低融资成本。综合运用资产证券化等金融产品加大融资供给。积极推动中小微企业在全国中小企业股份转让系统和自治区股权交易中心挂牌融资。

发展普惠金融。充分发挥政府引导扶持作用，以市场为导向，优化金融资源配置，让农牧民、小微企业、城镇困难人群等获得价格合理、便捷安全的金融服务。鼓励各商业银行服务网点向县域延伸，建立服务“三农三牧”和小微企业发展的专营机构和运行机制。加快面向小微企业和“三农三牧”的特色中小金融机构建设，大力发展村镇银行、资金互助社，规范发展小额贷款公司和融资性担保公司。强化农业银行、农业发展银行、开发银行、邮政储蓄银行支农支牧作用，完善支农支牧机制，打造专业化为农为牧服务体系。实施金融服务“村村通”工程，加强助农金融服务点建设，引导互联网金融、移动金融在农村牧区规范发展。建立健全农村牧区支付结算渠道。完善扶贫贴息贷款政策，加大金融扶贫力度。支持涉农涉牧企业依托多层次资本市场融资。有序发展农村牧区土地、草牧场、林地承包经营权和住房财产权抵押贷款。进一步扩大农牧业政策性保险范围，开发养老、医疗等涉及民生的保险产品，积极发展涉农涉牧保险业务。

推动金融服务创新。以建立现代银行制度为目标，推动地方银行业金融机构提升经营管理水平。进一步深化农村信用社改革，巩固服务“三农三牧”功能定位，推动股份制改造，建立现代金融企业制度。支持村镇银行、小额贷款公司、信用担保公司等新型地方金融机构优化股权结构，壮大资本实力。鼓励民间资本参与地方金融改革，依法发起设立中小型银行等金融机构。加强对民间融资的监管和风险预警，推进民间借贷登记服务中心试点，遏制脱实向虚和非法集资，促进民间融资健康发展。积极开展人民币跨境业务，提高对俄蒙双边投资贸易结算、汇兑、融资便利化水平，支持自治区东部五盟市装备制造、农业开发、建材、矿产资源加工企业开展境外并购外汇管理试点。

发挥保险资金融通功能，鼓励保险公司以债权、股权等多种方式支持重点项目建设。积极推广应用互联网技术，创新电子银行、网上银行、手机银行、微信银行等互联网金融服务，探索新型的支付方式和支付工具，鼓励并规范网络保险、网络借贷、股权众筹机构健康发展。完善地方金融监管体制，提高监管有效性，严守不发生系统性、区域性金融风险底线。

围绕京津冀协同发展战略　开创天津发展新局面
——天津市"十三五"规划纲要（经贸部分摘要）

一、全面建成高质量小康社会

（一）发展基础

"十二五"时期，在党中央、国务院的正确领导下，全市各方面坚持稳中求进工作总基调，统筹稳增长、促改革、调结构、惠民生、防风险，勇于创新，攻坚克难，圆满完成了"十二五"规划确定的主要目标任务。

综合实力跃上新台阶。2015 年全市生产总值 16538 亿元，年均增长 12.4%，人均生产总值超过 1.7 万美元。一般公共预算收入 2667 亿元，年均增长 20.1%。全社会固定资产投资累计超过 5.1 万亿元，年均增长 15.5%。滨海新区开发开放深入推进，区县经济显著壮大。

结构调整迈出新步伐。大项目、小巨人、楼宇经济快速发展，科技型中小企业达到 7.2 万家，服务业增加值占全市生产总值的比重 52%，"三二一"产业格局基本形成。自主创新能力不断提高，国家自主创新示范区和"双创特区"加快建设，全社会研发经费支出占全市生产总值比重 3%。

城市功能得到新提升。以"两港四路"为核心的综合交通体系加快建设，海港年集装箱吞吐量超过 1400 万标准箱，空港年旅客吞吐量 1431 万人次，铁路枢纽网络架构基本成型，公路网络体系逐步完善，城市轨道交通通车里程 139 千米。大规模市容环境综合整治持续开展，城市管理更加规范有序。

城乡面貌呈现新气象。"美丽天津·一号工程"深入推进。实施清新空气行动，PM2.5 平均浓度比 2013 年下降 27.1%。实施清水河道行动，主要河道水体质量明显改善。实施清洁村庄、清洁社区行动，居住环境更加整洁。实施绿化美化行动，城市绿化覆盖率 36%以上。节能减排任务提前完成。

社会建设取得新进步。教育改革持续深化，义务教育巩固率 99%，新增劳动力平均受教育年限超过 15.4 年。医疗卫生事业加快发展，基本医疗服务 15 分钟步行圈初步形成。公共文化服务体系不断完善，文化产业健康发展。社会治理与服务不断创新，居住证制度顺利实施，法治天津建设稳步推进，社会更加和谐稳定。

群众生活获得新改善。民心工程连续实施，财政支出的 75%以上用于民生领域。多渠道扩大就业，累计新增就业 240 万人。千方百计促进群众增收，城乡居民人均可支配收入年均增长 10.2%。大力推进全民参保，社会保障体系更加健全。推进保障房建设和棚户区改造，完成中心城区旧楼区综合提升改造。

改革开放实现新突破。制度创新在多领域展开，"十个一"行政管理体制改革成效显著。重点领域和关键环节改革不断深化，金融改革创新取得新进展。开放型经济水平持续提升，利用外资和内资分别年均增长14.3%和19.9%，自由贸易试验区建设高标准开局，扎实推进京津冀协同发展，积极参与“一带一路”建设，城市国际影响力进一步提升。

五年的发展历程很不平凡，取得的成绩来之不易，积累的经验十分宝贵，为未来发展奠定了更加坚实的基础。

（二）发展环境

“十三五”时期，天津发展既面临多重国家战略叠加的历史机遇，也面临诸多矛盾相互交织的风险挑战，机遇大于挑战。

从国际看，世界多极化、经济全球化、文化多样化、社会信息化深入发展。世界经济在深度调整中曲折复苏，新一轮科技革命和产业变革蓄势待发。全球治理体系深刻变革，国际经贸规则体系加快重构。同时，国际金融危机深层次影响在相当长时期依然存在，外部环境不稳定不确定因素增多。

从国内看，我国发展仍处于可以大有作为的重要战略机遇期。“四个全面”战略布局协调推进，持续释放新的制度红利。“四化”同步发展，不断激发新的发展潜能。“四大板块”和“三个支撑带”战略统筹实施，进一步拓展区域发展新空间。同时，我国经济发展进入新常态，传统比较优势减弱，发展方式粗放，发展不平衡、不协调、不可持续问题仍然突出。

从本市看，中央对天津进一步加快发展寄予厚望，明确了“一基地三区”的定位。京津冀协同发展、自由贸易试验区建设、国家自主创新示范区建设、“一带一路”建设、滨海新区开发开放五大国家战略叠加，机遇千载难逢，发展潜力巨大。同时，发展中的短板和矛盾问题依然突出，主要是：经济实力不够强，经济总量不大，产业结构不够优化；创新能力亟待提升，民营经济发展不充分，全社会创新创造创业活力有待进一步释放；资源约束趋紧，污染防治任务依然艰巨；社会保障体系不够完善，公共服务水平不够高，基层社会治理有待加强；安全基础比较薄弱，安全生产形势依然严峻；市民文明素质和社会文明程度仍需提高，人才发展总体水平不高，高层次人才尤其是领军型人才紧缺。

面向未来，站在新的历史起点上，我们要充分利用有利条件和积极因素，妥善应对风险和挑战，挖掘发展潜力，培育发展动力，厚植发展优势，拓展发展空间。

（三）指导思想

高举中国特色社会主义伟大旗帜，全面贯彻党的十八大和十八届三中、四中、五中全会精神，以马克思列宁主义、毛泽东思想、邓小平理论、“三个代表”重要思想、科学发展观为指导，深入贯彻习近平总书记系列重要讲话精神，按照“四个全面”战略布局，认真落实市委决策部署，坚持发展是第一要务，牢固树立创新、协调、绿色、开放、共享的发展理念，适应经济发展新常态，以提高发展质量和效益为中心，以改革创新为动力，增后劲、补短板、促均衡、上水平，统筹推进经济建设、政治建设、文化建设、社会建设、生态文明建设和党的建设，加快实现中央对天津的定位，全面建成高质量小康社会，不断开创美丽天津建设新局面。

（四）发展目标

“十三五”时期经济社会发展的主要目标是：基本实现“一基地三区”定位，全面建成高质量小康社会。

——建设高质高效、持续发展的经济发达之都。经济保持平稳较快增长，实体经济不断壮大，产业结构优化升级，质量效益明显提高，协同发展取得新进展，开放型经济和城市国际化程度达到新水平，综合实力和城市影响力大幅提升，全市生产总值年均增长 8.5%，服务业增加值占全市生产总值比重超过 55%。

——建设充满活力、竞争力强的创新创业之都。创新创业生态系统更加完善，创新人才大量集聚，自主创新能力显著增强，创新创造活力竞相迸发，全社会研发经费支出占全市生产总值比重达到 3.5%，综合科技进步水平保持全国前列。

——建设生态良好、环境优美的绿色宜居之都。生态文明建设加快推进，资源节约型、环境友好型的空间格局、产业结构、生产方式、生活方式基本形成，空气质量、水质达标率显著提高，林木绿化率大幅提升。

——建设文化繁荣、社会文明的魅力人文之都。社会主义核心价值观深入人心，爱国诚信、务实创新、开放包容、崇德尊法的社会风尚更加浓厚，市民思想道德素质、科学文化素质、健康素质明显提高，文化软实力显著增强。

——建设共有共享、安全安定的和谐幸福之都。公共服务体系更加完善、均等化水平稳步提高，民主法制更加健全，生产生活安全有序，居民收入增长和经济增长、劳动报酬提高和劳动生产率提高保持同步，居民主要健康指标达到世界先进水平，人民生活更加殷实。

实现上述目标，必须牢固树立“五大发展理念”。把创新作为引领发展的第一动力，把协调作为持续健康发展的内在要求，把绿色作为永续发展的必要条件，把开放作为繁荣发展的必由之路，把共享作为改革发展的根本目的，以发展理念创新引领发展方式创新，不断开拓发展新境界。必须牢牢把握“五大战略机遇”。准确把握战略机遇期内涵的深刻变化和实践要求，聚集发展新要素，培育增长新动力，优势做优、强项做强、特色做特，把战略机遇期转化为调结构转方式的突破期、持续发展的黄金期。必须始终坚持解放思想、实事求是，勇于担当、主动作为，保持昂扬向上的朝气、开拓进取的锐气、攻坚克难的勇气、敢为人先的志气、求真务实的风气，打好全面建成高质量小康社会的决胜之战。

二、构筑现代产业新体系

加快调整优化产业结构，推动产业融合发展，提高产业核心竞争力，构建以服务经济为主体、先进制造业为支撑、都市型农业为补充的现代产业体系，基本建成全国先进制造研发基地和生产性服务业集聚区。

（一）提升发展先进制造业

落实《中国制造 2025》（国发〔2015〕28 号），大力发展战略性新兴产业，推动传统产业优化升级，努力形成技术领先、配套完备、链条完整的先进制造产业集群。到2020年，先进制造业产值占工业总产值比重达到70%。

推动制造业集群发展。壮大发展高端装备、新一代信息技术、航空航天、节能与新能源汽车、新材料、生物医药、新能源、节能环保、现代石化和现代冶金等十大产业。重点发展海洋工程装备、高档数控机床、机器人、三维（3D）打印设备等，打造临港高端装备制造产业基地。重点发展高端服务器、新型智能终端、新一代基站、网络安全等关键技术和产品，打造具有国际竞争力的新一代信息技术产业基地。重点围绕“三机一箭一星一站”等龙头产品，打造具有国际影响力的航空航天产业基地。重点提升整车及关键零部件生产能力，突破电池、电机、电控等核心技术，建设国内重要的节能与新能源汽车生产基地。重点发展超导、功能膜、半导体、高分子等功能材料，建成国家级新材料产业基地。重点发展针对重大疾病的化学药、中药、生物药新产品，提升壮大医疗器械产业，建设生物医药产业创新高地。重点发展储能电池、太阳能和风力发电设备、智能电网装置等，打造绿色能源产业基地。重点突破节能、资源循环利用和污染治理等技术，开发推广高效节能、先进环保装备，将节能环保产业培育形成新的增长点。重点发展高端化精细化绿色化产品，构建完整的产业链条，打造南港世界一流石化产业基地。重点发展高性能板线材、核电用管、航空及动车专用铝材等，促进现代冶金产业向价值链高端延伸。同时，利用先进技术改造提升轻工纺织产业，打造全国轻工精品品牌基地。

提高制造业核心竞争力。完善产业创新体系，建设一批制造业创新中心，提高产业创新能力。积极发展新技术新产品，开发300个“撒手锏”产品。实施质量强市战略，推进名品名牌名企名家创建工程和工业强基工程，发展壮大一批国际知名品牌和核心竞争力强的企业。实施标准化提升计划，支持企业参与标准制订修订。加快龙头企业培育，推进优势企业重组整合，到2020年，打造10家千亿级总部企业、100家百亿级龙头企业。

促进制造业绿色发展。实施重点节能工程，全面推动冶金、化工、电力、建材等主要耗能行业节能改造。支持企业建立能源管理中心，推行合同能源管理。鼓励生态设计，开发绿色产品，推进产业绿色转型。深入实施万企转型升级行动，促进中小企业向新技术、新工艺、新设备、新材料、新业态转型升级。坚决淘汰落后产能。

（二）大力发展现代服务业

坚持生产性服务业和生活性服务业并重，改造提升传统服务业和培育壮大新兴服务业并举，推动现代服务业上规模、上水平，加快形成与现代化大都市地位相适应的服务经济体系。到2020年，生产性服务业增加值占全市生产总值比重达到40%以上，金融业增加值占全市生产总值比重达到11%。

建设金融创新运营示范区。积极发展传统金融。支持金融机构在津设立中国或区域总部以及专项事业总部，推动设立有限牌照银行、互联网保险公司等机构。鼓励金融机构开展业务创新。探索设立金融产业基金。推动法人金融机构增资扩股和并购重组。发展政策性金融、普惠金融，着力加强对中小微企业、农村地区金融服务，落实中小微企业贷款风险补偿机制。到2020年，持牌法人金融机构超过100家。创新发展新型金融。加快国家租赁创新示范区建设，推动设立全国性融资租赁资产流转平台，创新融资租赁业政策和业务。推进商业保理试点，打造一批商业保理领军企业。积极发展互联网金融，开展互联网金融平台、产品和服务创新。建设全国动产融资中心，拓展动产融资统一登记平台功能和服务领域。推动房地产证券化。规范发展要素市场。培育具有全国影响力的金融要素市场，促进各类要素高效有序流转。发展股权交易市场，支持与股权众筹平台对接，推动与沪深证券交易所、全国股转系统深度合作。规范发展现货交易市场，创新交易模式。鼓励大宗商品市场与证券期货机构开展战略合作。加快发展直接融资。完善企业上市资源储备机制，鼓励符合条件的企业利用资本市场融资。大力发展债券融资。规范发展投资基金，推进外资股权投资基金和境外投资基金试点。推广应用新型融资工具，积极发展信贷资产等证券化业务。

促进生产性服务业专业化发展。现代物流业，重点发展交易市场、电子商务、第三方物流、标准化快递、交易结算等领域。做强大宗商品物流，打造全流程的第三方大宗商品在线交易平台。大力发展跨境电子商务，建立跨境电子商务仓储中心、交易平台和公共服务平台，建设跨境贸易电子商务综合试验区。推动海港、空港和陆路港等物流集聚区建设。科技服务业，重点发展研发设计、检验检测认证、技术交易等领域，基本建成覆盖创新链条的科技服务体系。发展信息和软件产业，积极培育移动多媒体、信息安全等新兴业态。提高会计税务、咨询评估等商务服务专业化、规模化、网络化水平。改造提升会展场馆，增强对大型会展活动的承接能力，积极发展会展经济。发展各类人力资源服务机构，丰富服务产品。发展节能环保服务，推行环境污染第三方治理。发展远程检测诊断、运营维护、技术支持等售后服务新业态。积极承接国际离岸服务外包业务，加快发展在岸服务、跨境检测、管理咨询和数据处理等新兴服务贸易业态。

提高生活性服务业便利化水平。拓展生活服务消费领域，构建安全、智慧、便捷的居民消费服务体系，增强生活性服务业精细化程度和服务品质。扩大“天天乐道、津津有味”品牌影响力，培育邮轮游艇、房车露营、通用航空等高端旅游业态，发展休闲度假旅游，建设国际旅游目的地和集散地。丰富信息消费内容，培育信息消费热点，基本建成国家信息消费示范城市。发展健康体检、咨询、保险、护理等健康服务。推动养老服务从基本生活照顾向精神慰藉、心理支持、康复护理、临终关怀等领域延伸。提升民生商业设施水平，实施便民示范工程、农村消费网络建设工程。推进住宿餐饮业大众化、连锁化、品牌化，发展主题饭店、短租公寓、社区餐饮等细分业态。积极发展家政服务、社区服务、家庭用品配送等家庭服务。大力发展以律师和公证为主体的法律服务业，实现法律服务在生活服务各领域的广泛参与。积极发展邮政业综合服务平台、智能快（邮）件箱等快递服务新模式。

推动服务业改革开放。积极探索在科学技术、互联网和信息、文化教育、金融、商务和旅游、健康医疗等领域扩大开放，鼓励和引导各类社会资本进入，激发服务业发展活力。推进国家级服务业综合改革试点，形成促进现代服务业发展的体制机制。规范行业协会商会的运营、管理和服务。扩大政府购买服务的范围，推动竞争性购买第三方服务。继续推进服务业“营改增”改革。制定服务标准和规范，建立顾客满意度测评体系，打造天津服务品牌，实现服务质量和服务品牌双提升。

（三）优化发展现代都市型农业

加快转变农业发展方式，构建现代都市型农业产业体系、生产体系、经营体系，提高农业质量效益和农产品安全保障能力。

推动农业结构调整。因地制宜，调减粮食作物种植面积，增加经济作物和经济林、生态林、苗圃种植面积，提高优质畜产品、水产品养殖比例。调整品种结构，推进农业产业良种化。支持地方特色和地理标志农产品走出津门，建设特色农产品基地。

提升农业科技水平。做大做强现代种业，加快发展生物农业，增强生物肥料、饲料、兽药等公共科技创新研发能力。实施农业科技成果转化与推广项目，健全现代农业科技创新推广体系。

创新农业经营方式。依法推进承包土地经营权有序流转，发展多种形式适度规模经营。完善新型农业经营体系，培育农民合作社、农业产业化龙头企业、家庭农场、专业大户等新型经营主体。培养新型职业农民。健全农业社会化服务体系。

保障农产品质量安全。加快建设一批设施农业示范区和放心农产品基地，全面实施农业标准化管理，主要“菜篮子”产品实现无公害化生产。健全从农田到餐桌的农产品质量安全全过程监管体系。加强动物疾病风险控制。

增强基础设施支撑能力。统筹推进田、水、路、林综合整治，实施耕地质量提升工程，建设高标准农田。提升农业机械化装备水平，实现玉米、水稻生产全程机械化。加强农田水利基础设施建设。加快推进保护性耕作、土地深松技术普及。

（四）促进产业融合发展

依托雄厚的制造业基础，构建网络化、智能化、服务化、协同化的产业生态体系。

实施“互联网＋”行动计划。加强互联网、物联网、云计算等新技术应用，发展分享经济，促进互联网与经济社会融合发展。发展基于互联网的个性化定制、众包设计、云制造等新型制造模式，建设高质量的工业云服务和工业大数据平台。开发线上线下有机结合的服务产品，促进营销模式和服务方式创新。推进新一代信息技术在农业生产经营中的应用，开展电子商务进农村综合示范。加快互联网与公共服务体系的深度融合，促进公共服务创新供给和服务资源整合利用。实施大数据共建共享工程，推进数据资源开放共享，发展大数据产业。

实施智能制造工程。着力发展智能装备和智能产品，推动核心装置、支撑软件研发和集成应用。加快机械、船舶、汽车、轻纺、电子等行业生产设备的智能化改造，推动生产方式向柔性、智能、精细转变。建设一批重点领域智能工厂和数字化车间，推进企业数字化制造和智能制造。到2020年，重点企业信息技术综合集成应用达到60％。

促进三次产业融合发展。增强生产性服务业对先进制造业研发、生产、商务、运营、管理等全过程服务供给能力，引领产业向价值链高端提升。鼓励制造企业剥离非核心服务业务，推动服务业务市场化、社会化、专业化。引导制造企业向产业链的研发、品牌、营销等环节延伸，从产品供应商向整体解决方案提供商转变，实现制造业的服务化转型。促进农业“接二连三”融合发展，大力发展农产品精深加工和营销配送，拓展观光农业、体验农业和创意农业等新业态，推进农业由单一生产型向生产、生活和生态型多功能转变。

推进军民融合发展。统筹经济和国防建设，深入实施军民融合发展战略，大力发展国防科技工业，深化军工企业和科研院所改革，搭建军民融合公共服务体系，推进军民技术双向转移、良性互动，建设军民融合创新示范区。

（五）推动京津冀产业对接协作

积极对接北京创新资源和优质产业，主动向河北省延伸产业链条，实现产业一体、联动发展。制造业，围绕高端装备、航空航天、汽车、电子信息、生物医药等产业，贯通产业上下游，完善产业配套。服务业，承接北京金融、教育、研发、医疗等优质服务功能，促进区域公共服务的协同共建。农业，共建“菜篮子”产品生产基地、农业高新技术产业示范基地和环京津 1 小时鲜活农产品物流圈。积极争取在自由贸易试验区设立京津冀协同发展基金、产业结构调整基金。落实京津冀协同发展产业转移对接企业税收收入分享政策。与北京共建武清京津产业新城、未来科技城京津合作示范区、宝坻京津中关村科技城、京津州河科技产业园、团泊健康产业园，与河北省共建涉县天铁循环经济产业示范区、津冀芦台协同发展示范区。共建京东休闲旅游示范区、京杭大运河旅游观光带、滨海旅游观光带。

三、深入实施创新驱动发展战略

推动以科技创新为核心的全面创新，系统推进全面创新改革试验，加快促进科技与经济深度融合，不断提高科技进步贡献率，建设全国产业创新中心和国际创新城市。

（一）建设国家自主创新示范区

发挥创新政策优势。用好“6＋4”政策，加强政策统筹和创新，探索科技成果转移转化、科技金融创新、创新人才汇聚、股权和分红激励等体制机制，形成特色鲜明、协调有力、长效管用的创新创业发展政策体系。发挥国家自主创新示范区政策优势和自由贸易试验区制度优势，推动“双自”联动发展、互促共进。

构建特色发展格局。加快建设“一区多园”，促进各园区转型升级，以产业链、创新链拉动人才链，形成特色产业和专业人才的双重聚集，构建产业集群和创新集群，打造创新主体集聚区、产业发展先导区、转型升级引领区和开放创新示范区。

强化孵化载体功能。建成涵盖公共技术平台、育成中心、孵化器、加速器、产业化基地的孵化育成体系。整合创新服务资源，打造众创、众包、众扶、众筹支撑平台，促进科技服务企业、专业服务机构和公共服务平台协同发展。

（二）完善技术创新体系

突破基础和关键核心技术。聚焦人工智能、量子计算、生命健康等基础前沿领域，推动重大科学发现。实施智能制造、大数据与信息安全、新药创制等重大科技创新专项，攻克一批引领行业发展的关键核心技术。实施大气污染治理、互联网跨界融合创新等重大创新示范工程，加强集成创新与示范应用。到 2020 年，突破 1000 项关键技术和产品。

打造科技小巨人升级版。强化企业创新主体地位，实施领军企业培育、“小升高”、高端人才引进培养、“小壮大”、并购“双百”和企业上市融资六大工程，优化政府公共服务、技术平台服务、科技金融服务和园区服务，实现科技型中小企业能力、规模、服务升级，建设全国科技型中小企业创新创业示范区。引导高新技术企业向规模化、高质化发展，培育一批具有国际竞争力的创新型领军企业。到2020年，科技型中小企业超过10万家，科技小巨人企业达到5000家，国家高新技术企业达到5000家。

培育产业技术创新平台。深化部市、院市合作，集聚一批国家级科研院所和高端研发机构，提升一批重点实验室、工程实验室、工程（技术）研究中心、企业技术中心等创新平台。加强产学研用结合，建成五家具有行业领先水平的产业技术研究院，打造一批产业公共技术平台和产业技术创新联盟，形成优势互补、利益共享、风险分担的创新体系。鼓励发展民办公助、国有新制等新型研发机构。

（三）推进大众创业万众创新

构建众创空间。鼓励社会力量投资建设或运营创客中心、创业咖啡、创新工场等新型孵化平台载体，完善创业培育服务，打造一批低成本、便利化、全要素、开放式的高水平众创空间。把“双创特区”建设成为高水平创新创业示范区。

营造创新创业氛围。构建普惠性创新创业支持政策体系，鼓励科研人员、大学生和境外人才来津创新创业。激发企业家精神，依法保护企业家财产权和创新收益。加强宣传和舆论引导，打造敢于创新、乐于创业的创客文化，形成鼓励创新、宽容失败的创新创业氛围。

（四）打造协同创新共同体

构建协同创新体系。建立创新资源和平台开放共享机制，共建科技成果库，推动大型科研仪器设备、重大科技基础设施、重大科学工程和科技信息资源等共享共用。推进京津冀国家级大学创新基地建设。支持企业和科研院所合作建设跨区域产业技术联盟。与北京共建武清、东丽和北辰等创新社区。探索建立京津冀人才一体化发展机制，与京冀联合建立人力资源开发孵化基地，推动科技人才联合培养和自由流动。

协同开展科技攻关。重点加强绿色交通、清洁能源、资源高效利用等领域关键技术联合攻关和集成应用。加快实施大气污染防控、水体污染治理科技重大专项。加强战略性新兴产业技术联合攻关。

（五）加强知识产权运用和保护

加强知识产权创造、运用、保护和管理，促进专利、商标、版权等知识产权全面发展。提升知识产权创造能力，培养知识产权优势企业，创造一批科技含量高、权利状态稳定、市场前景好的自主知识产权。促进知识产权转化运用，支持知识产权运营机构发展，建设华北知识产权运营中心，打造集专利转让、许可、融资、托管、评估等服务于一体的运营平台。实施严格的知识产权保护制度，提升知识产权执法能力，做好维权援助与调解。提升知识产权服务能力，构建便捷化的知识产权服务体系。到2020年，每万人口发明专利拥有量达到18件。

（六）强化人才支撑体系

改革人才培养模式。着力培养一批科技领军人才、企业家人才、高素质专业技术人才和高技能人才队伍。深化实施“131”创新型人才培养工程和博士后创新人才培养计划，发展一批院士专家工作站。大力开展专业技术人才继续教育，促进专业技术人才知识更新。实施百万技能人才培训福利计划，开展以“职业培训包”为主要模式的职业技能培训，实现“一包方式管培训”。

创新人才引进机制。坚持用好国际国内两种人才资源，制定实施更加开放的人才政策，加快引进海内外高层次人才和各类专门人才。突出“高、精、尖、缺”导向，进一步实施“千人计划”、长江学者、“千企万人”等人才计划，集聚高端人才和创新型人才。面向全球招人聚才，实施引智引才重大工程，构建海外人才发现、发布、对接、评价机制。鼓励“双创特区”建设人才改革试验区。

健全人才使用机制。完善人才激励机制，实行以增加知识价值为导向的分配政策。完善专业技术人才评价体系，形成以能力、业绩、贡献为主要标准的人才评价导向。到2020年，全市人才总量达到345万人，新增劳动力平均受教育年限达到15.5年。

完善人才服务机制。全面实施“人才绿卡”制度，实现“一张绿卡管引才”。建立多元化、多功能、多层次的人力资源服务体系和全国人力资源服务产业创新基地。构建京津冀人力资源信息共享与服务对接平台，建立高级人才双向聘任制度，推动资质互认。

（七）开展全面创新改革试验

创新科技治理方式。推动政府职能从研发管理向创新服务转变。实行决策权与执行权分离机制，完善科研项目管理流程。改革科研经费使用管理制度。

促进创新成果转化。实施科技成果处置权收益权改革，赋予高校和科研院所科技成果使用和处置自主权。完善科技成果转化激励政策，提高科研人员成果转化收益分享比例。

加速科技金融融合。建立从实验研究、中试到生产的全过程科技创新融资模式。积极开展科技保险、科技担保、知识产权质押等科技金融服务。支持设立种子基金、天使基金、众筹基金等，完善创业投融资体系。

推进科研院所改革。建立科研院所自主化发展机制，推动公益型院所建立理事会治理机制，转制院所建立现代企业治理制度。建立以自主知识产权、产业化绩效、科技持续创新能力为导向的科研院所评价体系。

四、建设管理高品质的现代都市

深化落实“双城双港、相向拓展、一轴两带、南北生态”空间发展战略，主动融入京津冀城市群建设，构建以双城、辅城和中等城市、特色小城镇、美丽乡村为骨架的现代城乡体系，推进陆海统筹，加强城市建设和管理，打造功能完善、智能精细、宜居宜业的现代都市。

（一）优化城市空间格局

做优“双城”。中心城区坚持内涵集约式发展，大力发展现代服务业，打造更多亿元楼宇，推进城市、产业、生态、文化融合，全面提升城市功能和品质。优化提升城市主中心小白楼、友谊路、文化中心周边地区、海河东岸等节点功能，推进西站、天钢柳林等城市副中心功能再造，推动海河上、中游及新开河两岸综合开发，提升改造大胡同地区，构建环天大南大知识经济创新圈、陈塘科技商务区。滨海新区进一步增强综合实力和竞争力，做优做强先进制造、国际航运、国际贸易、金融创新和滨海旅游等功能，加快中心商务区等重点区域综合开发，深化综合配套改革试验，创新与其他区县联动共赢合作模式，建设国际化创新型宜居新城区。

做强辅城和中等城市。按照辅城定位，推进环城四区优化发展，建设生态宜居城区、高端产业聚集区和京津城市功能拓展区。东丽区加快构建以战略性新兴产业和现代服务业为主导的现代产业体系，建设智慧生态新城区。津南区做强教育经济、会展经济和楼宇经济，建设产城一体化创新示范区。西青区加快南站科技商务区建设，大力发展高端服务业和先进制造业，打造创新驱动转型发展示范区。北辰区着力推进北部新区开发建设，积极发展科技研发、高端装备和现代物流等特色产业，打造北部城市副中心。按照中等城市标准建设武清、宝坻、静海、宁河、蓟县，打造京津冀城镇体系重要节点。武清区着力提升城市和产业园区功能品质，建设成为高端产业聚集区和京津发展轴节点城市。宝坻区加快发展高新技术产业、生态农业、现代服务业，打造优势突出的产业重镇和环境优美的活力新城。静海区重点发展循环经济、生命健康、旅游度假等产业，建设宜居宜业、产城融合的新兴城市。宁河区重点依托津冀芦台协同发展示范区、未来科技城京津合作示范区，打造京津产业新区和生态魅力新城。蓟县重点发展文化旅游、健康养老、绿色食品和战略性新兴产业，打造京津冀一流旅游目的地和休闲之都。

做特小城镇。推进以人为核心的新型城镇化，加快建设示范小城镇，推动“三区”联动发展，继续实施“三改一化”改革，稳妥推进农业转移人口市民化，实现农民安居乐业有保障。推进国家新型城镇化综合试点、全国中小城市综合改革试点、产城融合试点和深化基础设施投融资改革试点。培育杨柳青镇、华明镇、小站镇、双街镇、崔黄口镇、大邱庄镇、七里海镇、下营镇等一批历史文化悠久、产业特色鲜明、区位优势突出的特色小城镇和经济强镇。到2020年，城镇化率达到84%。

做美新乡村。实施农村道路联网、农村饮水安全等工程，完善农村基础设施配套。推进农村环境综合整治，健全卫生保洁、设施养护等长效管理机制。尊重自然、顺应自然，呵护园林田塘，保护特色文化村落，保留村庄原有形态，建设别致多样、干净整洁、留住乡愁的美丽乡村，打造一批农家乐、渔家乐，使农村走上生产发展、生活富裕、生态良好之路。

融入区域空间格局。推动沿京津发展轴的武清区、中心城区、环城四区、滨海新区加快发展，打造京津冀区域高端产业发展带、城镇聚集轴和核心功能区。推动宝坻区融入京唐秦发展轴，建设产业升级发展带。促进天津平原地区与北京、廊坊及保定平原地区深度融合，打造要素资源集聚、产业层次高、创新能力强的核心区域。推动滨海新区成为东部滨海发展区的核心区，携手河北省沿海地区形成与生态保护相协调的滨海型产业聚集和城镇发展区。推动蓟县山区与北京山区、河北省张承地区共同建设支撑京津冀协同发展的生态涵养区。规划建设“微中心”，有序承接北京非首都功能。

拓展海洋经济发展空间。全面推进海洋经济科学发展示范区建设。加快加快形成海洋装备制造、海水利用等先进制造产业集群，积极发展海洋现代服务业，提升发展海洋渔业、海洋盐业等传统产业。深入推进科技兴海，建成全国海洋科技创新和成果高效转化集聚区。严格执行海洋功能区划制度，加强海域使用管理，集约节约高效用海。加大海洋污染防控力度，全面治理入海排污口。实施海岸线综合整治工程，到2020年，海洋自然岸线保有量不低于18千米。

（二）建设北方国际航运核心区

建设国际一流枢纽海港。促进北部港区向集装箱港、商港、邮轮母港转型，加快南部港区大宗散货港和能源港建设，大力发展中部港区临港产业，形成“北集南散”港口布局。推进大港港区深水航道建设。加快实施东疆二岛等工程。完善内陆无水港布局。推动津保忻、津承等货运铁路前期研究，畅通直达满洲里、二连浩特、阿拉山口等口岸的大容量货运通道。建成南港铁路，启动豆双、汉周铁路联络线建设，形成集疏港货运环线。扩大空铁、空海联运覆盖范围，建设国家级海铁联运综合试验区。完善邮轮母港配套设施，吸引大型邮轮公司落户，打造邮轮经济聚集区。到2020年，港口货物吞吐量达到6.5亿吨，集装箱吞吐量达到1700万标准箱，基本建成国际一流枢纽港。

显著提升国际航运服务功能。加快发展航运保险、航运交易、海事仲裁等高端航运服务业。积极引进国内外知名航运公司和分支机构，做强国际金融仲裁、海损理算、交易结算等航运服务机构，形成航运总部集聚区。大力发展航运金融业，鼓励开展仓单质押、存货抵押、融资租赁等创新业务。探索建立航运要素交易平台，提升天津航运指数影响力。推进航运服务创新，深化口岸单位“一站式”作业、海关检验检疫通关一体化改革，建设高效便捷的大通关体系。完善符合国际惯例的政策体系，推进航运资源要素集聚，增强资源配置能力。

（三）构建现代综合交通体系

建设区域枢纽机场。建成京津城际机场延伸线，建设机场周边客货运集疏运道路。扩大天津机场空域容量，增加高峰小时架次，优化机场双跑道运行模式。开拓航空市场，加密国内国际干线航班，增加支线航线。拓展国际国内全货机航线，加快建设航空物流园区。到2020年，旅客吞吐量达到2500万人次，货邮吞吐量达到60万吨，基本建成区域枢纽机场和国际航空物流中心。

完善高效密集铁路网。建成京滨城际和京唐城际，开展津石、津承等客运铁路前期研究，建成京津冀主要城市1小时通勤圈。充分利用既有铁路富余能力，开行市郊列车。加强综合交通枢纽建设，推动高速铁路、市郊铁路、城市轨道无缝衔接。到2020年，高速铁路与城际铁路里程达到460公里，铁路枢纽功能显著增强。

畅通区域公路网。打通高速公路“断头路”，完善“八横六纵”高速公路网。实施G205、G104、G103等国省干线提级改造，消除邦喜、津围、梅丰等普通国省道“瓶颈路”。实施区县公路联网工程。到2020年，公路总里程达到1.75万公里。

优化城市交通网络。完善城市快速路网和干支路网，强化道路微循环体系。大力推进城市轨道交通建设，建成地铁4号线、5号线、6号线、10号线及1号线东延线，加快建设7号线、8号线、11号线，实现B1线和市域Z2线、Z4线滨海新区核心区内通车。到2020年，轨道交通运营里程达到375千米。加强公共交通网络建设，优化线路设计，积极发展智能公交，推进公交服务向村镇延伸。完善城市慢行交通体系，倡导绿色出行。加强停车设施建设管理。到2020年，公共交通占机动化出行比例提高到60%。

推进区域交通一体化。深化港口群合作，发挥津冀渤海港口投资公司作用，优化港口货类结构，与河北省港口形成合理分工和错位发展格局。推动区域航道、引航、锚地等公共资源共建共享。加强机场群合作，促进区域机场群合理定位、协调发展，积极承接首都机场客货运溢出需求。建立区域综合交通信息平台和服务监督信息网络，推进智能管理、运输服务、安全保障一体化。

(四) 强化城市资源供应保障

科学配置水资源。高效利用引江引滦外调水，有效开发地表水，控制开采地下水，充分利用再生水，适度发展淡化水。完善南水北调中线市内配套工程，启动南水北调东线工程，建设一批供水厂网，实施农村饮水安全巩固提升工程，推进城乡供水一体化。深化水务管理体制改革，实现多元水厂统一价格、政企分开统一管理、多种水源统一管网。深入推进节水型社会建设，实行最严格水资源管理制度。到2020年，万元生产总值用水量控制在13.5立方米以下。

加快能源结构调整。严格控制能源消费总量，煤炭占一次能源消费总量比重降到50%以下。多渠道增加天然气供应，加大燃气管道、应急储配等设施建设力度，不断提高清洁能源比重。加强区域能源合作，实施渤化内蒙古能源化工综合基地等项目，推进特高压输电通道建设，外购电比例达到三分之一以上。鼓励发展分布式能源，加强太阳能、地热能、风能、生物质能开发利用，非化石能源比重超过4%。

加强土地资源保障。合理安排好新增建设用地规模，保证重点建设需求。严格执行建设用地管控标准，优化建设用地空间布局，提高单位土地产出效益。挖掘存量建设用地潜力，加快盘活空楼空房空企空地和老厂房老村庄老轨道闲置资源。落实最严格的耕地保护制度，加强耕地占补平衡，坚守耕地和基本农田红线。加大违法用地治理力度。

(五) 加快智慧城市建设

构建高速、移动、安全、泛在的新一代信息基础设施，提高光纤网络带宽和光纤入户覆盖率，全面推进电信网、广播电视网和互联网“三网融合”，建设宽带天津示范城市。加快发展城市物联网，推广应用云计算、大数据等技术，实现城市智能管理。建设信息惠民国家试点城市，构建智慧社保、智慧医疗和智慧教育等惠民服务体系。建设在线政府，搭建一体化电子政务平台，实现政府信息资源共建共享。加强网络信息安全建设，实现城市信息安全总体可控。到2020年，初步建成智能、融合、惠民、安全的智慧天津，互联网普及率达到 85%以上。

（六）加强城市精细化管理

落实属地管理责任，完善城市网格化管理体系。健全城乡水、电、气、热等基础设施运营维护管理体制，提高市政公用设施常态长效养护和管理水平。建成一批高标准地下综合管廊。推进海绵城市建设，建成中新天津生态城、解放南路、侯台等示范区。持续开展市容环境综合整治，全面提升市容环境的外在形象和内在品质，促进城市“绿化、美化、净化、亮化、细化”。加强社区物业管理。推进生活垃圾分类处置，建设一批生活垃圾无害化处理设施。到 2020 年，城市绿化覆盖率达到 40%，城镇生活垃圾无害化处理率达到 98%，建成国家园林城市。

五、营造绿色宜人生态环境

牢固树立绿水青山就是金山银山的理念，推进主体功能区战略，深入实施“美丽天津·一号工程”，加强环境保护和生态修复，促进资源节约、循环利用，推动形成绿色发展方式和生活方式，打造水绕津城、城在林中、天蓝水清、郁郁葱葱的宜居环境。

（一）建设主体功能区

全面落实主体功能区规划，严守生态用地保护红线，严格控制国土开发强度，推动各区县依据主体功能定位发展，打造生产空间、生活空间和生态空间相互协调的空间格局。建立空间治理体系，完善分类管理的政策和差异化的绩效考评体系。明确优化开发区域、重点开发区域禁止和限制发展的产业，明确禁止开发区域、生态涵养发展区域准入事项。

（二）构筑绿色生态屏障

加强生态保护。坚持保护优先、自然恢复为主，实施重点生态保护和修复工程，提升自然生态系统稳定性和生态服务功能。实施大黄堡、北大港、团泊湖、七里海、永定河故道、潮白河等湿地修复保护工程，积极申报州河等国家湿地公园。加强沿海滩涂、入海河口生态的保护。推进北部矿山地质环境修复治理。规范化建设自然保护区，维护生物多样性。

实施大绿工程。开展大尺度、广覆盖的植树绿化，打造大绿大美生态空间。加快推进京津风沙源治理、“三北”及沿海防护林等重点工程。建设环城镇、环村庄、沿轨道、沿公路、沿河道的“两环三沿”生态绿廊。在适宜地区成片营造生态林、经济林。开展储备林建设试点。建设八仙山区域国家公园。建设津南、北运河、东丽湖等 16 个郊野公园，串联建设 300 千米绿色廊道，配套设置休憩驿站，形成城市绿色休闲新亮点。建成动物园、植物园和侯台、梅江等一批城市公园。到 2020 年，完成营造林总面积 170 万亩，林木绿化率达到 28%以上。

（三）加大环境治理力度

全力推进大气污染防治。继续实施清新空气行动，落实“五四三”治理措施，逐渐减少重污染天气。削减煤炭消费总量，大力推进燃煤锅炉改燃并网，中心城区、滨海新区核心区实现无燃煤化。推广清洁煤燃烧技术，主力电厂燃煤机组达到超低排放水平，35 蒸吨以上供热及工业燃煤锅炉达到国家新建燃气锅炉排放标准。继续推进农村散煤治理。严格控制施工工地、堆场等各类扬尘污染。全面禁止秸秆焚烧。强化工业污染治理，控制挥发性有机物、氮氧化物等污染物排放。防治机动车污染，巩固车用汽柴油标准提升成果，建设公共充电设施，大力推广应用新能源汽车。推进非道路移动机械和船舶的污染控制。到 2020 年，PM2.5 年均浓度值下降 25％。

全力推进水污染防治。加强工业、生活及农业水污染源治理。建设一批污水处理厂网，城镇污水集中处理率达到 95％以上。开展独流减河等河道污染治理，全面截污治污。实施水系连通和生态补水工程，改善重要河湖湿地水环境。加强地下水污染防控。到 2020 年，重要水功能区水质达标率达到 61％。

加强农村环境保护。加大农业面源污染防治力度，实施化肥农药使用量零增长行动。治理养殖污染，实现畜禽粪污无害化处理设施全覆盖。推进农业废弃物资源化利用，推广规模化养殖、沼气生产、农家肥积造一体化发展模式。

控制其他领域污染。严格控制土壤污染，开展受污染农田、盐渍化土地等综合治理与修复。强化工业固体废物及危险废物污染防控，工业固体废物综合利用率保持在 98％以上。防控重金属、持久性有机物、核与辐射污染。加强各类噪声污染防治，继续创建一批“安静居住小区”。

提升环境监管能力。严格环境准入，扩大污染物总量控制范围，完成节能减排国家任务。建立多维环境监测网络，提高环境监控能力。加强环境执法监督，健全突发环境事件应急预案体系和应急监测预警机制，防范环境风险。

（四）推动低碳循环发展

开展低碳城市试点建设。主动控制碳排放，推动重点领域低碳发展，推进市开发区和华苑科技园国家低碳工业园区建设。鼓励碳捕集利用和封存等相关技术开发和应用，增加林业碳汇。实行能源消费“一挂双控”。推进碳排放权交易市场建设，建立重点企事业单位温室气体排放报告核查制度，加大碳金融创新力度。主动适应气候变化，增强应对极端天气和气候事件能力。加强公共气象服务，提高人工影响天气水平。到 2020 年，单位生产总值二氧化碳排放降低完成国家下达任务。

建设国家循环经济示范城市。开展园区循环化改造和生态工业园区建设，推行企业间、产业间、园区内循环型生产方式，构建循环经济产业体系。加快静海国家循环经济示范城区建设，推进子牙循环经济产业发展，对接京冀再生资源回收体系，打造国家“城市矿产”示范基地。发展再制造和再生利用产品。培养市民环境意识，倡导勤俭节约的生活方式，推动全社会形成绿色消费自觉，加快建设循环型社会。

（五）联防联控环境污染

完善区域环境管理会商及污染事故应急联动机制，促进区域环境信息共享，强化环境联合执法。加强京津冀污染防治科研合作，统一污染减排、产业准入等环境标准。完善区域大气信息平台建设，共同应对重污染天气。建立陆海统筹、河海协同的污染防治责任链条。

（六）健全绿色发展机制

推进生态文明制度创新。探索建立生态资源有偿使用制度，建立健全生态涵养区和引滦工程水环境生态补偿机制。建立排污权初始分配制度。推进环境监测监察执法管理体制改革。推行自然资源资产产权和用途管制、自然资源资产负债表和离任审计等制度。加快建设中新天津生态城国家绿色发展示范区和武清、静海、蓟县等国家生态文明先行示范区。

建设绿色供应链体系。以亚太经合组织绿色供应链合作网络天津示范中心为平台，促进亚太经合组织各经济体绿色供应链产业互联互通和务实合作。建立政府支持、标准导向、企业示范和社会服务的管理机制。规范绿色标准，形成政府主导制定与市场自主制定相结合的绿色供应链标准化体系。实行产品全生命周期绿色管理，促进经济活动与环境保护相协调。编制绿色产品目录，加强政府和企业采购管理。

六、全面深化改革扩大开放

坚持以开放促改革、促发展，积极推进重点领域和关键环节改革，着力构建开放型经济新体制，在更大范围、更广领域、更高层次上参与全球竞争合作，努力建设改革开放先行区。

（一）高水平建设自由贸易试验区

以制度创新为核心任务，以可复制可推广为基本要求，探索建立与国际贸易投资规则相适应的体制机制，将天津自由贸易试验区建设成为制度创新新高地、转型升级新引擎、开放经济新动力、区域协同新平台、“一带一路”新支点。

推进行政高效化。进一步深化行政管理体制改革，持续实施制度创新任务，创新监管机制和监管方式，强化事中事后监管，打造高效、透明、低成本的行政服务体系。实施好天津自由贸易试验区条例。

推进投资自由化。进一步放宽现代服务业、先进制造业市场准入，全面实行准入前国民待遇加负面清单管理模式。完善外商投资监管体系，建立境外追偿保障机制。放宽境外投资限制，简化境外投资管理，除有特殊规定外，境外投资项目一律实行备案制。

推进贸易便利化。完善国际贸易服务功能，积极开展保税展示交易、期货保税交割、汽车平行进口等试点。创新服务贸易发展机制，建设国家进口贸易促进创新示范区。实施国际船舶登记制度，建设北方国际航运融资中心。创新口岸监管服务模式，加强国际贸易“单一窗口”建设。

推进金融国际化。落实金融支持自由贸易试验区建设30条政策。建立自由贸易账户体系，加快推进人民币资本项目可兑换、利率市场化和人民币跨境使用等改革试点。改革外汇管理体制，推动金融业面向民营资本、外资开放。

打造京津冀对外开放新平台。完善京津冀通关通检一体化机制，支持京冀在自由贸易试验区建设专属物流园区。在京冀推广进口商品保税展示交易模式。支持京津冀金融机构在自由贸易试验区开展跨区域金融协同创新与合作。建立制度创新评估推广机制，试点经验率先在京津冀地区复制推广。

（二）完善市场经济制度

推进经济领域重点改革，着力加强供给侧结构性改革，激发市场主体活力，提高资源配置效率和公平性，市场经济制度更加成熟完善。

提升政府服务市场能力。协同推进简政放权、放管结合、优化服务，全面深化“十个一”改革，继续减少和下放行政审批事项。创新行政管理方式，完善权力和责任清单制度。深化行政执法体制改革，加强行政执法监督平台建设。强化对行政权力的制约和监督，全面推进政务公开。完善绩效管理制度，提高政府效能。继续推进商事制度改革，深入实施“一照一码一章一票”联审登记制度。建立统一的公共资源交易平台，减少公共资源交易壁垒。创新投融资体制机制，开展政府和社会资本合作等新型投融资模式。健全依法决策机制，推进科学民主决策。建立尽职免责机制。加快事业单位分类改革。

建立统一的要素市场。健全归属清晰、权责明确、保护严格、流转顺畅的现代产权制度。加快推进人力资源、土地、技术和资本等要素市场建设，维护要素自由流动和公平交换。实现城乡户籍登记“一元化”，维护劳动者平等就业权利。全面实施不动产统一登记。稳妥推进蓟县农村宅基地制度改革试点，实施土地整理管理体制改革。发展多层次的技术交易市场，加强各类技术和知识产权交易平台建设。

激发市场主体活力。分类推进国有企业改革，打造一批具有较强国际竞争力的大企业，清理劣势企业和低效资产。加快完善现代企业制度，推进公司制、股份制改革，支持具备条件的市管企业逐步实现整体或核心业务资产上市。优化公司法人治理结构，推行职业经理人制度。以管资本为主加强国有资产监管，改组组建国有资本投资、运营公司。健全国有资本经营预算管理制度，提高国有资本收益上缴公共财政比例。促进民营经济加快发展，优化发展环境，鼓励民营企业依法进入更多领域，引入非国有资本参与国有企业改革，培育一大批实力强、规模大、有影响的骨干民营企业。鼓励基础设施、社会事业等领域向社会资本开放。开展降低实体经济企业成本行动，增强盈利能力。积极稳妥处置“僵尸企业”。培育和规范中介服务市场，有效发挥市场中介作用。

深化财税体制改革。明确市和区县两级政府事权范围，建立事权和支出责任相适应的制度。建立全面规范、公开透明的预算制度。完善政府全口径预算体系，加大预算统筹力度。实行中期财政规划管理，建立跨年度预算平衡机制。加快构建地方税体系，推进税收征管改革。优化财政支出结构，推进部门资金统筹使用。健全政府采购政策。完善转移支付制度。

培育市场决定价格机制。全面放开竞争性领域商品和服务价格。健全政府定价制度，推进重要公用事业和公益性服务价格改革，加强城市管网输配价格管理。加强价格监测预警、监督检查和反垄断执法。

完善市场监管体系。健全分类监管机制，实行全过程监管，加快形成统一开放、竞争有序的市场体系。完善社会信用体系，推进信用信息交换平台建设。建立健全信用奖惩联动机制，营造诚实、自律、守信、互信的信用环境。培育和规范信用服务市场，强化信用信息安全管理。

（三）积极参与“一带一路”建设

发挥中蒙俄经济走廊东部起点、海上丝绸之路战略支点的作用，深化与沿线国家和地区务实合作，加快建设“一带一路”战略枢纽。

推动基础设施互联互通。打造多式联运跨境交通走廊，畅通“津新欧”“津蒙俄”等运输通道。探索“东北亚—天津港—大陆桥—中亚、西亚和欧洲”双向多式联运，打造中欧集装箱班列品牌。设立服务沿线国家的大型国际数据中心，建设“信息丝绸之路”。

推进产业经贸深度合作。深化对外投资、产品出口、工程承包和劳务合作，带动优势产能、技术标准和经营管理服务“走出去”。加强资源能源合作，推进大宗商品境外生产基地建设。搭建“走出去”综合信息服务平台。加快埃及苏伊士经贸合作区拓展区建设，推动印度尼西亚农业产业园区升级为国家级境外经贸合作区。加强境外安全保障工作。“十三五”时期，境外投资中方投资额年均增长15%左右。

推进海上全面合作。加强与沿线国家在海洋装备、海水淡化、邮轮产业、海洋渔业等海洋经济领域合作，推进海洋资源联合开发。密切与东盟、南亚等地区海洋科技合作，推进重点科技领域的联合攻关和成果转化。

密切人文交流合作。借助中国—中东欧国家高校联合会等多边机制，与教育部共建教育国际化综合改革试验区。加大与中西亚、东南亚、南亚地区教育培训合作，推动建立国际职业教育联盟。发挥天津京剧、曲艺、杂技等优势，开展文化领域交流合作。积极推进医药卫生合作，推动中医药“走出去”。

（四）增创开放经济新优势

深度融入全球经济，优化对外开放格局，推动对外经济发展方式转变，加快培育以技术、品牌、质量和服务为核心的国际竞争新优势，再造开放型经济新红利。

打造对外贸易竞争新优势。促进外贸转型升级，推动外贸向优质优价、优进优出转变。积极开拓新兴市场，推动外贸市场向多元化全面发展转变。加强境外营销网络和售后服务体系建设，扩大成套装备和高新技术产品出口。优化进口商品结构，鼓励先进技术、关键设备和零部件进口，打造进口商品集散地。积极发展汽车、集装箱等转口贸易。大力发展服务贸易，巩固提升运输、旅游等传统服务贸易优势，扩大文化、中医药、软件和信息服务等新型服务出口。培育新型贸易主体，支持具有全球渠道控制力的贸易商发展，实施中小外贸企业提升工程。到2020年，外贸进出口总额1500亿美元左右，服务贸易占全市对外贸易比重提高到20%以上。

发展高水平外商投资经济。优化投资环境，推动引资、引技、引智有机结合。实施世界500强招商工程，鼓励在津设立地区性总部、研发中心、销售中心、物流中心和结算中心。强化产业链招商，围绕优势产业，引进上下游配套企业和项目。优化利用外资结构，拓展服务业引资领域，鼓励外资参与开发现代农业。创新利用外资方式，鼓励外资以战略投资、股权投资等形式参股并购境内企业。加快开发区转型升级，建设高水平对外开放载体。“十三五”时期，实际直接利用外资年均增长9%。

扩大城市国际影响力。发挥夏季达沃斯论坛、中国国际矿业大会、津洽会、中国旅游产业博览会等国际会展平台作用，加强国际交流合作。推动天津会展品牌“走出去”，积极筹办有国际影响力的高端论坛和重大国际赛事。深化与国际友城交流合作，支持侨务公共外交和民间交往，推动“侨梦苑”侨商产业聚集区建设。营造国际化的居住和商务环境，提供具有国际水准的教育、医疗等服务。培养一批熟悉国际惯例、具有国际视野的对外交流人才。开展国际交往礼仪培训，提高市民对外交流能力。

(五) 扩大国内交流合作

加大对内开放力度，推动区域多层次合作，促进资源要素对接对流，推进区域协同发展、共赢发展。全面落实《环渤海地区合作发展纲要》（发改地区〔2015〕2310号），促进环渤海区域协调发展。密切与长江经济带沿线省市的联系与合作。加强与港澳台地区的交流合作，探索设立两岸金融合作示范区，打造台湾商品北方集散中心。加大帮扶力度，协助对口支援地区打好脱贫攻坚战。强化国内招商引资，实施全国500强、民营500强招商工程。“十三五”时期，实际利用内资年均增长9%。

坚持“四个全面”战略布局 建设“富裕、和谐、美丽”新陕西

——陕西省“十三五”规划纲要（经贸部分摘要）

一、努力实现追赶超越

（一）发展基础

“十二五”时期，在党中央、国务院的坚强领导下，省委、省政府团结带领全省人民，积极应对经济持续下行压力，主动适应新常态，经济社会平稳健康发展，“十二五”规划确定的主要目标基本实现，陕西稳步迈入中等发达省份行列。综合实力迈上新台阶，生产总值年均增长 11.1%，经济总量达到 1.82 万亿元，人均生产总值 7721 美元，超过全国平均水平。产业结构得到新优化，苹果、猕猴桃产量全国第一，能源化工高端化步伐加快，装备制造业增加值占比提高 3 个百分点，战略性新兴产业占比超过 10%。基础设施成为新优势，高速公路通车里程突破 5000 公里；西安至郑州、太原等高铁建成投运，西安地铁 1、2 号线建成投运，西安咸阳国际机场旅客吞吐量突破 3300 万人次。协调发展取得新提升，关中年均增长 11.7%，占全省比重 65%，陕北年均增长 8.9%，占全省 21.3%，陕南年均增速超过全省 2 个百分点，占全省 13.7%；西咸新区获批国家级新区，城镇化率达到 53.9%。社会民生呈现新亮点，城乡居民收入年均分别增长 11%和 14.2%，医改经验被誉为中国的“陕西样本”。社会保障体系城乡全覆盖，移民搬迁使 174.7 万群众搬进新居。生态建设获得新进展，五年完成造林 2294 万亩、保护恢复湿地 120 万亩，森林覆盖率达到 43%。改革开放汇聚新动力，西安获批国家全面创新改革试验区，西安高新区获批全国自主创新示范区，非公经济占比达到 53.4%，累计引进外资 178 亿美元，外贸依存度达到 10.5%。

实践证明，“十二五”是陕西综合实力大幅提升、稳步迈入中等发达省份的五年，是全面改革不断深化、外向型经济实现突破的五年，是民生社会事业显著改善、人民福祉不断提升的五年。在充分肯定成绩的同时，必须清醒地看到，陕西的发展还面临诸多困难和挑战。主要是：结构调整进入倒逼阶段，多元支撑的产业格局尚未有效形成；科教优势发挥不够充分，创新潜能释放不足，军民融合程度较低；经济发展的外部条件趋紧，资源生态环境约束加剧；要素市场有待完善，市场主体活力不强；对外开放水平不高，投资环境需进一步改善；全面小康短板不少，扶贫攻坚任务艰巨；民生改善需提升质量，农民增收亟待提速。

（二）发展环境

从全球看，世界多极化、经济全球化、文化多样化、社会信息化深入发展，新一

轮科技革命和产业变革蓄势待发。同时，国际金融危机深层次影响还在继续，全球贸易增长乏力，TPP和TTIP设置更高标准的自由贸易和投资规则，外部环境不稳定不确定因素增多，世界经济仍处在深度调整期。

从国内看，我国已成为全球第二大经济体，经济实力、科技实力、国防实力和国际影响力达到新高度，经济发展呈现出速度变化、结构优化、动力转换等新特征。同时，也面临诸多矛盾叠加、风险隐患增多的严峻挑战，发展不平衡、不协调、不可持续问题仍然存在，经济增长新动力不足和旧动力减弱的结构性矛盾依然突出。

从全省看，陕西站在了新的历史起点，正处在追赶超越阶段，势能潜能加速释放，科教实力雄厚、自然资源富集、文化积淀厚重等优势在未来竞争中将更加凸显。同时，长期积累的深层次矛盾和结构性问题依然存在，发展短板仍未有效突破，经济下行压力持续加大，促改革、调结构、惠民生、防风险任务繁重。

必须坚持聚焦“四个全面”战略布局，聚焦五大发展新理念，聚焦习近平总书记“追赶超越”和“五个扎实”新要求，聚焦同步够格全面建成小康社会，坚持问题导向，着力补齐短板，提振发展信心，矢志追赶超越，努力推动陕西经济保持中高速、迈向中高端，确保与全国同步够格全面建成小康社会。

（三）指导思想

高举中国特色社会主义伟大旗帜，全面贯彻党的十八大和十八届三中、四中、五中全会精神，以马克思列宁主义、毛泽东思想、邓小平理论、“三个代表”重要思想、科学发展观为指导，深入贯彻习近平总书记系列重要讲话精神，坚持以“四个全面”战略布局为统领，坚持以创新、协调、绿色、开放、共享的发展理念为引领，坚持以追赶超越、转型发展为主线，大力实施创新驱动、绿色惠民、协同共享、开放融合战略，着力加强供给侧结构性改革，加快形成适应新常态的体制机制和发展方式，统筹推进经济、政治、文化、社会、生态文明和党的建设，确保全面建成小康社会，开创富裕陕西、和谐陕西、美丽陕西建设新局面。

（四）发展目标

综合考虑未来发展趋势和条件，“十三五”发展的总体目标是：到2020年，同步够格全面建成小康社会，“三个陕西”建设迈上更高水平。

——经济保持中高速增长。在提高发展质量效益基础上，年均增速高于全国平均水平，人均生产总值超过1万美元。经济结构趋于合理，创新驱动发展走在前列。产业迈向中高端水平，战略性新兴产业和服务业增加值占GDP比重分别达到15%和45%。城乡区域发展更趋协调，常住和户籍人口城镇化率分别达到60%、45%以上，内陆改革开放新高地建设取得重大进展，经济外向度达到15%以上，富裕陕西建设提高到新阶段。

——人民生活水平和质量进一步提高。基本公共服务实现均等化，居民人均可支配收入赶超全国平均水平，年均增长10%左右。现行标准下农村贫困人口实现脱贫、贫困县全部摘帽。实现更加充分的就业，五年新增城镇就业220万人。全面实施13年免费教育，人人享有基本医疗卫生服务，社会保障体系更加完善，物价指数保持稳定，和谐陕西建设迈上新的境界。

——治理体系和治理能力进一步现代化。民主法制更加健全，法治陕西扎实推进。重点领域和关键环节改革全面推进，行政审批事项进一步精简，非公经济占比达到58%。政府管理运行水平明显提升，各方面制度更加成熟更加定型。

——国民素质和社会文明程度明显提高。中国梦和社会主义核心价值观深入人心，精神文明创建活动蓬勃开展，覆盖城乡、便捷高效、保基本、促公平的现代公共文化服务体系基本建成，省级重大文化项目基本建成，文化产业增加值占 GDP 比重达到6%，陕西特色文化影响力进一步扩大。

——生态环境质量显著提升。生态文明制度基本建立，单位生产总值能耗、主要污染物排放总量、单位二氧化碳排放量明显下降，森林覆盖率超过 45%，治污降霾取得显著成效，关中、陕北、陕南优良天数分别达到 275 天、290 天和 295 天以上，三秦大地山更绿、水更清、天更蓝，美丽陕西建设展现新的景象。

二、深入实施创新驱动发展战略

发挥科技创新在全面创新中的引领作用，加速释放新需求，努力创造新供给，推动大众创业、万众创新，率先建成创新型省份，努力在创新驱动发展方面走在全国前列。

（一）推进体制创新为核心的协同创新

1. 推动管理创新

系统推进西安全面创新改革试验。以军民深度融合发展和统筹科技资源改革为主攻方向，以资本为纽带、企业为主体、市场为导向，力争在军民深度融合、科技成果转化、金融创新、人才培养和激励、开放创新等方面取得重大突破，打造国家军民深度融合创新示范区和“一带一路”创新中心。

健全创新服务体系。推进政府职能从研发管理向创新服务转变。完善创新评价和考核制度，推广“延长模式”。推动金融与科技深度融合，构建普惠性创新支持政策体系，促进科技成果资本化、产业化。

激发创新活力。推广西安光机所、西北有色院创新模式，加快中国西部科技创新港建设。完善工研院运行体制。实行以增加知识价值为导向的分配政策，提高科研人员成果转化收益分享比例。扩大高校和科研院所自主权，改革科技成果使用、处置和收益管理办法。

2. 加强科技创新

强化知识创新。加强管理、信息与通信、材料、航空、航天等重点学科建设，建设一批基础研究品牌学科和精品专业。依托国家重点实验室、国家工程中心及重点龙头企业，建设国家实验室。加大基础和应用基础研究，围绕可能产生颠覆性突破的重点领域进行战略布局。

增强技术创新。依托国家重大技术创新工程，组织实施省级重大科技专项。支持龙头企业联合高校、科研院所，组建 100 个产业技术联盟。吸引世界知名跨国公司和创新型企业来陕设立研发机构，鼓励省内企业、高校、科研院所与国内外机构建立科技合作机制。

3. 强化产业创新

围绕产业链部署创新链，围绕创新链拓展产业链，推进创新链与产业链双向互动，实现技术链、资金链、服务链融合发展。组织实施一批产业创新重大专项，在智能制造、半导体集成电路、民用客机/货机、无人机、增材制造、高分辨率对地观测系统及应用、北斗导航系统及应用、DMTO（煤制烯烃）、生物育种、土壤污染防治等领域取得突破及示范应用，超前部署石墨烯、量子通信、第五代移动通信、自旋磁存储等前沿技术研究，抢占产业发展制高点。

（二）加强军民融合创新

建设军民融合四大产业园区。重点建设国家航空产业基地、国家航天产业基地、国家级经开区兵器工业基地、国家级高新区军民融合产业园等四大基地（园区），培育航空、航天、兵器、船舶、军工电子等产业集群。

推进军工企业、科研院所体制改革。支持军工企业通过兼并重组、战略合作、上市融资等多种方式，发展一批行业领军企业。鼓励省属国有企业、政府性基金参与军工企业改组改制，组建航空、卫星等混合所有制公司。加快军工科研院所企业化改革试点。

推动军民资源开放共享。深化和扩大“民参军”，组建10个军民融合产业联盟，培育发展一批“民参军”专业化配套企业。推动有条件的军工单位与在陕高校和研究机构共建军民两用重点实验室、中试基地、工程中心，建设100个军民兼容技术支撑平台。

（三）推动大众创业万众创新

优化创新创业生态圈，构建有利于大众创业、万众创新蓬勃发展的政策环境、制度环境和公共服务体系。复制推广中关村国家自主创新示范区政策，完善市场化创业投资引导机制，构建全过程孵化服务链条，大力发展基于互联网的创新创业，支持众包、众筹、众创、众服等多种形式的创新活动，把西安高新区建设成为全国“双创”示范基地，到2020年全省各类创新创业孵化平台达到500家。

（四）培养创新型人才队伍

突出“高精尖缺”导向，推行“带项目引人才”方式，建设一批创新人才培养示范基地，到2020年人才资源总量达到555万人。积极培育企业家精神，培养造就一批具有国际视野、熟悉资本运作的企业领军人才。完善人才流动配置机制，引导和鼓励人才向基层流动、向艰苦地区和岗位流动。实施更加开放的创新人才引进政策。

（五）建设质量和品牌强省

实施质量和品牌强省战略，实现陕西制造向陕西创造转变、陕西速度向陕西质量转变、陕西产品向陕西品牌转变。实施工业产品质量提升行动计划，加强产品可靠性设计、试验及生产过程质量控制。引导和鼓励企业申请注册商标，争创中国驰名商标。到2020年，质量强省建设取得明显成效，进入中国驰名商标和著名品牌数量大幅提升。

（六）坚持强化供给优化需求

提升供给水平。加强结构性改革，提高供给体系质量和效益。开展降低实体经济企业成本行动，提高企业盈利能力和空间。实施淘汰僵尸企业行动，有效化解过剩产能。实施全要素生产率提升行动，加速生产要素自由流动。实施高品质消费供给行动，适应个性化、多样化、安全性、高品质消费需求，发展精致生产。实施中小微企业发展壮大行动，五年新增中小微企业1.5万户，各类市场主体增长40%以上。

优化需求结构。继续发挥投资对稳增长的关键作用，优化投资结构，引导各类资本投向战略性新兴产业、现代服务业、公共服务、基础设施、生态环境等领域。着力增强消费对增长的基础性作用，培育信息、健康养老、休闲旅游、文化教育体育等新型消费业态，推动物质消费向服务消费升级。发挥出口对增长的促进作用，扩大进出口规模，增强对外投资和扩大出口结合度。

三、系统推进转方式调结构

优化存量，做优增量，推进大调整、大协作、大循环，实施“中国制造2025”陕西行动计划，培育壮大战略性新兴产业，大力发展现代农业，推进服务业提质增效，创新产业组织模式，打造陕西产业升级版。

（一）壮大特色优势产业

1. 推动能源化工产业高端化发展

坚持优煤、稳油、扩气，打造新能源、电力外送、煤炭深度转化三个增长点，继续巩固能源化工产业支撑作用。坚持“三个转化”，推进“三个围绕”，建设能源强省。提升“十大基地”“十大园区”建设水平，培育一批资源勘探开发和加工转化产业集群，带动能源装备制造、能源金融贸易、能源技术服务等相关产业协同发展。陕北重点打造能源化工全产业链；关中抓好能源接续区建设，加速聚集能源配套产业，打造丝绸之路能源贸易金融中心；陕南以可再生能源开发为重点，加快天然气开发，适时建设火电支撑电源。

——优煤。坚持安全、高效、绿色、集约原则，采用先进技术，加强资源综合利用，重点建设榆神、榆横、府谷、彬长、永陇、子长矿区等转化项目配套煤矿，积极推进小煤矿整合关停。

——稳油。加强陕北老油区扩边精细勘探，加快富县、宜君、旬邑、彬长等新油区勘探开发，加大推广二次三次采油新技术，提高原油采收率。

——扩气。加大陕北气田和镇巴新区块勘探开发，推进彬长、韩城、吴堡煤层气和延安页岩气勘探开发。常规、非常规天然气产能分别达到500亿立方米和40亿立方米。

——打造新能源增长点。水风光并举、分散式与集中式并重，稳妥推进新能源微电网、氢燃料动力电池等新技术示范，降低开发成本，力促快速产业化。新能源发电装机达到2020万千瓦。

——打造电力外送增长点。重点建设四大“西电东送”煤电基地，力争每个矿区建设一个低热值煤综合利用发电厂，基本实现陕北、关中中心城市和重点县城热电联产、集中供热。

——打造煤炭深加工增长点。重点建设神华榆林循环经济煤炭综合利用等煤制烯烃以及华电榆横等煤制芳烃项目，并力促项目向下游精细化工延伸。提升兰炭产业技术水平，推进煤炭分质利用示范工程建设。建设未来能源榆横400万吨煤制油项目、延长榆横200万吨油醇联产工程等项目。

2. 改造提升传统产业

有色冶金。推动有色金属产业结构调整，提高产业集中度。推进钛、钼、铝、镁、铅锌、钒、稀有及黄金等贵金属精深加工，构建煤—电—铝镁—深加工等载能产业链，打造“钛谷”“钼都”“钒都”“镁都”。推进钢铁企业技术改造和产品升级。

食品加工。以食品工业园为载体，重点发展精品粮油、果品、乳制品、肉制品、烟草、方便食品等特色优势产品，做大做强本香、爱菊、海升、银桥、红星等品牌，打造西部绿色生态食品生产加工基地。

纺织轻工。加强西安、咸阳、宝鸡纺织工业园区建设，发展替代纤维、差别化纤维和产业用纺织品，提升功能性服装竞争力，建设西部纺织服装生产基地。积极研发日用洗涤用品、食用级塑料、工程塑料等日用品。

建筑建材。巩固提升“陕西建筑”品牌优势，推动大型集团实现设计、生产、施工、管理一体化发展，鼓励“走出去”拓展境外市场。重点发展结构部品、保温、防水、装饰等节能环保材料，做强关中新型干法水泥基地。到2020年，建筑业增加值占GDP比重8%以上。

（二）实施中国制造2025陕西行动计划

实施工业强基战略。围绕新能源汽车、能源装备、航空航天、机器人、电子信息等具有比较优势领域的“四基”发展需求，组织实施一批工业强基示范工程，支持全产业链协同创新和联合攻关。到2020年，力争部分领域达到国际先进水平。

节能与新能源汽车。继续实施百万辆汽车工程，突破整车控制、深度混合动力等关键技术，构建整车制造、关键零配件、售后服务等完整产业链，打造全国自主品牌汽车和新能源汽车研发生产基地。到2020年，实现产值2500亿元。

航空。积极推进新舟60/600系列化、新舟700研制、运八民机改型、民用无人机研制和产业化，扩展Y20、C919、ARJ21、AG600等重大机型配套业务，带动航空维修、航空客运、航空物流等产业发展，建设全球最大的涡桨支线飞机研制生产基地。2020年，实现产值1000亿元。

航天。围绕载人航天、探月工程、北斗卫星导航等国家重大科技专项，研制新一代无毒、无污染、高性能和低成本航天运载动力，构建卫星移动通信、卫星导航、卫星遥感等产业链，打造国内领先的卫星应用产业集聚区。到2020年，实现产值500亿元。

能源装备。推进输变（配）电、油气钻采输送、煤炭采选等传统装备提质增效，做大做强风电、地热、核电、氢燃料电池和新型储能装置等新兴装备。加快能源互联网、智能电网技术和设备研发，推进特（超）高压输配电设备集成化。推进大型高效能量回收系统关联技术及成套机组的开发利用。

高档数控机床与工业机器人。积极发展高精、高速、高效、柔性数控机床，突破智能数控系统、在线远程诊断等先进技术。加快掌握机器人关键零部件技术，推动成果产业化，扩大应用范围应用。到 2020 年，实现产值 500 亿元。

轨道交通装备。提高整车设计制造与试验验证能力，加快关键系统与核心零部件开发，加强列车控制系统的自主研发和工程化应用。重点发展网络控制系统、牵引传动系统、制动系统、市域快轨信号系统、碳化硅 IGBT 芯片、高功率密度电机等。

代农业机械。积极引进龙头企业，提升高端整机、关键零部件产业化水平及研发检测能力，突破大型发动机电控系统，高性能大型穿凿机械驱动、液压系统等技术，重点发展大喂入量谷物联合收割机、智能化精密播种机、中高端粮食烘干机、秸秆收获机械等。

推进制造业智能化。实施智能装备创新发展和应用示范工程，积极发展智能控制系统、智能仪器仪表、精密工模具。推广应用精密成型、智能数控等加工装备和柔性制造、敏捷制造等先进技术，推动制造向柔性、智能、精细、绿色转变。到 2020 年，智能装备占比超过 50%。

（三）培育壮大战略性新兴产业

新一代信息技术。加快构建集成电路设计、制造、封装、测试产业链，提升北斗导航、网络通信、物联网、图像处理等领域芯片设计水平，建设世界一流的高端芯片制造、封装测试一体化产业基地。加快推进智能终端制造及配套产业发展，加快发展物联网、半导体照明、平板显示和激光等产业，打造具全球影响力的新一代信息技术产业高地。到 2020 年，实现产值 4000 亿元。

增材制造。加快材料、数字化设计、快速成型、关键部件等技术开发应用，推进 3D 打印及智能制造新技术、新工艺、新装备、新产品产业化，培育增材制造全产业链，依托渭南高新区和西安高新区建设国家级增材制造示范基地。

新材料。聚焦高端装备、航空航天、核电、轨道交通、汽车等领域需求，做大做强钛、镁、铝等轻质合金为主的高端金属结构材料，以钼及贵金属为主的高端金属功能材料；延伸超导、陶瓷基、电子级硅材料等产业链，建设全国重要的新材料产业基地。攻克石墨烯、纳米材料、生物基材料相关技术，力争实现产业化。到 2020 年，实现产值 1600 亿元。

生物技术。以强生供应链西安生产基地建设为契机，突破单克隆抗体、多肽药物、控缓释制剂、靶向制剂、良种繁育等一批重大核心技术。加快建设西安高新区草堂国家生物医药产业基地，形成生物医药技术研发、生产基地。支持陕南建设中药材种植加工生产基地，支持杨凌建设生物医药、生物育种研发生产基地。到 2020 年，实现产值 1000 亿元。

绿色环保。大力开发污染防治、生态保护与修复、环境监测等核心技术，重点发展水体与大气污染防治、固体废弃物处理、环境监测仪器仪表、节能与清洁生产等装备。强化环境治理专业化运营，鼓励环境污染治理设施和自动连续监测的市场化、企业化和专业化运营。到 2020 年，实现产值 600 亿元。

（四）推进服务业提质增效

金融。壮大地方金融，加快构建贷、投、债、股、信、险、财、租一体化的金融服务体系，建设丝绸之路经济带区域金融中心。支持长安银行、秦农银行、西安银行拓展业务，支持西部证券、开源证券、陕国投、长安信托、西部信托、永安保险等转型升级，支持陕西金融控股集团和陕西金融资产管理公司多元化发展。推进符合条件的企业上市融资和“新三板”挂牌。

物流。提升西安国际陆港、航空港、海关特殊监管区、口岸四大平台功能，打造丝绸之路经济带国际商贸物流中心。提升西安全国物流节点城市辐射能级，强化宝鸡、延安、榆林、安康等重要物流节点综合服务功能，建设一批国家级、省级物流示范园区。

信息服务。发挥国家级互联网骨干直联点优势，推进西安、咸阳国家信息惠民示范城市建设。深化电子政务应用，重点建设政府信息公开、政民互动等服务平台。发展信息增值服务，大力培育网络娱乐、数字出版等服务新业态。提升西安国家软件产业基地和出口基地功能。到2020年，实现销售收入超2000亿元。

旅游。深化同丝绸之路沿线省区、国家间的旅游合作，共建丝绸之路国际黄金旅游带。积极开辟空中丝路航线，新增3～5个国家5A级景区，建设国际知名旅游目的地。建设华夏文明历史文化基地，建成国际红都和中国革命博物馆城，建设秦岭、黄河国家公园，打造大秦岭人文生态旅游度假圈，渭北休闲旅游度假区、黄河风情旅游带。推进31个文化旅游名镇和450个乡村旅游富民工程建设。

电子商务和商贸。引导知名电子商务龙头企业设立区域性总部、功能性中心。建好西安跨境贸易电子商务服务平台，实施电子商务入村工程，建设一批“电子商务村”。电子商务交易额达到8000亿元，年均增长25%以上。依托重要流通节点城市和优势农产品区域，加快打造3～5个特色农产品集散中心，重点建设20个社区综合服务示范中心和10个多功能乡镇商贸中心。

健康养老。鼓励社会力量建设运营健康养老设施，发展健康体检、健康咨询、营养辅导、母婴照料等专业机构，培育大健康产业链。推动医养结合，支持养老机构开办老年病医院、康复医院、护理院等。支持秦汉新城、户县、华阴等打造全国健康养老产业基地。到2020年，实现增加值占生产总值比重达到5%，提供就业岗位50万个以上。

（五）大力发展现代农业

1. 增强农产品安全保障能力

加强高标准农田建设，新增高标准农田1025万亩。全面落实粮食安全省长责任制，探索耕地休耕轮作，确保粮食产销基本平衡。改造乔化果园，发展山地矮化苹果，推进果业提质增效。围绕“北羊、南猪、关中奶畜”布局，推进适度规模标准化养殖，打造一批优质农副产品生产基地。推进设施蔬菜、茶叶标准化示范园建设，推进菜茶产业转型升级。到2020年，粮食总产1250万吨、水果2200万吨、蔬菜1600万吨，肉蛋奶分别达到135万吨、60万吨和220万吨。

2. 构建现代农业经营体系

加快培育家庭农场、专业大户、农民合作社、农业产业化龙头企业等新型农业经营主体，扶持有技能和经营能力的农民工返乡创办家庭农场、领办农民合作社，创立农产品加工、营销企业和农业社会化服务组织。深化供销社体制改革。到 2020 年，专业大户、家庭农场、合作社分别达到 10 万户、6 万家和 4 万个。

3. 推进农业产业化经营

抓好渭北苹果、秦岭北麓及秦巴浅山区猕猴桃、黄河沿岸土石山区红枣、西咸新区都市农业、陕南富硒有机食品、汉中平原生态农业、陕北小杂粮等特色板块发展。实施现代农业园区提质增效工程，省级和国家级现代农业示范园区发展到 450 个左右。建设陕西省农产品加工贸易示范园区等一批农产品深加工基地，推进全产业链开发。大力发展生态休闲观光农业、都市农业、体验农业和创意农业，促进三次产业融合发展。到 2020 年，主要农产品加工转化率达 70%。

4. 提高农业科技和信息化水平

发挥杨凌农业高新技术示范区及西北农林科技大学作用，加强农业科技自主创新、集成创新与推广应用。建立陕西省农业科技创新同盟，开展高产、绿色增产模式协同创新和联合攻关。提升基层农技推广队伍专业素质和服务能力，打通农业科技推广“最后一公里”。振兴现代农作物种业，构建“育繁推一体化”现代种业体系。加快发展农业信息化，建设智慧农业。

5. 构建农产品质量安全监管体系

建立健全省市县三级农产品质量安全监管、检测和执法体系，强化从田间地头到厨房餐桌的农产品全程质量安全监管，建设农产品“三品一标”可追溯体系。主要农产品标准化生产覆盖率达到 60%以上，无公害、绿色、有机和地理标志优质安全品牌占到 30%以上，农产品监测抽检实现全覆盖，主要农产品质量监测合格率稳定在 96%以上。

（六）拓展信息经济发展新空间

实施“互联网＋”计划。推动“互联网＋制造”，发展众包设计研发、大规模个性化定制、网络化协同制造。推动“互联网＋能源”，建立能源生产运行的监测、管理和调度信息公共服务平台，促进能源产业链上下游企业信息对接和生产消费智能化。推动“互联网＋农业”，建设安全农产品、农资等消费和采购平台，打造国内领先的杨凌“农科城”互联网运营中心。推动“互联网＋商贸”，大力发展特色行业电商、农村电商和跨境电商，通过线上线下融合，推动各类专业市场线上转型。推动“互联网＋物流”，加快建设跨行业、跨区域的物流信息服务平台，建设智能仓储和物流配送调配体系。

大数据与云计算。加快推进云计算基础设施建设，实施行业大数据示范应用、产业环境建设、关键技术研发和国际合作等行动计划，强化电子政务、电子商务、智慧城市等重点领域示范应用。推动云计算与物联网、移动互联网、互联网金融、电子商务等技术和服务的融合发展。积极开展西安—西咸新区国家云计算服务创新试点示范，建设丝绸之路经济带新起点数据核心区。

（七）促进产业融合业态创新

培育千亿级产业集群。瞄准能源化工、装备制造、新材料、电子信息、生物医药等重点领域，依托龙头企业和重点园区，建设一批先进制造中心，打造创新能力强、产业集中度高、配套能力高效的10个千亿级产业集群，总产值达到1.5万亿元。

推进制造业服务化。推广“陕鼓服务”模式，支持企业由设备提供商向系统集成服务商转变。支持大中型骨干企业、“专精特新”科技型优势中小企业积极向研发、设计服务上游扩展。到2020年，省内制造业龙头企业服务业务占主营业务收入比重提高到30%以上。

推动产业组织和商业模式创新。支持企业开展产品定制、零部件定制、柔性制造、个性化制造等新业务、新服务。鼓励省内大型企业、行业领军企业通过网络平台向中小企业开放技术、开发、营销、推广等资源，开展众包、协同创新。推动省内中小企业与陕汽、三星等龙头企业开展协作配套，提高本地配套比例。

（八）推动民营经济加速发展

优化民营经济发展环境，毫不动摇鼓励、支持、引导非公有制经济发展，激发非公有制经济的活力和创造力。进一步放宽民间资本进入的行业和领域，消除各种隐性壁垒，实现权利平等、机会平等、规则平等。依法保护民营企业家财产权和创新收益，激发企业家创新创业精神。提升民营企业发展水平，深化神木、府谷民营经济转型升级试验区改革，实施千企示范万企转型行动。抓好中小企业成长梯队建设，建立省市县三级小微企业成长库。积极引导民营企业与丝路沿线国家开展合作，推进民营企业组团境外发展。

四、积极稳妥推进新型城镇化

按照“建设大西安、做美城市、做强县城、做大集镇、做好社区”基本方略，优化城镇布局，推进农业转移人口市民化，建设和谐宜居、富有活力、各具特色的现代化城市，推动城乡一体化发展。

（一）优化城镇化格局

打造关中城市群。遵循“规划同筹、交通同网、信息同享、产业同布、金融同城、电话同号、环境同治、服务同质”思路，构建以西安为核心、宝鸡为副中心，历史和现代交相辉映、人与自然和谐相处，具有国际竞争力的新型城市群。

推进大西安建设。全面加快省市共建大西安步伐，推进西安、咸阳、西咸新区规划建设一体化、产业布局一体化、行政管理一体化。按照研发服务在中心，制造转化在周边的思路，推进大西安产业空间重组、公共服务重置、交通体系重构。到2020年大西安主城区建设面积不超过1200平方千米，人口1200万人左右。

提升中小城市承载能力。增强宝鸡、渭南聚集辐射功能，建成百万人口大城市。支持榆林建设鄂尔多斯盆地中心城市，汉中建设突出两汉三国文化特色的生态宜居城市。加快延安、安康、商洛城市基础设施建设，建设50万人口以上的地区性中心城市。加快铜川资源型城市转型步伐，支持杨凌打造世界知名的农业科技创新城市。推进35个重点示范镇和31个文化旅游名镇建设，打造一批特色鲜明、宜居宜游的县域副中心或特色小镇。

培育沿黄和沿汉江城镇带。以沿黄公路、榆商高速等交通基础设施建设为契机，进一步优化沿黄城乡空间格局，构建“一园两群三片四核”的城镇空间体系，打造黄河中游新型城镇化特色试验区。依托十天高速、阳安铁路，加强汉江两岸中心城市、县城和重点镇建设，打造交通便捷、产城融合、宜居宜业、生态秀美的串珠式城镇带。

（二）创新城镇化发展方式

搞好试点示范。支持西咸新区聚焦国家目标定位，创新管理体制机制，实现稳步、常态和精细发展，打造中国特色新型城镇化范例。统筹开展新型城镇化、中小城市综合改革、小城市培育、产城融合等试点，支持试点地区在公共服务均等化、投融资体制创新、产城融合、成本分担机制等方面先行先试。

建设和谐宜居富有活力各具特色城市。实施城市增绿工程，推广“海绵城市”建设，拓展绿色宜人生态空间。实施绿色暖民工程，加强城市管理数字化平台建设和功能整合，促进城市规划管理信息化、基础设施智能化、社会管理精细化、公共服务便捷化。尊重和利用城市历史脉络、文化特色和遗址资源，营造历史人文与时代特征交相辉映的城市品质。

加强城市规划、建设和管理。尊重城市发展规律，统筹规划、建设、管理三大环节，政府、社会、市民三大主体，提高城市工作系统性，着力解决城市病等突出问题。创新城市规划编制，搞好城市设计，提倡城市修补，推进城市建筑升级。深化城市管理体制改革，加强城市精细化管理。

（三）推进以人为核心的城镇化

统筹推进户籍制度改革。全面放开建制镇和小城市落户限制，促进有能力在城镇稳定就业和生活的农业转移人口举家进城落户。实施居住证制度，健全人口统计和信息管理制度。改革完善西安市市辖区落户政策，合理控制人口规模。

扩大基本公共服务覆盖面。将农业转移人口随迁子女义务教育纳入城镇教育发展规划，使其以流入地公办学校为主接受义务教育。落实农业转移人口职业技能培训补贴政策，加快推进农民工参加城镇社会保险。建立转移人口与建设用地挂钩机制，推动落户农民享有城镇保障性住房。

（四）健全城市住房体系

促进住房市场健康发展。坚持去库存、稳产业、优供给，加强城市住房体系建设，努力实现房地产市场总量基本平衡，结构基本合理，价格基本稳定。扩大有效需求，多种渠道引导消化房屋库存。推进高品质住房供给，满足个性化需求。改进房地产调控方式，积极推进房地产业按市场原则兼并重组，提高产业集中度。

逐步建立购租并举的住房制度。坚持购租并举，做好住房货币化安置。坚持分类施策，对于具备条件的居民家庭通过购买商品房满足住房需求，不具备购买能力的家庭通过租赁市场租房居住，符合条件的困难家庭通过发放租赁补贴或提供保障性住房等方式予以保障。到2020年，改造各类棚户区50万户以上，实施货币化安置率不低于50%，保障覆盖面保持在23%。

（五）推动城乡一体化

促进城乡公共资源均衡配置。把社会事业发展重点放在农村和接纳农业转移人口较多的城镇，推动城镇卫生计生、养老保险、社会救助、住房保障、就业创业和文化、教育等公共服务向农村延伸，加快形成以工促农、以城带乡、工农互惠、城乡一体的新型工农城乡关系。

加强农村基础设施建设。推动集中供水工程和城镇供水管网向农村延伸，开展小城镇综合管廊试点，完善村庄排洪排水管网设施。提高农村供电能力和质量，完善农村道路体系，全面加快通村客运发展，实现行政村、中心社区全部通班车。推广太阳能、生物质能、沼气等为重点的清洁能源。加快宽带普及，推进信息进村入户。

建设美丽宜居乡村。注重体现农村特色、乡土味道、田园风貌，有序推进以关中为重点的村庄整合，建成宜居示范村庄3200个、美丽乡村1000个，推动村容村貌根本性改变，引导农民生产改变生活方式。开展"十个一"民风建设系列活动，加强传统村落民居和历史文化名村名镇保护。

五、推动区域协调发展

坚持强关中、稳陕北、兴陕南基本思路，增强三大区域发展协调性，深化重点板块开发，塑造要素自由流动、主体功能约束有效、资源环境可承载的区域发展新格局。

（一）推进关中协同创新发展

突出特色提升各市综合竞争力。西安要着力引导生产要素合理布局，做大二产、提升三产，推动产业高端化发展。宝鸡要强化制造产业集聚能力，咸阳、渭南要着力降低一产比例，加快提升工业化水平，铜川要大力发展接续产业，加快转型步伐。杨凌要培育高端涉农支柱产业。

推进产业合作布局优化。坚持关中一盘棋发展思路，打破行政区划壁垒，优化资源配置，建立关中产业发展投资促进协调机制，统筹协调重大项目布局。加速创新要素聚集，壮大高端装备制造、战略性新兴产业、现代服务业等主导产业。

推进创新驱动发展。发挥西安全面创新改革试验区辐射引领作用，加强地区间协作，打造全国知识创新、技术创新和成果转化的重要策源地。支持西安高新区国家自主创新示范区建设，建立与其他国家级高新区（示范区）联动机制。

构筑关中生态格局。科学规划，优化布局，加强生态廊道、城市绿地、水生态文明建设，推进治山、治林、治田有机结合，全面提升关中生态功能。加强河、湖、库、渠、湿地、蓄滞洪区互通连接，构建关中水系，建设城在林中、人在绿中、山环水绕的宜居美丽新关中。

（二）推进陕北转型持续发展

建设陕北高端能源化工基地。建设陕北大型绿色煤炭基地、清洁煤电基地、煤油气综合利用基地，打造全球一流的高端能源化工基地。支持榆林发展现代农业、文化旅游、商贸物流、可再生能源等特色产业，支持延安发展载能工业、红色旅游、能源装备和新兴能源等产业，促进资源型城市转型升级。

建设现代农业产业基地。发挥陕北自然区位优势，以现代农业园区为载体，以绿色化、规模化、品牌化为方向，大力发展旱作农业、设施农业、生态农业，重点建设小杂粮、苹果、红枣、马铃薯、畜牧等特色基地，打造陕西第二粮仓和黄土高原现代农业示范区。到 2020 年，陕北粮食产量达到 260 万吨，占全省比重超过 20%。

建设黄土高原生态文明示范区。实施天然林保护、三北防护林、退耕还林还草、京津冀风沙源治理、黄土高原丘陵沟壑区综合整治等生态工程，加强资源开采沉陷区综合治理，构筑生态安全屏障。推动循环经济产业发展，实现生态环境与经济社会发展协调统一、人与自然和谐相处。

建设城乡统筹综合改革示范区。加快榆林、延安中心城市建设，增强城市服务功能，着力构建中心城市、县城、重点镇、农村新型社区四级城镇体系。积极推进延安国家城乡统筹改革试验，建设全国革命老区城乡发展一体化先行区，支持榆林“多规合一”试点、民营经济转型升级试验，打造陕甘宁蒙晋区域性中心城市。

（三）推进陕南绿色循环发展

构建绿色循环产业体系。以汉中、安康、商洛三大循环经济聚集区为承载，发展航空、装备制造、生物医药、新材料、富硒食品等产业。高水平、高起点整合规划一批旅游精品景区和线路，打造秦巴山水休闲度假胜地。发展水稻、茶叶、中药材、食用菌、魔芋、蚕桑等有机农业，构建生态型产业发展新体系。

统筹基础设施建设。继续加强高速公路、铁路、机场、航运建设，畅通“两横五纵”进出大通道，提高与重庆、成都、武汉等周边中心城市可通达性。完善路网布局，增强互联互通水平。加快现代通信网络建设，提高信息化水平。

提升公共服务水平。以中心城市、县城、重点镇和搬迁移民社区建设为重点，深入实施陕南移民搬迁和脱贫攻坚工程，大力发展特色产业，推动产城融合，进一步吸纳就业、集聚人口。继续实施教育文化、医疗卫生、社会保障等民生工程，加快推动基本公共服务均等化。

构筑秦巴生态安全屏障。强化主体功能空间管控，加强生态环境保护，深入实施生态保护修复工程，以及农村面源、尾矿库、重金属等污染治理工程，加强沿汉、丹江两岸城镇污水垃圾处理设施和配套管网建设，健全全流域水源保护和水资源污染治理制度，保障水质安全、稳定达标。

（四）推进重点板块突破发展

培育区域新增长极。创新体制机制，优化人口、产业、交通、公共设施布局，打造五大区域新增长极。即以韩城为中心的黄河沿岸区域板块、以彬（县）长（武）麟（游）为中心的渭北台塬区域板块、以富（平）阎（良）为中心的渭河北岸区域板块、以神（木）府（谷）为中心的陕晋蒙毗邻区域板块、以西（乡）汉（阴）石（泉）为中心的汉江上游区域板块。

大力发展县域经济。提升现代农业园区发展水平，大力推进县域工业集中区建设，重点发展资源深加工、食品轻工、大工业配套和劳动密集型产业。打造彬县、黄陵、吴起、洋县等一批资源型工业强县，眉县、富平、定边等一批现代农业强县，商南、平利、凤县等省域节点县，三原、勉县、石泉等一批城市副中心县。县域经济总量占全省 GDP 比重达到 58%。

支持革命老区加快发展。以重点领域和重点人群为突破口，推动老区脱贫攻坚，确保同步够格进入全面小康。加快基础设施建设，实现老区所在市域通高铁、县域通高速、自然村通宽带。推动教育、医疗、文化等公共服务设施建设，实现基本公共服务全覆盖。加大对革命遗址、旧居保护修缮力度。

六、提升基础设施保障能力

统筹公路、铁路、航空、轨道等交通设施建设，实施重大水利、信息陕西、智能电网工程，构建安全、高效、智慧、绿色的现代基础设施体系。

（一）完善综合交通运输体系

加快构建支撑省内、辐射周边、服务全国的综合交通运输体系，形成以大西安为核心的城市群 1 小时通勤，2～3 小时到达周边省会城市，4～6 小时到达京津冀、长三角、珠三角的交通圈，基本实现市市通高铁、县县通高速、重点镇通二级公路、村村通沥青路。

综合枢纽。促进各种运输方式加快构建与融合发展，增强客运枢纽、物流中心的运输衔接与快速集散功能。加快大西安综合交通运输体系建设，实现城市轨道、市政公交与城际铁路、高速公路、城市快速干道和干线公路等交通网络的无缝衔接与快速换乘。建设延安、宝鸡、安康等一批区域交通枢纽。

铁路。以实现“关中通城际、市市通高铁、快速通全国”为目标，着力打造“三网两体系一提高”，建设铁路 3500 公里，全省铁路营业里程达到 6500 公里，基本建成“三纵五横八辐射一城际”骨架网，客货运量分别达到 1.8 亿人次、4 亿吨以上。

公路。以新调增国家高速公路和断头路、联络线为重点，继续推进高速公路建设，建设规模 1500 公里，通车里程突破 6000 公里。实现全部县城以及大部分重点示范镇和文化旅游名镇通二级及以上公路，具备条件的乡镇和建制村全部通沥青（水泥）路。运输客货运量分别达到 8 亿人次、18 亿吨以上。

民航。规划启动西安咸阳国际机场三期扩建工程，建成延安、安康新机场，完成榆林机场改扩建，启动宝鸡、府谷、定边支线机场建设，加快一批通用机场和低空飞行服务站建设。积极培育基地航空公司，拓展加密国际航线，开通一批货运航线。西安咸阳国际机场旅客吞吐量超过 5000 万人次，国际国内航线 300 条。

轨道交通。大力发展支撑关中城市群的轨道交通体系。建成地铁 3 号线、4 号线、5 号线、6 号线、临潼市域线，启动大西安地铁后续线网规划建设。建成西安北—机场、机场—阎良等城际轨道，启动西安—韩城等城际轨道和大秦岭等旅游轨道网规划及部分工程建设。开展部分城市轨道交通规划论证。

（二）建设信息陕西

加快建设新一代信息基础设施。推进“宽带陕西”建设，加快建设西安国家级互联网骨干直联点，增加网间互联带宽，扩充出省带宽。加快全光纤网络城市和第四代移动通信（4G）网络布局，全省光缆线路总长超过 100 万公里，城市和农村接入带宽能力普遍达到 50Mbps 和 12Mbps 以上，实现无线城市全覆盖。实施“云端陕西”建设计划，加快建设互联网时代的“云、网、端”新基础设施，打造“西部云谷”。加快推进西安国家下一代互联网（IPv6）示范城市建设，全面提升用户普及率和网络接入覆盖率。加大物联网技术应用力度，形成遍布全省的基础设施物联网络，建设“泛在陕西”。

（三）建设坚强智能电网体系

积极推进外送通道建设，形成“东进南下”送电格局，新增送电能力 1800 万千瓦。加快实施骨干网架升级换代，形成省内 750 千伏“两纵双环网”主网架。优化 330 千伏主网架，增加变电站布点，增强区域供电能力。进一步完善城乡配网，加快 110 千伏及以下配电网升级改造，推进 330 千伏变电站和高压走廊建设，提高城市配电网的智能化和可靠性。继续实施农村电网改造升级工程，打通电力建设的“最后一公里”。建设智能输变电系统，实现电源、电网和用户友好互动。完善充电基础设施，建设充电站（桩）10 万个以上。

（四）加强水生态建设

水系建设。构建关中“四横十纵”水系网络，统筹谋划陕北、陕南水系建设。围绕关中工业化和城镇化建设，系统整治并恢复湖泊、湿地、蓄滞洪区等，促进关中主要江河湖库外部连通、内部循环、互为补充。围绕陕北能源化工基地建设和生态环境修复治理，推进延安和榆林黄河引水、引洛济延等工程建设。围绕陕南生态环境保护，推进月河补水、引嘉济汉等水利建设，做美陕南水生态。五年新增供水能力 15 亿立方米。

农业灌溉设施。完成宝鸡峡等 12 个大型灌区续建配套与节水改造、东雷抽黄等 8 个灌区大型灌排泵站更新改造工程，启动中型灌排泵站的更新改造，加快中小灌区节水改造、小型农田水利建设重点县等项目建设。全省有效灌溉面积达到 2000 万亩，水利用系数提高到 0.58 以上。

防洪抗旱减灾体系。全面完成渭河综合整治工程，开展黄河小北干流和汉江、丹江等主要河流防洪治理，基本完成中小河流治理、病险水库除险加固和山洪灾害防治项目建设。加快抗旱应急水源建设，积极推进气象现代化建设。

实现和谐发展　建设美丽新江西
——江西省“十三五”规划纲要（经贸部分摘要）

一、与全国同步全面建成小康社会

（一）发展基础

“十二五”时期是我省发展史上极不平凡的五年，特别是省委十三届七次全会以来，面对错综复杂的国内外发展环境和经济下行压力，在党中央、国务院的坚强领导下，省委、省政府团结带领全省人民，主动适应、积极引领经济发展新常态，坚持稳中求进、改革创新，经济社会发展取得新的重大成就，“十二五”规划确定的主要目标和任务总体实现，江西站在了新的更高的发展起点上。

——经济总量迈上新台阶。经济保持平稳较快增长，主要经济指标增速位居全国前列，地区生产总值跨越万亿元台阶迈向两万亿元，2015 年达到 16724 亿元、居全国 18 位，比 2010 年前移 1 位。实现财政总收入、规模以上工业增加值、固定资产投资四年翻番、外贸出口三年翻番、对外直接投资两年翻番。

——产业结构调整取得重大进展。农业基础地位不断夯实，服务业和战略性新兴产业成为拉动经济增长的新引擎，服务业比重提高了 5.6 个百分点，高新技术产业增加值超过 1700 亿元。产业集聚发展成效明显，主营业务收入超千亿的产业由 4 个增加到 10 个，国家级开发区（高新区）由 9 个增加到 17 个。

——城乡面貌发生深刻变化。新型城镇化有序推进，实现城镇人口超过农村人口的历史性突破。社会主义新农村建设扎实推进，农村面貌发生深刻变化。城乡基础设施全面跃升，高速公路通车里程突破 5000 公里，实现县县通高速；铁路运营里程超过 4000 公里，高铁实现零的突破；民用航空旅客吞吐量接近 1000 万人次，统调电力装机容量超过 1800 万千瓦。

——生态文明建设取得突破。成功争取全境纳入国家首批生态文明先行示范区建设，重点领域先行先试开局良好，一批生态环境工程加快推进，生态环境优势得到巩固提升，节能减排圆满完成规划目标，在全国生态文明建设中的地位和作用进一步彰显。

——区域发展格局进一步完善。全面对接“一带一路”和长江经济带国家战略，赣南等原中央苏区振兴发展和罗霄山集中连片特困地区扶贫攻坚成功上升为国家区域发展战略，鄱阳湖生态经济区建设顺利推进，昌九一体化步伐明显加快，赣东赣西协调发展，“龙头昂起、两翼齐飞、苏区振兴、绿色崛起”的区域发展格局基本形成。

——改革开放全面推进。全面深化改革取得阶段性成效，简政放权力度前所未有，财税、金融、投融资、价格管理、国资国企、省直管县等重点领域和关键环节改革取得重要突破。开放型经济取得重要成效，“走出去”步伐明显加快，进出口总额突破400亿美元，实际利用外资突破90亿美元，赣州综合保税区成功设立，赣欧（亚）国际货运铁路班列成功开行，江西航空成功组建。

——社会事业全面进步。人民生活水平和质量明显提高，城乡居民人均可支配收入分别年均增长11.1%、13.2%；教育、文化、医疗卫生、社会保障等各项社会事业加快发展，城镇新增就业不断扩大，覆盖城乡居民的社会保障体系进一步完善，城乡居民大病保险等制度全面实施，扶贫攻坚成效显著，社会保持和谐稳定。

——风清气正的政治生态进一步形成。全面从严治党开创新局面，反腐倡廉成效显著，党的群众路线教育实践活动成果丰硕。政风行风全面好转，行政效能明显提高。基层民主不断发展，法治江西建设全面展开。

（二）发展目标

全省经济社会发展的总体目标是：与2010年相比，地区生产总值和城乡居民人均收入提前实现翻一番，全面建成小康社会。

——综合实力再上新台阶。在提高发展平衡性、包容性、可持续性的基础上，保持经济中高速增长，地区生产总值年均增长8.5%左右。财政总收入年均增长9%左右。消费对经济增长的贡献度明显提高，投资、消费、出口协同拉动增长的格局基本形成。

——转型升级取得突破性进展。战略性新兴产业和先进制造业加快发展，服务业比重明显提高，农业现代化取得新进展，三次产业互促融合发展，比例进一步优化调整为8∶50∶42。投资效率和企业效益明显上升，工业化和信息化融合水平大幅提升，工业化和城镇化良性互动，户籍人口城镇化比率大幅提高；创新能力不断增强，科技进步贡献度明显上升，迈入创新型省份行列。

——生态文明先行示范区基本建成。主体功能区布局基本形成，生态文明制度体系基本健全。生态环境质量进一步提升，森林覆盖率稳定在63%以上，全省主要地表水监测断面Ⅲ类以上水质提高到81%以上。万元GDP能耗和用水量、二氧化碳以及主要污染物排放量持续下降，县级及以上城市空气质量明显改善，城镇生活污水集中处理和生活垃圾无害化处理水平进一步提高。

——人民生活水平和质量普遍提高。居民收入与经济增长同步，城镇居民人均可支配收入年均增长9%左右，农民人均可支配收入年均增长9.5%左右。就业比较充分，医疗、社保、住房等公共服务体系更加健全，现代教育体系基本建成。现行标准下农村贫困人口全面脱贫，贫困县全部摘帽。

——人民文明素质和社会文明程度明显提高。中国梦和社会主义核心价值观更加深入人心，向上向善、诚信互助的社会风尚更加浓厚，人民思想道德素质、科学文化素质、健康素质明显提高。文化事业繁荣发展，文化产业成为支柱性产业，文化软实力和影响力显著增强，基本建成文化强省。

——社会治理体系和治理能力现代化取得重大进展。深化改革取得决定性成果，若干领域成为全国改革创新试验区。人民民主更加健全，法治政府基本建成，司法公信力明显提高。人权得到切实保障，产权受到有效保护。开放型经济新体制基本形成。

党的建设制度化水平显著提高。各方面制度更加定型更加成熟。

二、建立现代产业新体系

顺应全球产业变革和国内外产业分工变动趋势，以新型工业化为核心，协同推进现代农业和现代服务业加快发展，促进三次产业互动融合发展，推动产业结构加快向中高端迈进，构建技术先进、协调融合、优质高效、绿色低碳的新型产业体系。

（一）加快构建新型工业体系

深入实施工业强省战略，以优势传统产业为基础，以战略性新兴产业为先导，以制造业智能化为主攻方向，加快信息化与新型工业化的深度融合，推动工业向高端化、智能化、集聚化、绿色化、品牌化方向转变，构建特色鲜明、集约高效、环境友好、市场竞争力强的新型工业体系。

1. 加快推进传统产业转型升级

大力实施传统产业改造升级行动，以石化、钢铁、有色、食品、建材建筑、纺织服装、轻工等为重点，通过淘汰落后、兼并重组、技术改造、模式创新等手段，推动产业链从前端向后端、低端向中高端延伸转变，实现产品技术、工艺装备、能效环保等水平全面跃升。

石化产业。进一步提升原油加工能力，积极培育精细化工、盐化工、生物化工、硫磷化工等领域，着力提高企业集聚化、生产绿色化、产品精深化水平，打造国内具有影响力的特色化工生产基地。

钢铁产业。以结构调整、转型升级、做精产品、做强企业为主要思路，支持和推进钢铁企业兼并重组，发展钢材精深加工业，鼓励钢铁产业向沿江布局，打造全国重要的新型钢铁产业基地。

有色产业。以终端产品为主攻方向，推动铜、钨和稀土等产业链条拓展延伸，提高技术含量、产品附加值和回收利用比例，在细分领域培育一批高端产品、高端品牌，总体达到国际先进水平。

食品产业。以初级加工向精深加工转变为主线，促进加工与种养、流通和销售等环节的衔接，着力发展方便休闲食品、营养保健食品、绿色有机食品、功能特色食品等现代食品，打造全国绿色食品产业基地。

建材建筑产业。大力发展无机非金属新材料和非金属矿精深加工产业，加大去产能力度，着力打造多功能建筑材料、绿色生态水泥和新型工业陶瓷、玻纤复合材料、建筑陶瓷等高端化建材。推行建筑设计标准化、部品生产工厂化、建筑施工装配化、结构装修一体化、过程管理信息化的建筑新方式。

纺织服装产业。以服装、棉纺、麻纺、针织、化纤及特色家纺为重点，加快产品和技术升级换代，推进产业在线协同设计和电子商务等应用，培育一批国内服装知名品牌和驰名商标。

轻工产业。做大做强陶瓷、家具、造纸等行业领域，推动产品结构向多样化方向发展，提升产品质量和档次，形成一批特色轻工产业基地。

更加注重运用市场机制、经济手段、法治办法，加大政策引导力度，建立以低能耗、环保、质量、安全等为约束条件的推进机制，强化行业规范和准入管理，坚决淘汰落后产能，削减低效产能，严控新增产能。促进企业兼并重组，分类有序、积极稳妥处置产能过剩行业的企业退出问题。

2. 推动战略性新兴产业跨越发展

以高端化、集约化、特色化为导向，以掌握核心技术为关键，实施战略性新兴产业倍增计划，进一步培育壮大电子信息和新型光电、生物医药、节能环保、新能源、新材料、航空、先进装备制造等新兴产业，努力实现全省战略性新兴产业规模倍增、龙头企业倍增、示范基地倍增，力争战略性新兴产业增加值占工业增加值比重达到30%以上。

围绕打造“领跑方阵”，推动电子信息和新型光电、生物医药、航空等产业爆发式增长，部分领域进入全球领先行列。电子信息和新型光电产业，推动由加工装配生产向研发制造服务转型，加强硅衬底LED技术等自主知识产权和系统集成能力建设，加快发展通信设备、半导体照明、数字视听、北斗卫星导航等产业，着力打造“南昌光谷”和“吉安电子城”，建成中部地区重要的电子信息制造业产业高地。生物医药产业，突出增强企业技术创新能力，进一步提升中药、化学药、生物技术和医疗器械产品市场竞争力和占有率，大力发展生物农业、生物制造等产业，建设全国重要的生物医药产业基地。航空产业，依托研发环节基础优势，积极参与全球航空制造业分工合作，着力提升教练机、直升机、固定翼飞机和大飞机及零部件制造水平，延伸运营和服务价值，打造航空制造、民航运输、通用航空、临空经济“四位一体”协同发展产业体系。

围绕打造“新兴方阵”，推动节能环保、新能源、新材料、先进装备制造等产业跨越式发展，部分特色领域进入国内领先行列。节能环保产业，加快节能环保技术装备研发、产业化发展和推广应用，着力推进节能环保重点领域和区域发展，逐步构建功能完备、特色突出、布局合理的节能环保产业体系。新能源产业，充分发挥龙头企业引领作用，促进光伏、风电等产业技术创新、产业集聚和完善产业链，着力推进硅晶电池、薄膜电池发展，加强终端环节应用，全面提升新能源发展水平。新材料产业，推进新材料向多功能、智能化方向发展及上下游融合，延伸配套新材料产业链条，提升自主创新能力和市场竞争力。先进装备制造业，以技术高新化、产品特色化、产业集群化为方向，加快发展汽车及零部件、特种船舶、先进电工、农机与矿山机械、轨道交通等先进装备制造业，建成中部地区重要的先进制造业基地。

围绕打造“潜力方阵”，推动新能源汽车、智能制造装备、集成电路等产业突破式增长，力争部分产品占据市场竞争制高点。新能源汽车产业，突出关键技术研发和引进，着力推进纯电动汽车及关键零部件产业化，大力发展锂电动力电池产业和混合动力汽车，促进新能源汽车整车及配套设备生产能力大幅跃升。智能制造装备产业，坚持本地培育与招大引强相结合，大力发展机器人及智能制造装备产业，力争在工业机器人、高档数控机床、智能测控装置、3D打印等智能装备和产品上取得新突破。集成电路产业，以应用芯片设计为切入点，积极引进和培育龙头企业，着力打造完整的集成电路产业链，争取在重点领域实现零的突破。

强化对新兴产业的政策支持。发挥产业政策导向和促进竞争功能，统筹科技研发、产业化、标准制定和应用示范，为产业培育和拓展市场创造有利条件。完善支持新兴产业发展的税收优惠政策，加大企业研发投入所得税前加计抵扣力度。更好发挥战略性新兴产业发展基金、创业投资引导基金对不同发展阶段企业的支持作用。

3. 推进“两化”融合和制造业智能化

推动工业化和信息化深度融合。进一步完善“两化”融合推进机制，分层、分类实施“两化”融合试点示范，加快“两化”融合公共服务平台、技术服务平台等建设，全面增强“两化”融合技术支撑和服务能力，推动新一代信息技术向市场、设计、生产环节全面渗透，力争全省重点领域生产装备数控化率达到60%以上，“两化”深度融合发展水平指数达到85以上。

加快推进制造业智能化。对接《中国制造2025》，实施智能制造示范工程，推动企业应用智能制造装备，发展基于互联网的新型制造模式，促进制造业生产方式向柔性、智能、精细转变，重点推广应用10000台（套）智能制造装备、打造1000个智能制造车间、培育100家智能制造装备企业。鼓励建立智能制造产业联盟，着力打造一批智能制造示范企业和智能制造集聚区。

4. 促进产业集聚集约集群发展

发挥龙头企业带动作用。实施产业、企业、项目、技术、团队“五位一体”扶持，鼓励企业兼并重组，加速培育一批主业突出、创新能力强、关联度大、带动性强的龙头企业，力争百亿企业总数达到30家以上。引导中小企业与龙头企业开展合作，完善产业链条，提高专业化协作水平，走集群化发展道路。

促进工业园区集约高效特色发展。以工业园区为载体，引导关联产业集中布局，鼓励每个园区重点发展1～2个主导产业，加速培育100个重点产业集群，建设一批战略性新兴产业集聚区和“智慧园区”。支持有条件的工业园区扩区升级，力争超千亿园区达到15个以上。深化工业园区体制机制改革，推进管理标准化、服务企业化和去行政化，提升园区服务水平。

完善产业集群支撑体系。健全研发、技术、检测等各类创新平台，提升产业集群创新要素和技术人才集聚能力。加快建设集展示、交易、共享、服务、交流为一体的专业化特色市场，推动专业市场与产业集群互动发展。加强产业集群公共服务平台建设，满足企业信息、金融、中介、物流配送、生活配套等方面的共性需求。完善产业集聚区道路、通信、能源等基础设施体系，着力发展产业综合体。

5. 全面加强质量品牌建设

坚持质量兴省、品牌兴业、标准引领，大力实施产品质量标准提升行动，全面提升江西制造质量水平和整体形象。支持企业瞄准国际和国内同行业标杆推进技术改造，推动重点工业产品质量水平全面达到国家和行业标准，加快将LED（发光二极管）、稀土新材料等具有自主知识产权的核心关键技术转化为标准，增强企业在国际和国内标准领域的话语权。健全质量发展政策与规章制度，实施企业产品和服务标准自我声明公开和监督制度，支持企业提高质量在线检测、在线控制和产品全生命周期质量追溯能力，制造业产品质量合格率达到97%。完善质量监管体系，加强检测与评定中心和检验检测公共服务平台建设。开展知名品牌创建活动，加强集体商标、证明商标、区域名牌和专业品牌基地建设，鼓励企业品牌抱团发展，支持品牌培育和运营专业服务机构发展，强化品牌保护。

（二）推动服务业量质齐升

推动生产性服务业向专业化和价值链高端延伸、生活性服务业向精细化和高品质转变，着力放宽市场准入、创新业态模式、增强服务功能，促进服务业发展明显提速、比重明显提高、水平明显提升。

1. 促进生产性服务业专业化

以促进服务业与农业、工业等在更高水平上有机融合为目标，加快服务环节的分离和外包，鼓励生产性服务企业与制造企业从设计、生产到营销的全业务流程融合，促进江西省产业逐步由生产制造型向生产服务型转变。

金融服务业。完善和发展多层次金融市场，加强金融体制、组织、产品和服务创新，大力培育壮大互联网金融等新业态，积极发展融资租赁行业，加快建设南昌、赣州两大金融核心区域，支持有条件的地区发展金融特色街区、金融超市等，构建适应经济社会发展的多元化金融体系。

现代物流业。以降低全社会物流成本为核心，着力打造昌九核心物流集聚带，赣中南、赣西、赣东北、赣东南省级重要物流集聚带，培育发展一批现代物流产业集聚区和龙头示范企业，大力发展第三方、第四方物流，优化城乡配送网络，提高物流标准化、信息化、智能化水平。

电子商务业。促进电子商务在各领域的推广普及应用，积极拓展农村电子商务、跨境电子商务、移动电子商务等新领域，大力培育特色电子商务平台及品牌，实施电子商务示范工程。

服务外包业。顺应服务智能化、专业化的产业组织新特征，着力发展高技术、高附加值服务外包业务，做大做强南昌服务外包示范城市，推进服务外包产业园区提挡升级，拓展高端服务外包市场。

节能环保服务业。大力推行合同能源管理、环境污染第三方治理等节能环保服务新机制，大力发展生态环保、节能评估等第三方服务，推进节能环保和各行业的深度融合，积极开展环境托管服务试点。

加快信息服务、科技服务、会展服务、检验检测认证、研发设计、商务咨询、售后服务、人力资源服务和品牌建设等其他重点领域生产性服务业同步发展，为产业转型升级提供专业化服务支撑。

2. 提高生活性服务业品质

顺应生活消费方式向发展型、现代型、服务型转变趋势，发展贴近人民群众生活、需求潜力大、带动作用强的生活性服务领域，增加服务供给，丰富服务种类，提升服务质量，推动生活性服务业便利化、精细化、品质化发展。

商贸流通业。深化流通机制、流通模式、流通方式改革创新，着力推进城市商业智能化、农村市场现代化、国内外市场一体化，推动工商、农商、商旅联动，促进商贸流通产业线上与线下协调发展、内贸外贸融合发展。

健康养老服务业。依托生态优势、医药优势、区位优势，大力培育发展健康养老与文化、旅游、医疗、家政、体育相互融合的新业态，逐步建立覆盖全生命周期、业态丰富、结构合理的健康养老服务体系，重点培育一批健康养老集聚区和连锁集团，打造全国大健康产业发展基地。

住宿餐饮业。大力推进食宿餐饮业连锁化、品牌化发展，提高住宿餐饮服务的文化品位和绿色安全保障水平，培育一批具有市场竞争力的知名酒店和赣菜品牌，努力形成以大众化市场为主体、适应多层次多样化消费需求的住宿餐饮发展新格局。

家庭服务业。重点规范和发展家政服务、养老托幼、母婴护理等服务，整合、升级家庭服务业公共平台，推进家庭服务规范化、职业化建设，创建一批知名家庭服务品牌。

房地产业。合理引导住房消费，积极培育住房租赁市场，大力发展旅游地产、养老地产、文化地产等新业态，着力扩大有效需求，促进房地产市场稳定健康发展。

推动法律服务、体育服务、教育培训服务等其他重点领域生活性服务业协同发展，进一步满足城乡居民个性化、多层次消费需求。

3. 着力建设旅游强省

加快构建开放有序、业态多样、产品丰富、协调发展的旅游业发展体系，全面打响“江西风景独好”旅游品牌，打造全国重要、国际知名的旅游目的地，力争全省旅游总收入突破万亿元，旅游业增加值占全省地区生产总值的12%以上，把旅游业培育成为综合性战略支柱产业。推动传统旅游景区向旅游经济综合体转变，重点培育5个左右的复合旅游著名景区，打造20个5A级、150个4A级旅游景区。实施精品旅游圈（线、区）工程，优化整合红色、绿色、古色旅游资源，着力打造一批跨区域、多看点的特色旅游精品线路和景点集群。推动浙闽赣皖国家东部生态旅游示范区建设。实施“旅游+”行动计划，促进旅游与文化、教育、健康、养老、农业等领域互动融合发展，大力发展研学游、养生养老游、自驾车营地游、农业观光游等多元化旅游业态。加强旅游商品创意研发，开发线上线下有机结合的旅游服务产品。鼓励社会资本参与各类旅游资源开发，支持中小旅游企业提升特色化和专业化水平，推进大型旅游企业集团化和品牌化发展。实施入境旅游促进工程。

4. 完善服务业发展体制机制

进一步放开服务业市场准入，消除服务业发展的制度性障碍和歧视性政策，鼓励和引导各类资本投向服务业，建立统一、开放、竞争、有序的服务业市场。扩大政府采购服务范围，推动竞争性购买第三方公共服务。推进服务业标准化建设，健全以质量管理制度、诚信制度、监管制度和监测制度为核心的服务质量治理体系，支持从业人员参加职业培训和专项能力考核，提升服务业标准化、专业化水平。着力完善支持服务业发展的财税、金融、土地和价格等政策。实施服务业重大项目推进、集聚区创建、龙头企业认定、领军人才培育、品牌创建等工程，推进服务业综合改革试点。健全服务业统计体系。

三、增强创新发展新动力

把创新摆在发展全局的核心位置，坚持重点领域创新与大众创业万众创新结合，坚持企业主体与协同创新融合，坚持创新链与产业链、资金链有机衔接，以科技创新为重点统筹推进全面创新，加快迈向创新型省份行列。

（一）强化科技创新引领作用

充分发挥市场配置创新资源的决定性作用，进一步强化企业创新主体地位和主导作用，加快推动政府职能从研发管理向创新服务转变，大力实施创新驱动“5511”工程，全面提升科技进步对经济发展的贡献度。

1. 推动重点领域创新突破

坚持战略和前沿导向，采取差异化策略，集中力量加大事关全局的关键技术研究力度，实施100项重大科技专项，力争部分领域技术水平达到国际领先、重点产品达到国内领先或国际先进水平。紧紧围绕航空和先进装备制造、生物医药、电子信息和新型光电、新材料、新能源等重点产业，主攻直升机、教练机、生化制品、LED、智能终端、高性能硬质合金、高性能稀土磁性材料、光伏风电原辅材料及关键零部件等细分领域的科技创新。围绕农业科技创新，推进以设施农业和农产品精深加工为重点的技术研发，培育推广高产、优质、抗逆、适应机械化生产的新品种。围绕生态环保和社会发展，加强以资源环境绿色处理、临床医学、食品安全、网络安全及矿山预警为重点的创新研发。

2. 大力促进科技协同创新

实施科技协同创新计划，建设一批以企业为主导的产学研用协同创新体、产业技术创新战略联盟，打造一批协同创新平台、团队和成果转化基地，着力建设50个国家级创新平台和载体、50个国家级创新人才和团队。加大创新型企业培育力度，鼓励大企业、大集团开展基础性前沿性创新研究，突出核心关键技术重点攻关，培育一批科技创新领军企业，实施科技型初创企业孵化计划、科技小巨人培育计划、科技型中小企业成长计划，力争新增认定高新技术企业1000家以上，构建层次分明、梯度发展的创新型企业体系。鼓励企业采取委托研发、技术入股、投资入股等方式，主动介入高校和科研院所早期研发，共建实验室、研发中心、博士后实践基地等载体。推动军工体系开放竞争和科技成果向现实生产力转化，支持军用技术和民用技术双向转移，引导优势民营企业进入军品科研、生产和维修领域，打造一批军民融合创新示范区。

3. 加快推进科技成果产业化

加快科技成果使用、处置和收益分配改革，全面推动科技成果使用权、处置权和收益权向项目单位下放。扩大高校和科研院所自主权，鼓励和引导高校、科研院所以科技成果作价出资创办企业，放宽股权激励、股权出售对企业的相关限制。赋予国有企事业单位科技成果更多的自主处置权，赋予创新领军人才更大财物支配权、技术路线决定权。鼓励科技人员以技术发明、创新成果及其他形式的非货币性资产投资科技型企业，研究探索体现科研人员劳动价值的收入分配制度，提高科研人员成果转化收益分享比例。推动开放式创新、引进式创新，实施更加开放的创新政策、更加灵活的合作模式，促进重大科技成果在我省转移转化。建立健全展示、交易、共享、服务、交流“五位一体”的网上科技大市场。

4. 完善科技创新体制机制

深化科技体制改革，加快形成创新活力竞相迸发、创新成果高效转化、创新价值充分体现的政策机制和体制架构。完善财政科技投入稳定增长机制，确保省级财政科技投入80％投向企业，确保投入企业研发经费的80％投向战略性新兴产业。改革科技项目评价导向，以成果突破性和产业贡献度为重点，推行“同行评议”“第三方评价”等方法。探索建立依托专业机构管理科研项目的机制，建立跨部门的财政科技项目统筹决策和联动管理制度。切实落实普惠性财税支持政策和企业研发费用加计扣除政策，扩大固定资产加速折旧实施范围。建立从实验研究、中试到生产的全过程科技创新融资模式，鼓励多层次资本市场融资，推动创新型骨干企业上市、中小微企业挂牌，探索建立政策性科技担保公司、科技保险公司。实行严格的知识产权保护制度，建立健全知识产权侵权查处快速反应机制，完善知识产权资助奖励政策。强化对创新产品的首购、订购政策支持。积极开展全面创新改革试验，支持南昌高新区创建国家自主创新示范区。

（二）推动大众创业万众创新

进一步放宽政策、放开市场、放活主体，激发各类创业创新主体活力，促进创业创新向不同所有制领域延伸、向各个产业领域拓展，使创业创新成为推动江西发展的新引擎。

1. 营造便利创业的政策环境

树立创业光荣、创新可贵的价值取向，培育大众创业、万众创新的社会生态，在全社会营造勇于探索、敢为人先、鼓励创新、宽容失败的浓厚氛围。加强创业的制度性供给，逐步清理并废除妨碍创业发展的制度和规定，深化行政审批、商事、注册资本登记等相关领域的制度改革，为创业者提供统一规范、宽松便捷的准入环境。落实和完善鼓励劳动者自主创业的扶持政策，统筹安排各类支持小微企业和创业创新的资金，强化信贷扶持和担保贷款扶持，引导创业投资、天使投资等风险投资投向创业创新领域和企业。完善涉企收费目录管理制度，减免有关行政事业性收费、服务性收费，落实创业负担举报反馈机制。支持中小企业公共服务平台和服务机构建设，为初创企业提供法律、知识产权和技术转移等服务。

2. 培育壮大创业创新主体

推动创业创新主体由小众向大众转变，形成多元化创业创新人才群落。落实和完善高等学校、科研院所在人才流动、成果处置、收益分配等方面的政策，激励高校、科研院所等事业单位专业技术人员在职创业、离岗创业。完善青年创业服务体系。大力实施大学生创业引领计划，建立大学生创业导师制和政策支持体系，健全弹性学制管理办法，支持大学生保留学籍休学创业。开展引才引智创业创新基地建设试点，推进海外招才引智、省校省院省企战略合作，吸引海外及港澳台高层次人才来赣创业创新。支持赣商回乡创业和农民工返乡创业。

3. 促进创业创新模式多样化

依托“互联网＋”等新技术新模式，加快推动众创、众包、众扶、众筹等创业创新支撑平台发展，形成大众参与、各方协同的创业创新格局。推动创客空间、创业咖啡、创新工场等新型众创空间发展，鼓励网络平台众创，积极培育企业内部创客文化，强化创新资源共享合作。广泛应用研发创意众包，大力推进制造运维众包，加快推广知识内容众包，鼓励发展生活服务众包，推动大众参与线上生产流通分工。通过政府和公益机构扶持、企业分享众扶、公众互助众扶等多种方式，营造多方支持、互助互扶的众扶生态，集聚创业创新合力。积极开展实物众筹，稳步推进股权众筹，规范发展网络借贷，拓展创业创新融资渠道。

（三）促进供给侧和需求侧双向发力

在适度扩大总需求的同时，聚焦供给侧结构性改革，培育壮大“新动能”，提升改造“旧动能”，努力形成供给与需求高效对接、消费与投资良性互动的增长动力新机制。

1. 大力推进供给侧结构性改革

把改善供给结构作为主攻方向，着力推动去产能、去库存、去杠杆、降成本、补短板，通过供给创新引领需求、激活需求，实现由低水平供需平衡向高水平供需平衡跃升。着力提高供给体系质量和效率，重点培育蛙跳式产业，支持企业技术改造和设备更新，鼓励市场主体提高产品质量、增加优质新型产品和生活服务等有效供给。进一步优化存量、引导增量、主动减量，通过兼并重组、债务重组甚至破产清算，积极稳妥处置“僵尸企业”。深化以满足新市民为出发点的住房制度改革，打通住房供需通道，化解房地产库存。加快降低企业交易成本、税费负担、财务成本、物流成本等各类成本，积极破解小微企业发展空间、融资渠道和政策支持等问题。

2. 挖掘和释放新需求

有效发挥投资的关键作用。积极对接国家政策导向，深入实施重大项目带动战略，扩大基础设施互联互通、城市空间综合开发、公共服务共建共享等领域的有效投资。提高政府投资质量和效率，优化投资结构和方向，创新投融资方式和公共基础设施投融资体制，推广政府与社会资本合作模式，增强政府投资的杠杆撬动作用，引导社会投资快速增长。

大力推进消费升级和消费模式创新。加快培育形成一批消费热点和新的增长点，激发品质提升型消费增长潜力，大力开发个性化、多样化时尚消费，开拓农村消费市场。推进实施一批重点领域消费促进工程，支持信息、绿色、汽车、旅游休闲、教育文体、养老健康、家政等新兴消费，加快信息网络、新能源汽车充电设施、旅游休闲及健康养老配套设施等新型消费基础设施建设。着力营造便利、安全、放心的消费环境。

四、迈向信息化发展新时代

抓住大数据、云计算、物联网等信息技术变革机遇，加快建设新一代信息网络，加强信息资源开发共享和信息安全保障，推动信息技术的广泛渗透和运用，构筑全省经济社会发展新优势、新动能，全面推进信息江西建设。

（一）构建泛在高效安全的信息网络

以建光网、提速度、促普及、扩应用、降资费、惠民生为总目标，深入实施“宽带中国”江西工程，加速推进信息基础设施建设，促进多种网络无缝链接，形成泛在、高效、安全的新一代信息网络。

1. 推进新一代高速光纤网络建设

加快“全光网”城市建设，推进宽带接入光纤化进程，绝大部分城镇地区实现光网覆盖，提供1000兆以上接入服务能力，部分城市家庭用户带宽实现100兆以上灵活选择。加快农村地区光纤宽带建设，实现行政村光纤全通达，并向有条件的自然村延伸，提供100兆以上接入服务能力，农村家庭用户宽带实现50兆以上灵活选择。实施骨干网建设升级工程，优化骨干网络架构，提升高速传送、灵活调度和智能适配能力，争取开通国家级互联网骨干直联点。超前布局下一代互联网，向互联网协议第6版（IPv6）演进升级。加快下一代广播电视网建设，推动重点城区发展高清电视、互动电视。完善电信普遍服务机制，开展网络提速降费行动。深入推进“三网融合”，推动信息网络基础设施互联互通和资源共享。

2. 构筑先进泛在的无线网络

加快推进第四代移动通信（4G）网络建设，鼓励移动用户向4G迁移，实现乡镇及人口密集的行政村全面深度覆盖，在重点城市适时推进第五代移动通信（5G）建设。加速无线局域网（WLAN）普及推广，鼓励城镇热点公共场所提供免费无线宽带服务。推进无线网络向山区、库区、湖区等边远地区延伸，打通信息孤岛。提升移动通信网络服务能力，大幅提高网络访问速率。优化各类区域网络，促进网间互联互通，提高话音、视频、数据等多业务综合承载能力。

3. 强化信息安全保障

贯彻落实国家信息安全等级保护制度，推动信息安全与信息化同步规划、同步建设、同步运行，完善信息安全基础设施，加强信息安全应急处置，提高信息安全风险防范能力。统筹规划全省通信干线双路由建设，实现本地网业务可迂回比例达到100%。加强重要数据资源在采集、存储、应用和开放等环节的安全保护，建立重要数据资源防泄漏、防窃取的监测、控制、预警与应急处置等安全保障机制。加强重点领域信息安全管理，强化各类公共服务的社会数据资源在公开、共享等环节的安全评估与保护。强化企业、机构在网络经济活动中保护用户数据和国家基础数据的责任，加强个人数据资源隐私保护。推进网络社会管理，完善网络信用体系，加强网络舆情研判。

（二）大力实施“互联网+”行动

加快推进互联网与经济社会各领域深度融合发展，促进产业变革和商业模式、服务模式、管理模式创新，使“互联网+”成为创新发展的重要驱动力。

1. 推动重点领域互联网融合发展

围绕经济社会发展重点领域，加快实施“互联网+”行动，促进网络经济与实体经济协同互动、公共服务线上线下紧密结合。推动基于互联网的产业组织、商业模式、供应链、物流链等各类创新，培育新兴业态和新增长点，基本建立网络化、智能化、服务化、协同化的“互联网+”产业生态体系。充分发挥互联网在社会服务领域的高效、便捷优势，构建面向公众的一体化在线公共服务体系。升级改造全省统一的电子政务网络，实施电子政务云建设工程，实现省市两级政务业务系统同平台应用、政务信息跨部门整合。加强互联网创新要素、创新体系和创新理念与实体经济对接应用，形成网络化协同分工新格局。鼓励基于互联网的资源整合，创新发展分享经济模式。引导大型互联网企业向小微企业和创业团队开放创新资源，鼓励各类创新主体利用互联网，建立开放式创新联盟。

2. 完善“互联网＋”发展环境

放宽融合性产品和服务的市场准入限制，实施各行业互联网准入负面清单。执行“互联网＋”融合标准体系，推进相关领域与互联网融合应用的标准化、规范化。开展“互联网＋”创新政策试点，支持“互联网＋”创新创业项目的孵化与实施。面向重点领域加强行业云服务平台建设，支持行业信息系统向云平台迁移。设立省级“互联网＋”专项引导资金，加大对“互联网＋”企业的信贷支持力度。加强复合型人才培养与引进，采用政府购买服务方式向社会提供互联网知识技能培训。

（三）推进大数据广泛深度应用

顺应大数据时代潮流，树立大数据理念，推动大数据资源共享开放，强化大数据在各领域的应用，加快培育发展大数据产业，释放数据资源红利。

1. 强化大数据应用

推动信息数据资源向社会开放，先行开放交通出行、医疗健康、教育文化、食品安全、空间位置、资格资质、经济统计、产品质量等与经济社会发展密切相关的资源数据。建立政府和社会互动的大数据采集形成机制，引导企业、行业协会、科研机构、公共组织等主动采集并开放数据。整合公共数据资源，重点推进人口、法人单位、空间地理、宏观经济、文化和档案等信息资源库共建共享。加强互联网数据资源与政务数据资源的配合应用，完善对经济动态监测、产业安全预警等的决策支持。鼓励企业及科研机构利用民生领域大数据开展研究，开发个性化便民服务应用，提高民生服务的在线化、便捷化、均等化水平。整合城市规划、国土资源、交通、治安、城管、环境、气象等方面的数据资源，有效疏导、防范和处理城市管理领域的风险和问题。推动社会治理大数据应用，破解公共安全难题，增强社会风险防范和应急处置能力。

2. 培育大数据产业

加快海量数据存储、数据清洗、数据可视化、数据分析挖掘、安全与隐私保护等领域关键技术攻关，形成安全可靠的大数据技术体系。加快大数据软硬件产品发展，建立大数据产品体系。推动大数据在企业研发设计、生产制造、经营管理、市场营销、售后服务等环节全程应用，积极引进和培育一批大数据企业，努力创建国家级大数据产业发展基地。分类开展面向企业的云应用平台示范建设，快速推进云计算规模化应用，打造集数据挖掘、数据传输与服务为一体的云计算产业集群。加强物联网技术引进、创新和集成应用，推动射频识别、传感器等重点领域发展，逐步建立物联网产业体系。加快大数据与移动互联网、云计算、物联网的深度融合，促进应用模式、商业模式和服务业态创新。

改革创新　提质转型　培育四川“十三五”经济增长新动力

——四川省“十三五”规划纲要（经贸部分摘要）

一、总体要求

（一）“十二五”时期发展成就

“十二五”时期，是四川省战胜特殊困难和严峻挑战、奋力推进“两个跨越”很不平凡的五年。以习近平同志为总书记的党中央毫不动摇坚持和发展中国特色社会主义，站高谋远、励精图治，勇于实践、善于创新，形成了一系列治国理政新理念新思想线路，为在新的历史条件下深化改革开放、加快推进社会主义现代化提供了科学理论指导和行动指南。省委、省政府团结带领全省各族人民，认真贯彻执行中央决策部署，适应经济发展新常态，克服汶川特大地震、芦山强烈地震、康定地震等重大灾害的严重影响，大力实施“三大发展战略”，全面推进经济建设、政治建设、文化建设、社会建设、生态文明建设，完成了“十二五”规划确定的主要目标任务，全省呈现出经济较快增长、动力加快转换、民生持续改善、社会和谐稳定的良好局面。全省经济实力明显增强，地区生产总值连续迈过两个万亿台阶，在全国位次提升。转方式调结构取得实质突破，特色优势产业、战略性新兴产业、高端成长型产业和新兴先导型服务业加快发展，农业现代化稳步推进，科技创新能力提升，新的增长动力孕育壮大。多点多极支撑发展格局加快演进，天府新区上升为国家级新区，呈现出首位一马当先、梯次竞相跨越、底部基础夯实的发展态势。城乡统筹发展深入推进，区域性中心城市发展壮大，城镇危旧房和棚户区改造成效明显，“百镇建设行动”培育形成了一批特色小城镇，农业转移人口市民化有序推进，新农村建设走出产村相融、成片推进的新路子。基础设施条件进一步改善，建成了一批交通、水利、能源、通信、信息、邮政等骨干工程，成都天府国际机场获批启动建设。全面深化改革攻坚突破，四川列入国家系统推进全面创新改革试验区域，简政放权、农业农村、国资国企、科技体制、价格机制、民生事业等重点领域改革取得重大进展。对外开放合作水平提高，一批重大高端、现代产业项目落户四川，内陆开放型经济综合竞争优势增强。重点民生工程持续实施，每年集中力量办成一批民生实事，就业持续扩大，公共服务体系基本建立，人民生活水平全面提高。扶贫开发攻坚取得重大成果，农村绝对贫困发生率明显下降。生态建设和环境保护得到加强，顺利完成节能减排任务。民主政治建设有序推进。社会主义精神文明建设全面加强。法治四川建设卓有成效。五年来的巨大成就，为与全国同步全面建成小康社会进一步打下了坚实基础。

（二）“十三五”面临形势

和平与发展的时代主题没有变，世界多极化、经济全球化、文化多样化、社会信息化深入发展；世界经济在深刻调整中曲折复苏，国际金融危机深层次影响在相当长时期依然存在，全球经济贸易增长乏力；科技领域取得重大突破，正在引发影响深远的产业变革。全球治理体系和国际力量对比的调整变革，为我国发展带来了新的机遇和挑战，发展重大战略机遇期的内涵，正在由原来加快发展速度的机遇转变为加快经济发展方式转变的机遇，正由原来规模快速扩张的机遇转变为提高发展质量和效益的机遇。

我国物质基础雄厚、人力资本丰富、市场空间广阔、发展潜力巨大，经济长期向好基本面没有改变。我国经济发展处在“速度变化、结构优化、动力转换”的关键阶段，增长速度从高速转向中高速，发展方式正从规模速度型转向质量效益型，结构调整正从增量扩能为主转向调整存量、做优增量并举，发展动力正从主要依靠资源和低成本劳动力等要素投入转向创新驱动。

今后一个时期，是我省适应经济新常态、加快转型发展的关键时期，主要呈现出经济增长进入规模质量同步提升期、工业化城镇化仍然处于加速期、多点多极发展进入整体跃升期、发展动力转化到了关键期、产业转型升级进入接续期、全面建成小康社会进入决胜期等特征，既面临不少严峻挑战，又面临许多重大机遇。主要挑战是：稳定增长的挑战，促进投资较快增长难度加大，工业结构调整任务繁重，经济下行压力较大；转型升级的挑战，部分传统产业产能过剩严重，面临不升级则迅速萎缩的现实压力，新兴产业发展竞争激烈，资源、环境约束加大；创新驱动的挑战，科技与经济联系不紧密，科教资源优势没有充分发挥，有利于创新驱动转型发展的制度环境尚未形成；协调发展的挑战，区域不平衡问题依然突出，城乡一体化发展水平较低，经济与社会发展不够协调；开放合作的挑战，全国重点区域开放点多面广、竞争加剧，我省开放型经济发展水平不高；民生需求的挑战，基本公共服务供给不足，如期脱贫任务重难度大；治理能力的挑战，社会治理面临新旧矛盾交织的压力，法治建设有待加强。同时，国家推动“一带一路”和长江经济带建设，系统推进全面创新改革试验，深入实施西部开发战略，加快建设成渝城市群，军民融合深度发展上升为国家战略，实施精准扶贫精准脱贫，为我省发展提供了重大机遇。

要把握我国发展重大战略机遇期内涵的深刻变化，立足“欠发达、不平衡”的基本省情，顺应国内外转型发展的基本趋势，主动适应、把握、引领新常态，抢抓发展机遇，有效应对挑战，更加注重优化经济结构，更加注重增强发展动力，更加注重补齐发展“短板”，更加注重体制机制创新，更加注重化解社会矛盾，科学制定发展路径，不断开拓我省发展新境界。在目标制订上，统筹好中高速增长和中高端发展的关系；在动力培育上，统筹好需求侧管理和供给侧改革的关系；在产业支撑上，统筹好改造提升传统产业和培育发展新兴产业的关系；在区域发展上，统筹好竞相跨越和协同发展的关系；在资源配置上，统筹好政府和市场和关系。

（三）“十三五”发展目标

充分考虑我省发展的阶段性特征和未来发展的支撑条件，在已经确定的全面建成小康社会目标任务的基础上，努力实现以下新的目标要求。

——保持高于全国的经济增长速度。在提高发展平衡性、包容性、可持续性的基础上，地区生产总值年均增长7%以上，到2020年地区生产总值和城乡居民人均收入比2010年翻一番以上，人均地区生产总值与全国平均水平的差距进一步缩小。加快建成经济总量大、经济结构优、创新能力强、质量效益好的经济强省。创新驱动转型发展迈出实质性步伐，科技创新能力明显增强，产业发展迈向中高端水平，工业化、信息化融合发展水平进一步提升，先进制造业加快发展，新产业新业态不断成长，服务业比重明显上升，现代农业发展取得更大进展。投资对增长的关键作用充分发挥，消费对增长贡献稳步提高。城镇人口数量超过农村人口，城乡差距和区域差距缩小，发展空间格局更加优化。

——人民生活水平和质量全面提高。就业、教育、文化、社保、医疗、住房等公共服务体系更加健全，基本公共服务均等化水平稳步提高。城乡居民收入保持较快增长，收入差距明显缩小，中等收入人口比重上升。农村建档立卡贫困人口全部脱贫，贫困县全部摘帽，消除绝对贫困，解决区域性整体贫困。

——公民素质和社会文明程度普遍提升。中国梦和社会主义核心价值观更加深入人心，爱国主义、集体主义、社会主义思想广泛弘扬，向上向善、诚信互助的社会风尚更加浓厚，人民思想道德素质、科学文化素质、健康素质明显提高，全社会法治意识不断增强。公共文化服务体系基本建成，文化产业成为支柱性产业，巴蜀优秀文化影响持续扩大，人民群众的精神文化生活更加丰富。

——生态建设和环境治理取得显著成效。长江上游生态屏障、美丽四川建设取得新成效，生产方式和生活方式加快向低碳、绿色转变。资源综合利用水平提高，能源和水资源消耗、建设用地得到有效控制，主要污染物排放总量进一步减少，资源节约型和环境友好型社会建设取得重大进展，生态环境质量持续改善。

——重要领域和关键环节改革实现重大突破。市场在资源配置中的决定性作用得到充分发挥，开放型经济新体制基本形成。依法治省方略全面落实，人民民主不断扩大，司法公信力明显提高，法治政府基本建成，人权得到切实保障，治蜀兴川各项事业全面纳入法制化轨道。各领域基础制度体系基本形成，治理体系和治理能力现代化取得重大进展。

二、系统推进全面创新改革试验

（一）提高自主创新能力

1. 推进关键共性技术突破

坚持战略和前沿导向，集中支持事关发展全局的基础研究和应用基础研究，强化原始创新、集成创新和引进消化吸收再创新。加强关键共性技术研究，在电子信息、智能制造、新材料、新能源、汽车、节能环保、生物等领域研究制定产业技术路线图，明确技术壁垒，找准技术瓶颈，开展重大科技攻关。加强互联网与产业发展跨界融合技术创新，推进智能制造、绿色制造技术体系建设，构建完善的产业创新链，提升产业创新发展水平和产业核心竞争力。对接实施国家科技重大专项，重视颠覆性技术创新。

2. 加强创新载体和平台建设

支持成都国家创新型城市、德阳国家高端装备产业创新发展示范基地、绵阳科技城建设，选择一批市、县开展创新型城市试点。加快建设一批省级高新技术产业园区，支持有条件的园区建设创新创业孵化中心、中试基地。建设一批重大科技创新平台，推动国家实验室建设，在新材料、新能源、生物医学、高端装备、核技术等重点领域布局建设一批工程（技术）研究中心、重点实验室、工程实验室等。加快建立区域创新服务平台，推进科技创新资源开放共享，完善研发设计、技术中介及推广等科技服务体系，促进科技服务专业化、社会化和市场化。推进建立企业公共检测服务体系，建设国家和省级检验检测中心、国家技术标准创新基地。

3. 推动产学研用协同创新

整合各类创新要素和资源，探索多种形式的协同创新模式，促进创新主体间深度融合。研究制定一批特色优势产业的技术路线图，明确技术壁垒，选准技术瓶颈，开展关键技术、共性技术的协同创新和联合攻关。支持企业联合高校院所，建设新能源汽车、北斗导航、轨道交通、无人机等产业技术创新战略联盟。搭建创新链与产业链对接的新型研发组织，建设四川省产业技术研究院。

4. 完善科技创新体制机制

加快科研院所分类改革，构建更加高效的科研体系。支持中央在川高校和科研院所参与全面创新改革试验，促进重大科技成果全面就地转化，服务地方经济社会发展。对承担基础性研究和公益服务类的科研院所，强化财政资金扶持，提升服务创新发展能力。推动具备条件的应用研究类、工程开发类科研院所转企改制。推动政府职能从研发管理向创新服务转变，完善对基础性、战略性、前沿性科学研究和共性技术研究的支持机制，改革科研项目组织方式和形成机制，构建公开透明的科研资源管理和项目评价机制。推进科技成果权属改革。进一步建立健全科技人员激励机制，实行以增加知识价值为导向的分配政策，提高科研人员成果转化收益分享比例。

（二）推进科技与经济深度结合

1. 发挥企业创新主体作用

实施企业创新主体培育工程，发挥大型企业创新骨干作用，开展高新技术企业倍增行动，实施科技型中小微企业培育工程，激发中小企业创新活力，推动企业真正成为创新决策的主体、研发投入的主体、创新活动的主体和成果应用的主体。鼓励企业积极参与和承担国家重大科技专项，开展重大产业关键共性技术、装备和标准的研发攻关。改进企业研发费用计核办法，鼓励企业建立研发组织体系和研发机构，引导企业加大创新投入。激发和保护企业家精神，依法保护企业家财产权和创新收益。

2. 推动科技成果转移转化

完善科技成果转移转化机制，实施重大科技成果转化行动，加大政策支持力度，推进科技成果资本化产业化。围绕科技成果的中试放大、技术熟化、工程化配套，开展重大科技成果转化示范。健全国产首台（套）重大技术装备市场应用机制，支持企业研发和推广应用重大创新产品。完善科技成果转移转化服务体系，打造一批技术转移中心、成果交易所等科技成果转移转化服务平台，加强科技成果转化中介服务。创新技术类无形资产交易制度，开展多种形式的科技成果交易和对接活动，促进交易方式多样化、交易价格市场化。

3. 促进军民深度融合发展

建立军民融合发展协调机制，健全军民融合发展的组织管理体系、工作运行体系、政策制度体系。推动军工科研院所和企业改革。创新军用技术成果转化机制，推动军用技术向民用领域转化应用。创新“民参军”机制，引导民用企业参与武器装备科研、生产和维修。加强军民科技资源对接服务，完善国防知识产权解密制度，推进军民两用技术双向交流转化，建立军用技术再研发机制。推动国防科技重点实验室、军工重大设备设施、大型科研仪器等开放共享，建立军民两用人才共享数据库和军民两用技术成果库。设立军民融合产业发展基金，积极培育军民融合大企业大集团，加快发展航空航天、卫星应用、核技术、军工电子等军民融合高新技术产业集群。打造军民深度融合发展示范区。

专栏1 科技创新重点工程

重大科技专项。实施信息安全与集成电路、云计算与大数据、航空及燃气轮机、新能源及智能网联汽车、高档数控机床及机器人、新型功能材料、中医药关键技术及大品种、现代生物技术、农林畜新品种创制、重大科学仪器设备等科技创新重大专项。

重大科技创新平台。建设西部国家科学中心、国家制造业创新中心。建设轨道交通、暗物质探测等国家实验室。建设高分子材料、生物治疗、电子薄膜与集成器件、油气藏地质及开发工程、长寿命高温材料等国家级和省级重点实验室、工程实验室，稀土研发、烟气脱硫、空管系统、电磁辐射控制材料、生物医用材料等国家和省级工程（技术）研究中心（院）、工程实验室。建设转化医学、高海拔宇宙线观测站、大型低速风洞等国家重大科技基础设施。

科技成果转移转化平台。打造科技成果转化信息平台、技术转移平台、分析测试平台等，建设国家技术转移（西南）中心、中国西部科技成果交易所、成都知识产权交易所、绵阳科技城军民两用技术交易中心等。

军民融合核心载体。建设银河·596、核技术产业基地、航空整机产业基地、航空发动机产业基地、通用航空产业基地、航天产业园、信息安全产业园、二次雷达科研生产基地、激光产业园、中国航天科技产业园等特色军民融合产业园区（基地）。

科技开放合作平台。支持我省产学研机构与国外研发机构建立国际联合研究中心、联合实验室、国际技术转移中心、科技企业孵化器及科技合作创新联盟，推进成都国际技术转移中心、高分子材料与工程国际联合研究中心等建设，推进四川新能源汽车产业技术创新联盟与匈牙利汽车联盟建立战略合作。

（三）建设西部人才高地

1. 加强创新人才培养开发

把激励创新者的积极性放在优先位置，按照创新规律培育人才，最大限度释放人才红利。改革高校人才教育培养模式，注重复合型人才培养。实施创新型企业家和科技人才培养计划，培养造就一大批高端产业发展的紧缺人才。统筹推进各类人才队伍建设，推行开放式校企联合培养模式，以订单式和现代学徒制等方式培养技能型产业工人和高技能人才。

2. 积极引进高端创新创业人才

制定更加开放、更加有效的人才引进政策，聚集一批经济社会发展急需的高层次人才。加强与国内外知名院校战略合作，积极开展招才引智，深入实施高层次人才引进“千人计划”“天府高端引智计划”等重大人才工程，开展技术移民、海外人才离岸创新创业基地、在川外国留学生毕业后直接留川就业等试点。

3. 推进人才体制机制创新

完善人才流动配置、分类评价、激励保障等机制，营造良好的人才发展环境。鼓励人才向基层流动、向艰苦地区和岗位流动、在一线创业，促进人才资源有效配置。完善人才评价体系，实行人才股权期权等中长期激励办法，探索建立知识、技术、管理技能等要素报酬由市场决定的机制。建设创新驱动发展人才示范区。

（四）营造良好的创新环境

1. 推进大众创业万众创新

实施创业四川行动，营造创新创业公平竞争的市场环境，夯实创新创业载体，营造大众创业万众创新的良好生态。激活创新创业主体，降低创新创业门槛，加强创业指导和援助，增强社会大众的创业创新意识，推动科技人才、青年大学生、海外高层次人才和各类民间能人进入创新创业主战场。建立多元化的创新创业平台，推广新型孵化模式，鼓励发展众创、众包、众扶、众筹空间，逐步形成“创业苗圃＋孵化器＋加速器＋产业园”阶梯型孵化体系。实施四川青年创业促进计划。

2. 加强知识产权保护

加强创新成果的知识产权保护，促进在线创意、研发成果申请知识产权保护，鼓励创新创作，切实维护创作者权益。探索知识产权资本化交易，鼓励单位和个人依法采取专利入股、质押、转让、许可等方式促进专利实施获得收益，开展知识产权运用试点。建立健全版权质押评估体系，促进版权成果市场转化。完善知识产权保护法规体系，健全知识产权维权援助机制，加强知识产权综合行政执法，加大侵权打击力度。优化专利申请资助政策，支持企业向国外申请知识产权。

3. 加强科技金融服务体系建设

发挥金融创新对技术创新的助推作用，完善金融科技结合机制，加大各类金融工具协同支持创新力度，健全科技创新投融资体系。用好资本市场，支持上市融资，鼓励科技型企业在成都（川藏）股权交易中心挂牌融资交易，开展股权众筹融资业务试点，推动建立西部（成都）股权众筹交易所。培育壮大创业投资规模，设立四川省创新创业投资引导基金，培育一批天使投资人和创业投资机构，吸引境内外创业投资基金、风险投资基金、产业投资基金等各类创业投资机构在川设立区域性总部。

4. 推进以成德绵为核心的区域协同创新

依托科技资源分布特点和技术创新基础，加强区域间技术合作和智力共享，着力促进创新要素集聚和知识传播扩散，推进成德绵区域协同创新，构建起以重点区域、创新园区、产业基地、创新平台为支撑的区域创新发展新格局。健全区域创新合作机制，突破行政区划壁垒，推动平台共建、资源共享、政策共用，共建一批区域技术创新联盟、研发中心，打造协同创新共同体，有效提升区域创新能力。加强区域开放创新，主动融入全球创新体系，组织实施一批重大国际科技合作项目，鼓励参加国际大科学计划和大科学工程，支持开展联合研发、专利交叉许可等国际合作，积极推动与国（境）外友好省（州）、合作院校科技交流，吸引境外投资者来川设立研发机构。

三、加快产业结构转型升级

以高端成长型产业和新兴先导型服务业为引领，推动先进制造业加快发展和传统优势产业转型升级，实施加快发展现代服务业行动，大力推进农业现代化，重塑产业发展新优势，再造产业发展新动能，不断提升四川产业核心竞争力。

（一）大力推进工业提质增效

1. 加快发展先进制造业

实施“中国制造2025四川行动计划”，大力推进战略性新兴产业发展，集中力量发展壮大新一代信息技术、航空航天与燃机、高效发电和核技术应用、高档数控机床和机器人、轨道交通装备、节能环保装备、新能源汽车、新材料、生物医药和高端医疗设备、油气钻采与海洋工程装备等先进制造业。突破关键技术，发展重点产品，培育优势企业，抢占产业发展竞争制高点，形成产业发展新引擎，加快建设先进制造强省。

专栏2　先进制造业重点领域

新一代信息技术。坚持软件应用与硬件设备开发并重，重点在集成电路、网络与信息安全、基础软件与工业软件、信息通信设备、大数据、云计算和物联网等领域实现突破发展。

航空航天与燃机产业。立足国民经济和国防建设需要，重点在航空与燃机整机、关键大部件和零部件、电子信息装备、高端材料、机场运营设备与燃机电站主设备及辅机、北斗导航技术应用等领域实现突破发展。

高效发电和核技术应用。围绕高效清洁发电与智能电网设备、核能装备与核技术应用等领域，重点在提高装备成套水平和集成能力、发展智能电网管理系统及技术、推动核电自主堆型主设备研制和产业化等实现突破发展。

高档数控机床和机器人。围绕高档数控机床、机器人、传感器等领域，重点在数控机床、基础制造装备及成套生产线制造系统，工业机器人、特种机器人、服务机器人及生产加工成套设备，智能传感器、智能仪器仪表、在线分析装置、安全监测与预警系统等实现突破发展。

轨道交通装备。围绕高速动车、重载及快捷货运列车、城市轨道车辆、铁路工程养护机械、信号及控制系统、机车车辆关键零部件等领域，突破关键技术和发展关键装备。

节能环保装备。重点在高效节能、工业固废综合利用、余能循环利用、超低排放燃煤发电等领域突破关键技术，形成成套解决方案与装备保障能力。

新能源汽车。坚持以纯电动汽车为主攻方向，积极发展插电式混合动力和燃料电池汽车，形成从关键零部件到整车的生产制造和创新体系，通过加快推广应用促进产业加快发展。

新材料。加强基础研究和体系建设，突破产业化制备瓶颈，重点优化发展航空航天、高速轨道交通、海洋石油化工、新能源汽车、三维（3D）打印等领域用各种新材料，加快战略前沿材料的研制和产业化进程。

生物医药和高端医疗设备。围绕生物药物、现代中药、化学新药、高端医疗设备等领域，突破关键技术和发展新制品。

油气钻采与海洋工程装备。围绕页岩气、非常规油气开采、海洋油气开采、油气长输管线建设等领域，完成新产品研制和产业化。

2. 推动传统优势产业转型升级

坚持调整存量和优化增量并举，加快发展电子信息、装备制造、汽车制造、食品饮料等传统优势产业，推动制造业转型升级和核心竞争力提升，形成全省重要的产业支撑。实施工业强基工程，强化工业基础领域创新和配套能力，提升制造业自主配套水平。加快工业化与信息化深度融合，大力推进生产设备数字化自动化、制造过程智能化、制造体系网络化。推动个性化定制与规模化生产相结合，促进生产型制造向服务型制造转变。加快冶金、建材、化工、轻工、纺织、制药等传统产业技术改造和淘汰落后产能。积极开展降低实体经济企业成本行动。

专栏 3　传统优势产业重点领域

电子信息。夯实集成电路、关键电子元器件、电子材料等产业基础，突破集成电路设计、系统集成、芯片封装测试、多维成像、新型平板显示等关键技术，推动集成电路、计算机、新型显示、信息消费终端等重点领域加快发展，推进家电与数字视听等产品规模化、定制化生产，提高电子制造业本地化配套水平。

装备制造。重点突破关键核心技术，提高设计制造工艺，强化关键零部件、基础材料的本地配套能力，实现基础制造装备、大型冶金化工成套设备、煤炭采输设备、工程机械设备等装备的智能化、数字化、成套化生产。

食品饮料。以提高先进生产设备和工艺技术水平为基础，以全流程信息化改造为手段，强化行业标准建设，提升优化加工工艺，大力发展精深加工，形成大宗生产、特色加工、品牌引领的现代食品饮料生产制造体系，促进白酒饮料、肉制品、粮油制品、茶叶加工、特色果蔬加工等特色优势产业发展壮大，进一步提高国内外市场占有率。

油气化工。以设备和生产线自动化改造为手段，以提高资源综合利用水平为重点，运用信息技术提升全流程控制水平，发展精深加工，推动天然气化工、石化下游、盐磷硫化工等产业优化发展，着力提高其大型化、一体化和基地化发展水平，实现低耗能、低排放和安全高效生产。

钒钛钢铁及稀土。加强钒钛、稀土重大产业技术攻关和应用技术研究，加快新技术、新产品的产业化，引导和支持钒钛钢铁及稀土行业兼并重组，提高产业集中度。

汽车制造。围绕整车、动力系统、电控系统等领域，以调整优化整车产品结构、推进核心零部件国产化为重点，突破高效发动机、变速器、整车系统集成等关键技术，提升材料轻量化、智能电子系统集成、节能减排等技术水平，推动清洁能源汽车、节能汽车发展，大力发展关键零部件，提高本地配套能力。

3. 推动质量品牌提升

实施产品强质工程，开展质量品牌提升行动和质量对标提升行动。在汽车、高档数控机床、轨道交通装备、大型成套技术装备、农副产品加工、关键原材料、基础零部件、电子元器件等重点领域突破关键共性质量技术，建设高水平的四川工业标准体系。优化检验检测资源配置，完善产品认证和检测体系建设。保护、传承和振兴老字号，培育以技术、标准、品牌、质量、服务为核心的竞争新优势，实现“四川产品”向“四川品牌”转变。

4. 推进产业园区创新发展

引导产业向适宜区域集聚发展，加快形成布局合理、特色鲜明、优势互补的产业发展格局。推进优势产业关联、成链、集群发展，并向特色产业园区集中，突出园区主导产业，打造一批先进制造业集群和特色产业基地。加强园区公共服务平台、基础设施建设，继续培育壮大国家级和省级开发区，推动省级开发区扩区升级。推进智慧园区建设，支持重点园区二次创业、转型发展，提高单位产出效率。

（二）加快清洁能源产业发展

1. 大力推进国家优质清洁能源基地建设

以金沙江、雅砻江、大渡河“三江”水电开发为重点，优先建设龙头水库电站，加快建设乌东德、白鹤滩、两河口、双江口等一批大型水电项目，建成全国最大水电开发基地。科学有序推进风能、太阳能等新能源开发。加大川东北、川中及川西特大型、大型气田勘探开发，建成全国重要天然气生产基地。创新页岩气勘探开发模式，积极推进长宁—威远、富顺—永川、昭通（筠连、叙永、古蔺）等重点区块的勘探开发，建设川南国家级页岩气勘查开发试验区。以筠连、古叙国家规划矿区为重点，加大煤层气勘探开发，建设矿区资源综合协调开发利用示范区。继续做好核电论证、厂址规划和保护。

2. 扩大清洁能源综合利用

统筹推进电力、燃气、热力、供冷等一体化集成互补、梯级利用，以分布式能源、智能微网、电动汽车充电设施为重点，构建大规模集中利用与小型分散利用并举的新型能源利用体系。加快工业节能升级改造，以锅炉、电动机、内燃机等关键用能设备为重点，积极推进“以电代油、以电代煤”。加快淘汰落后低效设备，推进余热、余压、余能综合回收利用。延长天然气产业链，提高民用、交通、发电、工业领域天然气消费比重。积极推进煤炭清洁利用和散煤治理。

3. 推动清洁能源体制机制创新

积极推动电力、油气体制改革，创新清洁能源建设管理机制，建立健全统一开放、竞争有序的清洁能源市场体系。有序向社会资本开放配售电业务，培育购售电主体，有序放开发用电计划，推进电力交易机构相对独立，完善市场化交易机制，放开电网公平接入，建立分布式电源发展新机制。健全勘探开发区块准入、退出和转让机制，推动油气管网业务独立和公平开放，推动油气管网及接收、储备设施投资多元化。

专栏 4　能源产业重点领域

水电。重点抓好金沙江乌东德、白鹤滩、苏洼龙、叶巴滩、拉哇、巴塘、旭龙，大渡河双江口、猴子岩、长河坝、硬梁包、金川、丹巴、巴拉，雅砻江两河口、楞古、杨房沟、卡拉、孟底沟、牙根二级等“三江”流域大型水电站建设。规划研究老鹰岩水电站。

新能源。重点建设凉山州风电基地。在甘孜、阿坝、凉山、攀枝花等光照资源充足地区协调发展集中式与分布式光伏发电工程。建设生物质能开发利用示范项目。加强甘孜等高原地区地热能勘探利用。规划建设雅砻江、金沙江下游等流域风光水互补示范基地。

天然气。以川东北、川中、川西为主，加快中石油、中石化四川盆地常规天然气产能项目建设。

页岩气。鼓励多元化勘探开发，依托长宁一威远国家级页岩气开发先导示范区，发展页岩气上游勘探开发、下游综合利用、配套装备制造及油田服务的全产业链，建成全国重要的页岩气生产基地和页岩气装备制造及油田服务基地。

煤炭。重点推进筠连、古叙国家规划矿区资源综合协调开发，加快推进地面煤层气规模化开发利用。

（三）全面畅通进出川交通大通道

1. 加快铁路大通道建设

加快完善以成都铁路枢纽为中心，连通京津冀、长三角、珠三角三大经济圈，融入“一带一路”国际运输大通道的铁路运输干线网络。合理布局铁路路网，推进成兰铁路、西成客专、成贵客专、川藏铁路、成昆铁路扩能改造等建设，加快成都至格尔木铁路等项目前期工作。加快构建向北成都经达州、经西安至京津冀，向西成都经西宁、经兰州至中西亚、经格尔木至西亚和经拉萨至南亚，向南成都经宜宾、经攀枝花至东南亚、经贵阳至珠三角，向东成都经重庆至长三角等 10 条铁路大通道。

2. 推进高速公路通道建设

以构建长江经济带综合立体交通走廊、推进省际互联互通等为重点，加快高速公路通道建设，新增 7 条高速公路通道，跨区域通达条件和运输能力显著提升。加快建设绵阳至九寨沟高速公路，建成巴中至桃园高速公路，向北经陕西、甘肃对接欧亚大陆桥。建成宜宾至习水、彝良高速公路和攀枝花至大理高速公路，开辟西南大通道。

加快建设泸州至荣昌、成都天府国际机场经资阳至潼南等高速公路，建成成都经安岳至重庆、巴中经广安至重庆等高速公路，扩大向东交通通道。加快建设马尔康至久治等高速公路，建成汶川至马尔康、雅安至康定高速公路，向西连接通往中亚和巴基斯坦的经济走廊。

3. 拓展国际国内航线

全力推进成都国家级国际航空枢纽建设，建成成都天府国际机场，优化成都双流机场，巩固航空第四城地位。扩展国际航线网络，增加至北美、欧洲、澳洲航线，加强现有航线对中亚、西亚、东南亚等地区辐射，拓展洲际10小时航程圈和亚洲5小时航程圈。完善省际航线网络和国内大中城市干线网络，形成干支结合、与通用机场相衔接的航空运输体系。

4. 提升长江等内河航运能力

全面提升长江黄金水道通行能力，完善内河航道体系和现代化港口体系。重点推进长江川境段航道等级提升，改善提升岷江、渠江、嘉陵江等航道条件，加快金沙江、沱江、涪江等支线航道建设，实施长江宜宾至重庆段航道三级升二级等工程，加快岷江港航电综合开发。提升港口吞吐能力，强化泸州港、宜宾港的枢纽地位，拓展乐山港、广元港、南充港、广安港等重点港口功能，推进达州港、凉山港、攀枝花港、眉山港、遂宁港、自贡港建设。

专栏5　交通建设重点项目

铁路。建成成都至兰州、成都至贵阳铁路乐山至贵阳段、西安至成都铁路西安至江油段、川藏铁路成都至雅安段、成昆铁路成峨段及米攀段扩能改造、隆黄铁路叙永至毕节段等铁路。加快建设蓉昆高铁成都经天府国际机场至自贡段、川藏铁路雅安至康定（新都桥）段、渝昆、成都至西宁、川南城际、绵遂内城际、广元至巴中铁路扩能改造、汉巴南快速铁路等铁路。推进蓉京高铁成都经南充至达州段、包头至海口高铁西安经达州至重庆段、成都至格尔木铁路、川藏铁路康定（新都桥）至林芝段前期工作，规划研究西昌至宜宾、攀枝花至大理（丽江）、雅安至乐山铁路。

高速公路。建成汶川至马尔康、雅安至康定、成都经济区环线、巴中至桃园、宜宾经古蔺至习水、攀枝花至大理、宜宾至彝良、成都经安岳至重庆、巴中经广安至重庆等高速公路。加快建设绵阳至九寨沟（川甘界）、泸州至荣昌、马尔康至青海久治、天府国际机场高速、仁寿至攀枝花、康定至新都桥高速康定过境段、西昌至昭通、乐山至汉源、成都天府国际机场经资阳至潼南、绵阳经巴中至万源等高速公路，实施成南、成乐、成雅、成彭、泸黄高速扩容改造。

机场。加快建设成都天府国际机场以及乐山、巴中、甘孜、阆中机场，迁建宜宾、泸州、达州机场，改扩建南充、九寨黄龙、广元机场，规划研究广安机场建设和绵阳机场迁建。加快建设自贡凤鸣、绵阳北川等二类及以上通用机场，迁建遂宁通用机场。

航道。完成长江宜宾至重庆段、水富至宜宾段航道整治和嘉陵江航运配套、金沙江攀枝花至水富段航运资源开发等工程。加快建设岷江航电枢纽及乐山至宜宾段航道整治、渠江风洞子航电枢纽及达州至广安段航运配套等。

城市轨道交通。加快建设成都地铁6号线、8号线、9号线、11号线、18号线等。推进有条件的城市开展城市快速轨道交通规划建设。

（四）整合优化省域网络体系

1. 完善综合交通网络

以城际铁路、高速公路为骨干，国省干线公路为支撑，农村公路为基础，客货运枢纽为集散中心，推进现代综合交通运输体系建设。加快建设川南城际铁路、绵遂内铁路、德阳至都江堰高速公路、仁寿至攀枝花高速公路、成都天府国际机场高速公路等城际快速通道，稳步推进高速公路拥挤路段扩容改造和复线建设。以一级、二级公路为主体，深入推进普通国省道提档升级，着力构建高等级干线公路网。深入实施农村公路改善提升工程，进一步扩大路网覆盖范围和通达深度，实现所有乡镇和具备条件的建制村通硬化路。加快建设部分支线机场和通用机场，构建以民航运输为主、通用航空为补充的航空服务网络。

2. 推进能源网络建设

以建设跨区域电力输送网络、省内骨干电网、输气管网等为重点，推动能源输送网络建设。加快建设川渝电网第三通道、第四回特高压直流外送通道，建成省际间电力电量交换枢纽，有效促进四川水电省外消纳。进一步巩固和完善省内500千伏、220千伏骨干网架，完善110千伏及以下城乡输配电网络。加快推进城镇配网建设和农村电网升级改造，促进以分布式能源为主的能源互联网建设。构建北接西气东输管道、东接川气东送管道、南接中缅输气管道的省内骨干输气管网，加快楚雄—攀枝花等天然气长输管道建设，延伸和完善支线网络，形成“三横三纵三环”输气管网体系。完善成品油管道和煤炭输送通道，提高油品和煤炭输送能力。

3. 优化水资源配置

加快推进“再造一个都江堰灌区”工程，统筹考虑用水需求，合理调配各流域和区域用水，科学开发利用地表水和地下水，构建以“五横六纵”调水补水网络为骨架、大中小微相结合的水资源配置体系。加快重大水利工程建设，有序推进玉溪河、向家坝、长征渠和引大济岷等西水东调工程，以及升钟水库灌区、亭子口灌区、罐子坝水库灌区等北水南补工程的前期论证和项目建设，建成武引二期灌区、毗河供水一期等项目，新建向家坝灌区一期、李家岩水库、土溪口水库等项目。

专栏8　水利建设重点项目

大中型水利工程。建成武引二期灌区、毗河供水一期、升钟水库灌区二期等项目。加快建设向家坝灌区一期、李家岩水库、土溪口水库、固军水库、蓬船灌区、大桥水库灌区二期、龙塘水库及灌区、亭子口灌区等重大水利工程，以及穆家沟、两河口、联合、石峡子、土地滩、回龙寺、猫儿沟、黄石盘、红鱼洞、九龙等中型水库工程。有序推进引大济岷、长征渠引水、江家口水库、青峪口水库、米市水库、罐子坝水库灌区等工程前期论证工作。规划研究毗河供水二期工程。

农田水利工程。完成都江堰、玉溪河等11个大型灌区渠系配套，加快中小型灌区渠系配套建设。推进农村“五小水利”工程建设，启动中型灌排泵站更新改造。

防洪减灾工程。加强渠江等主要江河治理，基本完成“六江一干”（岷江、沱江、涪江、嘉陵江、渠江、雅砻江、长江上游干流）重点河段堤防工程，继续推进中小河流治理，完善水文、预警预报系统，加强山洪灾害防治。

（五）提升服务保障能力和水平

1. 增强交通运输服务保障能力

加强客货运枢纽建设，完善集疏运体系，促进多种运输方式衔接转换，积极推动客运零距离换乘和货运无缝化衔接，提高一体化运输服务能力。构建覆盖全省的物流网络，完善城乡货运配送体系，实施“互联网＋”高效物流行动计划，提高物流运输效率，降低物流成本。推进客运线网的跨省市融合，提高客运服务水平和质量。实施“互联网＋”便捷交通行动计划，加强综合交通运输公共信息平台建设，提高运输管理服务信息化水平。加快发展城市轨道等公共交通，完善成都地铁网络，加强城市慢行交通系统建设，倡导低碳绿色出行。强化安全保障机制，全面提高交通应急保障能力。

2. 提高能源保障能力

加快建设国家清洁能源示范省，优化能源资源配置和建设布局，推动能源重大项目建设，以清洁能源快速发展强力支撑全省能源供应保障。有效推动供给侧改革，建立多元化的能源供应体系，提高非化石能源和低碳清洁能源比重。加强能源科技创新应用，提高全社会能源生产效率。推进能源区域合作，增强能源互补互济能力。

3. 提升供水保障能力

加强续建配套与节水改造，充分发挥已成水利工程效益，实施已成灌区续建配套、小型农田水利等农村水利项目，继续推进高标准节水示范，显著改善农业生产和农村供水条件。继续推进穆家沟、两河口等中型水库水源工程，加强城市应急备用水源建设，增强区域供水保障能力。

（六）构建泛在普惠的互联网络

1. 建设广覆盖深渗透的信息网络体系

落实“宽带中国”战略，构建“光网四川”。依托成都国家级互联网骨干直连点，统筹优化宽带信息网络布局，完善骨干网、城域网和接入网，全面推进电信网、互联网和广电网“三网融合”。构建“高清四川”，加强家庭智慧视听节点建设。建设“无线四川”，推动移动通信网络升级，扩大高速无线局域网覆盖范围。推进下一代互联网技术的研发与应用，支持成都建设国家下一代互联网示范城市。扩大“宽带乡村”“视听乡村”试点范围，支持农村地区宽带建设，着力缩小偏远山区、民族地区和贫困地区等“数字鸿沟”。

2. 推进物联网有序健康发展

加强在信息感知、智能传感、智能仪器等领域的创新与研发，突破一批物联网发展关键技术。推动物联网广泛深度应用，规范行业标准，扎实推进物联网产业发展，实施物联网重大应用示范工程，加快建设成都、绵阳等物联网产业园。

3. 强化信息安全保障

健全公众网络信息安全体系，增强关键信息基础设施安全防护能力，维护重要数据资源和个人数据隐私安全。完善全方位互联网安全监测管控体系，建设信息安全预警平台，健全网络突发安全事件应急机制。提升信息安全技术创新能力，加快发展信息安全产业。完善网络安全的法律法规，全面落实手机和网络实名制。高效推进网络空间治理，严厉打击网络犯罪，提高网络治理和信息安全保障水平。

（七）推动大数据广泛深度应用

1. 促进大数据资源开发开放

加快建设人口、法人单位、自然资源和地理空间、宏观经济等基础信息数据库，推动金融、交通、医疗、旅游、食品安全和公共安全等重点领域的数据集聚，建立大数据服务平台。建立健全数据采集、管理、开放、应用等标准规范，推动大数据的资源挖掘、整合处理和开发应用。建立完善全省基础信息资源共享平台，分类分级推进公共信息资源开放，促进数据资源融合共享。

2. 加快大数据产业发展

加强海量数据存储、数据分析挖掘等领域大数据技术研究，围绕数据采集、存储、清洗、分析、挖掘、展现、应用等环节，加快大数据软硬件产品开发，建立和完善大数据产业公共服务支撑体系，推动大数据产业加快发展。

完善大数据产业链，深化大数据的创新应用，积极探索新的应用模式、商业模式和服务业态，建设西部地理信息科技产业园、北斗导航服务产业基地等。统筹云计算数据中心建设，实施云计算示范应用工程，搭建四川云网等公共服务平台，引导行业信息化应用向云计算平台转移，推动云计算创新发展。

（八）实施“互联网＋”行动

1. 推动“互联网＋”产业发展

推进基于互联网的产业组织、商业模式、供应链、物流链等各类创新。推动“互联网＋”制造，加快建设工业互联网，大力推动智能制造，促进制造服务化转型，在航空航天等高端装备制造领域开展示范应用和典型应用。推动互联网与服务领域广泛融合，创新发展电子商务，规范发展互联网金融，培育智慧旅游、智能交通等新业态、新模式，提供优质服务。整合农业、畜牧、水产等领域信息资源，推动“互联网＋”农业，打通农产品产供销一体化链条，推进农村电子商务发展，创新农产品流通模式。

2. 推动“互联网＋”公共服务

围绕数字化、网络化、智能化，促进互联网和信息技术在教育、医疗卫生、文化、智慧社区等社会领域的创新运用，实现精准服务、优质服务。推进“三通两平台”建设，促进信息技术与教育教学深度融合，积极推动边远地区开展远程教学试点。建设覆盖全省的人口健康信息平台，开展网络医疗服务和健康大数据试点示范，为居民提供健康指导、医疗资源预约等服务。整合公共数字文化资源，建设“文化四川云”平台。

3. 推动“互联网+”政务服务

运用大数据创新政府管理服务方式，大力完善电子政务，推动电子政务平台的跨部门、跨区域的横向对接和数据共享，提高政务系统运行效率。统筹建设省级政务云平台，实现全省政务系统基础设施共建共享和信息资源的集约化管理。推进政务新媒体建设，完善一体化在线公共服务体系。

四、深入实施多点多极支撑发展战略

充分发挥各地比较优势，推动重点经济区加快建设，发展壮大县域经济，培育支撑全省经济发展新的增长极和增长点，进一步推进区域协调发展。

（一）培育区域发展新引擎

1. 加快天府新区建设

强化天府新区在自主创新、先进制造、高端服务、对外开放等引领作用，加快建设全面创新改革试验区，打造宜业宜商宜居的国家级国际化现代新区。围绕天府新区“一城六区”功能布局，集聚发展先进制造业和高端服务业，重点推进机器人、特种车、环保设备、轨道交通装备等领域发展，加快建设中国西部国际博览城，推动跨国公司西部基地、电商运营中心等落户新区。支持天府新区创新研发产业功能区发展，加快成都科学城建设，打造科技创新要素集聚地。加快建设天府新站交通枢纽，畅通对外交通联系，加快提升“三纵一横”骨干路网，积极构建内部快速交通体系。

2. 建设攀西战略资源创新开发试验区

加快钒钛、稀土、石墨等特色资源的综合开发利用，打造世界级钒钛产业基地、全国重要的稀土研发制造中心。围绕国防军工、海洋工程、新能源等重大领域和产业转型消费升级新需求，突破资源综合利用关键核心技术，发展精深加工和终端应用产品，推动攀枝花钒钛铬钴、凉山钒钛稀土、石棉汉源碲铋等产业基地建设，建立勘采产学研用一体化的石墨烯产业体系，提升战略资源综合开发利用水平和产业综合竞争力。推进体制机制创新，加快建立完善资源开发管理机制、生态环保工作机制、区域合作利益共享机制。

3. 打造国际空港经济区

依托成都天府国际机场，同步推进国际空港经济区规划建设，加快发展临空经济，积极培育临空制造业、航空服务业、科技研发和高端示范农业等，打造我省新兴增长极。合理布局建设空港经济区，加快建设航空都市，推动成都和资阳“两城”协同、空港经济区和天府新区“两区”互动、天府国际机场和双流国际机场“两场”联同。以天府国际机场为核心，北向连接青白江铁路集装箱枢纽站，南向通达宜宾、泸州港，西向整合双流机场，构建辐射全省、带动西部的空铁公水现代化立体综合交通体系。加快海关特殊监管区域建设，完善航空口岸功能，培育内陆地区对外开放新优势。

（二）深化经济体制改革

1. 深化国有企业改革

进一步优化国有资本布局，发挥国有经济主导作用，不断增强国有经济活力、控制力、影响力、抗风险能力。分类推进国有企业改革，稳妥推进国有企业发展混合所有制经济。加快完善现代企业制度，规范董事会建设，建立健全法人治理结构。深化企业内部用人制度改革，加强职业经理人队伍建设。完善国有资产管理体制，以管资本为主推进国资监管职能转变，改革国有资本授权经营体制，推进经营性国有资产集中统一监管。

2. 促进非公有制经济发展

鼓励、支持、引导非公有制经济发展，废除对非公有制经济的不合理规定，激发非公有制经济活力和创造力。鼓励和引导社会资本通过特许经营、政府购买服务、公私合作等形式进入基础设施、公共服务等领域。鼓励民营企业等参与国有企业改革。支持引导民营企业建立现代企业制度。推进产权保护法治化，依法保护各种所有制经济权益。

3. 推进供给侧结构性改革

统筹需求侧管理和供给侧改革的关系，在适度扩大总需求的同时，着力加强供给侧结构性改革，推进重点领域制度创新，完善政策支撑体系，增强持续增长动力。积极扩大有效供给，重点抓好去产能、去库存、去杠杆、降成本、补短板，着力提高供给体系质量和效率，增强供给结构适应性和灵活性。积极发挥新消费的引领作用，围绕服务消费、信息消费、绿色消费、时尚消费、品质消费、农村消费等重点领域，促进传统消费提质升级，培育新的消费热点，催生新投资新供给，加快培育形成新的增长动力。

4. 健全完善要素市场体系

推进要素配置市场化改革，发展各类生产要素市场，完善劳动力、土地、资本等要素交易平台。推进电力、天然气等要素价格市场化改革。深化土地要素配置和差别化用地机制改革，建立健全工业用地弹性年期出让和低效利用土地退出机制。建立统一开放的人力资源市场，消除影响人力资源自由流动的制度壁垒，实行城乡平等的就业准入和同工同酬的就业制度。推进区域性产权交易中心建设。深入推进商事制度改革。建立公平开放透明的市场规则，实行“非禁即入”。加强市场监管体系建设，规范市场竞争行为。

5. 加快金融改革创新

发展普惠金融，支持民间资本依法发起设立或投资入股中小型银行等金融机构，分类推进城市商业银行产权结构改革，有序发展社区银行、村镇银行和农村资金互助合作组织，积极稳妥推进农村信用社转制。加强民间借贷监管，支持小额信贷、融资担保机构服务实体经济。推进金融租赁公司、财务公司、消费金融公司和信托公司改革发展。积极发展多层次资本市场，推进保险业改革，开展地震、洪灾等巨灾保险试点。鼓励符合条件的企业上市直接融资。推动第三方支付等多种新型金融业态聚集和发展。明确地方金融监管职责，完善监管协调体系，提高风险防范和处置水平。

6. 深化财税体制改革

完善省以下分税制财政体制，推进建立事权和支出责任相适应的制度。改革完善转移支付制度，加大一般性转移支付和定向财力转移的规模和比例，深化财政专项资金管理改革。完善政府预算体系，建立全面规范、公开透明的预算制度。转变财政支持发展方式，构建产业发展投资引导基金体系和财政金融互动政策体系。健全覆盖所有财政性资金和财政运行全过程的监督体系。健全政府债务管理制度，完善政府债务风险预警机制，保持债务风险总体可控。完善地方税体系，培育稳定的地方支柱税源。

（三）深化多层次的国际国内合作

1. 积极融入“一带一路”

主动参与“一带一路”建设，加快构建国际交通物流大通道，提升“蓉欧快铁”国际运输能力，加快融入孟中印缅、中巴等国际经济合作走廊。用好中俄“两河流域”地方合作平台。深入实施“251行动计划”，在能源资源、电子信息、装备制造、航空航天、工程建设等领域广泛开展与“一带一路”沿线国家的合作。围绕丝路文化、巴蜀文化等密切人文交流合作，促进文化旅游、教育、卫生等与沿线国家深度融合。加强有利于促进跨境贸易投资便利化的金融合作。

2. 主动参与长江经济带建设

加强与沿江省市协同协作，共同促进长江经济带实现上中下游协同发展、东中西部互动合作，共建生态文明建设的先行示范带、创新驱动带、协同发展带。以贯通长江干、支线航道水运为重点，统筹铁路、公路、航空、管道等综合交通体系建设，共建长江经济带综合立体交通走廊。推进与沿江省份产业联动，培育一批承接产业转移示范区和加工贸易梯度转移承接地，形成集聚度高、竞争力强的现代产业走廊。以修复长江生态环境为重点，共抓大保护，推动生态环境联防联控，切实保护和利用好长江水资源，共同加强长江沿线生态建设和环境保护。

3. 推进与发达经济体和新兴经济体合作

积极融入欧洲经济圈和亚太经济圈，推进高端化合作。在新能源、节能环保、智能交通等高技术领域，深化中欧区域合作。全方位开展与北美地区经贸投资合作。进一步拓展与日韩和澳洲在电子信息、农业等领域合作，加强与东盟、南亚的国际产能合作，全面推动与台港澳产业尤其是现代服务业合作。以资源开发、基础设施、装备制造等为重点，拓展与印度、巴西、南非等新兴经济体的合作。

4. 深化国内区域合作

深化成渝城市群联合协作，共同推动交通、信息、市场一体化，加强公共服务互助、资源环境保护与利用联动、产业发展合作，支持川渝合作示范区建设，共建引领西部开发开放的国家级城市群。加强与京津冀、长三角地区交流，积极参与泛珠三角区域合作，加大承接东部产业转移力度。拓展与新疆、宁夏、甘肃等新欧亚大陆桥沿线省区的合作，共同打造面向中亚、西亚的战略通道和商贸物流枢纽。加大与广西、云南的产业合作和基础设施共建，打通连接东盟、南亚的战略通道。

5. 加快合作开放载体建设

加快海关特殊监管区域和口岸建设，积极创设中国（成都）内陆自由贸易试验区，培育打造内陆开放合作示范区和制度创新试验区。规划建设中韩、中德、中法等国别产业合作园区，打造具有示范效应和国际影响力的开放合作平台。提升西博会、科博会等重要展会的影响力，搭建投资促进、贸易合作和对外交往的重要平台。巩固成都作为中国内地领馆第三城的地位，着力构建我省友好城市的全球网络。

改革创新　提质增效　转型升级　建设新山西
——山西省“十三五”规划纲要（经贸部分摘要）

一、“十三五”时期经济社会发展的形势和指导思想

“十三五”时期是实现全面建成小康社会奋斗目标的决胜阶段，是全面深化改革、推进山西省国家资源型经济转型综合配套改革取得重大进展的攻坚阶段，是全面推进法治山西建设的关键阶段，是全面从严治党的重要阶段。必须准确把握省内外发展环境的深刻变化，认识适应和引领经济发展新常态，牢固树立并切实贯彻中央“五大发展”新理念，确保山西省全面建成小康社会，推动社会主义现代化建设迈上新台阶。

（一）“十二五”规划实施情况

“十二五”时期是山西省发展进程中极不寻常的五年。在党中央、国务院坚强领导下，特别是2014年9月党中央对山西省委班子作出重大调整以来，省委、省政府按照“四个全面”战略布局和党中央对山西工作重要指示要求，坚持“深入学习贯彻习近平总书记系列重要讲话精神，净化政治生态，实现弊革风清，重塑山西形象，促进富民强省”的“五句话”总要求和总思路，全面从严治党，全面从严治吏，持续推进党的群众路线教育实践活动，深入开展学习讨论落实活动和“三严三实”专题教育，深入开展党风廉政建设和反腐败斗争，形成并始终保持惩治腐败高压态势，全面实施“六权治本”，着力推进“六大发展”，统筹做好煤和非煤两篇文章，加快实施“革命兴煤”，全力推动科技创新、金融振兴、民营经济发展“三个突破”，为新形势下全省经济社会发展提供了科学思路、有力举措和坚强保证。省委、省政府团结带领广大党员干部和人民群众，全面推进经济建设、政治建设、文化建设、社会建设、生态文明建设，经济社会发展取得新成就，“十二五”规划确定的目标任务基本完成。

综合实力明显提升。积极应对经济下行压力持续加大的困难局面，坚持稳中求进工作总基调，积极推进廉洁发展、转型发展、创新发展、绿色发展、安全发展、统筹发展，实施了一批行之有效的政策措施，全省综合实力得到明显提升。全省地区生产总值由2010年的9188.8亿元提高到2015年的12802.6亿元，年均增长7.9%（2011年突破万亿大关）。一般公共预算收入由2010年的969.7亿元提高到2015年的1642.2亿元，年均增长11.11%。全社会固定资产投资累计完成5.4万亿元，年均增长21.7%（2013年突破万亿大关），超额完成“五年五万亿”的目标。社会消费品零售总额年均增长12.7%。城镇化建设稳步推进，2015年全省常住人口城镇化率达到55%。一批重大工程如期建成，基础设施更加完善。截至2015年年底，全省铁路营运里程突破5000公里，大西客专太原至西安段通车运营，山西中南部铁路出海通道如期建成，大张铁路顺利开工。公路通车里程达到14.1万公里，高速公路通车里程突破5000公里。吕

梁机场、五台山机场、临汾机场建成通航，通达、便捷的立体化现代交通运输体系日益完善。太原南站建成运营，太原市城市轨道交通 2 号线工程抓紧实施，晋中至太原城际铁路项目前期工作有序推进。水利建设工作扎实推进，大水网骨干工程进展顺利，引黄北干工程全面竣工，病险水库除险加固任务基本完成。

产业结构不断优化。国家新型综合能源基地建设力度加大，经济结构调整不断深化，转型升级步伐加快，产业结构更趋合理。全省三次产业比例由 2010 年的 6.0∶56.6∶37.3 调整为 2015 年的 6.2∶40.8∶53。现代农业稳步发展，农业综合生产能力增强，粮食生产连年丰收，2015 年粮食总产量达到 125.96 亿公斤，农产品加工销售收入由 2010 年的 510 亿元增加到 2015 年的 1422.6 亿元，年均增长 22.8%。工业内部结构得到优化，装备制造、现代煤化工、新型材料、特色食品等新兴产业发展势头强劲。大力推进煤炭“六型转变”，加快重组整合矿井改造，推进现代化矿井建设，形成 4 个亿吨级、3 个 5000 万吨级的大型煤炭集团。大力推进煤电一体化发展，主力火电企业 80%以上实现煤电联营。截至 2015 年年底，新增电力装机 2795 万千瓦，电力总装机容量达到 6966 万千瓦。蒙西—晋北—北京西—天津南、陕北榆横—晋中—石家庄—济南、山西—江苏 3 条特高压输电通道开工建设。煤层气产业发展迅速，煤层气年抽采量、利用量分别达到 101 亿立方米、57 亿立方米。服务业发展态势良好，服务业增加值由 2010 年的 3432 亿元增加到 2015 年的 6785.3 亿元。旅游总收入由 2010 年的 1083.5 亿元增加到 2015 年的 3447.5 亿元，年均增长 26.03%。科技创新体系建设不断推进，山西科技创新城建设进展顺利，企业创新主体地位不断增强，全省高新技术企业达到 721 家，国家级、省级技术中心分别达到 26 户、224 户。

社会民生持续改善。高度关注民生、切实保障民生、着力改善民生，社会事业发展成绩显著。城乡就业不断扩大，2011—2015 年累计新增城镇就业 255.9 万人，转移农村劳动力 197.7 万人。城镇居民人均可支配收入年均名义增长 10.7%，农村居民人均可支配收入年均名义增长 12.4%，实现农村居民收入增长快于城镇居民收入增长，人民生活水平和质量进一步提高。逐步实现各级各类教育公平、协调、均衡发展，中等职业教育实现免学费全覆盖。社会保障体系更加完善，城乡居民养老、医疗保险和低收入群体基本生活保障基本实现全覆盖。医疗卫生事业加快发展，服务水平不断提高。城市人居环境明显改善，大力实施设施提升、城市安居、城中村改造和环境提质“四大工程”，建成城镇保障性住房 102.5 万套，其中棚户区改造完成 61.2 万套。农村完善提质、农民安居、环境整治、宜居示范四大工程全面实施，新一轮农村“五个全覆盖”工程全部完成，“农村五件实事”每年如期完成。扶贫开发工作成效明显，贫困地区生产生活条件不断改善，5 年共有 220 万贫困人口实现脱贫。安全生产工作取得新成效，安全生产指标全面完成，并向稳定好转坚实迈进。平安山西建设深入开展，法治山西建设纵深推进，社会治理水平有了新的提升。文化事业和文化产业发展迈上新台阶。

生态环境显著好转。节能降耗力度不断加大，化解过剩产能有效推进，节能约束性目标全部完成。单位地区生产总值能耗超额完成下降 16%的目标任务。万元工业增加值用水量下降 27%。率先启动燃煤发电机组超低排放改造，完成改造容量 1566 万千瓦，改造后排放水平达到或优于燃气发电机组。累计核准开工低热值煤发电项目 24 个，总装机 2199 万千瓦，投产后每年可消耗煤矸石 8400 万吨，环境效益和经济效益十分显著。全省主要污染物排放总量显著下降，2015 年环境空气质量综合指数比 2013 年下降 15.7%。水环境质量持续改善，全省饮用水源地水质（扣除本底值）全部达标，地表水劣Ⅴ类断面比例显著下降。深入实施《山西省大气污染防治行动计划》，2015 年细颗粒物（PM2.5）平均浓度同比下降 12.5%。2015 年城市污水处理率达到 87.18%，比 2010 年提高 11.18 个百分点，城市生活垃圾无害化处理率达到 92.07%，比 2010 年提高 27.07 个百分点。造林绿化和生态治理修复工程顺利推进，5 年营造林 2252 万亩，森林覆盖率、蓄积量显著增加。应对气候变化工作取得积极进展。

改革开放有力推进。全面深化改革扎实推进，转型综改试验区建设全面展开，一些重大领域和关键环节取得阶段性进展。国家赋权的三项重大改革深入落实，国家委托的低热值煤发电项目核准进展顺利，煤层气矿业权审批下放深入推进，煤炭衍生品交易工作有序推进。煤炭管理体制改革持续深入，清费立税改革成效显著，煤炭企业负担大幅减轻，煤炭销售体制改革迈出坚实步伐，煤炭、焦炭公路运销管理行政授权以及运销票据全部取消，煤炭行政审批制度改革步伐加快，涉煤审批事项、审批环节和企业事务性负担均减少 1/3，煤炭资源市场化配置等相关改革积极推进。新兴产业培育促进机制加快构建，新兴制造业三年推进计划启动实施。国资国企改革全面启动，率先推进重大信息公开。打造“阳光国企”，企业负责人薪酬和履职待遇管理制度改革加快实施，省直机关直属企业脱钩改革步伐加快。促进民营经济发展全方位发力，围绕破解九个方面难题的相关举措陆续推出。生态保护修复机制不断完善，生态治理多元投入机制、环境污染第三方治理机制逐步健全。城乡统筹发展机制加快构建，新型城镇化步入快车道，农业农村改革逐步深入。金融创新步伐加快，全方位强化金融对实体经济的支持，融资担保体系不断健全，资本市场体系进一步完善。创新驱动战略全面实施，建立了“131”创新驱动战略体系，科技对转型发展的促进作用逐步显现。政府自身建设不断加强，政府职能加快转变，行政管理体制改革持续深化，部门权力清单、责任清单公布实施，综合性政务服务平台、公共资源交易平台加快构建。投资体制改革持续深入，省级核准类项目减少 50%以上。商事制度改革成效明显。财税、金融、工商登记、医药卫生、高速公路、公务用车、国有林场、供销社、生态文明建设等方面改革取得成效。进一步扩大对外开放，积极对接“一带一路”、融入京津冀，区域合作进一步深化。成功举办中博会、能博会、文博会、农博会、书博会、晋商大会，开展“央企山西行”等活动，招商引资成果丰硕。全省吸收省外投资实际到位 1.78 万亿元，是“十一五”时期的 3 倍。实际利用外资 132 亿美元，同比增长 43.6%。进出口结构明显优化，高新技术产品出口占比达到 47%。对外开放的广度和深度持续拓展，与德国北威州、美国爱达荷州、怀俄明州等省州的务实合作深入开展。

（二）“十三五”发展面临的形势

从国际看，和平与发展仍是当今时代的主题，世界多极化、经济全球化、文化多样化、社会信息化深入发展，世界经济在深度调整中曲折复苏，新一轮科技革命和产业变革蓄势待发，山西省发展具有相对稳定的国际环境。

从国内看，我国进入全面建成小康社会决胜阶段，经济长期向好基本面没有改变，发展仍处于可以大有作为的重要战略机遇期，但内涵和条件发生深刻变化。新常态下经济发展表现出速度变化、结构优化、动力转换三大特点，增长速度从高速转向中高速，发展方式从规模速度型转向质量效率型，经济结构调整从增量扩能为主转向调整存量、做优增量并举，发展动力从主要依靠资源和低成本劳动力等要素投入转向创新驱动，正在由原来加快发展速度的机遇转变为加快经济发展方式转变的机遇，正在由原来规模快速扩张的机遇转变为提高发展质量和效益的机遇。党中央确定了创新发展、协调发展、绿色发展、开放发展、共享发展理念，明确了“十三五”时期主要目标、重点任务、重大举措。国家加快实施“一带一路”、京津冀协同发展、环渤海地区合作发展等重大战略，为山西省借势发展、融合发展、开放发展提供了历史机遇。新型工业化、信息化、城镇化、农业现代化同步推进，为稳增长、调结构、防风险、保民生拓展了新空间。全面深化改革破解发展深层次体制机制障碍，为山西省补齐全面建成小康社会短板增强了动力和活力。

从省内看，主动适应经济发展新常态，确定并实施“六大发展”“三个突破”、煤和非煤两篇文章等战略举措，为山西省加快发展明确了思路、方向和路径。转型综改试验区建设向纵深推进，为山西省经济社会发展进一步释放了活力。全省人民群众对美好生活的向往和期待是我省加快发展的动力源泉。丰富的资源禀赋、独特的区位优势、深厚的历史文化底蕴，以及已经取得的发展成效，为山西省加快发展提供了坚实基础。煤、电等能源产业优势和丰富的交通、电网、燃气管网等基础设施，为山西省加快发展提供了重要支撑。净化政治生态，从严落实“两个责任”、保持“三个高压态势”、推进“六权治本”，形成了山西省如期全面建成小康社会的强大合力和良好环境。

同时，必须清醒看到，山西省作为典型的资源型经济地区、中部欠发达省份，在全面建成小康社会的前进道路上还有不少困难和问题，发展不平衡、不协调、不可持续的问题仍然突出，主要是面临着政治、经济、民生和生态的“立体型困扰”，面临着破解“资源型经济困局”的重大课题，尤其是全面建成小康社会还存在突出短板，发展不足、发展粗放、规模不大、结构不优、质量不高、效益不好、创新不够的问题仍然突出。地区生产总值虽然突破万亿元大关，但总量在全国排名还相对靠后，经济结构性矛盾突出，“一煤独大”局面尚未实质性改变。资源和生产要素市场化配置程度不高，资源型产业产能过剩问题突出，发展空间趋紧、抗风险能力弱化。民生欠账问题仍然突出，公共服务和社会保障体系还不完善，城乡居民收入差距较大，农民增收特别是吕梁、太行两大连片贫困区等农村贫困人口实现脱贫、贫困县全部摘帽还比较艰难。生态环境“瓶颈”问题仍然突出，节能减排和环境保护任务较重，水生态环境脆弱，造林绿化尚有差距。特别是经济下行压力持续加大，“十二五”后两年全省地区生产总值增长低于全国平均水平，全省一般公共预算收入同比下降，部分县（市、区）财政收入负增长，企业运行艰难。全省安全生产基础还不牢固，安全生产形势仍然严峻。干部作风建设和党风廉政建设任重道远，减少腐败存量、控制腐败增量任务艰巨。一些干部“为官不为”问题还较为突出，领导干部运用法治思维和法治方式推动发展的能力和水平有待提高，有效激发广大党员干部干事创业积极性、主动性、创造性有待在体制机制建设上下更大气力。实现山西省与全国同步全面建成小康社会，农村特别是贫困地区与城市同步全面建成小康社会任务艰巨繁重。

综合判断，山西省发展仍处于可以大有作为的重要战略机遇期，同时也面临诸多矛盾相互叠加的严峻挑战。必须准确把握战略机遇期内涵的深刻变化，从过分依靠外需增长推动经济发展向外需内需并重、更加重视内需增长转变，大力推进煤炭清洁高效利用，多种方式化解过剩产能。必须继续保持“三个高压态势”，继续从严治吏、保持选人用人风清气正，积极主动适应新常态、把握新常态、引领新常态，切实增强机遇意识、忧患意识、责任意识，进一步振奋精神、保持定力、坚定信心，更加有效应对风险和挑战，着力在转方式、调结构、促改革、惠民生、补短板、建小康上取得突破性进展，不断开拓发展新境界。

（三）指导思想

高举中国特色社会主义伟大旗帜，全面贯彻党的十八大和十八届三中、四中、五中全会精神，坚持以马克思列宁主义、毛泽东思想、邓小平理论、“三个代表”重要思想、科学发展观为指导，深入贯彻落实习近平总书记系列重要讲话精神，按照“五位一体”总体布局和“四个全面”战略布局，坚持发展是第一要务，牢固树立并切实贯彻“五大发展”新理念，按照省委“五句话”总要求，推进创新发展、协调发展、绿色发展、开放发展、共享发展、廉洁和安全发展，以转型综改试验区建设为统领，以改革创新为动力，以转方式、调结构、增效益、提速度为基点，认识适应和引领经济发展新常态，着力做好煤和非煤两篇文章，化解过剩产能，扩大新兴产业规模，着力净化政治生态，着力建设文化强省，着力保障和改善民生，着力加强生态文明建设，确保如期全面建成小康社会。

如期实现全面建成小康社会奋斗目标，推动山西省经济社会持续健康发展，必须坚持人民主体地位、坚持科学发展、坚持全面深化改革、坚持加快法治山西建设、坚持全方位对外开放、坚持党的领导。

二、“十三五”时期经济社会发展的主要目标和战略任务

（一）全面建成小康社会新的目标要求

按照党的十八届五中全会提出的全面建成小康社会新的目标要求，综合考虑未来发展趋势和条件，今后五年山西省经济社会发展的主要目标是：

——转型升级取得重大进展。主动适应经济发展新常态，力争经济较快增长，确保到2020年实现地区生产总值和城乡居民人均收入比2010年翻一番，实现山西省与全国同步全面建成小康社会，农村特别是贫困地区与全省同步全面建成小康社会的奋斗目标。发展空间格局得到优化，投资效率和企业效益明显上升，工业化、信息化水平进一步提高。传统产业竞争力不断增强，煤炭安全、清洁、高效、低碳利用水平不断提高，新兴接替产业形成规模，服务业比重不断提高。农业现代化迈上新台阶，粮食安全基础更加巩固。京津冀清洁能源供应基地、国家级的新型综合能源基地和全球低碳创新基地建设取得积极进展。科技、消费对经济增长贡献率明显提高。新型城镇

化加速推进。人才强省建设迈出新步伐。

——民生保障水平普遍提高。就业比较充分，教育、社会保障、医疗、住房等公共服务体系更加健全，基本公共服务均等化水平显著提高。教育现代化取得重要进展，劳动年龄人口受教育年限明显提高。人民健康水平显著提升。收入差距缩小，中等收入人口比重上升，努力实现城乡居民收入与GDP同步增长、农村居民收入增速快于城镇居民收入增速。现行标准下的贫困人口全部稳定脱贫，贫困县全部摘帽，消除区域性整体贫困。安全生产向稳定好转坚实迈进。

——文化建设呈现全新局面。文化强省建设步伐进一步加快，文化发展主要指标、文化事业整体水平、文化产业综合实力明显提升。中国特色社会主义和社会主义核心价值观更加深入人心，爱国主义、集体主义、社会主义思想广泛弘扬，向上向善、诚信互助的社会风尚更加浓厚，人民思想道德素质、科学文化素质、健康水平明显提高。公共文化服务体系基本建成，文化产业增加值不断提高，文化创造力、影响力增强，三晋文化走出去成效更加显著。

——生态建设实现稳步提升。主体功能区布局和生态安全屏障基本形成，生产方式和生活方式绿色低碳化水平显著提高。能源资源使用效率大幅提高，能耗和水资源消耗、建设用地、碳排放总量得到有效控制，主要污染物减排完成国家下达任务，大气、水、土壤污染治理取得新成效。生态环境持续改善，森林、草地覆盖率进一步提高，城市建成区绿化覆盖率明显提高，城乡人居环境明显改善。

——改革开放迈出坚实步伐。资源型经济转型综合配套改革取得重大进展，支撑资源型经济转型的政策体系和体制机制基本建立。重点领域和关键环节改革取得决定性成果，形成一批可复制、可持续、可推广经验。开放型经济和对外合作体制基本形成，对外开放的广度和深度不断拓展。

——民主法治建设成效显著。地方法规体系不断完善，人民民主不断扩大，法治政府基本建成，司法体制改革基本到位，司法公信力明显提高，全民法律素质明显提升。服务型政府建设成效显著，政府公信力和行政效率进一步提高。民主法治更加健全，社会治理能力和水平不断提高，社会更加和谐稳定。

（二）以新的发展理念引领新的发展实践

党的十八届五中全会提出的创新、协调、绿色、开放、共享发展理念，是“十三五”乃至更长时期我国发展思路、发展方向、发展着力点的集中体现，是关系我国发展全局的一场深刻变革。我们必须牢固树立并切实把新的发展理念贯彻到山西省经济社会发展的实践中，着力推进创新发展、协调发展、绿色发展、开放发展、共享发展、廉洁和安全发展，努力开创山西省全面建成小康社会新局面。

着力推进创新发展。把创新作为引领发展的第一动力，把人才作为支撑发展的第一资源，把创新摆在全省发展全局的核心位置，不断推进理论创新、制度创新、科技创新、文化创新等各方面创新，鼓励创新、支持创新、包容创新，让创新成为发展常态、社会风尚，不断推动经济结构全面转型，努力破解“资源型经济困局”，使山西省发展的质量更好、效益更高、结构更优。

着力推进协调发展。促进经济社会协调发展，促进城乡区域协调发展，促进新型工业化和信息化深度融合、新型工业化和城镇化良性互动、城镇化和农业现代化同步发展、物质文明和精神文明协调发展，不断增强发展整体性和平衡性。

着力推进绿色发展。坚持节约资源和保护环境的基本国策，坚持可持续发展，大力推进能源革命，走出一条具有山西特色的“革命兴煤”之路，加快推进传统产业绿色改造和“高碳资源低碳发展、黑色煤炭绿色发展”，扭转环境恶化、改善环境质量，建设资源节约型、环境友好型社会，走生产发展、生活富裕、生态良好的文明发展道路。

着力推进开放发展。从深度融入国内国外经济合作中谋划发展，坚持对内对外开放相促进、引进来和走出去相结合、引资和引技引智相并重，加大对外开放力度，完善对外开放区域布局、对外贸易布局、投资布局，建设市场化、法治化、国际化、便利化营商环境，发展更高层次的开放型经济，以扩大开放带动创新、推动改革、促进发展。

着力推进共享发展。坚持发展为了人民、发展依靠人民、发展成果由人民共享，逐步建立以权利公平、机会公平、规则公平为主要内容的社会保障体系，努力创造公平、包容、普惠的发展环境，确保农村贫困人口脱贫，实现全省人民共同迈入小康社会，增进人民群众的获得感和幸福感。

着力推进廉洁和安全发展。廉洁和安全是党中央对山西工作的重要指示要求，更是山西省发展的现实保障。坚持廉洁发展并自觉贯穿到经济社会发展各环节、全领域，实现经济发展与干部清正、政府清廉、政治清明的良性互动。坚守安全发展红线，坚持安全第一、预防为主、综合治理的方针，完善和落实安全生产责任和管理制度，健全公共安全体系，切实维护人民生命财产安全，维护山西省各方面的安全与稳定。

三、推进创新发展，着力加快转型升级

立足创新驱动发展战略，加强科技创新和全面创新，培育创新沃土，激发全社会创新活力和创造潜能，以“四创联动”为路径，发挥优势创抓机遇，抓住机遇创造需求，根据需求创新供给，围绕供给创优机制，加快培育新的发展动能，不断增强山西发展的活力和后劲。

（一）培育发展新动力

适应和引领经济发展新常态，坚持发展是第一要务，落实宏观政策要稳、产业政策要准、微观政策要活、改革政策要实、社会政策要托底的要求，着力加强结构性改革，激发创新创业活力，推动大众创业、万众创新，释放新需求，创造新供给，在挖掘有效需求中厚植发展优势，努力实现有质量、有效益、可持续的增长。

着力加强供给侧结构性改革。以全面深化改革为契机，更加重视供给侧结构性改革，全面提升供给质量，促进投资、消费、出口协同发力，统筹三次产业协调发展，加速发展动力转换。提高供给结构适应性和灵活性，提升全要素生产率，提高供给体系质量和效率，使供给体系更适应需求结构的变化，增强经济持续增长动力。围绕消费新需求，创新消费品等相关产业和服务业供给，增加优质新型产品和生活服务等有效供给，用好政府购买服务等方式，充分调动社会力量，增加公共产品和服务供给。

大力促进山西省传统行业过剩产能有效化解，促进产业优化重组，淘汰规模小、耗能高、污染重的企业。因企施策，加快分类处理“僵尸企业”。优化要素配置，降低企业成本，增强企业创新能力。落实国企改革一系列政策措施，大力发展混合所有制企业，增强国企竞争力。消化房地产库存，促进房地产业持续发展。深化金融改革，防范和化解金融风险，构建良好金融生态。

发挥有效投资对经济增长的关键作用。以投资负面清单为抓手，引导和有效调控全社会投资，实施有扶有控的投资引导政策，调整优化投资结构，努力保持投资合理增长，提高投资的质量和效益。

深化投资体制改革。充分发挥市场对资源配置的决定性作用，保护投资者的合法权益，促进生产要素的合理流动和有效配置。调整和完善固定资产投资项目资本金比例制度，合理降低投资门槛。优化服务流程，减少前置审批条件，完善投资项目在线审批监管平台。规范政府投资行为，健全政府投资决策机制，规范政府投资资金管理。发挥财政资金撬动功能，创新融资方式，带动更多社会资本参与投资。创新公共基础设施投融资机制，推广政府和社会资本合作模式。加强和规范政府融资平台管理，防范投资风险。完善国有资产管理体制，规范国有企业投资行为。完善固定资产“六位一体”等一系列有效抓投资的工作机制。在抓好投资大、带动作用强、科技含量高、经济效益好的大项目的基础上，引导投资向打基础、利长远、惠民生的基础设施和公共领域倾斜。

持续扩大有效投资。做好统筹兼顾，推动经济社会发展补上短板、突破瓶颈。通过实施一批重大工程和重大项目，抢占提高竞争力的战略制高点，提供更优质、更多样的公共产品和服务。围绕增强综合实力，在科技前沿、信息网络、高端装备、战略性新兴产业发展等方面建设一批重大工程。着眼提升基础支撑能力，在交通设施、新型城镇化、现代农业、能源开发、网络提速、生态环境治理等方面实施一批重大项目。立足加强社会建设，在教育发展、扶贫开发、促进就业、健康养老、文化建设等方面推出一批重大举措。继续严格控制“两高”和产能过剩行业盲目扩张。

优化投资环境。落实国家和省鼓励引导民间投资的各项政策，进一步放宽民间投资市场准入，加大对民间资本参与基础设施和社会事业领域建设的支持力度，积极吸引社会资本更多参与重点项目建设。鼓励和引导社会资本通过特许经营、政府购买服务、股权合作等方式开展政府和社会资本合作。继续发布出台 PPP 合作项目，推进政府投资项目代建制，加大财税、价格、土地、金融等方面的支持。大力发展直接融资，加快构建多层次的股权资本市场。改善间接融资结构，积极稳妥发展面向小微企业和“三农”的特色中小金融机构。强化企业投资主体地位，进一步放开社会投资领域，实行民间投资“负面清单”管理模式，适度放宽对民间资本经营权的限制。

发挥消费对经济增长的基础性作用。坚持消费者优先，以新消费为牵引，催生新技术、新产业，努力把城乡居民潜在的消费需求转化为现实的消费需求。

完善消费政策。坚持“长期政策与短期政策相结合，政府支持和市场引导相结合”，着力完善鼓励合理消费、可持续消费和保障消费者权益的体制机制。充分发挥新型城镇化对消费的引领作用，在总结家电下乡、建材下乡、节能产品惠民等鼓励消费政策经验的基础上，进一步完善鼓励居民合理消费的财税、信贷等政策。支持社会力量举办各类服务机构。积极落实国民休闲计划和带薪休假制度。

夯实消费基础。促进流通业现代化，鼓励发展各类市场主体参与的、线上线下融合的流通新兴业态，提高流通信息化、标准化、集约化水平。加快推进电子商务进农村、进社区，重点建设县域电子商务公共服务中心和乡镇、村级服务点。建立完善农产品市场体系，加快跨区域农产品流通基础设施建设，探索推进公益性农产品批发市场建设。在城市社区和村镇布局建设共同配送末端网点，提高“最后一公里”的物流配送效率。

优化消费环境。创造高效便捷的消费环境，支持消费金融创新，积极稳妥推动消费信贷、家庭理财等新兴消费金融发展。破除阻碍市场流通的体制机制，畅通市场“经脉”，降低流通环节费用及成本，不断提高居民消费的便利性。健全城乡消费市场监管体制，加强关键商品流通准入管理，健全流通追溯体系和有效维护消费者权益的组织体系。加快完善标准体系和信用体系，加强质量监管，规范消费市场秩序，强化企业责任意识和主体责任，健全消费者权益保护机制，完善消费基础设施网络。

提升消费能力。坚持消费引领，以消费升级带动产业升级，改造提升传统产业，培育壮大战略性新兴产业，大力发展服务业，努力增加就业创业机会，多渠道增加低收入者收入，提高中等收入者比重。扩大养老、医疗、失业等社会保障覆盖面，提高保障水平，构筑社会保障安全网，增强居民消费的信心和动力，释放城乡居民消费潜力。

培育新的消费增长点。以新消费引领经济提质增效、转型升级，加快培育形成新供给、新动力。引导消费朝着智能、绿色、健康、安全方向转变，以扩大服务消费为重点带动消费结构升级。扩大品质消费，稳定住房、汽车等大宗消费，发展教育培训消费，培育健康养老消费。

刺激信息消费，升级文化旅游消费，鼓励绿色时尚消费，提升农村消费。继续开展“山西品牌中华行、丝路行、网上行”“山西购物季”“美丽山西休闲游”等专题促消费活动，在全国主要城市和山西省旅游景区建立山西省品牌产品展销中心。

发挥出口对经济增长的促进作用。增强对外投资和扩大出口结合度。积极扶持培育外向型龙头企业、拳头产品。加快培育和完善外贸综合服务体系，畅通国际物流通道，积极促进与天津港、青岛港、连云港、欧亚大陆桥等国际物流通道的互联互通。努力稳定传统优势产品出口，推进以质取胜战略，优化外贸结构，加快培育以技术、品牌、质量、服务为核心的外贸竞争新优势。巩固旅游、建筑等传统服务贸易出口优势，发展版权贸易，积极推进山西特色文化产品和技术服务出口，拓展商贸物流、跨境电子商务等出口业务范围。

（二）做好煤和非煤两篇文章

以结构深度调整、振兴实体经济为主线，把化解产能过剩和发展新兴产业有机结合起来，实施工业强基工程，不断改造提升传统优势产业，切实推进煤炭产业“六型转变”，大力培育市场潜力大、产业基础好、带动作用强的非煤产业，加快国家新型综合能源基地建设，逐步形成以传统优势产业为主导、新兴接替产业为先导、服务业全面发展的产业格局。

1. 做优做强能源产业

以“高碳资源低碳发展，黑色煤炭绿色发展”为原则，加快转变能源产业发展方式，调整优化能源结构，提高能源效率，切实提高能源产业核心竞争力，扎实推进山西国家新型综合能源基地建设。

煤炭产业。着力推进煤炭及其相关产业向市场主导型、清洁低碳型、集约高效型、延伸循环型、生态环保型、安全保障型转变，走出一条具有山西特色的革命兴煤之路。深化煤炭管理体制改革，加快建立符合国家新型综合能源基地开发建设和运行管理的现代管理体系。按照区域煤质和煤层赋存特点，重点推进国家规划的晋北、晋中、晋东三大煤炭基地建设，提升矿井现代化水平，推进传统煤炭产业向高端、高质、高效迈进，保障国家清洁煤和综合能源基地生产原料的供给。以安全绿色开采、清洁高效利用为重点，普及推广绿色开采技术。大力引进和推广先进适用技术，建立商品煤分级分质利用体系，提高洗配煤占商品煤的比重，力争到2020年原煤入洗率达到70%以上。构建有效控制煤炭生产总量、市场需求调节煤炭产品结构新机制，着力推进煤转电、煤转化等产业发展，有效化解产能过剩，提高煤炭就地转化率，到2020年原煤产量控制在10亿吨以内，煤炭消费占一次能源消费比重下降至73%。以大型煤炭企业为主体，继续推进煤炭资源整合和煤矿企业兼并重组，减少全省煤炭矿井个数，进一步提升产业集中度，提升煤炭产业集约化水平。培育同煤集团、中煤平朔、焦煤集团等亿吨级煤炭企业，培育阳煤集团、潞安集团和晋煤集团向亿吨级煤炭企业迈进，到2020年大企业集团煤炭产量占总产量比重超过80%，千万吨级煤炭矿井产量占到总产量的20%左右。

电力产业。全面推进煤电产业优化升级，以建设晋北、晋中、晋东南大型煤电基地为重点，发展大容量、高参数超临界、超超临界燃煤发电机组，加快燃煤发电升级与改造，推进燃煤发电机组超低排放改造，进一步提升煤电高效清洁发展水平。以60万千瓦循环流化床机组示范项目为引领，重点推进大容量低热值煤发电项目建设，稳步推进热电联产的低热值煤发电机组建设。新建机组严格执行超低排放标准核准批复，严格按照“等煤量置换”原则配比关停一定容量的小火电机组。在役30万千瓦及以上的机组限期完成超低排放改造。有序关停未完成改造、达不到超低排放标准的非供热及供热过剩的燃煤机组。全面深化电价改革、电力交易体制改革、发用电计划改革和售电侧改革，培育售电市场主体，扩大直供电领域和范围，建立和完善电力市场交易机制。加大晋电外送能力和通道建设，最大限度满足省外对清洁电力能源的多样化需求。加快省内用电市场建设，在优化布局和产能调控基础上，适度发展现代载能产业，推广应用绿色家电，扩大城乡居民生活用电需求。

煤层气产业。充分发挥山西省煤层气资源大省优势，积极探索形成与天然气同质同价的价格机制，大力推进煤层气开发与井下瓦斯抽采，实现煤矿瓦斯抽采全覆盖工程。重点建设沁水和河东两大煤层气产业基地，建设河曲—保德、临县—兴县、永和—大宁—吉县、沁南、沁北、三交—柳林等六大煤层气勘探开发基地。积极推进井下瓦斯规模化抽采利用，着力构建晋城矿区、阳泉矿区、潞安矿区、西山矿区和离柳矿区五大瓦斯抽采利用园区。积极探索煤层气多通道、多途径利用，推进煤层气替代汽油燃料和替代工业燃煤工程建设，在煤矿瓦斯富集地区发展坑口瓦斯发电，形成勘探、抽采、输送、压缩、液化、化工、发电、汽车用气、居民用气等一整套产业链，尽快把煤层气发展成为山西省战略性支柱产业。力争到2020年，煤层气总产能达到400亿立方米。

新能源产业。充分发挥山西省风能、太阳能等资源优势，大力培育发展风电、光伏发电和生物质发电等新能源产业，加快新能源开发利用的产业化进程。稳步推进晋北千万千瓦级风电基地建设，有序推进中南部低风速资源开发，积极探索风电供暖试点。以大同采煤沉陷区建设国家先进技术光伏示范基地为契机，推进阳泉等采煤沉陷区光伏基地建设。加快推进光伏扶贫。重点支持新能源微电网示范项目。加快推动太原西山新能源示范区建设。探索推进运城现代农业与光伏产业联动发展示范基地建设。抓好大同、长治、运城等新能源城市建设。到2020年，新能源装机规模力争达到3800万千瓦。

专栏1 新能源产业发展“四大工程”

晋北千万千瓦级风力发电基地工程：依托大同市、朔州市和忻州市等晋北地区风能资源优势，综合考虑项目建设布局和电网接入条件，加快推进晋北风电基地建设。

采煤沉陷区光伏发电基地工程：以山西大同采煤沉陷区光伏发电基地建设为契机，大力推进阳泉等采煤沉陷区光伏发电基地，实行“领跑者”计划，引导光伏系统效率和运营效率突破，带动产业链优质发展。

新能源综合利用工程：继续推进光伏扶贫、风电供暖、太阳能热发电、煤层气发电、生物质替代燃煤等示范工程，不断推进城乡能源变革。

新能源装备制造基地工程：推动风电、光伏、生物质能等新能源产业基地建设，带动新能源中上旅游产业技术进步，促进山西省新能源装备制造业做大做强。

2. 优化提升现代载能产业

改造提升冶金、焦化、建材等传统优势产业，积极化解产能过剩，发展壮大现代煤化工和大数据产业，促进电力、煤炭与高载能产业互动发展，实现能源就地消纳增值。

冶金产业。以控制总量、淘汰落后、企业重组、技术改造、优化布局、节能减排为重点，着力推进冶金产业结构调整和优化升级。加快钢铁企业和有色行业的兼并重组步伐，提高产业集中度。按照严控新增产能、淘汰落后产能、优化存量产能、增强综合竞争力的发展思路，建设高质量、多品种的钢铁生产体系。坚持资源就地转化、配套深加工、延伸产业链发展，建设优质、高端的铝镁合金材和铜材生产体系。坚持煤电铝材一体化发展，以深化电力体制改革为突破口，按照集约化、循环化、生态化建设理念，以13个铝土矿资源集中区为依托，优化资源配置，发展精深加工，补齐电解铝产业短板，构建南部、中部和西部三大铝工业产业集群，力争到2020年全省氧化铝产能达到2250万吨，电解铝产能达到500万吨，铝深加工能力达到475万吨，氧化铝就地转化率达到40%，新增耗电约550亿千瓦时。

现代煤化工产业。通过科学布局、产业融合、创新引领、绿色发展，改造提升传统煤化工产业，稳步推进现代煤化工产业发展，构建具有山西特色的煤化工产业体系，把煤化工建设成为山西省转型发展的重要支柱产业。面向煤基清洁能源（煤制天然气、煤制油）和煤基高端化工（煤制烯烃、煤制芳烃）两大方向，打造高端煤化工产业集群。充分利用晋北地区相对丰富的煤炭资源、土地资源等要素，重点发展高端精细化产品和煤基新材料产品，高起点、高标准建设具有国内外先进水平的晋北现代煤化工基地。发挥现有晋东、晋中基地煤化工产业优势，推动传统煤化工、焦化、现代煤化工、高端化学品制造等产业耦合发展。

焦化产业。坚持“稳焦上化、以化补焦，焦化并举、上下联产”，加快转变焦化产业发展方式，推动技术、产品、管理和体制机制全面创新，逐步实现由以焦为主向焦化并举和以化为主转变。调整优化产业布局，鼓励行业内外联合重组，推进上下游一体化发展，加快基地化、园区化、大型化改造，打造全国一流新型焦化产业基地。坚持产能置换、市场交易原则，严格控制新增产能，稳步推进节能环保高效大焦炉建设，不断提升整体技术装备水平。探索传统焦炭转型路径，开展普通机焦炉以低品质煤为原料生产化工焦试验，稳步消化焦炭过剩产能。依托焦炉煤气资源，推进化产延伸，培育壮大焦炉煤气化工合成、煤焦油深加工和粗苯精制产业链，实现焦化产品精细化、系列化、规模化、高附加值化。

建材产业。加快建材产业结构调整与转型升级，推进企业兼并重组，全面提高山西省建材工业的发展水平。大力发展绿色建材以及为新能源等战略性新兴产业配套的无机非金属材料及制品，推进优势特色产业规模化。鼓励推动水泥等行业通过资产重组、联合、并购、控股等多种形式提高产业集中度。积极引导水泥、平板玻璃、建筑陶瓷等行业提高产品精、深、专、特加工程度。探索低碳、减排发展模式，推动建材产业由高耗能、高污染的传统产业向清洁、高效的现代产业转变。鼓励水泥、新型墙材、建筑陶瓷等行业企业对矿渣、粉煤灰、煤矸石、副产石膏等大宗工业废弃物进行资源化综合利用，推动废弃物替代燃料的技术开发和应用，支持有条件的企业进行废弃物协同处置。

大数据产业。引导支持大数据产业发展，加快内容分发网络建设，优化数据中心布局。大力推进云计算和数据中心建设，形成与需求紧密结合的大数据产品体系。实施云计算工程，大力提升公共云服务能力，引导行业信息化应用向云计算平台迁移。继续推进百度（阳泉）公司、吕梁军民融合协同创新研究院等云计算和数据中心建设，集聚和配套发展智能终端设备、云存储、云超算、云管理、政务云等云计算服务及相关产业。

专栏2 云计算普及应用

政务领域的应用。运用云计算技术逐步整合改造政府部门的电子政务系统和软硬件资源，建设和完善网上办事大厅、山西省政务服务平台、信用信息共享平台等重大信息化项目，实现电子政务系统的集中部署和共建共用。

重点行业领域的应用。全面推动面向农业、交通运输、国土资源、环保、金融、旅游等领域云市场发展，支持开发基于云计算的信息化解决方案，鼓励建设面向中小企业共性发展需求的公共云计算服务平台，推动云计算在多个行业的应用和落地。

民生服务领域的应用。增强社保、医疗、教育、养老、就业、公共安全、食品药品安全、社区服务、家庭服务等民生领域信息服务能力，提升公共服务均等普惠水平。

3. 发展壮大装备制造业

贯彻《中国制造2025》，紧扣创新驱动、布局优化、两化融合、绿色制造，努力把装备制造业打造成为山西省经济转型升级的新引擎。以重点企业、园区、技术、项目为依托，建立先进装备制造研发设计平台，构建高效完备的先进装备制造业服务体系，加快提升装备制造业竞争力，将山西省建设成为全国装备制造产业重要基地。

以高端化、系列化、成套化为方向，提升轨道交通装备配套协作能力，打造配套完善的轨道交通装备制造产业体系，建设太原、大同、运城三大轨道交通装备制造基地。

专栏3　轨道交通装备

太原基地。以铁路货车、工程作业车、高速列车轮轴及齿轮箱等关键部件为主导，依托太原轨道交通装备公司、晋西集团、太重集团、智奇公司等企业，建设国内规模最大、技术水平最高的铁路货车、铁路工程作业车和轨道交通装备关键部件制造工业园。大同基地。以重载电力机车和机车牵引变压器为主导，依托中车集团大同电力机车公司和大同ABB牵引变压器有限公司，研发大功率交流传动电力机车牵引控制等核心技术，打造国内最大的重载电力机车和机车牵引变压器制造基地。

运城基地。以机车车辆电传动系统为主导，依托永济新时速电机电器有限责任公司，建设服务全国的电气传动产业配套工业园区，打造具有自主知识产权、国内最大的机车车辆电传动系统研发制造基地。煤机装备。坚持技术引进和技术创新相结合，突出成套，培育集群，不断提高煤机系统集成能力和技术创新能力，全面提升煤机制造水平。发展适用各类煤层和各种复杂地质条件下的“三机一架”自动化、智能化成套装备，打造山西（太原）煤机技术研发中心和晋中、晋东、晋北三大煤机制造产业集群。

专栏4　煤机装备

山西（太原）煤机技术研发中心。以山西科技创新城为平台，以太重煤机、煤科总院太原分院等为主体，组建煤机装备研发机构，为煤机装备产业提供技术支撑，推进煤机装备产业技术升级。

晋中集群。依托太重煤机、天地煤机、平阳重工等骨干企业，重点做强做大长臂和短臂采煤机、掘进机、运输机、液压支架等成套装备，形成拳头产品，打造国内著名品牌。

晋东集群。依托晋煤集团金鼎煤机、阳煤集团华越机械等骨干企业，重点研发生产煤机“三机一架”新产品。

晋北集群。依托同煤集团煤机装备制造园、忻州通用机械等骨干企业，侧重研究开发薄煤层开采成套装备，提供煤机配套设备和维修服务。煤层气装备。积极承接国际国内产业转移，努力实现煤层气勘探开采、生产加工、输送利用工艺环节装备全覆盖，重点发展高精尖勘探装备、智能化排采成套装备、煤层气发电装备等，建设太原、晋城两大煤层气装备制造基地，发展大同、运城煤层气特色应用基地。

专栏5　煤层气装备

太原基地。依托太重煤机等企业发展千米定向钻机和研发生产压裂装备；依托北方机械等企业发展煤层气开采钻具；依托正华压缩机等企业研制开发煤层气压缩新产品；依托阳煤化机等企业研发生产压力储存设备；依托江铃重汽等企业发展专用运输装备。晋城基地。依托晋煤集团金鼎煤机等企业研发生产抽采气装备；依托清瑞能源等企业发展远程智能化排采系统装备；依托力宇新能源等企业发展煤层气发电装备；依托天巨重工、兰华机械等企业生产相关配套产品。电力装备。积极拓展延伸电力装备制造产业链，鼓励研发矿井乏风氧化发电、低浓度煤层气发电、清洁环保燃煤发电、光伏电池光电转换等先进技术和装备。重点发展低热值煤大型循环流化床锅炉、低温余热发电装备、3MW风力发电机组、超高效光伏电池及组件、大功率煤层气发电机组等发电装备。培育一批具有辐射带动作用的龙头骨干企业，推动成套化、系列化和高端化制造，提升电力装备产业的核心竞争力。

专栏6　电力装备

大型循环流化床锅炉。以研发生产300MW以上循环流化床锅炉为重点，大力推进太原锅炉集团有限公司大型循环流化床锅炉制造基地项目。

工业余热低温发电机组。充分利用山西易通集团低温发电领域的技术优势和装备优势，加快工业余热全天候低温发电机组项目建设。风电成套装备。依托太重集团、永济新时速、汾西重工等企业，攻克大功率风电机组成套技术瓶颈，带动风电配套产业发展，建立相对完备的风电装备研发制造体系。

光伏电池及组件。依托晋能集团等企业现有光伏电池及组件产业基础，坚持引进技术和自主研发相结合，进一步提高电池光电转换效率，重点发展超高效光伏电池产品，积极争取光伏电池产品进入国家光伏“领跑者”计划。煤化工装备。加大自主研发与技术引进力度，进一步拓宽产品覆盖面，重点发展大型、高压、高温、高效加压、劣质煤种气化炉、合成反应器等煤化工成套装备，打造以现代煤化工关键设备为主导产品、具备成套设备研发设计制造和工程总承包能力的太原煤化工装备制造基地。

节能环保装备。着力培育优势技术装备产品，推广高效锅炉（窑炉）、电机、变压器、余压余能利用和高效热能回收系统应用等高效节能重点装备，发展一批大气污染防治、环境治理、辐射防治等环保技术装备。

积极发展重型机械、纺织机械、汽车部件及整车、通用航空、电子智能、精密铸件锻件基础工艺、液压配件组件、材料深加工、特色军工民品、农业机械等装备制造。

4. 培育发展新兴接替产业

大力支持市场潜力大、产业基础好、带动作用强的行业，加快形成支柱产业，积极培育先导产业，切实提高产业核心竞争力和经济效益。

节能与新能源汽车。加快发展电动汽车、甲醇汽车、燃气汽车、农用电动机械等节能与新能源汽车产业。大力发展电动客车、电动专用车、电动乘用车，适度发展混合动力、甲醇和燃气汽车，着力构建“煤—电—车”产业链。加快知名汽车生产企业引进落地，支持新能源汽车生产和消费基地建设。加快建设电动车重点项目，推进充换电配套设施全覆盖，扩大电动车市场应用，创新完善产业技术、标准和商业模式，力争到2020年，全省电动车生产能力达到12万辆以上，市场保有量达到20万辆以上，基本建成适度超前、车桩相随、智能高效的充电基础设施体系，形成覆盖全省、布局合理、高效智能的充电服务网络。推进煤基醇醚燃料汽车、煤层气燃料汽车和电动汽车、混合动力汽车等新型能源汽车整车及关键零部件制造，支持高效高压缩比甲醇发动机技术、替代燃料汽车发动机冷启动技术、锂离子动力电池技术、铝镁轻量化材料应用、零部件轻量化等研究与开发，打造太原、晋中、晋城电动汽车产业基地，晋中、长治甲醇汽车产业基地，太原、运城、大同燃气汽车产业基地。

专栏7　新能源汽车基地布局

电动汽车。以电动客车、乘用车、专用车为发展方向，加快推进比亚迪电动车项目和吉利新能源汽车项目建设，打造太原、晋中、晋城电动汽车产业基地。

甲醇汽车。以甲醇轿车、微型客车、甲醇发动机为发展方向，依托优势企业，做大产业规模，打造晋中、长治甲醇汽车产业基地。

燃气汽车。以燃气重卡为发展方向，依托优势企业，打造太原、运城、大同燃气汽车产业基地。新材料产业。以提高附加值为方向，加大科研投入，优化产业布局，加快平台建设，努力实现新材料产业由低端向高端发展，由小规模分散型向规模化、集约化发展。在新型金属材料、新型化工材料、新型无机非金属材料、高性能复合材料和前沿新材料等五大领域，重点发展新型轻合金材料、高端金属结构材料、钕铁硼永磁材料、新型化工材料、新型无机非金属材料、高性能复合材料、纳米材料、新型纤维材料、智能材料、超导材料等10类材料及其产业，努力将山西建设成为全国重要的新材料产业基地。

节能环保产业。抓住山西省节能减排、环境修复、资源循环利用的市场需求，积极开发节能环保产品，加快技术研发，强化社会化服务，努力提高清洁生产和资源综合利用水平。发展高效节能、先进环保和资源循环利用的新装备和产品，扩大资源综合利用、废旧消费品再利用和节能环保服务产业规模。重点建设以太原为中心的节能环保装备产业集群和节能环保服务产业集群，以大同、朔州为核心的资源循环利用产业集群，以长治、晋城为中心的 LED 节能产品产业集群。

信息技术产业。鼓励以“互联网＋”、智能制造为代表的新一代信息技术发展，重点发展 LED、光伏、信息安全、电子设备制造、云计算、信息服务、物联网、空间信息等八大领域，培育龙头企业，打造产业集群，形成以太原为中心，覆盖晋中、阳泉、吕梁新一代信息技术产业带。

医药产业。引导医药行业龙头企业、优势企业围绕产业链延伸拓展，开展跨地区、跨行业、跨所有制兼并重组，做大晋北原料药、晋中中成药、晋南新特药三次产业基地，全面提高“晋药”的市场竞争力和影响力。围绕生物制药、化学药、中成药等领域，打造具有核心竞争力的重点优势产品。依托山西省中药材资源禀赋的优势，挖掘中药材发展潜力。大力发展卫生材料及医药用品制造和医疗器械产业。培育发展医药保健、健康服务业、中医药文化产业，延伸产业发展空间。

食品产业。全面提升传统食品产业，培育壮大特色食品产业、现代食品产业，形成产业结构优化、战略布局合理、地域特色浓郁的食品工业体系。积极推进酿酒、食醋和乳制品等传统食品行业发展。做精小杂粮加工、肉禽加工、干鲜果蔬加工、功能食品、食用油等行业，积极开发高科技含量、高附加值、精加工的特色食品。做强饮料、淀粉制品、方便食品等现代食品产业，加强自主品牌建设，提升生产规模和产品档次。充分挖掘山西特色面食产品文化内涵和品牌资源，用现代食品制造技术改造传统面食产业，实现由初加工向深加工的转变，做强做大山西面食产业。

轻纺工业。依托祁县、闻喜日用玻璃产业和朔州、晋城、阳泉日用陶瓷产业的基础优势，强化技术创新，进一步做大做强，打造形成全国日用玻璃、日用陶瓷生产基地。推进造纸和塑料制品产业规模化、循环化、科技化发展，振兴工艺美术及旅游产品行业，推进集设计、研发、制造、销售为一体的室内装饰配套产业发展。加快推进纺织产业的技术创新和改造，做强棉纺、染整、服装等传统产品，做精丝麻等特色产品，积极发展新型纤维和产业用纺织品。

5. 加快现代服务业发展

努力拓展生产性、生活性服务业发展空间，拓展互联网与服务业融合的广度和深度，推动服务业重点行业领域发展，加快山西省建设中西部现代物流中心、生产性服务业大省和中部地区文化旅游大省步伐。

文化旅游业。大力发掘三晋历史文化的深厚底蕴，加大保护和利用历史文化遗产力度，推动文化与旅游融合发展，推进旅游资源整合和科学规划布局，挖掘提升旅游景区文化内涵，打造特色文化旅游产品。大力推动旅游业与文化、体育、农业、工业等相关产业融合发展，推进“互联网＋旅游”发展，培育房车自驾车露营地、温泉、滑雪、低空旅游等旅游新业态，形成旅游新优势。加强特色旅游景区建设，重点塑造和提升五台山、云冈石窟、平遥古城、长城山西段、晋商大院等知名旅游品牌，着力建设宗教古建、晋商文化、太行山水、黄河文明、寻根觅祖、红色圣地等文化旅游产业集聚区。积极推进关圣文化建筑群申报世界文化遗产。创意策划文化旅游节庆活动品牌，支持创演文化旅游演艺精品，加大“三个一（一座都城、一堆圣火、一缕曙光）”文化资源的宣传推介力度。加强旅游基础设施和旅游公共服务体系建设，扶持开发旅游商品，推动建设一批智慧旅游示范工程。推动全省文化旅游产品向观光、休闲、度假并重转变。探索推进旅游业与金融、互联网融合发展，提升旅游资源和要素整合集成能力和模式创新能力。加快智慧景区、智慧城市和智慧旅游企业建设，培育有市场竞争力的旅游经营主体，推进旅游电子政务系统和旅游电子商务发展，建立覆盖全省的旅游信息服务体系。树立旅游城市品牌，积极开展旅游综合改革试点。每年定期召开山西旅游发展大会。在重点旅游景区中选择试点，着力管理体制与经营机制、基础设施建设与公共服务能力、人事制度等方面改革，总结经验，稳步推开，使山西省丰富的旅游资源优势转化为经济发展优势。进一步加强旅游人才队伍建设，提升旅游人才队伍整体素质和水平。

现代物流业。主动对接丝绸之路经济带、京津冀经济圈、环渤海经济圈、欧亚贸易通道和中原经济区，按照“天字形”结构布局现代物流产业，重点打造中部、北部、南部三大现代物流业密集区。积极建设物流总部基地和功能聚集区，形成以煤炭物流、大宗商品物流为龙头，制造业物流、城乡配送物流等为重点，其他专业物流协调发展的现代物流产业体系。加快重大物流载体和物流通道建设，逐步完善物流配送网络，努力提升物流企业发展水平。以物流大通道为主要依托，大力发展多式联运，积极推进物流信息化和物流技术装备现代化、标准化发展。大力发展绿色物流。加快开发临空经济。依托太原武宿综合保税区、中国（太原）煤炭交易中心、侯马方略保税物流中心和太铁现代物流网络等物流基础设施，积极推进区域性专业市场、大型物流园区、物流公共信息平台等项目建设，打造具有重要支撑作用与带动发展功能的物流产业链和产业集群。力争到 2020 年，物流业增加值占地区生产总值比重达到 10%左右，基本实现建设中西部现代物流中心的发展目标。

（三）拓展发展新空间

依托国家实施的“一带一路”、京津冀、长江经济带等重大发展战略，充分发挥能源矿产、装备制造、地质勘探、历史文化等优势，用发展新空间培育发展新动力，用发展新动力开拓发展新空间，变资源优势为发展优势和竞争优势。

1. 拓展区域发展空间

立足山西区位特点，积极推动东融西进南联北合，加强与周边区域融合发展。大同、朔州、忻州要用好面向京津冀蒙和俄罗斯、蒙古的区位优势，真正成为环渤海地区的广阔腹地和京津“后花园”。阳泉要发挥好山西东大门的优势，力争成为山西走向京津冀和环渤海的重要桥头堡。长治、晋城要力争成为山西走向冀鲁豫和长三角东部发达地区的重要支撑。临汾、运城要积极成为晋陕豫黄河金三角在新欧亚大陆桥、丝绸之路经济带上的重要节点。吕梁要面向陕甘宁，积极参与“黄河几字湾”区域合作。发挥城市群辐射带动作用，优化城镇化布局和形态，全力打造“一核一圈三群”城镇化格局。积极构筑晋北、晋南、晋东南三大城镇群，加快提升城镇群的整体实力，使三大城镇群成为具有较强竞争力的增长型区域。支持绿色城市、智慧城市、森林城市建设和城际基础设施互联互通。培育壮大若干一体化发展区域。推进城乡发展一体化，开辟农村广阔发展空间。

2. 拓展产业发展空间

支持传统产业优化升级，积极培育高端成长型产业，支持新兴接替产业发展。加快发展现代服务业。加快推进重点领域与互联网融合发展。推广新型孵化模式，鼓励发展众创、众包、众扶、众筹空间。规范互联网金融发展，稳步发展互联网支付、股权众筹融资、网络借贷、互联网基金销售等新型金融业态。

3. 拓展基础设施建设空间

实施重大公共设施和基础设施建设工程，推进城乡一体化进程，提升城乡基本公共服务水平，满足经济社会发展需求。

构建现代综合交通运输体系。完善综合运输通道、市际交通、对外交通骨干网络，建设城市群综合交通枢纽，着力打造铁路、公路、机场、轨道交通综合交通网络构架。加快推进大张、太焦、原大、忻保、运三等高速铁路项目建设，推进太原城市轨道交通项目和省内地方铁路、城际铁路建设。完善铁路煤运通道建设，强化重载货运网，到2020年，快速铁路运输服务覆盖所有市级城市，铁路营业里程达到6000公里，其中高速铁路1000公里。完善全省“三纵十二横十二环”高速公路网建设，基本建成山西省高速公路网，高速公路达到7258公里，实现“县县通高速”。推进普通干线公路升级改造及重要县乡公路改造和旅游公路建设，深入实施通村公路完善提质工程，实现普通国道连通所有县，普通干线连通60%以上乡镇，具备条件的建制村通硬化路、通客车。公路通车里程达到15万公里。扩大民用航空网络，优化中转流程，提升服务质量，民用运输机场数量达到8个。鼓励通用航空发展，逐步完善通用航空机场布局，与民用运输机场构成层次清晰、功能完善、结构合理的机场布局。

构建水安全保障体系。全面实施兴水增绿战略，加快实现从粗放用水向节约用水转变，从供水管理向需水管理转变，从局部治理向系统治理转变，构建符合山西实际、具有山西特色的水安全保障体系。以大水网建设为龙头，加快推进骨干供水工程建设，分批启动实施县域小水网配套工程，构建“两纵十横、六河连通、覆盖全省”的高保障率供水体系。以保障水资源可持续利用为核心，全面推进最严格水资源管理和节水型社会建设。着力解决采煤沉陷区和老山区农村的饮水安全问题，提高农村饮水工程的供水保障率、水质合格率和自来水普及率。加强抗旱减灾能力建设，加快小型水库、抗旱应急水源工程和“五小水利”工程建设，提高水源战略储备和雨水集蓄利用能力。以建设“三大灌溉基地”为目标，加快实施灌区续建配套和泵站更新改造工程，抓好小型农田水利重点县项目建设和冬春农田水利基本建设。推进农村水权、小型水利工程产权、农业水价等水利改革。

专栏8　水利建设重大工程

山西大水网工程。完建中部引黄工程、小浪底引黄工程、东山供水工程和山西大水网县域供水规划工程，启动山西大水网滹沱河连通工程、昔阳县娘子关引调水工程。

汾河等五大流域生态修复工程。重点建设水土资源配置、重建水系、严格控制地下水开采、植被恢复及污染防治等工程。构建以汾河、桑干河、滹沱河、漳河、沁河及涑水河、御河等河流生态修复为骨架的生态安全保障体系。

水资源配置和城乡供水保障工程。主要包括吴家庄水库、古贤水利枢纽工程、碛口水利枢纽工程、古贤水利枢纽工程山西供水区配套工程、万家寨引黄配套工程和峪口沟水库、大保水库、黑石圪台水库、油篓山水库等中型水库工程以及小型水库更新建设工程。

农村水利工程。主要包括农村饮水巩固提升工程、重点灌区节水配套改造工程、西范灌区东扩工程和北赵引黄灌区二期工程。

防洪抗旱减灾工程。主要包括汾河、漳河、滹沱河、沁河、涑水河、桑干河六大河流以及黄河干流（山西侧）河道综合治理工程。加快推进电网建设。落实晋电外送战略，积极推进山西向华北、华中、华东电网特高压外送电通道建设，形成以晋北、晋中、晋东南特高压为核心、500千伏为支撑的骨干网架，新建11座500千伏变电站，扩建2座开闭站，形成“三纵四横”格局。改造城乡电网，提高电网智能水平，加大配电网建设和改造力度，220千伏及以上电网全部实现双电源供电，中低压配电网实现密布点、短半径，消除次电压全面提升城乡电网供电能力和可靠性。加大对集中连片贫困地区电网布局支持力度。

加快推进输气管网建设。按照“优先气源区、优先人口密集区、优先旅游区、优先重污染区、优先大工业区”原则，加快建设“三纵十一横、一核一圈多环”的输气管线网络。力争实现全省市、县全覆盖、高速及交通干线全覆盖、主要工业用户全覆盖、重点旅游景区全覆盖，形成城乡协调的大燃气网空间格局。到2020年，全省管线总里程突破1.5万公里。

加快推进信息网络建设。综合考虑城乡平衡、用户需求，结合城市、农村未来整体发展规划，建设高速畅通、覆盖城乡、质优价廉、服务便捷的信息网络基础设施和服务体系，为推动大数据深度应用和“互联网+”发展提供有力支撑。适度超前建设高速大容量光通信传输系统，大力推进全光纤网络城市建设，加快实现全省城市、各类开发区（园区）光纤全覆盖。到2020年，全省所有设区市城区和大部分非设区市城区家庭具备100Mbps光纤接入能力。加快推进城市、郊区、旅游景点、铁路和高速公路沿线等区域的网络优化覆盖，努力推进无线宽带向周边非核心区域人流密度较高的道路、未通宽带的村庄延伸，着力缩小城乡“数字鸿沟”。到2020年，全省3G、4G网络用户超过3100万户，用户普及率达到86%以上。

统筹城乡基础设施建设。着力提升城市市政设施品质，建设“海绵城市”。推进全省城市建成区水电气热、通信、污水和垃圾处理实现全覆盖，公共综合交通体系基本形成，城市路网级配达到国家标准，公交出行分担率大幅提升，棚户区基本消除，城中村改造取得阶段性成果。实施地下管网改造工程，建设城市地下管廊。综合利用地上、地下空间，合理布局，加快建设公共停车场，有效缓解停车难问题。统筹规划，加强城乡基础设施一体化布局和建设，强化城乡基础设施连接，推动水电路气等基础设施城乡联网、共建共享，推进城镇交通、通信、供水、供电、供气、垃圾及污水处理等基础设施向农村延伸。加快开放电力、电信、交通、天然气、市政公用等自然垄断行业的竞争性业务。

4. 拓展网络经济空间

全面落实网络强国战略、“互联网＋”行动计划、分享经济、国家大数据战略等重大举措，利用大数据和互联网的规模优势和应用优势，借势加快山西信息化和新型工业化进程。

推进大数据广泛深度应用。注重顶层设计和统筹协调，加大大数据关键技术研发、产业发展和人才培养力度，着力推进数据汇集和发掘，深化大数据在各行业的创新应用，促进大数据产业健康发展。按照重要性和敏感程度分级分类，建立政府信息开放统一平台和基础数据资源库，开展公共数据开放利用改革试点，推动政府信息系统和公共数据互联共享，消除信息孤岛。优先推动交通、医疗、就业、社保等民生领域政府数据向社会开放。支持大数据与煤焦冶电等传统优势产业整合创新，与制造业、新兴接替产业、现代服务业等领域开展数据开发和交易，促进大数据经济繁荣和发展。构建面向农业农村的综合信息服务体系，为农民生产生活提供综合、高效、便捷的信息服务。积极支持数据分析能力强和数据资源丰富的企业探索“大数据工厂”“大数据超市”和“数据实验工场”等新模式、新业态。

（四）全力推进“三个突破”

突出问题导向，推动科技创新、民营经济和金融振兴“三个突破”，着力破解资源型经济转型发展难题，促进经济持续平稳发展。

1. 加快推动科技创新

破除一切制约创新的思想障碍和制度藩篱，营造激励创新的公平竞争环境，向全面创新要动力，实现科技创新、制度创新、文化创新的有机统一和协同发展，形成以科技创新为核心的全面创新新格局。

推进以科技创新为核心的全面创新。全面深化科技管理体制改革，积极推动政府职能从研发管理向创新服务转变，实现科技创新、制度创新、开放创新的有机统一和协同发展。加快推进国家创新驱动发展战略山西行动计划和山西省低碳创新行动计划，以增强创新能力为核心，提升区域创新体系整体效能。深入实施科技创新城建设工程、低碳创新发展工程、新兴产业培育壮大工程、园区提质升级工程等重大科技创新工程。

聚焦山西省煤基产业创新重大任务，以安全清洁高效低碳利用为主线，围绕产业链部署创新链，依靠科技创新做好煤和非煤两篇文章。以大型煤炭企业为主导，推动煤炭、焦化、冶金、电力等传统支柱产业实现“六型转变”。强化企业技术创新主体地位，支持企业完善技术创新组织，引导企业牵头科技攻关和创新成果转化，鼓励企业加大技术创新投入。在高端装备制造、新能源、现代煤化工、新材料、节能环保、食品医药、现代农业、现代服务业等新兴领域，组织实施一批重点科技计划、应用示范工程和重大产业化项目。

改革省级科技计划（专项、基金）管理体制，强化顶层设计，建立省级科技重大专项和重点项目形成与立项机制，加快推进科研项目经费管理改革。深化高等院校科研体制改革，加大对科研工作的绩效激励力度。深化省属科研院所改革，支持建设中试基地、技术研发实验平台。围绕重点产业和关键领域组建一批国家级、省级实验室。建立部门之间、地方之间、部门与地方之间统筹配置科技资源的协调机制，切实发挥市场在科技资源配置中的基础性作用，实现科技资源的充分利用。

加快建设山西科技创新城。突出智慧碳谷、科技绿城的理念，坚持规划引领，高效务实推进创新城建设，努力将山西科技创新城打造成为山西省创新发展的引擎和全球低碳创新高地。实施“低碳引领”“创新驱动”“开放带动”三大战略，形成以煤基低碳产业为重点领域的自主创新新优势、以高端制造业和现代服务业为主体的产业转型新高地和以“产研一体、产城一体、产融一体”为特征的区域发展新格局。力争到2020年，科技创新城核心区基本建成，煤基科技攻关取得重大突破，煤基产业安全、清洁、高效、低碳发展创新链基本形成，产出一批具有国际国内影响的重大技术成果，形成若干特色突出、竞争力强的新兴产业集群。

大力推动大众创业、万众创新。加强统筹协调，构建有利于大众创业、万众创新蓬勃发展的政策环境、制度环境和社会氛围，全面激发全社会创业创新活力。建立财政科技投入稳定增长机制，设立科技成果转化基金、创业投资引导基金，完善普惠性税收政策，实施科技创新券政策，积极构建多元化科技投融资体系。发挥与国家基金委联合设立的煤基低碳联合研究基金的作用，支持发展煤炭清洁利用等推动科技创新发展的各类联合基金。积极落实中关村试点及国家自主创新示范区政策，加快培育一批熟悉科技政策和行业发展的社会化、市场化、专业化科技中介服务机构，完善科技成果转化政策体系。制定高校、科研院所等专业技术人员离岗创业制度，推进大学生创业引领计划，支持鼓励学会、协会、研究会等科技社团为科技人员和创业企业提供咨询服务。完善科技金融服务，加快科技小额贷款公司、科技支行、科技担保公司等科技金融机构建设。大力推进知识产权质押融资，建立科技型中小微企业创新产品市场应用的保险机制。加大对知识产权创造、保护、运用的扶持力度和对知识产权侵权和假冒行为的打击力度。加强创业创新中介服务平台建设，加快推进创业孵化、知识产权服务、第三方检验检测认证等机构的专业化、市场化改革。加快建设一批创新创业园，构建一批综合性创业服务平台，在全省逐步形成“创业苗圃＋孵化器＋加速器＋产业园”的全产业链条孵化体系。大力培育和宣传创新文化，营造崇尚创新的社会氛围。深入实施全民科学素质行动计划，加强科普信息化建设，到2020年公民具备基本科学素质的比例达到9％。

2. 加快发展民营经济

毫不动摇鼓励、支持、引导非公有制经济发展，激发非公有制活力和创造力，推动民营经济转型升级、做优做强。进一步放开民间投资领域，放宽民营企业准入条件，完善民营经济在市场准入、市场监管、市场竞争、金融创新等方面的配套改革措施，引导鼓励支持民营企业转型发展、创新发展，拓宽民营经济发展空间，大力发展个体工商户和民营企业。消除各类隐形壁垒，清理废除制约民营经济发展的不合理规定，鼓励民营企业参与国有企业和集体企业改革。着力破解民营企业融资难、融资贵、用地难等突出问题。建立民营企业科技服务平台，鼓励支持发展科技创新型中小微企业。按照“提升二产、推进一产、发展三产”思路，加快民营经济结构调整。大力发展职业教育，为民营企业发展培养人才。加强引导、主动服务、强化措施，推动民营企业改制，建立现代企业制度。提供优惠便利的创业条件，降低创业门槛，创造促进大众创业的良好环境。加强服务体系建设，优化发展的政策、政务、法制、市场、舆论等环境，培育民营经济成长沃土，不断激发民营经济发展活力。推动民营企业上市，提高直接融资比重。正确处理政商关系，重塑山西干部和晋商形象，推动民营经济健康快速发展。

3. 大力促进金融振兴

充分发挥金融对经济结构调整和转型升级的支撑作用，不断深化金融改革和创新，努力构建体系健全、竞争有序、运行规范、监管科学、与实体经济发展相适应的现代金融服务体系，推动金融业成为全省基础性和关键产业。做大做强城市商业银行，大力发展农村中小银行，稳步发展新型金融业态，积极发展地方保险机构，支持地方金融机构发展。以资本为纽带，以股权为依托，加快做强做优做大山西金融投资控股集团有限公司。大力发展多层次资本市场，显著提高直接融资比重，不断优化社会融资结构。大力发展区域股权交易市场，加快发展期货交易市场，拓宽保险服务领域，引导民间融资健康发展，鼓励社会资本参与组建设立各类股权投资基金、创业投资基金等，稳步扩大融资总量。提升金融信息化水平，拓展金融对重点行业和领域的服务能力。努力改善金融生态环境，大力发展普惠金融。大力培养和引进高端金融人才。深化金融开放与合作，加快引进金融机构，有计划开展跨境投资，深化山西与经济发达地区的金融合作，做好对“走出去”企业的金融服务。

四、推进绿色发展，着力建设美丽山西

坚持高碳资源低碳发展、黑色煤炭绿色发展，着力建立绿色低碳发展产业体系，倡导推行绿色低碳发展方式和生活方式，全面节约和高效利用资源，推进美丽山西建设，促进人与自然和谐相处。

（一）加快建设主体功能区

加快实施主体功能区战略，推动各市县严格按照主体功能定位发展，构建科学合理的城市化格局、农业发展格局、生态安全格局，努力促进城乡、区域以及人口、经济、资源环境协调发展。

推动主体功能区布局基本形成。以不同主体功能类型区的功能定位和发展方向作为经济布局、产业发展、人口布局和项目建设的依据，以主体功能空间战略格局为载体，立足省域内部空间，拓展省域外部联系空间，统筹安排实施国民经济与社会事业各项建设，制定适应主体功能开发管制原则的配套政策和绩效评价体系。力争到2020年全省国土空间的主体功能更加突出，实现生产空间高效、生活空间舒适、生态空间宜人、能矿空间集约，基本形成以重点开发区域、限制开发的农产品主产区、限制开发的重点生态功能区、禁止开发区域为主要类型的主体功能区格局。

健全主体功能区配套政策体系。针对不同空间的功能定位和发展方向，细化财政、

投资、产业、土地、农业、环境等政策，形成市场统一规范、要素自由流动、主体功能约束有效、基本公共服务均等、资源环境可持续的区域发展机制。建立生态转移支付资金的分配和使用制度，国家、省财政转移支付及生态环境建设投资向重点生态功能区倾斜。大力推进临汾市西山片区、忻州市神池县国家主体功能区建设试点示范工作，探索重点生态功能区转型发展、科学发展的新模式、新路径。推动重点开发区域提高产业和人口集聚度。加大对限制开发区的转移支付力度，强化激励性补偿，建立流域生态补偿机制。推进市县“多规合一”，促进空间利用结构优化，强化规划对市县区域空间的指导和管控作用。

（二）推动低碳循环发展

坚持绿色、低碳、循环发展基本路径，加快形成节约资源和保护环境的空间格局、产业结构、生产方式、生活方式，全面增强可持续发展能力。

促进低碳发展。推进煤炭等化石能源清洁高效利用，提高非化石能源比重，加快发展风能、太阳能和地热能，加大煤层气开发力度，积极推进先抽后采。发展绿色交通，加快构建低碳交通运输体系，实行公共交通优先，加强轨道交通建设。提升建筑能效水平，大力推广绿色建筑和可再生能源建筑，加快推进既有建筑节能改造。推行绿色生活方式和消费模式，倡导绿色出行、绿色购物、绿色办公，推行政府绿色采购。主动控制碳排放，加强高能耗行业能耗管控，有效控制电力、钢铁、建材、化工等重点行业碳排放。加快推进省级低碳市县试点和园区试点建设，积极开展低碳商业、低碳社区试点。加强碳汇体系建设，增加森林碳汇，继续开展碳捕捉、利用和封存基础研究。加强应对气候变化能力建设，探索建立碳排放总量控制和目标分解制度，研究制定重点行业温室气体排放标准，建立碳排放权交易工作机制和支撑体系。

大力发展循环经济。坚持“减量化、再利用、资源化、减量化优先”原则，加快建立循环型工业、农业、服务业体系，提高全社会资源产出率。建立具有山西特色的煤炭循环经济发展模式，构建资源综合利用和能源梯级利用的现代循环经济产业体系。实施循环发展引领计划，推行企业循环式生产、产业循环式组合、园区循环式改造，减少单位产出物质消耗。推动各类产业园区循环化改造，以产业集聚和共享基础设施为纽带，促进企业、产业间的循环链接，提升循环经济发展水平和产业园区可持续发展能力。推进生产和生活系统循环链接，加快构建循环型社会。健全生活垃圾分类收集回收体系和再生资源循环利用体系，提高大宗固体废弃物综合利用水平，推动废弃物处理方式由无害化处理为主向资源化利用为主转变。推动朔州国家级工业固废综合利用基地和国家级工业绿色转型发展试点城市建设。积极开展循环经济重点领域试点示范创建工作，在企业、园区和区域层面建立一批循环经济典型模式，提升重点领域循环经济发展水平。

专栏9　循环经济体系

循环型工业体系。以提高工业废弃物综合利用率为目标，重点推进煤电一体化融合、煤化工链条式延伸、工业固废综合循环利用，实现煤基产业多元发展，不断提升综合竞争力。

循环型农业体系。推动农业领域资源利用节约化、生产过程清洁化、产业链接循环化、废物处理资源化，形成农林牧多业共生的循环型农业生产方式，改善农村生态环境，提高农业综合效益，构建现代循环型农业体系。

循环型服务业体系。推进服务主体绿色化、服务过程清洁化，促进服务业与其他产业融合发展，发挥服务业在引导人们树立绿色循环低碳理念等方面的积极作用。

（三）促进资源节约高效利用

以优化资源利用方式为核心，以提高资源产出率为目标，把资源节约和高效利用作为转变经济增长方式的主攻方向，推进生产、流通、消费各环节资源节约与高效利用。

坚持节约优先。牢固树立节约优先理念，培育全社会节约意识，养成行为自觉。强化全过程管理，提升资源节约和综合利用水平，大幅降低资源消耗强度。强化约束性指标管理，实行能源和水资源消耗、建设用地等总量和强度双控行动。实施全民节能行动计划，加大节能、节水、节地、节材、节矿和农村节肥、节药工作力度。加快推动重点领域节能技术改造，强化单位产品能耗标准、绿色建筑标准等约束。实施工业能效提升计划，在重点耗能行业全面推行能效对标，促进企业节能降耗和产业转型升级。实行最严格的水资源管理制度，用好用足黄河水，限制开采地下水，以水定产，以水定城，加强用水需求管理，建设节水型社会。坚持最严格的节约用地制度，严格土地用途管制，推广应用节地技术和模式。建立健全用能权、用水权、排污权、碳排放权初始分配制度，建立预算管理制度、有偿使用和交易制度，更多用市场手段实现双控目标。推行合同能源管理和合同节水管理。倡导合理消费，力戒奢侈浪费，制止奢靡之风。深入开展反过度包装、反食品浪费、反过度消费行动，推动形成勤俭节约社会风尚。

推进资源集约高效利用。坚决杜绝私挖乱采，运用先进技术对传统开采方法进行改造，发展绿色矿业，提高矿产资源开采回采率、选矿回收率和综合利用率，加强劣质低阶煤、低品位矿产资源和可替代资源的开发利用。加快再生资源回收体系建设，提高资源回收水平。实施水资源开发利用控制、用水效率控制、水功能区限制纳污三条红线管理。调整建设用地结构，降低工业用地比例，推进城镇低效用地再开发和工矿废弃地复垦，严格控制农村集体建设用地规模。提高工业废弃物、农业废弃物、林业“三剩物”的利用水平，开展“城市矿产”、餐厨废弃物、建筑废弃物等回收和资源化利用。大力发展生态友好型农业，推广秸秆综合利用。探索实行耕地轮作休耕制度试点。

专栏 10　节能工程

千家企业节能工程。突出抓好省千家重点用能企业，实施工业能效提升计划，建立完善能效领跑者制度，开展能效对标活动。

节能技术改造工程。依托一批先进适用节能技术，重点在钢铁、有色、电力、建材、焦化、化工、煤炭等七大行业，实施节能技术改造。

节能环保产业培育工程。推动节能环保产业集聚化、规模化发展，为促进节能形成强力支撑，打造成山西省重要的新兴支柱产业。

节能能力提升工程。推进工业节能监测分析平台建设，完善山西省节能监测系统，提升预测预警能力，建立健全省、市、县三级节能监察体系。完善能源诊断服务体系。

（四）加大环境治理力度

以提高环境质量为核心，实行最严格的环境保护制度，形成政府、企业、公众共治的环境治理体系。将大气、水、土壤等环境质量作为地方各级政府环保责任红线，对能源和水资源消耗、建设用地等实行总量和强度“双控”，制定污染物排放总量限制和环境风险防控措施。深入实施大气、水、土壤污染防治行动计划，落实省以下环保机构监测监察执法垂直管理制度。

大气污染防治。加大“控煤、治污、管车、降尘”等重点工作力度。推进重点行业污染物减排，严格淘汰落后产能，严控“两高”行业新增产能，持续推进清洁生产。调整能源结构，推进清洁能源替代。以雾霾治理为重点，加强细颗粒物监测和区域联防联控，加快市区重污染企业搬迁改造，推动燃煤电厂超低排放改造，全面开展燃煤锅炉污染整治，有效预防重污染天气。深化城市面源污染综合防治，实施机动车污染防治和扬尘污染防治，促进环境空气质量进一步改善。

水污染防治。加强重点流域和区域水污染防治，推进良好水体生态保护，突出加强饮用水源地和岩溶大泉泉域保护，实施娘子关泉域煤矿“老窑水”监测治理等工程。保障水源地安全。深化工业企业生产废水专项整治，实施重点行业废水深度处理和工业集聚区污水集中处理，推进工业水循环利用。加快城镇污水处理设施建设与升级改造，加大城镇生活污水处理及中水回用力度，减少城市黑臭水体。开展地下水污染防治与修复，加强农村生活污水防治。到 2020 年，全省水环境质量得到阶段性改善，污染严重水体较大幅度减少，饮用水安全保障水平持续提升。

推进多污染物综合防治和环境治理。建立统一的决策协商、信息通报、环评会商、联合执法和预警应急机制，加强联防联控和流域共治，推动多污染物协同控制，多污染源综合防控，实现环境质量的整体改善。加快推进工业污染源全面达标排放，建立覆盖所有固定污染源的企业排放许可制，推进城镇生活污水垃圾处理设施全覆盖和稳定运行。坚持城乡环境治理并重，推进以垃圾无害化处理和污水处理为重点的农村环境整治，强化农业面源污染治理和畜禽养殖污染治理，统筹农村饮水安全、改水改厕、垃圾处理。全面推进采煤沉陷区、采空区、水土流失区、煤矸石山的生态环境治理修复重点工程，有序推进采矿破坏村庄避让搬迁工作。

攻坚克难，全面振兴老工业基地
——辽宁省“十三五”规划纲要（经贸部分摘要）

一、奋力攻坚克难，全面建成小康社会

（一）发展基础

“十二五”时期，是辽宁振兴发展史上极不平凡的五年。在省委、省政府的领导下，全省上下认真落实党中央决策部署，深入学习贯彻习近平总书记系列重要讲话，特别是视察辽宁和在部分省区党委主要负责同志座谈会上的重要讲话精神，紧紧围绕“四个全面”战略布局，主动适应引领经济发展新常态，全省“十二五”规划实施取得了重要成效，主要目标任务基本完成。综合经济实力显著提升。2015 年，地区生产总值达到 2.87 万亿元，年均增长 7.8%，人均地区生产总值超过 1 万美元，一般公共预算收入达到 2125.6 亿元，固定资产投资达到 1.76 万亿元。

产业结构调整步伐加快。三次产业结构由 2010 年的 8.8∶54.1∶37.1 调整到 2015 年的 8.3∶46.6∶45.1。科技创新力度加大，突破一批重大关键技术。消费对经济增长的贡献加大。民营经济投资比重提高到 73.4%。民营经济增加值比重达到 68%。

城乡区域协调互动发展。新型城镇化步伐加快，常住人口城镇化率由 2010 年的 62.2%提高到 2015 年的 67.4%。沿海经济带开发开放全面推进，沈阳经济区同城化一体化稳步实施，突破辽西北取得明显进展。

民生建设进一步加强。教育普及和公平水平持续提升，城乡基层医疗服务体系基本建成，文化管理体制改革不断深化，公共文化服务体系逐步健全，覆盖城乡的社保体系日趋完善，城镇登记失业率低于全国平均水平，保障性住房建设有序推进，城乡困难群众最低生活保障持续应保尽保，城镇和农村常住居民人均可支配收入年均分别增长 8.1%、9.7%。

表 1　　“十二五”规划约束性指标完情况

指标	2010 年	规划目标		实际完成	
		2015 年	年均增长（%）	2015 年	年均增长（%）
九年义务教育巩固率（%）	93.5	97		97	
耕地保有量（万亩）	6120	6120	[0]	7461.2	
单位工业增加值用水量降低（%）			[24.8]		[37.6]
非化石能源占一次能源消费比重（%）	1	4.5	[3.5]	4.5	[3.5]
单位地区生产总值能源消耗降低（%）			[17]		[19]

续　表

指标		2010 年	规划目标		实际完成	
			2015 年	年均增长（%）	2015 年	年均增长（%）
单位地区生产总值二氧化碳排放降低（%）				[18]		[21]
主要污染物排放减少（%）	化学需氧量			[9.2]		[13.4]
	二氧化硫			[10.7]		[17.8]
	氨氮			[11]		[13.1]
	氮氧化物			[13.7]		[19]
森林增长	森林覆盖率（%）	38.24	42	[3.76]	40.9	[2.66]
	森林蓄积量（亿立方米）	2.82	3.2	[0.38]	3.06	[0.24]
城镇参加基本养老保险人数（万人）		1498	1708	[210]	1779	[281]
城乡三项基本医疗保险参保率（%）		93.4	95	[1.6]	96	[2.6]
城镇保障性安居工程建设（万套）				[125.15]		[129.25]
年末总人口（万人）		4375	4600	8.9‰	4382	

注：①［ ］内为五年累计数；②城乡三项基本医疗保险指城镇职工基本医疗保险、城镇居民基本医疗保险、新型农村合作医疗。

（二）“十三五”主要目标

——经济保持中高速增长。地区生产总值年均增速不低于全国平均水平，主要经济指标平衡协调，投资效益和企业效益明显上升，全员劳动生产率进一步提高。

——创新能力明显增强。创新型省份加快建设，科技研发经费投入占地区生产总值比重达到2.5%。全民受教育程度和创新人才培养水平明显提高。劳动力受教育年限明显增加。以企业为主体的技术创新体系初步形成，自主创新能力全面提升，构建创新型经济体系和创新发展新模式。

——经济结构优化升级。转变经济发展方式和结构性改革取得重大进展，新型工业化、信息化、城镇化、农业现代化协调发展新格局基本形成。新型工业化水平达到《中国制造2025》第一阶段目标，产业迈向中高端水平，重点行业和企业具备较强国际竞争力，先进制造业强省加快建设，现代服务业和现代农业加快发展，城镇化发展质量和社会主义新农村建设水平进一步提高，资源枯竭型城市转型发展取得显著成效，构筑优势互补、良性互动的城乡区域发展格局。

——改革开放扎实推进。重要领域和关键环节改革取得重大成果，形成系统完备、科学规范、运行有效的体制机制。开放型经济水平大幅提高，“引进来”与“走出去”协调推进。全面完成中央和省委提出的各项改革任务，保持全社会改革振兴发展活力不断增强。

——文化和社会建设全面进步。社会主义核心价值观根植人心，爱国主义、集体主义、社会主义思想广泛弘扬，公民文明素质和社会文明程度显著提高。文化产品更加丰富，公共文化服务体系基本建成，文化事业和文化产业繁荣发展。社会治理制度不断健全，法治辽宁建设全面推进。

——生态环境质量总体改善。主体功能区布局基本形成，万元地区生产总值用水量下降、单位地区生产总值能源消耗降低、单位地区生产总值二氧化碳排放降低完成国家下达任务，森林覆盖率达到42%，森林蓄积量达到3.41亿立方米。

——人民生活水平和质量普遍提高。保持居民收入增长与经济增长同步，就业比较充分，就业、教育、文化、社保、医疗、住房等公共服务体系更加健全，基本公共服务均等化总体实现。教育现代化水平取得重大进展。收入差距缩小，现行标准下的农村贫困人口实现脱贫，使全省人民安全感幸福感不断提升。

表2　　“十三五”时期经济社会发展主要指标

指标		属性	2015年	2020年	年均增速［累计］
经济发展					
地区生产总值（亿元）		预期性	28700	39500	6.6%以上
全员劳动生产率（万元/人）		预期性	11.2	14.4	
城镇化率	常住人口城镇化率（%）	预期性	67.4	72	
	户籍人口城镇化率（%）		57.3	65	
服务业增加值比重（%）		预期性	45.1	>47	
创新驱动					
研究与试验发展（R&D）经费投入强度（%）		预期性	1.59	2.5	
每万人口发明专利拥有量（件）		预期性	5	7.36	
互联网普及率	固定宽带家庭普及率（%）	预期性	55.4	75	
	移动宽带用户普及率（%）		60	90	
民生福祉					
居民收入	城镇常住居民人均可支配收入（元）	预期性	31126	42800	6.6%以上
	农村常住居民人均可支配收入（元）		12057	16600	6.6%以上
劳动年龄人口平均受教育年限（年）		约束性	10.5	11	
城镇新增就业人数（万人）		预期性			［200］
农村贫困人口脱贫（万人）		约束性			［81］
城镇职工基本养老保险参保人数（万人）		预期性	1765	1908	
城镇棚户区住房改造（万套）		约束性			［30］
人均预期寿命（岁）		预期性	79.1	80.1	［1］

续　表

指　　标		属性	2015 年	2020 年	年均增速［累计］
生态文明					
耕地保有量（万亩）		约束性		*	
新增建设用地规模（万亩）		约束性			[*]
万元地区生产总值用水量下降（%）		约束性			[*]
单位地区生产总值能源消耗降低（%）		约束性			[*]
非化石能源占一次能源消费比重（%）		约束性	4.5	6.5	[2]
单位地区生产总值二氧化碳排放降低（%）		约束性			[*]
森林增长	森林覆盖率（%）	约束性	40.9	42	
	森林蓄积量（亿立方米）		3.06	3.41	
空气质量	地级及以上城市空气质量优良天数比率（%）	约束性		*	
	细颗粒物（PM2.5）未达标地级及以上城市年均浓度下降（%）				[*]
地表水质量	达到或好于Ⅲ类水体比例（%）	约束性	44.2	51.2	
	劣Ⅴ类水体比例（%）		3.5	1.16	
主要污染物排放总量减少（%）	化学需氧量	约束性			[*]
	氨氮				[*]
	二氧化硫				[*]
	氮氧化物				[*]

注：①地区生产总值、全员劳动生产率、居民收入的绝对数和增长速度，按 2015 年可比价；②［ ］内为 5 年累计数；③未达标地级及以上城市是指细颗粒物年均值超过 35 微克/立方米的城市；④ * 为国家分解下达目标。

二、扩大对外开放，增强国际合作竞争新优势

（一）打造对外开放新平台

以参与“一带一路”中蒙俄经济走廊建设为重点，将我省建设成为我国向北开放的重要门户、联结亚欧海陆大通道的重要节点、参与东北亚合作的重要区域。

构建国际综合交通运输大通道。以沿海港口为支点，参与布局通往欧洲的三条国际综合交通运输大通道，努力形成承南启北、连接国内外的综合交通体系。建设航空枢纽，巩固已有航线，开辟沈阳、大连国际机场至俄罗斯等“一带一路”沿线国家新航线。

建设对外开放重要载体。加快建设大连金普新区，积极争取国家批准大连设立自

由贸易试验区，积极复制上海自由贸易试验区改革试点经验，加快开发区及产业园区转型升级，主动对接落实中韩自由贸易协定成果，推进中韩自由贸易合作示范区建设；加强与德国装备制造业合作，推动沈阳中德高端装备制造业园区建设。推动国家级、省级开发区以及综合保税区、海关特殊监管区域等转型升级。鼓励铁岭与吉林四平、内蒙古通辽等地开展协同创新合作。

（二）培育外贸竞争新优势

全面实施“外贸出口五年倍增计划”，调整外贸进出口结构，壮大出口基地，全方位拓展国际市场，加快发展新型外贸模式，提高对外贸易竞争力。

优化外贸进出口结构。大力实施科技兴贸战略，扩大机电产品、高新技术产品、自主品牌产品、服务贸易出口规模，降低初级产品出口比重，推动高附加值的辽宁制造、辽宁标准参与国际竞争。提升一般贸易国际竞争力，促进加工贸易转型升级，鼓励发展配套产业，推动加工贸易向下延伸。大力发展服务贸易，扩大软件和信息服务、商贸流通、金融保险等新兴服务出口。推动大连等重点地区扩大对外贸易，依靠增量扩大出口。加强与“一带一路”沿线国家和地区合作，推动工程机械、石化装备、矿山机械装备、输变电设备等装备制造业出口。积极发展软件出口和服务外包，开展沈阳国家服务外包示范城市建设。实施积极的进口政策措施，扩大先进技术、重要装备和关键零部件、紧缺资源性产品进口。鼓励消费品生产企业到境外采购样品。

壮大出口基地。以技术、品牌、质量、服务为核心，重点支持一批出口基地和龙头企业，扩大自主品牌和高附加值产品出口。推动沈阳、大连做大做强装备制造出口基地，加快建设鞍山、本溪精品钢材出口基地，扶持辽西北地区建设农产品出口基地。培育发展战略性新兴产业、现代服务业出口基地，巩固壮大装备制造、化工、冶金、农产品加工出口基地。到“十三五”末，力争培育50个产业特色鲜明、配套完善、具有国际竞争力、辐射带动能力强的省级出口基地。

大力开拓国际市场。巩固韩国、东盟、欧盟、美国等传统市场，拓展俄罗斯、蒙古、印度及非洲、南美、中东等国际市场。鼓励企业建设海外仓储及国际营销网络，拓宽国际市场销售渠道。大力发展跨境电子商务，加快建设综合服务平台。

（三）支持企业走出去

推进国际产能和装备制造合作。深化与“一带一路”沿线国家经贸合作和人文交流，努力实现由装备产品输出为主向技术、产品、标准、服务输出转变。鼓励具有知识产权和较高技术水平的输变电设备、数控机床、轨道交通、自主品牌汽车及零部件、海洋工程及石油装备等优势产业走出去。引导钢铁、水泥等行业企业有序转移产能。扩大农业、科技对外合作。推进能源和矿产资源领域合作。支持企业开展海外并购和引进先进技术。支持企业建设境外经贸合作区和产业园区，通过产业合作培育一批具有国际竞争力的跨国企业。加快“走出去”公共服务平台建设。

积极发展境外工程承包。支持企业承揽国际工程设计、基础设施建设项目，参与国家援外项目，带动设备和技术输出。提高企业境外供应管理、研发设计、检验检测、专业维修等综合性服务水平，实现由单一工程承包向集成总承包转变。

专栏 1　走出去重点领域

①境外电力建设；②机床行业；③工程机械海外业务网络；④石化机械；⑤自主品牌汽车及配件；⑥船舶、海洋工程及石油装备；⑦轨道交通装备；⑧智能装备；⑨航空装备；⑩建材行业；⑪钢铁、有色等行业；⑫轻纺、农产品加工业。

（四）更加积极合理有效利用外资

坚持优化结构、开放市场，鼓励外商投资我省优势产业和新兴产业，实现利用外资由追求数量和规模向提高质量和水平转变。

优化利用外资结构。推动引资、引技、引智有机结合，吸引更多的内外资投向高端制造业、高新技术产业、现代服务业和现代农业。深化与世界五百强企业和行业龙头企业的战略合作。严格限制高耗能、高污染、资源性产品和低水平、过剩产能项目。

加强外商投资服务。加快外商投资审批管理体制改革，推动外资项目由审批向备案管理转变。建立外商投诉快速处理机制，确保外商的合法权益。

完善外商投资市场准入制度。分层次、有重点放开服务业领域外商准入限制，推进金融、教育、医疗、文化等服务业领域有序开放。探索对外商投资实行准入前国民待遇加负面清单管理模式。

创新招商引资方式。充分用好大连夏季达沃斯论坛、大连软交会、沈阳制博会和航博会及“韩国周”“台湾周”、中朝博览会等重要招商平台，发挥各类商会、协会作用，深入推进招商活动向系统、专业、务实转变。

（五）完善对外投资贸易服务保障制度

加快口岸通关便利化。开展辽宁省“电子口岸”和国际贸易“单一窗口”建设，推动关检合作“三个一”取得实质性进展，深化东北地区海关区域通关一体化，实现跨区域海关互联互通和对接互认。

提高对外投资服务效率。完善对外投资促进政策和服务体系。积极有效应对国际贸易摩擦。搭建政府服务企业走出去的信息平台，及时提供对外投资和对外贸易的法律、政策和市场信息。

三、加快转型升级，构建现代工业发展体系

坚持增量提升与存量优化并举，调结构与促发展并重，抓好工业稳增长、降成本、增效益，推进先进制造业强省建设，积极实施工业强基工程，推动传统工业由要素驱动向创新驱动转变、低中端生产向中高端制造转变。

（一）大力发展先进装备制造业

全面实施《中国制造 2025 辽宁行动纲要》，积极对接德国工业 4.0，促进新一代信息技术与装备制造业融合，提升传统装备制造业，推进高端装备和重大成套装备加快发展，构建智能制造和智能服务体系，建设国家高端装备、智能装备制造业战略基地和核心集聚区。

高档数控机床。加快五轴联动卧式车铣复合加工中心、立卧转换加工中心等关键产品和高精度双摆角铣头、电主轴等核心部件的产业化。加快i5数控系统、DMTG数控系统的研发和市场化应用。

智能装备与机器人。加强智能化数控机床和智能化制造生产线研制，加快国家级机器人检测与评定中心建设，推进机器人整机及智能控制系统系列化产品开发应用，提升控制器、伺服电机、精密减速机等核心部件自主研发配套能力。加快沈阳机器人产业园、沈抚新城机器人产业基地和大连智能装备产业基地建设。

汽车及零部件。做强做大行业自主品牌，在巩固A级车市场基础上，力争在中级车领域有所突破。支持沈阳、大连、丹东、铁岭和朝阳汽车产业基地建设，引导企业向规模化、专业化、高端化发展。鼓励零部件企业和主机厂加强合作，在关键汽车零部件领域逐步形成系统开发能力和制造能力。

船舶和海洋工程装备。以船用柴油机、推进器、曲轴等传统优势配套产品为依托，加强节能、环保船型的核心配套产品研发制造，提高船舶配套水平。加快自升式钻井平台、深水钻井船、三用工作船等海工产品发展。重点突破深远海油气勘探装备、钻井装备、海洋工程船舶等设计制造技术。加快推进大连、盘锦、葫芦岛高技术船舶和海洋工程产业基地及渤船集团海洋核动力平台建设。

航空航天装备。积极推进干支线飞机、大型发动机国内国际合作，大力发展通用飞机研发设计、总装制造和航空零部件制造，促进军用、民用飞机融合发展。推进沈阳波音公司完成中心、庞巴迪Q400飞机总装等重大项目，打造国内先进航空装备研制基地。

轨道交通装备。重点发展大功率电力机车、内燃机车、超载内燃机车、特种货车、地铁车辆、城轨车辆，加快发展机车信号设备、轨道电路接收设备、雷电防护设备等产品。

重大成套装备。进一步提高石化装备、输变电装备、冶金装备成套化水平。鼓励发展新能源装备，完善核岛关键装备产业链，推进大气污染治理装备研发与制造，提高大型煤化工装备成套能力。

3D打印装备。加快3D打印设备研制及开发应用，提升关键核心部件自主配套能力，重点加快超大幅面激光打印装备、三维测量、快速成型制造、快速模具、快速铸造等核心技术的研发。

（二）调整优化原材料工业

主动减量、化解过剩产能、实现优胜劣汰，调整优化原材料工业结构和空间布局，提高产业集中度和加工深度，向高加工度、延伸产业链方向发展。

石化工业。优化产业布局，推进园区集聚绿色安全高效，改造提升辽阳芳烃等比较优势，将大连长兴岛（西中岛）石化产业基地、盘锦辽东湾石化及精细化工产业基地打造成为世界级石化产业基地。调整炼化结构，推进炼化一体化，稳步提升烯烃、芳烃基础化工原料和三大合成材料供给能力，增强对二甲苯等有机化工原料、聚乙烯等合成树脂、己内酰胺等合成纤维单体、顺丁橡胶等合成橡胶生产能力。加快发展精细化工产业，推进技术创新，提高高性能树脂、高性能合成橡胶、功能性膜材料、电子化学品等化工新材料和高端专用化学品供给能力。到 2020 年，精细化率达到 53%。

冶金工业。重点发展高速铁路用钢、高强度轿车用钢、高档电力用钢等关键钢材品种以及高端钢材产品，推进本钢节能环保改造项目建设。大力发展大型高性能铝合金材料，高强高导新型钢带合金材料，高性能镁、钛加工材料以及钼、钒制品等精深加工产品，建设辽阳铝合金精深加工产业基地。

建材工业。推广利用现有新型干法水泥窑协同处置城市生活垃圾、城市污泥和工业废弃物生产线建设。发展太阳能玻璃、超薄基板玻璃、高性能玻璃纤维、无铬耐火材料、玄武岩纤维，积极发展具有节能环保、保温隔热、隔音、防水等功能的新型墙体材料和装饰装修材料产品。

（三）培育壮大战略性新兴产业

优先发展新一代信息技术、生物医学、节能环保、新能源、新材料、新能源汽车等重点产业，引导社会各类资源集聚，使之成为带动经济增长的新支柱。到 2020 年，战略性新兴产业主营业务收入占规模以上工业企业主营业务收入比重达到 20%以上。

新一代信息技术产业。加快发展工业软件研发及服务、高性能集成电路设计、IC 装备、下一代互联网、数字视听、下一代通信网络与设备、云计算与大数据、物联网、卫星导航与位置服务等产业，推进规模化产业化。

生物医学产业。重点发展彩色超声诊断、磁共振成像等高性能诊疗设备，开发图像采集处理、远程医疗信息系统等技术。重点发展基因工程药物、新型疫苗等具有自主知识产权的创新药物，推进血管支架、新型诊断试剂及生物芯片等产品的产业化。加快生物农药、生物肥料、全降解农用薄膜、生物基高分子材料开发与应用。

节能环保产业。重点发展余热余压利用、电机能效提升、能量系统优化、水体污染防治、大气污染治理、固废资源化、特有资源综合开发利用、噪声与振动控制等技术装备与环保材料、药剂，推广激光修复再制造技术。

新能源产业。鼓励开发并网电站及分布式光伏电站应用产品，重点支持新型太阳能电池组产品产业化，推进大功率光伏并网逆变器、储能电池及系统的开发及应用，支持油页岩开发综合利用技术。

新材料产业。重点发展高性能玻璃纤维及制品、高品质人工晶体材料、特种合成橡胶、氟材料、膜材料，加快发展冶金新材料，推进高端模具钢、高性能轴承钢等关键基础材料的开发与应用，积极发展新型墙体材料和装饰装修材料产品，大力发展化工新材料和高端专用化学品，推进玄武岩深加工产业。

新能源汽车。推进动力电池技术创新，加强新能源汽车关键零部件研发，重点支持纯电动汽车、插电式（含增程式）混合动力汽车等新能源汽车设计制造。

专栏 2 战略性新兴产业链名录

高档数控机床及自动化生产线产业链：重点开发面向汽车等行业的智能化卧式加工中心、面向航空航天领域的五轴立式加工中心，以及面向汽车、电子、光伏领域的自动化生产线，建设国内最大的数控机床及自动化生产线研制基地。

核电装备产业链：重点围绕三代核主泵的开发与制造，面向全产业链，开展整机集成、关键材料、核心部件的研发，建成核装备制造基地。

工业机器人与专业机器人产业链：支持建设“机器人与智能制造创新研究院”，拉长机器人产业链，建设机器人与智能制造科技创新基地。

IC装备产业链：重点依托辽宁省IC装备产业技术创新战略联盟，完善设备、部件制造能力，推进光伏、LED、平板显示等相关产业发展。

新一代信息技术产业链：重点研发物联网通信设备，完善超算和云计算中心建设，推动物联网、云计算、大数据等网络技术在智能制造、医疗保健、公共交通、金融服务、环保节能和媒体互动等领域的产品开发与应用，建设数字产业基地。

激光科技产业链：重点支持激光通信、激光加工、激光医疗和光机电一体化开展关键技术攻关和产业化，打造激光产业集群。

海洋工程装备产业链：重点支持研发自升式半潜式钻井平台以及350英尺以上自升式钻井平台及核心配套设备和材料。

风电装备产业链：重点研发具有自主知识产权的5兆瓦以上大型风电机组及关键零部件。

新能源汽车产业链：开发储能系统、控制及信息系统、动力电池等关键零部件及整车集成技术攻关。

生物医药产业链：开展高端诊疗装备、重大创新药物、新型疫苗、现代中药等创新品种研发及产业化，形成本溪、沈阳、大连等生物医药产业集群。

节能环保产业链：开发余热余能高效回收利用、高浓度难降解有机废水处理、脱硫脱硝除尘一体化、金属尾矿与生活垃圾资源化、特色矿产资源高效开发利用等关键技术和装备，推动工业节能、水污染防治、固废资源化、生物能源等领域的产品开发、示范与推广。

（四）积极发展消费品工业

加快技术设备更新、工艺优化和新产品开发，推进企业重组，增强品牌创建能力，提升产业发展能力。

农产品加工业。盘活现有产能，增强创新能力，加快调整产品结构，延伸产业链条，深度开发绿色食品、有机食品、营养强化食品、营养搭配合理的新型产品，促进规模化、产业化、特色化、精细化、绿色化。

纺织服装工业。重点发展尼龙56纤维等高性能新型纤维和粘胶、丙纶等功能性差别化纤维，积极发展高档复合非织造布材料、高技术功能性过滤材料等新型材料，改造提升传统纺织服装加工业。

包装材料及其制品。重点开发高阻隔性、多功能性软塑材料，推进农产品保鲜包装技术，积极发展环保型纸及纸制品，组建大型制浆造纸企业集团。

烟草酒类和日用化工业。大力发展满足市场需求的烟草、酒类和日用化工，培育地产品牌，提升产业竞争力。

（五）发展优势产业集群

发挥龙头企业和项目带动作用，增强配套能力，形成规模优势，提高产业集中度和整体竞争力。

积极发展特色产业集群。支持拥有自主知识产权、核心竞争力强的大企业集团加快发展，引导中小企业向“专、特、精、新”方向发展，形成一批以龙头企业为引领，为中小微企业紧密配套的高效分工协调的优势产业集群。重点发展沈阳汽车及零部件产业集群等31个产业集群，优先发展沈阳高端装备产业集群等15个产业集群。

加快产业园区转型升级。推动产业转型、创新、提质发展，依托龙头项目延伸产业链条，吸引科技成果和各种生产要素向重点产业园区集聚发展。统筹推进各类产业园区的整体开发建设，完善基础设施和公共服务平台建设，打造一批空间布局合理、主导产业突出的专业产业园区。加快中德沈阳装备制造产业园、东软医疗产业园建设，推进锦州国测石墨科技产业园、葫芦岛国家级环保产业园建设，推进央企与辽宁共建产业园区。鼓励“军转民”，支持“民参军”，促进军民创新融合发展，推动沈阳、大连建设军民融合发展示范区。

专栏3　重点工业产业集群

①沈阳汽车及零部件产业集群；②沈阳高端装备产业集群；③沈阳软件及电子信息产业集群；④沈北农产品精深加工产业集群；⑤法库陶瓷产业集群；⑥大连高端装备产业集群；⑦大连石化及精细化工产业集群；⑧大连软件和电子信息技术产业集群；⑨大连汽车及零部件产业集群；⑩大连海工及高技术船舶产业集群；⑪鞍山激光电子及自动化装备产业集群；⑫鞍山本溪钢铁深加工产业集群；⑬海城灯塔纺织服装及皮革皮草产业集群；⑭大石桥海城镁产品及深加工产业集群；⑮抚顺智能装备产业集群；⑯抚顺化工与精细化工产业集群；⑰本溪生物医药产业集群；⑱丹东汽车及零部件产业集群；⑲锦州光伏及新能源产业集群；⑳锦州钛及特种金属产业集群；㉑营口汽车保修装备产业集群；㉒阜新液压产业集群；㉓辽阳芳烃和精细化工产业集群；㉔辽阳工业铝材深加工产业集群；㉕辽阳汽车零部件产业集群；㉖铁岭专用车产业集群；㉗昌图换热设备产业集群；㉘朝阳新能源电器（超级电容器）产业集群；㉙盘锦石化及精细化工产业集群；㉚盘锦石油天然气装备产业集群；㉛兴城泳装产业集群。

（六）加快高效安全信息化网络化建设

推进“互联网+”行动，推动信息化和工业化深度融合，拓展信息应用的广度和深度，注重信息安全。

信息基础设施。加快实施城市光纤入户和农村宽带网络建设工程，提升网络接入服务水平。借助无线网络延伸宽带网络覆盖面，实现城市公共服务区域无线局域网全覆盖。加快新一代移动通信网络、下一代互联网、下一代广播电视网的建设和融合。加强测绘地理信息体系建设。

“互联网+”。推动互联网与传统产业融合发展，加快工业互联网建设，创新管理模式，优化生产供应链，拓展销售渠道，开展线下制造与线上商务相结合的制造模式。积极发展互联网金融，鼓励互联网与银行、证券、保险、基金的融合创新。大力发展以互联网为载体、线上线下互动的新兴消费，加快发展基于互联网的医疗、健康、养老、教育、旅游、社会保障等新兴服务。

信息安全。增强通信网、广播电视网、互联网的安全防护能力，加大无线电安全管理和重要信息系统无线电频率保障力度。加强对互联网网站、地址、域名、信息内容的接入服务单位的管理，规范互联网服务市场秩序。强化信息资源和个人信息保护，保障信息系统互联互通和部门间信息资源共享安全。支持信息安全技术研发，鼓励企业发展信息安全产业。

专栏4　“互联网+”行动计划

“互联网+”创业创新：①加大电信基础支撑力度；②发展“互联网+”创业创新服务；③推动股权众筹融资发展；④积极发展众创空间；⑤发展创业实训；⑥实施新兴产业“双创”行动。

“互联网+”协同制造：①推进关键岗位和工序“机器换人”；②发展高档数控机床；③提高重大装备智能化水平；④组织实施试点示范。

“互联网+”现代农业：①推进12316金农热线云服务平台建设；②建设村级公共服务综合平台；③建设农产品质量监管平台；④提供“致富通”移动互联网三农服务；⑤整合物联网应用平台；⑥建立农业预警指挥平台。

“互联网+”智慧能源：①推进能源生产智能化计划；②建设分布式能源网络；③探索能源消费新模式；④发展基于电网的通信设施和新型业务；⑤积极推进智慧煤炭矿区建设。

“互联网+”普惠金融：①促进互联网与金融产业相融合；②引导互联网金融企业集聚发展；③加快推进社会征信体系建设；④鼓励商业银行拓宽普惠金融服务范围；⑤支持发展P2P网贷机构。

“互联网+”益民服务：①建设网上审批平台；②完善信访信息系统；③加强互联网食品药品市场监测监管体系建设；④鼓励电子商务进社区；⑤建设卫生计生信息服务；⑥推进新型教育服务供给；⑦吸引人才。

“互联网+”高效物流：①构建全省物流公共信息平台体系；②完善物流配送服务体系；③加快建设国家交通物流平台辽宁区域交换节点；④发挥互联网龙头企业创新驱动的引领作用。

“互联网+”电子商务：①推动电子商务进农村；②加强电子商务应用和创新；③打造特色知名电商平台；④加强对电子商务产品质量监督检查；⑤推动搭建电商公共服务平台；⑥推进跨境贸易电子商务“三互”工作；⑦优化跨境电商通关监管模式。

“互联网+”便捷交通：①推进城市客运管理服务智能化；②支持沈阳、大连公交都市建设；③建设综合运输公共信息云服务平台；④推进物联网在车辆维修、救援与检测行业的应用；⑤完善全省12328服务监督电话系统。

“互联网+”绿色生态：①加快推进资源动态监测平台建设；②建设省智慧林业云数据中心和应用支撑平台；③大力发展智慧环保体系建设；④推进废旧物资回收利用体系建设；⑤升级废弃物在线交易系统。

“互联网+”人工智能：①推进数字化企业建设；②推进新一代工业机器人技术产品开发；③加强机器人智能制造模式创新；④建设“互联网+”新业态共性技术创新平台。

（七）大力发展蓝色经济

坚持陆海统筹，提高海洋资源开发能力，统筹协调海洋发展空间、陆海资源开发、产业布局、基础设施建设、生态环境保护等，构建陆海两大系统优势互补、良性互动、相容并济的可持续发展格局。

改造提升传统海洋经济。促进海洋渔业向水产健康养殖、现代海洋牧场、远洋捕捞业转型，推动水产品精深加工和外贸出口业发展，加快海洋渔业由规模数量型向质量效益型转变，全面构建现代渔业产业体系。推进海洋航运、港口物流、滨海旅游和临港产业等涉海产业优化升级，向循环经济发展方式转变。

发展海洋新兴产业。实施蓝色经济创新驱动战略，加快培育发展蓝色经济新业态。大力发展海洋工程装备、海洋生物医药、海洋功能食品、海水淡化利用、海洋能源等海洋新兴产业。增强海洋经济发展的科技创新支撑能力，加强海水综合利用、海洋油气资源勘探、高性能海上移动观测平台、新型深水钻井平台等领域的核心技术研发应用。提高海洋经济信息化水平，打造智慧海洋。推进大连海洋经济示范区建设。

打造六大支撑实施十大工程，建设国家综合能源基地
——甘肃省“十三五”规划纲要（经贸部分摘要）

一、“十二五”规划纲要实施情况

“十二五”期间甘肃省统筹推进“五位一体”和党的建设各项事业，始终坚持“一条红线”、贯彻“四个全面”、抓好“五个最大”总体思路，紧紧把握“八大发展取向”，积极开展“十大重点行动”，深入实施“3341”项目建设工程、联村联户为民富民行动、“1236”扶贫攻坚和“1＋17”精准脱贫行动、“13685”开放发展战略、党风廉政建设“3783”主体责任体系重大举措。在国际经济增长乏力、国内经济下行压力增大的大环境下，虽然“十二五”部分预期性指标略低于规划目标，但全省经济仍保持两位数增长，国家分解下达的12项约束性指标全面完成。

——综合实力实现重大跨越。紧紧抓住面临的一系列难得发展机遇，有效应对各种风险挑战，推动经济持续健康发展，2015年全省生产总值达到6790.32亿元，五年年均增长10.55%，人均生产总值达到26165元（超过4000美元），迈入了工业化加速发展的中期阶段。全省固定资产投资年均增长23.7%，五年累计完成固定资产投资3.2万亿元。一般公共预算收入和支出实现双翻番，分别达到743.9亿元和2964.6亿元。金融机构存贷款余额分别达到1.63万亿元和1.37万亿元。粮食生产实现“十二连丰”，总产量稳定在1000万吨以上。城镇化率达到43.19%，年均提高1.41个百分点。

——扶贫攻坚取得重大突破。深入实施“双联”行动、“1236”扶贫攻坚和“1＋17”精准脱贫行动，按照新的扶贫标准，全省贫困人口由2011年年底842万人减少到2015年年底317万人，五年减少贫困人口525万人，贫困发生率由2011年40.5%下降到2015年15%，贫困地区农民人均纯收入预计由2010年2599元增加到2015年5436元，探索出了一条具有甘肃特色的精准扶贫精准脱贫路子。

——结构调整出现重大转变。坚持把转方式、调结构放在更加重要位置，大力实施战略性新兴产业发展总体攻坚战，以新能源和新能源装备制造、新材料、生物医药、文化旅游为重点的新兴产业加快发展，酒泉千万千瓦级风电基地建设目标如期实现，酒泉至湖南±800千伏特高压直流输电工程开工建设，全省风电、光电装机达到1252万千瓦和610万千瓦，位居全国第2位和第1位。生物医药和文化产业年均分别增长20%左右和25.9%，战略性新兴产业增加值占生产总值比重提高到12.1%。第三产业比重超过第二产业，三次产业比重调整为14.1∶36.7∶49.2。科技创新成效显著，科技进步贡献率达到50.3%。节能减排目标全面实现。非公经济占生产总值的45.8%，年均提高1.52个百分点。

——战略平台发挥重大作用。着眼当前立足长远，根据省情实际，争取国家批复并全力建设以兰州新区、循环经济示范区和兰白科技创新改革试验区为重点的经济战略平台，以丝绸之路（敦煌）国际文化博览会和华夏文明传承创新区为重点的文化战略平台，以国家生态安全屏障综合试验区为重点的生态战略平台。兰州新区生产总值达到125亿元，是2012年的2.23倍。循环经济示范区建设目标基本实现，全省实施循环经济项目3729个、总投资达4598亿元。全省文化产业增加值年均增长25.9%。国家生态安全屏障综合试验区确定的52个重大生态工程加快实施，石羊河流域重点治理任务全面完成，敦煌、祁连山、“两江一水”、渭河源区等重大生态保护与综合治理规划获得国家批准。国家级战略平台不仅对即期增长也对长远发展起到了重要的牵引和支撑作用。

——基础设施条件发生重大变化。全力组织实施“6873”交通突破行动，铁路、公路、航空、水运等综合交通运输体系建设步伐加快。全省公路网总里程达到14.01万公里，比2010年新增2. 12万公里，高速公路通车里程达到3600公里，实现省际主要通道和市州所在地通高速公路、县城通二级以上公路，所有乡镇和82%的建制村通沥青（水泥）路。第一条高铁兰新铁路第二双线建成运营，西平、天平铁路以及兰州北编组站、兰州西客站等建成投运，新增铁路运营里程1334公里，总运营里程达到4245公里。金昌、张掖、夏河支线机场建成通航，中川二期、庆阳等机场改扩建工程全面完成，全省通航机场达到8个，年客运量突破900万人次。引洮一期、靖远双永供水、引洮入潭等工程建成通水，引洮二期、黄河甘肃段防洪工程开工建设。

——人民生活得到重大改善。着力抓好“十大民生工程”，财政用于民生的投入占财政支出的77%以上。城乡居民人均收入分别达到23767元和6936元，年均增长11.5%和13.1%，高于经济增速。五年累计新增城镇就业196.7万人，建立城乡居民养老保险制度并实现全覆盖，城市低保、农村低保标准分别比2010年提高86.3%、186.4%，城乡三项基本医疗保险参保率达到97%以上，城市居民大病保险全面实施。社会救助和福利体系更加完善，覆盖面不断扩大。建成城镇保障性安居工程81.87万套（户），改造农村危房95万户。“两基”攻坚目标圆满实现，学前教育和高中阶段教育毛入学率超过全国平均水平，高等教育大众化水平进一步提高，中等职业教育在全国率先实现全部免除学费。舟曲泥石流、东乡县城滑坡等灾后恢复重建任务全面完成，岷县、漳县地震灾后恢复重建任务基本完成。兰州等重点城市大气污染综合治理取得显著成效，全省环境质量持续改善，人民群众获得感和幸福感进一步提升。

——改革开放迈出重大步伐。经济体制、政治体制、文化体制、社会体制、生态文明体制和党的制度建设改革全面推进，行政审批制度改革、国资国企改革、投融资体制改革和促进非公经济发展等取得新进展，取消、调整和下放行政审批事项1042项，削减幅度达到90%以上，全部取消非行政许可审批事项。农村集体土地所有权、集体建设用地使用权、农村宅基地使用权确权登记颁证工作基本结束，农村土地承包经营权确权登记颁证全面推开，完成集体林权制度主体改革任务，就业、教育、卫生等民生事业领域的改革稳步推进。统筹对内对外开放，与33个国家建立52对国际友好城市，兰州新区综合保税区、武威保税物流中心封关运行，金昌海关正式开关，兰州、敦煌航空口岸对外开放，开通 16 条国际和地区航线，“天马号”“兰州号”国际货运班列实现常态化运营，开放型经济加快发展。

表 1　　　　　　“十二五”规划主要预期目标完成情况

<table>
<tr><th colspan="2" rowspan="2">指标</th><th colspan="2">规划目标</th><th colspan="2">实际完成情况</th></tr>
<tr><th>2015 年</th><th>累计或年均增长</th><th>2015 年</th><th>累计或年均增长</th></tr>
<tr><td colspan="2">地区生产总值（亿元）</td><td>＞8700</td><td>＞12%</td><td>6790.32</td><td>10.55%</td></tr>
<tr><td colspan="2">人均地区生产总值（元）</td><td>31600</td><td>12%</td><td>26165</td><td>10.2%</td></tr>
<tr><td colspan="2">全省固定资产投资（亿元）</td><td>＞8400</td><td>＞20%</td><td>8626.6</td><td>23.7%</td></tr>
<tr><td colspan="2">地方财政收入（亿元）</td><td>750</td><td>＞15%</td><td>743.9</td><td>16.04%</td></tr>
<tr><td colspan="2">城镇化率</td><td>＞40%</td><td>[5%]</td><td>43.19</td><td>[7.07%]</td></tr>
<tr><td colspan="2">高中阶段教育毛入学率</td><td>＞85%</td><td>[15%]</td><td>92%</td><td>[22%]</td></tr>
<tr><td colspan="2">高等教育毛入学率</td><td>＞30%</td><td>[8%]</td><td>32%</td><td>[10%]</td></tr>
<tr><td colspan="2">研发经费支出占 GDP 比重</td><td>1.5%</td><td>[0.4%]</td><td>1.1 左右</td><td>——</td></tr>
<tr><td colspan="2">农田灌溉用水有效利用系数</td><td>0.54%</td><td>[0.03%]</td><td>0.54%</td><td>[0.03%]</td></tr>
<tr><td colspan="2">城镇登记失业率</td><td>＜4%</td><td>—</td><td>2.14%</td><td>—</td></tr>
<tr><td colspan="2">城镇新增就业人数（万人）</td><td>—</td><td>[130]</td><td>43.7</td><td>[196.7]</td></tr>
<tr><td colspan="2">社会消费品零售总额（亿元）</td><td>3100</td><td>17.5</td><td>2907.22</td><td>15.2</td></tr>
<tr><td colspan="2">居民消费价格指数</td><td>—</td><td>＜4%</td><td>—</td><td>＜4%</td></tr>
<tr><td colspan="2">城镇居民人均可支配收入（元）</td><td>26000</td><td>15</td><td>23767</td><td>11.5</td></tr>
<tr><td colspan="2">农村居民人均可支配收入（元）</td><td>6800</td><td>15</td><td>6936</td><td>13.1</td></tr>
<tr><td colspan="2">外贸进出口总额（亿美元）</td><td>120</td><td>9</td><td>81</td><td>2</td></tr>
<tr><td colspan="2">外商直接投资（亿美元）</td><td>2.2</td><td>10</td><td>1.1</td><td>−4</td></tr>
<tr><td colspan="2">全省常住人口数（万人）</td><td>＜2753</td><td>7.3‰</td><td>2599.55</td><td>＜7‰</td></tr>
<tr><td colspan="2">九年义务教育巩固率</td><td>90</td><td>[9.5]</td><td>93</td><td>[12.5]</td></tr>
<tr><td colspan="2">耕地保有量（万亩）</td><td>6979</td><td>[−10]</td><td>6979</td><td>[−10]</td></tr>
<tr><td colspan="2">单位工业增加值用水（立方米/万元）</td><td>69</td><td>[−29]</td><td>53</td><td>[−46]</td></tr>
<tr><td colspan="2">非化石能源占一次能源消费比（%）</td><td>18</td><td>[4.5]</td><td>19.1</td><td>[5.6]</td></tr>
<tr><td colspan="2">单位 GDP 能耗（吨标煤/万元）</td><td>1.221</td><td>[−15]</td><td>1.10</td><td>[−21.82]</td></tr>
<tr><td colspan="2">单位 GDP 二氧化碳排放（吨/万元）</td><td colspan="2">比 2010 年下降 16%</td><td colspan="2">比 2010 年降低 20%以上</td></tr>
<tr><td rowspan="4">主要污染物排放总量</td><td>化学需氧量（万吨）</td><td>37.6</td><td>[−6.4]</td><td>36.57</td><td>[−9.13]</td></tr>
<tr><td>氨氮（万吨）</td><td>3.94</td><td>[−8.9]</td><td>3.781</td><td>[−14.11]</td></tr>
<tr><td>二氧化硫（万吨）</td><td>63.4</td><td>[2.0]</td><td>57.06</td><td>[−8.31]</td></tr>
<tr><td>氮氧化物（万吨）</td><td>40.7</td><td>[−3.1]</td><td>38.72</td><td>[−7.9]</td></tr>
</table>

续 表

指标	规划目标		实际完成情况	
	2015 年	累计或年均增长	2015 年	累计或年均增长
森林蓄积量（万立方米）	净增 683		净增大于 700	
森林覆盖率（%）	11.86	[0.58]	11.86	[0.58]
城镇参加基本养老保险人数（万人）	309.5	[67]	309.5	[67]
城乡三项基本医疗保险参保率（%）	>95	—	>97	[2]
城镇保障性安居工程建设（万套）	8	[60.51]	15.78	[81.87]

二、“十三五”规划主要发展目标

按照与全国一道全面建成小康社会的要求，综合考虑“十三五”发展环境、发展基础、主要任务和增长潜力，今后五年，突出补齐农村贫困人口脱贫、农业发展、产业转型升级、基础设施建设、社会事业发展、生态环境保护等方面短板，在完成已经确定的全面建成小康社会目标要求的基础上，努力实现以下发展预期目标。

——经济保持中高速增长。在提高发展平衡性、包容性、可持续性的基础上，经济增长和城乡居民人均收入增速高于全国平均水平，到 2020 年生产总值和城乡居民人均收入比 2010 年翻一番以上，全省生产总值年均增长 7.5%，超过 1 万亿元，人均生产总值年均增长 7%，达到 37000 元左右。全省固定资产投资年均增长 10%以上，投资结构和效益进一步优化提高。战略性新兴产业增加值占生产总值比重达到 16%，服务业增加值比重超过 50%。农业现代化取得明显进展，农作物耕种收综合机械化水平达到 60%，粮食生产能力稳定在 1000 万吨以上。社会消费品零售总额达到 4700 亿元左右，年均增长 10%左右，对经济增长的贡献加大。研究与试验发展经费投入强度力争达到 2%，科技进步贡献率达到 55%。新型城镇化加快推进，常住人口、户籍人口城镇化率分别达到 50%和 38%以上。

——人民生活水平和质量普遍提高。城乡居民收入与经济增长同步，居民人均可支配收入达到 20000 元，年均增长 7.5%，人民生活达到新水平。五年城镇新增就业人数 140 万人以上，就业比较充分。基本建立覆盖城乡、功能完善、设施齐备、结构合理的公共服务体系，社会保障体系覆盖城乡居民，基本养老保险参保率达到 97%，人均预期寿命提高到 74 岁。

——国民素质和社会文明程度显著提高。中国梦和社会主义核心价值观更加深入人心，人民思想道德素质、法律素质、科学文化素质、健康素质明显提高。学前教育三年毛入园率、九年义务教育巩固率、高中阶段教育毛入学率、高等教育毛入学率分别达到 85%、95%、95%、40%，劳动年龄人口平均受教育年限提高到 9.8 年。全社会法治意识不断增强，公共文化服务体系基本建成，文化产业增加值占生产总值比重达到 5%，华夏文明传承创新区建设取得重要进展。

——生态环境建设取得重要进展。国家生态安全屏障综合试验区建设加快推进，森林覆盖率达到12.58%，森林蓄积量达到2.62亿立方米以上，生态环境质量逐步改善，循环经济发展水平进一步提升，节能减排取得明显成效，单位地区生产总值能耗、主要污染物排放总量、单位地区生产总值二氧化碳排放量等约束性指标控制在国家下达的指标内，人民群众呼吸上清新的空气、饮用洁净的水，城乡生态环境和谐宜居。

——改革开放实现重大突破。重要领域和关键环节改革取得决定性成果，服务型政府建设取得明显成效，体制机制创新迈出新步伐，形成系统完备、科学规范、运行有效的制度体系，发展动力和活力充分释放。开放型经济加快发展，丝绸之路经济带甘肃黄金段建设取得明显成效，外贸进出口总额达到120亿美元，年均增长8%左右。

——基础瓶颈制约明显改善。交通、信息、水利等基础设施支撑能力明显提升。全省骨干公路网全部建成，公路通车总里程达到20万公里以上，其中高速公路通车总里程超过7300公里，实现县县通高速、乡镇通国省道、村村通沥青（水泥）路。建成铁路3400公里，铁路运营里程超过7200公里，贯穿丝绸之路经济带甘肃黄金段的高速铁路基本建成，实现市州铁路和机场基本覆盖。固定互联网宽带接入用户数量突破500万户。水利建设明显滞后的局面根本扭转，为经济社会发展和人民生活改善提供有力支撑保障。

三、着力打造六大支撑，实施十大工程

（一）着力打造六大支撑

充分发挥特色优势和后发优势，以战略平台和重大举措为抓手，着力打造转型升级大环境、向西开放大门户、物流集散大枢纽、清洁能源大基地、文明传承大平台、生态安全大屏障“六大支撑”，牵引和支撑经济社会持续健康发展。

——着力打造转型升级大环境。以推动经济持续健康发展为目标，以统筹城乡和区域发展为手段，以打赢脱贫攻坚大决战为重点，深入实施“3341”项目建设工程、联村联户为民富民行动、“1236”扶贫攻坚和“1+17”精准脱贫行动，推动经济结构、产业结构、区域结构、城乡结构、动力结构转型升级，营造各民族共同团结奋斗、共同繁荣发展的良好环境，加快科学发展，推动转型升级，促进民族团结，实现富民兴陇。

——着力打造向西开放大门户。以落实国家“一带一路”战略为统领，依托兰州新区、循环经济示范区、兰白科技创新改革试验区，丝绸之路（敦煌）国际文化博览会和华夏文明传承创新区，国家发展改革委与甘肃省国际产能和装备制造合作框架协议、兰洽会和国际新能源博览会等平台，推进开放开发，用好外部大市场，做优节会大平台，拓展合作大格局。争取建设中国（兰州）自由贸易园区，加快建设丝绸之路经济带甘肃黄金段，全面提升开放型经济发展水平，建好向西开放的重要门户，不断增强甘肃省影响力、竞争力和承载力。

——着力打造物流集散大枢纽。发挥丝绸之路甘肃黄金段三千里战略通道优势、坐中联六的区位优势、与中亚西亚联系密切的人文优势，建设兰州国际港务区、兰州中欧货运班列编组枢纽和物流集散中心，加快兰州、敦煌、嘉峪关三大国际空港，兰州、天水、武威三大国际陆港以及保税区建设，构建现代物流体系，形成服务全国、

面向“一带一路”的综合经济走廊和物流集散大枢纽。

——着力打造清洁能源大基地。凭借丰富的风光电和核能资源，加强统筹规划，加快开发进度，延伸产业链条，按照国务院办公厅进一步支持甘肃经济社会发展若干意见的要求，建设全国重要的新能源、新能源装备制造、能源化工等基地，加快电力外送通道和区域电网建设，强化能源就地消纳和转化利用，推动能源资源优势向经济优势转化。

——着力打造文明传承大平台。依托丝绸之路（敦煌）国际文化博览会和华夏文明传承创新区，统筹推进文化保护、传承、展示、创新和利用等工作，保护好文物“祖业”，推动好文化事业，发展好文化产业，加快中华传统优秀文化传承体系、现代公共文化服务体系、文化产业体系、文化市场体系建设，推动文化旅游深度融合，促进文化大发展大繁荣，努力建设文化强省。

——着力打造生态安全大屏障。坚持绿色引领，加快推进生态文明建设，落实主体功能区战略，建设国家生态安全屏障综合试验区，推进重点区域和流域生态治理，大力发展循环经济，全面节约和高效利用资源，倡导绿色生产和生活方式，促进生态保护与经济发展、民生改善相协调，推动绿色富省、绿色惠民。

（二）实施十大工程

坚持项目带动，实施脱贫攻坚、科技创新、产业转型提升、基础设施建设、新型城镇化建设、文化旅游融合发展、生态建设与环境保护、教育优先发展、保障和改善民生、“平安甘肃”等十大工程。

专栏1　十大工程

1. 脱贫攻坚工程

全面落实脱贫攻坚方略，深化拓展“1236”扶贫攻坚行动，扎实落实“1+17”精准扶贫精准脱贫政策，改善基本生产生活条件，培育壮大富民产业，提高公共服务保障能力，健全脱贫保障机制，深入实施精准扶贫新举措。2017 年贫困地区农村居民人均可支配收入达到 7000 元以上；到 2020 年基本公共服务主要领域指标接近全省平均水平，稳定实现“两不愁、三保障”，现行标准下农村贫困人口脱贫，贫困村整体脱贫，贫困县全部摘帽，解决区域性整体贫困。

2. 科技创新工程

加快兰白科技创新改革试验区建设，实施自主创新能力提升、传统特色产业提质增效、战略性新兴产业提速发展三大创新支撑体系建设。推进大众创业万众创新，强化人才支撑保障。到 2020 年全省创建一批国家级产业技术创新平台、100 家以上省级企业技术中心、10 家以上以企业为核心的产业技术创新战略联盟，研究与试验发展经费投入强度达到 2%，科技进步贡献率达到 55%。

3. 产业转型提升工程

以石油化工、有色冶金、装备制造、煤炭电力、农产品加工等为重点，改造提升传统优势产业。以新能源、新材料、先进装备和智能制造、生物医药、信息技术、节能环保、新型煤化工、现代服务业、公共安全等为重点，培育壮大新兴产业。大力发展现代物流、金融服务、信息服务、商务服务、养老及保健养生等服务业，服务业比重进一步提高。健全现代农业产业、生产和经营体系，发展壮大草食畜牧业、设施蔬菜、优质林果、马铃薯、中药材、现代种业、酿酒原料和木本油料等特色农业产业，建成国家重要绿色生态农产品生产加工基地。

4. 基础设施建设工程

着力实施“6873”交通突破行动和“6363”水利保障行动，建设国家综合能源基地，大力推进信息基础设施建设。力争到2020年，全省高速公路通车总里程超过7300公里，县县通高速、乡镇通国省道、村村通沥青（水泥）路，铁路运营里程超过7200公里，实现市州铁路和机场基本覆盖；构建水资源配置、区域供水、农村供水、农田节水、防洪减灾、水生态保护六大体系；全省电力装机达到7500万千瓦，可再生能源占电力总装机比重达到60%，电力外送规模达到600亿千瓦时/年；固定互联网宽带接入用户数突破500万户。

5. 新型城镇化建设工程

推进以人为核心的新型城镇化发展，优化城镇布局，做大中心城市，做强以县城为主的中小城市，做特小城镇，增强城镇综合承载能力，加强城镇供水、供热/气，污水处理、垃圾处理，轨道交通，综合管廊，农副产品综合市场，城市停车场建设，促进城乡一体化发展。到2020年基本形成“一群两带多组团”城镇化发展布局和“一廊、四轴、多中心”城镇空间结构，县级市和市辖区比例达到30%以上，建制镇比例达到70%以上，常住人口、户籍人口城镇化率分别达到50%和38%以上。

6. 文化旅游融合发展工程

坚持保护祖业、推动事业、发展产业并举，以丝绸之路（敦煌）国际文化博览会和华夏文明传承创新区建设为平台，按照“一带三区十三板块”的总体布局，推动文化传承创新发展，加快现代公共文化服务体系建设，大力发展文化产业。推进20个大景区、30个市（州）精品景区、50个县（市、区）特色景区建设，2020年文化产业和旅游业增加值占生产总值比重双双达到5%，文化旅游业成为富民产业和支柱产业。

7. 生态建设与环境保护工程

以建设国家生态安全屏障综合试验区为平台，加快实施甘南黄河重要水源补给生态功能区生态保护与建设规划、敦煌水资源合理利用与生态保护综合规划、祁连山生态保护与建设综合治理规划、“两江一水”区域综合治理规划、定西渭河源区生态保护与综合治理规划等，推进天然林保护、退耕还林还草、三北防护林等建设。加强节能减排、资源节约综合利用，加大大气、水、土壤污染治理，健全生态环境监测系统，强化生态环境监管，持续改善生态环境质量。

8. 教育优先发展工程

以提高教育质量和促进教育公平为重点，加强教育基础能力建设，推进农村学前教育全覆盖，加快义务教育学校、普通高中标准化、职业学校和高等院校基础能力建设，打通中职、高职、应用型本科、专业学位研究生人才培养上升通道，建设一批示范性职业院校和开放式综合性共享型实训基地。2020年，学前教育三年毛入园率、九年义务教育巩固率、高中阶段教育毛入学率、高等教育毛入学率分别达到85%、95%、95%、40%，劳动年龄人口平均受教育年限提高到9.8年。

9. 保障和改善民生工程

以建立更加公平可持续的社会保障制度为目标，进一步提高养老、医疗、失业、工伤、生育等社会保险参保率，推动社会救助和社会福利制度实现应保尽保。加大基层就业和社会保障服务中心建设，实现县乡全覆盖。完善住房保障和供应体系，五年建成保障性安居工程45万套。推进“健康甘肃”建设，建立覆盖城乡的基本医疗卫生制度和公共卫生服务体系，推进医养融合，发展健康养老服务业，加强公共体育设施建设，提升居民健康素养水平。

10. “平安甘肃”工程

加强视频监控系统、智能化信息采集、警务综合平台和县（市、区）、乡镇（街道）、村（社区）三级综合服务管理平台等建设，构建完善的社会治安防控体系。建设省安全生产信息化平台和布局合理的安全生产应急救援基地。健全食品药品安全可追溯制度。加强防灾减灾救灾体系建设。创新社会治理，完善社会信用体系，构建全民共建共享的社会治理格局。

四、推动工业提质增效和转型发展

坚持工业化信息化融合发展，深入推进工业强省战略，实施“中国制造2025”甘肃行动纲要，提升传统优势产业质量和效益，培育壮大新兴产业，加快工业结构调整和转型升级。

（一）改造提升传统优势产业

强化传统优势产业的基础和支撑作用，盘活存量、优化结构、改革重组，增强产业分工协作和配套能力，推动传统优势产业从半成品向产成品转化，从粗放低效向优质高效提升，从产业链中低端向中高端迈进，从短链向全链循环发展，选准价值链高端加大转型升级力度，改变以“原”字号和“初”字号为主的产品结构，改变企业产品结构单一、产业行业上下游不配套的局面，推动产业集群式发展和转型升级，重塑传统产业竞争新优势。运用先进实用技术改造提升传统产业，推动煤电化冶循环发展、新能源与现代高载能耦合发展，加快石油化工、有色冶金、装备制造、煤炭电力、农产品加工等传统优势产业优化升级。围绕重点产业核心基础零部件（元器件）、基础材料、基础工艺、关键技术的协同攻关创新，支持骨干企业瞄准国内外同行业标杆推进技术改造，全面提高产品技术、工艺装备、质量效益、能效环保、安全生产等水平，加大技术和产品创新，提高附加值和科技含量，加快产品结构升级换代，建设兰州、庆阳为重点的国家战略性石化产业基地，金昌、白银、兰州等为重点的国家有色金属新材料基地，嘉峪关为重点的优质钢材生产及加工基地，陇东、酒嘉为重点的煤炭清洁利用转化基地，兰州、天水、酒泉等为重点的先进装备制造业基地，特色农产品生产区域为重点的农产品加工基地等6大产业基地，打造石油化工及合成材料、有色金属新材料、煤炭高效清洁利用、绿色生态农产品加工等8大产业链。

发挥丰富的农畜产品资源优势，抓住产业转移机遇，积极发展上连现代农业、下连千家万户餐桌安全放心的食品工业，引进知名企业，发展优势产品，扩大本地和周边区域市场占有率，拓展中亚西亚等国际市场。推进建材行业资源综合利用、节能减排和产品结构调整，加快新工艺推广应用，积极发展节能、节材、轻量化、高品质新型绿色建材产品。支持老工业基地调整改造和资源枯竭城市、产业衰退地区培育多元新兴产业体系。

专栏2　打造传统优势产业8大产业链

1. 石油化工及合成材料产业链

以兰州石化、庆阳石化为重点，积极推进兰州石化搬迁改造、庆阳石化600万吨改扩建等重点工程，支持玉门石化扩大特种润滑产品生产规模，积极发展PX和合成树脂、合成橡胶等基本化工原料，进一步向特种橡胶、工程塑料、聚酯纤维、特种涂料、化工助剂等材料延伸，打造超千亿元石油化工及合成材料产业链。

2. 新型化工材料产业链

以兰州、白银地区骨干企业为重点，积极发展氯碱化工、盐硝化工、硫化工等产业，延伸发展精细化工、化工新材料等下游产业和聚氨酯、碳纤维、水性树脂等新型化工材料，打造千亿元新型化工材料产业链。

3. 有色金属新材料产业链

依托金川公司、白银公司、酒钢等骨干企业，重点发展镍及镍基合金、钴基合金、铜及铜合金材料、钨钼合金、镍钴铜粉体材料、镍钴铜金属盐化工材料、高精度铜板带、铜基多元合金材料、铝基和铝合金、铅锌等有色金属新材料，积极向轨道交通用铝、建筑铝型材、汽车轮毂、铝制车厢及集装箱、铝膜板、铝制换热器等终端产品延伸，打造超千亿元镍铜钴和铝合金新材料等精深加工产业链。

4. 冶金新材料产业链

以酒钢及下游企业为重点，推进冶金与电力、煤化工等产业耦合发展。加快轨道交通用钢、结构用钢、涂镀层板等产品发展，积极发展优质合金钢、高端不锈钢和高强度建筑用钢及下游产品，加快向精品钢转型，打造超千亿元冶金新材料产业链。

5. 稀土功能材料和电池材料产业链

以甘肃稀土公司为重点，积极发展稀土永磁、稀土贮氢、稀土发光、稀土研磨等稀土功能材料。以金川公司为重点，大力发展系列四氧化三钴、系列三元前驱体、覆钴球镍等镍氢和锂离子等电池新材料，以及锂电池用碳负极、电解液材料和隔膜材料，打造千亿元稀土功能材料和电池材料产业链。

6. 煤炭高效清洁利用产业链

围绕陇东能源化工基地建设，加快实施大型坑口煤电项目及煤化工示范项目，推动煤电化一体化发展，积极向煤制甲醇、煤制烯烃、煤制天然气、煤制乙二醇等新型煤化工领域拓展延伸。以酒嘉为重点，加大煤炭分质利用，推进煤气净化利用、煤焦油深加工以及洁净煤等工艺技术和产品开发，提高煤炭利用附加值，打造千亿元煤炭高效清洁利用产业链。

7. 装备制造产业链

以兰州、天水、酒嘉为重点，支持兰石集团、长城电工、中车集团、建投装备、星火、金风等骨干企业技术改造和产品结构调整，提高石化装备、轨道交通、新能源装备、高档数控机床、真空设备、风动设备、特专用设备、电工电器及配套基础零部件等制造水平，发展新能源汽车、建筑装备等产业，按照互联网+基地（机场）+制造+运营（租赁）的思路，积极发展通用航空和房车维修制造产业，打造千亿元装备制造产业链。

8. 绿色生态农产品加工产业链

依托农业产业化龙头企业，发展壮大马铃薯、草食畜、新型食品、经济林果、蔬菜和酿酒原料等特色产业，建设以定西为主的全国商品薯基地及精深加工基地，发展壮大临夏、甘南特色清真肉制品和皮革精深加工产业，建设以河西为主的国家大型制种基地和优质葡萄酒生产基地，支持陇东南特色林果业贮藏、配送及加工基地建设，打造千亿元绿色生态农产品加工产业链。

（二）发展壮大战略性新兴产业

按照市场主导、创新驱动、重点突破、引领发展的要求，以新能源、新材料、先进装备和智能制造、生物医药、信息技术、节能环保、新型煤化工、现代服务业、公共安全等领域为重点，深入实施战略性新兴产业发展总体攻坚战，开展优势产业链培育行动，提高创新能力，培育骨干企业，聚焦创新经济新业态，培育发展新动能，引领产业高端化规模化集群化发展，培育一批新的支柱产业和新的增长点。实施“中国制造2025”甘肃行动纲要，加快网络协同制造、智能制造、3D打印和增材制造等新兴行业发展，促进信息技术向市场、设计、生产等环节渗透，推动生产方式向柔性、智能、精细转变。围绕高端制造、绿色发展需求，构建新一代材料产业体系，形成规模化市场供给能力。抓住新兴生物产业迅猛兴起和健康产业快速发展机遇，推动中药新药和疫苗创制，发展保健类产品，推进生物育种规模化发展，加快发展生物医药产业。大力推进绿色、低碳技术创新和应用，继续发展壮大新能源，加快煤炭清洁利用和节能环保产业发展。促进大数据广泛应用，推动集成电路、移动互联网、云计算、物联网、电子商务等行业发展壮大。培育发展100户骨干企业，打造50条百亿元产业链。

专栏3　战略性新兴产业重点领域

1. 新能源

加快酒泉千万千瓦级风电基地二期和金武千万千瓦级风光互补发电基地以及白银、庆阳环县、定西通渭等百万千瓦级风电基地建设，推进金昌、张掖、天水等地区分散式风电场建设；建设敦煌、肃州、金塔、嘉峪关、高台等百万千瓦级光伏发电基地和敦煌、金塔光热发电示范基地；有序发展生物质发电、生物质能源、地热能，强化新能源电力外送和就地消纳转化，建设全国重要的新能源基地和光热发电示范基地。

2. 新材料

依托金川公司、白银公司等大型企业，加快推进国家有色金属新材料战略性新兴产业区域集聚发展试点，培育新材料产业化示范基地，建设国家重要的有色冶金新材料基地。加大特种新材料技术研发，大力发展有色金属新材料、化工新材料、新型功能材料和高端结构材料等新材料，重点发展镍钴合金材料、铜铝合金材料、稀贵金属材料、动力电池材料、化工催化剂和助剂、水性涂料、航天和动车等领域基础材料，加大碳纤维、石墨烯、凹凸棒等新材料的研发和应用，拓展新材料发展领域。

3. 先进装备和智能制造

推动互联网与制造业融合，提升制造业数字化、网络化、智能化水平，积极发展智能制造、个性化定制、网络化协同制造和服务型制造，加强产业链协作，创新制造模式。强化高端装备、智能装备研发，提高系统集成能力，推动产品研发、系统集成创新与产业化协同发展。支持重点企业参与国家大型装备制造研发生产，推动整机生产企业与零部件、原材料生产企业整合发展，构建新型制造业体系。

4. 生物医药

加快兰州国家级生物产业基地和国家中医药产业发展综合试验区建设，加强生物制药、重大新药研发和中药材标准化种植加工与品种开发，积极发展新型疫苗、诊断试剂、天然药物等产业；以道地药材基地和中医药产业园为依托，做大做强陇药产业，培育一批具有重要影响力的中药材加工企业，推进中药材生产标准化、中药加工制造现代化、中药仓储交易信息化，大力发展现代中藏药、生物制药和高性能医疗器械产业，加快培育现代中医药大品种，发展中药配方颗粒、保健品和提取物生产，实施当归等道地药材全产业链开发。加快兰州、武威重离子治疗肿瘤基地和诊疗设备产业园建设。

5. 信息技术

拓展网络经济空间，实施“互联网+”行动，推进信息技术应用和产业化发展，加快兰州新区大数据产业和云计算中心、物联网产业园建设，支持兰州高新区和天水、敦煌软件产业园建设。发挥兰州、天水电子产业集聚优势，实施兰州新区北大众志“中国芯”、华天集成电路封装生产线改造等产业化项目，加快发展电子元器件、电子信息材料、应用电子设备生产和信息技术服务业。

6. 节能环保

围绕节能、污染防治、工业固废综合利用等领域，加强重点领域关键技术研发，发展高效节能、资源循环利用、大气治理、污水处理等先进技术和专业化服务，培育壮大节能电气设备、环保技术设备、资源综合利用设备、再制造和节水设备研发制造等产业，推进兰州新区等节能环保产业园建设，把节能环保产业培育成为新的增长点。

7. 新型煤化工

探索油煤共炼技术，促进煤化工与石油化工产业相互耦合和协同发展，利用先进煤化工技术，加快煤制油、煤制烯烃、煤制气等示范项目建设。采用先进煤炭清洁利用技术，推动煤炭深度转化，实现煤炭资源高效清洁利用，提高资源附加值。

8. 现代服务业

大力发展商贸物流、文化旅游、现代金融、信息消费、养老及保健养生等服务业，推动“互联网+”在服务业领域的应用与融合，推动生产性服务业向专业化和价值链高端延伸、生活性服务业向精细和高品质转变，把现代服务业培育成支柱产业。

9. 公共安全

围绕环境安全、食品安全、生产安全、核安全、社会安全以及防灾减灾和检验检疫等领域，支持公共安全集成系统和装备产品的技术开发、研制、实验、测试、技术专利转让和成果转化，加快发展具有甘肃省优势的安全技术、安全装备、应急装备、安全检测等安全产业，培育新的增长点。

(三) 提高产业发展质量水平

深入推进质量强省战略，着力提升企业技术标准等水平，促进形成以技术、品牌、质量、服务为核心的竞争新优势。实施质量品牌创建行动，建立完善推动品牌发展的长效机制和制度措施，围绕研发创新、生产制造、质量管理和营销服务全过程，提升内在素质，夯实品牌发展基础，提高产品质量信誉、品牌附加值和企业软实力。建立健全标准化工作体制机制，完善农业、工业、现代服务业及社会管理和公共服务地方标准体系，加快检验检测认证技术服务业发展，推进检验检测认证机构整合，提升计量服务和保障能力。

(四) 推动产业集聚和军民融合发展

依据区域资源禀赋和资源环境承载能力，优化产业布局，促进产业向国家级省级开发区以及工业集中区集聚，改造提升县区工业集中区，支持符合主体功能定位的适宜产业集聚集约发展。发展“飞地经济”，加快建设兰州新区市州产业园。抓住国家支持中西部地区提升产业承接转移能力的机遇，加快兰白承接产业转移示范区建设，发挥国家级省级开发区平台作用，积极承接能源资源开发、农产品加工、装备制造、现代服务、高技术、加工贸易等产业转移，提升产业配套、孵化、培育能力，促进产业集群化发展。深化开发区管理体制改革，着力推进审批制度、财税金融、土地利用、科技创新和对外开放等体制机制创新，激发内生动力和活力。

健全军民融合发展组织管理体系、工作运行体系、政策制度体系，促进信息、技术、人才、设施等要素军地双向流动、渗透兼容，形成全要素、多领域、高效益的军民深度融合发展格局，实现军地共建共享共赢、经济建设和国防建设融合发展。推动军用设施向民用开放和基础领域军民合建共用。支持军工企业跨行业合作，加快“军转民”“民参军”项目建设，推动建立军民两用技术中心、重点实验室和中试基地等，建设科技、交通、气象等军地信息共享平台。支持兰州、天水、白银等军民融合创新示范区建设。

五、提升服务业发展水平

把服务业发展作为产业结构优化升级的重点，提升传统服务业发展水平，加快发展现代服务业，推动生产性服务业向专业化和价值链高端延伸、生活性服务业向精细和高品质转变。

（一）推动传统服务业转型升级

围绕满足人民群众多层次多样化需求，改造提升居民家庭服务、餐饮住宿、批发零售等传统服务业，引导消费向智能、绿色、健康、安全转变，积极培育传统服务业新业态新模式，为扩大消费需求、拉动经济增长提供有力支撑和持续动力。健全城乡居民家庭服务体系，整合、充实、升级家庭服务业公共平台，健全服务网络，推动家庭服务市场多层次、多形式发展。完善社区服务网点，鼓励发展社区生活综合服务中心，为居民提供多样化服务。积极引进国内外大型连锁经营企业，鼓励老字号企业创新服务和商业模式，支持跨业发展和集团化网络化经营。加快城镇生活性服务网络向农村延伸，在有条件的乡村建立综合性服务网点，提高农村居民生活便利化水平。实施城乡市场体系建设工程，合理规划城乡流通基础设施布局，积极发展商贸综合服务中心、农产品批发市场、集贸市场以及重要商品储备设施、大型物流（仓储）配送中心、农村邮政物流设施、快件集散中心、农产品冷链物流设施等，推动传统商贸流通服务业转变经营模式，加快升级改造。创新住宿餐饮行业营销模式和服务方式，利用互联网大力发展连锁化、品牌化经营，积极发展绿色饭店、特色餐饮、预订平台、中央厨房、餐饮配送等服务业态和配套设施，突出甘肃省餐饮服务业地域、民族等特色优势，以品牌建设为重点，加快建立统一规范的质量服务标准，促进传统住宿餐饮业升级。

（二）大力发展现代服务业

以现代服务业支撑和引领产业转型升级，促进生产性服务业与先进制造业融合，引导企业细化专业分工，增强服务功能，大力发展现代物流、金融服务、信息服务、商务服务、养老及保健养生等服务业，促进现代服务业优质高效发展。

1. 现代物流业

优化现代物流建设布局，推进以兰白为核心的大兰州区域物流中心建设，提升酒嘉、金武、天水、平庆区域性物流枢纽地位，建设张掖、陇南、定西、临夏、甘南重要物流节点，构建“一中心四枢纽五节点”现代物流发展格局。继续推进国家级服务业综合改革试点，加快物流集散中心、电子商务平台等建设，依托现代物流基地建设，实施城市共同配送、农副产品冷链物流、电商与快递物流、国际物流、中药材现代物流、物流信息化、应急物流等重点物流工程，发展“互联网＋高效物流”，创建国家级电子商务示范城市、示范基地和示范企业。大力发展第三方物流，鼓励连锁经营、物流配送等现代流通方式发展，培育发展保税物流、国际中转、国际配送等跨国物流，支持物流业转型升级，依托龙头企业，打造现代物流战略联盟，建设服务全国、面向“一带一路”的物流集散大枢纽。

2. 金融服务业

建立健全金融服务体系和政策环境，加强金融基础设施建设，完善金融市场托管、交易、清算系统，丰富金融产品体系，鼓励金融中介机构发展，培育多层次资本市场体系，拓宽保险服务领域，构建银行、证券、保险、信托、中介服务等现代金融体系。鼓励国有商业银行和股份制商业银行发展县域分支机构，支持政策性金融机构加快发展，推进农村信用社现代银行制度建设，做大做强地方金融机构，有序发展村镇银行、合作金融、产业资金互助等农村金融机构和小额信贷机构，加快发展中小微企业融资担保公司，支持设立民营银行、地方法人保险机构、地方资产管理公司、金融资产交易中心、金融租赁公司，继续引进国内外银行来甘肃省设立分支机构。建设兰州区域性金融中心。

3. 信息服务业

以提升信息化应用水平为重点，开展网络提速降费行动，积极开拓增值电信、互联网内容产业、网络电视、网络教育、移动多媒体广播电视等新兴市场，大力发展基于互联网的系统集成供应商、网络增值运营商、解决方案服务商。推动移动支付等跨行业业务发展，加快网络零售平台建设。支持电信、广电运营单位和制造企业通过定制、集中采购等方式开展合作，推进网络信息技术与服务模式融合创新。加快智慧城市建设，实施“信息惠民”工程。建立政府公共服务信息平台，促进公共信息资源共享和社会化开发利用，发展地理信息服务。

4. 商务服务业

加强专业化、开放型设计中心建设，提升检验检测、知识产权和科技成果转化等服务能力。积极发展会展和节会经济，强化展馆设施建设，完善场馆功能，加强与全国行业协会、国际会展机构的交流合作，培育多种会展业主体和品牌展会，发展国际化、专业化、贸易型为主的会展，举办具有产业和地方特色的常设性会展。大力发展会计、审计、工程咨询、认证许可、信用评估等专业服务，推动律师、公证、司法鉴定、经济仲裁等法律服务发展。加快发展项目策划、并购重组、财务顾问等企业管理服务。规范发展人事代理、人才推荐、人员培训、劳务派遣等人力资源服务。推进行业协会与政府部门脱钩，引导中介机构独立、依法、客观执业，规范中介服务市场秩序。

5. 养老及保健养生服务业

发挥甘肃省中医药文化与健康养生资源丰富的优势，促进中医药产业、中医文化、保健养生深度融合，推进以中藏医药为特色的养老及保健养生服务业发展。以国家养老健康试点示范区建设为重点，实施养老床位和健康服务产业行动计划，支持各地因地制宜建设养老基地，加快陇东南国家中医药养生保健旅游创新区和天水麦积、张掖甘州全国综合养老示范基地及临夏市国家级少数民族社会福利服务示范区、庆阳市省级养老示范基地等建设，支持兰州安宁仁寿山、临夏永靖黄河三峡太极岛等健康养老产业基地建设。统筹居家和机构养老、城市和农村养老，推进养老服务和医疗卫生、旅游等融合发展，加强养老护理人员、专业服务人员培训。每年建成1000个以上农村互助老人幸福院，2020年养老服务设施覆盖全省所有城市社区、90%以上乡镇和60%以上农村社区，每千名老人拥有养老机构床位数达到35张。

（三）促进文化旅游业加快发展

依托丰富的历史、人文、民族、自然等资源，大力发展古色、绿色、红色、特色等彩色旅游产业，推动文化与旅游深度融合发展。加快兰州黄河风情线、敦煌莫高窟—月牙泉、崆峒山、嘉峪关、麦积山、张掖丹霞、金色大道—马踏飞燕等20个大景区建设，在市（州）布局建成30个精品景区，在县（市、区）布局建成50个特色景区。突出河西丝绸之路、陇东南祭祖圣地及养生保健、陇中黄河风情民族特色旅游三大品牌，打造华夏寻根线、中医药养生线、红色旅游线等主题线路，建设华夏祖脉旅游圈等国内外知名旅游目的地。提升兰州、酒泉、天水、张掖、武威、平凉、嘉峪关等中国优秀旅游城市发展水平，加快建设敦煌国际文化旅游名城、河西走廊文化生态保护区、陇东南文化历史区、兰州都市现代文化产业区，推动临夏国家级民族民俗文化产业园、庆阳农耕和民俗文化产业园等发展，壮大伏羲文化旅游产业，支持区域文化旅游联盟发展。

强化基础设施和旅游业配套功能，加快3A级以上景区、重点乡村旅游区以及机场、车站等集散中心布局建设，推进智慧型旅游城市、景区、旅行社、旅游饭店创建。实施旅游发展环境优化、旅游发展空间拓展、旅游名城名镇名村名街建设、旅游扶贫和品牌提升等工程，大力发展乡村旅游、观光农业和农家乐，培育发展自驾、低空、户外、徒步、冰雪、运动体验等新型旅游业态，积极发展“互联网＋旅游”。加大旅游宣传推介力度，加强与周边省区和丝绸之路沿线省份的跨区域旅游合作，加快以大景区为重点的景区管理体制改革，深化敦煌旅游综合改革试点，优化旅游环境，打响“精品丝路·绚丽甘肃”旅游品牌，建设旅游强省。2020年，旅游业增加值占生产总值比重达到5%，文化旅游产业成为推动全省经济转型发展的富民产业和支柱产业。

六、加快开放发展，提升开放型经济发展水平

抓住国家“一带一路”建设战略机遇，贯彻落实国家“一带一路”战略规划和甘肃省实施方案，以开放促发展，为转型升级注入新动力、增添新活力，建设丝绸之路经济带甘肃黄金段。

（一）建设丝绸之路经济带甘肃黄金段

按照国家“一带一路”建设战略部署和“六廊六路”“多国多港”布局要求，发挥甘肃省地缘区位独特、矿产能源富集、文化底蕴深厚、支持政策叠加等优势，着力实施“13685”战略，推进重大标志性工程落地。依托经济、文化、生态战略平台，以重要节点和保税物流区、国际空港、国际陆港为支撑，推进铁陆航多式联运，建设联通内陆及东部沿海、西南及长江经济带、华北及京津冀经济区，服务全国、面向“一带一路”的综合经济走廊和物流集散大枢纽。发挥兰州综合性交通枢纽、西部商贸和区域物流中心地位作用，优化布局，利用在建的兰州铁路综合货场、东川国际物流园区等基础设施，加快兰州国际港务区、兰州中欧货运班列编组枢纽和物流集散中心建设。完善天水、酒嘉、金武等区域性物流枢纽功能，提升敦煌国际航空口岸运营水平，争取建设嘉峪关国际航空口岸、兰州等铁路口岸，丰富口岸功能，争取将武威保税物流中心升级为综合保税区，提升“天马号”“兰州号”“嘉峪关号”国际货运班列运营水平，打造兰州、敦煌、嘉峪关三大国际空港和兰州、天水、武威三大国际陆港。推进中国（兰州）自由贸易园区争取工作。

突出甘肃省向西开放重要门户和次区域合作战略基地地位，加快“走出去”和“引进来”步伐，扩大与“一带一路”沿线地区和国家的经济技术交流和产业合作，积极承接东中部产业转移，建设外向型产业基地，发展面向国际市场的加工制造、贸易物流等产业，推进跨境经济合作区建设，提升甘肃省对接中西亚、连接南亚、衔接东亚的重要对外经济走廊战略地位。力争 2020 年甘肃省与中西亚重点国别产业投资、经贸合作、人文交流等重点领域取得实质性进展，与中西亚国家贸易份额占全省进出口总额的 25%以上。

专栏 4 着力实施“13685”战略

一大构想：打造丝绸之路经济带甘肃黄金段，努力建成向西开放的纵深支撑和重要门户、丝绸之路的综合交通枢纽和黄金通道、经贸物流和产业合作的战略平台、人文交流合作的示范基地。

三大平台：构建以兰州新区为重点的向西开放经济战略平台，以丝绸之路（敦煌）国际文化博览会和华夏文明传承创新区为重点的文化交流合作战略平台，以中国兰州投资贸易洽谈会为重点的经济贸易合作战略平台。

六大窗口：建立面向六大国际经济走廊（新亚欧大陆桥、中蒙俄、中国一中亚一西亚、中国一中南半岛、中巴、孟中印缅经济走廊）为重点的对外交流合作窗口。

八大节点城市：进一步提升兰（州）白（银）、平（凉）庆（阳）、天水、定西、金（昌）武（威）、张掖、酒（泉）嘉（峪关）、敦煌等重要节点城市的支撑能力。坚持差异化定位和协同化发展，发挥重要节点城市的辐射带动作用，积极培育区域经济增长极。

五大重点工程：重点推进基础设施互联互通、经贸交流和产业对接合作、人文交流合作、生态安全屏障、金融创新支持等五大工程。

（二）加强对外开放合作平台建设

以经济、文化、经贸等领域为重点，加强与“一带一路”沿线国家和地区的合作交流，推进全方位对外开放。

以兰州新区为重点加强经济合作。发挥兰州新区国家政策支持优势，加快企业出城入园和产业集聚，加大招商引资力度，主动对接和积极承接东中部产业转移，着力推进兰白承接产业转移示范区以及兰州新区科技创新城、市州产业园等建设。争取国家丝绸之路基金在兰州新区设立办事处，争取丝绸之路沿线重点国家和上海合作组织在甘设立经贸联络机构，巩固提升友城合作水平，进一步拓展友城范围。加强与中西亚国家在资源开发、装备制造、新能源、特色农产品加工等方面的对接合作，依托兰州新区综合保税区，设立面向中西亚的自由贸易园区，建设向西开放生产加工贸易基地；扩大服务领域合作，推进信息、技术等基础性服务外包，拓展物流、金融服务外包，构建面向中西亚的人力资源合作和服务贸易基地。

以丝绸之路（敦煌）国际文化博览会和华夏文明传承创新区为重点推进文化交流。

发挥丝路文化、敦煌文化和民族民俗等人文资源优势，加强国际间文化合作，促进文化交流和文化产业发展，彰显敦煌文化国际影响力。举全省之力，办好丝绸之路（敦煌）国际文化博览会，强化配套设施，加快交通、城市等基础设施和会展中心等公共文化设施建设。依托“一带一路”高校战略联盟和省内研究机构、大专院校等，加强与沿线国家在敦煌学、丝路文化以及中西亚文化等方面的学术交流与合作，建设中西亚国家研究中心、阿拉伯语文化教育基地。发挥“丝绸之路旅游国际合作联盟”作用，支持互设文化旅游代办机构或办事处，扩大文化旅游合作，促进人文交流。

以“兰洽会”为重点深化经贸合作。提升“兰洽会”影响力，打造具有国际影响的向西开放经贸合作平台。探索设立能源矿产资源自由贸易区，开展能源、矿产资源等进口，推进成套设备、特色农产品、民族用品等出口，发展劳务输出等服务贸易。支持企业扩大对外投资、承揽国际工程，推动装备、技术、标准、服务走出去，深度融入全球产业链、价值链、物流链，共建产业园区，构建均衡增长、互利共赢的经贸开放大市场。

专栏5 “一带一路”建设重大工程

1. 互联互通

依托重要节点、保税物流区、国际空港、国际陆港，提升战略通道和交通枢纽地位。加快兰州铁路综合货场、东川国际物流园区和兰州国际港务区建设，争取建设嘉峪关国际航空口岸和兰州等铁路口岸，提高敦煌国际航空口岸运营水平，争取将武威保税物流中心升级为综合保税区。推动马鬃山口岸复通，争取有条件地区设立海关特殊监管区。

2. 文化交流

办好丝绸之路（敦煌）国际文化博览会、敦煌行·丝绸之路国际旅游节等重要节会，启动甘肃丝绸之路世界文化遗产保护工程和丝绸之路文物联展，加大《丝路花雨》《大梦敦煌》《河西走廊》等文化精品推介展播，推动《读者》等在海外出版发行。争取设立中亚学院、中西亚商贸学院、中亚国家本土教师培训基地和丝绸之路沿线国家国别研究中心。加强大专院校与沿线国家教育合作，扩大留学生规模。

3. 经贸合作

提升“兰洽会”、中阿穆斯林民俗文化艺术论坛暨中国临夏与马来西亚吉兰丹州、伊朗库姆市清真食品和民族用品展销会等国际影响力，办好中国（甘肃）国际新能源博览会、中国·河西走廊有机葡萄美酒节、丝绸之路国际生态产业博览会暨绿色有机产品（张掖）交易会、中国·定西中医药马铃薯产业博览会，积极争取沿线国家和上海合作组织在甘设立经贸联络机构，争取面向中西亚地区的金融机构和跨国公司代表处落户兰州。

（三）推进国际产能和装备制造合作

落实国家发展改革委和甘肃省《关于建立推进国际产能和装备制造合作委省协同

机制的合作框架协议》，坚持政府组织、搭建平台、共办园区、企业参与，制定全省国际产能合作实施方案，探索设立甘肃国际产能合作股权投资基金，推进传统优势产业走出去开展国际产能合作。加强与重点国别产业对接，优化产能和资源配置，发挥石油化工、冶金、有色、装备制造等传统领域技术优势，鼓励建设石化、化肥、煤化工等生产线，推进新能源装备、石化通用设备、建筑工程成套设备、电工电器等先进装备制造和机电产品输出，支持铜冶炼、电解铝、钢铁、水泥、平板玻璃等富余产能"走出去"，推进能源资源对外合作，加大矿产资源勘探开发力度，延长精深加工产业链，增强资源保障能力。扩大面向亚非等伊斯兰地区特色农产品和绿色清真产品出口。及时发布国际产能和装备制造合作国别导向、产业动向、境外投资政策、市场需求、意向项目等信息，推介成功案例和做法，加强示范引导，建立风险防控机制。

七、建设国家综合能源基地

充分发挥甘肃省能源资源综合优势，坚持稳增煤炭、稳增油气、稳增风光，强化能源消纳、转化利用和煤炭高效清洁利用，加大电力外送，推动能源资源优势向经济优势转化。

（一）有序推进能源资源开发

强化煤炭资源勘探和接续保障，推动煤炭分质分级利用，提高煤炭高效清洁开发利用水平。促进油田规模高效开发，加快天然气勘探开发利用。实施火电机组综合升级改造，推进调峰火电和热电联产项目建设。科学布局和合理开发黄河干流水电资源，优化整合河西内陆河中小型水电站建设，积极发展抽水蓄能。坚持风电集中开发与分散开发并重，扩大太阳能集中开发利用规模，加强储能技术跟踪研究，推进智能电网建设，发展分布式能源，提高风光资源利用效率。加快开发生物质能、地热等清洁能源，发展生物燃料产业，推广地热供暖工程。稳步推进核能开发利用，建设中核甘肃核技术产业园，打造国家核燃料循环基地。加快电力外送通道和区域电网建设，优化电网结构，提高电网整体输配能力和安全稳定运行水平，建设西北智能中枢电网和电力电量交换枢纽。到 2020 年，国家重要的清洁能源基地、陇东煤电基地、石油储备基地、石油化工基地和核燃料生产基地建设取得重大突破，全省电力装机达到 7500 万千瓦，可再生能源占电力总装机达到 60%，电力外送规模达到 600 亿千瓦时/年。

（二）增强能源消纳和转化能力

以河西走廊清洁能源综合开发利用示范区和陇东传统能源综合利用示范区建设为重点，进一步完善电价市场化形成机制，稳步推进电力直接交易，依法依规开展风光电等新能源直购交易试点，强化电价优势，促进电力工业与现代高载能产业深度融合，发展煤电联营，鼓励高载能企业、资源深加工企业与发电及其上下游企业通过多种联合方式实现优势互补，发挥综合联动效益，提升省内电力消纳水平。推进实施新能源供暖工程，开展清洁能源替代燃煤锅炉、大型蓄热、集中供热站试点，加大风光储联合示范工程和电动汽车推广力度，进一步实施水源热泵、农村家庭电气化等电能替代项目，实施新城镇新能源新生活行动计划，推进新能源示范城市、绿色能源示范县建设，增强就地消纳和转化能力。

（三）推进能源战略通道建设

依据国家能源通道建设规划，配合做好西气东输四线、五线及煤制气管道、成品油管道和原油管道等项目前期及建设工作，加快省内天然气支线管道建设。依托能源战略通道，支持玉门、兰州、庆阳等石油储备库和天然气调峰储气设施建设，打造国家能源战略储备基地，进一步提升甘肃省国家重要的油、气、煤、电综合运输通道地位。

专栏 6　国家综合能源基地建设重点

1. 提升煤炭高效清洁开发利用水平

实施《陇东能源基地开发规划》，加快建设大型、特大型现代化矿井和配套洗选煤厂，规划布局大容量、高参数坑口机组。加大靖远、窑街等老矿区和河西地区煤炭资源勘查力度，支持企业安全设施升级改造。

2. 促进石油天然气增储稳产

加大陇东油区勘探开发力度，稳定玉门油田产量。加快常规天然气、煤层气勘探开发步伐，开展页岩气资源调查评价及勘探开发试验工作。2020 年全省原油产量达到 1200 万吨左右，天然气生产能力达到 5 亿立方米。

3. 大力发展可再生能源

加快河西走廊清洁能源基地（示范区）建设，积极推进黄河玛曲河段多级开发，加快玉门、肃南等抽水蓄能电站建设，深入论证黄河黑山峡河段多级低坝开发方案。力争 2020 年全省风电、光电、水电装机分别达到 2500 万千瓦、1100 万千瓦、950 万千瓦。

4. 加快火电及调峰电源建设

围绕河西新能源基地及特高压外送通道工程，建设配套调峰火电项目。加快陇东大型坑口煤电群和煤电外送基地建设。在重点煤炭矿区布局建设煤矸石、煤泥等低热值燃料资源综合利用电厂。加快天水、兰州新区等重点城市城区热电联产项目建设。

5. 提高电力输配送能力

加快建设酒泉至湖南±800 千伏特高压直流输电工程，推进陇东至东部地区电力外送通道、河西第二条新能源外送通道前期工作。强化 750 千伏主网架建设，优化 330 千伏及以下电网网架。统筹城乡配电网改造建设，优化网架结构。

6. 打造国家核燃料循环基地

依托甘肃省核工业基础、技术人才优势和核燃料循环体系，争取国家布局建设大型商用核燃料循环末端项目，开展核电布局建设前期工作。加快建设中核甘肃核技术产业园，进一步扩大核燃料生产和储备能力。

八、推动兰州新区和大兰州经济区率先突破发展

围绕丝绸之路经济带甘肃段建设，突出兰州新区创新发展引领作用，以建设特色鲜明、功能齐全、产业集聚、服务配套、环境优良的现代化新区为目标，进一步加快兰州新区发展步伐，形成支撑全省经济发展新的增长极。加快交通、水利、生态等基础设施建设，完善配套公共服务体系。着力实施创新创业平台建设、科技创新引领、科技企业孵化培育、科技金融产业结合等工程，推动产业创新集聚发展，提升要素资源吸纳承载能力，努力将兰州新区建设成为战略性新兴产业、高新技术产业和循环经济集聚区，国家经济转型和承接东中部装备制造业转移先导区，“两型社会”和城乡统筹发展示范区，生态建设和未利用土地综合开发实验区，传统优势产业转型升级引领区和现代服务业扩展区，向西开放战略平台，沟通全省和西北地区重要交通枢纽和物流中心。2020 年，兰州新区城市人口规模超过 30 万人，生产总值达到 400 亿元左右。

发挥兰白核心区辐射带动作用，强化定西、临夏水土资源和环境容量保障支撑作用，统筹大兰州经济区（兰州、白银、定西、临夏、甘南）综合交通枢纽、产业、人口、生态等布局，推进城际综合快速路网等交通基础设施建设，构建互联互通高效便捷的区域交通运输网络，支持兰州建设城市立体交通体系，提升城市服务功能和改善人居环境。强化兰（州）—白（银）区域经济一体化发展，优化空间开发结构和产业布局，推进兰州、白银国家级开发区和白银工业集中区建设，着力增强创新能力，提升国家重要的石油化工、有色冶金基地地位。提高定西中药材、马铃薯等特色优势资源精深加工水平，加快“药都”“薯都”建设，壮大临夏绿色清真产业，加快民族用品、商贸物流产业发展，打造清真民族用品生产加工基地，突出甘南高原特色农畜产品和文化生态旅游资源优势，建设生态文明先行示范区，促进资源整合、优势互补、联动发展，着力打造大兰州、大窗口、大商贸、大枢纽、大产业，建设区域性金融中心、总部中心、铁陆航多式联运中心、东西方文化和民族文化交流人才培训中心、国际消费（高端消费回流）中心，使其成为向东承接产业转移、向西扩大开放合作的重要平台和内陆开放型经济战略高地，我国版图中轴线以西最大城市群，在更高层次上参与国际合作和区域竞争。

强化首都核心功能　建设国际一流的创新宜居之都
——北京市“十三五”规划纲要（经贸部分摘要）

一、坚持首都城市战略定位

（一）站在历史新起点

“十二五”时期是北京发展具有重大历史意义的五年。全市各族人民团结奋斗，坚决贯彻落实中央对北京工作的重要指示精神，着力推进创新驱动发展和城乡经济社会发展一体化，打响治理“大城市病”攻坚战，圆满完成2014年亚太经合组织会议、纪念中国人民抗日战争暨世界反法西斯战争胜利70周年等重大活动服务保障任务，成功举办2015年世界田径锦标赛，携手张家口获得2022年冬奥会举办权，谱写了改革开放和现代化建设的新篇章。较好地完成了“十二五”规划目标任务，综合经济实力、科技创新能力、国际影响力迈上了新台阶。经济发展质量持续提升。积极适应经济发展新常态，主动把经济下行的压力转化为结构调整的动力，首都经济在保持平稳增长中实现提质增效升级。地区生产总值年均增长7.5%，一般公共预算收入年均增长14.9%。消费拉动型经济特征进一步增强，社会消费品零售额由2010年的6340.3亿元增加到1万亿元以上。产业服务化、高端化特征更加明显，服务业比重由2010年的75.5%提高到80%左右，新兴产业、新兴业态、新兴消费成为首都经济新的增长点。创新驱动发展战略深入实施，“1+6”政策创新经验在全国复制推广，技术交易额和创业投资额均占全国三分之一以上，全国科技创新中心的引领示范和福射带动作用明显增强。

总体来看，“十二五”时期，是北京发展方式加快转变、经济结构优化升级的五年；是改革开放深入推进、市场活力不断释放的五年；是基础设施更加完善、城乡统筹一体发展的五年；是生态建设大力推进、城市治理扎实攻坚的五年；是社会事业全面进步、人民群众得到更多实惠的五年。过去五年取得的重大成就，为“十三五”时期实现更高质量、更有效率、更加公平、更可持续的发展奠定了坚实基础。

在北京改革发展的关键时刻，习近平总书记亲临视察并发表重要讲话，明确了全国政治中心、文化中心、国际交往中心、科技创新中心的城市战略定位和建设国际一流的和谐宜居之都战略目标，对做好北京发展和管理工作、推动京津冀协同发展提出了明确要求，指明了新的历史条件下首都工作方向。中央把京津冀协同发展确立为重大国家战略，加强顶层设计，制定《京津冀协同发展规划纲要》，统筹推进实施，为北京发展创造了良好条件、注入了强大动力。

（二）建设国际一流的和谐宜居之都

1. 指导思想

高举中国特色社会主义伟大旗帜，全面贯彻党的十八大和十八届三中全会、四中全会、五中全会精神，以马克思列宁主义、毛泽东思想、邓小平理论、三个代表重要思想、科学发展观为指导，深入贯彻习近平总书记系列重要讲话精神，坚持“四个全面”战略布局，坚持发展是第一要务，牢固树立创新、协调、绿色、开放、共享的发展理念，牢牢把握首都城市战略定位，深入实施京津冀协同发展战略，以有序疏解非首都功能、治理“大城市病”为重点任务，以提升发展的质量和效益为中心，加快形成引领经济发展新常态、实现城市可持续发展的体制机制和发展方式，统筹推进经济建设、政治建设、文化建设、社会建设、生态文明建设和党的建设，率先全面建成小康社会，在建设国际一流的和谐宜居之都上取得重大进展，奋力谱写中华民族伟大复兴中国梦北京篇章。

推动“十三五”时期经济社会发展，必须遵循坚持人民主体地位、坚持科学发展、坚持深化改革、坚持依法治国、坚持统筹国内国际两个大局、坚持党的领导等重大原则；必须把创新、协调、绿色、开放、共享的发展理念贯穿于经济社会发展全过程和各领域。基本要求是：

深入贯彻落实首都城市战略定位。

全力推动京津冀协同发展。

全面加强生态建设。

加快实施创新驱动发展。

不断提升城市治理能力。

着力增进民生福祉。

2. 主要目标

疏解非首都功能取得明显成效。四环路以内区域性的物流基地和专业市场调整退出，部分教育医疗等公共服务机构、行政企事业单位有序疏解迁出。全市常住人口总量控制在 2300 万人以内，城六区常住人口比 2014 年下降 15%左右。

经济保持中高速增长。在发展质量和效益不断提高的基础上，地区生产总值年均增长 6.5%，2020 年地区生产总值和城乡居民人均收入比 2010 年翻一番。主要经济指标平衡协调，劳动生产率和地均产出率大幅提高。三次产业内部结构进一步优化，服务业增加值占地区生产总值比重高于 80%，全社会研究与试验发展经费支出占地区生产总值的比重保持 6%左右，形成“高精尖”经济结构，成为具有全球影响力的科技创新中心。

人民生活水平和质量普遍提高。公共服务体系更加完善，基本公共服务均等化程度进一步提高。就业更加稳定，城镇登记失业率低于 4%，收入差距缩小，中等收入人口比重上升，“住有所居”水平进一步提高。教育实现现代化，群众健康水平普遍提升，人均期望寿命高于 82.4 岁。养老助残服务体系更加完善。困难群众基本生活得到有效保障。社会更加安定有序。

市民素质和城市文明程度显著提高。中国梦和社会主义核心价值观更加深入人心，率先建成公共文化服务体系，全国文化中心地位进一步彰显。

生态环境质量显著提升。生产方式和生活方式绿色、低碳水平进一步提升。单位地区生产总值能耗、水耗持续下降，城乡建设用地控制在2800平方千米以内，碳排放总量得到有效控制。主要污染物排放总量持续削减，生活垃圾无害化处理率达到99.8%以上，污水处理率高于95%，重要河湖水生态系统逐步恢复，森林覆盖率达到44%，环境容量生态空间进一步扩大。

各方面体制机制更加完善。城市治理各领域基础性制度体系基本形成。人民民主更加健全，法治政府基本建成，成为法治中国的首善之区。城乡发展一体化体制机制进一步健全，区域协同发展、统筹利用各级各类资源的体制机制基本建立。开放型经济新体制基本形成。

二、优化提升首都核心功能

北京“大城市病”的深层次根源在于功能过多、过于集中，带来人口过度集聚，导致资源环境压力大、城市运行成本高、经济社会各种要素处于“紧平衡”状态。“十三五”时期，要有序疏解非首都功能，大力推进城市内部功能重组，促进人口合理分布，推动城乡区域协调发展，优化提升首都核心功能，以首善标准做好“四个服务”，努力实现更高质量的可持续发展。

（一）优化城市区域功能

优化城市区域功能要服从和服务于落实首都城市战略定位、强化首都核心功能、统筹区域发展的需要。以资源环境承载能力为底线，以优化首都功能配置为主线，优化调整区域功能定位，进一步推进各类区域差异发展、集约发展、联动发展、协调发展，形成城市功能由中心城和新城共同支撑的格局。

1. 提升城六区服务保障能力

城六区，包括东城区、西城区、朝阳区、海淀区、丰台区和石景山区，是首都“四个中心”功能的主承载区、国际一流和谐宜居之都建设的重要区域，也是疏解非首都功能的关键区域。要推进实施老城重组，优化调整行政区划，强化政治活动、文化交流、国际交往和科技创新等服务功能。

坚持调整疏解与优化提升并重，集中力量实施东城区、西城区301项基础设施建设和环境改造提升项目，推进老城区平房院落修缮改造、棚户区改造和环境整治，着力提升综合承载力和现代化治理水平，建设国际一流和谐宜居城区。积极推进朝阳区、海淀区内涵、集约、高效发展，优化完善丰台区、石景山区城市功能，为首都核心功能提供承载空间。促进金融管理、信息服务、商务服务等生产性服务业专业化、高端化发展，改造提升传统服务业，进一步提升生活性服务业发展品质。疏解非首都功能，降低人口密度，控制建设规模，提高企事业单位在城六区扩张的门槛，促进城市空间集约高效利用。加强城乡结合部和农村地区环境整治，创建宜居的城市环境。

2. 增强平原地区功能承载能力

城六区以外的平原地区，包括通州区、顺义区、大兴区以及房山区和昌平区的平原部分，是首都功能疏解承接地和新增首都功能的主要承载区，是首都科技文化、教育医疗、国际交往服务功能和“高精尖”产业的重要集聚区，也是面向津冀协同发展的前沿区。要发挥区位条件优、发展基础好、发展空间大的优势，大力提升基础设施、公共服务和生态环境水平，增强吸引力和承载力，缓解城六区功能过度集聚的压力，逐步解决城市发展不平衡问题。围绕首都核心功能，主要承接和集聚国际交往、文化创意、科技创新等高端资源，重点发展生产性服务业、战略性新兴产业和高端制造业，更好地支撑首都城市战略定位。

3. 强化山区生态涵养能力

山区，包括门头沟区、平谷区、怀柔区、密云区、延庆区以及房山区和昌平区的山区部分，是京津冀西北部生态涵养区的重要组成部分，是首都生态屏障和重要水源保护地，也是首都生态文明建设先行区，主要功能是生态保障和水源涵养。要坚持把增强生态服务功能放在第一位，继续推进山区搬迁工程，完成宜林荒山造林，加强森林抚育，进一步扩大环境容量生态空间。因地制宜提升旅游休闲等服务功能，发展生态服务型沟域经济，建立生态友好型产业体系。有序承接中心城疏解的部分教育、医疗、文化等公共服务资源，提高公共服务能力。

（二）有序疏解非首都功能

有序疏解非首都功能是一项复杂的系统工程，要坚持政府引导与市场机制相结合，充分发挥市场主体的作用，区别不同情况，综合施策、有序推进，锲而不舍、久久为功，统筹增量存量，创新政策机制，严控人口规模，推动功能、产业、人口合理布局，更好地坚持和强化首都核心功能。

1. 严格控制增量

严控新增不符合首都功能的产业。严格执行、不断完善新增产业禁止和限制目录，建立增量控制监测及评估机制，严把企业登记、项目审批准入关。在全市区域内严禁再发展一般性制造业和高端制造业中不具备比较优势的生产加工环节，严禁新增高耗水农业，严禁新建和扩建除满足市民基本需求的零售网点以外的商品交易市场设施，严禁新建和扩建未列入规划的区域性物流中心和批发市场。

严控新增教育、医疗及行政性、事业性服务机构等。严控在京高等学校办学规模，严禁在京审批或升格新的高等教育单位，严禁增加现有在京高等学校占地面积。严控医疗资源过度集聚，严禁在五环内新设立综合性医疗机构，鼓励和支持五环内现有医疗机构向外转移，严禁东城区、西城区增加医疗机构床位数量。严格控制在京新设或迁入行政性、事业性服务机构。严禁京外中央企业总部迁入北京，严控新增的其他总部企业在城六区集聚。

2. 有序疏解存量

按照非首都功能疏解方案要求，分层次、有梯度推进存量功能疏解，带动城市内部功能重组和人口疏解。

坚决调整退出一般性产业特别是高消耗产业。就地淘汰一批有色金属、建材、化工、机械、印刷等污染较大、耗能耗水较高的行业和生产工艺，加快完成 1200 家污染企业退出任务。按照更严格的资源环境标准，支持一批存量企业技改升级。推动城六区特别是东城区、西城区制造业生产环节有序退出和转移疏解。依托“4＋N”产业合作平台，引导和推动一般制造业龙头企业新增产能、非科技创新型企业向京外转移疏解，推进企业在京津冀全产业链布局。

控制高耗水农业生产功能发展。有序调减粮食生产面积，加快退出地下水严重超采区和重要水源保护区的粮食种植，有序调减畜禽养殖总量。

有序退出区域性物流基地、区域性专业市场等部分第三产业。引导和推动区域性农副产品、基础原材料等大宗商品的仓储物流功能外迁。积极推进服装、小商品、建材等区域性批发市场加快向周边有较好集聚基础的地区集中疏解。2020年全市区域性批发市场调整疏解和业态升级取得明显成效，逐步实现关系城市运行和保障民生的蔬菜、粮油等农副产品批发市场经营方式转变和业态升级。

推动教育、医疗等部分社会公共服务功能疏解。把教育资源调整疏解与教育体制综合改革结合起来，推动部分市属高校本科教育、职业教育资源向外有序疏解，鼓励央属在京高校到外地合作办学。推动优质医疗卫生资源通过整体或部分搬迁、办分院、对口支援、共建共管等方式从城六区向外疏解和发展，促进医疗卫生资源均衡布局。

稳步疏解部分行政性、事业性服务机构。有序推动市属行政事业单位向市行政副中心转移。

3. 加强人口调控

严格控制人口规模。以城六区人口减量为重点，坚决遏制人口过快增长，2020年常住人口控制在2300万人以内。促进人口合理布局。严控城六区人口规模，通过非首都功能疏解、严格控制居住和产业用地规模等方式，逐步降低人口密度。健全人口调控机制。强化人口调控工作责任制，坚持区政府和市有关部门“双控”机制，强化各级政府主体责任。完善户籍指标管理制度，加快推进房屋租赁管理等立法，推动老城直管公房管理体制改革。

（三）推进区域协调发展

1. 规划建设好市行政副中心

突出绿色、宜居、人文、智慧发展，注重创业就业与居住功能均衡，在通州高起点规划、高水平建设市行政副中心，突出行政办公职能，配套发展文化旅游、商务服务，确保到2017年市属行政事业单位部分迁入取得实质性进展，带动其他行政事业单位及公共服务功能转移，建设国际一流和谐宜居之都的示范区。

坚持把基础设施、水生态廊道和大尺度生态空间建设摆在优先位置，扩建通州中心主力水厂，建成广渠路二期、观音堂路等与中心城的联络通道，实施凉水河生态修复工程，在恢复延芳淀湿地公园的基础上加快建设北运河湿地公园。加快配置教育、医疗、文化、体育等公共服务设施，通过新建、集团化办学、一体化办学等方式引入优质义务教育资源，建设三甲综合医院，推动通州市民文化休闲活动中心等一批综合性公共文化设施建设。严格控制建设规模和开发强度，优化组团式布局，避免过多功能聚集。严格控制增长边界，实现与中心城和周边地区的有效生态隔离，避免集中连片。实施精细化、智能化的城市管理，全面提升副中心城市品质。

2. 加快建设功能差异的新城

平原地区新城以承载首都功能为导向，坚持产城融合、职住匹配，加快建设基础设施和公共服务设施，全面提高服务水平，加强城市管理，提升首都功能、高端产业承载力，带动所在区域城市化和城乡一体化发展。依托中关村南部（房山）科技创新城、未来科技城、北京科技商务区（TBD）及良乡、沙河高教园区等重点科教园区，进一步集聚优质科研、创新和高教资源，建设科教新城，打造新兴产业前沿技术和智能制造创新聚集区，带动高技术制造业和战略性新兴产业发展。依托北京经济技术开发区、首都机场临空经济区、北京新机场临空经济区、中关村顺义园，发展战略性新兴产业、高端制造业和临空经济，进一步提升技术创新和优势产业发展水平。以北京新机场建设和南苑机场搬迁为契机，打通南中轴路，带动城市南部地区发展。

山区新城以提升城市服务功能为导向，完善基础设施和公共服务，建设环境优美、规模适度、宜居宜业的新城。依托怀柔雁栖湖生态发展示范区，打造国际会议会展活动重要承载区。抓住举办 2022 年冬奥会的重大机遇，带动以冰雪运动为主的户外体育活动发展，建设国际体育休闲新区。依托 2019 年世界园艺博览会园区，打造现代园艺产业聚集区。以举办 2020 年世界休闲大会为契机，发挥山区生态优势，建设生态旅游休闲区。

把新城作为未来城市发展的重点，建设更加完善的基础设施，建立更高效率的城市管理系统，配套更高水平的公共服务，科学配置生产、生活、生态空间，大力提升综合承载和服务能力。加快完善新城交通网络，强化中心城与新城的交通联络，为中心城功能、产业和人口疏解创造条件。合理配置教育医疗文化等基本公共服务，推动部分高校、医院等疏解项目落地。加快新城休闲公园和公共绿地建设，在具备条件的区域建设大尺度城市森林。

3. 促进城乡一体化发展

抓住功能疏解和布局优化调整的历史机遇，以推动大兴农村集体经营性建设用地改革试点，房山、通州国家新型城镇化综合试点和平谷国家中小城市综合改革试点为契机，加强体制机制创新，统筹城市功能和发展要素配置，推动基础设施、公共服务和城市管理加快向农村覆盖，促进高端资源加快向郊区流动，推动城乡一体化发展继续走在全国前列。显著改善城乡结合部地区面貌。打造功能性特色小城镇。建设有特色的健康休闲镇、旅游度假镇、大学镇、基金镇、高端产业镇等功能性现代化小城镇。建设美丽乡村。加大农村投入力度，实施乡村路网、供水管网、污水管网、垃圾清运网、电网、互联网“六网改造提升工程”，继续全面实施农民住宅抗震节能改造工程，推进城市服务管理向农村延伸，每年以不低于现有村庄 15%的比例建成一批“北京美丽乡村”，建设一批特色景观旅游名村，2020 年将郊区农村基本建成绿色低碳田园美、生态宜居村庄美、健康舒适生活美、和谐淳朴人文美的美丽乡村。

三、建设绿色低碳生态家园

（一）努力增加绿色生态空间

1. 扩大森林绿地面积

围绕扩大林地面积和提高林分质量，积极完善大尺度城市森林体系，切实强化林木抚育管理，打造“山区绿屏、平原绿网、屏网相连、绿满京华”的城市森林格局，全市森林覆盖率达到44%，比“十二五”末提高2.4个百分点。

巩固山区绿色生态屏障继续开展废弃矿山生态修复治理工作实施20万亩宜林荒山绿化、100万亩低质生态公益林升级改造、100万亩封山育林，全市宜林荒山绿化全面完成建设10条浅山休闲游憩景观带提升山区森林休闲体验功能。

扩大平原地区森林空间继续完善平原地区主要道路河流两侧绿色生态廊道，力争实现绿不断线、景不断链继续推进实施平原38万亩绿化任务加大地下水严重超采区、重要水源保护区退耕还林力度，推动实施通州、大兴、房山等平原地区退耕还林工程，进一步完善平原地区城市森林格局，平原地区森林覆盖率达到30%以上，比“十二五”末提高5个百分点

加强森林抚育，重点实施300万亩中幼林抚育工程，增加森林生态效益和碳汇功能，促进森林资源实现可持续增长建设覆盖城市、平原和山区的森林生态系统监测网络。

2. 增加市民绿色休闲空间

进一步完善中心城—新城—乡镇三级休闲公园体系，全市建成区人均公园绿地面积达到16.5平方米。

全面提升一道绿隔地区绿地品质，完善现有郊野公园设施和功能，新增20处郊野公园，建成完整的郊野公园环。构建二道绿隔地区郊野森林公园环，依托平原地区绿化成果，建设提升朝阳温榆河森林公园、丰台彩叶郊野公园、房山青龙湖森林公园、通州台湖森林公园、大兴青云店郊野公园、昌平沙河森林公园等一批大尺度郊野森林公园。建设环京森林湿地公园环，在城市南部地区，打造通州潮白河森林公园和东南郊湿地公园、大兴永定河森林公园等一批森林湿地公园。在城市北部地区，完善提升顺义潮白河生态湿地公园、昌平大杨山国家森林公园、怀柔喇叭沟门国家森林公园、密云穆家峪湿地公园、延庆松山国家森林公园等一批森林湿地公园。

增加城市公共绿地。充分利用非首都功能疏解腾退用地，在中心城新增一批小微绿地。积极推进城市立体绿化，见缝插绿，鼓励实施公共建筑屋顶绿化，推动建筑墙体和立交桥垂直绿化。大力推进北京新机场临空经济区、2022年冬奥会场馆区等区域绿化，形成一批景观优美、功能丰富的大尺度公共绿地。

建设景观宜人的绿色乡村。整体推进功能性小城镇绿地系统建设，打造一批花园式生态镇。

3. 恢复河湖水系生态功能

还清河道水体、拓宽水面湿地、保护涵养水源，提升城市河湖环境品质，恢复流域水系生态功能，2017年中心城、新城的建成区基本消除黑臭水体，2020年重要水功能区水质达标率提高到77%，丧失使用功能（劣Ⅴ类）的水体断面比例比2014年下降24个百分点。

重要河湖水系基本还清。2020年全市生态环境用水量达到12亿立方米。统筹截污治污、水源保障和生态治理，完成清河、凉水河、温榆河、通惠河等河流水环境治理，加快还清城市河湖。

恢复和建设大尺度湿地。构建“一核、三横、四纵”的湿地总体布局，恢复湿地

8000公顷，新增湿地3000公顷，全市湿地面积增加5%以上。

提升重点区域水源涵养功能。加强饮用水源保护，在重要水源区上游和源头全面实施生态清洁小流域建设，加大密云水库、官厅水库、怀柔水库等地表水源区生态修复力度，全面实施水库周边库滨带绿化建设。完成2000平方千米小流域综合治理，全市山区主要水土流失区域实现全面治理。

（二）打好环境污染治理攻坚战

“十三五”时期，要坚持源头防控与末端治理并重，集中治理与强化管理并重，切实解决好大气、污水、垃圾等突出的环境问题，形成政府、企业、公众共治的环境治理体系，努力使环境质量得到有效改善。

1. 坚决改善空气质量

以治理PM2.5为重点，继续推进控车、减煤、治污、降尘等措施。

更环保地使用车辆。实施国家第六阶段机动车污染物排放标准和车用燃油标准。推动实施停车自动熄火。淘汰国n以下标准老旧机动车，公共交通行业清洁能源车辆比例力争达到70%，城市货运车全部达到国Ⅳ以上标准。推广使用新能源和清洁能源汽车，增加汽车充电设施。

基本实现能源清洁转型。大幅压减电厂、工业、采暖、民用燃煤总量，2020年煤炭消费总量控制在900万吨以内。华能三期建成并投入运营，关停最后一台燃煤发电机组。推行低氮燃烧技术应用，基本完成各类燃气设施脱硝治理。城六区全境、远郊各区新城建成区的80%区域和市级及以上开发区建成禁燃区，实现无煤化。着力加快推进农村采暖用能清洁化，平原地区所有村庄实现无煤化。2020年全市建成以电力和天然气为主体、地热能和太阳能等可再生能源为补充的清洁能源体系，优质能源消费比重力争提高到90%以上，可再生能源比重达到8%左右。

更有效地管控生产排放。适时修订淘汰类产业、生产工艺和设备指导目录，及时更新修订更加严格的大气污染排放标准。

更严格地治理扬尘。全面推行绿色施工管理。实行建筑垃圾、渣土收运车辆标准化管理，建筑工地全部安装扬尘监控系统。混凝土搅拌站全部实现达标治理，实行更严格的治理标准。推广道路清扫新工艺，控制道路扬尘污染。治理裸露农田、河道和沙地，杜绝秸秆、垃圾、草木露天焚烧。

2. 全面推进水污染治理

全面完成第二个污水处理与再生水利用三年行动方案，坚持集中和分散结合、截污和治污协调，完善截污管网，加快建设污水处理设施，基本实现城镇污水全收集、全处理，城乡污水处理率提高到95%以上。

基本实现污水管网全覆盖。对现有合流制排水系统加快实施雨污分流改造，中心城和新城基本实现雨污分流。加快城乡结合部和城中村污水管网建设，新建、改造污水管线1000千米，基本实现中心城污水全收集。

全面治理污水和污泥。建成清河第二、槐房等中心城污水处理厂，中心城污水处理率达到99%。加快新城、乡镇污水处理设施建设，新城污水处理率达到95%。加强污泥处置设施建设，污泥处理能力达到6400吨/日，基本实现无害化、资源化处理。

3. 加强垃圾污染治理

深入贯彻循环经济理念，按照减量化、无害化、资源化的原则，完善垃圾分类收集、再生利用、无害化处理的全过程管理体系，基本实现人均垃圾产生量零增长、原生垃圾零填埋。把减量放在优先的位置。大力推行绿色设计和清洁生产，推行“光盘行动”，推行“净菜进城”，积极推进新建住宅全装修，推广装配式建造模式，2020年装配式建筑占当年新建建筑的比例达到30%。完善生活垃圾处理收费制度。强化垃圾分类管理。提升垃圾处理能力。建成阿苏卫等生活垃圾处理设施，建成丰台等餐厨垃圾集中处理厂，建成大兴等建筑垃圾集中处理厂。利用水泥窑协同处置危险废物，继续做好电子废物、医疗废物及其他城市固体废物的分类管理和专业化处置。完善垃圾处置责任制度。研究建立生产者责任延伸制度，对工业产品和包装物实行责任回收。强化垃圾管理各区属地责任，实行无害化处理考核。完善生活垃圾跨区处理经济补偿机制。

4. 防治其他污染

加强噪声污染源头预防和执法监管，开展土壤环境监测、调查与评估，制定实施土壤环境治理行动计划，重点推动城市工矿污染用地等的修复治理，严格保护农田土壤。加强放射源和射线装置安全管理。

（三）建设资源节约型环境友好型社会

1. 促进资源节约和高效利用

率先建成节水型社会。严格用水总量控制，2020年全市用水总量控制在43亿立方米以内，实现生产用新水负增长、生活用水控制增长、生态用水适度增长。2020年全市万元工业增加值用水量降到10立方米以下。加强农业综合节水管理，基本实现高效节水灌溉设施全覆盖。全面推广生活节水器具。加强节水宣传教育，在全社会营造爱水护水惜水节水的良好氛围。

能效水平保持全国领先。新建项目能效须达到国际先进水平，进入北京市场电器产品能效水平不得低于n级。大力推广可再生能源在建筑上的应用，积极推广超低能耗建筑。提高居住建筑节能设计标准，绿色建筑在城镇建筑中的比重达到25%以上，基本完成具有改造潜力的老旧小区节能综合改造。实施重点用能单位能效提升行动。基本淘汰能效不达标的电机、内燃机、锅炉等用能设备，实现燃气电厂、燃气锅炉余热余压收集再利用。推进交通运输低碳发展，加快节能与新能源汽车应用，发展绿色物流。开展节约型公共机构创建活动。加快推进节能低碳新技术研发和产业化推广示范。

提高土地节约集约利用水平。制定完善土地节约集约利用配套法规和标准，强化城市空间规划、土地利用规划整体管控和精细化管理。

2. 积极应对气候变化

有效控制二氧化碳等各类温室气体排放，全面提高适应气候变化能力，努力实现二氧化碳排放总量在2020年左右达到峰值。控制温室气体排放。研究制定低碳发展中长期战略和路线图。建立健全碳排放总量控制和交易制度。完善低碳发展区域格局和产业政策，实施近零碳排放区示范工程，建设低碳城市。积极参与国际、省市间低碳技术交流与项目合作，承办好第二届中美气候智慧型/低碳城市峰会。全面提高适应气候变化能力。

（四）加强京津冀生态环境保护

1. 共同建设区域生态屏障

加强与周边区域生态合作，努力构建“东西南北多向连通、河湖路网多廊衔接、森林湿地环绕”的生态格局，共筑区域生态屏障。

完善区域生态安全格局。启动实施密云水库上游张承两市五县600平方千米生态清洁小流域治理工程。加快实施50万亩京冀生态水源林工程，在张承地区实施10万亩农业节水工程和坝上地区退化林分改造试点工程，筑牢北部张承生态功能区生态屏障。共同推动京东南大型生态林带建设，重点加强北京新机场临空经济区周边绿化，在通州、大兴和武清、廊坊等跨界地区集中连片实施退耕还湿、退耕还林工程，在南部地区形成大尺度的绿色开敞空间。以潮白河、北运河为轴线，加强流域森林湿地建设，在东部地区构筑与廊坊北三县相连接的绿化生态带。以永定河为轴线，加强流域综合治理，恢复流域生态功能，实现永定河全流域治理，打通西部地区生态廊道。

推进环首都国家公园体系建设。加强与津冀区域协作，打造一批跨区域的国家级自然保护区、国家森林公园、国家湿地公园。在稳步推动八达岭国家公园体制试点区建设的基础上，积极推动构建野三坡—百花山、雾灵山区域等环首都国家公园体系。

合作建设区域生态廊道。以京沈客专、京唐城际、京霸铁路、京张铁路、京昆高速等主要通道及北运河、永定河等主要河流为重点，完善城市通风绿廊体系，共建京津冀区域大生态廊道，实现主要铁路、公路、河流两侧绿化加宽加厚，加快建设环官厅水库生态圈，形成互联互通的区域生态网络。

2. 建立区域生态协同共赢机制

健全生态环境联防联控机制。加强区域生态环境资源统筹，推动建立跨界的大气、地表水、森林、湿地、地质资源等环境监测预警体系和协调联动机制，推动完善区域环境信息共享机制。强化重污染天气、突发环境事件应急响应机制。进一步推动完善区域森林防火、农业林业有害生物防治、动植物疫病防控等协同机制。完善生态保护补偿机制。推动多方共同出资，建立京津冀生态环境保护建设基金。加大对河北治污支持力度。推动试点先行。推动怀柔区、密云区、延庆区与河北张家口市、承德市共建生态文明先行示范区。推动平谷区与天津蓟县、河北廊坊北三县共建京津冀国家生态文明先行示范区。开展京冀跨区域碳排放权交易。推动建立京津冀区域统一的排污权和水权交易市场。

（五）加快治理交通拥堵

加快构建安全、便捷、高效、绿色、经济的交通体系。深入实施公交优先战略，高标准建设“公交都市”，坚持建管并重、突出管理，强化需求调控，着力增加供给，加强疏解引导，2020年中心城绿色出行比例达到75%，努力实现城市交通拥堵得到有效缓解。

1. 提供便捷的公共交通

加快构建轨道交通为骨架、地上地下相协调的公共交通体系，为市民提供便捷的公共交通，使公共交通成为市民出行的首选。加密轨道交通线网。加快实施北京市轨道交通第二期建设规划，将运营总里程提高到900公里以上，实现区区通轨道。推进3号线、12号线、17号线、19号线一期等中心城骨干线路建设，提升中心城线网密度，中心城轨道交通站点750米覆盖率达到90%，商务中心区等重点功能区线网密度达到世界城市核心区水平。建成S1线、京沈客专、轨道交通平谷线，实现门头沟、怀柔、密云、平谷等新城与中心城的快速轨道交通联系。完善公共交通设施体系。以轨道交通为骨架，推进地面公共交通与轨道交通“两网融合”和一体化服务。围绕轨道交通站点大力发展微循环公共交通系统，提升交通站点集散效率。

2. 加强交通管理服务

完善机动车调控法规政策。坚持小客车总量控制，严格机动车调控。推动停车等交通领域立法。推进交通组织优化。加快建设清河、丰台、新北京东站等火车站，缓解北京北站、北京西站、北京站压力。推进中心城长途客运站及铁路货运场站功能外迁。深化智能交通建设应用。推进交通信息数据共享和“互联网+”应用，为市民提供及时、精准的智能交通信息服务。大力整治停车秩序。进一步完善机动车停车有关管理办法，完成停车资源普查，建立统一监管的停车设施建设运营数字化信息平台。

3. 努力提升交通供给能力

继续加快道路设施建设，畅通微循环道路。完善城市路网结构。改善自行车、步行交通条件，五环路内形成3200千米连续成网的自行车道路系统。科学配建停车设施。

4. 推进京津冀交通一体化

要按照网络化布局、智能化管理、一体化服务的思路，加快实现京津冀交通一体化，改变北京单中心、放射状交通结构，构建京津保唐“1小时交通圈”，形成多节点、网格状区域交通格局。建设高效密集铁路交通网。加快京沈客专、京霸铁路、京张铁路等干线铁路建设，加快京唐、京滨、京石、城际铁路联络线（S6线）等城际铁路建设。充分利用既有铁路资源开行城际、市域（郊）列车，推进市域（郊）铁路建设，实现城镇间轨道交通高速直达。整合铁路和轨道交通资源，促进干线铁路与城际铁路、城市轨道交通的互联互通和高效衔接。

完善便捷通畅公路交通网。加快推进首都地区环线高速公路建设，缓解北京过境交通压力。建成京台、兴延、京秦等高速公路，把109国道提级改造成高速公路，研究推进承平高速（北京段），完成京开高速拓宽改造，打通高速公路“断头路”形成完善的区域高速公路网。推进国省道公路系统提级改造，消除干线公路“瓶颈路段”，构建互联通畅区域公路交通网络。

打造国际一流航空枢纽。高标准建成北京新机场，与首都国际机场共同形成洲际航空枢纽和亚洲门户。优化航线结构，提升北京航空枢纽国际竞争力。加强与津冀机场的分工协作，构建京津冀区域多层级机场群。

完善一体化智能交通服务。推动建立区域一体化综合交通信息平台，推进区域内交通“一卡通”互联互通，提升交通管理智能化水平。

四、加快建设全国科技创新中心

“十三五”时期，要把发展基点放在创新上，增强创新发展能力，深入实施人才优先发展战略，率先形成促进创新的体制机制，从供给侧和需求侧两端发力，释放新需求，创造新供给，推动新技术、新产业、新业态蓬勃发展，构建“高精尖”经济结构，加快建设具有全球影响力的国家创新战略高地，成为国家自主创新重要源头和原始创新主要策源地。

（一）提升全面创新能力

更加注重增强原始创新能力，以科技创新为核心，深入实施全面创新改革，打造技术创新总部聚集地、科技成果交易核心区、全球高端创新中心及创新型人才聚集中心，更好地服务创新型国家建设。

1. 推进全面创新改革

为国家推进全面创新改革进行实践探索，努力做到“市场活、创新实、政策宽”，形成更加有利于创新发展的制度环境。

深化创新创业体制机制改革。深化科技体制改革，激发创新者动力与活力，促进大众创业、万众创新。强化技术创新市场导向机制，健全促进成果转化机制，深化科技成果使用权、处置权和收益权改革，允许科研机构自主决定合作实施、转让、对外投资和实施许可等科技成果转化事项，高等院校、科研院所科技成果转化所获收益可按 70%及以上的比例，划归科技成果完成人及对转化作出重要贡献的人员所有。全面落实《北京市科技计划项目（课题）经费管理办法》，充分调动科研人员创新积极性。改革科技人才评价和激励机制，建立以科研能力和创新成果为导向的科技人才评价标准，依法赋予创新领军人才更大的人财物支配权，实行科技成果入股、股票期权、分红激励等办法，增强对关键岗位、核心骨干的激励。

优化创新创业市场环境。建立完善公平竞争市场审查机制，加大对不利于创新创业的垄断协议和滥用市场支配地位以及其他不正当竞争行为的调查和处置力度。完善全市企业信用信息体系，健全以信用管理为基础的创新创业监管模式。深入实施知识产权战略，打造全国知识产权运营服务平台，建立知识产权创造、运用、保护和管理新机制，营造激励发明创造的政策法制环境。

积极推进试点示范建设。重点推进电子商务、云计算服务创新发展、三网融合、下一代互联网、软件及应用系统等国家试点示范城市和基地建设。围绕城市可持续发展、区域协同和重大民生需求，在大气污染治理、水体污染控制与治理、城市精细化管理、食品卫生、重大疾病、公共安全、新能源汽车等领域，推进实施一批市场需求迫切、技术基础成熟的重大专项，在破解城市发展难题的同时培育有竞争力的新兴产业。

深入开展国际化创新合作。充分利用国际资源开展创新，支持在京科研机构参与全球重大科学计划，与国际领先研究机构共同开展基础性、战略性、前瞻性科技合作研究。支持企业参与国际技术创新合作，鼓励企业在海外布局研发中心，通过并购方式整合国外人才、技术、品牌等资源，利用国际高端创新资源开展研发。完善支持企业技术转移的政策体系。

2. 强化创新引领作用

服从服务国家发展战略，重点提升原始创新和技术服务能力，着力增强对全国创新发展的辐射带动作用，为国家创新发展做出更大的贡献。

大力提升原始创新能力。主动服务国家重大创新战略，全力支持配合国家科学中心、国家实验室、国家重大科技专项、重大科技基础设施和重大科学计划在京实施。开展一批科技前沿和战略必争领域的技术研究项目，抢占国际未来科技发展制高点，重点部署信息、基础材料、生物医学与人类健康、农业生物遗传、环境系统与控制、能源等领域关键问题研究，集中力量实施脑科学研究计划、量子通信研究计划、纳米科学研究计划等重大科学计划，力争取得一批具有国际影响力的原始创新成果。建设好中关村科学城、怀柔科学城和未来科技城等央地共建共享的协同创新平台。中关村科学城重点支持原始创新，聚集产学研创新主体和产业高端要素，集中建设新型特色园区和技术研究院，形成国家知识创新和战略性新兴技术策源地。怀柔科学城重点拓展与中科院合作，依托大科学装置集群和怀柔科教产业园搭建大型科技服务平台，打造我国科技综合实力的新地标。未来科技城重点支持中央企业，聚集一流人才、集成科技资源，深入推进军民、央地融合发展，建成代表我国相关产业应用研究技术前沿水平、引领产业转型升级的创新高地。

积极推进产学研用协同创新。推动科技资源开放共享，加快建设企业主导的产学研用协同创新体系，支持高校建设一批重点实验室、研究中心，培育一批协同创新中心，搭建协同创新平台网络，鼓励高校、科研院所与企业共建研发机构。探索市场化的开放实验室运营模式，建立高校、科研院所科技资源向企业顺畅流动的新机制。

3. 强化人才支撑

落实人才强国战略和首都人才优先发展战略，推进人才发展体制改革和政策创新，形成具有国际影响力的人才制度优势。加快培育创新型人才，引进和集聚更多高端领军人才，建设世界高端人才聚集之都。

让高校持续涌现创新活力。支持在京高校开展世界一流大学、一流学科建设，优化学科专业布局结构，提高重点领域研究的国际影响力，向研究型大学发展。整体提升北京市属高校能力，强化市属高校与国际知名高校、科研院所合作交流，提升人才培养水平、科研能力、高等教育国际竞争力，提高优势学科专业院校的发展水平。推动部分具备条件的市属普通本科高校向应用型大学转变。实施高校科技创新能力提升计划，支持高校开展基础科学研究，围绕领先学科打造高精尖创新中心。加快构建首都特色的现代职业教育体系。

强化创新型人才培养。优化体制机制，构建符合创新型人才成长规律的生态圈。鼓励在京高校与中小学试点协同创新，实现创新课程、创新资源和创新项目的共享和互动，实现创新人才的阶梯化培养。进一步发挥好高校创新人才培养的枢纽作用，完善市属高校与在京高校、境外名校、科研机构和知名企业的高水平人才交叉培养机制试点。通过加大“双师型”教师队伍培养，加强对管理型、职业技能型人才的培养。

积极构建创新人才终身学习和成长体系。

集聚全球高端人才。继续实施“海聚工程”“高创计划”，加快高端人才引进。

优化科技人才流动与配置机制。建立科研人员在事业单位和企业间流动通道，在高校和科研机构设立固定的科技成果转化岗，允许教师兼职或专职从事科技成果转化工作，支持科技人员开展成果转化、创新创业。

（二）全力建设国家自主创新示范区

强化中关村国家自主创新示范区在创新发展中的核心地位，充分发挥人才、科技和知识优势，全面提升引领支撑和辐射带动作用，打造全球创新网络的关键枢纽，建成具有全球影响力的科技创新中心。

1. 深入推进先行先试改革

充分发挥中关村示范区在政策试点、机制探索方面的先行先试作用，形成一批可复制可推广的改革经验，打造具有示范带动作用的改革创新平台。

深入开展示范性政策试点。坚持问题导向和需求导向，深入挖掘“1＋6”政策潜力，推动“新四条”落地，争取新的先行先试政策，在人才集聚、科技金融、技术创新和成果转化等方面不断开展试点并取得突破。深入推进外籍高端人才永久居留资格程序便利化试点，放宽人才中介机构外资出资比例限制试点，支持中关村研究设立民营银行服务科技企业试点，调整存储生物制剂等公用型保税仓库建设标准试点。继续深入开展科技成果使用、处置和收益管理改革试点。积极推进中关村大众创业万众创新综合改革试点、国际化改革试点和财政税收政策试点。

完善中关村创新平台机制。发挥中关村创新平台作用，加强跨层级、跨部门资源整合和统筹协调，完善央地联动、联合审议、分工协同、强化督办的平台机制，强化创新支持与服务支撑。统筹用好各类科技研发和产业资金，强化政策服务，在人才、科技金融、知识产权、工商等方面形成一站式服务模式，更好地满足创新创业需求。

推进园区运营管理创新。建立中关村示范区一区多园统筹发展机制，统筹一区十六园的规划调控、产业空间布局、重大项目选址落地、存量空间盘活利用、利益协调等。探索完善跨区域园区共建、共管、共享机制和模式，鼓励中关村中介服务机构和园区开发建设机构参与共建园区的建设、运营。

2. 加强创新成果转化应用

坚持以市场为导向，通过培育壮大创新企业、深入实施创新成果示范应用、积极探索业态模式创新等途径，全力推进创新成果的转化应用。

培育壮大创新型企业。建立覆盖企业初创、成长、壮大等不同阶段的政策支持体系，深入实施“金种子工程”“瞪羚计划”“十百千工程”。提高大中型企业创新资源整合能力，鼓励开展并购重组、委托研发和知识产权整合，加快培育一批具有国际竞争力的创新型领军企业。加快培育科技型中小企业，支持民营科技企业、小微企业等开展自主品牌建设，增强企业创新活力和持续竞争力。充分发挥企业创新主体作用，深入实施企业研发机构建设工程、企业研发投入引导工程和企业创新环境优化工程，完善企业主导型的产业技术研发体制机制，引导和支持创新要素加快向企业集聚。

深入实施创新成果示范应用。健全创新产品、服务采购政策体系，建立完善新技术新产品供需对接机制和市场推介机制，鼓励采用首购、订购、首台（套）重大技术装备以及政府购买服务等方式，促进创新产品的研发和规模化应用。

积极探索业态、模式创新。发挥中关村核心区示范带动作用，深入推进产业业态创新。大力发展互联网型业态，将互联网作为生产生活要素共享的重要平台，深化互联网跨界融合。发展平台型业态，依托业务协同与信息集成，发展资本运作、网络运营、应用服务、基础支撑等平台。提升知识型业态，围绕创新链条的服务需求，重点促进研发设计、技术转移等新兴业态发展。探索发展新的商业模式，支持新兴社区经济、互动体验式购物、新型在线混合型教育、在线健康医疗服务等基于互联网的模式创新。鼓励发展新的创业模式，支持众创、众包、众扶、众筹发展。大力营造勇于创新、宽容失败的社会氛围。

3. 完善创新创业生态系统

优良的创新创业生态系统是中关村示范区的核心竞争力。要全面提升创新创业服务能力，强化科技金融创新支撑，形成辐射带动全国和区域创新发展的创新创业环境。

提升创新创业服务。培育一批高端化的创业导师队伍，建设一批生态化的创业示范社区，支持一批品牌化的创业活动，催生一批全球化的新型创业机构。打造创业要素集聚化、孵化主体多元化、创业服务专业化、创业资源开放化的创新创业服务格局。建设具有中关村特色的“众创空间”，以大型科技园、创新型孵化器、留学人员创业园、创业孵化示范基地为主体，发展市场化、专业化、网络化的众创空间。支持新型创业社区和创新型社会组织发展，积极稳妥推进中关村社会组织登记管理改革试点。

强化科技金融创新支撑。加快建设国家科技金融创新中心，建立从实验室、产品中试到生产的全过程科技创新融资模式，促进科技成果资本化、产业化。健全多层次资本市场，支持全国中小企业股权转让系统创新发展，推动机构间私募产品报价与服务系统在京发展，加快北京区域性股权交易市场建设。推动科技企业债务融资工具创新，拓宽企业融资渠道。完善创业投资引导机制，支持天使投资和创业投资发展，引导民间资本设立科技成果转化创业投资基金，鼓励投资者进行长期技术创新投入。支持境外股权投资、创业投资机构集聚和发展，引导境外资金投向创新型企业。争取在中关村开展互联网金融综合试点。推进北京保险产业园建设。在科技信贷、科技保险、外汇管理等方面开展金融服务创新。

（三）加快构建“高精尖”经济结构

加快构建“高精尖”经济结构是引领经济发展新常态、落实首都城市战略定位的必然选择。“十三五”时期，要着眼提质增效，增强经济内生增长动力，调整三次产业内部结构，推进产业功能化、功能集聚化，发挥高端产业功能区的集聚带动作用，加快形成创新引领、技术密集、价值高端的经济结构，促进首都经济在更高水平上平稳健康发展。

1. 进一步优化首都经济结构

严格落实首都城市战略定位，坚定不移地推进经济结构优化，全面提升首都经济发展质量。

优化发展服务经济。服务业是提升首都功能、增强首都经济综合实力、保持首都经济平稳发展的重要基础。巩固服务业优势地位，推动生产性服务业向专业化和价值链高端延伸、生活性服务业向精细和高品质转变，提升“北京服务”品牌影响力，努力形成可复制、可推广的经验。

优化发展知识经济。发挥创新的引擎作用，积极发展知识密集型、技术密集型产业和业态，提高首都经济的核心竞争力。创新产业组织方式，向轻型化、智能化、专业化方向发展，促进产业提质增效升级。

优化发展绿色经济。落实绿色发展理念，完善鼓励绿色经济发展的政策，推动形成绿色低碳循环的经济发展新方式。建立有利于生态建设的市场机制，切实推进资源集约利用和环境保护，培育壮大绿色产业，提高首都经济的可持续发展能力。

优化发展总部经济。总部经济是促进北京产业升级、推动经济发展方式转变的重要力量。发挥在京总部企业引领带动作用，依托总部人才、资本、技术、管理等优势资源，提高全球配置资源能力和控制力。

2. 加快推进产业转型升级

坚持三产提级增效发展、二产智能精细发展、一产集约优化发展，深化调整三次产业内部结构，促进三次产业融合发展，加快构建与首都城市战略定位相适应、与人口资源环境相协调的现代产业体系。

加快发展生产性服务业。巩固扩大金融、科技、信息、商务服务产业优势。以释放服务资源效能、提升综合服务功能为导向，大力培育研发设计、节能环保、融资租赁、电子商务等新兴优势产业，积极发展现代物流业，发展壮大会展经济，形成创新融合、高端集聚、高效辐射的生产性服务业发展新模式。

提高生活性服务业品质。实施提高生活性服务业品质行动计划，加强便民网点建设，促进新型商业模式发展，探索服务功能集成，引导业态转型升级，推动绿色发展，支持老字号企业发展壮大，提升旅游业发展水平，提升农村商贸流通现代化水平，推动生活性服务业便利化、精细化、品质化发展。

大力发展战略性新兴产业。大力发展电子信息、生物医药、新能源、新材料、智能制造、航空航天、新能源汽车、轨道交通等战略性新兴产业。积极推进第五代移动通信（5G）、未来网络、可穿戴医疗设备、基因检测、3D 打印、第三代半导体材料、智能机器人等领域发展。到 2020 年，战略性新兴产业创新能力大幅提升，掌握一批达到世界先进水平的关键核心技术，培育一批国际知名品牌和具有较强国际竞争力的跨国企业，形成一批拥有技术主导权的产业集群。

加快推动文化产业发展。以整合优质资源、壮大市场主体、提升品牌服务能力为重点，巩固提升文化艺术、新闻出版、广播影视等传统优势行业，培育壮大设计创意、数字出版、新媒体等新型文化业态，提升文化产业竞争力和影响力。

发展都市型现代农业。加快推动农业调结构、转方式，促进与二三产业融合发展。注重农业生态功能，推进高效节水农业、循环农业、现代种业、生态旅游农业发展。保障农产品质量安全，发展精品农业，打造管理服务精细、产业产品高端的都市现代农业“升级版”强化农业的休闲度假、城市应急保障、科研科普等综合服务功能。

3. 提升产业智能化水平

抓住全球新一轮科技革命和产业变革的重大机遇，充分发挥北京科教、智力、信息资源富集优势，大力推动“互联网+”、智能制造等新技术、新模式、新工艺在各领域的广泛应用，培育产业智能化发展新优势。

促进制造业智能精细发展。深入实施《〈中国制造2025〉北京行动纲要》。坚持分类指导，就地淘汰落后产能，有序转移存量企业，改造升级优势企业，转换制造业发展领域、发展空间和发展动能。聚焦发展创新前沿、关键核心、集成服务、设计创意和名优民生等五类高精尖产品，实施新能源智能汽车、集成电路、智能制造系统和服务、自主可控信息系统、云计算与大数据、新一代移动互联网、新一代健康服务、通用航空与卫星应用等重大专项。

大力实施“互联网+”行动。积极培育基于互联网的新技术、新服务、新模式和新业态。推进“互联网+”在金融、文化、商务、旅游、制造、能源、农业等产业的融合创新，促进产业转型升级。盘活各类社会资源，规范发展分享经济。推进“互联网+”在公共安全、生态环境、城市交通等行业的广泛应用，提高城市运行管理智能化水平。推进“互联网+”在教育、医疗、养老等领域的服务创新，优化公共服务供给和资源配置。

4. 大力发展服务消费

发挥消费促进增长的基础作用，通过优化服务供给刺激消费需求，以消费升级引领有效投资，释放内需潜能，促进消费与投资良性互动，推动经济增长动力转换。适应居民消费升级新需要，实施健康、养老、信息、旅游休闲、绿色、住房、教育文体等领域促消费行动，着力培育消费热点。培育新型服务消费，促进互联网消费、跨境电子商务等新业态健康快速发展，发挥首都优势引导境外消费回流。加强消费金融创新，有针对性地鼓励和扩大消费信贷。建立多元参与的消费者权益保障和社会监督机制，营造安全放心、诚信友好的社会消费环境。

（四）推动京津冀协同创新与产业协作

在区域一体化格局下谋划北京的产业布局，加快推动区域协同创新与产业升级转移，着力推进协同创新共同体建设，贯通产业上下游链条，构建科技功能分工明确、产业链与创新链高效衔接、创新要素有序流动与共享的区域创新驱动发展格局。

1. 推进京津冀协同创新共同体建设

以促进创新资源合理配置、开放共享、高效利用为主线，以深化科技体制改革为动力，推进区域协同创新，打造引领全国、辐射周边的创新发展战略高地。

强化协同创新支撑。积极推进京津冀区域全面创新改革试验，全面打造协同创新共同体，探索一批可在全国复制、推广的改革措施和创新性政策。推进区域创新资源统筹合理配置、创新链条梯度衔接、创新体制机制协调联动，形成具有区域特色的创新制度安排和政策体系。按照三省市科技创新分工协作安排，重点提升原始创新和技术服务能力。

完善协同创新体系。积极推动京津冀三地创新主体市场化合作，协同实施一批技术创新工程，联合建立一批产业技术创新战略联盟，联合组建一批高端实验室、技术中心、工程（技术）研究中心，共建一批科技园区和创新社区，构建企业、高校院所、产业投资机构、科技咨询机构等多主体参与的创新合作体系。围绕传统产业升级改造、新兴产业培育、大气污染治理、城市综合运行等方面，加强关键技术联合攻关和集成应用。

推动区域创新资源共享。发挥首都科技条件平台作用，建设首都科技大数据平台，为京津冀三地企业、科研机构提供联合研发、测试检测、技术转移等多种服务。促进大型科学仪器设备、重大科技基础设施、重大科学工程和科技信息资源等的共享共用。建立跨区域创新协作服务平台，引导北京创新创业服务机构在津冀设立分支机构。与津冀共同建立区域人力资源开发孵化基地，加强创新人才和科技人才的联合培养，加强区域科技人才制度衔接。

2. 推动产业对接协作

在京津冀区域范围内理顺产业发展链条，优化产业结构，依托重点企业搭建对接协作平台，促进区域间、产业间循环式布局。

推进产业转移协作。建立健全产业有序转移的需求发现和对接服务机制，支持企业跨行业、跨区域开展合作。不断提升首都科技、信息、金融、商务等服务业的辐射带动能力，合作搭建京津冀服务业融合创新和展示交易平台，推动形成覆盖区域的生产性服务业辐射圈。加快旅游服务网络一体化，推动建立京津冀大旅游格局。积极构建京津都市现代农业区和环首都现代农业科技示范带，推进区域农产品研发、产销、服务一体化建设，推动环京津 1 小时鲜活农产品物流圈建设，建立区域性农产品监测结果互认和质量可追溯制度体系，保障农副产品质量安全。

促进优势产业链条发展。在联动发展基础较好、产业链条较长、发展空间较大的重点领域，加强产业链条与价值链条对接协作，引导合理分工，重点促进航空航天、新能源装备制造、智能终端、大数据、生物医药产业、汽车等跨区域优势产业链发展，推动产业加快转型升级。

3. 优化区域产业合作格局

充分发挥“六高四新”高端产业功能区作用，推动京津走廊、京广线、京九线三条产业带协同发展，共同建设“4＋N”战略合作功能区。

优化提升高端产业功能区。加快推动高端要素资源向“六高四新”集聚，完善高端产业功能区配套服务体系，增强产业承载能力，培育各具特色的优势产业集群。严格资源、环保、人口等准入标准，完善投入产出评价体系，强化效益考核，提高园区产出效益，提升高端化、集约化发展水平，增强对全市经济发展的支撑能力和带动京津冀产业协同发展的能力。

推动三条产业带协同发展。沿京津走廊，强化京津冀地区科技研发和成果产业化功能，推进北京经济技术开发区建设，以电子信息、高端装备、航空航天、生物医药、新能源汽车等产业为重点，建设高新技术产业带。沿京广线，统筹利用永定河绿色生态廊道的良好生态环境，以丰台园区、石景山园区、门头沟园区、中关村南部（房山）科技创新城等为节点，强化科技创新资源向南辐射，带动周边区域创新发展。沿京九线，推动沿线地区转型升级发展。

构建“4＋N”产业合作格局。发挥首都创新优势，聚焦曹妃甸协同发展示范区、北京新机场临空经济区、天津滨海—中关村科技园、张承生态功能区等四大战略合作区，通过资本输出、技术输出、管理输出、人才输出、品牌输出、服务输出等协作方式，引导一批企业向合作功能区转移，形成京津冀区域产业对接协作的集聚效应和示范作用。

五、着力建设全国文化中心

文化是城市的灵魂和软实力。北京文化底蕴深厚，是享誉世界的历史文化名城，加强全国文化中心建设，是中央赋予北京的责任。“十三五”时期，要坚持社会主义先进文化前进方向，建设社会主义核心价值观精神高地，促进物质文明和精神文明协调发展。处理好继承与发展的关系，切实保护好历史文化名城金名片。大力促进文化创新，构建现代公共文化服务体系，推动文化产业蓬勃发展，扩大文化交流传播，强化全国文化中心的凝聚示范、辐射带动、展示交流和服务保障功能，建设社会主义先进文化之都。

（一）建设社会主义核心价值观精神高地

“十三五”时期，要坚持社会主义核心价值观，繁荣发展社会主义先进文化，促进文化自觉自信，建设社会主义核心价值观精神高地。

（二）保护好历史文化名城金名片

“十三五”时期，要统筹保护和利用历史文化资源，进一步恢复提升古都风貌，弘扬传统优秀文化，延续城市历史文脉，优化现代城市设计，彰显北京古老与现代交相辉映的独特魅力。

1. 构建整体保护格局

系统梳理历史文化资源，开展古都风貌关键节点织补，持续推动“一轴一线”历史文化魅力走廊建设，在加强旧城保护的基础上，实施好历史文化名城整体保护。恢复“一轴一线”魅力景观。继续推动中轴线申遗，实施中轴线文物保护工程，继续开展景山寿皇殿古建筑、大高玄殿等文物古建保护修缮。传承晨钟暮鼓文化，开展钟鼓楼—地安门沿线建筑风貌整治，促进与什刹海、南锣鼓巷地区的整体风貌协调，增强区域文化氛围。开展天坛、先农坛地区综合整治，完成天坛医院等单位外迁，整体恢复天坛风貌。推进南中轴森林公园建设，与奥林匹克森林公园遥相呼应，赋予中轴线更多时代内涵。开展朝阜大街沿线白塔寺、隆福寺地区修缮更新，优化沿街环境及业态，建设有老北京特色、多元文化交融的魅力走廊。

加强旧城整体保护。坚持从文物与历史建筑、街区、旧城整体等层次开展全面保护，织补历史景观，保护传承物质空间衍生的传统文化，展现独特的古都风貌。结合非首都功能疏解和棚户区改造，有序腾退不合理使用的文物建筑。继续开展历史文物修缮，进一步扩大文物开放数量，推进历史文化遗产资源合理利用。保护好历史文化街区特色，注重北京特色文化的传承，推进南锣鼓巷、东四三条至八条等胡同环境综合整治，开展大栅栏地区有机更新试点，完成鲜鱼口街历史风貌恢复，塑造古都商贸及市井民俗风情窗口。严格控制旧城整体空间形态，保护好旧城“凸”字形城廓、棋盘式道路网骨架和街巷胡同肌理，加快推进标志性历史建筑恢复工程，改造整治旧鼓楼大街、鼓楼西大街等重点历史街道，推进玉河南段、前门月亮湾地区护城河等历史河湖景观恢复，重现水穿街巷历史风貌。努力恢复传统建筑色彩、街道对景、城市景观线，让人们可以找到更多记忆中的老北京城。整合串联旧城自然人文资源，建设融旅游、文化休闲、绿化美化等功能为一体的“皇城文道”为市民提供“绿荫漫步、文化随行”的休憩空间。

推进区域文化遗产连片、成线保护利用。挖掘区域文化遗产整体价值，制定实施北部长城文化带、东部运河文化带、西部西山文化带保护利用规划。北部推进长城文化带保护利用，加强红石门、古北口、箭扣、南口等处长城的修缮与利用，统筹八达岭、居庸关、慕田峪等沿线历史文化资源，推动长城区域联合保护。打造东部运河文化带，统筹保护白浮泉、高粱（闸）桥、古河道等水利工程遗产，紫竹院、积水潭等古典园林，朝阳八里桥、通州三教庙、燃灯佛舍利塔等古建筑，传承运河文化。西部以三山五园一八大处为核心，恢复香山文物历史景观，实施北法海寺等文物保护工程，恢复传统京西稻田景观，建设中法友好文化交流基地，强化园林间的联系，打造荟萃自然风光、皇家园林文化遗产和近现代史迹的文化景观。西南部推动永定河流域历史文化长廊建设，统筹利用京西古道、妙峰山香道、三家店、卢沟桥一宛平城、西周燕都遗址、堂上、云居寺等历史民俗、红色抗战、宗教寺庙资源，再现城市襟山带河的山水大势。

保护利用古文化遗址和工业遗产。推进圆明园、周口店等国家级考古遗址公园建设，开展考古调查、勘探、发掘、遗址保护及形象化展示等工作。保护与发展名镇名村、传统村落，重点开展石景山模式口、门头沟爨底下村、房山水峪村、密云古北口镇等传统村镇的科学保护、合理利用和环境整治，保护好地域文化特色。开展首钢、长辛店、京西煤矿等工业文化遗产及优秀近现代建筑等保护利用。

2. 传承弘扬优秀文化

坚持“文”和“物”保护并重，深化各类优秀历史文化资源的研究利用，传承优秀民族和民俗文化。加强城市文化设计，创造新的能够世代相传的城市遗产，延续中华历史文脉，焕发名城现代风采。

3. 创新推进保护和传承

把握历史文化名城保护工作中的关键问题，完善体制机制，创新保护模式，健全法规规章，强化科技运用，创新推进历史文化名城保护工作。

（三）提供丰富多彩的文化服务

1. 提供更多更好的公共文化服务

按照保基本、促公平、提效能的思路，完善基层公共文化服务设施网络，开展丰富多彩的文化服务和活动，继续加强重大功能性公共文化设施建设，构建首都现代公共文化服务体系。完善基层公共文化服务体系。着力推进集文化休闲、教育培训、体育健身于一体的街道（乡镇）综合服务设施建设，加强资源统筹，创新公共文化设施运营模式，依托社区（行政村）综合公共服务设施，拓展便民文化服务、社区交流功能空间。加强文化惠民。提升文化馆、图书馆、博物馆、美术馆、档案馆、方志馆等的服务水平，继续推动部分公益性文化设施向社会免费开放。加强重大功能性文化设施建设。建成国家美术馆新馆、中国工艺美术馆、中国国学中心等国家级文化设施。推动国家大马戏院建设。建成北京市文化艺术中心、北京国际戏剧中心、国家大剧院舞美基地、北昆国际文化艺术中心等市级公共文化设施，完成北京画院改扩建工程，建设北京市非物质文化遗产展示中心、北京市国际文化艺术交流中心。在奥林匹克中心区、新首钢高端产业综合服务区、北京经济技术开发区等北部、西部、南部区域规划建设专题类博物馆、剧场，优化大型公共文化服务设施布局。

2. 推动文化产业蓬勃发展

发挥政府引导作用，严格执行《北京市文化创意产业发展指导目录》，着力推进文化创新，促进文化与科技对接，积极培育新型文化业态，进一步推动文化市场繁荣健康发展，引导形成高端引领、创新驱动、绿色低碳的“高精尖”文化创意产业体系。

优化提升传统优势文化行业，唱响文化主旋律。加大版权保护力度，政府性资金向原创环节倾斜，鼓励优秀文化艺术创作。推动出版企业做强，加快数字出版业发展，建设北京国家数字出版基地。加快影视节目生产制作数字化应用，促进电影产业数字化转型。

积极布局下一代广播电视网，推进影视投资、制片、发行等核心资源在京发展，支持行业龙头企业规模化经营。发展壮大创意交易行业。做大做强设计服务、广告会展、艺术品交易三大创意交易行业，提升行业服务能力。

促进文化与科技融合。加强重点文化创意产业功能区建设，发挥好市级文化创意产业示范园区的引领带动作用，以中国北京出版创意产业园区、国家文化产业创新实验区、国家对外文化贸易基地（北京）、中国乐谷、中国（怀柔）影视产业示范区等为支点，发挥科技、文化融合带动作用，提升产业附加值和功能区内涵，形成文化创意产业与科技、金融、旅游等相关产业高水平、深层次、宽领域的融合发展格局。积极培育以数字内容、新媒体等为主体的文化科技融合产业，有效扩大和引导文化消费。支持具有自主知识产权的网络游戏引擎、3D动漫电影等动漫游戏技术的研发创新。加快移动音乐、网络视频、微电影等数字音视频业态发展。促进视听新媒体发展，使优秀传统文化瑰宝和当代文化精品佳作通过现代网络终端广泛传播。

（四）扩大文化交流传播

坚持“服务全国、面向世界”，吸收一切人类优秀文化成果在北京融合汇聚、展示交流，创新传播渠道，推动文化贸易，讲好中国故事、北京故事，提升中华文化的国际影响力。

六、加强国际交往中心建设

强化国际交往功能、服务国家开放大局是北京的重大任务。构建开放型经济新体制是北京深度参与全球分工、提升国际竞争力的必由之路。要适应国家对外开放新形势，持续优化为国际交往服务的软硬件环境，不断拓展对内对外开放的广度和深度，积极培育国际合作竞争新优势，打造具有首都特色的全方位、宽领域、多层次对外开放新格局，把北京建设成高端资源聚集、国际交往活跃、国际化服务完善、国际影响力凸显的国际活动聚集之都。

（一）强化国际交往服务能力

完善外事服务设施，优化国际化服务环境，全面提升服务国际交往的软硬环境水平，建设国际城市，为国际交往提供更好的服务。

推动国际高端要素加快集聚。吸引国际组织、跨国公司在京设立总部或分支机构，建设世界高端企业总部聚集之都。建设一批具有国际知名度的高端智库，打造国际性智库集聚地。加快汇聚一批能突破关键技术、引领新兴学科、带动新兴产业发展的战略科学家和创新创业领军人才。多渠道支持企业、机构加入各类国际组织，积极推荐企业家、专家到国际组织任职。

增强国际交往服务能力。加快完善常态化服务保障机制，增强在京举办重要外交外事和重大国际活动服务保障能力。承办好 2019 年世界园艺博览会、2020 年世界休闲大会、2019 年男篮世界杯等重大国际活动和体育赛事。打造和培育符合首都城市战略定位的特色品牌活动，进一步提升京交会、科博会、文博会、金博会、北京国际电影节等品牌活动的国际影响。增强世界旅游城市联合会的国际影响力。深化城市间国际合作和友城交流，支持民间社会团体开展对外交流。

打造国际化公共服务体系。在出入境、金融、教育、医疗、交通等方面为外籍人员提供更加便利的工作和生活环境。在国际交往活动集中区域，打造一批具有示范效应的国际化社区。大力推广 APEC 商务旅行卡，共同推动在京津冀区域开展 72 小时过境免签异地出入境政策试点，进一步完善离境退税政策及其配套服务环境。加强外语广播、电视等外语公共服务，主要公共场所外语标识基本达到全覆盖。加强国际文化、礼仪的宣传，营造开放、文明、包容的人文环境。

强化国际交往的承载能力。提高中心城特别是东城区、西城区综合服务保障能力，重点服务好国家重大外交外事活动，扩展国际科技与文化交流合作，形成具有高品质综合服务保障能力的国际交往核心区。引导国际交往功能向新城拓展，提升怀柔雁栖湖生态发展示范区配套服务水平，积极承接高端国际会议；依托国际航空港优势，完善顺义、大兴国际化综合配套服务设施。加强京津冀区域国际交往功能协作，探索京津冀重大国际活动联合承办和协同保障机制。

（二）服务国家“一带一路”战略

充分发挥国家“一带一路”战略向北开放重要窗口和中蒙俄经济走廊重要节点城市作用，主动融入和服务国家“一带一路”战略，建立与亚投行、丝路基金等平台的对接机制，实施一批重大项目，培育一批重点企业。深入推进与沿线国家首都城市和特大城市政府间的合作，推动形成常态化的人文交流机制。

推进基础设施领域合作。深度参与北京—莫斯科欧亚高速运输走廊等国家战略性重大基础设施项目建设，着力构建陆路、陆海、航空、网络综合运输传输通道。

加快产业投资步伐。推动一般性投资贸易合作向标准、品牌、研发设计、国际营销等领域拓展，支持优势产业加强与“一带一路”沿线国家国际产能和装备制造合作，带动技术、标准、品牌和服务的输出。

加强人文领域交流合作。大力推进文化、体育、教育、卫生、旅游等领域的交流合作，通过互办文化年、艺术节、电影节、体育发展论坛等形式，开展丰富多彩的文化体育交流活动。

(三) 培育“双向开放”新优势

统筹贸易与投资，坚持引进来和走出去并重、货物贸易与服务贸易并进、引资和引技引智并举，发展更高层次的开放型经济。

深入开展服务业扩大开放综合试点。有序放宽市场准入，改革监管模式，创新公共服务方式，推动科学技术服务、互联网和信息服务、文化教育服务、金融服务、商务和旅游服务、健康医疗服务等领域扩大开放，进一步深化对外投资管理体制改革，优化配套支撑体系，提高北京服务的辐射带动能力和品牌影响力，使北京服务业扩大开放综合试点成为国家全方位主动开放的重要实践。提升服务贸易发展水平，促进制造业与服务业、货物贸易与服务贸易协调发展，提高货物贸易中的服务附加值。2020 年全市服务贸易进出口总额达到 2000 亿美元左右，继续保持全国领先水平。进一步完善和增强京交会功能，实现由中国服务贸易龙头展会向全球服务贸易知名展会的新跨越。

创新对外投资合作方式。培育具有国际竞争力的本土跨国公司群，完善促进对外投资发展的综合政策，通过资本输出带动标准、技术、服务、商品输出，打造一批具有国际知名度的本土品牌。增强对外投资和扩大出口的结合度，优先支持能够带动关键领域和技术实现重大突破的对外投资项目，鼓励优势产业到境外建立稳定的资源供应基地、生产制造基地和贸易平台。支持设计咨询、资产评估、信用评级、法律服务等国际服务中介机构发展。深化与境外园区合作，建设符合企业需求的海外产业园区、研发基地、产业孵化基地，为企业集群式走出去提供服务。构建政策性金融和商业性金融相结合的境外投资金融支持体系，推动金融资本和产业资本联合走出去。打造境外投资信息服务平台，为企业开展境外直接投资提供多方位、全流程的信息支撑。完善对外投资合作预警、风险防范和境外突发事件处理机制。

有效提升利用外资的质量。完善外资引进消化吸收再创新机制及相关配套政策，提升外资成果转化能力。推进京津冀区域内投资促进政策统一协调，形成区域内合理分工布局的产业链招商机制。“十三五”期间，全市实际利用外商直接投资超过 500 亿美元，其中服务业占比超过 85%。

加快转变外贸发展方式。支持具有自主知识产权和自主品牌的企业出口，培育外贸转型升级基地，加强优势产品出口基地建设，打造出口产品设计中心，推进加工贸易企业向全球贸易价值链高端延伸，2020 年全市“双自主”企业出口占出口总额的 25%以上。高水平规划建设北京新机场口岸及配套海关特殊监管区，建设空港贸易便利示范区，强化与天竺综合保税区港区联动效应；推动平谷国际陆港申请正式对外开放，打造以食品、农产品进出口为主的特色口岸；加强与津冀海运口岸协作，加快推进通州口岸功能区建设。巩固京津冀区域通关一体化改革成果，为总部企业提供一揽子通关服务。大力推动跨境电子商务发展，推进监管模式创新，打造立足北京、服务京津冀、辐射全国的跨境电子商务公共服务大数据平台，推动形成京津冀跨境电子商务园区政策共享、关联企业互助、物流配送互动的协同发展格局。

把创新作为引领发展的第一动力
——重庆市“十三五”规划纲要（经贸部分摘要）

一、全面建成小康社会

到2020年全面建成小康社会，是党中央确定的“两个一百年”奋斗目标的第一个百年奋斗目标。“十三五”时期是全面建成小康社会的决胜阶段，要确保如期全面建成小康社会。

（一）发展环境

“十二五”时期是很不平凡的五年，是我市发展势头好、城乡面貌变化大、人民群众实惠多的五年。面对复杂多变的宏观环境和艰巨繁重的改革发展任务，在党中央坚强领导下，我市紧紧围绕“科学发展、富民兴渝”总任务，务实进取，开拓创新，奋发有为，顺利完成“十二五”规划确定的主要目标任务。全市地区生产总值年均增长12.8%，总量突破1.5万亿元；人均地区生产总值突破5万元，超过全国平均水平；常住居民人均可支配收入突破2万元，综合经济实力大幅提升，经济结构调整取得显著成效，改革开放取得重要突破，社会事业全面发展，生态环境持续改善，人民生活水平不断提高，全面建成小康社会迈出坚实步伐。

（二）指导思想和基本原则

高举中国特色社会主义伟大旗帜，全面贯彻党的十八大和十八届三中、四中全会、五中全会精神，以马克思列宁主义、毛泽东思想、邓小平理论、“三个代表”重要思想、科学发展观为指导，深入贯彻习近平总书记系列重要讲话精神和视察重庆重要讲话精神，坚持以人民为中心的发展思想，全面落实“四个全面”战略布局，坚持发展是第一要务，顺应发展大势、遵循发展规律、创新发展理念，围绕“科学发展、富民兴渝”总任务，大力实施五大功能区域发展战略，加快转换发展动力，进一步提高发展质量和效益，进一步促进社会公平正义，进一步创新社会治理体系，统筹推进创新发展、协调发展、绿色发展、开放发展、共享发展，全面加强经济建设、政治建设、文化建设、社会建设、生态文明建设和党的建设，确保如期全面建成小康社会、开启社会主义现代化建设新征程。

（三）发展目标

——经济发展实现新跨越。经济保持年均增长9%左右，发展的平衡性、包容性、可持续性不断增强。到2017年，地区生产总值和城乡居民人均收入比2010年翻一番；到2020年，全市地区生产总值迈上2.5万亿元新台阶，人均地区生产总值达到7.5万元左右，城乡居民人均收入同步提升并力争达到全国平均水平。加快建设国家重要现代制造业基地，服务业比重进一步上升。加快建设国内重要功能性金融中心，金融结算、金融交易、资金融通、保险保障、金融普惠等功能更加凸显。加快建设西部创新中心，创新驱动发展能力显著增强。加快建设内陆开放高地，与国际接轨的内陆开放型经济新体制更加健全。经济发展方式转变和经济结构战略性调整取得重要进展，充分发挥西部开发开放战略支撑功能和长江经济带西部中心枢纽功能，基本建成长江上游地区经济中心。

——民主法治建设迈出新步伐。民主制度更加健全，民主形式更加丰富，人民群众权益得到充分尊重和切实保障，积极性、主动性、创造性进一步发挥。科学民主决策制度更加健全。全面依法治市深入推进，政府职能转变取得显著进展，基本建成法治政府和服务型政府，司法公信力明显提高。

——文化进一步繁荣发展。中国梦和社会主义核心价值观深入人心，城乡居民科学文化素养和健康文明素质普遍增强，向上向善、诚信互助的社会风尚更加浓厚，社会公德、职业道德、家庭美德、个人品德水平显著提高，城市整体文明程度明显提升。文化事业和文化产业快速发展，文化产业增加值占地区生产总值的比重达到4%左右，文化软实力显著提升，文化强市建设深入推进。

——生态文明建设全面加强。生产方式和生活方式绿色、低碳水平明显提升。能源利用效率不断提高，单位地区生产总值能耗、单位地区生产总值二氧化碳排放强度进一步降低，主要污染物排放总量持续减少。长江干流水质总体稳定在Ⅲ类，主城区空气质量优良天数比率达到82%，森林覆盖率稳步提高至46%。生态环境质量明显提升，建成生态文明城市。

——社会治理创新取得新成效。完善社会管理体制，优化社会治理格局，充分释放社会组织活力，构建起高效便捷的网格化管理和社会化服务体系、畅通有序的社会矛盾调处和权益保障工作体系、全方位立体化的公共安全体系，推进社会治理的精细化、科学化和法治化，人民群众的安全感、满意度显著提升。

——人民生活水平迈上新台阶。物价保持基本稳定。就业比较充分，累计新增就业300万人左右。就业、教育、文化、社保、医疗、住房等公共服务体系更加健全，建成更加公平可持续的社会保障制度，初步实现基本公共服务均等化，不断提高人民生活质量、健康水平和文明素质，获得感、安全感、幸福感显著增强。到2017年，基本实现我国现行标准下农村贫困人口脱贫，贫困区县（自治县）全部“摘帽”，基本解决区域性整体贫困。

二、推进创新发展

（一）着力培育发展新动能

1. 适度扩大总需求

围绕释放新需求、创造新供给，充分发挥投资的关键作用，更好发挥消费的基础作用，巩固提升出口的促进作用，不断增强“三驾马车”拉动经济增长的均衡性、协同性和持续性。

着力优化投资。改善投资结构，提高投资效率，改革投资方式，扩大有效投资，保持投资合理增长，累计完成全社会固定资产投资 9 万亿元，产业结构调整投资比重提升至 50%左右。完善促进投资的制度安排，以规划确定项目，加强项目储备和要素保障。坚持企业投资主体地位，推动经营性、有收益的领域全面向市场放开，优化企业投资服务。强化对基础设施互联互通建设、战略性新兴产业发展、传统产业转型升级，以及公共产品和公共服务领域的投资。坚持以项目平衡资源、以效益吸引投资，以信用体系支撑投融资模式创新，发挥好政府投资的导向作用和社会投资的支撑作用。改革政府投资管理方式，原则上不直接投入市场机制能够有效调节的竞争性领域。强化政府投资项目监管，完善科学民主、审批透明、监督问效的政府投资机制。

积极培育消费。适应新常态下需求结构升级趋势，优化供给结构，增加有效供给，促进消费升级，社会消费品零售总额达到 1 万亿元左右。发展多层次、多样性的新兴消费业态，培育形成消费新增长点。优化消费环境，完善市场监管体系，切实保护消费者权益。

持续扩大出口。优化出口结构，创新出口方式，保持进出口规模中西部地区领先地位。发挥内陆口岸高地优势，巩固电子、汽车等产品出口优势，促进装备制造和大型成套设备出口，推动高技术含量、高附加值产品出口。大力发展跨境电子商务等对外贸易新业态，培育壮大进出口新增长点。加大国际市场开拓力度，在境外布局展示展销和物流分拨中心，推动更多“重庆造”产品“走出去”。

2. 提升有效供给能力和水平

加大结构性改革力度，着力去产能、去库存、去杠杆、降成本、补短板，优化要素配置，扩大有效供给，提高供给结构的适应性和灵活性，提高全要素生产率，为经济发展注入新动力。

积极稳妥化解无效低效产能。按照企业主体、政府推动、市场引导、依法处置的办法，因地制宜、分类有序淘汰落后产能，妥善处置“僵尸企业”和空壳公司，促进生产要素从供给老化产业向新兴产业转移。依法为实施市场化破产程序创造条件，减少生产要素自由流动的供给抑制。严格控制增量，防止新的产能过剩。以满足新市民住房需求为主要出发点，加快建立购租并举的住房制度，化解房地产库存。

创新增加有效供给。准确定位供给侧结构性改革方向，积极适应需求变化，着力补齐基础设施、生态环保、社会事业等领域短板，加大对脱贫攻坚、企业技术改造和设备更新、新产业培育、创新驱动发展、劳动者素质全面提高等方面的投入，推动形成新的增长点。

降低企业生产经营成本。加大企业减税降费力度，降低企业在要素保障、劳动用工等方面的成本，探索建立低费基、全覆盖的参保缴费机制，降低企业社会保险和住房公积金缴费比例，为实体经济发展营造良好环境。大力推进流通体制改革，提高运输效率，降低各种物流成本。优化融资方式，促进实体经济去杠杆，引导金融机构加大对实体经济特别是小微企业的支持力度，畅通资金流向实体经济的渠道，切实降低企业财务成本。

促进供需有效对接。围绕消费升级需求，提高供给体系质量和效率，鼓励市场主体提高产品质量、扩大新产品和服务供给，扩大先进技术装备和日用消费品进口。通过“互联网＋”等手段，多渠道增加有效供给，促进供给侧与需求侧高效耦合和精准对接。支持刚性需求和改善型换房需求，引导符合条件的开发项目向众创空间和楼宇工业转型。

（二）深入实施创新驱动发展战略

准确把握创新规律，坚持以市场需求为导向，突出创新重点区域和重点领域，更加注重开放式创新，聚集创新要素，整合创新资源，围绕产业链布局创新链、提升价值链，统筹推进科技、管理、品牌、组织、商业模式创新，构建充满活力的创新创业生态系统，全面提升创新能力和效率。到2020年，研究与试验发展经费支出占地区生产总值比重达到2.2%，全员劳动生产率达到13万元/人年。

1. 构建以市场为导向、以企业为主体的创新体系

强化企业创新主体地位和主导作用，培育一批具有较强竞争力的创新型企业，规模以上工业企业研发投入占主营业务收入比重达到1.2%。围绕优势产业大力培育多层次的产权明晰的企业研发创新中心、技术中心，力争国家级企业技术中心达到50家以上，市级企业技术中心达到600家以上。搭建一批产业技术创新联盟，提升企业技术研发创新水平。健全产学研协同创新机制，推动科研院所和高校重点实验室、工程（技术）研究中心成为创新成果转化服务中心，鼓励组建产业技术创新研究院等新型研发机构。促进科技成果资本化、产业化，推动各类研发机构和技术服务机构法人化，从成本中心转化为利润中心。完善技术创新服务体系，加快建设国家技术标准创新基地，大力培育技术交易、知识产权运用与保护、法律服务等服务机构。各类创新服务机构达到1000家以上，其中具有跨区域影响力的品牌机构100家以上。构建开放式创新体系，鼓励支持创新主体采取共同研发、扶持技术社区、技术平台整合等多种开放式创新模式，寻求外部技术合作、战略联盟、风险投资等商业模式，推动内外部创新要素和资源互动、整合、协同。积极推广众包、用户参与设计、云设计等新型研发组织形式，加强创新资源共享与合作。

2. 强化重点区域和重点领域的创新引领带动作用

遵循创新区域高度聚集的规律，加快国家级、市级研发机构集聚，推动优质创新资源集中配置。以两江新区和高新区为核心，引导研发机构、创新创业人才、创业投资资本、重大创新成果等创新资源要素集聚发展，积极创建国家自主创新示范区，加快推动创新突破、先行示范，成为西部创新中心的“窗口”地区。强化国家级经开区和各类特色产业园区创新功能，构建多层次、多类型的创新驱动功能平台。以提升产业创新能力为核心，努力在重点领域和关键环节先行突破。在科技创新领域，围绕先进制造、智能硬件、互联网产业、清洁生产、循环经济、绿色健康安全生活等重点突破，实施专利导航工程和重点产业与专利提升工程。在管理创新领域，围绕品牌、组织、商业模式等加大创新力度。在制度创新领域，围绕经济发展、社会治理、公共安全等领域加快创新步伐。

3. 营造良好的创新生态系统

切实发挥好政府对创新的服务作用，改革政府投入方式，推行公益性、竞争性项目分类管理，改“前补助”为“后补助”，改“直接补”为“间接补”，改“行业部门

决策补”为“多维评价决策补”。充分发挥市场对创新资源配置的决定性作用，引导企业主体加大创新投入，强化金融对创新驱动的支撑作用，充分利用资本市场支持企业创新，设立多层次引导基金和投资基金，大力引进风险投资等第三方投资。健全鼓励和支持创新的政策体系，实行严格的知识产权保护制度，打破制约创新的行业垄断和市场分割，建立健全创新法律保障体系。加快建设国家技术创新基地，整合标准技术资源，创新标准化工作机制，推动质量标准技术创新，促进质量、标准、科技、产业同步发展。营造勇于探索、公平竞争、宽容失败的社会氛围和尊重知识、崇尚创造、追求卓越的创新文化。

4. 极大激发创新活力

深化科研院所分类改革和高校管理体制改革，扩大科研院所和高校科研管理自主权，完善科研院所法人治理结构。优化高校专业结构，推动设置更多与未来科技发展趋势紧密结合的专业方向及交叉学科。推进科技成果管理改革，建立以产业化和经济社会发展贡献率为主导的科研项目考核评价体系、科研成果鉴定评价制度。完善科技成果转化激励机制，加大股权激励力度，健全科研奖励报酬制度。深化职称制度改革，完善人才评价制度。鼓励引导科技人员、大学生创业者等重点群体创业创新，大力扶持小微企业特别是科技型小微企业发展，形成大众创业、万众创新、活力迸发、成果涌现的良好格局。打造一批低成本、便利化、全要素、开放式的众创空间，力争达到1000个以上。采取资金扶持、政府采购、“创新券”补助等方式支持中小微企业开展科技研发和成果转化，科技型“小巨人”企业达到1000家以上。

专栏1　重大创新驱动培育计划

国家级企业研发创新中心培育计划。在自主品牌汽车、集成电路、通航装备、轨道交通、高性能合金材料、智能装备、新材料、液晶面板等领域创建10家以上国家企业技术中心、国家工程（技术）研发中心等国家级企业研发创新中心。

产业技术创新研究院培育计划。新建重庆石墨烯产业技术创新研究院、重庆机器人产业技术创新研究院、重庆页岩气产业技术创新研究院、重庆3D打印产业技术创新研究院、重庆物联网产业技术创新研究院。

产业技术创新联盟培育计划。推动建立通信设备研发创新联盟、下一代互联网研发创新联盟、智能制造研发创新联盟、特种装备研发创新联盟、新材料研发创新联盟、页岩气开采及装备研发创新联盟、道路交通研发创新联盟、医学健康研发创新联盟、智慧城市研发创新联盟、特色效益农业研发创新联盟。

（三）全面提升信息化水平

统筹推进信息化与新型工业化、城镇化和农业现代化融合发展，深入实施“互联网+”行动计划，建设通信信息枢纽和互联网经济高地。

1. 建设通信信息枢纽

加快构建高速、移动、安全、泛在的新一代信息基础设施，增强区间流量集疏功能和信息集散处理功能，提升信息资源生产能力，努力把重庆建设成为国内信息基础设施先进、信息应用成本低、信息应用效率高的地区之一。

提高互联网骨干直联点的能力和效率。发挥国家互联网骨干直联点优势，加强网络光缆直联建设，提升省际互联网出口带宽，优化网络结构，提高网间流量疏导能力和互通效率，实现与国内主要城市之间的电路直连，打通海路、陆路信息交换大通道。

打造通信信息国际口岸。积极推动重庆直达新加坡、日本、韩国等国家和中国香港、中国台湾等地区的国际数据通道建设，优化调整国际通信传输架构，提高国际通信网络质量，建成内陆地区国际通信信息网络互联交换的重要平台。

打造数据集散中心。加快国内外电信运营商和服务提供商在渝数据处理及运营中心建设步伐，着力打造高水平数据中心。

建设国内领先的高速宽带网络。加快推进“光网·无线重庆”和“宽带中国”示范城市建设，光纤宽带接入端口数超过 1500 万个，实现城市区域 100%家庭具备 100 兆/秒的光纤接入能力，城市宽带用户平均接入速率达到 50 兆/秒。加快实施宽带乡村和区县（自治县）基础网络完善工程，实现县级以上城市区域光纤到户，完成农村光纤“村村通”。推进“三网融合”，加快 4G 网络建设，及时跟进 5G 网络发展应用步伐，推进公共区域无线局域网建设。

加快网络与信息安全保障能力建设。落实信息安全等级保护制度，建立区域协同应急通信预警机制，加强网络信任体系建设和密码保障，健全电子认证服务体系。完善网络与信息安全基础设施，提高风险隐患发现、监测预警和突发事件处置能力，增强重点行业、重点区域网络系统容灾备份能力。

打造国内信息消费成本洼地。推进信息通信基础设施资源整合和共享，鼓励和引导电信企业降低网络资费水平、提升服务质量，促进电信企业、互联网企业、广电企业、内容供应商、智能终端制造商等不同市场主体间的合作，全面推广“三网融合”，为消费者提供质优价廉、品种丰富的服务产品。

2. 建设互联网经济高地

提高互联网应用的普及率及覆盖率，发展物联网、大数据、云计算、智慧物流、数字内容产业，基于“互联网+”的经济社会发展全面转型升级成效显著，互联网跨界融合活跃、业态丰富，建成具有重要地位和重大影响力的互联网经济高地。

着力发展互联网软件及技术服务、云计算、大数据处理等新兴产业，推动与传统产业深度融合，实现生产方式向柔性、智能、精细转变。推动定制服务和协同制造，大力发展可穿戴设备、智能运动器材、3D 打印新材料，打造智能制造、软件及应用研发、内容与服务一体的产业链。推动农业生产管理智能化，加快自动化、智能化农业机械装备生产制造，实施智能节水灌溉、测土配方施肥、农机定位耕种、病虫害监测等精准化作业，建立农业信息监测体系和农副产品质量安全追溯体系。

大力发展电子商务，搭建一批面向全球的电子商务平台。提升传统贸易电子商务发展水平，推动汽摩配件、医药及农产品等大宗商品交易市场开展网上现货交易，支持传统百货、连锁超市、中小零售企业与电子商务平台优势互补，鼓励中小微企业通过在第三方电子商务平台开展线上销售，促进线上交易与线下交易融合发展。

利用互联网技术提高众创、众包、众扶、众筹质量和效率，使互联网成为大众创业、万众创新重要推动力量。鼓励现有各类众创空间通过网络平台向各类创新创业主体开放技术、开发、营销、推广等资源，为中小创业者提供低成本、便利化、全要素的工作场地、社交空间和资源共享空间。建设一批众包服务平台，鼓励企业与研发机构将部分设计、研发任务通过网络平台进行分发和交付。支持开展线上知识产权咨询、交易、融资等服务，支持财务、专利、法务等科技服务机构通过互联网为小微企业和创业者提供相关专业服务。打造"双创"投资机构聚焦地，加快信用体系与应用平台建设。

3. 提高社会管理和公共服务的信息化水平

利用信息化促进城市建设、管理和服务的质量效率不断提升，构建智能响应、绿色低碳、便民高效的发展新模式。建设智慧城市，利用云计算、物联网等新一代信息技术，实施智慧新城、智慧物流、智慧交通、智慧安防等应用示范工程，推动信息技术与教育、医疗、就业、交通、市政、环保、文化、公共安全、人口管理、社区服务等领域融合，推动公共服务方式和人民生活方式转变。深化信息资源整合与应用，加快信息化系统集约化建设，促进全市信息资源优化配置，推动政务数据资源开放共享。建立自然人信息、法人信息、地理空间信息数据库，构建政务共享、信息惠民、信用体系、社会治理公共应用平台。大力提高城乡居民信息技术和服务的覆盖面与可及性，促进信息化成果惠及城乡居民。

（四）加快推进新型工业化

瞄准世界科技革命和产业革命方向，坚持走新型工业化道路，发展壮大战略性新兴产业，改造提升传统制造业，加快推动制造业智能化、绿色化、服务化，建设国家重要现代制造业基地。到2020年，工业总产值达到4万亿元，工业增加值力争达到1万亿元左右，战略性新兴产业产值占工业总产值的比重提高到25%。

1. 发展壮大战略性新兴产业

深入落实《中国制造2025》，以集群化、智能化发展为基本路径，壮大现有产业，培育新兴产业，打造以高端制造业为代表的战略性新兴产业集聚中心。巩固壮大电子信息产业，围绕互联网技术延伸和拓展，重点培育电子终端产品制造和集成电路、平板显示等核心零部件产业集群，大力发展机器人、智能制造装备、智能家居、智能穿戴设备等智能硬件产业。优化提升汽车产业，构建更加完善的汽车制造及零部件配套产业集群，积极发展新能源汽车及智能汽车。加快发展新兴产业集群，重点在高端交通装备、新材料、生物医药、物联网、环保、精细化工、页岩气开发及关联产业发展等领域取得更大突破。紧扣重大科技突破和新兴市场需求，不断拓展新的产业领域，延伸产业链条，形成集群发展、多点支撑的战略性新兴产业发展格局。

2. 战略性新兴产业集群发展方向

电子核心零部件。以12英寸芯片和高世代液晶面板生产为突破，带动IC设计、显示终端等产业链上下游协调发展，积极发展中、小尺寸液晶显示面板和有机发光面板等产品，形成集芯片设计、芯片制造、封装测试、上下游原材料配套应用等于一体的完整产业链，建设位居国内前列的集成电路基地和西部地区最大的平板显示基地。

物联网。以移动终端应用为方向，加快物联网芯片、终端等设备和系统、应用等软件开发，推进物联网系统、产品、应用的集成，建设全国物联网产业高地。

新能源汽车及智能汽车。加快发展纯电动汽车、插电式混合动力汽车，努力在电池、电机、电控等核心技术方面实现突破，充分利用“互联网+”等技术，推动传统汽车向辅助驾驶汽车、半自动驾驶汽车、高度自动驾驶汽车、无人驾驶汽车等智能汽车发展，建设国内领先的新能源及智能汽车产业基地。

机器人及智能装备。以工业机器人为切入点，同步推动各领域机器人发展，提升机器人本体、减速器、控制系统等关键零部件研发制造和系统集成能力；以齿轮加工机床和大型冲压机床为基础，大力发展数控机床整机，带动关键功能部件的本地化，打造研发、测试、制造、集成、服务全流程产业集群，建设国内重要的机器人等高端智能装备产业基地。

高端交通装备。引进一批国际知名的飞机整机制造以及航空发动机等核心零部件生产企业，大力发展地铁等系列产品，巩固中小不锈钢化学品船、滚装船等市场地位，加快发展 LNG/LPG 运输船、豪华游艇等高附加值产品，建设国家通用航空产业基地、高技术船舶产业基地。

环保产业。重点培育壮大污水和污泥处理设备、大气污染防治设备（产品）、固体废弃物收运处理设备、环境仪器仪表及环境修复、再生资源综合利用、固体废弃物综合利用、再制造等产业，形成龙头企业引领、产业链条完整的产业集群，建设国家重要的环保产业基地。

MDI 及化工新材料。以 MDI 资源为依托，发展聚氨酯硬泡和软泡、聚氨酯涂料和黏合剂等下游产品；实施聚碳酸酯（PC）项目，发展塑料合金、弹性体共聚物等下游产品；综合运用煤经甲醇制烯烃/芳烃、炼化一体化等多种模式，构建多元烯烃/芳烃本地供给体系，建设国内重要的聚氨酯原料生产基地和西部地区最大的 MDI 一体化产业基地。

生物医药。以开发心脑血管、抗肿瘤等重点领域大品种为方向，对标发达国家药品准入标准；加快培育靶向治疗药物、基因工程疫苗、重组疫苗等生物技术药；做大医药中间体、化学原料药规模，增加高附加值药物制剂的比重；推动中药及中成药优势产品二次开发，积极发展植物保健饮品；开发体外诊断试剂产品，发展人工心脏、高性能医学影像、血液净化、胶囊内窥镜等高端数字医疗器械，建设全国重要的生物医药产业基地。

新材料。加快石墨烯商业化步伐，发展塑料光纤本体及聚甲基丙烯酸甲酯材料、光电收发器件、塑料光纤通信网络设备等关联产品，加快发展高端汽车、电子、装备用钢及轻合金材料，巩固提升玻璃纤维及复合材料市场优势地位，谋划碳纤维产业，建设国家级新材料基地。

页岩气。进一步探明储量及分布，不断提升稳定产气量，完善页岩气输送管网建设，到 2020 年力争实现页岩气年产能 300 亿立方米，建成全国页岩气产业高地。

3. 改造提升传统制造业

紧紧围绕“6+1”优势产业，支持汽车、电子信息、装备产业做大做强，拓展发展空间和领域；促进化工、材料等产业调整结构，提档升级；促进食品、纺织等消费品产业和能源产业提质增效。加快实施智能制造、技术改造、工业强基、质量品牌、服务型制造、绿色制造六大工程，促进新一代信息技术与制造技术融合发展，推动生产过程智能化，加强企业技术改造，提升工业“四基”能力，推进绿色制造，推广先进节能环保技术、工艺和装备，加强质量品牌建设，提升重庆制造的品牌价值。

专栏 2　传统制造业改造提升重点工程

智能制造工程。加快工业机器人、智能物流管理等技术和装备在生产过程中的应用，促进制造工艺的数字化控制、状态信息实时监测和自适应控制；加快产品全生命周期管理、供应链管理系统的推广应用，实现智能管控。

技术改造工程。围绕品种质量、两化融合、节能降耗、质量提升、安全生产等重点领域，引导企业科学合理做好工艺技术路线及设备选型，完善技术改造扶持政策体系，全面提高产品技术、工艺装备、能效环保等水平。注重产业链上下游企业协同改造，全面提升产业链整体技术水平。

工业强基工程。围绕产业发展方向，引导整机企业和“四基”企业、高校、科研院所产需对接，建立产业联盟，形成协同创新、产用结合、以市场促基础产业发展的新模式，提升重大装备自主可控水平。开展工业强基示范应用，支持核心基础零部件（元器件）、先进基础工艺、关键基础材料、产业基础技术推广应用。

质量品牌工程。普及精益生产、质量持续改进等先进生产管理模式和方法，推广先进加工及成型、在线检测等设备，完善质量监管体系。引导企业制定品牌管理体系，建设品牌文化，增强品牌意识，提升品牌附加值和软实力。充分发挥各类媒体作用，加大本地品牌宣传推广力度，加速本地品牌价值评价国际化进程。

服务型制造工程。引导和支持工业企业加快由产品提供向产品和服务提供转变，增加服务环节投入，发展个性化定制服务、全生命周期管理、网络精准营销和在线支持服务等。鼓励互联网企业积极发展对产品、市场的动态监控和预测预警等创新业务，提高重点行业信息应用系统的方案设计、开发、综合集成能力，实现与工业企业的无缝对接。

绿色制造工程。全面推进钢铁、有色、化工、建材、轻工、印染等传统产业绿色改造，大力研发推广余热余压回收、水循环利用等绿色工艺技术装备，加快应用清洁高效铸造、锻压等加工工艺，实现绿色生产。加强绿色产品研发应用，推广轻量化、低功耗、易回收等技术工艺。

（五）加快发展现代服务业

把发展现代服务业作为产业结构调整的重要方向，紧紧围绕制造业升级和群众日益提升的物质文化需求，统筹发展生产性服务业和生活性服务业。到 2020 年，服务业比重进一步提升，生产性服务业占服务业的比重达到 60％。

1. 大力发展生产性服务业

提升生产性服务业与制造业的融合度，以生产需求和转型升级为导向，推动全市生产性服务业向专业化和价值链高端延伸。加快汽车、电子、机器人、智能装备、信息网络、新材料、新能源、节能环保、家居生活产品等设计中心建设，力争建成10个国家级、30个市级工业设计中心。建设仪器仪表、新材料、高端装备、电子信息、应用工程、汽车摩托车、食品等产品检验检测中心，加快建设国家质检基地，发展农产品质量安全、食品安全检验检测等服务。打造汽车、家电、智能终端等支柱产业售后服务产业园，发展远程检测诊断、运营维护、技术支持等售后服务新业态。引导商务咨询企业大力发展战略规划、营销策划、市场调查、投资、管理等咨询服务，积极发展资产评估、法律、会计、审计、税务、勘察设计、工程咨询等专业咨询服务。培育引进各类知识产权中介机构，建设知识产权信息公共服务平台。引进国内外知名品牌营销机构开展第三方营销服务。加快推进展会市场化进程，培育壮大会展经济，建设中央商务区和悦来会展产业集群。

建设国内重要功能性金融中心。围绕强化金融功能，深化金融改革、开放和创新，增强金融资源集聚辐射能力，提高服务实体经济能力，建设门类齐全、结构合理、运行高效、安全稳健的金融机构体系。到2020年，金融业增加值占地区生产总值的比重超过10%。强化金融结算功能，大力发展离岸金融结算、跨境人民币结算、跨国公司总部结算、跨境电子商务支付结算、金融要素市场结算等金融结算。强化金融交易功能，高水平建设全国保险资产登记交易平台，发展一批全国性或区域性交易市场，争取设立一批新型交易市场，吸引各类资产、商品、权益等要素在渝交易。强化资金融通功能，大力发展直接融资，优化社会融资结构，显著提升直接融资比重，力争证券化率达到全国平均水平。强化保险保障功能，建立巨灾保险分担机制，探索保险资金创新运用试点，建成全国保险创新发展试验区，保险深度和密度分别达到5%和3500元/人。强化金融普惠功能，促进政策性、开发性、商业性、合作性金融优势互补，积极发展地方新型金融机构体系，推进金融服务同城化，增强对科技、消费、创业创新等领域的服务，规范发展互联网金融，提高金融服务效率和质量。

建成全国重要物流枢纽。畅通物流大通道，建成以国家级综合交通枢纽为支撑的物流通道网络，形成国家“五横五纵”路网西部地区重要交汇点及“一带一路”和长江经济带在内陆地区的重要连接点，形成内陆地区与东部沿海地区以及长江经济带与欧洲、南亚等地区的物流主通道。构建“两环五带”物流空间布局体系，提升各物流空间协同和联动发展能力。建设“三基地三港区”等国家级物流园区平台，增强万州区、涪陵区、江津区、长寿区、永川区、合川区等市级物流节点能力，发挥其他区县级物流节点功能，形成以重点物流平台为支撑、以市级物流节点为纽带、以城乡社区商业网点为末端的三级物流网络体系。改善物流业发展环境，提升规模化、专业化、信息化水平，促进多式联运有机衔接，加快发展全程物流、共同配送、甩挂运输、第三方物流等现代物流，积极推进国家现代物流创新城市试点。加快冷链物流、电商物流、绿色物流发展。增强物流龙头企业竞争力，培育5A级物流企业10家、全国百强物流企业5家。提高物流智能化水平，建设“立足重庆、辐射西南、面向全国”的重庆物流公共信息平台，加大与沿江及周边地区物流信息化合作力度。

专栏 3　重大物流工程

物流园区工程。西部现代物流园、南彭贸易物流基地、重庆航空物流园、寸滩港—果园港物流园、东港物流园、珞璜综合物流园、龙头港物流园、新田港物流园等 8 个国家级物流园；洛碛化工物流园、双（福）白（市驿）涉农物流园、长寿沿江物流园、渭沱综合物流园、港桥现代物流园、白涛化工物流中心、董家物流园、新生港物流园、正阳现代物流园、秀山（武陵山）综合物流园等 10 个市级物流园，若干区县级物流园。

多式联运工程。重庆寸滩—果园港多式联运项目、万州新田港多式联运项目、涪陵龙头港多式联运项目、江津珞璜港多式联运项目等。

物流配送工程。规划建设团结村、白市驿、果园、南彭、空港、双福、珞璜等若干主城区综合配送中心，建设万州、涪陵、长寿、永川、合川、黔江—秀山、潼南等若干区域性配送中心，建设南岸、大渡口、北碚、大足、綦江、荣昌、垫江、梁平、奉节、石柱等若干特色产品配送基地，各区县（自治县）形成服务本行政区域的 1～2 个配送点。

物流信息化工程。重庆物流公共信息平台、重点物流园区（枢纽）服务本园区的物流信息平台等。

2. 优化提升生活性服务业

遵循消费结构升级特点和趋势，着力增加有效供给，推动生活性服务业向精细和高品质转变。扩大信息消费、网络购物等重点领域服务业规模，发展以互联网为载体、线上线下互动的服务业新业态，引导生活服务打破行业界限、跨领域发展。全面落实各项消费支持政策，在优化发展中心商圈、社区商业、农村市场、人才与职业培训等传统生活性服务业的同时，深度开发从出生到终老、从衣食住行到心理精神全生命周期各个阶段、各个环节的生活服务，积极培育发展文化、体育、健康、养老、家庭、法律、住宿餐饮、网络与教育培训等产业。合理引导住房消费需求，促进房地产市场平稳健康发展。

促进商贸服务业提档升级。加快城市核心商圈转型发展，建成百亿级商圈 15 个。引导新老商圈突出特色、错位发展，不断丰富消费体验。注重线上线下互动体验，推广智慧商圈建设。实施商业街区示范建设工程，发展夜市经济。加快商品市场转型发展，建成 20 个百亿级大市场，基本完成都市功能核心区大市场外迁，在都市功能拓展区和城市发展新区布局形成一批区域性市场集群，在渝东北生态涵养发展区和渝东南生态保护发展区形成商品市场延伸线。加快推进保税商品展示展销等服务贸易发展，构建进口商品分销体系，打造“欧洲商品重庆卖”名片。创新商业和消费模式，重点发展网络零售产业，大力发展快递业，推广建设“网购店取”等末端公共取送点。推进市级、区县和末端三级配送网络建设，合理布局一批现代配送中心。

建成国际知名旅游目的地。大力发展旅游经济，全面发展观光旅游、休闲旅游、度假旅游，到2020年，全市过夜游客达到1亿人次，旅游业成为重要的支柱产业。提档升级观光旅游，依托世界遗产、国家A级旅游景区及风景名胜区，大力发展都市旅游、遗产旅游、三峡生态旅游、民俗生态旅游和古镇旅游，培育形成精品旅游线路20条、特色旅游线路100条。丰富休闲度假产品，创新发展度假避暑、温泉康疗、养生养老、邮轮游艇、自驾露营、文化体育、购物娱乐等新兴旅游业态，创建国家级、市级旅游度假区30家以上。加快发展乡村旅游，到2020年，建成乡村旅游示范镇100个、示范村1000个。积极发展“互联网＋旅游”，推动旅游业与工业、农业、城市、文化等深度融合发展。加快旅游交通等基础设施和公共服务设施体系建设，健全旅游宣传推广体系，创新旅游宣传营销方式，培育壮大旅游市场主体，规范旅游市场秩序，促进文明旅游。

专栏4　建设国际知名旅游目的地重大工程

旅游精品景区提档升级。武隆喀斯特旅游区（天生三桥．仙女山．芙蓉洞）、巫山小三峡—小小三峡景区、大足石刻景区、酉阳桃花源景区、万盛黑山谷景区、南川金佛山—神龙峡景区、江津四面山景区等7个5A级景区提档升级工程，云阳龙缸景区、奉节白帝城—瞿塘峡景区、合川钓鱼城古战场、涪陵武陵山大裂谷景区、重庆红岩文化景区（歌乐山烈士陵园和红岩革命纪念馆）、彭水阿依河景区、巫山神女峰—神女溪景区等5A级景区创建工程。

旅游度假区建设。仙女山国家级旅游度假区和东温泉—南温泉、巫溪红池坝、石柱黄水、长寿湖—长寿（菩提）古镇、綦江古剑山、永川茶山竹海—乐和乐都、万盛黑山谷、江津四面山、南川金佛山等首批命名的市级旅游度假区提升工程，新实施一批旅游度假区创建工程。

旅游配套设施建设。长江邮轮母港、旅游码头、景区通畅工程、旅游支线机场、旅游集散中心、智慧旅游体系、A级景区旅游厕所达标工程、自驾车房车营地等旅游配套基础设施建设。

3．培育战略性新兴服务业

积极融入全球一体化进程，以实施服务贸易五大专项为重点，培育壮大战略性新兴服务业集群。

跨境电子商务。加快跨境电子商务综合试验区建设，依托跨境电子商务公共服务平台，促进在线通关、检验检疫、仓储物流、结付汇、出口退税等全业务流程的协同发展。依托海关特殊监管区域、国家级高新区和电商产业园区等，创建各具特色的跨境电商示范园区。完善跨境电子商务运行模式和管理政策，探索放开电子商务外资准入限制，引进跨境电子商务龙头企业，鼓励线上线下结合、境内境外结合等业态创新。

保税商品展示及保税贸易。依托保税区和“渝新欧”国际铁路联运大通道，完善铁路口岸和汽车整车进口口岸功能，加快保税展示中心二期建设，重点发展进口汽车、节能环保、计算机和信息服务等资本技术密集型服务产业。拓展保税商品延展平台，大力引进欧洲知名品牌入驻，丰富进口商品展示交易种类，引进区域分拨分销中心、区域结算中心、融资租赁、金融租赁、国际转口贸易和企业运营总部，开展贸易、物流和加工业务，增强服务贸易与货物贸易的互动。积极拓展选择性征税、融资租赁、金融租赁、贸易多元化试点、离岸贸易、保税展销、集散分拨、进境维修、委内加工及检测等业务，打造辐射内陆地区的保税贸易中心。

互联网云计算大数据。以两江国际云计算产业园、渝北仙桃大数据谷、重庆移动互联网产业园、巴南云计算产业园等为重点，以各具特色、错位发展的集聚示范区为支撑，形成“多轮驱动、特色支撑”的互联网云计算大数据产业发展格局。以数据中心为突破口，大力引进国际服务器租赁商和从事数据存储、处理、开发、应用服务的大数据企业，拓展大数据增值业务产业链条，形成服务全球的云计算全产业链。

跨境结算。统筹推进离岸结算、跨境电子商务结算、跨境人民币结算、第三方支付结算、跨国公司本外币资金集中运营、金融机构国际业务资金集中运营结算，创新跨境资金运用方式，拓宽境外资金来源渠道，建设跨境金融结算高地。创新融资租赁、金融租赁、商业保理等新型专业服务发展方式，拓宽海外融资渠道，探索租赁资产、应收账款等证券化业务试点。扶持和培育外贸综合服务企业，为从事国际采购的中小企业提供通关、融资、退税、国际结算等服务。积极推进跨境投融资便利化，完善跨境金融服务功能，推行便利高效的金融结算，扩大跨境人民币结算规模。

服务外包。加快国家级服务外包示范城市建设，培育具有国际先进水平的服务外包知名企业，建设一批主导产业突出、创新能力强、体制机制先行先试的服务外包产业集聚区。优化服务外包结构，推进服务外包业务向产业价值链高端延伸，拓展服务外包行业领域，在积极承接国际服务外包的同时，推动离岸、在岸服务外包协调发展。推动服务模式和商业模式创新，延伸信息服务产业链，支持外资从事信息技术、财务结算等国际服务外包业务，推动服务外包高端化、国际化发展。

（六）加快推进农业现代化

转变农业发展方式，推动农业发展转型升级，走产出高效、产品安全、资源节约、环境友好的现代农业发展道路。

大力发展现代特色效益农业。推进农业结构调整，优化种植结构，在保障全市基本口粮安全的前提下适当增加经济作物种植面积。构建现代农业产业体系，优化产业发展布局，因地制宜发展蔬菜、柑橘、生态渔业、草食牲畜、茶叶、中药材、调味品、木本油料、伏淡季水果、蚕桑、烟叶等特色产业。推动良种繁育、标准化种植养殖基地、加工储藏、冷链物流、后期研发一体化发展，构建特色效益农业全产业链。支持农业企业“走出去”与“引进来”，拓展特色农产品出口市场，推进丰都县、石柱县澳洲肉牛进口，完善肉牛养殖、屠宰、分销产业链。

专栏 5　特色农业产业链发展重点

榨菜产业链。到 2020 年，榨菜种植面积 200 万亩，产量 350 万吨，建成全球最大的榨菜种植加工基地。

柑橘产业链。到2020年，全市柑橘基地面积达到330万亩（其中晚熟柑橘150万亩以上，橙汁加工能力达到100万吨以上），总产量达到330万吨，建成中国最大的晚熟柑橘基地和橙汁加工基地。

草食牲畜产业链。打造“中国肉牛之都”“中国南方羊都”。到2020年，出栏肉牛120万头、肉羊350万只、肉兔5000万只。

生态渔业产业链。到2020年，水产品产量达到60万吨。

中药材产业链。到2020年，全市中药材种植面积达250万亩，建立起100万亩现代化、规模化、规范化优质药材基地。

茶叶产业链。突出特早茶优势，开发有机茶产品。到2020年，新建标准化茶园60万亩，改造老茶园40万亩，全市生态茶园面积达到100万亩、产量达到10万吨。

调味品产业链。到2020年，花椒达到120万亩，辣椒达到90万亩。

木本油料产业链。到2020年，木本油料种植面积达到275万亩，年产优质木本食用油2.5万吨左右。

三、推进开放发展

（一）加快两江新区开发开放

坚持形态建设与功能开发并进，着力发挥对外开放、深化改革、创新创业、战略性新兴产业和新型服务贸易发展引领带动作用，加快将两江新区建成全市经济社会发展的领头羊和内陆开放的排头兵。到2020年，地区生产总值达到4000亿元左右，工业总产值超过1万亿元，常住人口达到290万，建成区面积达到300平方公里。

1. 加快集聚高端产业高端要素

着力提升整合国际国内高端要素资源的能力和水平，大力引进战略性、引领性、带动性强的龙头项目，努力抢占战略性新兴产业和现代服务业发展的制高点。大力培育新能源及智能汽车、电子核心部件、机器人及智能装备、云计算及物联网、可穿戴硬件及智能终端、通用航空、能源装备、生物医药、节能环保、新材料等战略性新兴产业集群，成为全市战略性新兴产业发展的主战场。发挥开放平台优势，创新发展新型服务贸易，引领全市服务贸易加速发展。增强贸易、物流、技术、资本、人才等要素资源的集聚辐射能力，加快建设国际贸易中心、国际物流中心、先进制造研发转化中心、资本运作和人才集聚高地。

2. 发挥改革开放创新示范功能

围绕扩大开放、创新创业和提升现代化治理能力，积极争取实施国家、市级改革试点，充分发挥国家级新区的示范窗口作用。加强在开放口岸、现代金融、服务贸易、保税物流等领域的功能创新，培育接轨国际的城市环境，增强国际交往功能，提升国际影响力，打造环境优、功能全、开放程度高的内陆开放示范窗口。围绕优势支柱产业和战略性新兴产业，构建国际化、开放型创新体系，加快集聚国际国内高水平研发资源，建设好中国重庆两江新区留学生创业园，打造多层次创新人才集聚高地，建设成为西部创新中心的窗口。进一步优化管理体制，提升行政服务水平，营造良好的创新创业环境。

3. 建设现代都市风貌展示区

推进“海绵城市”“生态城市”“智慧城市”建设，构建“两江”“四山”生态体系，打造“一半山水一半城”的生态宜居城市风貌。加快江北嘴金融城、悦来会展城、礼嘉商务城、照母山科技城、金山商贸城、鱼复汽车城、龙兴文化旅游城、水土高新城、蔡家智慧宜居城、两路寸滩保税城等重点功能组团发展，引导人口、产业向功能组团集聚，实现产城融合发展。加快完善重点区域的基础设施和公共服务设施，加快城市道路、轨道交通及水、电、气、通信、污水垃圾处理等市政设施建设，完善教育、医疗等城市配套公共服务。

（二）高标准实施中新（重庆）战略性互联互通示范项目

把实施中新（重庆）战略性互联互通示范项目作为落实国家区域发展和对外开放战略的重要举措，坚持高起点、高水平、创新性，大力推进与新加坡在金融服务、航空、交通物流、信息通信技术等重点领域合作，构建以重庆为运营中心、辐射内陆、联通欧亚的国际贸易辐射圈。

1. 创新合作机制

坚持互惠共赢、商业可实现、发展可持续、模式可复制，采取有形与无形结合、核心区域集中与外围多点分散结合、新建增量与用好存量结合的方式推进“一网多点”布局。紧扣“项目运营中心”功能，着眼全局规划布局，全方位集聚人流、物流、资金流和信息流，推动跨区域、大范围、宽领域合作。落实中新两国政府框架协议，推动建立国家有关部委、重庆市、新加坡三方协调联动的联合协调理事会、联合工作委员会、联合实施委员会三级合作机制，科学制定项目实施方案，建立高效运作的管理体制和运营机构，确保项目顺利推进。围绕项目定位和发展需要，着力推进政策、制度等方面先行先试，复制国内外高水平开放政策创新举措，大力推进集成创新，努力实现模式可复制。

2. 推进重点领域合作

紧扣现代互联互通和现代服务经济，着力吸引先进要素，发展基于服务业的各种新技术、新产业、新业态、新模式，全面提升互联互通和现代服务业发展水平。

金融领域。开展金融创新。组建并运营好中新（重庆）互联互通基金。开展人民币资本项目可兑换、人民币跨境使用等先行先试，探索实行基于比例自律的本外币外债统一管理。推动新加坡银行向重庆企业发放跨境人民币贷款。推动重庆企业及项目在新加坡发行人民币或外币债券。创新跨境结算管理便利化措施，创新开展适应内陆加工贸易、保税贸易、转口贸易等多种形态的结算合作。推动重庆企业在新交所直接上市，探索推进新加坡与重庆区域性股权交易市场之间的合作。推动新加坡金融机构来渝开展离岸、在岸业务。推动新加坡人民币及外币资金以跨境形式来渝设立股权投资基金等创新型机构。

航空领域。积极争取扩大重庆航空领域开放，吸引新加坡航空企业共同建设重庆航空枢纽。探索推动在重庆无限制开放第五航权，放开航线计划和流量、频率及机型限制，实现新加坡航空公司与中国国内航班代码共享。推动重庆机场实现地面作业、地勤服务收费自主定价。鼓励中国和新加坡航空公司在重庆机场设立中心枢纽网络。

运输物流领域。大力发展跨境物流，开展相关政策创新试点，复制推广上海自贸区等国内其他区域最新政策创新。大力推动跨境电商发展。规划设立多式联运监管中心，大力开展增值加工及货物运输。设立便捷报关通道，为食品、药品等上架周期短的快速消费品提供快捷通关服务。鼓励新加坡物流企业参与重庆综合物流信息共享平台，推动多式联运物流数据交换共享。

信息通信领域。推动新加坡企业来渝设立信息通信企业，参与重庆信息通信项目建设，开展在线数据处理及交易、离岸呼叫中心、国内多方通讯、网络通道服务、存储及转发、应用商店等信息业务。增加重庆直达国际关口局的国际专用数据通道，提高互联网出口服务能力和水平。推动重庆移动通信转售业务向中新合资企业开放。

（三）提高开放型经济水平

1. 加快贸易转型升级

发挥外贸对稳增长调结构的重要促进作用，着力优化贸易结构，拓展贸易领域，转变贸易方式，形成一般贸易、加工贸易、服务贸易协调发展新格局。

大力发展内陆加工贸易。进一步延长加工贸易产业链，推动加工贸易由简单制造向研发设计、品牌营销等产业链高端发展。创新加工贸易模式，大力发展内外兼销、就地配套、便捷运输的内陆型加工贸易产业集群。创新海关特殊监管区域保税加工政策，支持开展“委内加工”、非国产货物进境入区维修、国际分拨中转等新业态，实现区内外联动发展。

提升一般贸易发展水平。实施优进优出战略，推动对外贸易与“走出去”“引进来”联动发展，培育以技术、品牌、质量、服务为核心的对外经济新优势。巩固汽车、通机、电子等产品出口，强化轨道交通、通信设备、工程机械等装备制造业和大型成套设备出口的综合竞争新优势，扩大投资类商品出口。优化进口商品结构，鼓励引进先进技术、关键设备和零部件，扩大日用生活品、资源类产品进口。

大力发展总部贸易和转口贸易。依托各类口岸，提升参与国际贸易供应链采购竞争力和定价权，打造内陆国际贸易分拨、中转、销售、结算中心。大力引进和培育有渠道、有货源、有影响力的贸易集成商来渝设立区域总部，完善结算功能，实现“买全球卖全国”“买全国卖全球”。以“渝新欧”国际铁路和国际航空货运为依托，开展货物快速拆拼和集运业务，大力发展内陆在岸转口和过境贸易，吸引周边省市货物经重庆转口至国内外其他地区，培育“一带一路”国家经重庆开展的转口贸易。鼓励跨国公司设立区域国际物流运营中心，建立进口货物专业市场和内陆国际物流集散分拨中心，开展进出口货物国际采购、分拨和国际中转。发展面向国内以及东南亚国家和地区的汽车转口贸易，打造内陆进口汽车贸易中心。建设欧洲进口商品城。

大力发展服务贸易。推动服务贸易向跨境电子商务、保税商品展示交易、保税贸易、云计算大数据处理、跨境结算等方向创新发展，促进出口结构由传统货物出口为主向货物与服务出口并重转变，将服务贸易培育成为服务业发展的新引擎。到2020年，实现服务贸易进出口500亿美元，离岸服务外包执行额突破60亿美元，聚集一批具有核心竞争力的大企业、大集团及具有国际影响力的知名品牌，全市服务贸易整体实力和竞争力大幅提升，形成全国重要服务贸易基地。

2. 全面提升利用外资水平

继续把利用外资作为扩大开放的重要举措，准确把握世界科技革命、产业革命新趋势，努力承接国际产业转移，主动参与全球产业分工，实际利用外资每年保持在100亿美元以上。围绕全市产业发展重点和国际龙头企业，完善便捷式服务体系，发挥专业招商队伍作用，大力推进专业化、精准化、集群化招商。发挥外资在提升自主创新能力、推动产业转型升级和结构调整中的作用，落实外资准入负面清单政策，重点引导投向战略性新兴产业、先进制造业和现代服务业，大力推行全价值链“垂直整合”等招商引资模式，引导外资广泛布局研发、设计、生产、销售、结算等价值链全流程业务。拓宽利用外资渠道，推进形成全方位利用外资格局，大力发展融资租赁、商业保理等新业态，稳妥推进市内金融机构和企业赴境外发行债券，主动引入外资私募股权基金等多样化资本，有序引导外资参与国有企业混合所有制改革和公共服务领域项目PPP融资，加强与国际金融组织合作。

3. 积极推进“走出去”

培育本土跨国企业，鼓励企业借助国家“一带一路”战略，积极稳妥开展海外投资、跨国并购、拓展国际市场，推动技术、产能输出，鼓励具有巴渝特色的文化、餐饮“走出去”，鼓励企业抱团向境外重点国别（地区）的产业园区集聚。推动汽车、轨道交通、清洁能源、天然气化工、建材等相对优势产业开展国际产能和装备制造合作，境外并购先进技术企业、设立研发机构和营销中心，支持商贸企业投资建设境外销售网点、商品采购中心、品牌展示中心，探索在“渝新欧”国际铁路沿线和拉美、非洲等新兴市场布局重庆造出口产品展示展销商贸城和物流分拨中心。健全“走出去”支撑体系，构建“政府＋金融＋保险＋企业”的合作机制。推动对外投资合作、引进外资和进出口贸易相互联动。

全面建设国际旅游岛　构建特色产业体系
——海南省“十三五”规划纲要（经贸部分摘要）

一、全面建成小康社会

（一）“十二五”时期取得的重大成就

“十二五”时期，海南省委、省政府带领全省各族人民，主动适应、把握和引领经济发展新常态，坚持科学发展、绿色崛起，以全面建设国际旅游岛为总抓手，基本完成“十二五”规划主要预期目标和任务，科学发展跨上新台阶。

——经济发展实现新提升。2015年，全省地区生产总值3702.8亿元，人均生产总值40818元，年均增长9.5%和8.4%；固定资产投资3355.4亿元，年均增长22.8%；地方一般公共预算收入627.7亿元，年均增长18.3%；社会消费品零售总额1325.1亿元，年均增长13.6%。

——结构调整取得新突破。三次产业比重由2010年的26.1：27.7：46.2调整优化为2015年的23.1：23.6：53.3。服务业增加值年均增长10.6%，占GDP的比重提高了7.1个百分点。旅游、金融等行业较快增长，信息产业、高新技术产业、文体产业迅速兴起，农业增速位居全国前列。海洋生产总值占全省生产总值的比重达到28.4%，成为我省重要的经济增长极。常住人口城镇化率达到55.1%，提高5个百分点。

——生态环境建设又有新进展。实施“绿化宝岛大行动”，新增造林面积93万亩，更新和改造低效林66万亩，森林覆盖率达到62%。空气质量优良天数比例达到97.9%，海口市空气质量连续六年居全国74个重点城市首位，全省95.4%的监测河段、88.9%的监测湖库水质达到或优于国家地表水Ⅲ类标准，近岸海域一类、二类海水占92.8%。城镇污水集中处理率和城市生活垃圾无害化处理率达到80%和94%。

——改革开放激发新活力。省域“多规合一”改革成为全国试点，整合建立了全省统一的公共资源交易服务平台。博鳌亚洲论坛国际影响力显著提升，第三届金砖五国峰会等系列重大活动和一批国际体育赛事成功举办。购物退免税、落地免签、游艇管理等国际旅游岛开放政策效益不断放大。国家“一带一路”规划将海口、三亚作为战略支点，三亚凤凰机场列为国际门户机场。海南正在成为我国对外开放的重要窗口。

——基础设施建设增添新动力。环岛高铁建成，海南综合交通能力得到进一步提升，文昌航天发射场、东方电厂二期、红岭水利枢纽等一批重大项目建成，电力严重短缺局面得到根本改变；海口美兰机场二期扩建、三亚凤凰机场三期改扩建、琼海博鳌机场、南渡江引水工程等一批重大工程开工建设。

——公共服务均等化得到新提高。坚持“小财政办大民生”，保持财政对民生的投入占总支出的 70%以上，海南民生投入年均增长 18.1%，为老百姓办成了大量的好事实事。2015 年，城镇居民人均可支配收入 26356 元，年均增长 11.6%；农村居民人均可支配收入 10858 元，年均增长 14.3%。实施中部农民增收计划，中部地区农民收入与全省平均水平相比缩小 9 个百分点。累计新增城镇就业人数 46.9 万人，转移农村劳动力 45.8 万人。保障性住房建成 23.7 万套，农村危房改造完成 16.8 万户，人均居住面积提高到 35.2 平方米。解决了 140 万农村人口的农村安全饮水问题，实现农村贫困人口脱贫 35.2 万人。城乡居民基础养老金标准实现均等化，城镇、农村低保双超全国平均水平。实现全省公务员工资统一标准发放，教师工资与同级公务员工资拉平。

（二）“十三五”时期发展的指导思想和主要目标

1. 指导思想

（1）高举中国特色社会主义伟大旗帜，全面贯彻党的十八大和十八届三中、四中、五中全会精神，以马克思列宁主义、毛泽东思想、邓小平理论、“三个代表”重要思想、科学发展观为指导，深入贯彻习近平总书记系列重要讲话精神，坚持“四个全面”战略布局，牢固树立创新、协调、绿色、开放、共享的发展理念，以全面建设国际旅游岛为总抓手，抢抓国家实施“一带一路”战略重大机遇，加快形成引领经济新常态的体制机制和发展方式，做优做强特色实体经济，坚定不移走科学发展、绿色崛起之路，统筹推进经济建设、政治建设、文化建设、社会建设、生态文明建设和党的建设，确保如期全面建成小康社会。

（2）立足生态环境、经济特区、国际旅游岛“三大优势”，着力深化体制机制改革、着力优化空间布局和经济结构、着力建设全国生态文明示范区、着力打造“一带一路”战略支点、着力建设基本公共服务均等化先行区，实施海洋强省战略，实施依法治省战略。

2. 主要目标

“十三五”时期，以全面建成小康社会为总目标，坚持发展是第一要务，到 2020 年基本建成国际旅游岛，努力将海南建设成为全省人民的幸福家园、中华民族的四季花园、中外游客的度假天堂，谱写美丽中国海南篇章！

——经济增长质量和效益显著提高。主动适应和引领经济发展新常态，保持经济中高速增长。全省地区生产总值年均增长 7%，到 2020 年实现地区生产总值和城乡居民收入比 2010 年翻一番以上。结构调整取得积极进展，着力提升服务业比重，农业现代化取得明显进展，三次产业比重趋近 20：20：60。消费对经济增长贡献明显提高，社会消费品零售总额年均增长 8%；固定资产投资年均增长 10%；地方一般公共预算收入年均增长 8%；常住人口城镇化率提高到 60%。

——创新驱动能力明显提高。科技进步对经济增长的贡献率大幅上升，研究与试验发展经费支出占地区生产总值比重逐年提高，每万人口发明专利拥有量提高到 4.5 件。

——民生保障水平稳步提高。确保居民收入增长和经济增长同步、劳动报酬提高和劳动生产率提高同步，农村居民人均可支配收入年均增长 8%，城镇居民人均可支配收入年均增长 7%。城镇登记失业率控制在 4.0%以内。确保全省 47.7 万农村贫困人口全部脱贫（含20万人巩固提升），5个贫困县全部摘帽。

——生态环境质量巩固提高。倡导绿色低碳生产生活方式，节约集约使用土地，能源和水资源消耗、碳排放和主要污染物排放的总量和强度严格控制在国家下达的计划目标之内。主体功能区布局和生态安全屏障基本形成。陆域生态保护红线区占陆域面积的33.5%，近岸海域生态保护红线范围占近岸海域面积的12.3%，湿地保护面积保持在480万亩以上，森林覆盖率不低于62%，大气、水体和近岸海域等环境质量保持全国一流。非化石能源占一次能源消耗比重达到15%。

表1　　　　“十三五”时期全省经济社会发展主要指标

类别	指标名称	单位	2010年实际	“十二五”完成 2015年	“十二五”完成 年均增长（或累计）	“十三五”预期 2020年预期	“十三五”预期 年均增长（或累计）	属性
经济发展	（1）全省地区生产总值	亿元	2064.5	3702.8	9.5	5190	7.0	预期性
	（2）人均GDP	元	23831	40818	8.4	54620	6.0	预期性
	（3）地方一般公共预算收入	亿元	271.0	627.7	18.3	920	8.0	预期性
	（4）固定资产投资	亿元	1331.5	3355.4	22.8	5400	10.0	预期性
	（5）社会消费品零售总额	亿元	663.9	1325.1	13.6	1940	8.0	预期性
	（6）城镇化率：常住人口城镇化率	%	49.8	55.1		60		预期性
	（6）城镇化率：户籍人口城镇化率	%	38.3	39		47		预期性
	（7）服务业增加值占GDP比重	%	46.2	53.3		58.3		预期性
	其中：旅游业增加值占GDP比重	%	6.7	7.5		8.0		预期性
	（8）海洋生产总值占GDP比重	%	27.1	28.4		35		预期性
	（9）接待游客总人数	万人次	2587.3	5335.7	11.7	8000	8.5	预期性
	其中：入境游客	万人次	66.3	60.8	−1.7	120	14.5	预期性
	（10）旅游收入	亿元	257.6	572.5	16.1	1055	13.0	预期性
创新发展	（11）研究与试验发展经费（R&D）投入强度	%	0.34	0.5	[0.16]	1.5	[1]	预期性
	（12）每万人口发明专利拥有量	件	0.22	2.2	[1.98]	4.5	[2.3]	预期性
	（13）互联网普及率：固定宽带家庭普及率	%	24.8	49.7	[24.9]	65	[15.3]	预期性
	（13）互联网普及率：移动宽带用户普及率	%	27.6	85.2	[57.6]	93	[7.8]	预期性

续 表

类别	指标名称	单位	2010 年实际	“十二五”完成		“十三五”预期		属性
				2015 年	年均增长（或累计）	2020 年预期	年均增长（或累计）	
民生福祉	（14）全省常住居民人均可支配收入	元	10379	18979	12.8	27000	7.3	预期性
	其中：城镇常住居民人均可支配收入	元	15229	26356	11.6	37000	7.0	
	农村常住居民人均可支配收入	元	5566	10858	14.3	16000	8.0	
	（15）城镇新增就业人数	万人	9.36	［46.9］		［45］		预期性
	（16）农村贫困人口脱贫	万人	4.5	［35.2］		［47.7］		约束性
	（17）劳动年龄人口平均受教育年限	年	10.10	10.6	［0.5］	11.2	［0.6］	约束性
	（18）基本养老保险参保率	%	—	82.9		＞90		约束性
	（19）城镇棚户区住房改造	万 套	12.63	［29.27］		［13.12］		约束性
	（20）人均预期寿命	岁	76.3	77.3	［1］	78.5	［1.2］	预期性
生态文明	（21）新增建设用地规模	万亩	8.1	［39.4］		［32.5］		约束性
	（22）单位地区生产总值用水量降低	%	216 吨	［30］		≥［25］		约束性
	（23）单位 GDP 能耗降低	%	0.637 吨标煤/万元	完成国家下达目标		完成国家下达目标		约束性
	（24）非化石能源占一次能源消费比重	%	6.5	8.5		≥15		约束性
	（25）单位 GDP 二氧化碳排放降低	%	1.65 吨二氧化碳/万元	完成国家下达目标		完成国家下达目标		约束性
	（26）耕地保有量	万亩	—	1077		1077		约束性
	（27）森林增长 森林覆盖率	%	60.2	62		≥62		约束性
	（27）森林增长 森林蓄积量	亿立方米	—	1.5		≥1.5		

续　表

类别	指标名称		单位	2010年实际	"十二五"完成		"十三五"预期		属性
					2015年	年均增长（或累计）	2020年预期	年均增长（或累计）	
生态文明	（28）空气质量	地级及以上城市细颗粒物（PM2.5）浓度	微克/立方米	—	21		<21		约束性
		地级及以上城市空气质量优良天数比例	%	100	98		>98		
	（29）地表水质量	达到或好于Ⅲ类水体比例	%	85.8	93		>94		约束性
		劣Ⅴ类水体比例		1.8	0		0		
	（30）主要污染物排放总量减少	化学需氧量	%	9.23万吨	完成国家下达目标		完成国家下达目标		约束性
		氨氮		2.32万吨					
		二氧化硫		2.84万吨					
		氮氧化物		8.61万吨					
	（31）城市生活垃圾无害化处理率		%	80	94		100		预期性
	（32）城镇污水集中处理率		%	70	80		>85		预期性

注：1.2020年地区生产总值和居民收入绝对额按2015年不变价计算，增长速度按可比价计算；"年均增长（或累计）"一列中加"［　］"的数据为五年累计。

2.2014年调整旅游统计口径，2010年实际为接待旅游过夜人数，"十二五"完成和"十三五"预期的数据为接待游客总人数。

3.全省及城镇、农村常住居民人均支配收入"十二五"年均增速为名义增速；"十三五"预期值为实际增速，使用2015年常住人口城镇化率计算。

二、推进改革创新增添发展活力动力

（一）加强供给侧结构性改革

坚持供给侧、需求侧两端发力，在适度扩大总需求的同时，以供给侧结构性改革为重点，提高供给体系质量和效率，提高有效供给能力，重点是促进产能过剩有效化解，促进产业优化重组，降低企业成本。通过创造新供给、提高供给质量，扩大消费需求，提高投资有效性，增强经济持续增长动力。

积极落实国家推进供给侧改革政策。以旅游业、房地产业、农副产品、消费、医疗健康等领域为重点推进供给侧改革。明确以 12 个重点产业为核心的产业发展方向和集约集聚园区化的产业发展路径，引导资源配置向优势、潜力产业和企业倾斜。完善市场发展环境，培育壮大市场主体，激发企业活力和消费潜力，促进实体经济发展。稳步扎实推进各领域改革，释放改革红利，抓好改革举措落地工作，使改革不断见到实效，使群众有更多获得感。守住民生底线，提升基本公共服务水平。

着力做好去产能、去库存、去杠杆、降成本、补短板五方面工作。积极稳妥化解产能过剩，研究制定配套措施，因地制宜、分类有序处置。着力降低企业成本，落实降低制度性交易成本，进一步清理规范中介服务；降低企业税费负担，营造公平的税负环境；降低企业财务成本，降低企业生产要素和物流成本。有效化解房地产库存。支持企业技术创新、改造和设备更新，培育发展新产业。降低融资杠杆率，防范化解金融风险，加强全方位监管，防止发生系统性和区域性风险。

（二）提高消费对经济增长贡献率

培育新型消费，扩大传统消费，创新消费模式，重点实施休闲度假旅游、养生养老、医疗健康、住房消费、汽车消费、信息消费、绿色消费、教育文化体育八大消费工程，着力完善消费市场体系，优化消费环境，增强消费者满意度，促进消费结构升级。到 2020 年，全省消费品零售总额达到 1940 亿元，年均增长 8%。

专栏　促进消费重点任务

（1）实施八大消费工程：重点实施休闲度假旅游、养生养老、医疗健康、住房、汽车、信息、绿色、教育文化体育八大消费工程。

（2）完善消费市场体系：加强物流标准化和信息化建设，加强农超对接，建设国际免税城、商贸中心等一批骨干流通基础设施，构建便利消费、便民生活服务体系；加快推进电子商务进农村工作，构建农村现代商业网络，打通“工业品下乡、农产品进城”双向快捷通道。

（3）优化消费环境：通过完善消费政策、优化制度设计、建立诚信体系、优化消费环境，让群众能消费、敢消费、愿消费。

（4）增强消费者满意度：丰富消费品种类和消费渠道，满足各层次人群的不同消费需求，提高消费服务质量，提升消费体验，增强消费者满意度。

创新惠及外来游客和本岛居民的消费免税模式，逐步扩大离岛免税商品品种和购买额度，方便国内消费者在境内购买国外产品，争取将乘坐火车、轮渡离岛旅客纳入离岛免税范围。鼓励发展消费信贷，促进网络购物、电子商务、远程服务等发展。大力支持和培育电子商务企业，对在省重点信息产业园区落户的电子商务企业可参照执行软件产业和电子信息制造业同等优惠政策。

构建便利消费、便民生活服务体系，引导连锁企业向镇、村延伸，积极发展生活消费品和农业生产资料连锁店、便利店，构建农村现代商业网络。持续改善消费环境，加大市场整治力度，提升消费者满意度；建立消费市场诚信体系，营造诚信经营气氛，创造公平竞争的市场环境，维护消费者合法权益。

（三）积极扩大有效投资

积极开展项目策划和储备工作，特别是围绕“多规合一”、国际旅游岛规划、“一带一路”实施方案、三沙建设、12 个重点产业、六类产业园区、基础设施“五网”、百个特色产业小镇、海洋资源开发、城市内河（湖）治理三年行动方案和改善民生、推进基本公共服务均等化等领域谋划一批项目，加强前期工作，健全重点项目储备库，将规划的重点项目具体落实到年度重点项目计划实施，以增量投资促进结构调整。落实政府投资项目储备库及三年滚动建设计划，实现从项目储备到前期工作、建设实施、竣工投产全过程动态管理，形成“策划一批、招商一批、储备一批、开工一批、建成一批”的良性滚动推进机制。“十三五”期间，全省固定资产投资累计约 2.2 万亿元，年均增长 10%。

表 2　　“十三五”规划重点项目

序号	重点领域	项目个数	总投资（亿元）	“十三五”期间投资（亿元）
合计		761	28730	19501
1	基础设施建设项目	98	5202	3646
2	12 个重点产业项目	610	20735	13502
3	社会民生项目	53	2793	2353

发挥开发性政策性金融对经济社会发展重点领域和薄弱环节建设的支持作用，鼓励和引导商业金融、社会资本等更多资金支持海南“十三五”重点项目建设。强化政府部门的服务意识，简化行政审批程序和条件，对有意来海南投资的优质企业实行一站式服务，对拟入驻的项目紧跟促成，及时协调解决问题，为招商引资企业创造宽松的投资环境，依法保护企业家财产权和创新收益，降低民营实体企业成本，保障企业在海南“落地生根”。

（四）拓展进出口市场

优化外贸结构，在特色农产品、石化产业、油气储备、矿业及新能源等方面巩固和培育外贸增长点，实现外贸可持续发展。

努力扩大特色产品出口。加强洋浦石油和天然气储备基地建设，鼓励我省企业先行先试，自主开展油品进口、转口、加工及成品油出口等业务。支持扩大文昌鸡、橡胶、胡椒、槟榔、咖啡、果蔬、茶叶、临高乳猪、椰子加工产品等特色农产品及农产品精深加工出口，鼓励发展水产品精深加工和出口贸易，继续推进出口食品农产品质量安全示范区建设。提高光伏、机电等产品科技含量，增强对外市场竞争优势。鼓励本土文化创意企业和单位参加境外图书展、动漫展、影视展等展会活动，促进广播影视作品、出版物、动漫游戏、高端工艺美术等文化产品和服务出口。到2020年出口总额达400亿元人民币以上，年均增长7%。

大力推进进出口贸易便利化。完善关检合作“三个一”通关模式，实现全省国际贸易“单一窗口”全覆盖，进一步提高贸易便利化水平。加强口岸核心能力和动植物检验检疫规范化建设，扩大进口规模，争取肉类进口指定口岸和活畜进口指定口岸扩地。推动海口综合保税区和洋浦保税港区大宗商品交易、跨境贸易电子商务和高端进口商品展示交易等外向型平台加快建成。用好用足海口港区汽车整车进口口岸政策，提升汽车进口质量。提高外向型金融服务的能力，加强对“走出去”企业的信贷、跨境业务支付、保险等金融服务。

三、构建特色产业体系

（一）高水平发展旅游业

推动旅游业向更高层次发展，加速旅游要素国际化改造，创新旅游业态与旅游产品，努力建设旅游业改革创新的试验区和世界一流的海岛休闲度假旅游目的地。到2020年，全年接待旅游总人数超过8000万人次，接待入境游客达到120万人次以上；旅游总收入达到1000亿元以上；过夜游客人均停留4.2天，过夜游客人均消费3500元；旅游业直接从业人数达50万，带动间接从业人员达200万人。

合理开发和保护旅游资源。统筹优化旅游景区、度假区空间布局，把打造旅游产品、提升旅游要素、开发旅游线路、建设旅游景区景点与海岛特色旅游资源相结合，全域化、精品化发展旅游，逐步实现旅游景区、度假区由“点状”到“带状”的转变。积极稳妥开放开发热带雨林旅游资源，研究制定中部山区热带雨林旅游项目开发政策和操作原则，深入挖掘红色、温泉、民俗等旅游资源。依托西线高铁，积极开发西部旅游资源，重点建设山海结合、渔村渔港、特色文化、工业厂矿等景区景点及配套服务设施。加快建设各类型的旅游综合体和海洋、航天、电影等主题公园。

构建富有海南特色的旅游产品体系。培育壮大海洋旅游，提升丰富滨海旅游产品，开发海南本岛到西沙邮轮旅游航线，适时开通一程多站的南海旅游线路。积极发展康体养生旅游，开展中医医疗旅游，深度开发温泉休闲度假产品。大力推进文体旅游，大力开发海上体育休闲项目。积极打造会展旅游，将博鳌国际旅游论坛建设成为定期定址国际性旅游论坛，打造一批旅游品牌展览。加快发展特色城镇和乡村旅游，开发休闲农业创意产品，推进乡村旅游精准扶贫。“十三五”期间，建成5个乡村旅游示范县、100个特色旅游风情小镇、300家金牌农家乐、1000个乡村旅游点。积极稳步推进森林生态旅游，科学规划和建设五指山、霸王岭、尖峰岭、吊罗山、七仙岭5个森林国家公园，开发建设森林观光、度假养生、运动探险、野生动物观赏、雨林科普等森林旅游产品体系。着力打造购物旅游，扩大免税购物政策及其效应，在额度、品种、对象、方式、经营主体管理上，争取更多政策。提升购物旅游水平，培育开发海南本土特色旅游商品。积极推动航天科技旅游，推进工业、信息产业、农产品加工园区融入旅游元素，加快发展旅游装备制造和旅游商品加工。创新发展旅游新业态，进一步开发和丰富婚庆旅游产品，打造以美丽、幸福和爱情为元素的海岛婚庆旅游品牌，建设海口、三亚、三沙、琼海、东方低空飞行试点基地，至 2020 年，实现重点旅游地区的通用航空起降服务全覆盖。依托旅游景区和度假区建设一批标准化自驾车房车露营地，打造环岛房车露营旅游线。

优化旅游发展环境。加快建设环岛滨海旅游公路，推进环岛铁路、高速公路、旅游公路等多种运输方式的有效衔接，疏通全省无障碍旅游交通网络。改善进出岛旅游交通的便利性。加快旅游景区、度假区基础设施建设。大力推进旅游厕所建设，到 2017 年年底，新建和改建旅游厕所 1000 座，确保全省旅游厕所全部达到“数量充足、干净无味、免费实用、管理有效”标准。加快全省旅游集散中心、旅游咨询服务中心建设，完善旅游服务设施。2020 年前建成海南省游客集散中心，实现全省旅游咨询服务网络全覆盖。构建多层次旅游保险体系。建立健全旅游行业诚信管理体系。进一步完善各级旅游市场综合整治工作机制，加强旅游市场秩序综合治理。实施旅游消费者权益保护体系建设工程，净化旅游市场。

表 3　旅游产业重点工程

序号	重点工程	具体项目
1	旅游产品工程	十大旅游产品体系：海洋旅游（三沙旅游、邮轮游艇旅游、滨海旅游、海上运动等），康养旅游（医疗旅游、温泉旅游），文体旅游（文化节庆、体育赛事等），会展旅游（会奖旅游、品牌会展），乡村旅游（美丽乡村旅游、扶贫休闲农业等），森林生态旅游，特色城镇旅游，购物旅游，产业旅游，新业态旅游（婚庆旅游、低空飞行、房车露营等）
2	旅游线路工程	十大旅游精品线路：东部医疗养生康体度假旅游线，海南岛—西沙群岛邮轮旅游线，环海南岛游船游线，环南海邮轮旅游线，环岛自驾休闲旅游线，环岛动车观光游线，热带森林旅游线，民族文化体验旅游线，中部乡村风情旅游线，西部探奇和产业旅游线
3	旅游公共服务工程	五大旅游公共服务体系建设：旅游集散中心工程，旅游道路服务体系工程，旅游直通车工程，旅游信息咨询工程，旅游便民服务工程
4	旅游营销工程	强化五大营销方式：拓宽营销渠道、强化事件营销和活动营销、建设智慧营销体系、打造专项市场营销、“走出去”和“请进来”营销相结合。升级旅游品牌营销形象，提升旅游市场定位，创新市场营销策略（联动营销、精准营销）
5	旅游监督管理工程	行业监管三大工程：旅游市场监管机制工程，旅游质监执法队伍建设工程，消费者权益保护体系建设工程
6	旅游人才培训工程	建立国际化旅游人才培训基地，开展旅游人才信息化试点

（二）做强做优热带特色高效农业

坚持把农业作为农村奔小康、特色城镇化及农民持续增收的重要产业支撑不动摇。高标准建设国家冬季瓜菜基地、南繁育制种基地、热带水果基地、天然橡胶基地、海洋渔业基地和无规定动物疫病区“五基地一区”，力争五年内创办 100 个高标准的省级现代农业示范基地。把热带特色高效农业打造成海南富足农民、服务全国的王牌产业。

调整优化农业产业结构。加快种植业结构调整，做精做优冬季瓜菜产业；推广高端水稻品种，在西北地区发展晚稻制种业；调减甘蔗种植面积；巩固农垦 200 万亩核心胶园区建设；因地制宜发展特色高效热带作物和水果；积极推动咖啡、腰果特色产业种质资源保护和恢复性发展；积极发展热带花卉种植；发展花梨、沉香等珍稀林木培育种植。调整畜牧养殖结构，做到禽蛋自给充足，填补奶牛业空白。健全现代化畜禽良种体系、新型饲料体系和动物防疫体系，高水平建设国家无规定动物疫病区。

加快转变农业发展方式。积极发展种养一体化的生态循环农业，鼓励有条件的地区发展林下立体种养业。实施畜禽和农业废弃物综合利用、地力改良提升、重大病虫害防治、秸秆综合利用等工程，支持屯昌县推进全县域生态循环农业建设，实现生态环境保护和农业产业协调发展。大力发展品牌农业，加大品牌整合、培育、宣传、营销力度，办好“冬交会”等品牌会展。推进农业标准化生产，构建农业全产业链，推广陵水县工厂化生态绿色蔬菜模式。强化农产品质量安全，创建农产品质量安全示范县、示范市，建立健全农产品质量安全检测和追溯体系。加强农产品加工园区、物流园区和市场建设，以热作产品、畜产品、水产品、林产品等为重点，培育一批骨干加工企业，加快建设重点农产品加工园区和物流园区，支持加工企业向园区集中，发展农超对接、农餐对接、农企对接等农产品流通新业态，推进电子商务进农村综合示范县建设。加快发展“互联网＋农业”，打造农业互联网小镇、建设农业物联网示范基地、培育电商平台以及整合各类信息资源打造农业大数据管理平台，推动信息技术在农业领域的广泛应用，实现智能农业新突破，鼓励企业参与“网上菜篮子”工程。促进农业与旅游业融合发展，实现农旅结合、农旅融合。加快发展休闲农业，按照政府引导、市场主导、农民主体、社会参与的总体要求，积极推进休闲农业示范点创建和培育行动，丰富产业形态、打造产业集群、推出精品线路。

强化科技支撑能力。推动种业创新，以国家南繁基地建设为契机，大力培育本土种业龙头企业，建设繁育推一体化的国家种业成果转化孵化和产业化示范基地。建设航天育种基地。加大农业科技创新推广力度，大力培育科技创新型农业企业，探索以专家团队为支撑，以农技推广组织为纽带，以基地、龙头企业、专业合作组织为平台的农技创新推广模式，加速农业科技成果转化和集成技术的推广应用。

创新农业经营体系。加快培育新型经营主体，落实好关于新型经营主体的各类扶持政策。做大做强农业龙头企业，加大农业招商力度，支持企业上市融资，引导企业通过订单农业、土地入股、劳务用工等形式，与农民建立紧密型利益联结机制。建立健全农业社会化服务体系，重点发展病虫害统防统治、农业技术推广、集约化育苗、有机肥推广、第三方农产品质量检测、田间废弃物回收等生产性服务组织。

加大农业支持与保护力度。加强财政支农资金投入力度，通过设立担保基金、贷款贴息、股权投资、以奖代补等多种方式，引导社会资本投资农业。创新农业金融保险政策，建立财政与金融保险支农联动机制，研究成立农业融资性担保机构或担保基金。

表 4　　　　热带特色高效农业十大工程

序号	重点领域	具体项目
1	南繁育种基地工程	将 26.8 万亩适宜南繁育种的耕地划定为科研育种保护区，其中三亚 10 万亩、陵水 8 万亩、乐东 8.8 万亩。在保护区内划定生态育种核心区 5.3 万亩，对现有 2.8 万亩南繁基地提升改造，新建 2.5 万亩相对集中连片的南繁基地
2	热带水果基地工程	国家芒果科技创新推广中心项目，农垦南田农场国家现代农业示范区项目，农垦十大标准化生产示范基地项目，农垦十大热带特色农业生产示范基地项目，海口云龙莲雾生产基地，海口三江镇莲雾基地，海口永兴荔枝生产基地，保亭热带水果基地项目，定安黄竹莲雾产业化项目，琼中绿橙产业化项目，临高红心蜜柚产业项目，东方火龙果生态种植示范园项目，东方菊花产业基地项目，南海热带水果博览园项目
3	热带花卉基地工程	海口国际花卉基地项目，海口兰花基地项目，海口热带花卉基地项目，海口花卉产业基地项目，三亚兰花世界文化旅游项目，儋州热带苗木花卉基地项目，临高花卉产业旅游观光园项目，儋州玫瑰种植加工基地项目
4	冬季瓜菜基地工程	桂林洋国家热带农业公园，陵水现代农业科技示范基地项目，市县农产品冷库建设项目，生态循环农业项目，临高茂源有机农业开发项目，文昌瓜菜集约化育苗基地项目，乐东瓜菜基地，定安龙州洋冬季瓜菜基地，澄迈热带高效农业供港澳瓜菜基地
5	天然橡胶基地工程	东南亚橡胶及农产品种植、加工、贸易综合项目，橡胶现货交易市场和流通体系建设项目
6	水产品种苗培育、养殖加工和海洋捕捞基地工程	新建文昌铺前中心渔港，改扩建三亚、崖州、儋州白马井和文昌清澜中心渔港，南海渔业综合服务保障基地项目，文昌水产苗种基地建设项目，澄迈罗非鱼养殖项目，三亚热带海洋牧场科技生态观光园项目，临高、儋州等深水网箱养殖基地项目，三沙海洋渔业项目，东方渔人码头项目
7	无规定动物疫病区工程	建设动物隔离岛、市县动物隔离场、应急物资储备中心、省际动物卫生监督检查站等，海口、三亚、澄迈、儋州、东方奶牛养殖场项目，建设 300 家标准化畜禽养殖小区
8	高标准农田建设工程	建成集中连片、旱涝保收的高标准农田 477 万亩

续 表

序号	重点领域	具体项目
9	农产品加工产业基地工程	中新农业产业园，罗牛山、瑞今等大型肉联屠宰加工项目，东方瓜果菜深加工项目
10	农业电商工程	建设10个农业物联网示范基地，建设海南农业“大数据”管理服务平台，在全省部分乡镇各建一个“互联网农业小镇运营中心”

（三）全力推进互联网产业

实施网络强省战略和“互联网+”行动计划，重点发展电子商务、游戏动漫和服务外包等应用服务产业，大数据、研发设计、数字内容、物联网和卫星导航等平台支撑产业和“互联网+”产业集群。

1. 突破发展三大重点领域

电子商务，鼓励和支持本土中小企业充分利用第三方平台开拓国内外市场，实现线上线下深度融合。发展免税品电子商务和跨境电商业务，搭建和完善海南省免税品电子商务平台公司。大力发展农产品垂直电商，搭建农产品电子交易平台，以园区为载体，打造农产品电商集群。游戏动漫，重点建设游戏运营平台，带动有影响力的游戏开发商入驻及关联产业发展；以海南生态软件园为抓手，充分发挥游戏动漫产业平台作用，举办游戏竞赛及主题游戏展，带动海南省相关周边产业的经济规模增长，将海南省逐渐打造成国内游戏动漫产业的集聚地。服务外包，建立和完善服务外包公共平台，促进服务外包行业的规范运作，鼓励、支持我省互联网企业在数据处理、软件研发、信息技术咨询、运营维护、系统集成等领域向政府和企业提供业务外包服务。

2. 着力打造四大产业集群

大数据，开展大数据应用和推广，促进大数据与传统产业融合协同发展，在数据存储、云计算、数据处理、数据分析、数据应用、数据安全、数据外包服务等领域形成一批有市场竞争力的品牌企业、重点项目和拳头产品；建设全省统一的公共数据开放平台，带动社会公众开展大数据创新应用；培育海南大数据交易市场；构建全省宏观经济大数据平台。数字内容，重点发展数字出版、影视原创、互动新媒体、动漫游戏、数字音乐、数字阅读等数字内容产品及服务，建立完善文化信息产品供给平台。推进数字图书馆、远程诊疗、远程教育等多种网络服务方式，研发推广基于互联网的软件产品和APP（第三方应用程序）增值服务。卫星导航，发展卫星导航位置服务产业链，完善北斗导航基础设施，建设北斗高精差分网、北斗导航数据中心及导航综合服务平台，在车载导航、室内导航、城市三维导航、智能交通、实时气象、安全监控等方面引进装备制造企业和系统集成商，开发行业综合应用解决方案，推动北斗导航的行业应用拓展。研发设计，突出研发设计服务对提升产业创新能力的关键作用，建立支撑产业结构调整的研发设计服务体系，壮大专业研发设计团队。重点开展产业链中的新兴软件研发，包括大数据软件（数据存储与处理）、移动互联网软件（移动APP）、物联网软件（物联网应用）等。

表5　　互联网产业重点工程

序号	重点工程	具体项目
1	载体建设工程	海南生态软件园，三亚创意产业园，清水湾国际信息产业园，美安科技新城，复兴城互联网创新创业园，儋州互联网产业城，海口演丰互联网产业小镇，创业村江东电子商务项目
2	产业集群重点工程	腾讯海南创业基地，中印IT产业基地，中国游戏数码港，中电科海洋信息产业基地，东华南方基地，中兴三亚产业基地，天涯国际旅游云，浪潮海南产业基地，穿戴式设备产业化项目，海南数据谷，信威（海南）产业基地，三亚云港数据中心，金山云游戏产业生态基地，中国热带特色产品（海口）电子商务产业基地，新道科技智慧教育项目，中国南海云及大数据服务中心
3	“互联网＋”工程	新浪“互联网＋”项目，“互联网＋农业”小镇工程，智慧旅游项目及数据中心工程，区域医疗信息平台建设项目，热带旅游产品电子商务项目，中小微企业综合金融服务网项目，农垦“互联网＋”系统项目

（四）培育发展医疗健康产业

推动医疗健康产业跨越发展，加快开放医疗健康服务市场，用足用好国家赋予博鳌乐城国际医疗旅游先行区特殊政策并逐步扩大到全岛，培育医疗健康产业集群。鼓励社会资本投资健康体检、健康咨询、健康文化、健康旅游、健康保险、体育健身等多样化的健康产业，逐步建立覆盖全生命周期、业态丰富、结构合理的健康产业体系。在海口、三亚、儋州等城市开展医养结合试点示范工作。到2020年，医疗健康产业总产值达到1000亿元。

发展医疗服务业。发展康复疗养、老年护理、家庭护理、运动健康服务、亚健康调理服务等生命养护产业和预防医疗（体检）、健康咨询、营养保健指导、健身、医学美容等健康管理服务产业，促进医疗服务标准化。推进“互联网＋医疗”，构建医药卫生“健康云”平台，支持发展智慧健康产业，推广远程医疗、健康管理、医疗咨询等服务产业，逐渐建成并完善具有海南特色的互联网医疗健康完整产业链条。发展特色中医健康养生服务产业，开发有特色的中医药健康旅游产品。

发展养老服务业。支持社会力量投资养老服务业，加强养老服务基础设施建设，健全养老服务网络，推动养老与医药医疗、保健养生、运动康体等产业互动发展，创新度假养老、异地养老等新业态。有序开发中高端养老服务项目，推进养老服务标准化，打造国内一流的养生健康岛。

表 6 **医疗健康产业五大工程**

序号	重点工程	具体项目
1	政府供给的公共医疗卫生服务工程	省人民医院秀英门诊楼及内科楼项目，海南医学院附属医院门急诊大楼项目，省儿童医院项目，省结核病医院项目，省东部精神卫生中心项目，海口市人民医院综合保障楼项目，三亚市疾病预防控制中心整体搬迁项目，三亚市妇幼保健院整体搬迁建设项目，海南省医学院附属第二医院项目，省医学院附属医院临床教学实验大楼项目，省疾控中心新院区项目，省皮肤病医院（省皮肤性病防治中心新院区）项目，省公共卫生紧急救援指挥中心项目，危重孕产妇和儿童救治中心能力项目，三亚市第二人民医院项目，省南部精神卫生中心项目，海南农垦总医院康复治疗中心及肿瘤治疗中心项目，农垦那大医院住院大楼项目，农垦三亚医院综合门诊大楼项目，海南西部中心医院二期项目，万宁市人民医院项目，东方市创三甲医院项目，乐东县人民医院和第二人民医院门诊综合大楼建设项目，屯昌县人民医院综合住院大楼及疾控中心建设项目等
2	面向社会的医疗健康产业工程	三亚国康医院项目，三亚恒大国际合作医院项目，三亚哈尔滨医科大学鸿森医院项目，五指山曜阳渊明康复医院项目，琼海阿恩替（博鳌）肿瘤基因医院项目，海南吉祥康复医院项目，海南福大医院项目，海南瑞德外科医院项目，海南鑫桥康复医院项目，海南优联医院项目，海南颐仁医院和养老基地项目，海南国际中医康复疗养中心项目，南丽湖滨湖康体养生养老基地项目等
3	促进中医发展工程	省中医院内科医技楼建设项目，海南省中药种植发展项目，省中医院新院区项目，省基层中医药服务能力提升工程，三亚市中医院中医药健康旅游基地国际合作项目，南药产业发展区，屯昌县中医院整体搬迁重建项目等
4	博鳌乐城国际医疗旅游先行区建设工程	海南恒大原辰国际医学美容医院，亚洲干细胞库，再生泉细胞健康园，国际康复中心，博鳌金域国际医学检验中心，成人干细胞、免疫细胞临床治疗专科医院，一龄国际医疗项目，博鳌乐城国际生命健康测调中心，博鳌乐城国际新能量医学研究中心等
5	养老服务业建设工程	建设市县中心养老院，老年人日间照料中心，农村幸福院项目，农村敬老院

（五）发展壮大会展业

加快会展业的升级改造，推进会展业服务标准化，培育会展品牌，将会展业打造成扩大内需、拉动消费的重要产业。引进一批国际知名会展机构，继续巩固和做强现有的会展品牌并打造一批新的知名会展品牌，培育一批会展龙头企业。到 2020 年，海南省会展产业总产值达到400亿元。重点发展海口、三亚、博鳌三个重点区域的会展，打造品牌会展。积极引进国际性会议、协会和大公司年会，在旅游购物、海洋旅游、健康医疗、互联网产业、特色高效农业、航天产业等方面着力打造一批国内外知名品牌展会。

表7　　　　会展业五大工程

序号	重点工程	具体项目
1	大型展馆建设工程	博鳌国际会展文化产业项目，中非合作圆桌会议永久会址项目，三亚国际文化会展中心项目，三亚国际会展中心，海南国际会展中心二期工程，海口五源河文体中心，儋州海花岛会展综合体，海南（海口）“一带一路”热带特色农产品展馆
2	大型会议工程	博鳌亚洲论坛，中非合作圆桌会议，三亚国际数学论坛，中国游戏大会，博鳌国际旅游论坛，全球服务业峰会，世界马业论坛，中国互联网大会，2015欧亚丝路经贸投资论坛
3	品牌展览工程	中国（海南）国际热带冬季农产品交易会（冬交会），中国（三亚）国际热带兰花博览会，海天盛筵，海洋渔业博览会，婚庆博览会，国际旅游购物博览会，海南国际海洋旅游产业博览会，健康医养产业博览会，热带种业博览会，航天主题博览会，海南国际旅游商品博览会，海南国际美食博览会，海南国际房车露营休闲博览会，海南会奖旅游博览会
4	海南特色节庆工程	海南国际旅游岛欢乐节，三月三，嬉水节，文昌南洋文化节，琼剧文化节，海口金岛音乐节，海上丝绸之路电影节，图书展，沙雕文化艺术节，国际旅游岛美食节，南海文化节，万宁国际冲浪节，东坡文化节，冼夫人文化节，换花节，潭门赶海节
5	国际文体赛事品牌工程	世界小姐等选美赛事，环海南岛国际公路自行车赛，环海南岛大帆船赛，海南高尔夫球公开赛，中华龙舟大赛，海南国际马拉松赛，国际沙滩排球赛，搏击对抗赛，台球巡回赛，德州扑克大赛总决赛

（六）发展现代物流业

加强物流通道建设，完善物流网络空间布局，推动物流服务设施建设，支持各类型物流业态及经营主体健康发展，提升物流业信息化水平，提高物流业服务中心城市、产业园区、现代农业生产基地和城乡居民生活的能力，逐步形成具有海南特色的现代物流业发展模式。到2020年，全省物流业增加值达到345亿元，形成2～3个营业额超100亿元的大型物流园区。

引进国内外航运龙头企业，鼓励新开航运及空中全货机航线，大力发展保税物流、跨境电子商务物流、中转物流，积极发展第三方物流、第四方物流，加快发展多式联运运站场，合理布局、规划、建设公用型货运枢纽和配送节点，打通城市物流“最后一公里和供应链管理模式。发展大宗商品交易，做强橡胶大宗商品交易中心、洋浦国际能源交易中心。鼓励发展医药、农产品冷链物流。推广城市共同配送，充分利用各市县现有货”。构建中心城市多层次共同配送网络。引导邮政企业、供销社、物流企业充分利用农村邮政网络、农村客运班车开展农村物流服务，提高共同配送能力，提高农产品及农村物流水平。

表 8　　现代物流业重点工程

序号	重点工程	具体项目
1	物流园区建设工程	美安金马物流园区，三亚综合物流园，东方物流中心，洋浦物流中心，琼中湾岭热带农产品综合物流园区
2	多式联运工程	海口美兰临空产业园一期空港综合物流中心，海南马村港铁水联运项目，海南马村港甩挂运输场站，海口新南北通货运综合物流项目，海南新能源微物流项目，海南海汽公路港，洋浦港外贸集装箱堆场等、海口港区马村港三期散货码头工程
3	农产品物流工程	海口罗牛山农产品加工物流基地，海口水产品交易中心（二期），中铁国际（海南）食品冷链中心，南海渔业补给中心（一期）项目，海南供销海口农资物流城，好食达（海南）农产品物流配送中心，海供农产品仓储加工物流配送项目，海南三亚热带水果交易中心，三亚南果农副产品物流项目（一期），三亚佳翔农产品食品航空物流加工配送中心，海南中部农产品物流中心，儋州王五农产品加工物流项目，五指山绿鑫源农产品物流中心、洋浦海产品交易中心
4	城乡配送物流工程	海供农产品及全国供销产品展示交易市场（海口），海南现代美居生活物流园（二期），海口现代城市物流运营中心，海南快递物流集散中心（海口），海口美兰快递快件分拨中心，海口邮件处理中心工程，海口八百里物流仓储配送基地二期，三顺 569 物流文化综合一站（海口），海口观澜湖国际购物中心及配送中心，省烟草公司海口公司新建卷烟物流配送中心，三亚凤凰国际机场物流中心，三亚市邮政快递分拨中心，海南南部农资及农村日用品仓储配送物流中心（三亚），三亚天锋日用品仓储中心，洋浦凯森仓储港物流配送中心项目，海南文昌现代商贸物流园项目（二期），屯昌国际旅游岛中部汽车城一期（客运站）项目
5	电子商务工程	屯昌农村电子商务示范基地，海供农产品电子商务运营中心，供销大集电子商务平台物流系统等
6	物流信息化工程	海南省物流公共信息平台，中国—东盟物流公共信息平台，海口城市共同配送公共信息服务平台，供销大集马村物流园区仓储物流管理系统等

（七）发展油气产业

发挥我省区位优势，抓住“一带一路”建设、南海开发等机遇，以更加严格的环保标准发展油气产业。以油气加工产业优化、化工新能源、化工新材料、传统化工产业升级作为主要发展方向，不断优化产业结构，走“专精特新”的道路，往下延伸产业链，配套发展高端精细化工、油品和化工品储备及工业服务业。

油气加工集中布局在洋浦、东方两个园区内。洋浦开发区以海南炼化为龙头，延伸炼油、烯烃、芳烃产业链，形成石油化工产业集群。发挥洋浦油气储备库和区位交通优势，建设能源贸易综合基地。东方工业园以中海化学天然气化工和中海油东方石化精细化工为主，形成天然气化肥、精细化工、甲醇制烯烃产业链，加快建设东方南海油气开发后勤保障基地和临港精细化工基地。

表 9　　油气产业重点工程

序号	重点工程	具体项目
1	油气勘探开发及管输工程	福山凹陷勘探项目，中海油十五海南区域油气开采项目，海洋调查装备建设与油气资源勘探开发项目，海洋勘探项目（涠洲组），南海油气资源开发后勤保障基地，海南福山油田增储上产项目
2	油气储备工程	东方国家成品油储备库项目，华信洋浦石油储备基地项目二期，海南国家石油储备工程，国投孚宝储用二期项目，中石化（香港）成品油保税库项目及配套码头工程，中海油 LNG 二期项目
3	油气加工工程	海南炼化 100 万吨乙烯及炼油改扩建项目，东方石化二期 20 万吨丙烯腈项目，逸盛石化二期 300 万吨 PTA 项目，逸盛石化二期 100 万吨 PET 项目，海南汉地阳光 150 万吨/年基础油项目，洋浦石化新材料产业基地项目，中海化学公司 60 万吨/年乙二醇项目和 60 万吨/年甲醇制烯烃（DMTO）项目，东方傲立石化二期项目，中石化海南炼化第二套对二甲苯装置项目，东方石化 60 万吨柴油加氢装置项目，山东高速石化新材料及溶剂油项目

（八）发展医药产业

抓住国家实施医改、博鳌乐城医疗旅游先行试验区等重要机遇，创新我省医药企业的经营模式，提升企业自主研发、质量管理和市场营销能力，培育龙头企业，做大优势品种，壮大医药产业规模。到 2020 年，实现医药产业产值 500 亿元左右，年均增速达到 20%以上。

做特做优医药品牌。实施质量品牌战略，提升智能化制造水平，重点发展新型抗生素、心脑血管药物、抗肿瘤药物、多肽药物、缓控释创新制剂等优势品种。加快南药、黎药创新研发和特色品种二次开发，精细创新原料药做出特色，努力在生物技术药物、医疗器械产品、海洋药物产品等研究和开发上取得突破。实施大品种培育计划，培育 5 亿～10 亿元销售规模抗生素品种、抗肿瘤品种、南药黎药品种 15 个以上。

培育医药龙头企业。推动企业资源整合，引导企业通过管理共享、品种共享、渠道共享等方式，形成企业间良性竞争合作，共同发展的产业集群。“十三五”期间，力争培育 50 亿～100 亿元规模企业 1 家，新增 10 亿元以上企业 10 家。

高水平建设“美安新药谷”。强力实施省市共建，探索 PPP 模式，加快完善园区水电气供给、污水处理、物流仓储、配套生活服务等基础设施，打造集研发、孵化、生产、营销、培训服务于一体的医药产业发展与综合服务基地，形成医药产业集聚、集群发展的重要载体，促进产业转型升级。

表 10　　医药产业重点项目

序号	重点领域	具体项目
1	化学制药项目	海口先声药业项目，澄迈先声制药项目，天煌制药新生产基地改扩建工程，海南通用三洋药业搬迁新建项目，海灵化药扩建项目，海口普利制药扩建项目，海南亚洲制药 GMP 药厂项目，海南长安制药扩建项目，海南灵康制药二期项目，海口血液透析耗材生产基地，齐鲁制药项目二期工程，海力制药二期固体制剂 GMP 项目，九芝堂药业提取车间建设项目，万特制药厂房二期工程
2	生物制药项目	海药生物医药产业项目一期，益尔生物制药新厂区项目
3	中医药产业	蔺氏盛泰药业中药项目，海口森祺制药黎药胆木产业化基地项目，国瑞堂中药配方颗粒研发及南药交易中心项目

（九）发展低碳制造业

坚持集约、集群、低碳、节能、园区化、高技术的发展方向，着力发展新能源汽车制造、新兴绿色食品加工、新能源新材料、海洋装备制造、新型网络化制造等低碳制造业。抓住国家和海南推广新能源汽车机遇，推动我省汽车产业转型升级；依托海南特色农、林、渔等资源，加快发展以绿色、生态、健康为特点的特色食品、果汁饮料、海（水）产品深加工和动植物提取物等产业；利用海南地理环境优势，加快发展太阳能发电、生物质能源等产业；培育发展绿色建材、新型净水材料等新材料制造业。培育发展高附加值、高带动性的旅游运输装备、旅游专用设施设备、旅游纪念品制造等，大力发展海洋工程装备、船舶维修与改装等制造业，加快建设南海资源开发后勤保障基地。大力发展个性化定制、3D 打印、众包设计、云制造等新型制造模式，引进和建设一批智能终端、可穿戴设备、智能变压器及开关设备产业化项目。

表 11　　低碳制造业重点工程

序号	重点工程	具体项目
1	新能源汽车工程	海马新能源汽车技改项目，康迪纯电动汽车制造项目，海南华汇磷酸铁锂电池正极材料生产项目
2	新兴绿色食品和农产品加工工程	椰树集团海口 8 万吨椰汁项目，椰树集团澄迈椰子汁生产基地项目，恒泰槟榔加工项目，农副产品加工及展销基地项目，康师傅饮品生产线项目，定安县热带水果深加工项目，儋州市野生水果功能性保健饮品项目，澄迈县年产 30 万吨新型肥料项目，澄迈县年产 18 万吨配合饲料项目，罗牛山农产品加工科技园
3	新能源新材料工程	海南英利 6GW 单晶硅高效太阳能电池项目，屯昌卓达新型材料科研生产示范基地项目，澄迈绿色建筑集成项目，定安塑料管道生产基地项目，康宁海南光纤光缆扩建项目，立昇膜分离设备研发制造及应用产业化基地项目，神州车用沼气新能源示范项目
4	旅游制造工程	海口英格地效翼船产业化项目，中航通飞通用航空产业基地项目
5	海洋装备工程	三亚市船舶维修改装项目，中国电科海洋信息产业基地项目，澄迈海洋油田科技环保及工程服务项目
6	新型网络化制造工程	奥视可穿戴式设备产业化项目，海口威特电气新型变压器、开关设备与变电站研发制造项目，陵水新型微纳传感器项目，海口临近空间基地

(十) 转型升级房地产业

积极调整房地产产品结构，科学安排房地产开发时序，促进房地产业提质增效、转型发展。以本岛长居型居住地产为基本、经营性房地产为主导，构建多元化、多层次的房地产产品供应体系与住房保障体系。力争到 2020 年年末，全省经营性房地产占新开工面积比重不低于 33%，房地产产品结构调整取得明显成效。

统筹优化房地产空间布局。北部“海澄文”一体化综合经济圈，综合发展居住、旅游、商业、办公、会展等各类房地产；南部“大三亚”旅游经济圈，重点发展与旅游、文体、健康、医疗、养生结合的房地产；东部地区重点发展以旅游、会展、医疗、养生为特色的房地产；西部地区重点发展产业配套与旅游度假相结合的房地产；中部地区严格控制房地产开发。逐步形成特色各异、互补性强的房地产空间发展格局。合理配置房地产用地规模，重点向经营性地产和配套设施完善的地区倾斜。

加快房地产业结构调整。积极引导房地产业与旅游、医疗、健康、文化、教育、商业等产业相融合、跨界发展。鼓励发展经营性房地产，逐步降低普通商品住宅开发比例。支持总部经济和楼宇经济发展。

(十一) 培育发展高新技术产业

积极培育和壮大高新技术企业队伍，加强科技支撑条件和创新能力建设，加大关键技术攻关和科技成果产业化力度，加大科技创新资源、高新技术企业和高新技术项目引进，优化产业结构，培育新的经济增长点，促进高新技术产业高速发展，高新技术产业产值占全省规模以上工业总产值的50%以上。

表 12　　高新技术教育文化体育重点项目

序号	重点领域	具体项目
1	高新技术产业	海南生态软件园项目，三亚创意产业园基础设施工程，动漫产业基地三亚动漫城项目，合肥工业大学“智慧创新产业园”项目，凯天动漫产业基地项目，海南师范大学国家大学科技园众创空间建设项目，海南热带海洋学院国家大学科技园众创空间建设项目，美安众创城等项目
2	教育产业	优质普通高中引进项目，海南国际教育项目，海南省体育职业技术学院，海南大学国际旅游学院等中外合作办学机构项目，海南科技职业学院新校区建设项目，海口桂林洋教育科技产业园，三亚荔枝沟教育科技产业园区，海南卫生职业学院项目，海南省第三卫生学校东红校区项目，健康、酒店管理等特色民办高职院校等项目
3	文化产业	儋州海花岛文化产业综合体，海口观澜湖华谊冯小刚电影公社，三亚海棠湾复星亚特兰蒂斯水上主题乐园，海口骑楼老街琼剧会馆，中国游戏数码港，三亚市创意产业园，海口动漫创意文化产业基地
4	体育产业	1. 推动五源河文体中心、中国足球南方训练基地、国家帆船帆板海口体育训练基地、三亚亚龙湾国家滑水训练基地、五指山国家举重训练基地、文昌铜鼓岭巴西体育城等重大项目建设 2. 办好环海南岛国际公路自行车赛、环海南岛国际大帆船赛、海南高尔夫球公开赛、海南国际马拉松赛等国际体育赛事 3. 大力发展游艇、潜水、帆船、帆板、冲浪、垂钓、沙滩排球、沙滩足球等滨海运动项目，以及房车、自行车、登山、漂流、野外拓展等户外运动项目

(十二) 加快六类产业园区建设

规范高效运营旅游园区、高新技术及信息产业园区、物流园区、临空产业园区、工业园区、健康教育园区等六类省级重点产业园区，引导向关联产业集聚集群发展、形成产业优化升级的主要平台。推动园区复制自贸区优惠政策，实施园区“准入清单”，逐步实现重点园区建设项目零审批，构建高效运转的园区运行体制。把海南生态软件园、博鳌乐城国际医疗旅游先行区、海口美安科技新城作为试点园区，大胆进行制度创新，积极探索可复制、可推广的经验，逐步应用到六类产业园区。集中布局工业生产，原则上所有工业项目都要进入省级及市县园区。

实行省级园区飞地经济政策。鼓励各市县、各开发区因功能区位不同、资源环境制约、规划或产业配套限制等原因不能在本区域实施的项目到其他省级园区落户建设，促进全省各园区优化资源配置和项目合理布局，推动产业集聚。鼓励省内园区积极实施“引进来”战略，采取“飞地经济”政策方式与省外积极合作，实现产业结构调整升级和互利共赢。飞入地园区建成项目形成的财税收入地方留成部分和统计指标由双方按比例分享，“飞地”项目节能减排降碳考核指标按分成比例进行分担。

表 13　　六类省级产业园区

类型	产业园名称	地点	主导产业方向	规划用地面积（平方千米）	至2020年建设用地面积（平方千米）
旅游园区（6）	海口观澜湖旅游度假区	海口	集运动、赛事、保健、养生、文化、娱乐、美食、商务为一体的运动文化休闲产业	22.46	5.36
	三亚海棠湾国家海岸休闲度假区	三亚	国际品牌滨海酒店带，世界级游艇休闲社区，会展，医疗健康	92.3	35
	三亚邮轮母港	三亚	邮轮补给、检修等服务、邮轮旅游、旅游地产、商业配套	1.3	1.3
	三沙海洋旅游	三沙	—	—	—
	清水湾旅游度假区	陵水	旅游地产、商业配套、国际游艇码头、水上运动、滨海休闲度假、会议展览等	21.28	15.35
	儋州海花岛旅游度假区	儋州	滨海度假、文化娱乐、康体疗养、商务会议、主题公园等	7.65	7.65

续　表

类型	产业园名称	地点	主导产业方向	规划用地面积（平方千米）	至2020年建设用地面积（平方千米）
高新技术及信息产业园区（5）	海口国家高新技术产业开发区	海口	生物医药、汽车制造、食品和农副产品加工、光伏新能源、新材料等	15.56	14.46
	海南生态软件园	澄迈	软件与信息服务、文化创意、海洋科技产业、互联网金融产业等	16.5	7.1
	美安科技新城	海口	电子信息、生物医药、新材料、教育培训、金融服务、科技研发、信息智能、航空航天、新能源汽车、海洋新兴产业等	39.86	16.74
	三亚创意产业园	三亚	创意产业、软件与信息服务、游艇装备维修、新能源产业、高新技术产业	17	6.6
	海南清水湾国际信息产业园	陵水	软件研发、外包服务、IT培训	2.4	2.4
临空产业园区（2）	海口美兰临空产业园	海口	出口加工、保税物流、航空维修、航空培训、融资租赁等	10.87	6.3
	三亚凤凰临空产业园	三亚	航空、航海运输服务，商务服务，软件与信息服务；现代物流，跨境电子商务；国际商品展示交易等	5.7	5
物流园区（4）	海口综合保税区	澄迈	出口加工、保税仓储和保税展贸	1.93	1.93
	美安金马物流园区	海口 澄迈	传统商品物流，国际高端商品仓储与配送、医药物流、奢侈商品物流、跨境电子商务基地	18.86	18.86
	三亚综合物流园区	三亚	重点发展服务主城区和外向型现代物流业	1.78	1.78
	琼中湾岭热带农产品物流园	琼中	农产品加工转运、流通配送、商贸服务	3.98	1

续　表

类型	产业园名称	地点	主导产业方向	规划用地面积（平方千米）	至2020年建设用地面积（平方千米）
工业园区（3）	东方工业园区	东方	油气化工、精细化工、能源、海洋工程装备	46.27	18.47
	老城经济开发区	澄迈	新能源、新材料、机械装备制造、食品和农副产品加工、海洋新兴产业、节能环保、临港工业、现代服务业等	103.48	61.3
	洋浦经济开发区	洋浦	石油化工、精细化工、油气储备、港航产业	120	90
健康教育园区（4）	桂林洋教育科技产业园区	海口	教育、科技创新、培训、产业孵化	12.25	9.11
	荔枝沟教育科技产业园区	三亚	教育、科技创新、培训、产业孵化	10.29	7
	农垦南平医疗养生产业园区	陵水	温泉保健、健康养生	9.38	1.5
	博鳌乐城国际医疗旅游先行区	琼海	特许医疗、健康管理、照护康复、医学美容和抗衰老、医学检测、医学科研、康复疗养	20.14	7.5
合计				601.24	341.71

四、打造对外开放新高地

（一）完善对外开放体制机制

按照国际化、法治化的要求，建立与国际高标准投资和贸易规则相适应的管理方式。推进国际贸易“单一窗口”建设，推动通关一体化改革，实现口岸管理相关部门信息互换、监管互认、执法互助。争取国家支持建设中国（海南）自由贸易试验区。以海口、三亚、洋浦为平台整合全省港口、港航、港务资源，打造“21世纪海上丝绸之路”空港、海港、贸易物流枢纽，实现优进优出。充分用好中国—东盟自贸区升级版协议的政策，积极推进面向东盟的货物贸易、服务贸易、投资、经济技术等领域合作。

（二）全面融入“一带一路”建设

以“政策沟通、设施联通、贸易畅通、资金融通、民心相通”为主要内容，以面向“一带一路”国家合作为重点，加快构建高度开放、国际化的旅游特区，搭建促进经济、教育、文化合作综合平台。构建开放型经济发展新模式，在维护南海主权、畅通南海海上安全通道、加强旅游国际合作、提升海洋经济发展水平、推动生态环境保护、扩大经贸科技人文交流等方面积极作为，建成“一带一路”的重要支撑。构建支撑海南和“一带一路”沿线国家通达通畅的航线网络。增加与“一带一路”沿线国家的海上航线。

（三）充分发挥博鳌亚洲论坛的影响力和带动力

全面加快博鳌亚洲论坛配套设施建设。依托博鳌亚洲论坛等搭建促进经贸、教育、文化、商务、旅游交往合作综合平台，全力打造国家外事活动基地。充分发挥博鳌亚洲论坛的带动力，全方位开展国际经贸文化交流海南主题活动，举办“中国—东盟省市长对话”“21 世纪海上丝绸之路岛屿经济合作”分论坛、创新“一带一路”普惠金融模式分论坛及南海议题分论坛。以海口、三亚、琼海（博鳌）、万宁为基点，建设好最美国家外事活动基地。

（四）提升对外经贸旅游合作水平

促进对外经贸合作。用好用足用活国家赋予的海关特殊监管区、离岛免税、《中西部地区外商投资优势产业目录（2013 年修订）》、邮轮游艇、离岸金融、落地免签等各项开放政策，促进金融、商业、航运、物流等现代服务业的对外开放和发展。建立健全服务贸易促进体系，充分利用海南在“一带一路”中区位优势，打造连接东南亚和东北亚的物流中转枢纽。

加大旅游开放合作。借助岛屿观光政策论坛，争取成立“21 世纪海上丝绸之路”旅游联盟，联合打造国际精品旅游线路和旅游产品。支持国外邮轮公司在我省注册经营机构，运营国际航线业务；鼓励支持国外邮轮公司与我省企业合作、合资设立国际邮轮公司。推动开通海南与“一带一路”沿线国家之间的邮轮航线和直飞航线。加强与天津、上海、广州、青岛、厦门等国内主要邮轮港口城市的旅游联合，积极打造“丝路国家邮轮旅游经济带”。

积极推动构建“环南海经济合作圈”。加强与环南海区域国家和地区合作，推动环南海经济合作进入国家战略层面。建设南海国际航线中转补给站，吸引国际班轮在我省开展中转、装卸、搭载业务，大力发展国际中转物流。培育、遴选我省与沿线国合作项目。

推进国家大数据综合试验区建设
拓展信息经济新空间
——贵州省“十三五”规划纲要（经贸部分摘要）

一、“十二五”规划实施情况

“十二五”时期贵州圆满完成了“十二五”规划目标任务，地区生产总值、一般公共预算收入、全社会固定资产投资等21项指标提前完成，与2010年相比，地区生产总值、人均地区生产总值排名有望提升1位，一般公共预算收入、固定资产投资排名均提升3位，实现了在西部地区赶超进位的历史性突破，为“十三五”发展奠定了坚实的基础。

“十二五”时期是贵州省经济加速发展、综合实力提升最快的五年。通过积极争取中央支持、全力吸引外部资源获得了加快发展的强大动力，通过增比进位、项目观摩激发了干部群众干事创业的巨大热情，通过打造“5个100工程”等发展平台集聚了发展要素，推动传统产业调整升级，促进科技资源聚集，不断增强创新能力，大数据、大健康等新兴产业风生水起，文化旅游业成为重要支柱产业，工业化、信息化、城镇化、农业现代化加快推进，城乡发展面貌焕然一新。地区生产总值年均增长12.5%，达到10502.56亿元，人均水平接近5000美元，占全国平均水平的比重分别提高了0.3和16.1个百分点，全社会固定资产投资、社会消费品零售总额、进出口、财政收入、居民收入、存贷款余额等主要经济指标增长速度位居全国前列，创造了令人瞩目的发展速度。

“十二五”时期是贵州省突破瓶颈制约、基础设施变化最大的五年。交通建设突飞猛进，铁路里程达到3037公里，贵阳至广州、贵阳至长沙高铁开通，进入“高铁时代”，高速铁路里程达到701公里，高速公路里程达到5128公里，成为西部第一个县县通高速公路的省份。通航机场实现9个市（州）全覆盖，民航进出港旅客人数增速位居全国前列。水运航道加快建设，乌江基本实现全程通航。水利建设空前加快，开工和建成黔中水利枢纽、夹岩水利枢纽、马岭河水利枢纽等一批大中型水利工程，新增供水能力18亿立方米，新增农田有效灌溉面积431万亩，解决1300万农村人口的饮水安全问题。通信基础设施实现升级换代，“宽带贵州”建设取得突破，贵阳、遵义、安顺实现通信同城化。

“十二五”时期是贵州省全面深化改革开放、发展活力最足的五年。以经济体制改革为重点，全面深化政治、文化、社会、生态文明等领域改革，提高了资源配置效率，健全了现代市场体系，壮大了市场主体规模，各类企业注册资本超过2.59万亿元，年均增长41.2%，国有控股龙头企业加速成长，民营经济比重从35%提高到50%。坚持以开放倒逼改革，主动融入“一带一路”和长江经济带、珠江一西江经济带，黔深欧国际海铁联运班列和中欧班列开通运营，与长江经济带各地海关实现通关一体化。创建了贵安新区、贵阳综合保税区等“1＋7”重点开放平台，高标准举办了生态文明贵阳国际论坛、中国一东盟教育交流周、酒博会、数博会、茶博会、民博会、世界山地旅游大会等国际性重大活动，大大提升了贵州对外开放活跃度和投资开发吸引力，进出口总额和实际利用外资分别年均增长 31.3％和 49.3％。创新驱动发展新动力加快形成，贵州科学城、中关村贵阳科技园建成，500 米口径射电天文望远镜加快建设，科技进步贡献率提高到 45％，每万人口有效发明专利增加到 1.5 件。

“十二五”时期是贵州省坚守两条底线、生态建设成效最好的五年。坚持“多彩贵州拒绝污染”，争取国家批准了《贵州省生态文明先行示范区建设实施方案》，强力实施绿色贵州建设三年行动计划，完成营造林 2161 万亩，治理石漠化面积 8270 平方千米，森林覆盖率超过 50％，施秉喀斯特列入世界自然遗产名录。淘汰落后产能 3080 万吨，单位地区生产总值能耗下降 19％，二氧化硫、氮氧化物、化学需氧量、氨氮四项主要污染物排放量分别减少 22.77 万吨、4.91 万吨、2.3 万吨和 0.3 万吨，提前完成国家下达的节能减排任务。主要河流水质明显改善，贵阳等中心城区空气质量位居全国前列。颁布了《贵州省生态文明建设促进条例》，成立了生态环境保护执法机构，在全国率先开展了自然资源资产责任审计，启动了环境污染第三方治理和排污权交易改革试点，建立了生态文明建设的法治化、市场化保障机制。

“十二五”时期是贵州省社会协调发展、人民得到实惠最多的五年。民生事业和社会治理全面发展，人民群众获得感、幸福感、安全感不断增强。城镇居民和农村居民人均可支配收入分别年均增长 11.8％和 14.4％，达到 24580 元和 7387 元。扎实推进“33668”扶贫攻坚行动计划，实施精准扶贫脱贫“1＋10”配套文件，减少贫困人口 656 万人，贫困发生率下降到 14.3％。城镇新增就业 267 万人，是“十一五”的 2.8 倍，城镇登记失业率控制在 4.2％以内。各级财政投入教育经费 2747 亿元，是“十一五”的 2.6 倍，稳步推进基本普及十五年教育，实施教育“9＋3”计划、中职学校“百校大战”和“四项突破”工程，花溪大学城一期工程、清镇职教城、贵州大学新校区一、二期工程等基本建成，预计九年义务教育巩固率、高中阶段毛入学率、高等教育毛入学率分别从 77％、55％、20％提高到 87.6％、86.1％、30％。卫生计生、文化艺术体育、社会保障等公共服务体系不断完善，公共卫生和医疗服务体系全面建立，城乡居民大病保险实现全覆盖，426 个村落进入中国传统村落名录，海龙屯土司遗址进入世界文化遗产目录，实施城镇保障性安居工程 154 万套，改造农村危房 192 万户，完成易地扶贫搬迁 66 万人。群体性事件、刑事治安案件大幅度下降，社会和谐安定有序，公共安全保障更加有力。“四在农家·美丽乡村”六个小康行动计划成效明显，预计全面建成小康社会指数从 2011 年的 64.27％提高到 2015 年的 82％左右。

二、“十三五”规划主要发展目标

“十三五”时期，围绕如期与全国同步全面建成小康社会的宏伟目标，牢牢守住增长速度、居民收入、贫困人口脱贫、社会安全四条发展底线和山青、天蓝、水清、地洁四条生态底线，努力建设一个经济快速发展、社会协调进步、民族文化繁荣、生态优势突出、民主法制健全、人民幸福安康的多彩贵州。

——经济发展和结构调整实现新跨越。在提高发展平衡性、包容性、可持续性的基础上，全省地区生产总值年均增长10%左右，到2020年，确保达到1.8万亿元，力争2万亿元，人均超过5万元。农业现代化水平显著提高，第一产业增长5%；工业化和信息化融合发展水平进一步提高，第二产业增长11%左右，新兴产业增加值占地区生产总值的比重达到20%；现代服务业快速发展，第三产业增长11%左右，旅游总收入年均增长18%以上。一般公共预算收入年均增长10%左右。固定资产投资年均增长15%以上，达到2.1万亿元。消费对经济增长贡献明显加大，社会消费零售总额年均增长11.5%以上。科技进步对经济增长贡献提高到50%，研究与实验发展（R&D）经费投入强度提高到1.2%，每万人发明专利拥有量达到2.5件，人才资源总量达到530万人。发展空间格局得到优化，常住人口和户籍人口城镇化率分别达到50%和43%。民营经济比重达到60%。

——生态建设和环境保护实现新跨越。生产方式和生活方式绿色、低碳水平上升。万元生产总值用水量下降20%，耕地保有量6555万亩，新增建设用地规模控制在120万亩，单位生产总值能源消耗、单位生产总值二氧化碳排放、主要污染物减排达到国家下达的目标要求，非化石能源占一次能源消费比重达到15%。森林覆盖率提高到60%，县级以上城市空气质量优良天数比率达到85%以上，好于Ⅲ类水体比例达到90%以上，土壤环境质量明显改善。城乡人居环境持续改善，主要生态系统步入良性循环，生态文明先行示范区建设取得突出成效。

——扶贫攻坚和民生改善实现新跨越。现行标准下农村贫困人口全部实现脱贫，贫困县和贫困乡镇全部减贫摘帽，贫困村按国家标准全部退出。农村常住居民和城镇居民人均可支配收入年均分别增长12%左右和10%左右。城镇新增就业350万人，城镇登记失业率控制在4.2%以内。教育现代化取得重要进展，九年义务教育巩固率提高到95%。医疗卫生服务供给能力和服务质量显著增强，人均预期寿命提高到73.5岁。文化、社保、住房等公共服务体系更加健全，基本养老保险参保率达到90%，城镇棚户区住房改造130万套，公共文化服务设施实现城乡全覆盖。

——基础设施支撑能力实现新跨越。综合立体交通体系基本形成，铁路营业里程达到4000公里以上，其中高速铁路里程达到1500公里以上，高速公路通车里程达到7000公里。形成“一枢纽十六支”机场布局，民航旅客吞吐量达到3000万人次/年。内河航道运输能力明显提高，航道里程达3950公里，其中高等级航道950公里。基本解决工程性缺水问题，水利工程设计供水能力达到150亿立方米以上。信息基础设施进一步完善，互联网出省带宽能力达到10000Gbps。

——深化改革和扩大开放实现新跨越。全面深化改革步伐加快，在重点领域和关键环节改革上取得决定性成果，各方面制度更加成熟更加定型，政府职能进一步转变，行政效能进一步提高，发展环境进一步优化，社会生产力进一步解放和发展。开放平台和合作机制更加完善，“引进来”与“走出去”取得重大进展，对内对外开放水平明显提升，发展动力和活力进一步增强。引进省外到位资金达到1万亿元左右，进出口总额年均增长 20%以上，实际利用外资年均增长 20%以上。

三、大力推进新型工业化，加快构建现代特色产业体系

坚持新兴产业增量扩张与传统产业存量提升并举，大力实施新兴产业突破工程和传统优势产业转型升级工程，推进“百企引进、千企改造”和“双培育、双退出”行动计划，构建以新兴产业为引领、传统优势产业为支撑、产业园区为载体、产业融合集成配套的现代特色产业体系。

（一）加快推进传统产业转型升级

1. 促进化工产业精细化发展

有序推进煤化工产业发展，改造提升焦炭、化肥、乙炔化工等传统煤化工产业，以煤制醇醚燃料、煤基合成油、煤制天然气、煤制烯烃等为突破口，稳步推进现代煤化工产业发展。重点加快毕水兴煤化工产业带建设。着力推动传统磷化工产业改造升级，严控磷复肥产能规模，积极开发新型肥料产品，结合市场需求开发食品级、医药级、电子级等精细化、专业化、高附加值磷酸盐系列产品。有序开发磷矿资源，推进开磷、瓮福煤电磷一体化产业基地建设，努力打造国际新型磷化工产业基地。积极推进钡盐、汞工业转型发展，在安顺、铜仁、黔东南建设全国精细钡化工生产和研发基地。加强稀土分离技术研究，促进稀土资源开发利用。鼓励依托林木资源发展林化工产业。积极发展橡胶加工。力争到 2020 年化工产业总产值达到 2000 亿元。

2. 优化发展冶金产业

推动钢铁业向特种钢材料转型，重点发展易切钢、轴承钢、车轴用钢、弹簧钢、冷墩钢、超低碳电工钢等产品。推动绿色铸造。支持铁合金产业提升集中度，提高技术装备水平，以优化产品结构为重点，推动以硅、锰系等合金产品高端化发展，重点开发高纯铁合金、氮化系列铁合金、复合合金等产品。支持遵义、铜仁等地有序发展金属锰精深加工。力争到 2020 年冶金产业总产值达到 1000 亿元。

3. 推动有色产业提质增效

有序发展铝工业，支持贵阳、遵义铝加工产业基地建设，合理发展建筑装饰用铝材，加快开发交通运输、食品医药、航空航天等行业用铝产品和高端铝合金材料产品。合理开发铝矾土资源。加快推进务正道氧化铝、贵阳铝厂搬迁等重点项目建设。稳步发展钛工业，强化钛矿资源保障，积极发展海绵钛深加工产业，鼓励开发航空航天、交通装备、兵器工业、休闲娱乐等领域高附加值钛材产品。规范、有序发展黄金产业。力争到 2020 年，有色金属产业产值达到 1000 亿元。

（二）推动装备制造高端化智能化发展

贯彻落实《中国制造 2025》，实施工业强基工程、智能制造工程和“互联网+制造业”行动计划，积极发展增材制造，打造一批高端化、智能化的“贵州制造”产品。到 2020 年装备制造业总产值达到 2700 亿元。

1. 加快发展高端装备制造业

积极发展航空航天装备制造业，着力发展无人机、教练机、轻小型通用飞机和中

小推力航空发动机等整机，推进航空装备生产、维修和试训一体化。大力发展发动机叶片、民用航空机载设备与航空特种合金锻件等零部件，积极发展通用飞机大型覆盖件、大型铸锻件、精密高速数控加工、机载设备制造等民用航空整机制造配套产业。积极争取通航整机制造产业项目落地。加快推进航天器卫星通讯系统、导航系统、定位系统等民用空间基础设施建设，积极发展载人航天、月球探测工程配套产品。

大力发展节能与新能源汽车产业，推进毕节、贵阳、遵义等节能和新能源汽车产业基地建设，发展纯电动汽车、插电式混合动力汽车和新能源城市物流车、环卫车等专用车，培育动力电池、充电设施、电机、电控等新能源汽车配套产业，加快新能源汽车推广应用。推动节能汽车整车以及燃料加注设备、安全监控设备等关键部件研发制造。着力发展轨道交通装备，开发新型轨道交通产品及配套产业。大力发展电力装备，推进风电整机成套装备制造、光伏发电设备及关键零部件配套制造等。加快研发煤层气和页岩气抽采设备。积极发展现代农机装备。鼓励发展医用氧气加压舱、蛋白质芯片传感器、可吸收生物材料等医疗器械产业。

2. 积极发展智能制造业

推动生产装备智能化，提高无心磨床、轧辊磨床、大型龙门铣（刨）床等机床整机的数控化、智能化水平。培育发展机器人产业，支持机器人核心技术的研发和产业化，重点发展工业、消费级机器人以及微特电机、高精密减速器等核心部件。加快嵌入式智能仪器仪表、高精度传感器等智能测控系统新产品的研发和产业化。推进制造过程智能化，鼓励和引导特色优势行业领域加快实施智能装备产业化应用技术改造，推进一批先进制造企业建立柔性生产线。推进装备制造业全周期智能化，鼓励优强企业建立覆盖产品生命全周期的智能化工厂。

3. 推进军民融合产业发展

大力实施军民融合发展战略，依托贵州省军工产业基础，发展壮大军民融合产业，积极打造贵阳、安顺、遵义等军民融合创新示范区。着力推动军民两用技术双向转化。鼓励军工企业建立和完善军民两用技术输出渠道，建立军民两用技术转移和产业孵化中心。支持中介机构参与军民两用技术成果转化，推动建立军民两用技术成果交易和信息交流平台。引导社会力量广泛开展军民两用技术研制、开发和产业化应用。积极推进军民通用设计、制造等先进工业技术的合作开发、双向服务与成果共享。开展航天技术及产品在“智慧城市”“天网工程”“智能交通”等方面的应用。积极支持军民两用信息材料、复合材料、高性能合金材料的研发和产业化应用。

4. 大力发展专用装备制造业

大力发展能矿装备和工程机械装备制造，重点开发生产新型矿用设备、高端中小型特种矿山机械，建立南方地区重要的能矿装备生产研发基地。提高挖掘机、工程车、破碎机等优势产品市场竞争力。积极发展市场急需的各种大中型抢险救援装备、环保节能型工程装备、大型架桥铺路装备、建筑垃圾回收破碎设备以及小型工程机械等产品。积极发展冶金和化工装备等。加快发展汽车及汽车零部件制造业，重点开发载货汽车、专用车、场地车、观光车等产品，大力发展汽车电机、车桥等零部件。积极发展石油装备、食品加工机械、包装机械、物流装备等装备制造业。

（三）着力发展特色优势轻工产业

提升发展以酒、烟、茶、食品等为重点的特色轻工产业，积极培育饮用水产业"新名片"，打造一批在国内外有影响力的"贵州品牌"，到 2020 年特色轻工产业总产值达到 3660 亿元。

1. 着力提升发展黔酒产业

巩固和发展"国酒茅台"的行业龙头地位，扩大黔酒市场规模，着力构建以酱香型白酒为主，浓香型、董香型及其他香型白酒共存和高中低档产品并举、大中小企业相结合的贵州白酒产业体系。支持白酒企业通过兼并重组提高产业集中度，加强技术创新和技术改造，提升酿造工艺、技术和生产装备水平，创新产品品种，提升产品质量。加快推进酱香酒标准体系施行。积极发展葡萄酒、蓝莓酒等非粮食原料酒，加快扩大生产规模，丰富贵州省酒品类别，提前布局和占领市场。稳步扩大啤酒产能。到 2020 年，力争黔酒国内市场占有率达到 10%。

2. 着力壮大做优黔茶产业

着力构建茶叶加工标准化体系，建立完善茶叶拼配技术体系和产品标准体系。加快茶叶初制加工，提高茶青初加工水平。大力推进茶叶精制加工，形成以优质绿茶为引领，红茶、黑茶等半发酵茶和发酵茶并举的产品结构。以"三绿一红"为重点，大力实施基地、企业、产品"三位一体"品牌战略，提高市场占有率。延长产业链，积极发展茶饮料、茶食品、茶保健品、茶日化品等。

3. 着力培育发展饮用水产业

依托贵州省天然水资源禀赋，借助现代先进工艺技术，以发展矿泉水、天然泉水等为突破口，做大饮用水产业规模，打响"黔水"品牌。鼓励开发保健、益智、营养等新型功能性饮用水，促进饮用水产业升级发展。重点加快铜仁、贵阳、遵义、六盘水、黔南等地天然泉水、纯净水产业基地建设。加快建立贵州省重点区域天然矿泉水、山泉水等水源地动态监测和保护机制。

4. 着力发展特色食品等轻工产业

大力发展调味品、肉制品、粮油制品、果蔬食品、软饮料、乳制品等食品工业，发挥龙头企业的带动作用，推动食品加工业集群发展，建设一批特色食品加工基地，加强特色产品研发，扩大优质产品产能，做精做优贵州特色食品产业。加大卷烟生产技改力度，着力优化产品结构，进一步提升"贵烟"品牌，实现由烟草大省向烟草强省转变。积极承接产业转移，着力发展服装、五金、日化用品、体育用品等产业。

5. 着力发展旅游商品加工业

大力发掘民间传统工艺，支持企业创新研发兼具地方民族特色和时尚品位的旅游工艺品，加快推进民族民间工艺品产业化和品牌化发展，加大安顺蜡染、罗甸玉等特色工艺品地理标志品牌培育力度，积极发展银饰、银器、苗绣、马尾绣、紫袍玉、牙舟陶、枫香染等民族民间工艺品，打造一批旅游工艺品生产基地和旅游商品市场。积极推进银饰村、刺绣村、木雕村、农民画村等一批旅游工艺品专业村镇建设。

（四）大力发展绿色能源产业

推进能源产业转型升级，推动能源消费、供给、技术、体制革命和加强能源合作，加快构建清洁低碳、安全高效的现代能源体系，基本建成国家能源基地。

1. 大力发展新能源和清洁能源

加快发展风电，引进社会资本参与风电开发，加快适用于贵州高原山区风电机组的研发，积极推广低风速风机，加大风能资源的开发利用力度，建成毕节200万千瓦级风电基地和六盘水、黔南、黔东南、遵义100万千瓦级风电基地。积极发展光伏电站及分布式光伏发电，在毕节、六盘水、黔西南等地建设光伏发电站。在人口相对集中的区域建设垃圾发电厂。积极开发利用浅层地温能。积极推进核电项目前期工作。加快页岩气、煤层气勘查开发利用，重点建设正安—习水页岩气勘查开发项目，打造黔北页岩气开发基地；重点建设盘江矿区、织纳矿区及黔北矿区煤层气勘查开发示范项目，打造三大煤层气开发基地。大力推进地热能源的合理开发利用，开发贵阳、安顺、遵义等地浅层地温能，开展中深层地热能资源勘查。

2. 加快推进传统能源转型升级

集约发展煤炭工业，提高煤炭开采机械化率和资源回收率，大力推进煤炭企业兼并重组，关闭淘汰落后产能，加快发展煤电一体化，提高产业集中度，促进煤炭行业脱困和转型升级。积极推进煤电机组的大容量、高参数、低能耗、低排放改造。按照节能、节水和环保要求，科学推进煤电基地化、一体化发展。深度开发水电，对有条件的水电站实施扩能改造升级，在乌江、红水河等流域规划布局抽水蓄能电站。

3. 积极优化能源空间布局

优化煤电化基地、新能源开发利用基地、页岩气及煤层气勘探开发基地建设，形成“一带三区一中心”的能源空间布局。加快建设毕水兴能源产业聚集带，建成一批能源开发示范基地；积极建设黔北页岩气及煤炭资源综合利用开发区，黔东页岩气、生物质能源产业发展区，黔南、黔东南风电和生物质能源产业发展区“三区”，重点发展煤炭深加工、页岩气及煤层气勘探开发、风能开发；打造贵阳能源交易中心。

（五）大力发展新型建筑建材产业

积极研发推广节能低碳建造工艺、技术，开发生产新型建材和绿色装饰材料，促进建筑业与建材业融合发展，力争到2020年建筑建材业总产值达到2000亿元。

1. 大力发展新型建材产业

积极开发建筑节能、绿色建筑、住宅产业化和生态城市建设所需的材料和制品。结合建筑业产业化发展趋势，大力推进建材部品化发展。充分利用大宗矿产工业固体废弃物和建筑废弃物，大力发展节能环保型建筑用砖和煤基新材料。积极承接东部地区石材加工业转移，有序发展石材深加工产业，着力构筑特色产品体系，积极开发建筑装饰板材、异型加工、石雕石刻、市政工程用产品，打造“贵州石材”品牌，重点在安顺、铜仁、黔南等地建设石材产业集聚区。积极推进建材产业与商贸会展、设计咨询、现代物流、电子商务等服务业融合发展。

2. 大力发展新型建筑业

发展绿色建筑和推广应用新型建材产品，提升建筑垃圾等为原料的新型墙体材料的应用比例，提高资源综合利用水平。推进建筑工业化，发展构件预制化和装配式施工生产模式，整合设计、生产、施工等全产业链，实现建筑产品节能、环保、全生命周期价值最大化。大力发展部品生产新型建筑业企业，推进部品生产规模化和产业化，推动建筑现代化。培育建筑业龙头企业，扶持企业“走出去”发展。推行工程项目总承包模式，鼓励有实力的工程设计和施工企业开展工程总承包业务。严格落实五方责任主体质量安全责任，加大建筑动态监管力度，规范市场秩序。

（六）积极培育发展其他战略性新兴产业

依托资源优势和产业基础，积极发展生物、新材料和节能环保等战略性新兴产业，加快培育经济新增长点。

1. 大力发展生物产业

积极发展生物医药产业，巩固壮大中药、民族药，做大苗药，培育发展生物制药，加快发展化学药，拓展新医药衍生产业，提升发展医疗器械及医用材料。积极发展生物农业，推动现代农业生物技术在特色农作物、特优畜禽、珍稀水产品种质创新和新品种培育中的应用。积极发展生物兽药及疫苗、生物农药、生物肥料等绿色农用生物产品，形成一批生物农业产业基地。积极发展生物制造产业，以培育生物基材料、发展生物化工产业和做强现代发酵产业为重点，大力推进酶工程、发酵工程技术和装备创新。

2. 大力发展新材料产业

大力培育发展新材料产业。重点发展铝、钛、锰、镁、锌等金属高性能合金材料和超微细功能粉体、功能陶瓷、防辐射、耐火、隔热等无机非金属材料，大力发展新型化工材料、聚合物材料和锂离子电池、光伏电池、太阳能电池用多晶硅等新能源材料，积极发展新型元器件关键材料、新型电路基材、半导体光电子材料等电子功能材料。打造一批新材料领域的品牌产品，大力培育发展以新材料产品开发和生产为主的高新技术企业，推进形成贵阳市、遵义市、贵安新区等新材料产业聚集区，把贵州省建成国家重要的区域特色新材料产业基地。

3. 大力发展节能环保产业

加快发展高效节能产业，重点发展高效电动机及其控制系统、高效燃烧及换热系统、余热余压利用及传热系统等节能技术、产品、装备、核心材料、零部件。培育先进环保产业，重点加快污水垃圾处理、污泥处置、细微粉尘控制、挥发性有机物治理、持久性有机物治理、高浓度有机废水治理、重金属污染防治、机动车尾气治理、除尘纤维及滤料、高效膜材料、脱硫脱硝等环保技术装备。大力发展资源循环利用产业，推进粉煤灰、磷石膏、建筑废弃物等大宗固废综合利用，推动废弃电器电子产品、报废汽车、废电池等再生资源利用和聚集发展。提升固废、再生资源资源化、循环化利用技术装备水平。壮大节能环保服务业。推进节能环保产业高端聚集发展平台建设。

（七）着力提高产业集约集聚发展水平

加快建设主导产业突出、特色鲜明的功能园区，强化产业集聚配套，培育壮大企业主体，推动产业集群化发展。

1. 着力提升壮大产业园区

深入推进 100 个产业园区成长工程，根据发展条件和潜力，按照做大做强一批、整合优化一批、调整转型一批的思路，实施产业园区提质升级工程。加快发展产业园区特色主导产业，推进产业集成配套，提高产业集中度和集约化水平，培育一批带动力强的企业集群，进一步引导要素资源向国家级、省级园区和战略性新兴产业园区汇聚，加快建成小河一孟关、仁怀一习水等千亿级龙头园区。推动相邻的产业园区整合，或以“一区多园”模式托管产业园区，实现资源共享、配置优化，促进园区创新发展。对重点生态功能区、农产品主产区的工业园区，因地制宜实行“退二进三”或“退二还一”。到2020年，新增2个千亿级产业园区。

2. 加快培育壮大企业主体

围绕推进产业转型升级，聚焦大数据、电子信息、大健康医药、高端装备制造、新能源和新材料、节能环保领域，高端引进100户以上国内外500强企业，落地生成一批重大项目。聚焦煤炭、电力、烟酒、化工、有色、冶金、装备制造、建材、食品等领域，从规上企业中选择1000户技术工艺落后、生产设备落后、产品有市场、发展有潜力的企业，运用大数据、互联网＋、智能制造等新技术、新模式，实施改造升级，提高企业核心竞争力。鼓励龙头企业、骨干企业发挥资本、品牌、营销网络、研发等优势，采取联合、收购、兼并、控股等方式，实施跨区域、跨行业、跨所有制结构的合作重组，加快做大做强。聚焦大众创业、万众创新，加大政策扶持力度，培育生成一大批小微企业，培育孵化一大批科技创新型企业，新增5万户以上企业市场主体，其中新增规上企业3000户以上。支持企业实施走出去战略，不断拓展向外发展的市场空间和资源空间。聚焦已停产、半停产、连年亏损、资不抵债、靠政府补贴和银行续贷存在的企业以及不符合国家产业政策的落后产能，综合运用市场机制、经济手段和法治办法，让“僵尸企业”和落后产能有序退出。

四、加快发展现代服务业，着力提升服务业质量和水平

大力实施现代服务业“十百千”工程，着力拓宽服务领域、培育新兴业态，优化服务业结构，大力推进服务业发展平台、市场主体建设，促进服务业优质高效发展。

（一）大力发展大健康养生产业

深入推进大健康医药产业发展实施计划，加快资源整合，推动健康养生产业市场化、融合化、高新化、集聚化发展，努力把贵州建设成为独具特色的医药养生省、全国大健康产业基地和国际知名的宜居颐养胜地。

做大健康养生产业，推进医旅结合，大力发展休闲养生、滋补养生、康体养生、温泉养生等业态。做精健康医疗产业，积极发展高端、特色医疗，创新发展智慧医疗，推进医养结合，加快培育发展区域医疗中心。做优健康养老产业，培育发展养老、休闲、康复一体化的特色产品，发展社区健康养老和智慧健康养老服务。加快发展健康运动产业，大力发展山地户外和水上运动康体养生产品，创建一批有影响力的体育赛事品牌。做大健康药食材产业，大力发展药食两用产品。积极发展健康体检、专业护理、康复、心理健康等专业健康服务。推进大数据、物联网、云计算等新一代信息技术与健康管理服务融合发展。

加快推进示范平台建设，着力打造一批大健康医药产业示范区和示范县，规划建

设一批大健康医药产业基地（园区），争取国家将贵州省列为国家大健康医药产业示范区。加快推进研发平台建设，设立大健康医药产业研究院和大健康工程创新中心，推进云技术运用食品检测工程技术研究中心等平台建设。加快推进智慧平台建设，建成大健康医药产业云。加快推介展示平台建设，建设省大健康医药产业展示中心，办好大健康医药产业发展大会、产业发展峰会和产业博览会。加快推进交易服务平台建设，培育打造大健康医药产业联盟。

推进健康养生产业、健康医疗产业、健康养老产业和健康运动产业发展三年实施计划，重点遴选实施一批具有标志性和代表性的重大工程项目，加快形成新的经济增长点。深入实施健康养生企业培育壮大工程，积极打造一批龙头企业，发展一批骨干企业，扶持一批上市企业，做大一批中小企业，加快形成大中小企业配套的大健康养生产业发展格局。深入实施品牌创建工程，大力培育地理标志产品，支持企业开展品牌创建活动，打造一批具有核心竞争力的知名品牌。

（二）加快发展现代物流业

依托产业基础、交通和区位优势，优化物流布局，完善物流网络，构建现代物流服务体系，加强多式联运，着力降低物流成本，把贵州建设成为西南地区重要的物流枢纽和全国区域性物流中心。

1. 优化物流产业空间布局

按照在重要交通枢纽和重点产业区域强化物流节点配置的原则，加快构建形成“一核驱动、两轴拓展、四区集聚、多点支撑”的现代物流产业空间布局。加快全省物流发展核心区建设，发展以贵阳市为中心，贵安新区、安顺市为枢纽，龙里县为支撑的贵阳大都市物流核心圈；建设遵义—贵阳—都匀南北物流发展轴和兴义—六盘水—安顺—贵阳—凯里—铜仁东西物流发展轴；加快建设黔西北、黔东北、黔东南、黔西南物流集聚区；积极发展习水、大方、瓮安、榕江、盘县、兴仁、德江等物流节点，形成覆盖全省、全面对接“一带一路”、长江经济带、京津冀等重点区域的现代物流发展格局。

2. 完善物流网络

着力构建空中、陆路、水域立体物流大通道，在公路、铁路、内河码头、机场等重要交通枢纽、货物集散地、产业集聚区，建设无缝链接的运输网络，形成具有集聚效应的物流组织场所，提升物流产业对内集聚、对外辐射能力。加快铁路、高速公路客货综合运输节点建设，积极推进区域中心城市智能公路港建设，完善空港设施，推进航运码头及配套设施建设，积极创造条件，增开国际班列和增加国际航线，加快形成货畅其流、快速高效的集疏运体系。深化物流管理体制改革，切实降低物流成本。

3. 积极推进多式联运

加快推进公铁、公水、铁水等多式联运，进一步提高货物运输效率。优化货运结构，打通关键铁路和水运通道，提升铁水货运比例，降低公路货运占比。推行标准化包装、小型集装箱等，发挥多式联运优势。在全省交通干线及走廊推行货运班车，依托高铁、城际铁路建设，争取开设铁路快件物流班列，提高铁路零担市场份额。推广物流大数据平台应用，着力通过智慧物流促进多种运输方式有效衔接，提高多式联运效率。

4. 加快现代物流主体培育和平台建设

积极引进国际国内知名物流企业在贵州省设立总部或分支机构，鼓励外来物流企业与本地物流企业通过多种形式合作，提高物流企业的技术装备和信息化水平，培育形成一批管理先进、具有市场竞争力的现代物流企业集团。大力发展供应链物流、电商物流、城市共同配送、农产品冷链物流、医药物流、应急物流等综合性和专业化物流，选择在多种运输方式汇合的地点建设物流园区或物流中心，加快建成贵阳航空港物流园、改貌综合物流港、贵州（扎佐）商贸物流港等一批综合性、专业性的物流园区，加快实施贵州西南粮食城、双龙快递物流城、贵州电子商务物流工程等一批重点项目。大力发展第三方和第四方物流。

（三）大力发展现代金融业

坚持以服务实体经济为导向，创新金融组织、产品和服务，着力推动普惠金融、绿色金融加快发展，将贵州打造成为全国金融支持实体经济和金融生态建设示范区。

加快聚集金融要素，优化金融机构布局，不断拓宽金融服务深度和广度，逐步建立起种类齐全、层次多元、竞争有序的区域金融机构体系。加快提升贵州银行、贵州农商银行等地方商业银行实力，加快组建民营银行、金融租赁公司、保险公司等地方法人金融机构。深入实施“引金入黔”工程，引进更多境内外银行、证券、保险等金融机构来黔设立分支机构。加快区域权益类交易场所和要素市场发展，构建基于互联网金融模式的创新型交易服务平台。大力发展信托、小额贷款、融资担保等其他金融机构。加快推进中国西部科技金融区域中心、贵州金融城等建设。

推动金融业态创新，促进金融租赁公司、消费金融公司、科技银行、小微企业金融服务专营机构、社区银行等新金融业态发展。培育和规范互联网金融发展，开展大数据金融产品和服务创新，加快贵阳互联网金融产业园和互联网金融创业创新示范基地建设，鼓励发展互联网银行、互联网保险、互联网征信、网络支付等新业态，全面提升互联网金融服务能力。积极争取国家在贵州省开展外汇管理改革、信贷资产质押再贷款、农村承包土地的经营权及农民住房财产权等抵押贷款试点。建立完善政金企合作协调机制，激活和整合各类资源，助推金融创新服务实体经济。

实施“互联网+”普惠金融专项行动计划，加快构建多业态的普惠金融组织体系，稳步发展新型农村合作金融组织，加强农村金融基础设施建设，实现城乡金融业合理布局，协调发展。实施财政金融扶贫行动，加强金融服务贫困地区的力度，切实提高金融扶贫的广度、深度和精度。充分运用绿色信贷机制和绿色综合融资服务手段，引导和激励各类资本投资绿色产业。发挥征信系统在环境保护方面的激励和约束作用，引导社会树立绿色发展理念。支持发展以排放权、排污权和碳收益权等为抵（质）押的绿色信贷。积极推动贵安新区西部绿色金融港和贵州绿色金融交易中心建设。

（四）着力发展会展等生产性服务业

大力实施会展业提升发展工程，打造和提升一批高端会展平台，支持各地改造和新建一批会展场馆，培育一批富有地方特色、在国内国际具有一定影响力的会展服务平台，到2020年培育形成5～8个具有国内国际影响力的区域性会展品牌。培植一批实力雄厚、竞争力较强的会展企业，壮大市场服务主体。引进和培养一批会展专业人才，强化校企合作，建立一批会展实训基地。“十三五”时期，会展业直接经济效益年均增长20%左右，到2020年综合经济效益达到500亿元以上。

推进科技服务业创新发展，重点发展科技研发、创意设计、创业孵化等科技服务业；推进检测认证服务产业发展，重点围绕设计开发、生产制造、售后服务等环节，积极培育发展第三方检验检测和认证技术服务；推进咨询中介等商务服务业发展，加快企业管理、人力资源、法律、会计、审计、专利等商务服务的专业化、产业化进程；推进节能环保服务产业发展，重点发展节能环保技术推广与交易、环保规划咨询等服务，鼓励发展环境工程设计、总承包、第三方治理等服务；推进行业应用软件开发、系统集成、互联网和增值电信服务、智能电网、节能系统、数字安防等多业态服务体系，提高信息技术服务水平。

（五）提升发展生活性服务业

加强城乡商贸流通网络建设，优化城市综合超市、购物中心、批发市场等商业网点结构和布局，推进城市商贸功能区、特色商业街区建设，支持便利店、中小超市、社区菜店等社区商业发展；完善农村商业服务网点，深入实施“万村千乡市场”“农超对接”等工程，鼓励和支持连锁经营、物流配送等现代流通方式向乡村延伸，加快建设乡镇商贸服务（物流配送）中心。大力推进住宿餐饮业连锁化、品牌化发展，提高文化品位和绿色安全保障水平，形成以大众化市场为主体、适应多层次、多样化消费需求的住宿餐饮业新格局。

健全城乡居民家庭服务体系，完善社区服务网点，多方式提供婴幼儿看护、老人护理、医患陪护、美容美发、洗染、家用电器及其他日用品修理等生活性服务。鼓励在乡村建立综合性服务网点，提高农村居民生活便利化水平。推动房地产业健康发展，有序化解商品房库存，规范发展房地产中介、房屋租赁经营、物业管理等服务。促进搬家保洁、家用车辆保养维修等服务规范化、标准化。发展形式多样的教育培训服务。

（六）优化服务业发展环境

深入推进服务业重点领域改革，建立健全服务业市场准入机制，实施负面清单和特许经营权管理，全方位开放除国家明确规定以外的服务业领域，有序放开建筑设计、会计审计、商贸物流等领域外资准入限制。简化审批程序，提高生产性服务业境外投资便利化程度。推进社会组织管理体制改革，不断发展壮大与服务业相关的行业协会、商会等社会组织。完善政府采购机制，扩大政府采购范围，促进专业服务整体外包。深入推进贵阳市国家服务业综合改革试点工作。加强服务领域标准化建设。

依托重大产业基地、产业园区、开发区等，加快建设综合型生产性服务业、开放合作服务产业、大数据服务产业、大健康服务产业、文化旅游、现代商贸物流、金融商务会展、创意产业等八大类型集聚区，重点推进贵安新区高端装备制造产业园生产性服务业集聚区、贵阳西南国际商贸城、遵义南部工业集聚区综合型生产性服务业集聚区、红果经开区生产性服务业集聚区、毕节金沙生产性服务业集聚区、贵州百鸟河大数据服务产业集聚区和黄果树、梵净山、万峰林、雷山西江、荔波特色优势服务产业集聚区等一批现代服务业集聚区建设。到2020年，建成100个省级集聚区，集聚区营业收入达到5000亿元以上，带动就业100万人以上。

五、实施开放带动，建设内陆开放型经济试验区

实施更加积极主动的全方位开放战略，构建立体开放通道体系，扩大开放领域，放宽准入限制，积极引进优质要素资源，提升对外开放水平，着力建设内陆开放型经济试验区。

（一）着力拓展开放合作新空间

深度对接和融入“一带一路”、长江经济带、京津冀协同发展区发展，加强与全国重点区域及周边省份合作，扩大对外开放合作，形成宽领域、多层次、全方位的开放格局。

1. 积极融入“一带一路”发展

依托贵州位于西南连接华南、华中和地处“一带一路”结合部的区位优势，积极参与中国－中南半岛经济走廊和孟中印缅经济走廊建设，深化与东盟国家在教育、旅游、农业等领域的合作，推进与南亚国家在城市和交通基础设施、电力、冶金、化工、装备制造、资源开发等领域的合作。积极参与21世纪海上丝绸之路建设，加强与太平洋沿岸国家和地区及非洲在现代农业、文化旅游、科技教育、矿产资源、工程承包等领域的合作。积极参与中国－中亚－西亚经济走廊和新亚欧大陆桥经济走廊建设，借助渝新欧、蓉新欧大通道和沿线开放平台，加强与中亚和西亚国家在机械设备、建材以及酒、特色食品、磷化工先进技术等领域的合作，积极推动与欧洲国家在大数据和大健康医药等新兴产业、高端装备制造业、现代服务业、应对气候变化等领域的交流与合作。加强与美国、德国、瑞士、韩国、澳大利亚、英国等国交流合作，充分利用好中瑞、中韩、中澳自由贸易协定等机制，促进外部高端要素向贵州省聚集。着力把贵阳市打造成为“一带一路”重要节点城市。

2. 深度融入长江经济带建设

紧紧抓住国家依托黄金水道推动长江经济带发展的战略机遇，着力加强以连接长江中上游中心城市和主要港口、连接东西两头开放、连接长江经济带南北交通通道为重点的综合交通基础设施建设，形成与长江经济带各省（市）互联互通；进一步加强与成渝、长株潭、长三角等经济区在文化旅游、现代农业、资源深加工产业、战略性新兴产业、能源、现代服务业、科技教育等领域的合作，扩大合作发展空间，推动区域产业优势互补、分工协作，促进产业转型升级；深化贵州省生态建设、环境保护与沿江各省（市）合作，推动形成流域生态环境污染联防联控、协同保护的治理格局，共同打造长江绿色生态走廊和生态安全屏障。

3. 深化泛珠三角等区域合作

深化泛珠三角区域合作，加快基础设施互联互通和共建共享，依托贵广高铁、沪昆高铁、渝黔高铁、成贵高铁等通道，与相关省（区、市）共同打造沿线高铁经济带，积极共同推动泛珠三角区域合作上升为国家战略。积极融入珠江－西江经济带建设，

加强与珠三角、北部湾、港澳台、滇中经济区在综合交通、文化旅游、商贸物流、特色农业、资源深加工、生态环境、商务会展等领域的合作，扩大南向、西向合作发展新空间。加强与京津冀协同发展区的合作，力争在大数据信息产业、文化旅游、科技教育等领域取得新突破。

4. 加强与对口帮扶等城市经济协作

进一步发挥对口帮扶城市作用，支持沿边城市开展跨省区交流合作，积极推动双边多边合作协议的落实，促进资源共享和产业互补联动发展，共同打造一批产业合作示范园区、区域合作示范区，积极承接产业、资金、技术转移和辐射，实现互利共赢。

（二）加快发展开放型经济

大力培育发展开放型经济，加大招商引资力度，积极参与国际国内市场竞争，提升开放型经济水平。调整优化对外贸易结构，拓展对外贸易市场，努力扩大对外贸易规模。加快推进出口商品结构多元化，大力培育新的对外贸易增长点。引导和推动外贸经营主体多元化、市场多元化，鼓励企业扩展对外贸易市场，巩固和扩大东盟、日本、韩国、美国等传统市场，着力开拓大湄公河次区域、欧盟、俄罗斯、中东、非洲等新兴市场，鼓励和支持贵州省优势领域和有条件的企业参与国际经济技术合作与竞争。扩大服务贸易规模，加快发展服务外包。推进实施国际贸易单一窗口。

以市场需求为导向，依托贵州资源要素优势，统筹“引进来”和“走出去”，促进引资、引技、引智相结合，积极引进战略投资者，加快培育壮大开放型企业，提升贵州省产业在全国乃至国际价值链的地位，增强市场竞争力。进一步利用国外优惠贷款。加大招商引资力度，拓宽招商引资渠道，创新招商引资方式。积极引进高端企业和优强企业，发挥大企业在吸引中高端资源和集成创新中的优势，加大对本土企业在资金、人才、技术、服务等短缺要素的引入，实现产业转型升级。加大对东部发达地区的招商引资力度，积极扩大对欧美、东盟等境外地区招商规模，继续加强对港澳台和海外华侨客商的招商引资。积极发展符合贵州特点的内陆型加工贸易，对高附加值、低运量的高技术产业，采取“两头在外、大进大出”的模式，向更大增值含量的环节延伸；对运输量大、物流成本高的产业，采取“一头在内、一头在外”的模式，从其他区域购入关键零部件，面向外部市场加工制造，提高市场占有率。鼓励有实力的企业“走出去”开展境外投资、工程承包、劳务输出，积极参与国际竞争。

健全有利于对外开放、合作共赢、开放型经济发展的体制机制，努力营造安商、富商、亲商的良好环境，切实维护外来投资者的合法权益。探索建立便利跨境电子商务等新型贸易方式的体制，健全服务贸易促进体系。落实准入前国民待遇加负面清单管理制度，促进内外资企业一视同仁、公平竞争。完善境外投资管理，建立健全对外投资促进政策，强化对外投资服务，有效防范对外投资风险。

（三）积极打造开放创新平台

加快国家级对外开放平台建设，全面提升“1＋7”重点开放平台，全力推动贵安新区高端化、绿色化和集约化发展，千方百计做大新兴产业、高端装备制造业和现代服务业，把贵安新区建成西部地区重要经济增长极、内陆开放型经济新高地，打造全省开放“龙头”；加快推进贵阳、贵安新区、遵义综合保税区建设，着力提升保税加工、物流、贸易、金融等功能，发展跨境电子商务；全面推进贵阳国家高新技术产业开发区、贵阳国家经济技术开发区、遵义国家经济技术开发区提质发展，促进产业配套和资源共享；加快贵州双龙航空港经济综合试验区建设。努力争取将大龙、凯里、安顺、仁怀、兴义、盘县等地有条件的省级开发区、高新技术产业园区升级为国家级。积极争取国家批准设立赤水全国生态经济试验区。争取在有条件的地区设立海关特殊监管区。进一步发挥好生态文明贵阳国际论坛、中国一东盟教育交流周、酒博会、数博会、世界山地旅游大会等重大活动平台对外开放的积极作用。

深入推进“5个100工程”建设，推动“5个100工程”优化整合、有机更新、提质增效。加强产业园区分类指导，加快转型升级；推动现代高效农业示范园区“接二连三”，促进增产增效；注重示范小城镇绿色发展，促进城乡统筹；加快完善城市综合体功能配套，推动差异化特色化发展；提升重点旅游景区服务质量和水平，着力开拓国内外市场。不断完善“5个100工程”的功能和内容，加大招商引资力度，提高项目科技含量，增加社会就业容量，优化生态环境质量，把“5个100工程”投资发展平台作为全省生产力集聚的主载体，建设成为引领全省开放发展的主阵地、主平台。

推进贵州省国际陆路港和无水港建设，加快建设贵阳无水港、贵定昌明国际陆港等平台，加快贵阳航空口岸升级改造，完善口岸功能，争取国家支持在有条件的城市增设航空一类开放口岸、设立铁路一类开放口岸，完善扩大贵州电子口岸功能，规划建设铁路陆港，实现直接报关，打造一批高水平的贸易支点。在北部湾、珠三角、长三角沿海区域建设贵州临海产业园和贵州出海码头。

六、实施大数据战略行动，拓展信息经济新空间

围绕建设数据强省，加快国家大数据综合试验区建设，加强信息基础设施建设，全面实施“互联网+”行动计划，深入推进大数据与经济社会发展和脱贫攻坚相融合，引领经济转型升级。

（一）着力推进国家大数据综合试验区建设

大力推进先行先试，在数据集聚、应用、开放共享和产业发展上积极探索，创新发展模式，为国家实施大数据战略积累经验。

全面贯彻实施国务院《促进大数据发展行动纲要》，广泛开展大数据综合性、示范性、引领性发展的先行先试，建立和完善大数据政策法规体系，促进全省大数据基础设施的整合和数据资源的汇聚应用，持续释放大数据红利，激发大众创业、万众创新活力。到2020年，将贵州国家大数据综合试验区建设成为全国数据汇聚应用新高地、政策法规创新先行区、综合治理示范区、产业发展集聚区、创业创新首选地。

开展大数据汇聚试点试验，探索大数据资源有效整合的新路径，建设国家南方数据资源汇聚中心。开展大数据融通试点试验，探索建立大数据开放共享标准体系，实现数据互通融合，提升数据的整体服务能力。开展大数据应用试点试验，探索数据资源交换和衍生产品交易的新模式，建设公共大数据国家重点实验室，推动大数据在精准扶贫、便民惠民、社会治理等方面的深度应用，促进大数据产业加快发展，建成国

家数据资源交易中心、数字丝路跨境数据自由港和大数据产业集聚区。

围绕大数据的汇聚、融通、应用，着力打造大数据示范、集聚、应用、交易、金融服务、交流合作和创业创新七大平台。加快建设贵阳·贵安大数据产业发展集聚区、黔中大数据应用服务基地和贵州惠水百鸟河数字小镇等大数据示范平台，吸引一批国际级、国家级、行业级数据中心集聚贵州。全力建设“云上贵州”应用平台，推进贵阳全国移动电子商务金融科技服务创新试点城市建设。以贵阳大数据交易所为载体，加快打造全国大数据交易中心。支持金融机构与互联网企业开展多元合作，构建大数据金融服务平台。继续办好贵阳国际大数据产业博览会，统筹办好中国电子商务创新发展峰会等，打造全球大数据领域交流合作的国际化平台。推进大数据创业创新孵化器建设，办好大数据商业模式大赛，建成一批大数据创客产业园和众创空间。

（二）大力发展大数据产业

坚持以优势聚资源，以应用带发展，大力发展大数据核心业态、关联业态、衍生业态，加快构建大数据产业体系，推动以大数据为引领的电子信息产业繁荣发展。

1. 着力打造数据存储加工等核心业态

积极发展数据中心等大数据存储业。加强数据清洗、脱敏、建模、分析等大数据挖掘与分析领域企业的引进和培育，发展大数据加工业。鼓励企业创新大数据商业模式，发展大数据应用服务业，推进数据服务政府、市场和社会。引进一批数据安全、信息安全和云平台安全的企业，发展大数据安全产业；依托“云上贵州”和贵阳大数据交易所，培育大数据交换交易产业。推进大数据专业人才培训基地和研发中心建设，发展大数据教育培训研发产业。

2. 积极发展智能终端等关联业态

重点发展智能手机、平板电脑、服务器、液晶面板、互联网电视、教育多媒体机、北斗终端设备、可穿戴设备和智能家电等智能终端产品。实施一批重大产业应用示范项目，完成芯片制造生产线和服务器芯片生产基地建设，推动智能终端、集成电路、电子材料和元器件产业发展，提升智能手机、平板电脑等智能终端生产科技水平。积极推动电子商务与实体经济融合发展，建设创客产业园。

3. 积极培育大数据衍生业态

围绕数据生命周期，推动大数据与各行业紧密融合，着力发展智能制造、智慧旅游、智慧物流、智慧医疗、智慧教育、智慧能源、精准营销等大数据衍生产业，积极培育大数据新业态。推动大数据、“互联网+”和各行业紧密融合，创新服务模式和商业模式，催生一批行业性应用服务，释放大数据应用市场需求，带动技术研发体系创新、管理方式变革和产业价值链体系重构。

4. 大力发展呼叫服务和大数据服务外包

积极发展智慧型呼叫中心，配套发展呼叫中心实训基地，着力提升配套服务水平，推动常规呼叫产业云端化、智能化、移动化。推进贵阳市呼叫中心示范基地建设，着力加快遵义、毕节等呼叫中心建设，重点培育一批呼叫服务骨干企业。积极发展服务外包，引导和鼓励政府、企事业单位将非涉密的数据业务和信息服务外包，将云计算、大数据等服务纳入政府采购范围，加快推进服务外包服务平台建设，规划建设一批服务外包产业园区，支持综合保税区积极发展离岸服务外包产业。

5. 发展壮大电子商务

积极推进电子商务深度融入实体经济，促进电子商务与贵州省特色优势产业融合发展。加强电子商务服务平台建设，深化电子商务应用，支持贵州省企业加强与京东商城、阿里巴巴、腾讯、苏宁易购等国内知名电商的战略合作，推进行业电子商务和跨境电子商务加快发展。大力发展农村电子商务，引导各类经营主体加大农产品网络营销力度，创新“供销社＋互联网＋电商”等新型商业运行模式，拓宽农产品销售渠道，扩大销售规模，促进农民增收致富。着力完善标准体系和信用体系，为电子商务快速发展营造安全可靠、诚实可信的交易环境。加快电子商务示范项目建设，大力推进贵阳市国家电子商务示范城市建设。

（三）大力实施“互联网＋”行动计划

充分发挥新一代信息技术的先导作用，大力拓展“互联网＋”的广度和深度，培育发展新业态、新模式，促进互联网与经济社会各领域大融合、大发展。

1. 实施“互联网＋”创新引领行动

大力推进“互联网＋”创业创新行动计划，打造一批众创空间、创客基地，开展跨区域、跨领域融合创新。大力推进“互联网＋”金融行动计划，深化互联网与银行、证券、保险、基金的融合创新，全面提升互联网金融服务能力和普惠水平。着力推进“互联网＋”人工智能行动计划，促进互联网与机器人、智能终端等领域深度融合，加快人工智能核心技术突破，培育发展人工智能新兴产业，重点推进人工智能技术在智慧医疗、智能家居、智能汽车、生活服务等领域的推广应用，提升终端产品智能化水平。

2. 实施“互联网＋”产业升级行动

加快推进互联网与贵州省航空航天、轨道交通、汽车、医药等制造业的融合创新发展，大力推动智能制造，加速发展大规模柔性化定制，促进制造业网络化协同和服务化转型，加快实现“贵州制造”向“贵州智造”转变。利用互联网提升农业生产、经营、管理和服务水平，打造贵州农产品可追溯体系，形成现代山地高效农业互联网生态体系，提升农业现代化水平。利用互联网技术，提升贵州传统能源产业节能减排和生产优化控制水平，促进能源产业低碳化、网络化、智能化发展。利用互联网实现物流信息和供需信息的互通共享，鼓励物联网技术在物流领域的应用，建设智能仓储系统，着力解决物流配送“最后一公里”问题。

3. 实施“互联网＋”服务普惠行动

充分发挥互联网便捷、高效、低成本优势，创新政府服务模式，提升政府决策能力和服务水平。进一步推动互联网向生产性和生活性服务领域渗透，大力发展网络新兴消费，加快发展基于互联网的医疗、健康、养老、教育等新兴服务。加快交通运输要素资源、出行服务、行业管控的互联网化，提高全省交通运输精细化管理能力和智能化服务水平。深入推进互联网与生态建设和环境保护深度融合，深化生态环境数据开放共享和开发利用，促进生产生活方式绿色化。

全面推进产业转型升级，构建开放合作新格局
——广西壮族自治区“十三五”规划纲要（经贸部分摘要）

一、“十二五”期间经济社会发展取得重大成就

“十二五”时期，广西壮族自治区胜利完成“十二五”规划目标任务，经济社会发展取得了新的重大成就。经济综合实力跃上新台阶，地区生产总值、固定资产投资、规模以上工业总产值、金融机构存贷款余额等指标超过万亿元，预计 2015 年地区生产总值达到 1.68 万亿元，年均增长 10.1%。经济结构调整步伐加快，千亿元产业增至 10 个，新兴产业加快成长，服务业增加值比重提高，农业农村发展态势良好，城镇化水平提升，“双核驱动、三区统筹”区域发展协调推进。基础设施建设实现大跨越，高铁经济圈和高速公路网基本建成，南宁机场跻身千万旅客吞吐量大港行列，西部首座核电站防城港红沙核电 1 号机组并网发电，大藤峡水利枢纽开工建设，沿海和内河港口吞吐能力大幅提高。生态文明建设扎实推进，节能减排降碳目标如期完成，生态经济启动发展，美丽广西乡村建设成果丰硕，生态环境质量全国一流。人民生活明显改善，居民收入增长与经济增长同步，新增就业持续增加，社会保障体系基本建立，教育、卫生、文化等社会事业全面进步。全面深化改革蹄疾步稳，财税金融、行政审批、商事制度、北部湾同城化等重点领域改革取得新突破。开放合作深化拓展，广西成为中国与东盟开放合作的前沿和窗口，成功承办一系列国家重大外事活动，桂港、桂澳、桂台和参与泛珠三角区域合作不断深化，与周边省份经济联系日趋紧密。特别是中央明确赋予广西构建面向东盟的国际大通道、打造西南中南地区开放发展新的战略支点、形成 21 世纪海上丝绸之路与丝绸之路经济带有机衔接的重要门户“三大定位”新使命，北部湾经济区、珠江—西江经济带、左右江革命老区、桂林国际旅游胜地实现国家战略全覆盖，广西在国家战略中的地位作用显著提升。

二、“十三五”规划纲要主要发展目标

“十三五”时期，广西将由低中等收入向中上等收入跨越，由乡村社会向城市社会转型，产业由中低端向中高端水平提升，工业化由中期阶段向中后期阶段发展，人民生活由总体小康向全面小康迈进，进入新的发展阶段，保持经济持续较快发展的空间广阔、潜力巨大。广西壮族自治区按照“五位一体”总体布局和“四个全面”战略布局，坚持发展第一要务，以提高发展质量和效益为中心，牢固树立和贯彻落实创新、协调、绿色、开放、共享发展理念，紧紧围绕“三大定位”，深入实施创新驱动、开放带动、双核驱动、绿色发展四大战略，强力推进基础设施建设、产业转型升级、农村全面脱贫三大攻坚战，全力推动结构性改革，加快发展、赶超跨越，形成引领经济发

展新常态的体制机制和发展方式，构建面向国内国际开放合作新格局，推动沿海沿江沿边地区协调发展，确保如期实现“两个建成”目标。

第一个建成目标，就是要与全国同步全面建成小康社会，保持经济持续较快发展，确保经济增速高于全国平均水平，到2020年地区生产总值、城乡居民人均收入比2010年翻一番以上，发展质量和效益明显提高，新型工业化、信息化、城镇化、农业现代化水平进一步提升，人民生活显著改善，贫困现象基本消除，公共服务体系更加健全，基本公共服务均等化水平稳步提高，生态环境绿色宜人，人民民主持续扩大，法治建设全面加强，5000多万各族群众共同迈入全面小康社会。第二个建成目标，就是要基本建成中央赋予广西的“三大定位”，即构建面向东盟的国际大通道、打造西南中南地区开放发展新的战略支点、形成21世纪海上丝绸之路与丝绸之路经济带有机衔接的重要门户。

围绕“两个建成”总体要求，“十三五”时期经济社会发展要努力实现以下主要目标。

——经济持续较快增长。在提高发展平衡性、包容性、可持续性的基础上，地区生产总值年均增长7.5%以上，比2010年翻一番以上。投资效率、企业效益、财政实力明显提高，消费对经济增长贡献加大。

——转型升级取得重大突破。工业化向中高端水平迈进，先进制造业和服务业比重持续提升，农业现代化取得明显进展，城镇人口数量超过农村人口，科技进步贡献率大幅提高。

——人民生活水平和质量普遍提高。城乡居民人均收入增长7.5%以上，比2010年翻一番以上，城乡差距缩小。现行标准下农村贫困人口全部脱贫，贫困县、贫困村全部摘帽。就业、教育、医疗、文化、社保、住房等公共服务体系更加健全，基本公共服务均等化水平稳步提高。公民素质和社会文明程度明显提高。

——生态环境质量保持全国前列。主体功能区布局和生态安全屏障基本形成。能源资源开发利用效率大幅提高，节能减排降碳实现国家下达的目标，空气、水体、土壤环境质量优良。生态文明制度建立健全，生态经济体系基本建成。

——民主法治健全完善。民主制度更加健全，民主形式更加丰富，法治政府基本建成，司法公信力明显提高，社会治理体系和治理能力现代化取得重大进展。

关键环节改革取得决定性成果，全面深化改革完成阶段性目标，各方面制度比较成熟。国际通道、战略支点、重要门户基本建成，更高层次的开放型经济体系基本形成。

三、全面推进转型升级，构建竞争力强的现代产业体系

全面推进产业转型升级攻坚战，改造提升传统产业，大力发展先进制造业、现代服务业和现代农业，积极培育战略性新兴产业，推动新产业、新业态、新模式发展，构建技术含量高、创新能力强、就业容量大、环境友好、协作紧密的现代产业新体系。

（一）推动传统工业优化升级

以技术改造、两化融合、绿色发展、制造业服务化推动传统工业优化升级，促进

产业链向中高端延伸，做大做强做优支柱产业，加快发展先进制造业，培育竞争新优势，打造产业升级版。

1. 改造提升传统优势工业

加大食品、汽车、机械、有色金属、冶金、石化、建材、轻纺、造纸与木材加工等传统产业技术改造力度，加快产品升级换代，延伸产业链，形成产业集群，提高产业集中度。推动糖业、铝业二次创业。实施“互联网+工业”行动，加快移动互联网、云计算、大数据、物联网等新一代信息技术与传统工业深度融合，建设高速、泛在、安全的工业互联网，推行全生命周期管理，提升企业研发、生产、管理和服务的智能化水平。加快制造业与服务业融合发展，放宽企业开展服务业和涉足生产性领域的准入门槛，发展全产业链，推动商业模式和业态创新，促进生产型制造向服务型制造转变。引导企业加大绿色生态化改造，加强绿色产品研发应用，推进资源高效循环利用，构建绿色制造体系。加快去产能和淘汰落后产能步伐，推进企业兼并重组，加大“僵尸企业”处置力度，完善企业退出机制。

2. 加快发展先进制造业

深入落实《中国制造2025》，推动广西制造向广西智造、广西创造迈进。实施智能制造工程，发展基于工业互联网的新型制造模式，探索建立智能制造业联盟。大力发展轨道交通装备、海洋工程装备及高技术船舶、高端数控机床与机器人、农机装备、通用航空等先进制造业，培育发展专利密集型产业。壮大先进制造业规模，提高产业集聚度，打造先进制造业集群。发挥柳州工业龙头带动作用，加快建设北部湾和柳州、桂林、梧州、玉林等先进制造业基地。

3. 提升工业基础能力

实施工业强基工程，加强产业技术基础、先进基础工艺、关键基础材料、核心基础零部件等建设。针对重大工程和重点装备的关键技术和急需产品，支持优势企业开展产学研用联合攻关，突破先进基础工艺、关键基础材料、基础零部件的工程化、产业化瓶颈，推动首台套、首批次和跨领域应用。支持企业开展工艺创新，培养工艺专业人才。强化公共平台建设，完善产业技术基础体系，在战略高技术领域和重点学科建设科学中心、重点实验室，构建科技基础研发平台；在优势产业技术领域布局建设工程实验室。依托优势企业建设技术中心和创新平台，依托制造业集聚区建设生产性服务业平台。转变政府扶持产业发展政策，逐步从选择重点产业、重点企业或重点项目配置资源，转向强化对产业升级共性关键技术的普惠性支持，加强共性技术研发、公共信息、公共检测等平台建设，提高支撑产业发展的基础能力。

4. 增强企业竞争力

健全支持企业技术改造政策措施，推动企业应用新技术、新材料、新工艺、新装备。完善企业研发费用加计扣除政策，扩大固定资产加速折旧实施范围，推动企业更新设备和采用新技术。开展质量品牌提升行动，支持企业瞄准国内同行业标杆推进技术改造，提高产品技术、工艺装备和能效环保水平，增强质量品牌意识，加强标准化建设，培育具有自主知识产权的名牌产品，提升企业素质。开展降低实体经济企业成本行动，切实降低企业运营成本、融资成本和税费成本，降低社会保险费，增强盈利能力。以制糖、汽车、钢铁、水泥、机械、有色金属等为重点，推动企业跨行业、跨地区兼并重组、强强联合，培育一批规模较大、产业链完整、核心竞争力强的企业集团和企业联合体，建立一批产业技术联盟。实施“互联网＋中小企业”专项行动，推动中小企业优化结构，增强创新能力、配套能力和协作水平，向专业化、精益化和集群化发展。

5. 优化工业布局

按照区域发展和主体功能区战略优化布局，促进集聚发展。依托北部湾经济区重点行业龙头企业，加快延伸产业链，增强配套能力，培育形成临港产业集群，打造具有区域影响力的沿海石化、能源、汽车、电子信息、修造船、装备制造、林纸一体化等先进制造业基地。依托西江黄金水道和沿江重点城市，引导汽车、机械、冶金、食品、化工、建材、再生资源等产业和新兴产业沿江布局发展，增强西江经济带工业集聚发展能力，打造制糖、汽车、机械、冶金、建材等产业基地。依托丰富的资源优势，引导有色金属、化工、建材、制糖、茧丝绸、能源等资源性产业延伸产业链，提高资源精深加工水平和资源就地转化率，增强桂西地区资源精深加工水平，打造有色金属、制糖、能源、茧丝绸等工业基地。推动工业园区向创新型园区转型升级，发展特色化、生态化、智慧化园区，建设一批产城融合发展的城市和集聚区。

（二）加快发展战略性新兴产业

实施战略性新兴产业倍增计划，以数字化、网络化、绿色化为导向，加快发展战略性新兴产业，推动规模化集群化发展，培育成为先导性和支柱性产业。

1. 培育壮大新兴产业

把战略性新兴产业发展与传统工业优化升级结合起来，在做大做强高技术产业基础上，培育一批能够创造形成新的经济增长点、体现创新驱动引领的新兴产业。重点发展新一代信息技术、北斗导航、智能装备制造、节能环保、新材料、新能源汽车、新能源、生物医药、大健康等新兴产业，在人工智能、高效储能、生命科学等前沿领域培育新兴产业，加快形成若干新兴产业集群，力争新兴产业增加值占地区生产总值的比重达到15％以上。

2. 完善新兴产业发展环境

强化核心关键技术攻关，研发一批标志性和带动性较强的先进技术、重点产品和重大装备，推动高新技术产业化。积极培育龙头企业，引进关键技术和项目，引导新兴产业向高新技术产业园区集聚发展。建立有利于新技术、新产品、新模式发展的准入条件、监管规则和标准体系，完善优先使用创新产品、绿色产品的政府采购政策，鼓励民生和基础设施重大项目采用创新产品和服务。完善支持新兴产业发展的税收优惠政策。加强新兴产业技术标准设计。培育产业扶持基金、创投基金、引导基金等，撬动社会资本发展新兴产业。

（三）提升发展现代服务业

按照减少管制、打破垄断、扩大开放、促进竞争的要求，开展加快发展服务业行动，促进服务业发展提速、比重提高、水平提升，构建现代服务业体系。

1. 提质发展生产性服务业

大力发展现代物流、信息服务、金融服务、电子商务、商务会展、科技服务、人力资源服务、节能环保服务、海洋服务等生产性服务业，引导工业企业分离和外包服务功能，创新商业模式和服务业态，促进生产性服务业与制造业、现代农业有机融合，向专业化价值链高端延伸，提升生产性服务业水平和比重。

2. 升级发展生活性服务业

以适应城乡居民消费升级为导向，大力发展旅游休闲、商贸流通、健康养生、家政服务、文化体育、教育培训、房地产等生活性服务业，推进生活性服务业向精细化和高品质发展，提升服务质量和档次，促进规模化、品牌化、网络化经营，满足居民日益增长的多样化、个性化消费需求。

3. 构建区域性国际物流中心

依托互联互通综合交通运输体系，构建链接海上丝绸之路、丝绸之路经济带、粤港澳、西南中南和华东地区的出海出边出省物流通道，完善物流节点城市、物流枢纽、物流园区等布局，打造面向东盟、辐射西南中南、服务“一带一路”的区域性国际物流中心。建设北部湾区域性国际物流枢纽，把南宁建成国际性物流城市，其他中心城市建成区域性物流节点城市。统筹规划县（市、区）物流布局，重点发展重要物流节点县城和中心镇。合理规划物流园区，重点建设生产服务型、商贸服务型、货运枢纽型、口岸服务型、综合服务型等物流园区。大力发展制造业供应链物流、电子商务物流、城乡配送、金融物流、智慧物流等，积极发展第三方物流等方式，推进物联网、云计算、大数据等信息技术与物流业融合发展，提高物流集约化、专业化、智能化水平。引进国内外知名物流运营商，建设海外仓等境外物流节点，构建国际物流信息网络和服务平台，增强国际物流中心辐射力。

4. 打造旅游强区

大力发展特色旅游业，建设桂林国际旅游胜地、北部湾国际旅游度假区、巴马长寿养生国际旅游区三大国际旅游目的地，打造南北、西江、边关风情三条旅游发展带，建设南宁、桂林、北海、梧州四个旅游集散地，培育高铁旅游带、环北部湾旅游圈、海上丝绸之路旅游带、桂湘黔粤旅游圈。大力发展山水观光、休闲度假、长寿养生、红色旅游、边境旅游、民族风情、乡村旅游、历史文化、运动体验、会展商务等旅游产品，鼓励发展低空、邮轮游艇、自驾车、中医药健康等旅游新业态，积极创建国家级旅游度假区、生态旅游示范区、旅游扶贫试验区、研学旅游目的地和特色旅游名县名镇名村，推动旅游产品和产业转型升级。强化旅游基础设施和公共服务体系建设，培育精品景区和线路，引导文明旅游，提升品牌品质，积极开拓旅游市场，培育一批跨地区、跨行业、跨所有制的旅游龙头企业。支持发展各种形式的旅游联合体和旅游联盟，建设桂粤琼北部湾旅游联盟，推动设立跨境旅游合作区。推进省际旅游交通便利化，建设泛珠区域无障碍旅游区，促进大西南旅游一体化。

5. 建设现代服务业集聚区

依托交通枢纽、重点产业园区、历史文化街区、智力密集区、边境合作区，以要素集聚、产业融合、国际合作为导向，规划建设现代服务业集聚区，推动企业集聚和产业集群发展。重点建设现代物流、专业市场、科技服务、金融商务、健康养生、文化创意、软件与信息、旅游休闲、教育培训、电子商务等现代服务业集聚区，建成100个自治区级集聚区。强化集聚区主导产业，推动关联企业、投资商、供应商、服务商、研发机构和产业协会规模聚集。创新建设运营模式，引进和培育专业运营商，统筹集聚区建设、运营和管理。

6. 营造服务业发展良好环境

加快服务业改革创新，完善支持服务业发展的财税、价格、投融资、土地、社会保障、人才等政策。发挥服务业专项资金引导作用，综合运用贷款贴息、投资补助、以奖代补、担保补贴、基金注资等方式，加大对服务业关键领域和薄弱环节的支持力度。设立服务业引导股权投资基金，鼓励金融机构创新金融产品，拓宽服务业融资渠道。落实服务业各项税费减免和优惠政策，全面实行营业税改增值税。建立健全政府购买服务机制，推广特许经营等政府与社会资本合作（PPP）模式，引导社会资本发展服务业。推进服务业用电与工商业用电合并，逐步降低用电价格。优先保障重大服务业项目建设用地，工业企业退出的土地优先用于服务业，扩大服务业用地供给。加快服务业标准化建设。推动南宁、桂林等中心城市形成以服务经济为主的产业结构。

四、开放带动，形成开放合作新格局

以“三大定位”为统领，高站位、宽视野谋划对外开放，构建面向东盟、衔接欧美日韩、对接港澳台、服务西南中南全方位开放合作新格局，增创开放合作新优势。

（一）建设“一带一路”有机衔接重要门户

积极融入“一带一路”建设，打造“一廊两港两会四基地”，构建衔接“一带一路”的重要枢纽、产业合作基地、开放合作平台、人文交流纽带和区域金融中心。

1. 建设衔接“一带一路”重要枢纽

发挥广西位于“一带一路”交汇对接的重要节点和关键区域优势，抓住关键通道、关键节点和重点工程，打通缺失路段，形成骨干通道，促进“一带一路”有机衔接和互联互通。以南宁为枢纽，重点建设南宁至贵阳、重庆、成都、西安、兰州、乌鲁木齐等国内城市，连接丝绸之路经济带的北上通道，南宁至越南、老挝、柬埔寨、泰国、马来西亚、新加坡等中南半岛国家，连接海上丝绸之路的南下通道，推动形成贯通我国西部地区与中南半岛、衔接“一带一路”的南北陆路新通道。以柳州为节点，拓展渝新欧国际班列延伸至柳州，推动形成衔接丝绸之路经济带与珠江—西江经济带和港澳地区的粤桂渝新欧国际大通道。以北部湾沿海港口为依托，开通至东盟的海上“穿梭巴士”，建设中国—东盟港口城市合作网络，构建通畅安全的中国—东盟海上通道。以边境地区为重点，加强与越南铁路、公路、桥梁、重要口岸对接，畅通瓶颈路段，构建便捷高效的中国—东盟陆路通道。以南宁、桂林机场为载体，加密东盟航线航班，争取西南中南地区重要城市经停中转东盟国家，构建便利顺畅的中国—东盟空中走廊。

2. 建设“一带一路”产业合作基地

以国家推进国际产能和装备制造合作为契机，面向东盟及“一带一路”沿线国家，积极参与国际产业对接和产能合作，打造产业合作先行基地。以北部湾经济区、西江经济带、沿边地区为重点，依托交通通道和重要节点城市，以产业园区为载体，搭建国际产能合作的重要平台，吸引国内优势装备制造产能在广西建设面向东盟的生产基地；依托边境口岸承接产业转移，利用东盟农林、矿产等资源发展出口加工业，促进贸工一体化，建设出口加工基地。开辟跨境多式联运交通走廊，建设一批境外产业园和生产基地，打造跨境产业链、价值链、物流链。拓展“两国双园”模式，加快中马钦州产业园、马中关丹产业园先进制造基地、信息智慧走廊、文化生态新城建设，打造国际产能合作旗舰项目。推动与东盟国家合作共建产业园区，建设边境和跨境经济合作区，为国内企业赴东盟集群式投资提供平台。加强粮食、水果、红木等跨境农林产品交易平台建设，打造区域性国际交易市场。

3. 建设“一带一路”重要服务平台

构建多层次合作平台和机制，打造中国—东盟博览会、中国—东盟商务与投资峰会升级版，将服务范围由中国—东盟“10＋1”拓展到区域全面经济伙伴关系“10・6”乃至更广区域，建成服务“一带一路”的重要平台和窗口。发挥南宁渠道作用，举办高层系列论坛，提升泛北部湾经济合作论坛国际影响力，推动泛北部湾经济合作成为中国—东盟次区域合作机制，在南宁设立泛北合作机构。以南宁—新加坡经济走廊为主轴，积极推动中国—中南半岛国际经济合作走廊建设，参与孟中印缅国际经济走廊建设以及澜沧江—湄公河、大湄公河次区域合作。争取更多沿线国家在广西设立领事馆和商务办事处，更多国际交流合作机制和平台落户广西。注重发挥企事业、民间团体和社会组织作用，搭建互利共赢的多边交流合作平台。

4. 建设“一带一路”区域金融中心

充分发挥沿边金融综合改革试验区作用，大力发展沿边金融、跨境金融，构建以南宁为中心，东兴、凭祥为次中心的“金三角”沿边金融格局。积极推动人民币与东盟和南亚国家货币银行间市场区域交易，扩大人民币在跨境贸易和投资中的使用。探索建立外汇管理负面清单制度，逐步放宽企业、个人外汇资金跨境运用限制和人民币境外债务融资，研究推行外债比例自律管理，有序实现资本项目可兑换。推进人民币跨境业务创新，建设区域性跨境人民币结算中心，设立人民币投贷基金和外资股权投资基金，引进外资股权私募基金，加强中国—东盟货币指数应用。探索发展跨境保险业务。加强与国际金融机构合作，推动亚洲基础设施投资银行、丝路基金等在广西设立分支机构，搭建国际产能和装备制造合作金融服务平台。

（二）打造西南中南地区开放发展新的战略支点

立足服务西南中南地区，完善交通、产业、开放、金融、城镇、生态等支撑体系，深度融入泛珠三角经济圈，提升服务能力。

1. 增强服务西南中南地区开放发展能力

加强与西南中南地区战略规划、互联互通、产业协同、生态环保、人才交流等合作，提升区域合作水平。完善省际合作机制，健全高层对话平台，促进战略对接与政策协调。推进跨省骨干通道建设，打通省际断头路和碍航设施，提升道路通达水平，促进交通一体化。鼓励北部湾经济区设立跨省飞地产业园，条件成熟地区在省际毗邻地带设立跨省产业合作园，促进省际产业和市场一体化。建立北部湾经济区、珠江—

西江经济带与成渝、黔中、滇中、长株潭等经济区和长江经济带的合作机制，推动形成连接西南中南地区的经济走廊。加强与周边地区生态环保合作，共建滇桂黔喀斯特石漠化综合防治区、桂湘赣粤南岭山地生态功能区。推动北部湾经济区与粤西沿海地区、海南省携手共建环北部湾经济圈。密切与长三角、京津冀等区域合作。

2. 深度融入泛珠三角区域合作

加快完善对接粤港澳的铁路、公路、水运、机场、管道等基础设施，构建连接西南中南、通往粤港澳的综合交通运输体系，全面提升与区域各方在能源、水利、产业、金融、信息、海洋、旅游、城镇化、生态环保、科教文化、公共服务等领域的合作水平。加快建设桂东承接产业转移示范区，主动对接先进生产力地区，推进两广经济一体化进程，推动形成通达粤港澳的人流、物流、资金流、信息流通道。参与建立泛珠合作基金，打造区域合作融资平台。充分利用内地与港澳建立更紧密经贸关系的安排政策，深化与港澳在投资金融、加工贸易、商贸会展、旅游、专业服务等领域合作，吸引港澳投资者兴办专业服务机构，打造桂港澳服务业集聚区。发挥桂台经贸文化合作论坛作用，建设高水平的桂台农业合作园区，深化拓展桂台经贸合作与文化交流。

3. 建设高铁经济带

依托南广、贵广、云桂、湘桂、贵南高速铁路，发挥高铁乘数效应，促进产业、人口向高铁沿线重要节点集聚，培育高铁经济带。促进铁路与公路、水运、航空等运输方式衔接，建设衔接顺畅、运转高效的多式联运枢纽站场，打造高铁引领的综合交通运输体系。优化沿线产业布局，促进与高铁紧密关联的先进制造业和旅游、商务、信息、会展等服务业集聚发展；依托高铁枢纽站场布局产业园区，打造高铁特色产业带。优化沿线城镇布局，推动大中小城市和小城镇协调发展，打造高铁特色城镇带。整合旅游资源，优化精品线路，推进沿线旅游一体化，打造高铁特色旅游带。携手周边地区共建高铁经济带合作试验区。

（三）全面提升开放型经济水平

转变对外经济发展方式，大力发展一般贸易和服务贸易，加快发展加工贸易，推进边境贸易转型升级，促进新型贸易方式发展，推动开放型经济扩量提质。

1. 大力发展对外贸易

实施以质取胜战略，推动外贸向优质优价、优进优出转变。提高传统优势产品竞争力，扩大装备制造、高新技术、节能环保等产品和技术出口，加快物流运输、技术转让、跨境旅游、研发设计、集散分销等服务贸易出口，提高出口产品和服务的质量、档次和创新要素比重，形成以技术、品牌、质量、服务为核心的出口竞争新优势。鼓励先进技术、关键设备和零部件、矿产资源、农林产品等进口，增加一般消费品进口。巩固提高广西产品在东盟市场占有率，拓展提升美欧、日韩及港澳等市场份额，积极开拓拉美、非洲、中东等新兴出口市场，积极发展与“一带一路”沿线国家的贸易，逐步提高外贸占比。加强营销和售后服务网络建设，搭建对外贸易综合服务平台，培育国际大宗商品交易市场。支持边境地区边民互市贸易升级发展，提升边境小额贸易发展水平，建设边境地区进出口加工基地，促进边境贸易转型升级。创建一批跨境电子商务企业、平台和园区。发展跨境电子商务，推进市场采购等新型贸易方式发展。

2. 加快发展加工贸易

深入实施加工贸易倍增计划，积极发展以高新技术为重点的加工贸易产业，提高加工贸易附加值和增值率。重点发展电子信息和先进装备制造业、生物医药、新材料、节能环保和新能源等新兴产业，促进加工贸易从组装加工向研发设计、核心元器件制造、现代物流等上下游产业链延伸，培育加工贸易产业集群。发挥钦州保税港区、凭祥综合保税区、南宁综合保税区、北海出口加工区等平台作用，鼓励加工贸易企业向中马钦州产业园区和各类海关特殊监管区域集聚发展，建设加工贸易园区，打造南宁—钦州—北海电子信息加工贸易产业带。完善加工贸易支持政策，大力承接东部地区加工贸易产业转移，围绕重点行业引进和培育加工贸易龙头企业，增强带动能力。

3. 提升利用外资水平

扩大开放领域，放宽准入限制，大力引进境外资金和先进技术。实行外商投资准入前国民待遇加负面清单制度，进一步放开一般制造业准入，推进金融、教育、文体、医疗等服务业领域有序开放，减少健康养老、建筑设计、会计审计、商贸物流等服务业领域准入限制。创新外资利用方式，鼓励外资以参股、并购等方式参与境内企业兼并重组，以特许经营等模式参与公共产品和公共服务领域建设。积极争取国外优惠贷款，重点投向基础设施、教育文化、医疗卫生、生态环境等领域。鼓励外资企业在桂设立研发中心、培训机构、营销机构等。建立外商投资信息报告制度和外商投资信息公示平台，完善外商投资监管体系。

4. 加快实施“走出去”

积极推进钢铁、建材、汽车、有色金属、工程机械、农机装备、建筑业等优势产业“走出去”，参与境外基础设施建设和产业合作，带动装备、技术、标准和服务出口。支持企业扩大对外投资，拓展能源电力、油气运输、大型制糖设备、电信设施等境外投资新领域，发展服务外包，创建国际化营销网络和营销品牌，培育一批跨国公司和国际知名品牌，以龙头企业带动中小企业抱团走出去。鼓励企业开展境外绿地投资、并购投资、证券投资、联合投资，承揽工程和劳务合作项目，参与国家援外工程和亚洲基础设施投资银行等国际金融组织的项目建设。建立政府对外投资服务中心，培育国际化中介服务机构，推进对外投资合作便利化，维护企业海外投资权益。建立健全对外劳务合作工作协调机制，完善外派劳务服务平台，维护劳务人员合法权益。

5. 打造开放型经济发展高地

实施口岸提升工程，推进边境口岸开放升格，提升海港口岸开放水平，促进内河与航空口岸开放。在具备条件的重点城市、重要机场、水运港口、铁路站场新设一批口岸，推动规模较大的边民互市点升格为边贸互市区。强化大通关协作机制，实行口岸管理相关部门信息互换、监管互认、执法互助，大力推进“联合查验、一次放行”、“一口岸多通道”等模式，全面实施国际贸易单一窗口，探索中国—东盟“两国一检”通关模式，促进口岸国际合作，提高通关便利化水平，打造高水平的口岸经济。统筹推进海关特殊监管区域整合优化，符合条件的申请转型为综合保税区，推动条件成熟的地区新设综合保税区。依托海关特殊监管区域，大力发展保税物流和保税加工，构建保税加工贸易产业链，打造保税经济。推动条件成熟的设区市设立海关机构。推动设立中国（北部湾）自由贸易试验区，立足服务建设中国—东盟自贸区升级版，积极推进贸易投资便利化、跨境金融合作等制度创新，探索融入全球产业链和价值链新模式，构建开放合作新高地。

五、强化支撑构建现代综合交通运输体系、提升信息化水平

（一）构建现代综合交通运输体系

以建设面向东盟的国际大通道为目标，强化通道、做强枢纽、优化网络、提升服务，统筹各种运输方式发展，形成内畅外通、便捷高效的“一中心一枢纽五通道五网络”综合交通运输体系。

1. 构建对外五大通道

围绕“一带一路”和战略支点，构建海上东盟、陆路东盟、衔接“一带一路”、连接西南中南、对接粤港澳“五大通道”，提升出海出边出省通达能力。以北部湾区域性国际航运中心为依托，面向东盟及21世纪海上丝绸之路国家，建设海上东盟通道。以南崇经济带为依托，推进连接越南、老挝、柬埔寨、泰国、马来西亚、新加坡等中南半岛国家的跨境铁路、公路建设，建设陆路东盟通道。以南宁、柳州为依托，推进南宁至贵阳高速铁路和高速公路建设，延伸渝新欧国际班列至柳州，打通北上贵阳、重庆、成都、西安、兰州等重点城市的交通线路，建设衔接“一带一路”的南北陆路国际新通道。推进通往滇黔湘三省的铁路、高速公路建设，开辟红水河、右江航道，建设连接西南中南的通道。推进通往粤港澳的铁路、高速公路、西江干支线建设，建设对接粤港澳的通道。规划建设南宁至呼和浩特高铁“北上第二通道”。

2. 优化区内五张网络

以扩总量、优存量、补短板、破瓶颈为目标，加快铁路、公路、水运、航空、油气管网“五张网络”建设，建成覆盖面广、相互衔接的区内综合交通运输网络。

建设快速大能力铁路网络。建成以南宁为中心的客货并重、成环配套的“一环四纵四横”铁路网络，实现市市通高铁，铁路营业里程达到6000公里左右，其中高铁突破2000公里，铁路复线率、电气化率高于全国平均水平。加快建设连接中心城市和大县城之间的快速铁路，利用既有线开行城际列车，构建北部湾城市群、桂中城镇群等城际铁路通道，打通桂东南城镇群连接珠三角的城际铁路通道，建成快速铁路网。实施既有线铁路扩能改造，形成大能力铁路货运网，完善连通北部湾港口、西江黄金水道和重点产业园区的支线铁路。

完善等级高覆盖广的公路网络。构建“六横七纵八支线”高速公路网络，基本实现县县通高速、乡乡通油路，具备条件的建制村通硬化路，建设自然村屯硬化路，公路总里程达到13万公里，其中高速公路7000公里、二级以上普通公路17000公里。实施国省公路扩能改造，建设一批二级以上公路，以及连接港口、机场、铁路站场的集疏运线路和产业园区、旅游景区的重点路段，推进老龄油路改造和县与县、乡与乡之间道路建设，大幅提升乡村公路通达深度，形成覆盖面广、保障能力强的基础公路网络。

建设高效畅通的内河水运网络。实现西江全线规划河段通航，千吨级以上高等级

航道超过 1500 公里，内河港口综合吞吐能力 1.5 亿吨。加大西江干线航道扩能改造，建成上游通、中游畅、下游优的西江干线，加快建设红水河、柳黔江、右江、左江、桂江等重要干支流航道，推动绣江、贺江复航，打造“三主四辅”现代化港口群，形成“一干七支”内河水运网络。

建设便捷高效的航空网络。基本实现民航全覆盖，民用机场达到 9 个，旅客吞吐能力 3500 万人次。进一步提升南宁吴圩、桂林两江国际机场运输保障能力，优化支线机场布局。积极发展通用航空，新建一批通用机场。加密面向东盟和国内主要城市间的航班和航线，推进军民航分离，形成高效、迅捷、安全的“两干七支”航空运输网络。

建设油气管网。加快实施西气东输二线、中缅油气管线、液化天然气上岸等重大工程，推进天然气支线管网及县域管网同步配套建设。布局完善城市管网和城市加油站、沿江加气站，加快公交车、出租车、内河运输船、陶瓷等行业“油改气”“煤改气”步伐，推进冷热电联产分布式气电厂建设，扩大天然气消费，天然气消费占能源消费总量比重达到 7%以上。

3. 建设北部湾区域性国际航运中心

实施港口能力提升、货运畅通、港航服务重大工程，建设现代化港口集群，深化港口对外开放，引进国际港口运营商合作建设，打造具有全球竞争力的国际大港，港口吞吐能力达到 4.5 亿吨，集装箱吞吐能力接近千万标箱。加快建设深水航道、大能力泊位、集装箱码头等，优化港口功能，提升港口吞吐能力。加强港区与铁路、公路、管道等运输方式衔接，完善港口集疏运体系，提高多式联运水平，扩大口岸开放，完善通关设施，建立便捷高效的运输协调机制，实现国际运输便利化。建设临港现代物流园区和北部湾港航服务集聚区，发展金融、保险、商贸、海事、信息等港航服务业。完善港口布局，加强揽货力量，优化和加密通往东盟及世界各国主要港口航线，开发西南中南地区腹地无水港业务，增强港口辐射能力。

4. 打造综合交通枢纽

以南宁火车东站、吴圩国际机场等客运枢纽为核心，加快以南宁为节点的高速铁路建设，强化南宁与周边省会城市和东盟重要城市的快捷连接，加强城市轨道交通、地面公交与铁路、公路、航空的衔接，打造南宁区域性国际综合交通枢纽。依托桂林两江国际机场和火车站，打造桂林区域性国际旅游综合交通枢纽。以设区市为重要节点，强化各种运输方式、城市交通与城际交通之间的有效衔接，加强铁、公、水联运设施建设，集约建设综合客运和货运枢纽，打造北部湾综合交通枢纽，把设区城市建设成为区域性或地区性综合交通枢纽。发展枢纽经济圈，建设中国—东盟南宁空港经济区和桂林、柳州、梧州、玉林临空经济区。

5. 提高交通运输服务水平

加强铁路、公路、水运、机场、公交有机衔接，形成以高速铁路、高速公路、水路运输为骨干，其他运输方式为辅助的综合交通运输系统，实现客运零距离换乘、货运无缝化连接。

完善大能力专业化货运体系。建设以沿海集疏运为重点、衔接腹地的矿石煤炭、大宗散货、集装箱、油气等运输系统；以柳州为重点的工业品铁路、公路、水运运输系统。构建以电子产品、精密设备、快递等高时效、高附加值的航空货运服务。大力发展多式联运，推进南宁、贵港、梧州铁水联运、港铁联运，北部湾港海铁联运、水水联运，钦州、梧州、贵港集装箱联运，加快建设南宁、柳州、北部湾集装箱办理站。

完善多元化客运服务体系。开行旅游客运专线和机场快线，建设重点景区集散中心交通通道，发展差异化的旅游运输服务。建设连接区内重点旅游城市的环飞航线，以旅游观光为主的通用航空航线。加大贫困地区和少数民族聚居区交通设施建设，促进交通扶贫和运输服务均等化。

提升绿色智能安全水平。促进交通运输与信息化深度融合，推广应用公路不停车收费系统（ETC）、移动互联、北斗定位导航等信息技术，建设统一公共信息服务平台，实现交通一卡通。推广使用新能源汽车，发展节能环保运输工具和方式。加大交通安全隐患治理和防护工程建设。

（二）提升信息化水平

深入实施“宽带广西”战略和“互联网＋”行动，统筹推进信息基础设施建设、信息技术开发和信息资源利用，推动信息化与经济社会发展深度融合。

1. 加快建设中国—东盟信息港

以南宁为核心、覆盖全区、服务西南中南，构建面向东盟的国际通信网络体系和信息服务枢纽，实现中国—东盟信息网络互联互通，形成21世纪海上丝绸之路网络经济带。搭建基础设施、信息共享、技术合作、经贸服务、人文交流五大平台，打造东盟区域信息基础设施海外业务服务和运营基地。加快南宁核心基地建设，建设中国—东盟海陆光缆等国际通信设施，提升国际出入口通信能力，力争建成我国第四个国际互联网出口点和国家级互联网骨干互联节点。依托中国—东盟信息港，建设一批面向东盟的网络视听基地、北斗产业园、智慧城市产业园、技术转移中心、检验检测及认证中心等产业聚集区，推动跨境电子商务、远程医疗、网络文化、智能电网、金融信息、技术创新、网络安全等信息服务业发展，打造信息产业集群。

2. 推动经济社会信息化

加快物联网、云计算、大数据等新一代信息技术应用，发展分享经济，以信息化推动产业现代化、社会治理现代化。推进重要政务信息互联互通，构建统一高效的政府电子政务平台，实施大数据战略，加强地理、人口、法人、金融、税收、统计等基础信息资源开发利用，强化信息资源整合，推动数据资源开放共享，积极发展大数据产业。加强市场监管、社会保障、医疗卫生、食品药品安全等信息系统建设，增强民生领域信息服务能力。加快数字广西和智慧城市、智慧乡村建设。

六、双核驱动，形成三区统筹发展新格局

深入实施双核驱动战略，促进北部湾经济区、西江经济带、左右江革命老区加快发展，推进桂林国际旅游胜地建设，构建沿海沿江沿边三区统筹发展新格局。

（一）推进沿海沿江沿边协调发展

沿海地区以北部湾经济区为重点，沿江地区以珠江—西江经济带和桂林国际旅游

胜地为重点，沿边地区以左右江革命老区和沿边经济带为重点，统筹推进江海边特色发展、差异化发展、协调发展。

1. 打造北部湾经济区升级版

把北部湾经济区开放开发摆到国家“一带一路”战略中谋划，以建设“一带一路”有机衔接重要门户的核心区为目标，发挥面向东盟和沿海沿边优势，在更高层次、更宽领域参与国际合作与竞争，实现升级发展。强化综合交通枢纽建设，完善集疏运体系，打造北部湾现代化港口群，提升北部湾连接西南中南、直通东盟的陆海空运输能力。加快发展临港产业集群，布局完善石化、冶金、汽车、能源、新材料、电子信息、装备制造等先进制造业，大力发展战略性新兴产业和现代服务业，推动优势产业集群化、智能化、高端化发展，打造石化、能源、修造船等国家级产业基地，构建具有国际竞争力的现代产业体系。推动北部湾同城化纵深发展，建设智慧北部湾，打造北部湾国家级沿海城市群。推进自由贸易试验区、边境和跨境经济合作区、海洋合作综合试验区建设，探索开放合作新模式，打造服务“一带一路”发展的国际区域合作新高地。2020 年经济区四市经济规模占全区比重突破 40%，城镇化率达到 60%。

2. 加快发展珠江—西江经济带

把珠江—西江经济带开发建设摆到国家流域开发和全面深化内地与港澳台合作的战略高度谋划，以建设西南中南地区开放发展的战略支撑带为目标，发挥承东启西和通往粤港澳优势，培育形成新的经济增长带。加快推进西江经济带基础设施建设大会战，优化畅通西江航道，强化铁水、公水多式联运，创新船闸建设营运机制，全面提升西江黄金水道通行和港口吞吐能力，构建综合立体交通走廊。强化沿江重点城市产业分工合作，建设桂东国家承接产业转移示范区，重点发展汽车、食品、装备制造、电子信息、建材等产业集群和战略性新兴产业，建设现代服务业集聚区，打造优势互补、协作配套的沿江产业带。发挥粤桂合作特别试验区先行示范作用，支持桂东地区融入珠三角经济圈，促进跨省区产业合作发展。发挥中心城市辐射带动作用，促进城市间分工合作、协同发展，构建以桂中、桂东南城镇群为主的沿江城镇体系。统筹西江流域上下游发展，强化生态环境联保联防联控，构建千里绿色走廊。规划建设西江水系沿岸生态农业产业带。

3. 加快振兴左右江革命老区

把左右江革命老区振兴摆到国家深入实施西部大开发和脱贫攻坚战略中谋划，以深入实施左右江革命老区振兴规划为契机，发挥资源和沿边区位优势，大力发展生态经济，打赢脱贫攻坚战，增强自我发展能力。完善交通骨干网，加强农村道路建设，大幅提升老区通达率。积极发展清洁能源、有色金属、农林产品加工、养生健康、旅游休闲等特色优势产业，提高资源就地转化率，建设一批重大产业基地，构建以生态经济为特色的现代产业体系。发挥崇左、百色沿边区位优势，大力发展边境贸易、加工贸易和口岸经济，促进跨境经济合作。大力实施精准扶贫精准脱贫，消除区域性整体贫困，加快建成山清水秀、安居乐业的幸福老区。

4. 提升桂林国际旅游胜地影响力

发挥桂林品牌优势，打造大旅游圈，增强对全区旅游业发展的龙头带动作用。加强桂林连通国内外的航空、高速铁路、高速公路和旅游基础设施建设，强化区域性综合交通枢纽地位，建成设施完备、功能完善的旅游服务体系。发展新型旅游业态，拓展旅游功能，加快由山水观光旅游向休闲度假等复合型旅游转型。促进旅游业与相关产业融合发展，积极发展电子信息、生物制药、装备制造、新能源、节能环保等优势产业和新兴产业，形成以旅游业和新型工业、现代农业为主的产业集群。推动粤桂湘黔旅游联盟总部设在桂林，打造国际文化旅游交流合作平台。促进桂林贺州旅游一体化。加强漓江山水生态保护，实现可持续发展。

5. 加快沿边地区开发开放

以东兴、防城、宁明、凭祥、龙州、大新、靖西、那坡等沿边县（市、区）为重点，大力推进重点开发开放试验区、沿边口岸、边境城市、边境和跨境经济合作区建设，构建特色鲜明的沿边经济带。扶持边境地区特色优势产业发展，深化与周边地区产业和市场合作，建设能源矿产、农林产品进口加工基地和承接产业转移示范区。加大对边境地区政策扶持，促进加工贸易向边境口岸和城镇集聚，发展边民互市贸易。推进沿边新型城镇示范带和边民集居点建设，增强边境城镇综合承载力，树立国界新形象。深入推进兴边富民行动，加强边境基础设施建设，改善边民生产生活条件，实现稳边安边兴边，建设经济繁荣、生活富裕的新边疆。

（二）打造海洋经济强区

编制实施海洋主体功能区规划，构建陆海协调、人海和谐的开发格局，拓展蓝色经济空间，2020 年海洋生产总值占地区生产总值比重超过 7%。整合沿海港口岸线资源开发，打造现代化港口群，依托港口发展临港产业集群，大力发展海洋船舶和工程装备制造、海洋交通运输、海洋渔业、海洋医药、海洋旅游、海洋能源、海洋服务等海洋产业。加强海洋技术研发，重点在深海、环保、安全等海洋高技术领域取得突破，提高海洋开发利用能力。优化已有岸线使用效率，加强海岸带保护，科学划定海洋生态红线，严格控制围填海规模，自然岸线保有率不低于 40%。加强红树林、河口港湾湿地等海洋生态保护，重点建设涠洲岛、斜阳岛、茅尾海等重要海洋生态功能区，实施陆源污染物排海总量控制制度，推进海域海岛海岸带生态修复。建立海洋资源环境承载力预警机制，提高海洋灾害风险评估、防灾减灾和突发事故应急能力。加强与粤琼和东盟海洋资源开发合作，推进海洋合作综合试验区建设。

加快创新协调开放发展，切实提高发展质量和效益
——黑龙江省“十三五”规划纲要（经贸部分摘要）

一、“十二五”规划纲要顺利实施，经济社会发展取得重大成就

（一）经济发展实力显著增强，结构调整取得积极进展

初步核算 2015 年全省实现地区生产总值 15083.7 亿元，“十二五”期间年均增长 8.3%。全省重点推进建设的 1462 个产业项目，完成投资 6239 亿元，其中投资 20 亿元以上的项目 52 个。推动科技成果产业化。第一、第三产业加快发展，比重明显提升，第二产业结构发生新的变化，三次产业结构由“十一五”期末的 12.6∶48.4∶39 调整为 17.5∶31.8∶50.7。

（二）现代农业迈上新台阶

实施千亿斤粮食产能工程。开展“两大平原”现代农业综合配套改革试验，推进新型农业经营主体、农村土地管理制度、农村金融服务、农产品价格形成机制和农业支持政策改革创新。抓住水利、科技、农机、生态四条主线，推动粮食综合生产能力不断提高，累计建成生态高产标准农田 3987 万亩。连续五年粮食总产量和商品量全国第一，为保障国家粮食安全做出了重大贡献。

（三）基础设施建设取得重大突破

完成铁路投资 764 亿元，是“十一五”时期的 2.8 倍，竣工和在建里程 2209.2 公里。哈大（大连）高铁建成运营。新建高速公路 2990 公里、一级和二级公路 4420 公里、农村公路 17604 公里。省内机场达到 11 个。水利总投资 846 亿元，是“十一五”时期的 2.4 倍，黑龙江、松花江、嫩江干流治理，胖头泡蓄滞洪区、阁山水库、奋斗水库、尼尔基引嫩扩建等重大工程开工建设。完成电网投资 195 亿元，投产变电站 263 座、线路 1 万公里。一批大型热电项目建成投产。信息通信基础设施建设加快。

（四）改革开放进一步深化

大力推进行政审批制度改革。经过 3 年清理，578 项省级行政审批取消或下放，精简幅度为 54%。138 项非行政许可审批全部取消。加快商事制度改革，55 项企业登记前置审批许可改为后置，年检年审事项减少 84.3%，实施“四证合一、一照一码”登记模式，市场主体快速增长，2014 年新登记内资企业 4.8 万户，增长 61.9%；2015 年又增长 16.4%，总数达到 30.6 万户。公共资源配置市场化改革取得突破。对集中供热热源、矿产资源及其精深加工、风能、光伏资源等采取公开招投标方式进行市场化配置。推进国企改革。完成驻省央企“三供一业”分离移交工作，启动全省厂办大集体改革。构建以对俄合作为重点的全方位对外开放格局。借助国家“一带一路”战略，

着力构建“中蒙俄经济走廊”黑龙江陆海丝绸之路经济带。推动对俄合作由毗邻地区向俄中部及欧洲部分延伸、由经贸合作向全方位交流合作转变进而提升经贸合作层级。加强基础设施互联互通。哈欧班列实现运营。哈洽会升级为中俄博览会。全省外贸进出口累计1748.7亿美元，实际利用外资累计223亿美元，分别是“十一五”时期的1.9倍、2倍。

（五）推进新型城镇化建设，加大生态环境保护力度

常住人口城镇化率达到58.8%，比“十一五”末提高3.1个百分点。开复工“三供三治”项目787项，完成投资778亿元，是“十一五”时期的2.5倍。城市供水、燃气、集中供热普及率分别达到96%、89%和74%；城市污水、垃圾处理率分别达到85%、90%，投入24.9亿元用于提高城市机械化清冰雪能力。新增城市绿地8350公顷。建设城市道路2431千米、桥梁115座。加强大小兴安岭生态保护，全面停止国有重点林区天然林商业性采伐，新增森林蓄积量3.1亿立方米。主要污染物减排超额完成“十二五”目标，松花江流域水质持续改善，单位地区生产总值能耗比“十一五”末降低18.1%。

（六）民生持续改善

城乡居民人均可支配收入分别达到24203元、11095元，比“十一五”末增长64%、84%。累计新增城镇就业380.8万人，城镇登记失业率始终控制在4.5%以内。400多万企业退休人员基本养老金整体增长近1倍，排名由全国第32位上升至第24位。各项低保标准大幅提升。高等学校生均经费标准提高1倍以上。改扩建、新建公办幼儿园1424所。开展“健康龙江”行动，全省人均预期寿命由“十一五”末的73岁增长到76.6岁。累计投资3559亿元，是“十一五”时期的1.9倍，建设保障性住房205万套、改造农村泥草（危）房109.1万户，近千万城乡居民居住环境得到改善。两年建成2604个中心村文化广场。800.6万农村及乡镇人口饮水安全得到解决。119万人口脱贫。“平安黑龙江”建设成效显著，八类主要刑事案件比“十一五”末下降49%。

二、立足“十二五”发展基础，明确“十三五”主要目标

“十三五”时期我国仍处于可以大有作为的重要战略机遇期，但战略机遇期内涵发生深刻变化，黑龙江省发展也同样面临着有利条件和困难风险挑战。

从有利因素看，党中央、国务院对东北老工业基地全面振兴高度重视，为黑龙江省补齐短板、加快发展提供了重要政策保障。国家实施“一带一路”战略，拓展了黑龙江省对外合作新空间。俄罗斯远东开发战略提速，有利于黑龙江省发挥对俄地缘优势，深化对俄罗斯及东北亚和欧洲全方位合作。国家加快基础设施建设，着力推进供给侧结构性改革，与黑龙江省的发展需求高度契合。黑龙江省“十二五”时期取得的成就为“十三五”发展奠定了坚实基础。实施的务实政策举措与国家政策支持叠加效应将进一步显现，发展优势进一步凸显，公共资源配置市场化、现代农业、高品质食品、“互联网+”、旅游、健康养老、信息服务、对俄合作、科技成果产业化、部分地

区的教育文化产业发展等潜力不断释放。五年来，我们积累了改革发展的宝贵经验，全省上下对发展面临的问题、机遇、挑战，对未来发展思路、主攻方向的认识更加统一，培养了一批懂经济管理、善于抓项目、想干事能干成事的干部队伍。加强党风廉政建设，加大反腐败力度，大力治理懒政和不作为，发展环境不断优化。

从不利因素看，国际金融危机深层次影响继续存在，近年油价、煤价持续下降，大庆油田原油减产对黑龙江省经济形成负向拉动；新一轮科技革命和产业变革蓄势待发，我们面临的竞争更加激烈；国际市场需求不足，对黑龙江省装备、石化等重点行业发展形成约束传导。国内对部分行业产能过剩的治理以及投资增长放缓，直接或间接影响黑龙江省一些行业发展，也对扩大投资产生影响。

黑龙江省自身发展也面临一些突出问题和制约因素，主要是：经济发展结构性、资源性、体制性矛盾十分突出；市场经济意识不强、市场化程度不高、市场主体活力不足等问题明显存在；发展环境还要大力优化；各级政府部门还存在专业化不够，以及不作为、乱作为、不会作为的现象。这些问题必须从根本上把握，下大气力加以解决。

黑龙江省“十三五”期间的主要目标为：

——经济综合实力实现新跨越。保持国民经济中高速增长，到 2020 年地区生产总值和城乡居民人均收入比 2010 年翻一番，地区生产总值年均增长 6%以上，城乡居民收入增长与经济增长基本同步。

——发展动能转换和经济结构调整取得重大成效。发挥优势，注重工业，多点培育，实现新旧动能转换，产业结构、所有制结构优化升级。实施创新驱动和科技成果产业化取得重大成效。用全新体制机制高标准建设哈尔滨新区，充分发挥哈尔滨在全省发展中的带动作用。

——深化改革取得实质性成果。行政体制改革不断深化，政府效率和效能明显提高。法治政府基本建成。供给侧结构性改革取得实质性进展。国企改革取得重要进展。支持非公经济发展的政策机制和促进机制更加健全，发展活力显著增强。“两大平原”现代农业综合配套改革试验目标完成。

——生态文明建设取得显著成效。绿色发展理念牢固确立，绿色发展方式和生活方式逐步形成，绿色生态产业快速发展。主要污染物排放总量明显减少，城市空气质量明显改善，各流域水质持续改善，天然林资源得到全面保护，国家重要生态屏障功能进一步提升。

——以对俄合作为重点的全方位对外开放格局基本形成。“龙江丝路带”建设扎实推进，“三桥一岛”建设取得重大进展，跨境运输通道功能明显提升。全面形成面向全国的对俄开放通道和服务平台，跨境产业链和产业聚集带取得积极进展，对俄全方位合作不断深化，对日韩、欧美、澳大利亚、新西兰、以色列和港澳台合作实现新突破。

——基础设施建设取得重大进展。“一轴两环一边”铁路网主骨架、“一圈一边多线”公路网和布局合理的机场体系基本形成。水利设施现代化进程加快，安全保障能力明显提高。城镇公共服务设施不断完善。能源结构优化和电网建设取得重要进展。新一代信息基础设施水平全面提升。

——人民生活水平和质量明显提高。新型城镇化有序推进，质量不断提升。教育、文化、医疗、社保、住房等公共服务体系更加健全。就业更加充分，煤城和林区部分职工向新产业领域转移。现行标准下贫困人口全部脱贫，贫困县全部摘帽。持续提高中低人群收入水平。社会文明程度进一步提高。

三、发挥科技创新引领作用

深入实施创新驱动发展战略，发挥科技创新在全面创新中的引领作用，提升创新能力，促进技术与产品的商品化，培育创新发展新动力，建设国家重要技术创新与研发基地。

1. 提高科技创新能力

加快培育壮大创新主体。依托黑龙江省大专院校、科研院所、骨干企业等研发力量，构建产学研金结合的科技创新体系。深化科技体制改革，加快培育创新型领军企业，推动企业真正成为技术创新决策、研发投入、科研组织和成果转化的主体。实施省级重点新产品开发鼓励计划，通过研发费用补助、科技服务项目补助和间接投入等方式，支持企业增强自主创新能力。

加强科技创新平台建设。深化与国家战略有机衔接，建设哈工大空间环境地面模拟装置等国家大科学工程项目，支持机器人、现代焊接等国家重点实验室加快发展，争取国家在黑龙江省新布局重点实验室。依托哈尔滨、大庆国家级高新区争取建设国家自主创新示范区，加快哈尔滨国家创新型城市建设。依托企业、高校、科研院所建设国家创新中心、国家工程研究中心、国家工程（重点）实验室、国家企业技术中心等国家级技术创新平台，支持企业自建或与科研院所合作建设省级技术创新平台。支持石墨、乳业、马铃薯等国家级产业技术创新战略联盟做大做强，在轨道交通、3D 打印技术等具有产业和技术优势领域培育发展新的联盟。推动公共科技资源整合共享，实现重大科研基础设施、大型科研仪器和专利基础信息资源对社会开放。

加快重点领域技术创新。加强基础研究和应用基础研究，强化原始创新、集成创新和引进消化吸收再创新。做好科技创新专项布局，重视颠覆性技术创新和群体性技术突破，重点支持高端装备制造、生物、新能源、新材料、现代农业、电子信息等领域突破核心技术和关键环节，形成一批拥有自主知识产权、有产业化前景的重要成果。

2. 加快科技型企业发展和科技成果落地转化

继续实施千户科技型企业三年行动计划。通过梳理成果、成立公司、进行孵化、借助资本市场发展、推动企业上市，支持科技型中小企业发展。完善科技型企业融资服务体系，建立从实验研究、孵化、中试到生产全过程科技创新融资模式，推动科技型企业上市融资和股权融资，支持符合条件的科技型企业发行企业债券，利用创新金融产品融资。到 2020 年，孵化企业达到 6000 家以上，新形成 2000 家以上具有一定规模和较强竞争力的科技型企业，培育一批科技型上市公司。

加快科技成果落地产业化。重点推动省内高校和科研院所的应用型成果、国内重点大学和科研院所重大科技成果、与国家国防科工局共建院校的科技成果在黑龙江省尽快转化，支持企业自主研发或与科研院所联合研发的科技成果落地转化。推广科技企业新型孵化模式，推动哈尔滨、齐齐哈尔、大庆等高新区建设加速器，完善哈尔滨科技创新城配套功能，鼓励科技园区、高校、科研院所、企业及其他社会力量创建科技企业孵化器，加快众创、众包、众扶、众筹空间发展。加强技术和知识产权交易平台建设。到 2020 年，全省科技企业孵化器达到 150 家。

3. 大力发展先进制造业

全面对接《中国制造 2025》，依托产业基础，坚持创新驱动、智能转型，重点在电力装备、航空航天装备、轨道交通装备、高档数控机床和机器人、汽车、农机装备、海洋工程装备、新材料、生物医药、新一代信息技术等 10 个重点领域、17 个细分行业开展技术创新和突破，提升“黑龙江制造”核心竞争力和影响力。

加快新一代信息技术与制造业深度融合，积极推进智能制造，支持企业开展关键核心技术研发和瞄准国际同行业标杆推进技术改造，加快实施 100 个数字化车间、1000 条自动化生产线的“100＋1000”智能制造试点示范工程，促进生产手段向数字化、模拟化、智能化转化，生产方式向柔性化、网络化、个性化转变，生产组织向全球化、服务化、平台化转移。

4. 促进互联网与经济社会深度融合

实施“网络强省”战略，推动互联网与经济社会发展深度融合，丰富信息服务，促进信息资源开放共享，保障信息安全，繁荣信息经济。实施“互联网＋”行动计划，鼓励建立基于互联网的开放式创新联盟，加快推进基于互联网的产业组织、商业模式、供应链、物流链等各类创新，推动互联网由消费领域向生产领域拓展，培育新兴业态和新增长点。

实施大数据战略，整合公共数据资源，构建跨部门的政府数据统一共享交换平台，促进信息系统跨部门互联互通与共享。搭建政府数据统一开放平台，优先推动民生保障服务领域政府数据集向社会开放。加快实施公共服务大数据工程，推动改进政府管理和公共治理方式。实施工业、现代农业等大数据示范应用工程，鼓励企业创新应用模式和商业模式，开展基于大数据的数据汇集、发掘和服务，发展大数据产业。以哈尔滨经开区、大庆高新区等为载体，实施云计算数据中心建设工程，吸引国内外相关企业布局建设云计算数据中心和枢纽型数据灾备中心，建设全国重要的云计算数据中心集聚地和云计算应用服务基地。

5. 大力推进大众创业、万众创新

完善创新激励机制。完善科技成果处置和收益管理机制，扩大高等院校、科研院所自主权，全面落实对科技成果的使用权、处置权和收益权。赋予创新领军人才更大财物支配权、技术路线决策权。提高科研人员成果转化收益比例，鼓励企事业单位采取科技成果作价入股、股权期权激励、优先购买股份等方式，奖励有突出贡献的科技人才。推进从事开发应用的科研机构企业化改制，支持公益类科研机构整合重组，做大做强一批行业工程技术研究院。切实用好国家中小企业发展基金和国家产业投资引导基金，引导社会资本和金融资本参与创新活动。实行严格的知识产权保护制度，争取设立知识产权法院。

支持和引导大众创业。鼓励科研人员创业，支持高等院校、科研院所和国有企事业单位的专业技术人员领办创办企业，允许兼职兼薪。引导大学生开办公司创业、合作创业、去有发展潜力和新商业模式的小公司工作创业，允许在校大学生休学创办企业。支持高校在校园内和校园周边建设孵化器和创业园，加快大学生创业见习、创业示范、科技创业实习等基地建设，到2017年省级大学生创业基地达到1000个。推动农民创业，引导农民从事能够增加收入、把生产出来的农产品以高于政府最低收购价卖给市场的种植、养殖、销售、加工等多种产业化创业活动。积极营造宽松便捷的准入环境，拓宽创业投资融资渠道，加快创业创新孵化平台建设，完善创业扶持体系。

四、构建产业新体系

创新实施《全国老工业基地调整改造规划》，把产业项目建设作为构建产业新体系的重要手段，创新发展“十大重点产业”，发挥优势、注重工业、多点培育，推进供给侧结构性改革，突出国内有总需求增长空间和龙江有竞争优势的重点行业，加快产业层次向中高端迈进，重塑产业竞争发展新优势。

（一）优化工业结构

加快信息化与工业化深度融合，推动工业转动力、转方式，促进工业提质增效、升级扩量。以创新为驱动，坚持“改旧上新”，推动小企业提升规模、大企业做大做强。坚持扩大增量带动工业结构调整，通过基础工业产品和上游工业产品延伸、引入要素、存量扩张、高新技术成果产业化、资源开发和精深加工形成新增量。完善省重点产业园区配套设施和公共服务体系，提升承载产业项目的能力。创新产业项目谋划生成路径，全力推进产业项目建设，积极发展新技术、新产业、新业态、新商业模式，构建以高端装备制造、资源精深加工、战略性新兴产业为重要支撑的产业新格局，到2020年，规模以上工业增加值年均增长2%左右。

积极发展高端装备制造业。抢抓国内外装备改造升级需求巨大的市场机遇，落实《中国制造2025》，支持重点装备制造企业，大力推动技术创新、产品创新，促进装备制造业高端化，建设具有国际竞争力的先进装备制造业基地和重大技术装备战略基地。加快建立电力装备制造协作配套体系，提高电力装备先进制造水平。争取国家航空发动机和燃气轮机“两机”科技重大专项支持，发展航空发动机和燃气轮机等系列产品，建设国家重要的燃气轮机产业基地。依托齐齐哈尔轨道装备公司，建设我国重要的重载快捷铁路货车研发、制造产业基地。加快培育机器人龙头企业和关键配套企业，打造产业集群，形成较为完备的机器人产业体系。加快引进先进源头技术，积极开发高精度关键功能部件，推进黑龙江省重型数控机床产品系列化、谱系化。推进汽车整车量产规模化，大力发展汽车零部件产业，实现汽车产业零部件就近配套和集群化发展。加快发展大型高效联合收割机、大马力拖拉机配套农机具等高端农业装备及关键核心零部件制造，构建农机装备制造产业体系。发挥哈尔滨工程大学在海洋工程装备基础及关键技术领域的成果优势，培育发展海洋装备制造。

加快发展资源精深加工。依托优势资源，延伸产业链条，提高资源精深加工比重，建设国家新型原材料基地。

食品工业和玉米精深加工业。以多种谷物、畜牧产品、乳制品、经济作物为基础，大力发展食品加工业。加快建设中粮集团玉米燃料乙醇等重大玉米精深加工项目，提高粮食精深加工比重。支持企业上市融资、兼并重组或战略合作，加快技术改造和扩大生产规模，提升产业集中度和规模效益，壮大飞鹤、北大荒、完达山、大庄园、九三、黑森等领军企业。

石化、煤化工。深化与中央企业和大型民营企业合作，争取在大庆和煤城布局石化、煤化工重大项目，延伸发展精细化工。落实与中石油协议，在大庆布局建设石油炼化和重油裂解等重大项目，力争形成 3000 万吨炼油能力和 500 万吨重油裂解能力。在双鸭山、鹤岗等地布局建设煤制烯烃等重大煤化工项目，加快推进煤制油项目前期工作。围绕石化煤化源头产品，大力发展高端精细化工产品。

矿产精深加工。推进地质勘探加快生成新矿权，梳理并盘活现有探矿权和采矿权，推动矿产资源勘探、开采和精深加工一体化，延长精深加工产业链。加快开展 1：50000 区域地质矿产调查，到 2020 年基础地质调查覆盖率达到 50%以上。利用市场化机制，吸引社会资本，加快重要矿产资源深度勘查，推动优势资源开发利用。加快石墨、钼等产业链发展，打造高端石墨和钼产业，形成鸡西、鹤岗石墨新材料产业集群和大小兴安岭钼产业集群。加强铜、金、高岭土等矿产资源开发。加快集约、安全、高效现代化煤炭矿井建设，适度开采新的煤炭资源，坚决淘汰落后产能，关闭淘汰 15 万吨以下小煤矿 300 处左右，大中型矿井产能比重提高到 70%，煤炭生产能力稳定在 1.2 亿吨左右。

林木加工。用好境外林木资源，推动林木加工业规模化、品牌化、集约化、高端化发展。支持龙头企业采取并购重组、股份合作等方式向上下游产业链延伸，培育发展境外原料基地和境内精深加工一体化的大型木材企业。依托重点木材进口口岸和运输通道，建设木材加工产业集群，形成规模效应。加快开发高端木材加工和造纸业，加快产品研发和工艺创新，塑造高端品牌形象。

培育发展战略性新兴产业。推进新产品、新技术研发应用，突破工程化、产业化瓶颈，加快发展成长性好的战略性新兴产业和高新技术产业，抢占经济和科技制高点。

新材料。重点发展特种金属新材料、高性能纤维及复合材料、半导体新材料、化工新材料，推进产业规模化、高端化发展。

生物医药。坚持规模化、特色化发展方向，加强生物技术药物、化学药品与原料药、现代中药研发，支持重点龙头企业加快创新药、专利药研发和产业化，提升生物医药产能规模和竞争力。支持哈尔滨利民生物医药产业园区、大庆生物产业园区等重点园区基础设施建设，推动哈尔滨国家生物医药产业集聚发展试点城市建设，打造医药产业集群。加快国家新药临床试验中心等研发平台建设，构建符合国际规范、开放共享的新药研发系统。

培育发展卫星应用、新一代信息技术和空间探测技术溢出产业。加快国家高分卫星中心和资源卫星应用中心在黑龙江省落地，建设卫星数据基础平台。加强与中电科集团合作，建设国内领先的微机电系统（MEMS）化学传感器产业化基地。推广军民两用卫星激光通信技术，加快建设空间激光通信研发基地。建立地理信息服务与应急保障体系，推进航天遥感、卫星导航与定位和地理信息技术成果综合应用、产业化发展，开展精准农业、现代林业、环境保护、智能交通、防灾减灾等领域的典型应用示范。

（二）多领域多角度发展服务业

落实加快发展现代服务业行动，拓展新领域、发展新模式、推广新业态，扩大供给规模，提高服务质量。到2020年，服务业增加值年均增长10%左右。

1. 生活性服务业

促进生活性服务业向精细化和高品质转变。

2. 旅游业

创新旅游业发展模式，围绕核心产品，加快发展旅游文化娱乐、驻场演出、特色饮食、特色纪念品等辅助产品组合，提高游客体验参与程度。深入挖掘历史、文化、艺术元素，推动文化、时尚与旅游融合发展。加强黑龙江旅游整体品牌和旅游产品宣传，完善市场营销体系，建立线上线下立体营销平台，深化与全国重要目标客源市场的媒体、旅行社合作，提高黑龙江旅游竞争力和影响力。完善基础设施建设，加快通景区公路、自驾营地等配套设施建设。大力发展中俄边境旅游和出境游，推动黑河、抚远等口岸游轮码头建设。到2020年，力争全省游客总人数达到1.9亿人次，旅游总收入达到2200亿元。

3. 健康养老服务业

支持社会办医，明确公立医疗机构的数量、规模和布局，为社会资本举办医疗机构预留发展空间。鼓励发展多样化健康服务，培育壮大健康体检、康复护理、家庭医生服务等业态，基本建立覆盖全生命周期、内涵丰富、结构合理的健康服务业体系。积极发展健康保险，丰富商业健康保险产品。统筹发展养老事业和养老产业。办好公办保障性养老机构，做好特困老年人托底养老服务，提高失能护理床位比例。支持社会力量兴办养老服务机构，扩大社会养老床位总量。加快推进社区居家养老服务，建设一批居家养老服务平台，鼓励个人利用家庭资源就近就便开展为老服务。推进“医养结合”，支持闲置医疗资源转型为“医养结合”养老服务机构，促进医疗卫生资源进入养老机构、社区和居民家庭，将养老中的医疗服务项目纳入医保政策报销范围。加强老年服务管理、医疗保健、护理康复等方面专业人才队伍建设，提高职业道德和素质。逐步提高养老床位补贴标准，利用行政事业单位非办公类资产，支持养老产业发展。

4. 商贸服务业

加快中心城市商圈、大型交易市场、农资配送中心等流通体系建设，推动传统商贸服务业转型升级。加快发展电子商务，引导有条件的大型零售企业开办网上商城，支持中小零售企业与电子商务平台合作，推进电子商务进农村，支持邮政等企业建立乡镇电商运营中心、村级服务站。建设一批农产品交易市场和专业农副产品交易市场。

5. 生产性服务业

推动生产性服务业向专业化和价值链高端延伸。

6. 金融服务业

优化金融生态环境，发展金融组织，创新金融服务产品，利用资本市场，增强金融对经济社会发展的支撑能力。建立统一的信用信息共享平台，完善企事业单位、自然人守信激励和失信惩戒机制，打击恶意逃废金融债务。吸引国内外大型金融机构在黑龙江省设立分支机构，推动组建民营银行、农村商业银行和金融租赁公司、融资租赁公司、消费金融公司等金融机构。支持总部和主营业务均在黑龙江省的企业在境内主板、中小板、战略新兴板、创业板、新三板和区域性股权交易市场上市（挂牌），力争新增上市企业 25 家、新三板挂牌企业 200 家、省内区域性股权交易市场挂牌企业 800 家。支持金融机构创新业务模式，运作发行公司债、小微企业区域集优票据等债务融资工具。

7. 现代物流业

布局建设现代物流基础设施，打造华南城等重点物流园区，构建社会化、专业化、信息化现代物流体系。发展多式联运、农产品冷链物流等方式，提升专业化水平。推进邮政、物流（快递）配送站建设，促进快递业发展。加强物流信息系统建设，推广北斗导航、物联网等信息技术应用，实现物流信息全程可追踪。

8. 推动制造型企业中的生产性服务业分离分立和专业化、高端化发展，重点发展个性定制服务、全生命周期管理、网络精准营销和在线支持等服务。推动有条件的企业由提供设备向提供系统总承包服务转变，由提供产品向提供整体解决方案转变。鼓励制造企业建设面向行业生产要素配置及供应链管理的综合交易平台，推进供应链协同发展。围绕产业发展需要，开展科技服务、研发设计服务，推广大型制造设备、施工设备等融资租赁服务，鼓励发展资产评估、会计、审计、税务、勘察设计、工程咨询等专业咨询服务。

五、全力推进“龙江丝路带”建设，推进对外开放转型升级

创新实施《黑龙江和内蒙古东北部地区沿边开发开放规划》，以“龙江丝路带”建设为牵动，多点发力、延伸触角，拓展与沿线国家经贸投资合作，吸引产业聚集，加快形成以对俄开放为重点，面向欧美、东北亚、东南亚等全方位对外开放新格局。

（一）加快对俄跨境基础设施互联互通

加强与俄罗斯互动对接，共同推动跨境基础设施多点对接、互联互通，加快国际大通道建设。

加快完善跨境基础设施，全力推进“三桥一岛一道一港”建设，建成同江跨境铁路大桥，推进黑河跨境公路大桥和东宁跨境公路大桥建设，辟建黑瞎子岛陆路口岸，探索黑龙江省参与建设、投资、经营俄罗斯滨海 1 号国际通道和符拉迪沃斯托克各港口的途径和方式。推进黑河黑龙江跨境索道建设。积极与俄方沟通协调，扩容完善抚远—哈巴罗夫斯克、黑河—布拉戈维申斯克跨境光缆线路。建设黑龙江联通国际局扩容升级工程。

建设联通内外、安全畅通、多种通道的跨境运输网络，提升“哈俄欧”通道和“哈俄日韩”陆海联运通道功能。适时加密哈欧货运班列班次，开行哈俄班列，推动“哈俄日韩”陆海联运和黑龙江省经黑龙江下游出海的江海联运常态化运行。提升哈尔滨机场面向东北亚门户机场功能，新增和加密通往俄罗斯、日韩及东北亚地区的国际

航线、航班，开通北美航线，打造现代化国际枢纽。提升牡丹江、佳木斯机场国际客货运输能力，支持大庆机场建设国际空港。

（二）完善对外开放合作平台

发挥地缘优势和合作基础优势，整合对俄合作资源，培育发展外向型服务业，加快建设哈尔滨对俄合作中心城市，不断提升沿边口岸城市开放功能，吸引外向型企业集聚，形成面向全国的对俄开放服务平台。

发挥哈尔滨“中蒙俄经济走廊”主要节点城市作用，加快完善对俄合作综合服务功能，打造对俄合作中心城市。办好“中俄博览会”和“哈洽会”等大型展会，构筑中俄经贸合作平台。依托铁路集装箱中心站、哈尔滨空港、华南城“黑龙江省对俄经贸物流园区”等，形成国际物流集散枢纽。吸引国内外大型企业和商务服务机构进驻，建设合作企业总部基地。发展涉外金融结算、卢布现钞、离岸金融业务，搭建跨境电子商务支付平台，建成面向俄罗斯及东北亚区域金融服务中心。深化对俄全方位交流合作，建成文化科技交流中心、人才培养交流中心、旅游集散中心。

完善对外开放合作园区体系，提升外向型产业承载能力。提升绥芬河综合保税区功能，加快建设哈尔滨综合保税区和临空经济区，推动牡丹江、大庆、黑河、佳木斯建设综合保税区。积极推进绥芬河—东宁重点开发开放试验区、抚远（黑瞎子岛）中俄沿边开放示范区建设，谋划建设黑河、绥芬河、黑瞎子岛、同江、东宁跨境经济合作区和穆棱边境经济合作区。促进中俄互市贸易双向开通。争取建设黑龙江自由贸易试验区。

加大口岸基础设施建设投入，完善部门联络协作机制，全面实施单一窗口和通关一体化。加快推进哈尔滨陆港空一体口岸建设、绥芬河铁路口岸改造、同江铁路口岸和黑瞎子岛陆路口岸设立工作，建设哈尔滨整车进口口岸和多式联运海关监管中心，完善口岸交通、仓储配送、电子信息、查验设施等基础设施。完善跨国海关监管和检验检疫互认机制，强化黑龙江省口岸与沿海发达地区口岸、俄方口岸大通关合作。

（三）打造跨境产业链和产业聚集带

坚持“出口抓加工、进口抓落地”，吸引生产要素向通道沿线转移，构建以跨境通道为依托和以通道沿线重点境内境外园区为载体的产业聚集带，建设开放型经济体系。

加快对外经贸投资合作转型升级，建设境内外联动、上下游衔接的跨境产业合作基地。依托哈欧、哈俄货运班列和“哈俄日韩”陆海联运大通道，吸引境内外产业向通道沿线集聚。支持企业赴俄创办经济实体，组建产业合作联盟。加强跨境机电、电力、能源、矿产、林业、农业、物流等领域投资合作，支持企业对进口矿产资源进行落地加工，延伸跨境产业链。推进国际产能和装备制造合作，重点扶持电站成套设备、重型装备、高速重载铁路货车、新型农机装备、石油机械装备、重型数控机床、汽车等领域对外合作，推动装备、技术、服务走出去，带动高附加值产品出口。建设境外大宗商品产业基地和中俄产业配套的合作基地，推动与俄罗斯在电力、现代农业、境外木材加工等领域合作。积极推进现有15个境外园区快速发展，争取将滨海华宇经济贸易合作区和外贝加尔林业经济贸易合作区上升为国家级境外园区，推动在俄远东地区谋划新建5个境外园区，到2020年黑龙江省在俄境外园区达到20个。

积极发展对俄贸易，优化商品结构、主体结构、市场结构、贸易方式结构，巩固全国对俄贸易第一大省地位。促进加工贸易升级，加强境外商品展销中心和营销网络建设，提高地产品出口比重。扩大文化教育、中医药、信息服务等服务贸易出口。发展跨境电子商务，构建跨境电子商务综合服务平台，打造跨境电商物流基地。吸引国内先进电子商务运营企业落户黑龙江省，推动本省跨境电子商务企业发展壮大，加快“海外仓”和绥芬河“中俄云仓”等项目建设。促进哈尔滨跨境贸易电子商务综合服务平台向绥芬河、牡丹江、黑河延伸。支持民营企业开通跨境电商直航业务。提升哈尔滨、黑河、绥芬河国际邮件互换局功能。

深化人文领域合作，实施文化睦邻工程，推动中俄互设文化中心，经常性开展双边文化交流。加强科技交流合作，推进与俄罗斯在航空航天、信息通信、核电装备、复合材料、船舶制造等领域的研发合作，建设面向俄罗斯及东北亚的科技创新合作基地。发挥中俄工科大学联盟、中俄医科大学联盟等作用，促进黑龙江省高校与俄罗斯大学教育合作。推进边境城市开通跨境自驾游，大力发展游轮界江和医疗旅游。加强与俄罗斯在森林、湿地、草原保护以及界河、跨境河流水污染防治等领域的合作，联合开展环保技术研究。

（四）全面拓展对外开放合作

大力推进同“龙江丝路带”有关国家和地区开放合作，着力构建对外开放新体制，推动对外交流合作向宽领域、深层次、高水平发展，打造全国向北开放重要窗口。充分利用两个市场、两种资源，大力培育外向型经济增长点，加快拓展外部发展空间。强化与欧洲各国的经贸合作，重点推进与德国工业4.0、荷兰食品产业和瑞士科技中小企业群的对接。加强与日韩在信息、物流、电子、节能环保、食品等产业领域的合作。推进与澳大利亚、新西兰、以色列农牧业合作。开发美国、加拿大和东南亚市场，进一步密切与港澳台合作。以“大齐绥”产业合作发展与转型升级示范区等区域为重点，加强与京津冀、长三角、珠三角、环渤海等区域合作，积极承接产业转移。完善外商投资服务体系，扩大利用外资规模，积极争取和利用外国政府和国际金融组织贷款。

六、统筹协调发展，不断增强发展整体性

坚持区域协同、城乡一体、军民深度融合，在协调发展中拓展空间。

（一）加快资源型城市转型发展

创新实施《全国资源型城市可持续发展规划》，着力发展接续替代产业，依托现有产业基础发展精深加工、延长产业链，壮大新兴产业，促进转型发展。

1．加快煤炭城市转型发展

支持鸡西、双鸭山、七台河和鹤岗四个煤炭城市，实施煤与非煤“双轮驱动”，加快产业结构由以煤为主向特色化、多元化发展转变，促进煤城尽快走出困境。完善煤炭资源市场化配置机制，支持煤炭接续资源较多的城市加快大型煤矿建设，推进煤化工重大项目建设，推动利用新增的煤化工源头产品和焦化等存量煤化工源头产品延伸

发展产业链，开发精细化工产品，支持双鸭山市建成全国重点煤化工产业基地。大力发展多元非煤替代产业，做强石墨、绿色食品等优势资源加工产业，推进钢铁、矿山机械、医药、木材加工等产业改造升级，扩大旅游、商贸流通、健康养老等现代服务业规模。切实抓好采煤沉陷区棚户区和独立工矿区改造，积极推动煤城职工就业再就业等民生工作。

2. 推动油城转型发展

发挥大庆市区位、产业、科技、人才、生态等优势，加快构建支柱多元、支撑转型的新产业体系，提升城市功能品质，建设现代化新兴城市。加快石化基地建设，推动地方与大庆油田深化合作，实施重大石化项目，加快石化工业向精细化工延伸。培育替代产业集群，发展壮大汽车、铝业和新材料、食品、装备制造、生物医药、新能源等产业。汇聚现代服务业新优势，加快发展服务外包、文化创意、信息服务、物流、旅游、健康养老等现代服务业。大力发展优质粮食安全牧业和绿色果蔬，做大棚室经济，建设国家现代农业示范区。

3. 促进林区转型发展

以大小兴安岭和张广才岭等森林生态功能区建设为核心，加强生态保护，推进林区经济转型，全面提高基本公共服务均等化水平。加大生态保护和建设力度，加快人工造林、森林抚育、低质低效林改造和封山育林，建设国家储备林基地。坚持林业经济林中发展、林区工业林外发展，加快发展生态旅游、森林食品、北药、苗木花卉、清洁能源等特色产业，推进矿产资源绿色开发。结合林场撤并整合，加快国有林区棚户区改造，促进深山远山职工和居民有序向县（局）址和乡镇（中心林场）搬迁转移。努力增加就业岗位，健全创业增收机制，完善社会保障制度，提高公共服务能力。推进国有林区、国有林场改革，增强适应市场竞争的能力。

（二）大力促进县域经济发展

大力发展县域经济，增强县域经济实力，使之成为全省经济发展新生动力和重要支撑。到 2020 年，县域地区生产总值年均增长 6.5％以上，占全省地区生产总值比重达到 46％以上。

1. 发展优势特色产业

围绕县域农林牧渔和矿产资源分布特点，依托资源禀赋、区位条件、产业基础和历史文化等要素，坚持产业强县、特色兴县，因地制宜，发挥优势，找准定位，加快产业项目建设，发展优势特色产业。突出玉米、水稻、大豆、乳品、肉类、马铃薯、山特产品等优势产业，发展壮大种植、养殖业。围绕包括绿色食品、资源开发等在内的“十大重点产业”，打造特色产业链，构建粮食精深加工、畜禽深加工和绿色、有机特色产品加工等产业集群。加快发展文化、旅游、商贸、物流等服务业，形成特色鲜明的现代服务业体系。到 2020 年，争取每个县（市）重点培育发展 1—2 个立县特色支柱产业。

2. 培育壮大产业园区

加快产业园区建设，打造集聚“十大重点产业”发展的载体。坚持“特色鲜明、布局优化、设施完备、项目配套”原则，统筹规划建设、完善工业园区、农畜产业园区、林果业园区、现代服务业园区、边境经济合作区、文化产业园等特色产业园区。运用市场化手段筹措资金，强化园区基础设施建设，促进政策向园区倾斜、企业向园区集中、产业向园区集聚。改善园区管理，探索引进社会资本管理园区新模式，搭建以创业孵化、信贷融资、信息咨询、中介评估、科技研发、检验检测为重点的公共服务平台。依托已经建成并具备承载能力的省级重点产业园区，特别是发挥好肇东、铁力、富锦、北安、肇州、依安等一批具有区域功能特征和产业优势特点的园区作用，形成产业集聚优势，壮大产业规模，带动所辐射区域经济发展。

3. 推进县域与垦区、林区、矿区、油区、边区融合发展

推动县（市）与垦区、林区、矿区、油区、边区建立长效机制，促进产业发展优势互补，基础设施共建共享，实现融合发展。统筹规划、一体化建设交通、“三供三治”等基础设施和教育、医疗卫生等公共服务设施。建立健全利益联结机制，发挥各自产业基础和发展优势，采取市场化方式合力打造优势主导产业。

（三）推进城乡协调发展，优化城镇化布局

依托快速铁路和高速公路网，推动人口、产业向城镇集聚，打造以哈尔滨为核心的“哈牡鸡七双佳”东环城市圈，努力建设“哈大齐北绥”西环城市圈。以东环城市圈和西环城市圈为重要支撑，辐射带动鹤岗、伊春、黑河市和大兴安岭地区，促进区域协调发展。

加强规划引领，适时研究调整行政区划，完善城镇体系，推动绿色城市、智慧城市、人文城市建设，构建大中小城市和小城镇协调发展的新型城镇化发展格局。以国家推动哈长城市群发展为牵动，依托重大基础设施建设和重大产业布局拉开城市骨架，培育引领区域经济发展的增长极。强化哈尔滨核心拉动作用，用全新体制机制高标准推动哈尔滨新区建设，打造东北亚具有重要影响的现代化城市和哈长城市群核心城市。增强齐齐哈尔、大庆、牡丹江、佳木斯等中心城市辐射带动功能，带动周边城镇产业发展，建成全省重要的区域中心城市。以鸡西、双鸭山、伊春、七台河、鹤岗、绥化、北安、肇东为重点，加快发展副中心城市，提升城市功能，扩大人口规模。完善县城、重点城镇和农垦、森工系统城镇基础设施和公共服务功能，促进人口和特色产业集聚发展。

（四）推进军民深度融合发展

实施军民融合发展战略，形成全要素、多领域、高效益的军民深度融合发展格局。在创新国防动员体制机制基础上，健全和拓展军民融合发展的组织管理体系、工作运行融合体系和政策体系，建立各级军民融合领导机构。制定统筹经济建设和国防建设专项规划。军民、军地协同，共同维护边境社会稳定和谐。推动军民领域协同创新，支持军民科技成果双向转化应用和科研生产能力的开放共享。加强与军工集团战略合作，落实相关合作大纲，推动先进技术转民用，开发特色高技术产品，加强国际产能合作，促进军工装备产品走出去，壮大军工经济。增强产业产品、基础设施等军民共用的协调性，打造哈尔滨军民融合创新示范区。加强全民国防教育和后备力量建设，支持国防建设和军队改革。

坚持发展新理念　建设具有全球影响力的“四个中心”
——上海市“十三五”规划纲要（经贸部分摘要）

一、以新理念引领新发展

（一）发展基础

“十二五”时期是很不平凡的五年，外部环境复杂严峻，各种风险挑战变化交织，上海从国家大局出发谋划自身发展，妥善应对国际金融危机持续影响，坚持以改革创新统领全局，加大稳增长、调结构、转方式、惠民生力度，创新驱动发展、经济转型升级取得重要阶段性进展，顺利完成“十二五”规划确定的目标任务，实现了经济社会平稳健康发展和市民生活水平新提升，上海在国家战略中的地位和作用更加凸显，国际影响力进一步增强。

经济转型升级取得重要进展。经济在转型升级中保持平稳较快增长，全市生产总值年均增长7.5%，2015年达到2.5万亿元，人均生产总值突破10万元。服务经济为主的产业结构基本形成，第三产业增加值占全市生产总值的比重超过67%。消费对经济增长的拉动作用进一步增强，最终消费支出占全市生产总值的比重接近60%。经济发展的质量和效益不断提高，一般公共预算收入年均增长13.9%左右。城市创新能力进一步提高，全社会研发经费支出相当于全市生产总值比例达到3.7%。建设具有全球影响力的科技创新中心迈步启程。

改革开放取得重大突破。坚持先行先试，聚焦制度创新，建立中国（上海）自由贸易试验区，在加快政府职能转变、促进贸易投资便利化、营造国际化市场化法治化营商环境方面取得了一系列成果，为我国深化改革扩大开放探索了新途径，积累了新经验，树立了新标杆。实施营业税改征增值税、国资国企改革、教育综合改革、司法体制改革试点、文化体制改革等取得突破。对外开放水平进一步提升，外商直接投资实到金额820亿美元，是“十一五”时期的近1.8倍；跨国公司地区总部达535家，比“十一五”末增加230家；走出去步伐明显加快，对外直接投资额达到600亿美元，是“十一五”时期的14倍。

城市综合服务功能全面增强。“四个中心”建设步伐明显加快，金融开放取得实质性进展，人民币跨境支付系统上线运行，“沪港通”、跨境ETF启动实施，上海金融市场非金融企业直接融资占全国社会融资规模的比重达到18%左右；上海口岸货物进出口总额突破1万亿美元，占全国的比重保持在四分之一以上，服务贸易进出口额占全国的比重达30%，钢铁、能源化工等大宗商品“上海价格”加快形成；上海港国际集装箱吞吐量保持世界第一，上海机场货邮吞吐量保持世界第三、国际旅客吞吐量占全国机场的三分之一以上；经济中心城市的集聚辐射功能明显增强。长三角城市群核心城市的服务功能不断强化，服务全国能力进一步提升。

生态文明建设取得明显成效。深入推进节能低碳发展，单位生产总值能耗下降目标提前一年完成。全面实施大气污染防治，完成燃煤电厂脱硫脱硝除尘、中小燃煤锅炉替代等工程，全面完成黄标车淘汰，二氧化硫、化学需氧量等主要污染物减排目标提前一年完成。大力推进污水厂网建设和污染源截污纳管，全市城镇污水处理率超过90％。建成青草沙和东风西沙水源地，形成两江并举、多源互补的水源供应格局。人均公园绿地面积达到7.5平方米，森林覆盖率达到15％。

保障和改善民生力度持续增强。基本社会保障制度实现全覆盖，城乡居民养老保险制度实现统一，养老金、最低生活保障等待遇标准持续提高，水平位居全国前列。推进社会治理创新，加强基层建设，基本公共服务体系初步建立，均等化程度进一步提高。社会养老服务体系基本建立，住房保障体系逐步健全。居民收入增长快于人均生产总值增长，城镇和农村居民人均可支配收入分别达到52962元和23205元，继续保持全国前列。城镇登记失业率控制在4.5％以内。

五年勇于实践、不懈奋斗，成就来之不易，经验弥足珍贵，为上海未来发展奠定了更加坚实的基础。

（二）发展新理念

“十三五”时期，上海经济社会发展的指导思想是：高举中国特色社会主义伟大旗帜，全面贯彻党的十八大和十八届三中、四中、五中全会精神，以马克思列宁主义、毛泽东思想、邓小平理论、“三个代表”重要思想、科学发展观为指导，深入贯彻习近平总书记系列重要讲话精神，坚持“四个全面”战略布局，树立创新、协调、绿色、开放、共享的发展理念，按照当好全国改革开放排头兵、创新发展先行者的要求，抓牢发展第一要务，更加注重提高发展质量和效益，着力加强供给侧结构性改革，持续推进创新驱动发展、经济转型升级，加快向具有全球影响力的科技创新中心进军，统筹推进经济建设、政治建设、文化建设、社会建设、生态文明建设和党的建设，确保如期基本建成“四个中心”和社会主义现代化国际大都市，为我国全面建成小康社会、实现第二个百年奋斗目标和中华民族伟大复兴的中国梦作出更大的贡献。

基本要求是：必须着眼促进人的全面发展；必须着力提升发展质量和效益；必须坚定改革、扩大开放；必须大力加强环境保护和生态建设；必须深入落实全面依法治国；必须全面从严治党。

贯彻落实创新、协调、绿色、开放、共享的新理念，使创新驱动发展、经济转型升级取得突破性进展，必须切实转变发展理念，更加注重强动力、增活力、补短板、可持续、促公平，更加注重结构性改革，把创新作为引领发展的第一动力，协同推进理论创新、制度创新、科技创新、文化创新等各方面创新；把协调作为实现更高水平和更高层次发展的内在要求，在协调发展中拓展新空间、提升软实力；把绿色作为增强可持续发展能力的必要条件，加快形成绿色发展方式和生活方式；把开放作为上海的最大优势，深化推进对内对外开放，发展更高层次的开放型经济；把增进市民福祉、促进人的全面发展作为发展的出发点和落脚点，让全体市民更广泛地参与发展过程，更多更公平地分享发展成果，在共建共享中有更多获得感。五大发展理念相互贯通、相互促进，是具有内在联系的集合体，要统一贯彻，不能顾此失彼，也不能相互替代。

（三）2020年主要目标

——基本建成与我国经济实力和国际地位相适应、具有全球资源配置能力的国际经济、金融、贸易、航运中心。

国际经济中心：基本建成综合经济实力雄厚、产业能级高、集聚辐射能力强的国际经济中心。经济中心城市的国际地位不断提高，金融、贸易、航运和科创等重要功能有机融合、互为促进，创新发展能力和综合服务功能进一步增强，创新经济成为发展的重要驱动力。

国际金融中心：基本建成与我国经济实力以及人民币国际地位相适应的国际金融中心。基本确立全球性人民币产品创新、交易、定价和清算中心地位，基本形成国内外投资者共同参与、国际化程度较高的多层次金融市场体系和具有国际竞争力、行业影响力的金融机构体系，金融监管和风险防范能力有效提高。

国际贸易中心：基本建成具有国际国内两个市场资源配置功能、与我国经济贸易地位相匹配的国际贸易中心。基本形成在全球贸易投资网络中起枢纽作用的重要城市，货物贸易、服务贸易和离岸贸易能级进一步提高，基本形成与高标准国际贸易投资规则衔接的制度体系。

国际航运中心：基本建成航运资源集聚、航运服务功能健全、航运市场环境优良、现代物流服务高效，具有全球航运资源配置能力的国际航运中心。基本形成以上海为中心、以江浙为两翼、以长江流域为腹地的国际航运枢纽港，基本形成现代化港口集疏运体系和国际航空枢纽港，基本形成现代航运服务体系，形成便捷、高效、安全、法治的口岸环境。

——基本建成社会主义现代化国际大都市。到2020年，基本建成经济活跃、法治完善、文化繁荣、社会和谐、城市安全、生态宜居、人民幸福的社会主义现代化国际大都市，市民对“城市，让生活更美好”的感受度进一步提升。

——形成具有全球影响力的科技创新中心基本框架。到2020年，基本形成符合创新规律的制度环境，基本形成科技创新中心的支撑体系，基本形成大众创业、万众创新的发展格局，创新人才和成果不断涌现，基本形成科技创新中心城市辐射能力，张江国家自主创新示范区加快进入国际高科技园区先进行列。

到2020年的主要目标是：创新驱动整体提速，发展质量和效益持续提高，全市生产总值预期年均增长6.5%以上，一般公共预算收入与经济保持同步增长，到2020年人均生产总值达到15万元左右，全员劳动生产率达到24.5万元/人左右；服务业增加值占全市生产总值比重达到70%左右，战略性新兴产业增加值占全市生产总值比重达到20%左右；全社会研发经费支出相当于全市生产总值的比例保持在3.5%以上，每一万人口发明专利拥有量达到40件左右，主要劳动年龄人口受过高等教育的比例达到40%。人民生活水平和质量普遍提高，就业机会更加充分，创业更加活跃，城镇调查失业率稳定在5.5%以内，力争到2020年居民人均可支配收入比2010年翻一番，市民享有公平优质多样化教育，平均期望寿命保持世界先进水平，覆盖城乡的基本公共服务均等化全面实现，城乡发展差距明显缩小，社会保障更加公平、更加完善，公共交通出行更为便捷高效，城市更有序、更安全、更干净。文化软实力显著增强，中国梦和社会主义核心价值观更加深入人心，市民文明素质和城市文明程度全面提高。重大功能性文化设施布局和公共文化服务体系基本形成，文化产业成为重要支柱产业。文化原创力充分激发，基本建成更加开放包容的国际文化大都市。生态环境持续改善，到2020年，能源消费总量控制在1.25亿吨标准煤以下，单位生产总值能耗和主要污染物排放量进一步降低，PM2.5年平均浓度下降至42微克/立方米左右，水环境质量全面改善，人均公园绿地面积达到8.5平方米，森林覆盖率达到18%。依法治理能力全面提升，基本建成法治政府，法治政府建设走在全国前列，社会诚信体系更加健全，公共安全体系基本形成，基层社会治理体系不断完善，人民权益得到切实保障，社会公平正义得到有效维护。

二、推进创新发展，激发发展新动力

（一）建设具有全球影响力的科技创新中心

牢牢把握科技进步大方向、产业变革大趋势、集聚人才大举措，面向经济社会发展主战场，破除体制机制障碍，强化企业创新主体地位，营造良好的创新生态环境，以重大创新改革举措为抓手，加快向具有全球影响力的科技创新中心进军，为形成国际性重大科学发展、原创技术、高新科技产业重要策源地和全球重要创新城市打好框架。

建设张江综合性国家科学中心。瞄准世界科技前沿和顶尖水平，汇聚各类创新资源，力争在基础科技和关键核心技术领域取得大的突破。依托张江地区已形成的国家重大科技基础设施，积极争取超强超短激光、活细胞成像平台、海底长期观测网、高效低碳燃气轮机试验装置等一批科学设施落户上海，打造高度集聚的重大科技基础设施集群。建设世界一流科研大学和学科，汇聚培育全球顶尖科研机构和一流研究团队。大力吸引海内外顶尖实验室、研究所、高校、跨国公司来沪设立全球领先的科学实验室和研发中心。聚焦生命、材料、环境、能源、物质等基础科学领域，发起设立多学科交叉前沿研究计划。探索实施科研组织新体制，建立符合科学规律、自由开放的科学研究制度环境，探索改革国家重大科技基础设施运行保障制度。

推进重大战略项目、基础前沿工程和创新功能型平台建设。聚焦国家战略布局、上海自身有基础、有望突破且能填补国内空白的领域，实施航空发动机与燃气轮机、高端医疗影像设备、高端芯片、新型显示等一批重大战略项目，实施脑科学及人工智能、量子通信等一批基础前沿工程，率先突破一批关键技术，代表国家参与国际科技合作与竞争。在信息技术、生命科学和医学、高端装备等领域，重点建设若干开放式共性技术研发支撑平台。围绕技术转移、成果孵化、军民融合等领域加快建设科技成果转化和产业化服务支撑平台。

加快推进国家全面创新改革试验。建立符合创新规律的政府管理制度，政府职能加快从研发管理向创新服务转变。改革政府支持方式，加大创新产品和绿色产品的政府采购力度。建立财政科技投入统筹联动机制，提高财政资金用于人力及软投入比例，对基础前沿类科技计划，建立持续稳定的财政支持机制。扩大科研院所自主权，赋予创新领军人才更大的人财物支配权、技术路线决策权。构建市场导向的科技成果转移转化机制，完善科技成果的使用权、处置权、收益权归属制度，探索实施科技成果转化普惠税制。实施激发市场创新动力的收益分配制度，大幅提高科技成果转化收益中科研人才收益的比例，建立职务发明法定收益分配制度，探索完善股权激励机制和配套税征制度。健全企业主体的创新投入制度，探索进一步扩大高新技术企业认定和研发费用加计扣除范围，激发企业创新投入动力。在上海证券交易所建立“战略新兴板”，加快发展股权托管交易中心科技创新板。探索设立国有资本和民间资本共同参与的非营利性新型产业技术研发组织。改革药品注册和生产管理制度，试点推进创新药物上市许可持有人制度。

建设各具特色的科技创新中心重要承载区。着力打造全球化的创新创业生态系统，推进国家全面创新改革试验、国家自主创新示范区、自贸试验区联动发展，把张江国家自主创新示范区建设成为创新环境开放包容、创新主体高度集聚、创新要素自由流动的国际一流科技园区。把紫竹国家高新技术产业开发区打造成为科技成果转化示范区。推进杨浦国家创新型试点城区产城融合、学城融合，建设万众创新示范区。在嘉定新兴产业发展示范区建设半导体芯片和传感器、新能源汽车、高端医疗装备等领域产业研发平台。建设漕河泾科技服务示范区，打造临港智能制造示范区。鼓励各区县因地制宜，主动作为，闯出各具特色的创新发展新路。

加快形成大众创业万众创新蓬勃发展局面。激发企业家创新创业热情，鼓励敢于承担风险、勇于开拓创新、志于追求卓越，推动全社会形成鼓励创新、宽容失败的氛围。开展降低实体经济企业成本行动，优化企业发展环境。促进众创、众包、众扶、众筹等创新模式的支撑平台发展，打造专业化、市场化的众创空间。研究探索鼓励天使投资等创新创业的普惠税制。发挥政府创业投资引导基金作用，鼓励更多社会资本发起设立创业投资、天使投资和股权投资。探索开展投贷联动等金融服务模式创新，形成创业投资和天使投资集聚活跃、科技金融支撑有力的创新投融资体系。健全科技中介等创新创业服务体系。支持科技型中小企业健康发展，培育一大批领军型创新企业。实行严格的知识产权保护，推进创新主体运用国际知识产权规则的能力建设，提升知识产权质量和效益，深化知识产权领域改革，发展知识产权服务业，加强知识产权交易平台建设，推进上海亚太知识产权中心城市建设。

（二）加快推动产业转型升级

按照高端化、智能化、绿色化、服务化要求，促进产业融合发展，不断完善以现代服务业为主、战略性新兴产业引领、先进制造业支撑的新型产业体系，不断提升服务经济特别是实体经济发展的质量和水平。到2020年，服务业增加值占全市生产总值比重达到70%左右，制造业增加值占全市生产总值比重力争保持在25%左右。

提升现代服务业能级水平。以扩大开放合作、公平市场准入、创新制度供给为重点，推动生产性服务业向专业化和价值链高端延伸，生活性服务业向精细化、高品质转变。增强金融业的影响力和辐射能力，强化金融创新对实体经济的支撑。扩大信息消费，促进基础软件、行业应用软件等信息服务业快速发展。顺应网络经济发展趋势，加快商贸业转型升级。着力提升法律、会计、审计、咨询等专业服务业水平，积极发展研发设计、检验检测认证等服务业。推进房地产业持续健康发展，减少经济增长对房地产业依赖。培育和挖掘新消费增长点，加快发展高品质的文化、健康、教育培训和养老等服务业。促进文体旅等有机融合，提升文化创意、体育健身、旅游休闲、时尚等产业竞争力。加快形成医疗服务、健康管理多元发展格局，鼓励康复医疗、远程医疗、医疗旅游等新型业态发展。构建多层次、多元化的教育培训体系，大力发展互联网教育。加快发展老年护理、家庭服务等产业。

积极落实“中国制造 2025”战略。紧密结合科技创新中心建设，推进信息技术与制造技术深度融合，发展基于工业互联网的新型制造模式，向高端制造、智能制造迈进，成为世界级新兴产业创新发展策源地。实施战略性新兴产业重大项目，突破一批国家急需、具有国际影响力的关键核心技术，在半导体装备材料、工业机器人、深远海洋装备等领域填补国内空白，加快形成产业化能力。进一步提升自主发展能力和国际竞争力，发展壮大新一代信息技术、生物、高端装备等产业。实施工业强基工程，夯实制造业基础，全面提升上海极限制造、精密制造、成套制造能力。实施军民融合发展战略，统筹做好军地相互支持的重点项目、重大事项、重要政策，增强先进技术、产业产品等的竞争力，形成全要素、多领域、高效益的军民融合发展格局。

改造提升传统优势制造业。实施“互联网＋”行动，推动传统制造业拥抱互联网，实施设施装备智能化改造，加快生产方式向数字化、网络化、智能化、柔性化转变。推动制造业运用现代设计理念和先进设计手段，使用绿色、节能和多功能多用途新型材料，加快向价值链高端转型，提高产品附加值率。做强汽车、船舶等传统优势产业集群，提升在全球产业链和价值链中的地位。汽车产业向智能网联汽车和新能源汽车升级。船舶产业向高端船舶和海洋工程装备产业升级，形成研发设计、总装建造、关键设备和技术服务于一体的海洋工程产业体系。钢铁、石化产业要向新材料领域延伸产业链。都市工业加快向文化创意产业转型升级。制定并动态更新产业结构调整的负面清单，坚定不移加大劣势产业和落后产能淘汰力度。

加快发展新技术新产业新业态新模式。顺应产业跨界融合大趋势，大力培育新技术、新产业、新业态、新模式，形成经济增长新动能。实施“互联网＋”行动计划，加快分享经济发展，推动“新硬件”制造。破除制度性瓶颈，创新监管方式，促进平台经济、移动互联网、大数据、云计算、物联网等加速发展。关注呵护中小微企业发展，健全扶持和保障中小微企业发展的政策法规体系，着力营造适合中小微企业发展的土壤，鼓励企业做精做深做强，培育“专精特新”中小企业，打造细分市场“隐形冠军”。

实现农业现代化。转变农业发展方式，提升农业科技和信息化水平，整建制建成国家现代农业示范区。加快农业产业结构调整，做精种养业，做深加工业，大力发展生产、生态、生活多功能融合、高附加值都市现代农业，积极发展现代种业、智慧农业。着力构建新型农业经营体系和社会化服务体系，支持农业龙头企业、农业专业合作社、家庭农场发展，鼓励和支持农村承包土地向新型农业经营主体流转，提高农业生产经营的规模化、设施化和标准化水平。划定永久基本农田并实行最严格的保护，推进耕地轮作，种养结合，藏粮于地，藏粮于技，以绿养地。推进农林水联动，加强农田水利和农业基础设施建设。推进"粮安工程"建设。

全面加强质量品牌建设。把质量和品牌作为产业竞争力的核心要素，坚持标准引领、质量取胜、品牌培育，不断提升上海产品、工程、服务的整体形象。突破关键共性质量技术，提高计量检验检测技术水平，推广先进质量管理技术和方法，不断提升产品质量水平。加快完善和实施安全、卫生、环保及节能等质量标准。健全质量管理法律法规和体系，完善质量第三方认证，严格质量监管。加大对品牌、商标的保护力度，培育自主品牌，鼓励企业实施品牌发展战略。

（三）迈入全球金融中心前列

紧紧围绕服务实体经济发展，以人民币产品市场建设为核心，以自贸试验区金融改革创新为突破口，加快推进国际金融中心建设。预计到 2020 年，上海金融市场非金融企业直接融资占全国社会融资规模的比重达到 25％左右，上海金融业增加值占全市生产总值比重保持在 15％以上。

加快人民币产品市场建设。以打造全球人民币基准价格形成中心、资产定价中心和支付清算中心为目标，提升人民币产品市场规模和影响力。基本建成功能完备、实时高效、风险可控的全球人民币跨境支付清算体系。扩大跨境人民币融资渠道和规模，拓宽境外人民币投资回流渠道，促进人民币资金跨境双向流动。探索开展人民币衍生品业务和大宗商品服务创新。

拓展金融市场开放度。建设面向国际的金融市场平台，拓宽境外投资者参与境内市场的渠道，促进与境外金融市场互联互通，提升上海金融市场资产定价能力。增强股票、债券、期货、货币、外汇、黄金、保险等多层次金融市场服务功能，完善不同层次市场间的转板机制和退出机制，稳步扩大债券市场规模，提升期货和衍生品市场价格发现和风险管理功能，提高外汇业务平台服务的竞争力和包容性，加快上海保险交易所建设，提升保险和再保险市场的规模和国际竞争力。支持上海证券交易所改革创新，交易所主要指标排名继续保持全球前列。大力发展新兴金融市场，促进股权托管交易市场、贷款转让市场、票据市场等发展。丰富金融市场产品和工具，加快推出商品指数期货、商品期货期权、碳排放衍生品等交易。加强金融市场基础设施建设，完善金融市场基准利率体系。

提升金融机构体系活力。以金砖国家新开发银行落户为契机，吸引更多具有国际影响力的金融机构和多边国际金融组织来沪发展。积极培育资金与财富管理机构，打造上海财富管理中心。鼓励和引导私募股权投资基金、私募证券投资基金、创业投资基金等规范发展。提升互联网金融发展的质量和层次，鼓励有条件企业发起设立与互联网相关的各类持牌金融机构，支持持牌金融机构向互联网金融领域拓展转型，鼓励券商、基金等设立股权众筹平台。加快发展普惠金融。

优化金融中心发展环境。加强陆家嘴金融城和沿黄浦江金融集聚区联动发展，建设国际一流的现代金融服务区。鼓励区县积极发展科技金融、并购金融、文化金融等特色金融。吸引国家金融管理部门和国内外金融机构在上海建设信息服务中心、金融综合服务平台。不断完善金融法治、税收、会计、信用、监管等制度体系。完善金融监管，有效防范区域性、系统性金融风险，健全跨行业、跨市场、跨境金融风险监测评估机制和风险防范处置制度。健全互联网金融风险防控与安全保障机制。

（四）提升国际贸易中心服务辐射能级

服务实体经济和网络经济发展新需求，面向国际国内两个市场，充分发挥万商云集、信息交汇、要素集聚、价格生成、口岸枢纽的综合平台和市场体系优势，加快转变贸易发展模式，持续提升贸易便利化水平，不断增强资源配置功能和影响力。

深化贸易升级转型。大力发展服务贸易、技术贸易、转口贸易和离岸贸易，保持货物贸易全球领先地位，推动对外投资带动贸易增长和产业发展。巩固旅游、国际物流等服务贸易优势领域规模，鼓励发展以提供解决方案和高端研发为主的服务外包，推动文化创意、软件信息等服务贸易发展。到 2020 年，服务贸易进出口总额占全国的比重保持在 30%以上，口岸货物进出口总额占全国的比重达到 30%左右。发挥好中国（上海）国际技术进出口交易会等作用，完善提升面向国际的技术进出口交易平台功能。深化新型国际贸易结算中心试点，研究探索支持离岸贸易发展的税收政策。优化出口市场结构，提高外贸产品附加值，加快形成以技术、标准、品牌、质量、服务为核心的外贸新优势。优化进口产品结构，扩大先进技术和设备、关键零部件等进口，推动本地产业和技术升级。鼓励对外投资带动上海产品、设备、技术、标准和管理服务等一体化走出去。

提升现代市场体系能级。推动有色金属、钢铁、化工、石油、天然气等交易市场面向国际市场扩大规模、拓展功能，促进现货与期货联动，努力实现全要素、全天候交易和全方位服务，进一步增强价格发现能力，持续提高“上海价格”和“上海指数”的国际影响力。创新市场流通和交易模式，发展跨境电子商务，推动实体商品交易与资金、技术、服务等更加融合。促进现代物流业提质增效，积极培育供应链物流服务集成商和第三方专业物流服务商，打造物流综合服务平台。扩大对国内外消费吸引力，进一步集聚国内外知名消费品牌，商品销售总额年均增长率达到 7%以上。积极发展保税展示销售、进口商品直销等新型业态，加快建设国际消费城市，着力打造国际时尚之都。大力发展便民化、智能化社区商业，合理布局标准化菜市场，满足居民家门口的消费需求。提升会展业的规模和水平，打造若干具有国际影响力的综合性和专业性品牌展会，推动会展业与商业、旅游、文化、体育等产业联动发展。

优化贸易制度环境。提高贸易便利化水平，推动口岸监管部门信息互换、监管互认、执法互助，进一步形成集约高效、协调统一的口岸管理格局，提升通关效率、降低进出口环节收费。适应离岸贸易、中转集拼、保税维修、跨境电子商务等发展需要，推动海关、检验检疫等口岸监管模式创新。推进亚太示范电子口岸网络建设，深化亚太经合组织供应链联盟建设。吸引有影响力的国际贸易投资促进机构、国际商事争议仲裁机构和国际经贸组织等在沪发展。

（五）提高国际航运中心综合服务能力

完善与全球枢纽节点地位相匹配的现代航运集疏运体系，优化现代航运服务体系，提高航运要素集聚度，不断提升航运中心的综合服务功能。

优化提升国际集装箱枢纽港功能。继续保持集装箱吞吐量全球领先地位，推进海港泊位结构优化，建成洋山深水港区四期，启动外高桥港区八期建设，实施罗泾港等港区功能调整，到2020年，集装箱吞吐量预计达到4200万标准箱左右。促进水水中转发展，大力发展江海联运等水路运输，推进长江航运船舶标准化、航道标准化、港口泊位标准化。加快高等级内河航道和内河港区建设，培育内河水运市场。到2020年，集装箱水水中转比重力争提高到50%以上。促进海铁联运发展，加强铁路与港口的衔接。

巩固提升亚太航空枢纽港地位。着力提高浦东、虹桥机场服务辐射能力，完成浦东机场三期扩建、第五跑道和虹桥机场T1航站楼改造等重大项目建设，建设浦东机场与虹桥机场之间的快速交通通道，提升机场客货集疏运能力。提高上海航空枢纽航线网络覆盖面和通达性，推动航空空域结构优化，提升机场旅客中转能力。大力发展航空货运，构建专业航空货运体系，建设国际空运货物分拨集拼中心和浦东机场国际快件转运中心，发展机场多式联运。积极推进通用航空发展，筹建通用机场。到2020年，预计旅客吞吐量达到1.2亿人次左右，货邮吞吐量达到400万吨以上，机场中转旅客比例达到15%以上。

加快完善现代航运服务体系。促进航运金融发展，扩大航运保险业务规模，拓展航运保险品种，发展船东互保、航运再保险和航运保险离岸业务。支持航运运价交易等衍生品发展。扩大航运服务业开放，探索航运船舶登记制度，促进船舶交易市场规范化发展，推动船舶飞机融资租赁发展，加快航运经纪、船舶管理业务发展。探索建立与国际接轨的海事仲裁制度。进一步集聚航运要素，吸引各类国际知名航运组织和功能性机构来沪发展。高起点规划建设虹桥航空服务创新试验区和浦东航空经济集聚区，打造国家临空经济示范区。加快邮轮经济发展，推进吴淞口国际邮轮港建设，建成亚太地区规模最大的邮轮母港，积极培育本土邮轮产业，促进产业链延伸。

（六）深化智慧城市建设

落实网络强国战略，深化以泛在、融合、智敏为特征的智慧城市建设，以实现全域互联、智能感知、数据开放、融合应用为目标，推进信息基础设施更新换代和超前布局，拓展网络经济空间，最大限度释放信息生产力。

建设高速移动安全的新一代信息基础设施。实施传输网络超高速宽带技术改造，提供千兆到户接入能力，加强4G网络覆盖，推进5G网络规模试验或试商用，到2020年，实际光纤入户率达到70%左右，固定宽带用户平均下载速率达到25兆比特/秒，成为我国带宽最宽、网速最快的地区之一，公共活动区域免费WIFI覆盖率全国领先。建设下一代互联网示范城市，完成重点网络设施IPv6改造，推进新国际通信海底光缆建设和已建光缆扩容，大幅提升国际网络出口能力和互联互通水平。发展物联网技术和应用。逐步推进无线频谱资源开放和综合利用。

深化数据资源共享开放利用。打破数据壁垒和垄断，推进公共数据资源开放共享和社会化开发应用，提升大数据发展水平，释放数据价值。加强政务数据资源共享，以人口、法人、空间地理三大数据库为基础，加快汇聚共享各类数据资源，深化政务数据资源目录体系建设。加快公共数据资源开放，制定公共数据资源向社会开放的法规规章和标准，推进经济、环境、教育、就业、交通、安全、文化、卫生、气象、市场监管等重点领域的数据资源开放，提升数据资源开放的深度和广度。推动社会数据资源流通，建立数据资产登记、估值和交易规则，支持设立数据交易机构，推动形成繁荣有序的数据资产交易市场。

全面推广智慧应用。依托新型基础设施和信息、数据等新生产要素，聚焦智慧治理、智慧交通、智慧医疗、智慧政务等领域强化应用，使智慧城市触手可及。实施智慧治理工程，深化建设城市综合管理系统，加大建筑信息模型技术应用推广，完善公共安全和应急联动平台功能，提升环境监测、食品药品监管、建筑管理、地下管廊、社会治安等领域的信息化管理水平，提升社区事务一口受理系统等基层治理信息化系统功能，推进城市治理的精细化、可视化、协同化。实施智慧交通工程，加强交通综合信息平台建设，充分整合行业平台交通数据，开发交通研判、预测等辅助决策系统，提升交通管理和服务水平；大力发展公共出行信息服务，建设停车信息服务平台；加快车联网等新技术应用。实施智慧医疗工程，深化电子健康档案和电子病历应用，推进健康和医疗信息在医疗机构、家庭医生和市民之间共享；推动医疗大数据开发研究和应用，创新基于互联网的医疗模式，提升分级转诊、诊间支付、远程医疗等功能水平。实施智慧政务工程，加快电子政务云和网上政务大厅建设，促进涵盖网络、资源、平台、标准等内容的政务一体化，实现政府资源整合、流程优化和业务协同，为市民提供更为便捷高效的公共服务。全面拓展教育、养老、就业、文化、体育、旅游、气象等领域的智慧应用。

（七）改革释放新活力

以加快政府自身改革为核心，强力推进重点领域和关键环节改革攻坚，更加注重结构性改革，加大力度促进改革措施落地，加快形成有利于创新发展的制度环境。进一步转变政府职能。完善市区两级政府管理体制，稳妥推进行政区域优化设置，促进资源进一步合理配置。加强法治政府建设，深化所有制经济改革，深化财税体制改革，深化投融资体制改革，深化价格改革。

三、推进协调发展，增强整体协同性

转变城市发展方式，强化底线约束，加强对空间、人口、资源、环境、产业的统筹，推动城市发展从规模扩张向精明增长转变，城市空间格局从行政圈层式向“网络化、多中心、组团式、集约型”转变，更加注重补齐短板，促进城乡发展一体化，提高超大城市建设管理水平，整体提升城市发展软实力。

（一）严格控制常住人口总量

到 2020 年将常住人口控制在 2500 万人以内。加强人口综合调控。更好运用市场化、法治化手段，以产业升级调整人口存量，以功能疏解调控人口增量，有序疏解部分城市功能，促进人口合理分布。完善人口服务和管理。积极推进户籍制度改革，探索深化积分管理，完善落户政策，构建以人为本、科学高效、规范有序的新型户籍制度，为符合条件的来沪人员提供可预期的公共服务。落实好一对夫妇可生育两个孩子政策。

（二）严格控制建设用地规模

到2020年，全市规划建设用地总量实现负增长，建设用地总量控制在3185平方公里以内，现状低效建设用地减量50平方公里。大力推进低效建设用地转型增效。创新土地利用方式。深化经营性土地利用全生命周期管理。

（三）优化城镇功能空间布局

把以人为本、集约高效、绿色低碳、传承文脉的理念全方位融入城市发展，提高城市设计品质和规划建设水平，进一步提升主城区、新城和集镇功能，实现集约紧凑、功能复合，增强城市的宜居宜业宜游性。提升主城区发展能级。大力推进新城功能建设。将松江新城、嘉定新城、青浦新城、南桥新城、南汇新城打造成为长三角城市群综合性节点城市，优化金山新城、城桥新城发展规模。分类推进镇的发展。编制完成全覆盖、分层次的镇域规划。

（四）推进重点区域高品质规划建设

把重点区域作为增强城市功能和发展能级的重要空间载体，促进重点区域出形象、出功能、出效益，加快产业结构调整地区整体转型，有序推动战略地区发展。

推进重点地区功能建设。虹桥商务区要加强整体统筹管理和功能开发，促进高端商务、会展和交通功能融合发展，打造成为服务长三角、面向全国和全球的一流商务区。上海国际旅游度假区要加强与川沙等周边地区协同发展，有序推进后续开发建设，打造成为区域发展增长极。黄浦江两岸要加快综合开发，推进沿江公共空间贯通，高品质打造世博地区、前滩、徐汇滨江、外滩—陆家嘴地区、北外滩、杨浦滨江等区域国际化高端商务、金融、文化和创新等功能，加强滨江地区与腹地统筹协调、融合发展，打造滨水公共活动空间。世博园区要着力提升总部商务、文化博览、旅游休闲功能，形成上海标志性的文化交流和公共活动中心。加强苏州河两岸地区功能统筹，提升苏河湾、长风等区域发展能级，打造成为延续历史文脉、展示海派精致的地标。加快临港地区开发建设，打造成为国家新型工业化示范产业基地、战略性新兴产业示范区。

加快产业调整地区整体转型。桃浦地区要加快产业整体调整，优化区域基础设施和公共服务设施配套，加速向现代化城区转型。南大地区要加快功能建设，打造多元复合、宜居宜业的新型城区。吴淞地区要加快老工业区转型，加强滨水生态环境建设，加快邮轮经济、创意博览文化发展，建设现代化滨江城区。深化高桥、吴泾地区发展研究。

有序推动战略地区发展。崇明生态岛、淀山湖地区、杭州湾北岸、滨海沿江地区是上海城市未来发展的战略空间，要以生态底线为约束，高起点规划、高水平建设。崇明生态岛建设要围绕世界级生态岛建设的总目标，强化三岛联动，实施“生态+”，依托城桥、陈家镇等城市化地区辐射带动作用，促进生态建设与旅游、农业、创新、智造、人居等深度融合，打造成为国家生态文明建设示范区。淀山湖地区要深化国家主体功能区建设试点示范，促进水乡古镇文化和旅游资源的整体开发利用。谋划好杭州湾北岸地区发展，推动制造业加快转型升级，形成现代化都市湾区。合理利用滨海沿江岸线和海域海岛资源，发展海洋经济。

（五）促进城乡发展一体化

坚持以城带乡、城乡一体，整体规划、协调推进，加大城市支持农村力度，持续推动公共服务资源配置向郊区人口集聚地倾斜、基础设施建设投入向郊区倾斜、执法管理力量向城乡结合部倾斜，深化农村综合改革，全面缩小城乡发展差距，实现高水平的城乡发展一体化。深化农村综合改革。推进美丽乡村建设。推进城乡基本公共服务均等化。

（六）构筑便捷畅达的综合交通网络

坚持以管为本、完善体系、补齐短板，构建安全、畅达、高效、绿色、文明的一体化综合交通体系，全面提升综合交通体系整体功能。

优先发展公共交通。落实公交优先发展战略，到 2020 年公共交通出行比重进一步提升，中心城轨道交通客运量占公共交通客运量的比重达到 60%左右。加快实施轨道交通扩能增效，按照“一张网、多模式”原则推进多层次轨道交通网络建设，建成 800 千米轨道交通基本网络，加快实施新一轮轨道交通建设规划，充分利用现有及规划铁路，发展与中心城轨道交通网相衔接、支撑新城节点城市功能提升、与长三角城市相连通的市域快线网络。加快实施增能改造，提高既有线网运输能力，到 2020 年中心城轨道交通高峰运能比 2015 年增加 30%左右。推进轨道交通网络和公交线网融合衔接，动态优化调整公交线路网络和站点布局，发展多样化的“最后一公里”接驳方式。保障公交路权优先，到 2020 年力争形成 500 千米公交专用道。探索发展多模式、中运量快速公共交通系统。创新出租汽车运营和管理模式，进一步提高服务水平。完善慢行交通设施，扩大和优化慢行交通空间。

完善多层次交通系统功能。扩大铁路对长三角城市的覆盖面，加快推进沪通、沪乍杭、沪苏湖等方向的铁路通道建设。完善铁路客运枢纽布局，建设铁路东站。到 2020 年高速公路通行里程超过 900 千米，普通国省干线通行里程达到 1300 千米，进一步加强与江浙两省的陆上通道衔接。加强区区对接道路建设，打通“断头路”。继续完善快速路网和越江跨河桥隧通道，增强中心城地面干道设施能力，着力提升虹桥商务区、上海国际旅游度假区等重点地区交通配套服务水平，加快完善城市次支路网，构建道路微循环系统。加强静态交通规划建设和管理，合理制定不同区域的停车配建标准。结合轨道交通站点进一步增加“P＋R”停车设施，在停车矛盾突出区域推进公共停车场规划建设，鼓励在医院、学校、商务楼宇等公共活动场所资源挖潜和共享。深化差别化停车收费管理机制。加强与新能源汽车发展需求相匹配的设施规划布局和建设，推广使用新能源汽车和发展分时租赁，到 2020 年全市新能源公交车比例达 50%以上。

持续强化交通需求管理。坚持小客车总量控制，合理调控小客车拥有和使用。创新交通管理模式，大力推进公交、道路和停车等智能化管理和服务，有效引导交通需求。提升交通管理科学化和精细化水平，完善交通管理设施建设维护，充分挖掘存量交通设施容量。积极倡导文明出行，严格交通执法管理，提高全社会交通文明程度。

（七）加强城市综合管理

坚持管理引领、协同精细、依法规范，推进城市综合管理的精细化和全覆盖，提升城市治理能力，使城市更干净更有序。提高城市管理现代化水平。深化城市网格化管理。

（八）强化城市公共安全保障

牢牢守住城市安全底线，将安全理念和更高的安全标准贯穿城市规划、建设、运行、管理、服务全过程，着力强化政府监管、应急联动、企业责任和公众参与，进一步提升城市公共安全保障能力。加强公共安全重点领域监管。提升城市抗灾应急能力。保障城市运行安全。确保供气供电供水安全稳定。

（九）增强城市文化软实力

把文化软实力作为提升城市核心竞争力的重要因素，注重发挥重大设施、重大活动和大师级文化领军人才的带动作用，推动文化与经济社会各领域深度融合，增强核心价值观感召力、理论成果说服力、宣传舆论影响力、文化产业竞争力，基本建成国际文化大都市。深入践行社会主义核心价值观。优化文化设施布局。加快建设一批重大文化项目。建设完成上海博物馆东馆、上海图书馆东馆、上海大歌剧院，推进桃浦文化艺术中心等一批项目建设，完成上海历史博物馆、大世界传艺中心项目建设，完成上海轻音乐团、上海沪剧院和上海越剧院迁建以及宛平剧场、上海音乐学院歌剧院、上海民族乐团改建。建设现代公共文化服务体系和文化市场体系。以增强文化创新创造活力。保护传承优秀历史文化。

四、推进绿色发展，共建生态宜居家园

（一）明显提升水环境质量

以源头截污为根本，点源、面源相结合，建管养并重，到2020年全市基本消除黑臭水体，基本消除劣Ⅴ类水质水体，重点水功能区水质达标率显著提升。城镇集中建设区和郊区集中生产点全面实现截污纳管，郊区集中居住点实现污水全收集、全处理，郊区分散居住点和生产点实施归并拔点，因地制宜实施污水纳管或污水就地处理，到2020年全市城镇污水处理率达到95%以上，农村污水处理率明显提升。全面实施污水处理厂提标改造，按不同功能区域的水环境水质要求达到一级A及以上标准。加强农业面源污染防治，到2020年全市畜禽养殖总量下降到200万头标准猪以下，化肥农药施用强度降到全国平均水平以下。实施重点区域、重污染河道、重点保护河道和中小河道治理，到2020年实现全市2.6万余条河道全部轮疏一遍。加强断头河打通和水系沟通。推进太浦河“清水走廊”建设。削减陆源入海污染。

（二）有效改善空气质量

强化源头防控和末端治理，实施最严格的标准执法和过程监管，到2020年，环境

空气质量优良率达到 80%左右，PM2.5 年平均浓度降低至 42 微克/立方米左右，臭氧污染恶化趋势得到有效控制。全面实施分散燃煤、集中供热锅炉和自备电厂小燃煤机组的清洁能源替代，压减化工和钢铁行业用煤，合理控制发电用煤。完成燃煤机组节能减排升级改造和燃气电厂低氮燃烧及脱硝改造。持续推进老旧车辆淘汰，加强在用车检测和监管，推进长三角区域机动车污染排放异地协同监管。强化船舶污染防治，推动实施长三角港口排放控制区制度。加强非道路移动机械污染控制。全面推进 2000 多家重点工业企业挥发性有机物排放综合治理。继续深化扬尘、秸秆、餐饮等面源污染治理。优化重污染天气预警等级，推动长三角区域协同应急管理。

（三）增加绿色生态空间

严格保护并积极拓展城市生态空间，坚持以人为本、量质并重、优化布局，显著增加绿地林地总量，基本建成多层次、成网络、功能复合的绿色生态网络框架。

严守城市生态空间。划定生态保护红线，形成以生态保育区、生态走廊等生态战略保障空间为基底，以外环和郊环绿带、生态间隔带为锚固，以楔形绿地和大型公园为主体的市域环形放射状生态空间格局，到 2020 年生态用地面积达到 3500 平方千米，森林覆盖率达到 18%。按禁建区和限建区对现有生态资源实施分级分类严格管控，建立完善生态补偿、空间管控、建设项目分类引导等生态保护红线制度。加强湿地自然保护区建设和管理，实现河湖水面稳中有升及自然湿地动态平衡。加快推进陆域及海域生态建设和生态修复，清退不符合功能导向的建设项目。推进崇明、青浦、闵行等开展国家生态文明先行示范区试点。

千方百计增加绿色休闲空间。大力实施城市“更新增绿”，加快形成“地区公园—社区公园—口袋公园”三级公园绿地系统和城市绿道，提高居民绿色感受度。推进外环绿带、黄浦江两岸重点地区绿地、桃浦中央绿地、大居结构绿地等重点绿化项目建设，到 2020 年，人均公园绿地面积比 2015 年增加 1 平方米，中心城区基本实现步行 10 分钟可到达一块公园绿地。沿苏州河、黄浦江等建设 1000 千米城市绿道，改造提升现有公园绿地的连通性和开放性，积极发展立体绿化，优化中心城区绿色慢行空间。

系统实施林地建设。加快基本生态网络规划落地，进一步增加林地总量、完善布局，推动郊区“退厂还林”，集中建设区外现状工业用地减量复垦后优先用于造林。探索农林复合利用，实施农田林网建设。建成廊下、长兴、嘉北、浦江、青西、广富林、松南等郊野公园和临港、奉贤等森林公园。推进近郊绿环及沿路滨河等一批生态廊道建设和重点环境整治区域防护隔离林建设。实施更为严格的林地保护管控措施和制度。

（四）深入推进节能低碳和应对气候变化

全面实行能源消费、二氧化碳排放的总量和强度双控制度，到 2020 年，全市能源消费总量控制在 1.25 亿吨标准煤、二氧化碳排放总量控制在 2.5 亿吨以内，单位生产总值能源消耗、单位生产总值二氧化碳排放量降低率、主要污染物排放削减率确保完成国家下达目标。减缓和适应并重，进一步加大应对气候变化力度，努力尽早实现碳排放峰值。加大力度优化能源结构，大力发展天然气、光伏和风电等低碳清洁能源，严格实施重点单位煤炭消费总量控制制度，确保煤炭消费总量明显下降。深入推动工业、建筑、交通和公共机构等重点领域节能降碳。实施重点用能企业能效对标达标行动，到2020年全市主要耗能行业和工业产品单耗达到国内外先进水平。加大既有建筑节能改造力度，全面推广绿色建筑，推行装配式建筑和全装修住宅。深入开展低碳试点示范，实施节能低碳认证标识制度。大力倡导绿色低碳出行、绿色消费。加强气候变化风险评估，提升城市基础设施适应气候变化能力。

（五）着力推进循环经济和资源集约利用

坚持减量化、再利用、资源化，大力推进政策制度创新，显著减少废弃物排放，实现各类资源高效循环利用。大力发展循环经济。源头减量分类、再生资源回收利用和提升处置设施能力并重，明显提升资源化利用率，到2020年原生生活垃圾基本实现零填埋，提升城乡生活垃圾无害化处理率和处理水平。有序推进生活垃圾分类和减量，加快推进湿垃圾资源化利用，推广绿色账户，推动再生资源回收体系和生活垃圾清运体系的协同衔接，建成一批中转设施和老港再生能源二期等垃圾处置项目，形成生活垃圾从分类、收运、资源化利用到末端处理的完整体系。加大建筑垃圾、废弃食用油脂以及秸秆等各类废弃物的资源化利用和处置监管力度，加快推进资源化利用设施建设和改造提升。推进绿色清洁生产，发展先进再制造。推进水资源合理高效利用。到2020年，全市用水总量控制在129亿立方米以内，单位生产总值用水量下降25%左右。

1. 加强重点区域环境整治

依法严管和政策聚焦多管齐下，探索根本性改善环境薄弱区域环境质量的新途径。强化成片整治和综合执法，加强部门协同和市区联动，消除违法排污、违法用地、违法建筑、违法经营、违法居住问题，完成金山、合庆等一批环境污染严重、违法情况突出、群众反映强烈的重点区域生态环境综合治理。加强土壤污染治理，加快构建资源整合、权责明确的土壤环境管理体系。加强耕地环境监测和风险评估，逐步改善耕地土壤质量，确保农产品环境安全。以工业用地退出转性为重点加强土地再开发利用的环境监管，有序开展污染场地修复治理。

2. 强化生态环境治理机制

强化排放主体责任，严格标准执法，完善生态补偿机制，加大市场化机制探索力度，形成政府、企业、公众共治的环境治理体系。

实施更高标准和更严执法。对化工、钢铁等重化行业及其他高能耗、高排放行业，参照国际先进水平，制订最严格的节能环保标准并实施监管。对于畜禽养殖和直排水体的工业企业等制定实施更为严格的污染排放标准。持续提高在用车辆污染排放标准，内河船舶和非道路机械油品标准实施柴油车同等标准。加大污染源在线监测推广力度，实行全市环保机构监测监察执法垂直管理，加强节能环保执法力量，形成全覆盖执法体系。建立体现资源消耗、环境损害、生态效益等要求的考核奖惩机制。严格落实党政同责、一岗双责、终身追究等责任制度。建立完善生态损害赔偿、环境审计、环境督查等制度。加大政府环境信息公开力度，落实企业环境信息公开制度，引导鼓励社会公众和社会团体共同参与。

充分发挥市场机制作用。深化推进资源环境价格改革和环境税费制度改革，综合运用土地、规划、金融等多种政策，引导各类主体参与生态环境建设。建立健全用能权、排污权、碳排放权等初始分配制度，深化碳排放交易试点，积极拓展碳市场功能，全面推行排污许可证制度。加快推行合同能源管理、污染第三方治理等市场化模式。完善生态补偿制度，拓展生态补偿范围，加大对重点区域生态补偿力度。

五、推进开放发展，形成开放型经济新优势

全方位拓展开放的广度和深度，以中国（上海）自由贸易试验区为引领，加快探索以开放促改革、促发展的新路径，使对内对外开放相互促进，“引进来”与“走出去”更好结合，全面参与国家“一带一路”和长江经济带战略，促进长三角地区一体化发展，率先形成开放型经济新优势，成为我国新一轮高水平开放的新高地，为国家参与全球经济治理作出新贡献。

（一）建设更高水平的自贸试验区

坚持以制度创新为核心，不断建立健全与国际投资贸易规则相衔接、与现代市场经济相适应的制度规范，努力把自贸试验区建设成为开放度更高、便利化更优的自贸试验区，进一步发挥好扩大开放破冰船、深化改革掘进机的示范引领作用。深化与高水平开放相适应的投资管理制度创新，提高市场准入的透明度和可预期性。进一步创新“一线放开、二线安全高效管住”的贸易监管制度，全面建成国际贸易“单一窗口”，完善货物状态分类监管模式。大力促进自贸试验区金融开放创新试点与上海国际金融中心建设联动，率先实现人民币资本项目可兑换，不断扩大金融服务业对内对外开放，加快建设面向国际的金融市场。深入推进事中事后监管制度创新，完善信息共享和服务平台应用，建立综合监管体系，提升监管效能。

对接国际投资贸易规则新变化，加快信息公开、公平竞争、权益保护等制度创新，不断拓展自贸试验区制度创新领域，加快知识产权、创新要素流动、竞争政策、争端解决等制度探索，形成一整套适应国际规则新要求的制度体系。发挥好浦东新区的示范带动作用，建立综合配套改革试验区与自贸试验区改革联动机制，全面探索作为一级地方政府转变职能的改革，提高全方位开放环境下的政府治理能力和服务水平，率先建立符合法治化、国际化、便利化要求的营商环境和制度规范。不断形成可复制可推广的试点经验，为在全市面上推开、为全国扩大开放深化改革作出新贡献。

（二）提升“引进来”的能级和水平

把利用外资和转方式、调结构结合起来，更加注重引进先进技术、管理经验和高素质人才，更加注重吸引集聚跨国公司总部、国际组织和国内各类企业总部，提高上海在全球价值链中的地位。

提升利用外资质量和水平。全面实施准入前国民待遇加负面清单管理制度，各类市场主体皆可依法平等进入市场准入负面清单以外的领域。进一步扩大服务业和先进制造业开放，深化金融、航运、文化、医疗、体育、养老和专业服务等服务业领域开放措施，促进内外资创新融合发展。鼓励外资通过跨国并购、离岸业务等方式参与整合产业链，促进外商产业资本和金融资本相融合，采取国际通行方式参与公共基础设

施等领域建设。完善外商投资全生命周期服务和监管体系，营造透明、规范、可预期的制度环境。进一步增强沪港澳台经济合作紧密度，加强金融、贸易、投资等重点领域合作。

提升总部经济发展能级。完善跨国公司总部经济支持政策，吸引跨国公司地区总部、研发中心等功能性机构集聚，推动已有跨国公司总部拓展贸易、研发、物流和结算等功能，向亚太总部、事业部全球总部升级，鼓励外资研发中心升级为全球研发中心和开放式创新平台。吸引国际经济、金融、科技、文化、体育、知识产权等国际组织在沪设立机构。加快引进国内各类企业总部，支持“两头在沪”企业发展。到2020年，新增在沪跨国公司地区总部超过200家。

（三）拓展“走出去”新空间

积极开展国际产能和装备制造合作，把产品输出、产业输出与资本输出相结合，深度融入全球价值链，推动企业更好地利用两个市场、两种资源，提升“走出去”的水平。

提高境外投资的质量和效益。支持本土跨国企业在价值链中高端环节开展跨国经营，构建自主的全球价值链网络，逐步形成若干具有国际知名度和影响力的本土跨国公司。推进优势制造企业境外布局和境外技术、资源、能源投资合作，推动服务业企业整合国际市场价值链资源。推动金融资本与产业资本联合“走出去”，鼓励企业通过并购投资等多种方式整合资源，增强企业的国际化经营能力。创新外贸发展方式，提高优势产品竞争力，推动装备、技术、管理、标准、服务“走出去”。

推进境外投资便利化。确立企业及个人对外投资主体地位，简化境外投资管理，全面落实以备案制为主的境外投资项目管理方式，建立合格境内个人投资者制度。提升“走出去”服务水平，完善信息共享、咨询服务、投资合作促进机制等载体平台建设，优化投资贸易促进支持服务体系，健全预警与风险防范机制。

（四）提高城市国际影响力

增强城市国际交往能力，打造高水准的国际交流平台，积极开展公共外交和民间外交，全方位推进国际城市交流合作，学习国际先行城市在创新、转型、城市规划、社会治理等方面的经验，加强上海城市品牌在国际上的传播推介。围绕国际人士的医疗、教育、出入境等便利化需求，营造国际化的服务环境。改善医疗机构涉外服务，鼓励引进国际知名品牌的医疗服务机构，完善国际人士在沪就医的国际医疗保险结算制度。提高教育国际化水平，支持社会力量兴办外籍人员子女学校。改善外籍人士就业、居留许可等行政事务服务水平，加强窗口单位、公共场所的外语信息服务，提高便利化程度。提高市民国际交流能力。打造高品质公共活动空间和国际社区，营造多元包容、融合东西的文化氛围。

（五）全面参与“一带一路”国家战略

按照政策沟通、设施联通、贸易畅通、资金融通、民心相通的总要求，重点聚焦经贸投资、金融合作、人文交流、基础设施等领域，以企业为主体，实行市场化运作，加强与有关国家和地区多领域务实合作。拓展投资贸易网络，扩大经贸往来，加快推进重要口岸互联互通，支持能源、港口、电力、通信、高端装备、建筑工程、服务业等优势领域的企业“走出去”，加强与有关国家（地区）科技创新交流合作。支持金融机构参与“一带一路”建设，推动人民币扩大跨境使用，支持境外机构和企业在上海金融市场发行债券，争取上海合作组织投融资机构等在沪成立。提升对外交往水平，大力推进人才培养、科学研究、医疗服务和文化旅游等互利互惠双向合作交流，充分发挥好海外华人华侨桥梁纽带作用，推进民间友好组织交往，积极打造城市多边合作交流网络。加快打造海上战略支点，拓展航运服务功能，提升服务国家“一带一路”战略保障能力。

（六）与沿江省市共建长江经济带

坚持深化、放大、提升、搭台，共同推动长江经济带转型升级，打造中国经济新支撑带。推动区域生态环保机制向全流域延伸，加强长江流域水环境综合治理，构建沿江绿色生态廊道。统筹水路、铁路、公路、航空建设，打造综合立体交通走廊，鼓励港航企业以资本、技术、信息为纽带，深化沿江港口协作联动。推动口岸城市群合作和口岸监管部门一体化改革，强化大通关协作机制，与沿江省市共同构建长江物流一体化运营平台。加强长江经济带统一市场建设，推动实施规则体系共建、创新模式共推、市场监管共治、流通设施互联、市场信息互通、信用体系互认。加强与长江中上游地区产业合作，搭建跨区域产业合作平台，探索共建产业园区，促进沿江产业合理布局和集群化发展。

深入推进长三角地区协同发展主动服务、积极作为，与苏、浙、皖三省深化合作，在新的起点共同促进长三角地区率先发展、一体化发展。

提升长三角地区合作水平。以共建长三角世界级城市群为目标，加快形成互联互通的基础设施、联防联控的生态环境、共建共享的公共服务和统一开放的市场体系，打造区域创新网络和科技交流合作平台，完善跨界污染防治制度和生态保护修复机制，加强大气、水环境等重点领域联合防治。加强与周边城市协同发展。着力提升上海国际经济、金融、贸易、航运、科技创新和文化等城市功能，推动非核心功能疏解。

（七）全力做好对口支援和合作交流工作

坚持民生为本、产业为重、规划为先、人才为要，加大对新疆、西藏、青海、云南、贵州和三峡库区等的对口地区帮扶力度，协助对口支援地区打好脱贫攻坚战。

扩大开放　陆海统筹　转型升级
——山东省“十三五”规划纲要（经贸部分摘要）

一、在全面建成小康社会进程中走在前列

（一）“十二五”时期取得的成就

“十二五”时期是山东发展极不平凡的五年。五年来，面对国内外环境复杂变化和诸多挑战，全省上下在党中央的坚强领导下，深入贯彻党的十八大、十八届历次全会精神和习近平总书记系列重要讲话和视察山东重要讲话、重要批示精神，坚持以科学发展为主题，以加快转变发展方式为主线，统筹推进经济建设、政治建设、文化建设、社会建设、生态文明 建设和党的建设，有效应对新旧动力转换带来的压力和发展转型带来的挑战，胜利完成了“十二五”规划确定的主要目标任务，经济文化强省建设取得显著成绩。

综合经济实力大幅提升。“十二五”期间，地区生产总值保持稳定增长，年均增长9.4%，2015年达到63002.3亿元，居全国第三位。人均地区生产总值从6千美元增加到1万美元。发展质量和效益不断提高，地方公共财政预算收入达到5529亿元，年均增长15%，占地区生产总值比重达到8.6%。全社会固定资产投资、社会消费品零售总额年均分别增长17.8%和13.7%。

经济结构调整步伐加快。三次产业比例持续优化，2015年达到7.9∶46.8∶45.3。农业基础地位进一步巩固，粮食总产量942.5亿斤，实现“十三连增”。制造业加快转型升级，高新技术产业产值占比达到32%。

区域城乡协调融合发展。全省“两区一圈一带”区域发展格局优化完善。青岛西海岸新区成为全国第9个国家级新区。黄河三角洲农业高新技术产业示范区成为全国第2个现代农业产业示范基地。沂蒙革命老区获批参照执行中部地区有关政策。深入推进新型城镇化，城镇化率年均提高1.46个百分点。县域综合实力不断增强，公共财政预算收入超过20亿元的县（市、区）达到72个。

基础设施保障能力显著增强。加快建设“三横三纵”综合交通网，高速公路、铁路营业里程均达到5300千米以上，沿海港口吞吐量约13亿吨，民用运输机场达到9个。加强能源体系建设，“外电入鲁”三条大通道启动建设，全省电力装机近1亿千瓦。南水北调东线一期工程建成通水，胶东调水主体工程建成投入使用，全省“T”形现代骨干水网初步形成，在全国率先完成大中型水库除险加固任务。

对外开放迈出新步伐。积极融入国家“一带一路”、京津冀协同发展、长江经济带三大战略。鲁港、鲁台交流合作成果丰硕。威海中韩自贸区地方经济合作示范区建设纳入中韩自贸协定。东亚海洋合作平台永久性会址落户青岛。率先创建出口农产品质

量安全示范省。对外投资合作主要指标连续多年保持全国前列。2015 年进出口总额达到 2417.5 亿美元，五年累计实际利用外资 691 亿美元。

表 1　　　　　　　　"十二五"规划主要指标完成情况

主要指标	2010 年基数	规划目标		实现情况		属性
		2015 年	年均增速/［累计］	2015 年	年均增速/［累计］	
经济发展						
(1) 地区生产总值（亿元）	39416.2	60000	9%	63002.3	9.4%	预期性
(2) 服务业增加值比重（%）	36.6	>45	>［8.4］	45.3	［8.7］	预期性
(3) 城镇化率（%）	49.71	>55	>［5.29］	57.01	［7.3］	预期性
(4) 地方财政收入（亿元）	2749.3	—	14%	5529	15%	预期性
(5) 全社会固定资产投资（亿元）	23279.1	—	15%	47400	17.8%	预期性
(6) 社会消费品零售总额（亿元）	14211.6	—	>15%	27800	13.7%	预期性
(7) 进出口总额（亿美元）	1889.5	—	>10%	2417.5	5.1%	预期性
科技教育						
(8) 九年义务教育巩固率（%）	95	97	［2］	97	［2］	约束性
(9) 高中阶段教育毛入学率（%）	>95	97	［2］	97	［2］	预期性
(10) 研究与发展经费支出占地区生产总值比重（%）	1.72	>2.2	>［0.48］	2.23	［0.51］	预期性
(11) 万人有效发明专利拥有量（件）	0.4	0.8	［0.4］	4.9	［4.5］	预期性
资源环境						
(12) 耕地保有量（亿亩）	1.1	1.1	—	1.1	—	约束性
(13) 单位工业增加值用水量降低（%）	—	—	［25］	—	［25］	约束性
(14) 农业灌溉用水有效利用系数	0.59	0.63	［0.04］	0.63	［0.04］	预期性
(15) 非化石能源占能源消费比重（%）	0.33	3	［2.67］	3	［2.67］	约束性
(16) 单位地区生产总值能源消耗降低（%）	—	—	［17］	—	>［17］	约束性
(17) 单位地区生产总值二氧化碳排放降低（%）	—	—	［18］	—	>［18］	约束性
(18) 主要污染物排放总量减少（%）						

续　表

主要指标	2010年基数	规划目标		实现情况		属性
		2015年	年均增速/［累计］	2015年	年均增速/［累计］	
化学需氧量	—	—	［12］	—	完成国家分解任务	约束性
二氧化硫	—	—	［14.9］	—	完成国家分解任务	约束性
氨氮	—	—	［13.3］	—	完成国家分解任务	约束性
氮氧化物	—	—	［16.1］	—	完成国家分解任务	约束性
(19) 森林增长						
林木绿化率（%）	20.2	25	［4.8］	25	［4.8］	约束性
林木蓄积量（亿立方米）	0.94	1.1	［0.16］	1.24	［0.3］	约束性
人民生活						
(20) 城镇居民人均可支配收入（元）	19946	32100	10%	31545	8.0%	预期性
(21) 农村居民人均纯收入（元）	6990	11300	10%	12930	10.1%	预期性
(22) 城镇登记失业率（%）	3.36	<4	—	3.3	—	预期性
(23) 城镇新增就业人数（万人）	115.3	100	>［500］	116	［594］	预期性
(24) 城镇参加基本养老保险人数（万人）	1770.9	1900	［129.1］	2458	［687.1］	约束性
(25) 城乡三项基本医疗保险参保率（%）	97	98	［1］	99.3	［2.3］	约束性
(26) 城镇保障性安居工程建设（万套）	—	—	［177］	—	［186］	约束性
(27) 总人口（万人）	9588	—	<6‰	9847.16	5.35‰	约束性

说明：①地区生产总值和城乡居民收入的增长速度按可比价格计算，绝对数的预期目标按2010年价格计算；②2014年开始公布农村居民人均可支配收入指标；③预期目标下的方括号［　］内为5年累计数；④非化石能源不包括未纳入统计的非商品能源；⑤城乡三项基本医疗保险参保率99.3%为2013年数据，2014年我省实现居民基本医疗保险城乡统筹。

（二）“十三五”发展的指导思想

“十三五”时期，我省经济社会发展的指导思想是：高举中国特色社会主义伟大旗帜，全面贯彻党的十八大和十八届三中、四中、五中全会精神，以马克思列宁主义、毛泽东思想、邓小平理论、“三个代表”重要思想、科学发展观为指导，深入贯彻习近平总书记系列重要讲话和视察山东重要讲话、重要批示精神，协调推进“四个全面”战略布局，坚持发展是第一要务，以创新、协调、绿色、开放、共享的发展理念为引领，以提高发展质量和效益为中心，以供给侧结构性改革为主线，加快形成引领经济发展新常态的体制机制 和发展方式，保持战略定力，坚持稳中求进，统筹推进经济建设、政治建设、文化建设、社会建设、生态文明建设和党的建设，按照“一个定位、三个提升”的要求，实现工作指导重大转变，努力在全面建成小康社会进程中走在前列，开创经济文化强省建设新局面。

（三）“十三五”规划的主要目标

综合考虑未来发展趋势和条件，围绕提前实现“两个翻番”，在全面建成小康社会进程中走在前列，今后五年我省经济社会发展的主要目标是：综合实力迈上新台阶。经济保持中高速增长，产业迈向中高端水平，在提高发展平衡性、包容性、可持续性的基础上，提前实现经济总量和城乡居民人均收入比 2010 年翻一番，城乡居民收入增幅超过地区生产总值增幅，农村居民收入增幅超过城镇居民收入增幅。地区生产总值年均增长 7.5%左右，人均达到 1.5 万美元。

——转方式调结构取得突破进展。创新驱动发展动力更加强劲，创新型省份建设达到更高水平，信息化支撑能力显著增强，发展质量效益明显提高，形成以现代农业为基础、先进制造业为支柱、战略性新兴产业为引领、服务业为主导的现代产业新体系。

——人民生活水平和质量普遍提高。基本公共服务均等化水平稳步提高，教育现代化加快推进，就业比较充分，中等收入人口比重上升，脱贫攻坚任务顺利完成，社会保障体系更加健全完善，防灾减灾救灾能力显著提高，平安山东建设取得重大进展，人民群众幸福感获得感明显增强。

——国民素质和社会文明程度显著提高。中国梦和社会主义核心价值观更加深入人心，爱国主义、集体主义、社会主义思想广泛弘扬，文明山东、诚信山东、美德山东建设深入推进，向上向善、友好互助的社会风尚更加浓厚，人民思想道德素质、科学文化素质、健康素质明显提高。

——发展协调性全面增强。空间发展格局更加优化，“两区一圈一带”深度融合互动发展，对接融入国家区域发展战略取得重大进展，以人为核心的新型城镇化加快推进，户籍人口城镇化率明显提高，新农村建设成效显著，区域城乡差距进一步缩小。

——开放型经济新体制更加完善。对内对外双向开放不断扩大，地方经济合作示范区建设取得重大进展，贸易便利化程度显著提升，投资管理体制、涉外政策法规和风险防控体系更加完备，实现国内国际要素有序流动、资源局效配直、市场深度融合。

——生态环境质量显著改善。生态文明制度更加健全完善，能源资源利用效率大幅提高，全面完成国家下达的政府履行职责约束性任务目标，水和大气质量明显改善。主体功能区布局和生态安全屏障基本形成，生产生活方式绿色低碳，城乡环境优美宜居，展现绿色、生态、美丽山东新形象。

——文化软实力持续提升。齐鲁优秀传统文化创造性转化、创新性发展取得积极进展，覆盖城乡的公共文化服务体系基本建成，人民群众精神文化需求得到更好满足。文化产业成为国民经济支柱性产业，主要指标达到全国先进水平。

——体制机制创新取得新突破。省域内国家治理体系和治理能力现代化水平不断提高，重点领域和关键环节改革取得决定性成果。法治山东建设成效显著，人民民主更加健全，法治政府基本建成，司法公信力明显提高。人权得到切实保障，产权得到有效保护，经济社会发展充满活力。

到2020年，把山东建设成为具有较强核心竞争力、文化软实力和生态承载力的省份，开启社会主义现代化建设新征程。

表2　“十三五”时期经济社会发展主要指标

指标		2015年	2020年	年均增速/［累计］	属性
经济发展					
(1) 地区生产总值（亿元）		63002.3	90400	7.5%左右	预期性
(2) 全员劳动生产率（万元/人）		9.55	13	［3.45］	预期性
(3) 城镇化率	常住人口城镇化率（%）	57.01	>65	>［7.99］	预期性
	户籍人口城镇化率（%）	47.5	>55	>［7.5］	
(4) 服务业增加值占比（%）		45.3	55	［9.7］	预期性
创新驱动					
(5) 研究与试验发展（R&D）经费投入强度（%）		2.23	2.6	［0.37］	预期性
(6) 每万人口发明专利拥有量（件）		4.9	14	［9.1］	预期性
(7) 科技进步贡献率（%）		55.1	60.5	［5.4］	预期性
(8) 互联网普及率（%）		48.6	85	［36.4］	预期性
民生福祉					
(9) 居民人均可支配收入增长（%）		—	—	>7.5	预期性
(10) 劳动年龄人口平均受教育年限（年）		10.5	12	［1.5］	约束性
(11) 城镇新增就业人数（万人）		116	110	［550］	预期性
(12) 农村贫困人口脱贫（万人）		>100	—	消除所有贫困人口	约束性
(13) 参加基本养老保险人数（万人）		6968	7050	［82］	预期性
(14) 参加基本医疗保险人数（万人）		9196	9345	［149］	预期性
(15) 人均预期寿命（岁）		78左右	79左右	［1］	预期性
(16) 城镇棚户区住房改造（万套）		47.4	—	［180］	约束性
(17) 总人口（万人）		9847.16	10250	<8‰	预期性

续 表

<table>
<tr><th colspan="2">指标</th><th>2015年</th><th>2020年</th><th>年均增速/
[累计]</th><th>属性</th></tr>
<tr><td colspan="6">资源环境</td></tr>
<tr><td colspan="2">(18) 耕地保有量（亿亩）</td><td>1.1</td><td>1.1</td><td>—</td><td>约束性</td></tr>
<tr><td colspan="2">(19) 新增建设用地规模（万亩）</td><td>—</td><td>—</td><td>完成国家
分解任务</td><td>约束性</td></tr>
<tr><td colspan="2">(20) 单位地区生产总值用水量降低（%）</td><td>—</td><td>—</td><td>[10]</td><td>约束性</td></tr>
<tr><td colspan="2">(21) 单位地区生产总值能源消耗降低（%）</td><td>—</td><td>—</td><td>完成国家
分解任务</td><td>约束性</td></tr>
<tr><td colspan="2">(22) 非化石能源占能源消费比重（%）</td><td>3</td><td>7</td><td>[4]</td><td>约束性</td></tr>
<tr><td colspan="2">(23) 单位地区生产总值二氧化碳排放降低（%）</td><td>—</td><td>—</td><td>完成国家
分解任务</td><td>约束性</td></tr>
<tr><td rowspan="2">(24) 森林发展</td><td>林木绿化率（%）</td><td>25</td><td>27</td><td>[2]</td><td rowspan="2">约束性</td></tr>
<tr><td>林木蓄积量（亿立方米）</td><td>1.24</td><td>1.42</td><td>[0.18]</td></tr>
<tr><td colspan="2">(25) 地级以上城市PM2.5浓度降低（%）</td><td>—</td><td>—</td><td>[35]</td><td>约束性</td></tr>
<tr><td colspan="2">(26) 地表水达到或好于Ⅲ类水体比例（%）</td><td>53.01</td><td>>60</td><td>—</td><td>约束性</td></tr>
<tr><td rowspan="4">(27) 主要污染物排放减少（%）</td><td>化学需氧量</td><td>—</td><td>—</td><td rowspan="4">完成国家
分解任务</td><td rowspan="4">约束性</td></tr>
<tr><td>氨氮</td><td>—</td><td>—</td></tr>
<tr><td>二氧化硫</td><td>—</td><td>—</td></tr>
<tr><td>氮氧化物</td><td>—</td><td>—</td></tr>
</table>

说明：①地区生产总值、全员劳动生产率、居民人均可支配收入的绝对数和增速按2015年可比价；②[ ]内为5年累计数；③非化石能源不包括未纳入统计的非商品能源、省外来电中非煤电量。

二、扩大开放增创竞争优势

(一) 完善开放战略布局

抢抓国家加快自贸区及“一带一路”建设战略机遇，坚持深化日韩东盟、加快提升欧美、大力拓展新兴市场的思路，打造中日韩深度合作战略高地、环渤海地区开放发展重要门户，形成陆海内外联动、东西双向开放的全面开放新格局。

积极融入“一带一路”战略。坚持市场化运作和差异化对接，构建“一线串联、六廊展开，双核带动、多点支撑”的空间布局。依托海上丝绸之路推进我省沿海城市、港口与沿线城市、港口紧密互联，强化青岛、烟台等海上合作战略支点作用，建设各类友好合作关系。围绕新亚欧大陆桥、中蒙俄、中国—中亚—西亚、中国—中南半岛、中巴、孟中印缅六条国际经济合作走廊，建设园区、布局项目。发展陆海空铁多式联运，推动交通设施互联互通，强化海洋经济、国际产能、经贸、能源资源、金融、人文交流及生态环保等领域合作。努力打造国际区域性现代物流中心、国家海洋经济对外合作中心、国际产能协作发展中心、国际人文合作交流中心和全国区域经济联动发展示范中心。

拓展与日韩东盟合作的广度深度。充分发挥与日韩地缘相近、经济互补、文化相通的综合优势，加快威海中韩自贸区地方经济合作示范区和中韩（烟台）产业园建设，支持在贸易、投资、服务、产业合作等领域积极探索，打造中韩合作制度创新试验田、产业融合先行高地、自由贸易先试平台、商品交易重要集散地。支持建设一批中日韩地方经济合作示范区试点城市，为推动中日韩自贸区及地方经济合作示范区建设赢得主动。深化中韩金融合作，推进我省股权交易市场与韩国柯斯达克（KOSDAQ）市场合作。积极申建山东自由贸易试验区。按照一区多园模式，建设一批各具特色的产品交易集散中心。积极参与建设中国—东盟自由贸易区升级版，加强在海洋渔业及精深加工、生物医药、环保、橡胶种植、木材加工、装备制造、滨海旅游、港口物流等各领域的深度合作。

提升与欧美重点国家高端战略合作水平。加快推进与德国全产业链一体化对接，以智能制造、汽车及零部件等先进制造业为重点，依托山东中德经济技术协同创新中心，布局建设中德合作特色产业园区和经济技术协作基地，协同推进产业项目、人才培训、金融合作。以中美友好省州和友好城市建设为依托，深化互联网、新能源、节能环保、科技教育、文化卫生、贸易金融、投资旅游等领域合作，力求在石墨烯、碳纤维等新材料及航空航天制造等领域实现重点突破。发挥山东一中东欧项目合作机制作用，扩大清洁能源、信息技术和精密机械制造等领域合作。依托中欧城镇化伙伴关系，深入推进与欧盟城镇化合作。

全面扩大境内外合作。加快构建中澳自贸协定框架下的新型友好合作关系，争取建设中澳合作产业园区，深化推进与达尔文港开发合作。加强与非洲、拉丁美洲经贸人文交流，重点在园区共建、基础设施、医疗卫生、能源资源、现代农业等领域加强合作。以香港为支点加快全球布局，推动山东制造业与香港服务业全面对接，支持企业赴港上市、发债、融资。积极引进台资台企，实施千户中小企业入岛交流计划，扩大农渔、旅游、养老、文化创意产业等领域合作。

专栏1　参与建设“一带一路”重点任务

海洋经济：建设东亚海洋合作平台；建设一批海洋特色产业园区和综合性远洋渔业基地；探索设立世界海洋科技创新联盟。

产能合作：推进莫桑比克中国（济南）工业产业园、海尔一鲁巴经济园区、中俄—托木斯克木材工贸合作区、中国匈牙利宝思德经贸合作区、柬埔寨恒睿现代农业产业园、济宁中非工业园、巴基斯坦 ICBC 如意纺织服装工业园、齐鲁柬埔寨工业园区、乌兹别克斯坦淄博工业园、印度和塔吉克斯坦特种电缆泰安工业园建设。落实国际产能和装备制造合作委省框架协议，牵头对接马来西亚、乌兹别克斯坦、泰国、莫桑比克、匈牙利、澳大利亚等6个国别，配合其他省份承接巴基斯坦、秘鲁、越南、老挝、俄罗斯、白俄罗斯、塞尔维亚、罗马尼亚、刚果（布）、柬埔寨、南非等 11 个国别。

金融业务：鼓励商业银行、融资担保机构为重大项目提供信贷支持；鼓励开发针对境外投资与合作项目建设的专项险种；搭建海外投资险政府统保平台和“一带一路”国别信息发布平台；争取设立亚投行结算中心。

人文交流：推动共建孔子学院，争创国家邮轮经济综合试验区，打造“一带一路”沿线国家旅游目的地；建设人才改革试验区，实施外国专家人才智力交流专项计划。

生态环保：筹建山东“一带一路”环保合作中心和合作基金；举办山东绿色产业国际博览会。

重点项目：建设东亚海洋试验场、潍坊东亚畜牧产品交易所及产业基地、日照“五通”示范区及中亚航贸服务中心和港口物流园、巴基斯坦瓜达尔港“海外临沂商城”、中国临沂阿联酋商城、中欧商贸物流合作园区、枣庄中非国际博览城等。开辟跨境多式联运交通走廊，支持青岛建设多式联运综合贸易枢纽；推进济新欧国内外大通道建设；打造韩国—山东—中亚—欧洲双向货运海铁中转枢纽；扩大鲁辽陆海货滚甩挂运输规模，支持建设潍坊—营口—东北亚（中蒙俄）交通走廊。

(二）塑造外经贸新优势

优化市场布局和贸易结构，推动外经贸发展模式向优质优价、优进优出转变，全面提升国际市场综合竞争力。

推动外经贸提质增效。实施以质取胜战略，以技术、标准、品牌、质量、服务为核心，推动出口产品向高技术含量、高附加值、高效益转变。进一步提高节能环保、新一代信息技术、新能源等战略性新兴产业的国际竞争力，扩大装备制造、大型成套设备和技术等出口规模，建设一批转型升级示范基地、科技兴贸创新基地、机电产品出口基地。加快发展服务外包，扩大文化、金融、旅游、软件和信息服务等新兴服务出口。大力发展跨境电子商务、市场采购、外贸供应链管理等新型贸易方式，进一步提升自主品牌出口比重。实施积极的进口促进战略，鼓励先进技术、关键设备和零部件、急需能源资源性产品进口。

促进贸易便利化。推进大通关建设，加快建设山东电子口岸，积极推行便捷高效通关新模式。建立完善国际贸易供应链管理机制，开展双方、多方标准互认。清理规范进出口环节经营性服务和收费。支持跨境电子商务公共服务平台和中小微企业国际贸易服务平台建设。提升国际合作园区、特色产业园区建设管理水平，推进海关特殊监管区域整合优化和联动发展。进一步拓宽进出口企业融资渠道，加快发展出口信用保险和海外投资保险，支持发展风险预警、海外资信和在线保险等服务，为企业提供收汇风险保障和融资支持。加强外贸企业诚信体系建设，建立商务、海关、质监、工商等部门协调机制。建立健全应对贸易摩擦的体制机制。

(三）提升引进来效益

坚持引资、引技、引智有机结合，全面提高利用外资综合优势和总体效益，提升我省在全球产业链中的地位。

提高利用外资层次。加强与世界500强及行业领军企业的战略合作和产业对接，吸引来我省设立地区总部、研发中心等各类功能性机构，着力引入国际领先的新理念、新技术、新模式、新业态。坚持择优选资理念，引导外资重点投向战略性新兴产业、先进制造业、现代服务业及现代农业。鼓励民营企业、中小企业加强与跨国公司的技术、贸易、投资合作。支持传统优势产业加大对外技术交流合作。

创新利用外资方式。鼓励以绿地投资、增资扩股、跨国并购、股权融资、债权融资、风险投资以及融资租赁等多方式利用外资。支持外资参与国有企业改革、重大基础设施和科技创新孵化基地建设。积极争取国际金融组织优惠贷款和国际商业贷款，增加基础设施、生态环保、社会民生等领域投入，支持外资参与市政设施投资、建设与运营。支持符合条件的外商投资企业在境内公开发行股票、企业债券、短期融资券和中期票据，拓宽融资渠道。全面实行准入前国民待遇加负面清单的管理制度，实施稳定、透明、可预期的外资政策，实施普遍备案、有限核准的管理制度，大幅减少外资限制性措施，促进内外资企业一视同仁、公平竞争。健全外商投资监管体系，加强事中事后监管，完善外商投诉调处工作机制，建立投资信息报告制度和外商投资信息公示平台。

（四）加快走出去步伐

进一步提升走出去层次和水平，推动装备、技术、标准、服务走出去，深度融入全球产业链、价值链、物流链。

拓展全球投资市场。加快完善境外投资中长期发展规划和重点领域、区域、国别规划体系，协调推进重大战略性走出去项目。支持优势富余产能在全球范围内开展国际合作和价值链整合。鼓励有实力的企业通过跨国并购、股权置换、境外上市、联合重组等方式开展境外基础设施投资和能源资源合作开发，支持参与境外农业科技园等各类产业园区建设，支持建设一批能源资源储备供应基地。加强境外基础设施建设合作，发展对外承包工程，增强工程带动成套设备与技术出口能力。探索建立跨国公司发展的制度环境，鼓励企业全球配置资源，提升国际化经营能力，加快培育本土跨国公司。“十三五”期间，对外投资累计达到350亿美元。

创新对外投资服务体制。实行以备案制为主的对外投资管理方式，简化境外投资管理。健全鼓励对外投资、工程承包、劳务合作的政策体系，完善政府、银行、信保、企业四位一体的支持保障措施，支持发展专业化、国际化中介机构，为境外投资提供设计咨询、资产评估、信用评级、法律支持等服务。强化涉外风险防控，引导企业学习和尊重当地的政策法规和文化习俗，讲信誉、守规则、重质量、铸精品，实现文明式开发和包容性增长。

专栏2　对外开放合作平台

示范区建设：支持有条件的市建设中日韩地方经济合作示范区试点城市；支持半岛蓝色经济区、济南市设立构建开放型经济新体制综合改革试验区和试点城市，支持菏泽建设内陆开放示范区，支持潍坊、淄博建设中德工业 4.0 合作示范区。

重点平台：支持符合条件的城市开展跨境电子商务，创建国家级跨境电子商务试验区。支持临沂争创国家级国际贸易综合改革试点。推进淄博国际内陆港建设。支持威海建设中国韩元现钞交易中心。支持中国临沂、德州资本交易大会平台建设。

特色园区：青岛中德生态园、济南新材料产业园、淄博中以创新谷、中美（东营）清洁能源合作、潍坊滨海对外合作、中澳（日照）合作、中印（临沂）软件智慧产业园等园区，济宁惠普软件产业基地、日照国际海洋城、威海南海新区、中国（临沂）国际商贸城等。

城镇化合作：支持潍坊、威海等市与欧盟在城市规划设计、绿色低碳、智慧城市、城市人文等领域合作试点。

合作论坛：举办中日韩产业博览会、韩国济南博览会、山东—韩国经贸合作论坛、中国临沂国际商贸物流博览会；举办香港山东周、鲁台经贸洽谈会；推进威海中韩自贸区经贸交流中心建设。

开发区升级：支持有条件的省级开发区升级为国家级开发区；支持有条件的开发区向城市综合功能区转型；支持省际交界地区开展园区合作试验，鼓励有条件地区发展“飞地经济”，鼓励通过委托管理、投资合作、共同组建公司管理园区等多种形式合作共建各类园区。

海关特殊监管区域：支持有条件的出口加工区和保税物流中心整合为综合保税区；支持潍坊建设综合保税区 B 区；争取德州、滨州、日照、临沂等市新设综合保税区；支持建设青岛保税港区泰安、菏泽功能区。

三、优化结构加快转型升级

（一）加快农业现代化进程

坚持走产出高效、产品安全、资源节约、环境友好的农业现代化发展道路，建立健全现代农业产业体系、生产体系、经营体系，巩固提升农业发展优势，夯实全面建成小康社会、实现现代化的基础。

提高粮食综合生产能力。把保障粮食安全作为农业现代化的首要任务，统筹推进高标准农田建设，加大中低产田改造力度，深入开展高产创建、千亿斤粮食工程、“渤海粮仓”等增产工程，形成供给稳定、储备充足、调控有力、运转高效的粮食安全保障体系，建成千亿斤粮食产能省。坚持最严格的耕地保护制度，全面划定永久基本农田，确保耕地保有量在 1.1 亿亩。深入推进耕地质量提升计划，按照中央统一部署，开展耕地轮作休耕试点，藏粮于地、藏粮于技。到 2020 年，建成集中连片、旱涝保收的高标准农田 5982 万亩，增加粮食产能 70 亿斤。

推动农业发展方式转变。深化农业结构调整，发展标准高、融合深、链条长、质量好、方式新的精致农业。实施农业提质增效转型升级行动，加快种植业和养殖业全过程集约化发展，促进粮经饲统筹、农林牧渔结合、种养加一体、三次产业融合发展，拓宽农业增值、农民增收空间。在保障粮食安全基础上，加快发展名优特新经济作物，大力发展木本粮油。发展生态高效畜牧业，实施畜禽良种工程，加快推进规模化、集约化、标准化畜禽养殖，完善动物疫病防控政策，增强畜牧业竞争力。畜牧业占农业总产值的比重每年提高1个百分点以上。发展农产品精深加工和乡村旅游，提高农业综合效益。健全适应现代农业发展要求的物质技术体系，促进水利化、机械化、科技化，大力推广应用有机肥料、生物农药、高端农机。加快农业信息化建设，实施“互联网+”大田种植、畜禽养殖、渔业生产等现代农业，支持物流、快递、商贸、金融等企业参与涉农电子商务平台建设，建立农业信息监测分析预警体系。加强粮食储备、物流设施、农产品冷链系统、大型配送中心等设施建设。实施现代种业提升工程，支持具有国际竞争力的种业龙头企业加快发展，建设全国种业科技创新高地。深入推进潍坊国家现代农业综合改革试点，支持聊城、德州建设国家精致农业示范区，支持临沂建设水肥一体化示范基地。支持建设一批国家级现代农业示范区，形成一批优势特色农业产业区、产业带。到2020年，农作物耕种收综合机械化水平达到84%，农业科技贡献率达到65%以上。

构建新型农业经营体系。深化农村集体产权制度改革，引导土地经营权有序流转，发展统一服务型、土地股份合作型、托管半托管型、农业产业化基地、混合型等多种形式的适度规模经营。积极培育新型经营主体和新型职业农民，加强协调监管和分类指导。强化“三农”社会化服务体系建设，支持农村信用社、粮食、供销、邮政、农机、烟草等系统发挥品牌和资源优势，发展覆盖全程、综合配套、便捷高效的社会化服务组织。加大对“三农”投入，健全农业支持保护制度，加快农村金融改革。推进涉农资金管理改革试点，落实完善粮食等主要农产品价格形成机制和收储政策。培养新型农村带头人，更好地发挥在引导社会理念、带动群众致富、维护基层稳定等方面的作用。到2020年，全省土地经营规模化率达到50%以上，农户参与产业化经营比例超过80%。

专栏3 农业现代化重点建设内容

（1）高标准农田建设

实施耕地质量等级评定与监测工程，开展农田灌排设施、机耕道路、农田林网、输配电设施和土壤改良等田间工程建设，新建高标准农田2464万亩。

（2）现代种业

重点加强杂种优势利用、高效制繁种、种子精深加工等关键技术研发。加强种子质量检测等能力建设。到2020年，建成标准化种子生产基地152万亩，培育10家科技型种业龙头企业。

（3）高效农业示范区

建设一批节水、节肥、节药、节地一体化高效农业示范区。支持滨州沿黄生态高效现代农业示范区等建设。

（4）农业机械化

推广大马力高性能农机和轻便耐用中小型耕种收及植保机械。

(5) 智慧农业

支持潍坊、临沂、日照、菏泽打造“中国农产品电商之都”，支持济宁建设全国最大的网上农资商城，支持淄博建设齐鲁大宗农产品交易中心，支持济南建设全省粮食现代物流交易中心，支持泰安建设泰山神农智谷大数据产业园区。

(6) 农村三次产业融合发展

实施“百县千乡万村”农村三次产业融合发展试点示范工程，推广融合发展模式和业态，打造一批农村产业融合领军型企业。

(7) 特色产业基地

菏泽国家级牡丹产业化生产基地；泰安现代奶业示范市、国家有机蔬菜生产基地；潍坊中国食品谷及国际农产品物流园；中国（寿光）现代蔬菜种业和物流基地暨电子商务园；蒙阴毛兔、聊城毛驴、莱芜黑猪、莱芜黑鸡、莱芜黑山羊、菏泽鲁西黄牛、高青黑牛、烟台黑猪、临沂生猪、汶上芦花鸡、栖霞沂源苹果、枣庄石榴、日照绿茶、威海西洋参、郯城银杏、枣庄马铃薯等特色基地。

（二）促进制造业提质增效

全面落实“中国制造2025”战略，实施工业强基工程，健全“扶优、引导、倒逼”机制，加快制造业向分工细化、协调紧密方向发展，促进信息技术向制造业各环节渗透，推动生产方式向柔性、智能、精细转变，打造拥有自主知识产权、精工制造水平和较高市场美誉度的山东品牌，建成全国重要的先进制造业基地。

改造提升传统产业。加大优势产业骨干企业扶优力度，以优化结构、完善产业链、提升价值链为主攻方向，加快化工、机械、钢铁、建材、家电、造纸、纺织等行业提质增效、转型升级、脱胎换骨。充分发挥技术积累广、产业集群多、深耕潜力大的综合优势，向智能制造、协同制造、绿色制造和增材制造（3D打印）方向发展，提高传统制造业技术水平，建立绿色低碳循环的产业生态系统。到2020年，工业内部结构进一步优化，装备制造业营业收入占比达到30%以上。

发展壮大高端产业。加大新兴产业领军企业引导力度，以攻克关键技术、扩大产业规模、提高核心竞争力为主攻方向，集中力量发展新一代信息技术设备、高档数控机床和机器人、航空航天装备、海洋工程装备及高技术船舶、轨道交通装备、节能与新能源汽车、电力装备、现代农机装备、新材料、生物医药及高性能医疗器械等高端产业，形成“山东制造”向“山东创造”转变的骨干支撑。鼓励各区域发挥特色优势，加强技术攻关协同和产业配套协作，增强高端制造业的整体竞争力。充分利用和逐步扩大省级新兴产业创业投资引导基金，带动社会资本支持新兴产业和高技术产业早中期、初创期企业发展。

推动产业集约集聚发展。加快园区升级，推动要素整合，建设一批产业层次高、协同效应好、公共服务优、特色优势强的产业集聚区。深化开发区体制机制创新试点，支持现有国家级园区创建国家生态工业示范园区。优化行业结构、技术结构、产品结构、组织结构和布局结构，培育创新型产业集群，构建良好产业生态系统。支持企业间战略合作和跨行业、跨区域兼并重组，提高规模化、集约化经营水平，培育一批具有全球影响力的企业集团。激发中小企业创新创造活力，发展一批特色化、专业化、精细化的“小巨人”企业。鼓励大企业与中小企业通过专业分工、服务外包、订单生产等多种方式，形成一批协同创新、合作共赢的产业集群。

专栏 4　新兴产业重点集群基地建设

局端装备集群：支持发展核电和风电装备、航空航天装备、动力机械及游艇、机器人、精密机械、再制造、输变电设备、机电装备、高端液压及系统元件、工程机械、农业冷链装备、海洋工程装备及高技术船舶、太阳能光热应用装备。支持青岛建设高速列车全球科技创新中心和产业集群。

汽车及零部件集群：支持有条件的地区发展汽车及零部件、新能源汽车、特种车及轻型卡车、农用车及农用机械。

新材料聚集区：支持发展碳晶、石墨烯、碳化硅、铌酸锂、生物基新材料、聚氨酯新材料和特种纤维、碳纤维、氟硅材料和新型功能陶瓷材料、无机非金属新材料、新型工业铝制品、粉末冶金、玻璃深加工。信发新材料产业园、枣庄锂电产业基地、东明精细石油化工基地。

新医药聚集区：支持济南国家新药孵化基地建设，加快发展海洋新药物、生物医药、化学创新药及现代中药、高性能诊疗设备。

（三）推动服务业跨越发展

坚持市场化、产业化、社会化、国际化发展方向，顺应经济服务化发展趋势，推动服务业加快扩大规模、拓展空间、优质高效、融合发展。

优化提升传统服务业。坚持拓展内涵、打造品牌、便民优先、引领时尚，聚焦重点领域，利用科学管理模式和现代经营业态，提高服务质量和效率。推进住宿餐饮业标准化、精细化、人性化服务，支持老字号发展，强化品牌意识，加快名店、老店、特色店建设。提高宾馆、酒店星级服务标准，促进连锁化、网络化、集团化发展。加快鲁菜开发创新，振兴鲁菜品牌，支持发展中式快餐连锁业，促进家庭餐饮服务社会化。优化商贸服务业布局，加强商业服务设施和网点规划建设，提升各级商业中心能级，推进社区商业设施、特色商业街建设，打造智慧商圈。合理配置副食品市场、大众餐饮店、维修服务、废品回收等必备设施，科学布局便利店、快递、专卖店等选择性设施，拓展微生活、云社区等新兴社区服务模式。促进以互联网为基础的无店铺销售。重点支持一批管理规范、运作良好、形式多样的家庭服务企业。建设家庭服务网络平台，提供家居清洁、饮食料理、育儿服务、家庭教育等全日制、钟点制综合家庭服务。

做大做强现代服务业。适应产业融合发展趋势和服务专业化发展要求，加快发展技术含量和附加值高的现代服务业。大力发展金融服务业，促进直接融资和间接融资协调发展，全面拓宽股票、债券、私募股权、资产证券化、保险资金运用等直接融资渠道，拓展农业、科技、健康等重点领域保险，促进普惠金融发展，深入开展新型农村合作金融试点，规范发展小额贷款、融资担保、民间融资、融资租赁等地方金融组织。推动对全省经济有重大影响的期货交易品种上市，促进场外衍生品市场有序发展。积极稳妥发展第三方支付，加快支付结算体系建设。打造济南区域金融中心和中央商务区，加快青岛财富管理金融综合改革试验区建设，支持烟台建设区域性基金管理中心，支持齐鲁股权交易中心建设全国有重要影响力的区域性中小企业投融资服务平台，支持潍坊建设文化艺术金融试验区。着力发展研发设计、创意广告、咨询策划和工艺创新，支持各类规划设计、检验检测平台建设。加快工程咨询、工业设计与相关产业融合发展，支持工业设计、工程咨询单位及企业加强新技术、新工艺、新设备、新材料的设计应用研究，支持发展工程咨询设计产业集群，建设工程咨询教育培训和创新研究基地。加快发展战略规划、营销策划、市场调查、管理咨询、品牌建设等提升产业发展素质的咨询服务。积极发展资产评估、会计、审计、税务、勘察设计等专业咨询服务和信息技术服务。健全现代物流网络，扩大第三方物流规模，优化物流企业供应链管理服务，发展共同配送模式，提高物流企业配送信息化、智能化、精准化水平。支持有条件的市开展现代物流创新发展城市试点。加快发展节能环保服务业，健全节能减排投融资、能源审计、清洁生产审核、工程咨询、节能环保产品认证、节能评估等第三方节能环保服务体系。推广系统设计、成套设备、工程施工、调试运行和维护管理等环保服务总承包。

拓展电子商务应用，推动原材料网上交易、产品网上定制、上下游关联企业协同发展。构建省会城市群现代服务业聚集区和胶东半岛高端服务业聚集区，形成带动服务业升级的增长极。

加快发展新兴服务业。适应社会消费结构升级趋势，加快发展满足个性化、多样化消费需求的新兴服务业，创造形成新供给新动力，挖掘社会潜在需求，促进消费市场持续活跃。支持发展健康服务业，注重由疾病治疗向健康管理转变，重点扶持基于信息化技术的康复医疗、美容塑形、养生保健、移动医疗、高端医疗等新型业态。促进健康干预、评估、咨询、跟踪、保险等专业配套服务。推广中医医疗、养生康复等高端健康服务，建设崂山湾国际生态健康城等产业项目。树立“大旅游”理念，坚持寓学于游、寓养于游、寓商于游、寓乐于游，推动旅游与研学、养生、商务、娱乐有机结合，支持各类旅游展会、节庆活动，拓展旅游内涵深度，推动旅游产品标准化建设和定制化服务。打造十大文化旅游目的地品牌，建设名山大川名胜古迹等精品片区、环湖沿海旅游带和一批特色小城小镇，推动乡村旅游提质增效，提高“好客山东”“仙境海岸”“东方圣地”“养生泰山”等国内外影响力。鼓励发展健身服务业，促进体育生活化，开展航空、汽车、马术、帆船、极限运动。深入推进青岛、沂南国家级旅游业改革创新先行区建设。支持发展专业技能、语言类、兴趣型教育培训业，注重发挥教育培训的社会功能，整合各类培训资源，向专业化、精细化、连锁化和品牌化发展。大力发展律师、公证、基层法律服务、司法鉴定等服务业，切实满足群众日益增长的法律服务需求。

（四）加强智慧山东建设

充分释放信息化与各领域融合发展的无限潜力，实施“互联网＋”行动计划，加快经济社会信息化、网络化进程，促进资源高效配置和发展提质增效，形成以信息化为创新要素的经济社会发展新形态。

构建泛在互联的信息基础设施体系。加快壮大信息技术产业，适应云计算、大数据、物联网、工业互联网、移动互联网趋势需求，重点发展服务器、网络设备、高端芯片、存储系统、光电信息、智能终端、软件产品和地理信息服务。落实国家大数据战略，加快建设下一代互联网、广播电视网、宽带通信网，全面推进三网融合，加快互联网普及应用，加速向社区和农村延伸，提高互联网普及率。完善电信普遍服务机制，推进数据资源开放共享。扩大无线网络覆盖，提升用户端接入能力，发展分享经济。加快能源、交通、水利、国土、环境等领域的网络化、智能化、绿色化改造升级，促进重要基础设施精准管理和高效运行。坚持以防为主、软硬结合，建立可信、可管、可控的信息安全保障体系。强化网络空间运行和治理体系建设，加快经济社会信息化进程。到2020年，全部城镇地区实现光网覆盖；有线电视网络互联互通平台覆盖比例超过95%。

构建开放协作的智能制造产业生态。加快现代信息技术与产业深度融合，以机械、汽车、纺织、食品、电子、轻工、医药等行业为重点，试点建设智能工厂和数字化车间。推动物联网、云计算、大数据、机器人、人机交互、增材制造、智能物流管理等技术和装备应用，积极推进国家智能制造试点，提高精准制造、敏捷制造能力。研究部署信息物理系统（CPS），实现生产经营流程重构再造。加强关键技术研发和示范推广，推进家用和商用设备智能化升级换代。发展基于互联网的个性化定制、众包设计、云制造等新型制造模式，推动形成动态跟踪消费需求的研发、制造和产业组织方式，由生产型制造向生产服务型制造转变。“两化”融合继续保持全国先进水平。

构建便捷高效的社会民生服务模式。充分利用互联网规模优势和巨大市场空间，广泛汇聚各类主体的创新力量。鼓励发展移动电子商务、行业电子商务，运用在线定制、虚拟体验、线上到线下等创新模式，形成网络经济与实体经济协同互动的良性格局。促进互联网与银行、证券、保险、基金的融合创新，为大众提供丰富、安全、便捷的金融产品和服务，更好满足各类投融资需求。推动互联网与旅游、文化、体育、娱乐等领域深度融合，实现精细化、人性化管理。加快发展基于互联网的教育、就业、医疗、养老、社会保障等益民服务，运用大数据和云平台有效打通底层数据、汇集碎片信息、对接海量需求。加快宽带山东、智慧城市和农村农业信息化示范省建设，加强城市管理数字化平台建设和功能整合，建设综合性城市管理数据库，发展民生服务智慧应用，提升政府服务、社会服务、民生服务信息化水平。

四、陆海统筹建设海洋强省

(一) 优化海洋开发布局

坚持开发和保护相协调、环境治理和生态修复相结合、资源利用和循环节约相统一，加快优化海洋资源开发布局，拓展蓝色经济发展空间，提升海洋可持续发展能力。

强化海洋主体功能定位。依据区域海洋资源承载力、开发强度和发展潜力，编制实施全省海洋主体功能区规划，合理划定产业与城镇建设、农渔业生产、生态环境服务三类主体功能空间，优化港口和岸线布局。对城镇建设用海区、港口和临港产业用海区、海洋工程和资源开发区等区域实行优化重点开发。坚持集中连片布局，推动据点式集约发展，严格实施围填海总量控制制度。对海洋渔业保障区、海洋特别保护区和海岛及其周边海域，实施分级分类管理，严格限制开发活动。对各类海洋自然保护区、领海基点所在岛礁区域禁止开发，制定强制性保护措施。到 2020 年，海洋主体功能区布局基本形成。

推动海洋生态文明建设。强化岸线分级管理和保护，加强沿海城市间海洋生态与自然岸线保护联动合作，实施自然岸线保有率目标控制，控制近岸海域开发强度。实施蓝色海湾治理工程，加强莱州湾、胶州湾、荣成湾、海州湾等海洋生态、景观和原始地貌修复保护，增加人造沙质岸线，恢复自然岸线。推进海岛整治修复和边远海岛开发，突出市场化配置、精细化管理、有偿化使用，支持创建高水平国家级海岛生态建设实验基地。积极开展海洋生态文明建设创新试点，争创国家级海洋生态文明建设示范区。强化海洋污染防治与监管，实施污染物入海总量控制和海洋生态红线制度。到 2020 年，自然岸线保有率不低于 40％，近岸海域水质优良面积比例达到 70％左右。

（二）抢占海洋科技制高点

充分发挥海洋科技、教育和人才优势，优化资源配置，加强海洋科学研究、技术开发和成果应用，提升科技对海洋经济发展的支撑能力。到 2020 年，海洋科技创新能力明显增强，科技进步对海洋经济的贡献率达到 70％。

大力推进海洋科技创新。以青岛中国蓝谷建设为核心，加快推进体制机制创新，整合提升海洋科技创新资源，打造世界一流的海洋科技领军人才队伍和高水平创新团队，形成产学研紧密结合的海洋科技创新体系。做大做强国家级海洋科技创新平台，充分发挥青岛海洋科学与技术国家实验室引领作用，加快推进国家浅海综合试验场、海洋生物与碳汇研究基地、海洋能及海洋仪器观测海上试验与测试场建设，规划建设大洋钻探船，促进海洋科技资源优化整合、协同创新。集中力量攻克海洋核心技术和关键共性技术，加快建设海洋生物医药、深海技术装备研发、特种船舶研发设计等重大创新平台，鼓励发展产学研用有机结合的产业联盟。实施“透明海洋”工程，以国家深海基地、中国大洋样品馆、中集海洋工程研究院为依托，加快制定深远海发展战略，重点发展海底立体探测技术、深潜技术、深海作业技术、深海大洋矿产勘探开发技术等，提高海洋深度开发利用能力和水平，打造全国深远海开发战略保障基地。

推动海洋科技成果转化。健全海洋科技成果高效转化机制，加快建设一批海洋产业技术研发转化中心、推广中心和孵化基地，重点支持青岛、烟台、威海建设国家级海洋科研成果转化基地。完善海洋技术转移体系，加强海洋技术市场、知识产权保护与经营管理制度建设，支持青岛建设国家海洋技术交易服务与推广平台，积极构建“平台＋资本”转化模式。鼓励和支持企业间、企业与研究机构广泛开展技术交流、技术咨询和技术评估等活动。

加强海洋教育和人才培养。大力发展海洋高等教育，调整优化涉海高等院校海洋学科专业设置，支持建设具有国际水准与地域特色的海洋院校和专业。加强海洋职业教育和培训，支持沿海各地海洋类高等职业院校建设。支持高校、职业院校和企业共建涉海人才培养培训、实习见习基地，共建海洋人才培养联盟。推进海洋领域国家级继续教育基地建设，加强海洋智库建设，组织开展海洋资源开发利用、海洋生态文明、海洋权益保护等重大战略问题研究。加强蓝色国土教育，提升公众海洋、海防、海权意识。

（三）完善海洋经济体系

挖掘海洋经济发展潜力，加快膨胀海洋经济规模，推动海洋产业优化升级，构建技术先进、分工专业、集约高效、具有较强国际竞争力的现代海洋产业体系。到2020年，海洋经济占地区生产总值的比重达到20％以上。

巩固提升海洋优势产业。坚持自主化、规模化、品牌化发展方向，打造带动能力强的海洋优势产业集群。面向海洋开发利用重大需求，推动海洋船舶工业转型升级，加强高端船舶研究设计，开发培植新一代特种船舶、现代游艇、大功率船用主机等高端产品，大力发展船舶配套产业，建设适应国际造船发展趋势要求的船舶工业产业集群。大力发展深水海洋资源开采、海洋可再生能源、海上浮式石油、海上后勤补给等装备，打造海工装备制造产业集群。加大海洋油气勘探力度，有序推进海上风电基地建设，积极推进潮汐、潮流等海洋能利用产业化进程。加快海洋化工集聚、集约、精细化发展，推动企业兼并重组，建设盐化工一体化示范工程。实施海上石油钻井平台、港口深水航道、防波堤、跨海桥隧、海底线路管道和设备安装等重大海洋工程。推进“海上粮仓”建设，大力发展现代海洋渔业，控制近海捕捞，拓展远洋和极地捕捞，积极发展水产品精深加工业，建设全省海洋牧场观测网。开展黄海冷水团绿色鱼类养殖试验。支持威海创建国家海洋经济融合发展示范区。

加快发展海洋高新技术产业。以重大技术突破为支撑，培育龙头企业，完善配套体系，推动海洋高新技术产业高端发展、集聚发展，打造全国重要的海洋高新技术产业基地。大力发展海洋药物和生物制品业，重点开发海洋新药物、生物酶制剂、保健品、化妆品和功能食品等系列产品。实施海洋基因库项目，建设全球最大的海洋综合性样本、资源和数据中心。鼓励发展海水利用业，开展大规模海水淡化示范工程，推进海水化学资源综合利用。依托国家海洋新材料高新技术产业化基地，积极发展海洋新材料，重点开发新型海洋生物医用、海洋防护、海洋环保材料。实施深海资源开发利用系列工程，突破深海勘探和深海作业关键技术，推进深海油气、海底矿产、深海基因等资源综合利用。

积极发展海洋服务业。坚持错位发展，突出区域特色，加快港口、岛群服务业开发，打造海洋服务业集聚高地。以港口群为支撑，积极发展沿海和远洋运输，加快临港物流园区和物流中心建设，推进水陆联运、河海联运，培植壮大港口物流业，加快构建现代海洋运输体系，打造东北亚国际航运综合枢纽、国际物流中心。深刻挖掘海洋人文资源内涵，大力发展海洋文化创意、动漫游戏、数字出版等新兴文化产业，打造一批海洋文艺精品，建设一批有影响力和带动力的海洋文化产业园。加快建设综合性海洋体育中心和海上运动产业基地。大力开发特色旅游产品，科学规划、有序开发利用滨海、海岛、岛礁等生态资源，完善提升观光旅游休闲度假配套设施，建设世界知名的滨海旅游目的地，做大做强蓝色旅游品牌。建设长岛休闲度假岛。加快发展软件信息、创意设计、中介服务等新型涉海商务服务业。积极探索发展涉海金融保险服务业。支持烟台海洋产权交易中心做大做强，支持威海建设大宗海洋商品交易市场。

保障“一个同步”　建设“三区”
铸造“一个高地”

——青海省“十三五”规划纲要（摘选）

深入贯彻落实党的十八届五中全会精神，科学制定“十三五”规划，对促进经济持续健康发展，不断改善各族人民生活，把青海建设得更加和谐美丽，具有十分重要的意义。

“十三五”规划明确了青海省经济社会发展必须坚持的“一三一”总体要求，即实现“一个同步”、奋力建设“三区”、打造“一个高地”。实现“一个同步”，就是确保到 2020 年与全国同步全面建成小康社会；奋力建设“三区”，就是构筑国家生态安全屏障，建设生态文明先行区；加快转变发展方式，建设循环经济发展先行区；突出改善民生凝聚人心，建设民族团结进步先进区；打造“一个高地”，就是弘扬党的优良作风，铸就青海精神高地。

一、同步全面建成小康社会

（一）“十二五”的发展基础

——综合实力大幅提升。全省地区生产总值由 2010 年的 1350 亿元增加到 2015 年的 2417 亿元，年均增长 10.8%；人均生产总值由 2010 年的 24115 元增加到 2015 年的 41252 元，占全国平均水平的比重由 78.9%提高到 83.6%，相对差距缩小了 4.7 个百分点；地方公共财政预算收入由 2010 年的 110.2 亿元增加到 2015 年的 267 亿元，年均增长 19.4%；固定资产投资五年累计完成 11934 亿元，年均增长 28.1%；全社会消费品零售总额由 2010 年的 350.8 亿元增加到 2015 年的 691 亿元，年均增长 14.3%；进出口总额由 2010 年的 7.89 亿美元增加到 2015 年的 19.3 亿美元，年均增长 19.6%。

——基础设施建设实现跨越。青藏铁路西格段增建二线完工，实现大提速，兰新客运专线建成投运，青海迈入高铁时代；基本实现西宁至六州州府通高速公路，县城通二级及以上公路，全省公路里程达到 7.56 万公里，其中高速化公路突破 3000 公里，西宁外环高速公路全线贯通；建成投运西宁机场二期、德令哈和花土沟机场，果洛机场成功校飞，祁连机场开工建设，形成“一主六辅”民用机场建设格局；引大济湟主体工程建成，实现跨流域调水，全面解决农村牧区人畜饮水安全问题；建成青新、青藏电网联网工程，实现玉树大电网覆盖，全面解决无电人口用电问题。基础设施向高速化、网络化、广覆盖快速推进，发展后劲全面增强。

——调结构转方式初显成效。基本形成了具有青海特色和比较优势的产业体系。农牧业综合生产能力明显增强，粮食 8 年稳产丰收，生产方式向设施化、园区化、品牌化方向转变；工业在应对持续下行中稳定发展，传统产业改造升级加快，战略性新兴产业迅速崛起，循环经济园区和基地成为主要增长极，信息化带动作用日益凸显。服务业蓬勃发展，内外贸易跨上新台阶，银行存贷款余额双双突破5000亿元，旅游文化发展势头强劲，电子商务等新模式、新业态迅速兴起，现代服务业成为支撑全省发展与转型的生力军。

——生态文明建设成效显著。生态保护优先理念进一步确立，三江源头重现千湖美景，国家生态安全屏障地位日益巩固。三江源生态保护建设一期工程圆满完成、二期工程全面启动，祁连山、青海湖流域等重点区域生态环境综合治理工程扎实推进，生态敏感区、旅游景区、交通沿线和农村环境连片整治成效显著，西宁大气环境质量提升至西北地区省会城市前列，湟水河水质持续改善、达到国家控制标准，节能减排任务全面完成，人居环境明显提升。

——人民生活有很大改善。各项社会事业加快发展，公共服务体系基本建立，新增就业持续增加，实现国家现行标准下75%的贫困人口脱贫。五年间，城乡居民收入年均分别增长11.2%和14.5%，与全国的相对差距缩小；民生保障水平显著提高，财政用于改善民生支出占总支出的比重达到75%，每年承诺的“十件民生实事”全面兑现，人民群众期盼解决的上学、就医、住房、饮水、行路等难题得到有效破解，一些民生指标位居西部乃至全国前列。

——发展的协调性显著增强。主体功能区制度初步建立，国土开发保护更加规范有序。城镇化步伐加快，常住人口城镇化率达到50.3%。城乡基础设施明显改善，已建成1428个高原美丽乡村。统筹区域发展力度加大，东部城市群和海西城乡一体化建设快速推进，藏区面貌发生显著变化。玉树灾后重建全面完成。青甘川三省交界地区、人口较少民族地区经济社会加快发展，对口支援成果丰硕。

——改革开放迈出新步伐。生态文明制度改革开启新篇章，三江源国家公园体制改革上升为国家战略，县级公立医院改革等8项医疗制度改革走在全国前列，全省司法体制改革向深度迈进。行政体制、户籍制度、财税金融、文化体制、公共资源交易和土地草场林权流转等方面改革不断深化，体制机制活力进一步释放。积极融入丝绸之路经济带建设，曹家堡保税物流中心封关运行，西宁国际航空口岸投入运营，利用外资和对外经济合作水平不断提高。

（二）“十三五”发展目标

“十三五”时期，全省经济社会发展总体要求是：实现“一个同步”、奋力建设“三区”、打造一个“高地”。即，把握中央提出的标准与要求，确保到2020年与全国同步全面建成小康社会；构筑国家生态安全屏障，建设生态文明先行区；加快转变发展方式，建设循环经济发展先行区；突出改善民生凝聚人心，建设民族团结进步先进区；弘扬党的优良作风，铸就青海精神高地。

今后五年，全面建成小康社会要在已确定目标要求的基础上，努力实现以下新的目标要求。

——生态文明建设迈上新台阶。全面落实全国和青海省主体功能区规划要求，禁止开发区严守管制原则，限制开发区严守控制原则，重点开发区严守开发原则。生态保护与建设取得重大进展，环境质量不断改善，对维护国家生态安全的贡献更加凸显。

资源循环利用体系初步建立，能源资源使用效率大幅提高，主要污染物排放得到合理控制，初步形成与生态文明新时代相适应的体制机制、空间格局、产业结构和生产生活方式，绿色发展达到全国先进水平。人们拥有天蓝、地绿、水净的美好家园。

——经济保持中高速增长。主动适应和引领新常态，在提高发展平衡性、包容性和可持续性的基础上，到 2020 年，实现国内生产总值和城乡居民人均收入比 2011 年翻一番，人均国内生产总值和城乡居民人均收入与全国平均水平的相对差距有所缩小。财政金融支撑和引领作用不断优化，努力保持财政收入与经济增长同步，投资效率和企业效率明显上升，消费和出口对经济增长贡献率明显提高。高原现代农牧业产业体系初步形成，工业化和信息化融合发展水平大幅提升，服务业比重进一步加大。转型升级取得重大突破，新产业新业态不断培育，非公有制经济快速成长，经济发展向创新驱动发展迈出实质性步伐。

——人民生活水平和质量明显提升。基础设施和公共服务设施更加完善，基本公共服务均等化达到全国平均水平。教育现代化取得重要进展，劳动年龄人口受教育年限明显增加。就业比较充分，社会保障提标扩面，医药卫生体制改革、免费教育覆盖面、养老保障水平、住房改善程度等部分民生工作继续靠前。中等收入群体人口比重上升，各族群众生产生活条件不断改善。国家现行标准下农牧区贫困人口实现脱贫，贫困县全部摘帽。

——公民素质和社会文明程度显著提高。中国梦和社会主义核心价值观更加深入人心，爱国主义、集体主义、社会主义思想广泛弘扬，各民族共同团结奋斗、共同繁荣发展的思想基础更加牢固。尊重自然、崇尚科学的现代文明意识和向善向上、诚信互助的社会风尚更加浓厚，人民思想道德素质、科学文化素质、健康素质明显提高。公共文化服务体系基本建成，文化名省建设迈上新台阶。以“两弹一星”精神、“五个特别”的青藏高原精神、“人一之，我十之”的实干精神、玉树抗震救灾精神为代表的青海精神不断弘扬，成为推动经济社会发展的重要力量源泉。

——社会治理水平进一步提升。依法治省取得积极成效，“关键少数”作用得到充分发挥，全社会法治意识和法治方式普遍树立。平安青海建设持续深化，重大决策社会稳定风险评估机制不断完善，各方面各层次利益诉求得到及时反映和协调，矛盾纠纷得到有效化解，各族群众的积极性和创造性充分发挥，正能量得到有效集聚。基层组织、基础工作、基本能力建设显著加强，寺院管理规范有序，治理体系进一步健全，社会更加和谐稳定，民族团结进步事业走在全国民族地区前列。

——各方面制度更加成熟更加定型。重要领域、关键环节深化改革取得决定性成果，生态文明制度、医疗卫生体制和司法体制等改革成为全国试点示范，一批改革形成特色和亮点。各领域基础性制度体系基本形成，治理体系和治理能力现代化取得积极进展。人民民主不断扩大，法治政府建设不断深入，司法公信力明显提高。开放型经济新体制初步形成，经济社会发展活力竞相迸发。

二、生态青海：筑牢国家生态安全屏障

把生态文明建设放在突出位置，切实以生态保护优先理念协调推进经济社会发展，

着力解决生态文明意识还不够强、生态保护工作还不到位、生态文明制度还不够完善等问题，进一步建设全国生态文明先行区，努力走向生态文明新时代。

（一）强化生态保护与建设

坚持保护优先、自然恢复为主，按照生态系统的整体性、系统性及其内在规律，加强山水草林田湖自然生态系统的保护和修复，完善“一屏两带”生态安全格局，力争到2020年实现重点生态治理区全覆盖。

1. 加强重点区域生态建设

巩固和扩大生态安全屏障建设成果，以“五大生态板块”为重点，全面提升草原、森林、湿地、冰川、河湖、荒漠等自然生态系统稳定性和生态功能。

三江源地区。基本完成生态保护和建设二期工程，开展三江源国家公园体制试点，重点推进草原植被保护和恢复，提升水源涵养功能，处理好保护生态环境和提高人民生活水平的关系，增强基础设施支撑能力，改善农牧民生产生活条件。

祁连山水源涵养区。全面实施生态保护与建设综合治理工程，通过林草地、湿地保护和建设、水土保持、冰川环境保护等工程，切实保护和改善黑河、疏勒河、石羊河、大通河等水源地的林草植被，加强矿区环境综合整治，遏制生态环境恶化趋势，提高水源涵养功能。

环青海湖地区。启动环湖地区生态保护与环境综合治理工程，促进流域、林地、草地、湿地生态系统和生物多样性生态系统良性循环，加强裸鲤、鸟类以及其他珍稀野生动物保护，加大沙漠化土地治理力度，有效调控流域、河流水资源利用，巩固和扩大保护治理成果。

河湟地区。深入实施生态环境综合治理工程，持续推进林草植被保护和建设，加强水土流失预防和治理，着力改善人居环境，实现区域生态环境逐步好转。

柴达木水源涵养区。启动生态环境保护和综合治理工程，努力保护原生态地表地貌，恢复沙区林草植被，保护好土壤盐壳，适度开发利用林田、草原、水土光热资源，推进柴达木盆地生态保护与建设。

2. 推进生态修复工程

提高区域生态治理和植被覆盖率，维护高原生态良性循环，力争草地植被覆盖度达到70%。进一步完善和落实草原生态保护补助奖励机制，实施高原湿地保护、沙漠化防治、高寒草原建设、东部地区水土保持等生态修复与治理工程，持续推进退牧还草、退耕还林草、天然林保护、“三北”防护林、重点公益林、水源涵养林、国家良好湖泊、湿地保护与建设等专项工程。推进黄河、湟水河两岸南北山重点区域造林绿化，加强森林资源保护能力基础设施建设。实施国家生物多样性保护行动计划，划定优先保护区域，开展保护示范项目。

3. 强化江河源头水生态保护

到2020年，新增水土流失综合治理面积4500平方千米，全省重要江河湖库水功能区水质达标率达到88%以上。增强大江大河水源涵养功能，开展空中水资源开发利用，保护重要生态保护区、水源涵养区、江河源头区和湿地的水生态，呵护好“中华水塔”。严格饮用水水源地保护，重点保护好3个国家级、26个省级重要饮用水水源地，加强一般饮用水水源地保护，县城以上城镇集中式饮用水水源地水质达标率达到95%，农村集中供水率达到80%。大力实施水土保持工程，围绕祁连山—黑河、三江源、甘青宁—黄土丘陵等国家级以及柴达木盆地、环青海湖、黄河支流流域等省级重点区域，点面结合开展水土流失预防和治理，构建完善的综合防治体系。

(二) 加强环境综合治理

实行最严格的环境保护制度，坚持保护与治理相结合，整治与绿化协同推进，形成政府、市场、公众共治的环境治理体系，实现污染减排控制目标和环境质量总体改善。

抓好治气、净水、增绿、护蓝工程，深入推进大气、水、土壤污染防治计划，严格控制化学需氧量、氨氮、二氧化硫、氮氧化物等主要污染物排放。完善东部城市群及格尔木等工业化重点区域大气污染防治联防联控协作机制，探索建立其他区域污染防治协作机制，完善网格化管理措施。以还青海人民一条清澈的母亲河为目标，加大湟水河等重点流域和水域水生态综合整治力度，强化源头控制、水陆统筹兼顾，系统推进水污染防治、水生态保护和水资源管理，完善污水处理厂和外部管网，建设中水回用设施。

在湟水河沿岸、黄河干流、环青海湖地区以及市州府、县城周边部分村庄建设生活污水处理设施；着力推进农牧区垃圾处理设施建设，实现所有乡镇和90%以上村庄、重点宗教场所垃圾得到有效集中处理。

(三) 深入实施资源节约和循环利用

树立节约集约循环利用的资源观，实施能源、水资源、建设用地总量和强度双控行动，开展能效、水效领跑者计划，促进资源高效利用。

深入实施《青海省建设国家循环经济发展先行区行动方案》。加快构建完整的循环型工业体系，延伸产业链条，推进循环化改造，工业固体废物综合利用率达到60%以上。加快构建农林牧渔多业共生的循环型农牧业体系，建立种养业废弃物资源化利用制度，推动农业资源利用节约化、生产过程清洁化、产业链接循环化、废物处理资源化。加快构建循环型服务业体系，推进服务主体绿色化、服务过程清洁化。健全再生资源利用体系，构建起集回收、拆解、分拣、加工、交易于一体的再生资源回收利用体系。推动生产者落实废弃产品回收处理责任。强化餐厨废弃物资源化利用和无害化处理。完善资源循环利用制度，落实促进循环经济发展的保障政策。

优化能源消费结构，提高绿色能源在用能结构中的比重。加强能源消费管理，建立完善能耗在线监测系统，进一步提高能源利用效率。实施重点产业能效提升计划，采用先进技术和工艺有效降低火电、电解铝、水泥等重点行业耗能水平。加强节能目标和碳排放强度下降目标责任及考核评价，严格执行节能审查制度。实施城镇新能源汽车推广计划、分布式光伏发电向农牧区延伸计划。

(四) 完成三江源国家公园体制试点

遵循生态保护内在规律和三江源生态系统特点，以生态保护管理体制机制创新为突破口，促进自然资源的持久保育和永续利用，将国家公园建成青藏高原生态保护修复示范区，三江源共建共享、人与自然和谐共生的先行区，青藏高原大自然保护展示和生态文化传承区，实现三江源地区重要自然资源国家所有、全民共享、世代传承，为国家生态安全做出贡献。

结合行政区划和自然地理界限，构建“一园三区”的国家公园，即三江源国家公园，黄河源、长江源（可可西里）、澜沧江源三个园区。按照生态系统功能、保护目标和利用价值将各园区划分为核心保育区、生态保育修复区、传统利用区等不同功能区，实行差别化保护。核心保育区强化保护和自然修复，保护好冰川雪山、江源河流、湖泊湿地、草原草甸和森林灌丛，着力提高水源涵养和生物多样性服务功能；生态保育修复区实施必要的人工干预保护和恢复措施，加强退化草地、沙化土地治理、水土流失防治和天然林保护，实行严格的禁牧、休牧、轮牧，使湖泊湿地草地得以休养生息；传统利用区适度发展有机畜牧业，合理控制载畜量。以生态体验和环境教育促进生态保护，科学设计生态旅游线路，实行门票预约和限额制度，在县城和重要城镇集中布局公共服务和访客接待、交通运输、自驾营地、医疗救护等设施，尽可能减少人为活动对园区自然生态的干扰与影响。

（五）健全生态文明制度体系

通过健全自然资源资产产权制度，，明确所有权、占有权、使用权、收益权等权责关系。全面建立自然资源资产有偿出让制度，组建统一行使所有权的机构，加强交易平台建设。

通过建立国土空间开发保护制度，实行重点生态功能区产业准入负面清单制度。建立资源环境承载能力监测预警机制。

完善资源总量管理和全面节约制度，健全天然林、草原、湿地、沙化土地封禁保护制度。完善矿产资源开发利用水平调查制度，实施矿业权人勘查开发信息公示和“黑名单”制度。

健全资源有偿使用和生态补偿制度，建立有效调节工业用地和居住用地合理比价机制。完善矿产资源有偿使用和矿业权出让制度，探索矿产资源权益金制度，健全完善生态管护公益岗位机制。建立耕地草原河湖休养生息制度。

培育环境治理和生态保护市场体系，推行以市场化、产业化、专业化为导向的环境污染第三方治理新模式，积极推进用能权、碳排放权、排污权和水权交易。

完善生态文明绩效评价考核和责任追究制度，树立绿色政绩观，坚持对三江源地区不考核 GDP，研究制定可操作、可视化的绿色发展指标体系，提高绿色发展指标权重。

三、创新青海：推进创新创业驱动发展

（一）全力推动科技创新

发挥科技创新在全面创新中的引领作用，强化原始创新、集成创新和引进消化吸收再创新，促进科技与经济深度融合，基本形成政府支持、市场主导、企业主体、科研院所积极参与、政产学研用结合的创新体系。

1. 提升创新基础能力

建设和完善 100 个企业工程技术中心和重点实验室。实施科技型和高新技术企业“两个倍增”工程和科技“小巨人”计划，高新技术企业数量达到 200 家，科技型企业数量达到 400 家，新培育 20 家产值过亿元高新技术企业。加强省部（院）合作，建立 1～2 家国家级重点实验室。引导和支持高等院校、企业联合承担重大科研、企业关键技改项目。设立新兴产业创新引导资金，支持高新技术企业和科技型中小微企业快速发展，努力形成一批具有自主知识产权的知名品牌，引领相关产业发展方向。支持高校及科研院所的科技人员创办科技型企业。

2. 推进重点领域创新

聚焦产业升级和链条拓展，引导组织重点领域关键技术攻关，有针对性地攻克一批亟待解决的关键核心技术和共性技术，在若干优势产业领域抢占科技制高点。重点开展盐湖锂盐高纯化、锂离子动力电池及其关键材料产业化提升、铝镁合金深加工、先进晶体材料产业化、相变储热材料研发、镁盐建筑材料和复合材料、高原生物资源开发与利用、智能制造、环保装备产业化等方面的技术攻关，推动产业向价值链的高端攀升，形成一批在全国有较大影响力的创新型特色产业集群。支持重点生态功能区生物多样性动态变化研究，推广高原生态系统修复等技术。开展“天河工程”等可能对水资源和生态系统产生重大影响的前沿基础研究。加快对高原特色动植物资源保护和利用技术的研究，推进相关重点实验室、野外试验平台建设，解决特有濒危药材的可持续利用问题。继续实施农牧业“1020”重大科技支撑工程。加强绿色交通、清洁能源、清洁生产、环境监测等领域的技术攻关和集成应用。

3. 增强科技成果转化能力

到 2020 年，全省科技服务机构超过 1000 家，每万人有效发明专利拥有量达到 2 件。加快制定促进科技成果转化的地方法规，大力促进省内外大学、科研院所和企业科技成果在青转化和转移。改造提升高新技术产业开发区、农业科技园区、科技企业孵化器、大学科技园等平台，推广新型孵化模式，提升分工合作的水平与生产效率。培育技术和股权期权市场，拓展技术和知识产权交易平台，技术合同交易额力争达到 50 亿元以上。

（二）激发人才创新创造潜能

到 2020 年，全省科技人员总量达到 3 万人左右。启动实施“青海高端创新人才千人计划”，进一步整合衔接“昆仑英才”“昆仑学者”、人才小高地等计划，建立一定规模、富有创新精神、敢于承担风险的创新型人才队伍，着力解决经济社会发展急需人才和智力短缺问题。

1. 壮大企业家队伍

推行职业经理人制度，搭建企业高层经营管理人才培养、选拔、引进、评价、推荐公共服务平台，促进企业经营管理者职业化，提高企业家队伍整体素质。实施企业家创新培训工程，加强定期培训，搭建交流平台，培养企业家创新创业能力。鼓励企业到国内外大集团、大企业引进急需经营管理人才，形成人才竞争流动机制。鼓励行政机关、事业单位各类人才到企业发展。大力弘扬企业家精神，营造人人尊重、处处爱护企业家的氛围。

2. 打造专业技能人才队伍

通过对外引进和自身培养，重点在科技创新、产业发展、企业管理等领域，汇聚1000名左右拔尖领军人才。继续做好博士后工作站和流动站管理，力争新增2个工作站、1个流动站。在重视高端人才培养的同时，大力培养数以万计的中端和初级人才。落实国家技能人才培养创新项目，创建高技能人才培训基地、技能大师工作室、劳模创新工作室。

3. 健全集聚人才的制度体系

形成尊重知识、尊重人才、尊重创新的良好风尚和有利于出成就、出业绩的体制机制。建立教育培训和实践锻炼相配套、省内培养和省内外交流合作相衔接的开放式培养体系。完善以岗位职责要求为基础，以品德、能力和业绩为导向，科学、公平、公正的人才评价和激励机制。制定在福利待遇、职务职称、住房补助、医疗保障、子女入学等方面的优惠条件，实行以增加知识价值为导向的分配政策，提高成果转化收益分享比例，依法赋予创新领军人才更多人财物支配权、技术路线决策权。设立“青海人才工作伯乐奖”，落实领导干部联系专家制度。

（三）营造创新创业良好环境

通过倡导创新创业精神、加快建设众创空间、促进大学生创新创业等方式，推动大众创新万众创业。到2020年，力争全省建成众创空间50家以上，有条件的城镇及职业学院均建成1家以上众创空间。增加创新资源的供给，发挥“双创”“互联网+”集众智汇众力的乘数效应，推动工业园区、教育科技集聚区、文化创意集聚区与众创空间协同发展，孵化培育一批创新型小微企业，探索众创、众包、众扶、众筹等新模式，从中成长出能够引领未来经济发展的骨干企业，形成新的产业业态和经济增长点。

到2020年，科技体制改革取得突破，基本建立适应创新驱动发展战略要求、符合市场经济规律和科技创新发展规律的创新体系。加快政府职能从研发管理向创新服务转变，优化创新基地和研究力量布局，完善科技专项、引导基金管理，增加研发投入。

完善政府对基础性、前沿性、战略性科学研究和共性技术研究的支持机制。深化科技计划管理改革，优化整合现有科技计划，实行分类管理、分类支持，建立科技计划管理联席会议制度，推行专业机构管理项目机制，健全监督评估机制。

到2020年，新建5个国家级科技创新平台，建立起与产业发展相适应、创新资源高效集成的创新平台体系。发挥高新区对创新资源的集聚整合作用，引导创新平台形成资源叠加优势和创新集群效应。加快推进青海国家高新区、青海大学国家科技园、国家农业科技园区、西宁中关村科技成果产业化基地、海东中关村科技园及西宁、格尔木创新型城市建设。整合利用各类创新资源，搭建专业技术平台、引入专业化科技服务机构和科技金融服务体系，建设形成若干创新基地和创新集群。

加大财政资金对基础研究、社会公益性研究、前沿高技术研究的支持。优化财政对科技创新的投入方式，加大创新创业投资支持力度，设立科技成果转化引导基金和科技援青基金，进一步扩大科技创业风险投资引导基金规模。充分利用省财政信贷风险补偿专项资金，鼓励金融机构加大对中小企业的信贷支持，鼓励科技型小额贷款公司向小微科技企业提供贷款服务。实行普惠性财税支持政策，政府采购优先选择创新产品、绿色产品、节能产品，提高研发费用加计扣除。试点省级与市州级科技经费联合支持企业科技创新的方式。支持银行业金融机构设立科技支行或科技信贷中心、科技企业金融事业部等专营机构，建立科技金融合作平台，推动发展投贷联动、投保联动、投债联动等新模式。支持符合条件的创业创新企业利用增信集合债、小额股权众筹等工具直接融资。完善创业担保贷款政策。支持保险资金参与创业创新。支持知识产权金融发展。

四、协调青海：深入推进区域协调发展

坚持空间优化、区域协同、城乡统筹，从更高层次、更宽视野推进“四区两带一线”区域发展战略，重点解决区域城乡发展差距大、新型城镇化水平较低、区域互动发展程度不高等问题，塑造要素有序自由流动、主体功能约束有效、基本公共服务均等、资源环境可承载的区域协调发展新格局。

（一）加快形成主体功能区布局

1. 优化国土空间开发格局

树立空间均衡理念，积极构建平衡适宜的“三区一带”农牧业发展格局、“一轴两群（区）”为主体的城镇化工业化格局，促进产业集聚布局，人口集中居住，城镇集群分布，提高国土空间利用效率。适当增加生活空间、生态用地，保护好山水草林田湖天然生态，给自然留下更多修复空间。探索编制省级层面的空间布局“顶层规划”，在市县层面积极推动城乡建设、土地利用、生态环境保护等规划“多规合一”，将各类规划的原则内涵和底线要求，用不同“颜色”叠加在一张底图上，既保持规划的协调性、兼容性、互补性，又引导专项规划发挥各自特有作用，逐步建立从总体到局部、自上而下有机统一的空间规划体系。

2. 强化国土空间用途管制

划定生产、生活、生态空间管制界线，严守生态红线和环境容量底线，统筹推进集聚开发、分类保护和综合整治，促进国土资源开发利用与经济社会发展相协调。划定“生存线”，坚持最严格的耕地保护制度，划定永久基本农田，耕地保有量保持在831 万亩。划定“生态线”，开展环境功能区划分，合理划定自然生态保留区、生态功能保育区、食物环境安全保障区、集居环境维护区、资源开发环境引导区，加快建立资源环境承载能力监测预警机制。划定“保障线”，保障经济社会发展所必需的能源资源、重大基础设施、工业生产及生活居住用地，科学划定城乡开发边界，合理布局工业和城镇区域，提高国土开发效率。

3. 提升重要生态功能区保护能力

加强对重要湿地、风景名胜区、森林公园、沙漠公园、地质公园、水源保护地以及世界文化遗产的保护，严格控制人为因素对自然生态和文化自然遗产原真性和完整性的干扰。加强自然保护区保护能力建设，按照保护区的级别、面积、生态区位，整体推进管理机构、管护队伍、监测体系、基础设施和科研基地建设。各类保护区原则上只安排国家出资的公益性地质矿产勘查，禁止社会资本进入，探索建立保护区已探

明矿产资源战略储备机制，力争自然保护区保护与管理工作走在全国前列。建立保护珍稀野生动植物长效机制，完善野生动植物抢救、保护、繁育、交易制度，支持建设野牦牛、藏羚羊、普氏原羚、雪豹等以旗舰物种保护为主题的野生动物保护区。

(二) 优化全省区域分工布局

合理优化布局，完善差别化发展政策，提升“四区”区域发展的层次和水平，不断拓展优势互补、各具特色、充满生机、协同共进的发展空间，把“两带一线”打造成重要特色农牧业走廊、新型工业走廊、水电开发走廊、生态旅游走廊和丝绸之路开放带、城镇化发展带。

1. 实现西宁海东协调一体发展

更好发挥西宁市场体系健全、产业基础扎实、城镇体系完备、开放程度高等优势，推动其在创新驱动、结构升级等方面率先取得突破，推进老城区改造和新区建设，将其打造成青海省现代化中心城市、丝绸之路经济带重要节点城市、青藏高原宜居和旅游城市。加快海东市建设，在基础设施、产业园区、城市规划建设管理和扶贫攻坚等方面取得重大突破，着力建设成为青海省功能优化重要城市、兰西经济区产业基地、东部城市群的重要支撑、高原现代农业示范区和全省科学发展的新增长极，实现兰西城市群的中部崛起。

按照“规划、综合交通、水资源利用、能源供应、电信通信、生态环保、金融服务、基本公共服务”八个一体化的目标，统筹实施一批重大基础设施项目，推进形成西宁—海东1小时经济圈、物流圈、旅游圈、生活圈。进一步优化区域分工和产业布局，避免产业布局同构化、产业结构趋同化。

2. 推动海西加快转型发展

建成全国重要的循环经济示范区、新型工业化基地和城乡发展一体化示范区。突出抓好盐湖化工等基础原材料产业链的延伸，实现就地转型、提质增效和循环化发展，重塑传统产业新优势。大力培育新能源、新材料、特色生物等战略性新兴产业，形成区域发展新支撑。引导城镇建设与循环经济试验区建设相融合，加强与新疆、西藏等周边省区的联系，将格尔木建设成为区域性重要交通枢纽、电力枢纽和资源加工转换中心。进一步增强德令哈市的基础保障能力，提升可持续发展水平，打造成特色产业基地和高原绿洲城市。加快发展德令哈、诺木洪枸杞产业园，打造枸杞标准化生产加工基地。

3. 推进环湖地区特色发展

建成全省生态旅游、现代生态畜牧业发展示范区。加强水源地保护，增强水源涵养功能，促进青海湖流域草地、湿地、森林生态系统良性循环。充分挖掘自然风光、民族特色和宗教文化资源，规划建设以青海湖、祁连山等为重点的环湖特色旅游景区，增强旅游接待能力，树立良好的品牌形象，进一步提升高原特色旅游业发展的层次和水平。加大农牧业基础投入，发展高水平、标准化的养殖小区和农业园区，建设环青海湖区域农业区油菜、青稞产业带，因地制宜发展农畜产品加工业。根据资源禀赋，在确保区域生态功能的前提下，适度发展水电、新能源以及矿产资源综合开发等产业。

4. 促进青南地区保护与发展和谐共进

更加注重生态保护和建设，建成国家重要的绿色生态产品供给地、国家生态安全屏障、特色文化体验旅游目的地。全力推进三江源国家生态保护综合试验区建设，统筹生态保护、后续产业发展、防灾减灾和牧业人口布局，积极发展民族手工艺品、特色旅游纪念品、生态旅游等生态型非农产业。支持优势农畜产品产业带发展，建设全国草地生态畜牧业实验区、高原现代农牧业示范区，打造县域现代农牧业精品园区。

推进青海省与川甘交界地区的平安与振兴工程，全面加强基层政权建设，组织实施交界地区交通建设、教育发展、旅游发展专项规划，优先推进基础设施建设，推进交界地区互联互通提速、教育发展提质、社会治理提效，筑牢长治久安的物质基础，实现区域长期稳定发展。

（三）推动区域互补互动发展

1. 推进兰西经济区建设

积极争取国家从基础设施、资源配置、生态保护、产业发展等方面加大对兰西经济区和城市群发展的支持力度。加大交通、能源等基础设施的共同规划建设，逐步形成高效、便捷、共享的基础设施网络。加强产业对接合作，有重点地围绕产业转型、特色优势资源开发等方面规划布局一批重大项目。推进民和川口与兰州海石湾协作建设“川海新城”，使其成为连接西宁、兰州两大城市的重要节点。

2. 加强与周边地区交流合作

统筹规划与成渝经济区以及甘肃、新疆、西藏的交流合作，进一步拓展区域交流合作空间。以西成铁路建设为契机，研究建立西宁一成都区域发展合作机制，从决策、协调、执行层面提前谋划合作发展的具体路径，在能源资源、产业转移、社会发展、民生改善、科技创新、生态保护等领域开展务实合作。以加快交通大通道和生态屏障建设为切入点，加强与甘肃、新疆、西藏在能源资源等领域的产业合作，共同推进资源开发和转化；丰富文化旅游合作，共同开拓旅游市场；开展生态环境保护和建设的交流合作，共同构筑好国家生态安全屏障。

3. 积极承接产业转移

立足资源特点和产业基础，着力承接和引进一批精深加工、高端制造产业，建设出口商品加工基地。围绕承接产业转移，适时有序的在西宁市、海东市、格尔木市构建绿色低碳循环产业体系。

五、特色青海：发展特色农牧业、推进新型工业化、促进服务业发展

（一）壮大高原特色现代生态农牧业

坚持集约化、有机化、品牌化方向，加快转变农牧业发展方式，走出一条农业与牧业循环、规模经营与品牌效益兼得、三次产业融合发展的特色之路。

1. 提高农牧业综合生产能力

高度重视农牧业发展，切实保护和利用好有限耕地。到 2020 年，实现农牧民口粮自给有余，蔬菜自给率不断提高、生产水平再上新台阶，牛羊肉、奶类、马铃薯、油

料人均占有量居西部乃至全国前列。以稳定粮食产量、增加畜产品有效供给、提高“菜篮子”生产水平、促进农牧民增收为主要目标，加大强农惠农富农政策力度，不断提高农牧业综合生产能力。

2. 促进农牧业产业化

统筹各区域农牧林渔优势资源和综合条件，围绕“世界牦牛之都”“中国藏羊之府”“中国有机枸杞之乡”“中国冷水鱼养殖繁育之库”等高原特色生态有机品牌，重点打造畜禽养殖、粮油种植、果蔬、枸杞沙棘“四个百亿元”产业，农畜产品加工转化率达到60%以上。实施现代种业提升工程，加快特色优势作物制种业发展，建设国家级春油菜、马铃薯以及良种牧草制繁种基地，加强畜禽良种繁育。大力发展藏羊、牦牛、枸杞、沙棘、中藏药材、藜麦、果蔬花卉、饲草料等特色优势产业，注重品种改良，建成若干农畜产品产业带和示范园区。积极发展水产养殖业，打造全国最大的沿黄库区现代冷水鱼养殖基地。积极培育发展林产业，推进林业产业体系建设。强化市场和品牌建设，实施质量品牌提升计划，打响高原、有机、优质、富硒、富锗等健康牌，提高特色产品附加值和中高端市场占有率。

3. 构建新型现代农牧业经营体系

到2020年，培育形成农牧民专业合作社规范社5000家，形成30家年销售收入超亿元、45家销售收入超5000万元的龙头企业。稳定农牧区土地、草场、林地承包关系，完善所有权、承包权、经营权分置的有效办法，依法推进土地经营权有序流转，构建培育新型农牧业经营主体的政策体系，促进多种形式适度规模经营。

（二）大力推进新型工业化

贯彻落实《中国制造2025》行动纲领，以转型升级和提质增效为核心，加快工业化和信息化深度融合，加大产业技术改造、技术创新和技术攻关力度，提升产业层次和高新产业比重，引领生产方式向绿色、柔性、智能、精细转变，形成生态文明引领、资源高效利用、产业相互融合的循环型工业体系。

1. 推进传统产业转型升级

以资源精深加工和智能制造为方向，启动新一轮技术改造工程，滚动实施“百项改造提升工程”项目，支持有前景的重点企业全面提高产品技术、工艺装备、能效环保等水平，降低企业成本，推动困难企业转型升级，有效化解过剩产能，实现传统产业向高端化、高质化、高新化发展。

盐湖化工。加快推进钾、镁、锂、钠、氯循环产业发展，着力构建在全国具有重要影响力的千亿元盐湖资源综合利用产业集群。适度扩大钾碱等系列钾盐产能规模，积极发展精细化产品。继续推进东碱西移，巩固提升国家重要纯碱基地。加快金属镁一体化一期达产达标，积极推进二期项目，发展镁系列产品，加快培育精深加工产业集群。延伸发展硼、锂资源下游高端产品和无机功能材料。

有色冶金。建成国内重要的有色金属及下游加工产业集群和西部精品特钢生产基地。以降低企业能耗、物耗及排放指标为重点，持续优化生产工艺技术，继续提高铝就地加工比例和精深加工能力。提升铁、铜、铅、锌、镍、钴、钛、钼、黄金等采选冶炼技术工艺水平，重点推进副产品回收利用，延伸发展下游深加工产业。支持提高先进钢铁材料生产水平，鼓励发展高端装备、军工、核电用特种钢材、高强度建筑钢材和特种铁合金，提升高精度特钢产品档次和比重。积极开展铁合金行业余热回收利用和自动化系统技术改造。

能源化工。持续推进油气资源勘探开发，形成千万吨级油气田，改造提升炼油和油气化工，推进发展新型煤化工。积极实施格尔木炼油厂扩能改造项目。加快推进油气化工产业与盐湖化工、煤化工产业融合发展，开发下游高附加值产品。

特色轻工。加强质量品牌建设，树立青海制造品牌良好形象，构建具有鲜明地域优势和高原特色的轻工产业体系。依托三江之源自然品牌，借助千年冰川、万年雪山的资源优势，大力发展天然饮用水产业，打造一批大企业、好品牌。加快藏毯一体化发展，建成集藏毯研发、加工、展销、原辅材料交易和售后清洗、修补为一体的国际性藏毯之都。促进服装服饰产业品牌化发展，大力发展民族服饰业和民族特需品产业。扶持清真食品产业，推动农畜产品下游精选、精装、精细化加工，保护发展地方品牌产品。依托三江源、青海湖、祁连山、柴达木四大生态品牌，将黑枸杞、牛羊肉、牦牛奶等原生态生物资源打造成高档品牌消费品。提升发展昆仑玉、唐卡、藏式饰品等民族工艺品和旅游纪念品产业集群。

建材产业。支持发展特种水泥、高标号水泥及构件产品。鼓励企业发展钢化玻璃、中空玻璃、泡沫玻璃及幕墙玻璃等高附加值产品，研发生产锂铝硅玻璃、硼硅玻璃、太阳能光伏光热玻璃等特种高端玻璃。拓展硅灰石卫浴系列产品市场。发展 PVC 系列铝塑型材及高强石膏粉、纸面石膏板、石膏后加工产品等新型建筑材料。加快提升氢氧化镁、电熔镁砂等高端耐火阻燃产品档次，形成百万吨级产业规模。

2. 发展壮大战略性新兴产业

以抢占特色新兴产业发展制高点为目标，滚动实施“百项创新攻坚工程”项目，着力构建在全国具有重要影响力的千亿元锂电、光伏光热、新材料产业集群，使新兴产业成为带动全省工业转型升级和创新发展的重要支撑。

新能源制造业。打造全国有影响力的锂电产业基地和重要的光伏光热制造基地。大力发展太阳能光伏光热发电系列产品、风机整机制造及零部件等配套产品。深入推进锂资源整合，实现集约开采利用，以储能电池为重点，扩大正负极、特种隔膜、电解液等产品产能，争取突破高能量密度、高安全性单体电池、高功率密度超级电容及电池系统集成技术，并开展规模化生产应用。

新材料产业。以电子信息材料、新型化工材料、新型合金材料等为主攻方向，重点发展铝基、镁基、钛基和锂合金等新型轻金属合金材料，镍基下游高端合金及功能材料；开发先进高分子材料和特种纤维及其复合材料为主的新型化工材料；壮大发展 LED 光电材料、铜铝箔电子基材，电子级碳化硅、单晶及外延片等电子材料以及高纯氧化铝、蓝宝石、超级碳材料等人工晶体材料；跟进发展石墨烯等新材料。

电子信息产业。积极引进国内外电子信息制造优势企业，大力发展电子元器件、光纤等电子信息材料产品，逐步发展传感器、射频识别等数据采集设备，发展高性能低功耗存储设备。依托信息产业园，集聚一批大数据智能终端设备部件配套生产企业，实现终端产品制造与大数据应用服务互动发展。加快信息安全产业发展，大力推广应用国产工控软件系统与设备，提高关键技术自主可控能力。

生物医药产业。积极利用现代生物提取技术，以健康制品和药品两大系列为方向，构建特色生物产业链和产业集群。加强中藏医药传承和研究，扩大中藏药材GAP种植规模，运用创新技术，开发一批中藏药新产品、新剂型，推动民族药产业化。积极发展冬虫夏草、枸杞、沙棘、党参以及动物血液、脏器等特色生物资源精深加工产业，实现生物产业的规模化精深加工和综合利用。

高端装备制造业。加快高端数控机床等前沿技术和装备研发，巩固发展高速铁路专用机床、多轴联动系列加工中心等复合智能化、高速精密化高端产品及高精度零部件产品。引进培育新能源汽车，发展乘用汽车制造业。加快专用汽车、环卫设备、现代农业机械制造升级换代进程。支持发展石油机械、压力容器、非标设备和大型铸锻件及基础零部件等产业。培育发展应急设备制造产业。支持企业利用互联网技术完善维修、保养、运行服务体系，推动装备制造业向数字化、网络化中高端迈进。

3. 大力拓展工业新业态

以新一代信息技术应用和“两化”融合为突破口，激发社会创新、促进大众创业，培育发展新产业、新业态，形成新的工业增长点。

节能环保产业。加快构建涵盖技术研发、产品与装备制造、安装调试、运行维护和服务的节能产业链。加大对高效节能燃烧、余热余压利用、节电、节水和粉尘治理等技术的推广和扶持力度。探索建立电器和机械设备拆解回收产业链，加快再生资源回收分拣中心升级改造和再生资源交易市场建设，建设西宁“城市矿产”示范基地。针对工业园区及企业循环化改造，布局发展工业固废、污水、危险废物等协同无害化处置产业。鼓励采矿业应用新技术开展精采和副产品综合利用。研发牛羊粪便无害化环保处理技术装备，壮大新型水处理技术装备、生活垃圾处理成套化设备等环卫基础设施设备制造产业。

信息技术应用。大数据云计算等新一代信息技术在重点领域的应用得到深化，初步形成服务创新、技术创新和管理创新协同推进的发展格局，带动相关产业快速发展。围绕大数据中心建设和“云”工程应用、产业链培育，引进大型数据服务企业和国内电子百强企业落户青海省。发展基于互联网的消费需求动态感知研发、个性化定制、众包设计和制造产业组织新模式，不断催生新型服务业态。围绕智能制造、智能监测监管、工业自动化控制、机器人替代工程等物联网应用，促进“两化”深度融合发展。

4. 优化工业生产力布局

调整优化区域产业分工，明确定位，形成以三大园区为主体，县域经济为补充，各具优势、错位发展的生产力布局。充分发挥西宁创新要素集聚和海东区位优势，引导新能源、新材料、特色轻工、新型建材、高端装备制造等技术和劳动密集型产业向西宁、海东两大园区布局，进一步提高东部地区环境准入门槛，严禁新上高载能高污染项目。充分发挥柴达木地区资源能源和土地优势，抓好化工、有色冶金等基础原材料产业和多元化能源产业。鼓励海西、海南、海东及其他有条件地区利用荒漠、荒滩、荒地、荒坡、荒山有序发展光伏光热风力发电、高原生物等新兴产业。支持各地以市场为纽带，因地制宜，错位发展，促进园区间产业梯度转移。根据危化企业安全管理和生态敏感性需要，加快城市危化企业搬迁改造。

（三）促进服务业大发展

把加快服务业发展作为经济转型升级的战略支点，高起点谋划现代服务业布局，依据各区域的资源禀赋、产业基础和功能定位，规划建设一批服务业集聚区，加快高原旅游名省建设，全力促进生产性服务业向专业化和价值链高端延伸，生活性服务业向精细和高品质转变，提高服务业在国民经济中的比重和贡献率。

持续打造大美青海，着力构建“一圈三线三廊道三板块”旅游发展格局，把青海省建设成为中华民族特色文化旅游目的地、国家生态旅游目的地、国家丝绸之路战略支点上黄金旅游目的地，努力建成旅游名省。到 2020 年，全省接待国内外游客达到 4000 万人次，实现旅游综合收入 500 亿元。

进一步增强旅游综合服务能力。优化旅游发展环境，推动旅游资源市场化改革，构建旅游投融资平台，引进战略合作者，高水平建设重点景区和配套基础设施，有效提升景区的整体品质和美誉度。提高铁路、民航与城市交通的换乘效率，实施交通干线与 3A 级以上景区衔接通达工程。加快西宁、格尔木、玉树等旅游集散地建设，完善游客咨询、服务和救援体系。规范提升青海湖、塔尔寺、坎布拉、年保玉则、互助北山、贵德、茶卡、可鲁克湖等重点景区品质和档次，打造三江源生态旅游区、祁连山风光旅游带等国际旅游目的地，力争新增 5 家国家 5A 级旅游景区。

促进旅游产品转型升级。发展全域化、全季节旅游，推进旅游与民族风情结合，丰富旅游专项活动，促进青海省旅游由“旅长游短”向“快进慢游”转变、由观光向观光—休闲—度假并重转变。积极发展休闲观光、极限挑战、深度自驾、屋脊探险、影视摄影、乡村游、冬春游、老年旅游以及中藏药健康旅游等旅游产品。充分依托独特的森林、湿地、荒漠、野生动植物等自然资源，大力发展森林旅游、湿地旅游等生态型旅游产品。打造高铁特色旅游线路，开发沿线旅游产品。大力发展红色旅游。推进旅游与农业、工业和文化体育等产业融合发展，培育独具特色和魅力的旅游业态。开发线上线下有机结合的旅游服务产品，推动旅游定制服务，满足个性化需求，深化旅游体验。

推动旅游跨区域合作发展。围绕丝绸之路经济带和青藏铁路沿线、中国长江、黄河之旅等旅游推广联盟，加快旅游外联通道建设。完善区域旅游合作机制，推进青藏旅游一体化，共建川滇甘青国际旅游目的地，促进“黄河上游大草原”“大香格里拉”“大九寨”“三江源”“大年保玉则”旅游经济圈合作开发，实现旅游资源共享、品牌共建、线路互联、节会互参、市场互动。积极发展入境游，推出面向国际市场、周边省（区）的环线旅游产品。

六、开放青海：构建全方位、多层次、高水平对外开放新格局

积极顺应世界经济发展趋势，紧抓国家实施“一带一路”战略的重大历史机遇，积极参与长江经济带建设，坚持对外开放与深化改革相结合，对内开放与对外开放相结合，着力解决对外开放总体水平不高、经济外向度低、对发展拉动作用不强等问题，建设和优化对外交流平台，拓展对外合作空间，加快培育国际合作和竞争新优势，构

建全方位、多层次、高水平对外开放新格局。

（一）深度融入“一带一路”建设

立足比较优势，加强与丝绸之路经济带沿线国家及地区的交流合作，努力把青海省建成丝绸之路经济带上重要的战略通道、商贸物流枢纽、产业基地、人文交流基地。

1. 加强对外开放通道建设

加快铁路公路建设，提升枢纽功能，加大对国际航线的支持力度，实现与主通道间的高效畅通，构建进入中亚、西亚、南亚及欧洲地中海国家的战略通道，夯实对外开放的互联互通基础。加快构建通达全国和重要国家（地区）的航线网络，开通国际货运包机，建设区域航空货运集散中心。加强航空和陆路口岸基础建设，提升口岸综合服务功能，形成丝绸之路经济带上的贸易通道。建设数字丝绸之路。

2. 健全长效合作机制

加强与国内外各类商协会、海外侨胞的沟通联系，进一步完善与沿线国家和地区的交流合作圆桌会议机制，在条件成熟的国家和地区设立对外合作联络处（窗口），在友好协商的基础上互设代表处，为合作交流提供信息和服务。积极与沿线国家和地区缔结友好关系，在已经建立友好缔约城市的基础上，加强与中亚五国、阿联酋、沙特、俄罗斯等国的沟通联系，建立友好省（市州）关系，制定务实的交流合作计划，打造西宁、海东和格尔木三个对外开放节点城市。进一步强化西部省区间参与“一带一路”建设的政策协调，建立沟通协商机制，共同打造向西、向南开放的经贸共同体。

3. 扩大对外人文交流

充分发挥民族文化人文优势，广泛开展教育、文化、旅游、卫生等领域合作，形成面向周边国家和地区的人文交流基地。以唐蕃古道、昆仑文化为重要载体，组织工艺美术大师走出国门开展人文和民间文化交流，支持文化企业赴境外商业演出和发展文化贸易，促进文化产品行销海外，打造文化展示交流平台。以循化县撒拉族与土库曼斯坦历史文化同根同源为基础，充分挖掘历史、民族文化资源，编排“古秘撒拉尔”为主题的史诗纪录片和实景体验，打造丝绸之路历史文化旅游区。利用玉树藏族自治州杂多县系澜沧江—湄公河源头的独特地理优势，打造“澜沧江—湄公河源头风情文化旅游”线路，吸引湄公河流域五国民众来青旅游，开展人文、生态、商贸交流。开展教育交流合作，扩大与相关国家互派留学生规模，鼓励与有实力的高校联合办学，支持青海民族大学建立中亚学院，青海师范大学建立丝绸之路经济带研究院，广泛开展丝绸之路沿线城市青少年交流互访活动。加强医疗卫生交流合作，在高原医学、藏蒙医药、地方病防治、专业人才培养等方面建立密切协作关系，在沿线有需求国家建立高原病和藏蒙医药诊治中心。

（二）培育对外贸易新优势

扩大贸易规模，优化贸易结构，提高开放型经济发展水平。着力提高自营进出口比重，规范推进代理贸易，全省进出口总额年均增长10%左右，实现进出口平衡发展。

1. 提升产品出口能力

加强出口基地建设，稳定传统优势产品出口，提升出口产品质量、档次和创新要素比重，实现出口商品以初级产品为主向高附加值产品转变。建设特色优势产品出口加工基地和商贸物流集散基地，积极推进藏毯、穆斯林用品、生物制品、特色文化产品等 13 个国家级、省级出口基地建设。实施“千万美元潜力培育计划”和出口自主品牌培育计划，在藏毯、特色纺织、装备制造、水电、钾肥、藏文化及医药、新能源、生物制品等行业扶持一批年进出口总额超千万美元，具有国际竞争力和知名度的骨干进出口企业。

2. 有效扩大进口规模

积极扩大进口，推行“保税仓储＋保税展销”进口馆等模式，增加一般消费品和生活用品进口，建设 10 个国际商城和进口生活馆。优化进口商品结构，鼓励省内大型工业企业自行进口先进技术、重要设备和关键零部件，稳定资源性产品进口，扩大从中亚和南亚等国家纺织原料、中药材等商品的进口规模。提高加工贸易业务量，扩大加工贸易与原料进口。

3. 大力发展服务贸易

加快服务业开放水平，引进国际性高端服务业，培育一批服务外包企业，提升承接服务外包业务能力和水平，建设服务外包基地，制定国际服务贸易促进措施，扶持龙头企业到海外承接服务贸易项目。稳定和拓展旅游等传统服务业出口，探索扩大金融、物流、通信等服务业对外开放，培育新的服务贸易增长点，提升服务业国际化水平和在对外贸易中的比重。

4. 拓展对外营销网络

积极开辟青海省特色产品的新兴市场，基本形成覆盖主要贸易伙伴的销售网络。支持企业在重点国家和地区建设 15 个中国（青海）特色商品国际营销中心，鼓励有条件、有实力的企业收购国外商贸流通企业或建设自主国际营销渠道，快速拓展境外销售网络。支持企业设立境外商品展销中心、分拨中心、零售网点、售后服务中心直接参与国际市场竞争。鼓励内外贸企业兼并重组和合作，培育大型国际化流通企业。支持企业发展跨境电子商务、市场采购贸易等新型贸易方式，通过“海外仓”等模式融入境外零售体系。

（三）构建开放型经济新体制

营造法治化、国际化、便利化的营商环境，提高外商投资服务水平，健全有利于合作共赢的体制机制。

1. 完善政策支撑体系

深化外商投资管理体制改革，全面实行准入前国民待遇加负面清单的管理制度，创新对外投资合作方式，积极有效引进境外资金和先进技术。依法完善商品进出口管理和外贸促进政策体系，健全外贸政策协调机制。充分发挥财政专项资金引导作用，改革外经贸发展基金使用方式，重点支持外贸出口基地建设、品牌培育、外贸结构调整。鼓励银行业金融机构加大对进出口企业的信贷支持，开展出口订单融资、保单融资、进口押汇融资和进口设备融资业务。扩大出口信用保险规模和覆盖面，大力推进出口信用保险保单融资业务。加大对中小微外贸企业担保服务的政策支持。

2. 推动贸易便利化

加快对外贸易“单一窗口”和口岸体系建设，建立信息互换、监管互认、执法互助的通关协作机制，全面推行关检合作一次申报、一次查验、一次放行的“三个一”模式。加快电子口岸建设，建立青海省电子口岸信息服务平台。推进内陆口岸建设，加强与沿海、沿边地区口岸之间的物流合作和联动发展，提升西宁航空口岸货运能力，支持格尔木发展多式联运，承接口岸物流功能。探索推动水果、肉类等进口检验检疫指定口岸建设。加强创新海关监管，完善行邮税政策及征管措施。

3. 推进综合保税区建设

推进曹家堡保税物流中心（B型）、西宁综合保税区、青海国际保税购物中心等海关特殊监管区建设。推行“保税仓储＋保税展销”、进口商品直销、国际采购—进口—销售等模式进口馆，以及机场口岸免税商店建设。积极发展保税物流业务，拓展保税货物的展示、检测、期货交割等新型业务。

七、和谐青海：打造青海精神高地，开创民族团结社会和谐进步新局面

积极培育和践行社会主义核心价值观，充分发挥文化引领社会、教育人民、推动发展的功能，大力发展文化事业和文化产业，不断满足人民群众日益增长的精神文化需求，激发全省各族人民建设青海的主人翁意识，推动文化大发展、大繁荣，显著提高国民素质和社会文明程度，着力建设“文化名省”，有效夯实全省各族人民的共同思想基础。

牢牢把握各民族共同团结奋斗、共同繁荣发展主题，深化民族团结进步先进区创建活动，深入推进民族团结进步事业，不断巩固和发展各族人民和睦相处、和衷共济、和谐发展的良好局面。到2020年，全省80％的乡镇（街道）建成市州民族团结进步先进乡镇（街道），70％的县（市、区）建成全省民族团结进步先进县（市、区），60％的市州建成全国民族团结进步先进市州。

（一）继承和发展优秀传统民族文化

发扬青海省农耕文化、草原文化、昆仑文化的原生态性、共生性和民族性，深度挖掘和传承特色文化。统筹文化遗产保护利用和传承发展，加大对国家级和省级文物保护单位、古遗址等历史文化遗产保护利用力度，推动实施喇家国家考古遗址公园和一批重大文物保护修缮、保护设施建设及国有可移动文物保护修复等工程，整体规划“喇家遗址、大禹故里、土族风情、黄河风光”四位一体的民和三川地区文化旅游资源开发。加大传统村落、少数民族特色村镇和传统民居、历史文化名城名镇名村整体保护力度。积极开展唐蕃古道申报世界文化遗产工作。加快推进热贡、格萨尔（果洛）国家级文化生态保护区建设，规划建设互助土族、循化撒拉族、海西德都蒙古、玉树康巴等一批省级民族文化生态保护区。加强国家级和省级非物质文化遗产名录项目保护，继续完善非遗项目展览、展示、传习等保护利用设施，建立形式多样、各具特色的展示传承基地。全面实施青海文化记忆工程，运用数字多媒体等现代信息技术手段，对文化遗产进行全面、真实、系统地记录。推动实施优秀传统文化题材创作工程，打造一批独具青海特色、地域特点的精品舞台剧目，出版一批本土特色精品图书。积极

筹资建设青海民族民间文化展示园。

（二）扎实做好民族宗教工作

全面贯彻党的宗教工作基本方针，引导宗教与社会主义相适应。落实《青海省宗教事务条例》，坚持依法管理宗教事务，保护合法、制止非法、遏制极端、抵御渗透、打击犯罪，依法保障信教群众正常宗教需求，稳步拓宽信教群众正确掌握宗教常识的合法渠道，确保宗教事务依法管理、宗教活动有序进行。实施寺院建设“六项工程”，进一步加强对教职人员的社会公共服务和社会保障。坚持和完善领导干部联系寺院和宗教界人士制度，加强爱国宗教团体和寺院民管会班子建设，积极创建“和谐寺观教堂”，加强宗教界代表人士教育培养工作，确保寺院领导权牢牢掌握在爱国爱教人士手中。加快省藏语佛学院和玉树分院建设，探索设立佛学院若干在寺院的分院，建好省伊斯兰教经学院，做好社会主义学院从党校分离的各项工作。

（三）全面深化平安青海建设

贯彻落实《关于全面深化平安青海建设的意见》，全力打造平安青海建设“升级版”。深入实施“平安细胞”工程建设，不断深化县（市区）、乡镇（街道）、村（社区）等地区平安创建，全面推进寺院、校园、交通、医院等行业平安创建及平安家庭、平安单位、平安边界创建，推动“平安细胞”建设全面覆盖，切实把平安筑牢在群众身边。持续开展平安建设基层典型培育，以点带面提高基层平安创建的整体水平。扎实推进平安与振兴工程。

（四）健全公共安全体系，推动军民融合发展

加强公共安全预防和保障能力建设，强化全社会公共安全意识，维护人民群众生命财产安全，加强食品药品安全监管。实施军民融合发展战略，形成全要素、多领域、高效益的军民深度融合发展格局。注重统筹经济建设和国防建设，建立健全组织管理、工作运行、政策制度体系，持续加强联建共建、拥军助军等工作，努力打造一批军民融合创新示范单位、示范项目。促进军民信息、技术、人才、装备、文化和社会化保障等双向流动。加强全民国防教育和后备力量建设，密切军政军民团结，积极支持国防建设和军队改革，有效进行反恐处突和抢险救援。深入开展创建双拥模范城（县）活动，筑牢军民团结的坚实根基。

打造“机制活、产业优、百姓富、生态美”的新福建
——福建省“十三五”规划纲要（摘选）

福建省“十三五”规划是在党中央经济建设、政治建设、文化建设、社会建设、生态文明建设的总体布局和全面建成小康社会、全面深化改革、全面依法治国、全面从严治党的战略布局指引下，牢固树立和落实创新、协调、绿色、开放、共享的发展理念，科学编制而成。福建省国民经济和社会发展第十三个五年（2016—2020年）规划纲要，根据《中共福建省委关于制定福建省国民经济和社会发展第十三个五年规划的建议》编制，主要是全面贯彻落实中央和省委的战略部署，其目的是推动全省经济社会发展再上一个新台阶，努力建设机制活、产业优、百姓富、生态美的新福建。

一、福建省“十二五”基础及“十三五”目标

“十二五”时期，福建经济社会发展取得新成效、迈出新步伐。“十三五”时期是福建进一步加快发展的重大战略机遇期，要主动适应、把握、引领新常态，坚持创新发展、协调发展、绿色发展、开放发展、共享发展，全面建成小康社会，推动经济社会发展再上一个新台阶。

（一）“十二五”发展基础

我省“十二五”规划主要目标任务顺利完成，为“十三五”发展奠定了坚实基础。

——综合实力持续增强。全省地区生产总值2.598万亿元、年均增长10.7%，人均地区生产总值突破1万美元，一般公共预算总收入突破4000亿元，地方一般公共预算收入、全社会固定资产投资实现比2010年翻一番以上。新型城镇化积极稳妥推进，常住人口城镇化率达62.7%，城乡区域发展动力活力增强。

——基础设施明显改善。现代综合交通网络基本形成，实现市市通动车、县县通高速、镇镇通干线、村村通客车，五年新增铁路运营里程1168公里、高速公路里程2600公里、港口通过能力1.3亿吨、机场旅客吞吐量1570万人次。沿海重要能源基地加快建设，新增电力装机容量1450万千瓦，核电并网发电，能源结构持续优化。“数字福建”建设取得新的重大进展，基础网络全面覆盖，政务应用体系基本建成，信息惠民水平大幅提升，信息化水平位居全国前列。市政基础设施、水利和防灾减灾等重点工程建设明显加快。

——产业升级力度加大。产业发展水平不断提升。特色现代农业加快发展。抓龙头、铸链条、建集群取得新成效，央企民企外企项目对接成果显著，一批重大产业项目建成并投入使用，全省千亿产业集群达9个，规模以上工业增加值、服务业增加值均突破1万亿元。金融业发展迅速。互联网经济高速发展，电子商务交易额位居全国

前列。海峡蓝色经济试验区建设有力推进，海洋生产总值居全国第五位。

——创新能力不断提升。自主创新能力进一步增强，一批制造业核心技术和工艺装备达到国内先进水平，农业科技整体实力与海洋渔业研发能力明显提升。创新平台加快建设，新增一批国家级研究院（中心）、重点实验室、工程（技术）研究中心、企业技术中心，“6·18”促进成果对接转化的平台作用有效发挥。高新技术产业增加值占地区生产总值比重达 15%，工业化和信息化融合水平居全国第七位。

——改革开放全面推进。行政管理体制改革不断深化，省级行政审批事项精简到 314 项，成为全国最少的省份之一。行政服务中心按标准化建设。行政权力清单、责任清单、公共服务事项清单公布。公共资源配置市场化改革、商事制度改革、金融体制改革力度加大。市场主体活力持续增强，社会资本准入领域不断拓展，民营经济占 GDP 比重达 67.3%。对外开放水平继续提升，侨务资源充分发挥，自由贸易试验区、21 世纪海上丝绸之路核心区建设全面启动，福州新区获批国家级新区。

——闽台合作深入拓展。海峡西岸经济区建设加快推进，闽台经贸合作更加紧密，累计实际利用台资 58.3 亿美元，对台贸易额超过 600 亿美元。闽台先进制造业合作扎实推进，现代服务业合作先行先试取得积极进展。台湾地区银行在闽设立分行实现零的突破。农业利用台资居大陆首位。台商投资区、两岸区域性金融服务中心、两岸文化交流基地、台湾农民创业园等对台合作平台和两岸直接往来综合枢纽建设持续推进。闽台车辆互通取得个案突破。金门供水工程开工建设。平潭综合实验区开放开发全面推进，两岸共同家园效应初步显现。

——生态建设持续推进。生态省建设力度持续加大，生态文明先行示范区建设全面推进。主体功能区战略加快实施，省域国土空间开发新格局初步建立。绿色循环低碳发展成效明显，资源环境承载能力不断增强。生态补偿机制和环保收费制度建立健全。地表水、大气质量优良，森林覆盖率持续位居全国首位，生态环境质量保持全国前列，“清新福建”名片更加亮丽。

——人民生活不断改善。城乡居民收入大幅提高，实现居民收入增长与经济发展同步、劳动报酬增长与劳动生产率提高同步。累计减少贫困人口近 100 万人、新增城镇就业 326 万人、转移农村劳动力就业 215 万人。“双高普九”全面实现，城乡居民社会养老保险制度实现一体化，医疗救助和城乡居民大病保险全面实施，公共文化服务体系更加健全，保障性安居工程每年均超额完成国家下达的目标任务。

表 1　　“十二五”规划目标完成情况

序号	指　标	单位	2010 年	规划目标		预计完成情况	
				2015 年	年均增长或提高	2015 年	年均增长或提高
1	地区生产总值	万亿元	1.47	2.5 以上	10%以上	2.598	10.7%
2	人均地区生产总值	万元	4	6.6 以上	9%以上	6.8	9.9%
3	一般公共预算总收入	亿元	2056	3623 以上	12%以上	4143	15%

续 表

序号	指　标	单位	2010 年	规划目标		预计完成情况	
				2015 年	年均增长或提高	2015 年	年均增长或提高
4	地方一般公共预算收入	亿元	1151.5	2029 以上	12%以上	2544	17.2%
5	全社会固定资产投资	亿元	8273	19000	18%以上	21678	21.2%
6	社会消费品零售总额	亿元	5310	10000	14%	10505	14.6%
7	外贸进出口总额	亿美元	1087.8	1675	9%	1735	9.8%
8	实际利用外资（验资口径）	亿美元	58	五年累计 250 亿美元		五年累计 335 亿美元	
9	三次产业增加值比重	%	9.3∶51.0∶39.7	7∶51∶42		8.1∶52.1∶39.8	
10	城镇化率	%	57.1	60.1	1.5 个百分点	62.7	1.1 个百分点
11	年末总人口	万人	3693	3801	7.8‰	3840	7.8‰
12	城镇登记失业率	%	3.77	4.2 以内		3.6	
13	城镇新增就业人数	万人	65.7	累计 300		累计 325.6	
14	城镇参加基本养老保险人数	万人	635.3	760	3.8%	863 以上	5.4%
15	城镇居民人均可支配收入	元	19920	33600	11%	33360	10.9%
16	农民人均纯收入	元	7427	12515	11%	13850	12.8%
17	城镇基本医疗保险参保率	%	95	95 以上		96 以上	
18	新型农村合作医疗参合率	%	98.13	98		99.99	
19	新型农村社会养老保险参保率	%	92.74［首批试点县(市、区)］	85		97.3	
20	城镇保障性安居工程建设（开工套数）	万套	13.47	完成国家下达任务		75.58，全面完成国家下达任务	
21	千人医疗机构床位数	张	3.15	4		4.51	
22	千人医生数	人	1.57	1.84		2.07	
23	财政教育支出占财政一般预算支出比重	%	19	21	0.4 个百分点	18.6	累计下降 0.4 个百分点

续　表

<table>
<tr><th rowspan="2">序号</th><th rowspan="2" colspan="2">指　标</th><th rowspan="2">单位</th><th rowspan="2">2010 年</th><th colspan="2">规划目标</th><th colspan="2">预计完成情况</th></tr>
<tr><th>2015 年</th><th>年均增长或提高</th><th>2015 年</th><th>年均增长或提高</th></tr>
<tr><td>24</td><td colspan="2">九年义务教育巩固率</td><td>%</td><td>96.7</td><td colspan="2">98</td><td colspan="2">98</td></tr>
<tr><td>25</td><td colspan="2">新增劳动力平均受教育年限</td><td>年</td><td>9.38</td><td>13.3</td><td>0.34</td><td>13.5</td><td>0.82</td></tr>
<tr><td>26</td><td colspan="2">高中阶段教育毛入学率</td><td>%</td><td>83.4</td><td>90</td><td>1.32 个百分点</td><td>93.8</td><td>2.08 个百分点</td></tr>
<tr><td>27</td><td colspan="2">研究与试验发展经费支出占 GDP 比重</td><td>%</td><td>1.16</td><td>2.2</td><td>0.21 个百分点</td><td>1.5</td><td>0.07 个百分点</td></tr>
<tr><td>28</td><td colspan="2">高新技术产业增加值占 GDP 比重</td><td>%</td><td>12.5</td><td>15</td><td>0.5 个百分点</td><td>15.2</td><td>0.54 个百分点</td></tr>
<tr><td>29</td><td colspan="2">人力资本投资占地区生产总值比重</td><td>%</td><td>10.5</td><td>13</td><td>0.5 个百分点</td><td colspan="2">13 以上</td></tr>
<tr><td>30</td><td colspan="2">耕地保有量</td><td>万亩</td><td>2007.5</td><td colspan="2">不低于国家下达的指标</td><td colspan="2">2001</td></tr>
<tr><td>31</td><td colspan="2">单位工业增加值用水量</td><td>立方米/万元</td><td>130</td><td colspan="2">比 2010 年下降 20%</td><td colspan="2">68，比 2010 年下降 47.6%</td></tr>
<tr><td>32</td><td colspan="2">非化石能源占一次能源消费比重</td><td>%</td><td>13.8</td><td>20</td><td>1.24 个百分点</td><td>16.8</td><td>0.6 个百分点</td></tr>
<tr><td>33</td><td colspan="2">单位 GDP 二氧化碳排放</td><td>吨当量/万元</td><td>1.44</td><td colspan="2">比 2010 年下降 17.5%</td><td colspan="2">数值 2016 年出</td></tr>
<tr><td>34</td><td colspan="2">单位 GDP 能源消耗</td><td>吨标准煤/万元</td><td>0.666</td><td colspan="2">比 2010 年下降 16%</td><td colspan="2">数值 2016 年出</td></tr>
<tr><td rowspan="4">35</td><td rowspan="4">主要污染物排放总量</td><td>化学需氧量</td><td>万吨</td><td>69.58</td><td colspan="2">比 2010 年减排 6.3%</td><td colspan="2">数值 2016 年出</td></tr>
<tr><td>氨氮</td><td>万吨</td><td>9.72</td><td colspan="2">比 2010 年减排 8.4%</td><td colspan="2">数值 2016 年出</td></tr>
<tr><td>二氧化硫</td><td>万吨</td><td>39.33</td><td colspan="2">比 2010 年减排 7%</td><td colspan="2">数值 2016 年出</td></tr>
<tr><td>氮氧化物</td><td>万吨</td><td>44.75</td><td colspan="2">比 2010 年减排 8.6%</td><td colspan="2">数值 2016 年出</td></tr>
<tr><td>36</td><td colspan="2">森林蓄积量</td><td>亿立方米</td><td>4.84</td><td>5.22</td><td>1.52%</td><td>6.08</td><td>4.67%</td></tr>
<tr><td>37</td><td colspan="2">森林覆盖率</td><td>%</td><td>63.1</td><td>65.5</td><td>0.48 个百分点</td><td>65.95</td><td>0.57 个百分点</td></tr>
</table>

注：表中 2010 年指标数据为实际值，“十二五”规划目标是以 2010 年预计值为基数，2015 年预计完成情况是以 2010 年实际值为基数。

（二）"十三五"发展目标

到2020年，全面建成小康社会，经济社会发展再上一个新台阶。

——综合实力大幅提升。全省经济保持稳定较快、高于全国平均增长，地区生产总值年均增长8.5%，提前比2010年翻一番；一般公共预算总收入达5800亿元以上，其中地方一般公共预算收入达3300亿元以上；全社会固定资产投资年均增长15%；社会消费品零售总额年均增长11%。主要经济指标平衡协调，投资效率和企业效益明显上升，工业化和信息化融合发展水平进一步提高，产业高端化、集群化进程不断加快，先进制造业加快发展，新产业新业态不断成长，服务业比重进一步上升，发展质量和效益明显提升。

——城乡区域更加协调。新型城镇化建设加快推进，发展空间格局进一步优化，福州、厦漳泉两大都市区同城化步伐加快，辐射带动作用进一步加强，中小城市和特色小城镇加快培育，区域间协作协同效益显著，欠发达地区发展步伐明显加快，农村发展内生能力增强，城乡一体化发展迈上新台阶，户籍人口城镇化率达48%左右，常住人口城镇化率达到67%左右。

——改革开放取得重大进展。重点领域和关键环节改革取得实质性突破，若干领域走在全国前列，若干区域成为全国改革排头兵和试验田。开放型经济发展水平全面提高，利用外资和对外投资、进出口贸易规模效益不断提升，年均实际利用外资75亿美元，外贸出口总额年均增长2%。21世纪海上丝绸之路核心区和自贸试验区建设取得明显成效，闽台经贸合作、人文交流更加密切，平潭综合实验区等对台合作平台作用更加凸显。

——创新创业活力显著增强。理论创新、制度创新、科技创新、文化创新等上新水平，创新在全社会蔚然成风。基本形成适应创新驱动发展要求的制度环境和人文环境，区域创新创业生态体系更趋完善，高新技术产业增加值占GDP比重达16%，研究与试验发展经费支出占GDP比重超过2%，每万人口发明专利拥有量达7.5件，科技进步贡献水平不断提高，进入创新型省份行列。

——人民生活水平全面提高。城乡居民人均收入年均增长8%，提前比2010年翻一番，到2018年现行国定扶贫标准贫困人口全部脱贫、2020年现行省定扶贫标准贫困人口全部脱贫。就业、教育、文化、社保、医疗、住房等公共服务体系更加健全，基本公共服务均等化水平稳步提高。人民素质和社会文明程度显著提高。文化产业成为国民经济支柱性产业。平安福建、法治福建、诚信福建建设全面推进，人民权益得到切实保障。

——生态文明先行示范效应凸显。生产方式和生活方式绿色、低碳水平上升。能源和水资源消耗、建设用地等总量和强度，以及单位生产总值二氧化碳排放量下降、主要污染物减排总量，均控制在国家下达的指标内。森林覆盖率继续保持全国首位，水、大气、生态环境质量保持优良。生态文明制度体系基本建成，可持续发展水平明显提高。

表2　　“十三五”时期经济社会发展主要指标

分类	序号	指标名称		单位	2015年预计	2020年目标	年均增长［累计］	属性
经济发展	1	地区生产总值		万亿元	2.598	3.9	8.5%	预期性
	2	人均地区生产总值		万元	6.8	9.8	7.5%	预期性
	3	一般公共预算总收入		亿元	4143	>5800	7%左右	预期性
	4	地方一般公共预算收入		亿元	2544	>3300	6%左右	预期性
	5	全社会固定资产投资		亿元	21678	43600	15%	预期性
	6	社会消费品零售总额		亿元	10505	17700	11%	预期性
	7	外贸出口额		亿元	6983	7700	2%	预期性
	8	实际利用外资		亿美元	76.8	［375］		预期性
	9	全员劳动生产率		万元/人	25.5	36.5	［11］	预期性
	10	服务业增加值比重		%	39.8	≥42	［2.2］	预期性
	11	城镇化率	户籍人口城镇化率	%	34.7	48	［13.3］	约束性
			常住人口城镇化率	%	62.7	67	［4.3］	预期性
创新驱动	12	研究与试验发展（R&D）经费投入强度		%	1.5	≥2	［0.5］	预期性
	13	每万人口发明专利拥有量		件	4.5	7.5	［3］	预期性
	14	科技进步贡献率		%	46	58	［12］	预期性
	15	互联网普及	固定宽带家庭普及率	%	68	77	［9］	预期性
			移动宽带普及率	%	64	85	［21］	
民生福祉	16	居民人均可支配收入		万元	2.55	3.75	8%	预期性
	17	劳动年龄人口平均受教育年限		年	10.5	12	［1.5］	约束性
	18	财政教育支出占财政一般预算支出比重		%	18.6	21	［2.4］	预期性
	19	城镇新增就业人数		万人	63	［275］		预期性
	20	农村贫困人口脱贫		万人	20	现行扶贫标准贫困人口全部脱贫		约束性
	21	人均预期寿命		岁	77.04	78.29	［1.25］	预期性
	22	基本养老保险参保率		%	85	90	［5］	预期性
	23	城镇棚户区住房改造		万套	11.3	40	［28.7］	约束性

续 表

分类	序号	指标名称		单位	2015年预计	2020年目标	年均增长［累计］	属性
生态文明	24	耕地保有量		万亩	2001	不低于国家下达指标		约束性
	25	新增建设用地规模		万亩	20左右	不突破国家下达指标		约束性
	26	万元GDP用水量		立方米	85	<61	［−24］	约束性
	27	单位GDP能源消耗降低		%	3	控制在国家下达指标内		约束性
	28	非化石能源占一次能源消费比重		%	16.8	21.6	［4.8］	约束性
	29	单位GDP二氧化碳排放降低		%		控制在国家下达指标内		约束性
	30	森林增长	森林覆盖率	%	65.95	66	［0.05］	约束性
			森林蓄积量	亿立方米	6.08	6.23	［0.15］	
	31	空气质量	设区城市优良空气天数比例	%	90	≥90		约束性
			设区城市细颗粒物（PM2.5）年均浓度	毫克/立方米	0.035	≤0.035		
	32	主要河流水质	好于Ⅲ类水体比例	%	94	完成国家下达的指标		约束性
			劣Ⅴ类水体比例	%	0.9	0	［−0.9］	
	33	主要污染物排放总量减少	化学需氧量	%		控制在国家下达指标内		约束性
			氨氮					
			二氧化硫					
			氮氧化物					

二、产业重点：以中高端制造业、海洋产业为依托的重点产业及以现代服务业、互联网经济为依托的新兴产业

福建省将主动对接“中国制造2025”“互联网+”，做大增量优化存量，积极发展服务型制造，深入实施产业龙头促进计划，培育一批千亿级产业集群、百亿级品牌企业和十亿级品牌产品，建成东部沿海先进制造业重要基地，实现现代服务业大发展，促进产业迈向中高端，打造福建产业升级版。

（一）以高端制造业为依托，推进战略新兴产业规模化，促进传统特色产业改造

（1）推进主导产业高端化集聚化。加快提升电子信息、石油化工、机械装备三大主导产业的技术水平和产品层次，延伸产业链、壮大总量，增强核心竞争力，到2020年产值规模均超万亿元。重点推动电子信息产业跨越发展，打造东南沿海新的电子信息产业基地。重点发展高端集成电路制造及封装/测试、集成电路设计、新型半导体显示器件、低温多晶硅显示面板及彩色滤光片、微波通信、激光/红外探测镜头、工业机

器人镜头及应用系统、蓝宝石衬底、LED 外延片芯片、晶硅太阳能电池组件等。推动石化产业全产业链发展。以“两基地一专区”为依托，以炼化一体化项目为龙头，促进炼油及乙烯等重点化工原料产能倍增，加快发展中下游产业，鼓励发展精细化工产业，全面延伸“三烯三苯”产业链，丰富三大合成材料的种类，加强与关联产业对接，打造具有国际竞争力的临港石化产业基地。力争到 2020 年炼油能力达 5000 万吨、乙烯产能达 300 万吨、芳烃产能达 500 万吨。推动机械装备高端化发展。重点突破核心基础零部件和先进基础工艺，突出智能制造及运用，发展智能装备制造业，加快增材制造等前沿技术研发，构建高端机械、高档数控机床、智能化输配电设备、轨道交通装备、整车及关键零部件、风电核电装备、海洋工程装备等产业链，建立健全重大装备开发制造体系，打造高端装备制造、汽车产业基地和国家级船舶、海洋工程装备修造基地。

（2）促进战略性新兴产业规模化。发挥产业政策导向和产业投资引导基金作用，培育一批战略性新兴产业。实施新兴产业倍增计划，加快突破技术链、价值链和产业链的关键环节，推动新一代信息技术、新材料、新能源、节能环保、生物和新医药、海洋高新等产业规模化发展。

（3）推进传统特色产业改造提升。开展新一轮技术改造提升工程，实施工业强基、“机器换工”、质量品牌提升、工业互联网创新试点等行动，广泛应用数控技术和智能装备，推动传统特色产业智能化改造和创新转型，推动生产方式向数字化、精细化、绿色化转变，提高产品功效、性能、适用性和可靠性。轻工业重点推进食品工业、制鞋业、造纸业提升发展，打造全球顶尖的休闲运动鞋制造中心。纺织业发挥化纤、织造、染整、服装、纺机产业链优势，做大做强纺织化纤和服装生产基地。冶金业加快延伸下游精深加工产业，提升产品品质和附加值，打造中国最大不锈钢产业基地和铜生产研发重要基地。电机电器重点推广集成制造、高效节能电机制造、精密制造等先进生产方式，鼓励发展高端产品。建材业加快发展新型墙体材料，促进行业转型升级，提升石材、建筑陶瓷、汽车玻璃工业发展水平。

（二）通过优化发展环境、促进产业高端化、服务精细化，推动现代服务业大发展

（1）在优化服务业发展环境上，开展加快发展现代服务业行动，推进服务业与一二产业深度融合，促进服务业发展提速、比重提高。总结推广国家级、省级服务业改革创新试点成果经验。创新财政引导资金扶持方式，探索以服务业股权投资基金、创业投资基金和融资增信等方式，吸引各类社会投资和金融机构加大对服务业投入力度。

（2）在促进生产性服务业社会化专业化高端化上，加快推进物流、金融、文化创意、服务外包、科技和信息服务、节能环保、检验检测等生产性服务业社会化专业化发展、向价值链高端延伸，为制造业升级提供支撑。大力发展工业设计、创意设计、数字传媒、动漫游戏等文化创意产业，推进设计服务与相关领域融合发展。推进制造业主辅分离，加快向生产服务型转变。引导生产性服务业在中心城市、开发区（工业园区）、现代农业产业基地以及有条件的城镇等区域集聚，推动在区域间形成分工协作体系和特色产业集群。到 2020 年，物流业、金融业成为新兴主导产业，实现增加值分别超过 3000 亿元、3200 亿元。

（3）在推动生活性服务业便利化精细化品质化上，重点发展旅游、健康养老、商贸流通、文化体育和家庭服务等生活性服务业，丰富服务内容、创新服务方式，实现总体规模持续扩大。重点发展休闲度假旅游、乡村旅游、红色旅游、生态旅游、海洋旅游、高铁旅游、闽台旅游等，建成厦门、福州 2 个全域旅游市、10 个全域旅游县（市、区）、100 个休闲集镇、1000 个乡村旅游特色村，积极创建国家全域旅游示范区，实施 21 世纪海上丝绸之路旅游产品、旅游景区创新提升、乡村旅游精准扶贫、红色旅游精品以及旅游集散中心体系、旅游厕所革命等重大工程，推动国际旅游岛、生态旅游海岛、大型旅游综合项目等建设。到 2020 年，旅游业成为新兴主导产业，增加值占全省地区生产总值比重达 8%，打响“清新福建”品牌。加快发展健康服务业，扶持建设若干个健康服务产业示范园区。推动批发零售、住宿餐饮、家庭服务、市政服务、农村服务等传统服务业改造升级。以增加有效供给、改善住宅质量、提升人居环境为重点，推动房地产业转型升级和去库存化，促进房地产市场健康发展。

（三）通过推进“数字福建”、发展互联网产业、发展发展大数据产业，加速发展互联网经济

（1）深入推进“数字福建”建设。实施“互联网＋”行动计划，加速网络化进程和智慧化应用，实现处处相连、物物互通、事事网办、业业创新。推动移动互联网、云计算、大数据、物联网在经济社会各领域普及应用，基本形成网络经济与实体经济协同互动的发展格局，促进经济发展提质增效。支持发展以互联网为载体、线上线下互动的新兴消费模式和服务业态，发展分享经济。深化政府信息化服务，深入推进信息惠民工程，全面形成以人为本、惠及全民的民生服务体系。

（2）促进互联网产业发展。壮大电商经济规模，推进海峡两岸电子商务经济合作实验区建设，建立健全农村电商服务体系、跨境电商服务体系，支持发展行业垂直电商平台、第三方电商平台。加快发展互联网金融，支持基于互联网的金融产品、服务、技术和平台创新，规范发展 P2P 网贷和众筹融资。做强软件产业，强化工业应用软件研发，促进软件服务外包发展，加快发展移动互联网、工业控制系统、信息安全、集成电路设计及应用软件等特色产业集群。实施物联网先行工程，加快物联网推广应用，打造千亿级物联网产业集群。到 2020 年互联网经济总规模实现倍增。

（3）积极发展大数据产业。实施大数据战略，推进数据资源开放共享应用。完善大数据应用创新体系，支持社会主体开发利用政府信息资源，建设一批全国性大数据云平台。积极发展安全可信的云计算和大数据外包服务，培育发展地理信息产业、信用信息服务业。推动国家部委、央企、互联网企业等来闽开发大数据应用，打造大数据产业集聚区。建立区域性大数据交易市场。

（四）通过推进现代海洋产业、科技兴海、海洋综合管控等战略，建设海洋经济强省

（1）推动现代海洋产业发展。深入推进海峡蓝色经济试验区建设，发展特色鲜明的湾区经济，完善海洋产业布局，壮大海洋经济。优化发展现代渔业，重点发展海洋水产品精深加工、远洋渔业、设施水产养殖和休闲渔业，培育一批知名海产品品牌，

打造现代海洋渔业基地。培育壮大海洋生物制药、生物制品、生物材料和海洋能等产业，打造海洋新兴产业基地。加快发展海洋旅游与海洋文化创意、港口物流、航运服务、涉海金融、信息服务等，提升发展滨海旅游业，打造现代海洋服务业基地。加快建设四大船舶产业集中区，大力发展专业船舶、船用机械配套产业和海工装备产业，打造高端临海产业基地。到 2020 年，海洋生产总值争取突破万亿元，力争远洋捕捞产量、产值全国第一。

（2）实施科技兴海。加强海洋科学研究机构建设，新建一批海洋高技术研发中心。整合提升省内外海洋科技资源，加快协同创新平台建设，构建海洋创新战略联盟，提升海洋科技支撑能力。着力特色海产品资源保护利用与海洋生物资源开发等关键共性技术研究和应用，打造海峡“蓝色硅谷”。加强海域、海底、岸线、海岛等测绘工作，开展海洋生物、海底矿产、海洋能与油气等资源调查和勘探开发。

（3）创新海洋综合管理体制。合理开发利用岸线、海域、海岛等资源，建立海岛、海岸带和海洋生态环境保护开发综合协调机制。强化海洋资源市场化配置，完善海域海岛资源有偿使用制度，建立海域海岛收储制度。合理控制近岸海域资源开发强度，强化闲置海域监督管理。集中集约用海，建立海域、岸线、滩涂、海岛等重要海洋资源的投资强度标准，实行差别化的用海供给政策。实施蓝色海湾整治行动计划，加强海洋环境保护和生态修复，加强陆源和海域污染控制。创新海洋综合执法体制，建设海洋事务联合联动执法平台。在闽江口、罗源湾、厦门湾、泉州湾等开展水质和环境综合整治。到 2020 年，近岸海域一类、二类水质比例达 72%。

三、民生工程：推进农业现代化、新型城镇化和区域协调发展，健全现代基础设施体系

在民生工程上，福建省将通过着力构建现代农业产业体系；坚持城乡一体、区域协同，推进以人为核心的新型城镇化；加强各类基础设施的衔接协调，加快构建交通、能源、水利、信息、防灾减灾基础设施体系，不断提高网络化和现代化水平。

（一）要通过发展特色现代农业，促进农民增收

（1）挖掘粮食生产新潜力、发展优势特色产业、转变农业发展方式。全面落实最严格的耕地保护制度，实施藏粮于地、藏粮于技战略，确保粮食播种面积稳定在 1800 万亩以上、粮食产量稳定在 650 万吨以上、粮食储备规模达到 360 万吨以上。提高粮食补贴效率，新增粮食补贴资金重点向种粮大户和合作社等新型粮食生产经营主体倾斜，探索实行粮食目标价格保险制度，保护和调动广大农民种粮积极性。

优化现代农业产业结构和空间布局，大力发展生态农业、特色农业、精致农业、高效农业、外向型农业、休闲农业。打造茶叶、蔬菜、水果、畜禽、水产、林竹、花卉苗木等全产业链年产值超千亿元的优势特色产业。拓展农业多种功能，推动粮经饲统筹、农林牧渔结合、种养加一体、“一产接二连三”融合发展。鼓励形成“一村一品、一县一业”的特色农业产业集群。

大力发展设施农业，建设智能化设施农业示范点，加强自动化和智能化技术引进、创新应用。提升“一区两园”平台服务能力和示范带动作用。实施化肥和农药零增长

行动，推广使用有机肥。大力发展农业物联网，创新电子商务、农产品配送、连锁专卖、直销等多种模式互补融合的销售方式，加强品牌营销推介。实施农产品质量安全“1213 行动计划”，实现全省主要农产品质量安全总体监测合格率高于全国平均水平、乡镇农产品质量安全流动监测全覆盖、“三品一标”认证位居全国前列。

（2）大力提高生产经营性收入，努力增加工资性收入，创造条件增加财产性收入。扶持建设一批具有历史、地域、民族特点的特色景观旅游村镇，创新乡村旅游休闲产品。落实定向减税和普遍性降费政策，降低创业成本和负担。

加大农民工职业技能培训和岗位技能培训力度，加强农业转移人口素质培训。鼓励农民外出务工经商和转移就业。

保障农民集体经济组织成员权利，积极发展农民股份合作，赋予农民对集体资产股份占有、收益、有偿退出及抵押、担保、继承权。

（二）推进新型城镇化和区域协调发展

（1）加快农业转移人口市民化。通过深化户籍制度改革，建立健全实际居住人口登记制度，完善城乡统一的户口登记管理制度。福州市辖区、厦门市和平潭综合实验区实行积分落户制度，全面放开其他地区落户限制。实施居住证制度，推进城镇基本公共服务和便利向常住人口全覆盖。依法将农业转移人口纳入城镇职工基本养老、基本医疗保险或城镇居民基本医疗保险范畴。建设包容性城市，提高农业转移人口参政议政、参与社会管理等政治待遇，推进农业转移人口家庭及子女融入当地社会。

（2）优化新型城镇化布局和形态，加快城市群和大都市区建设。积极推动海峡西岸城市群建设，推进海峡西岸城市群城际铁路和交通网建设，促进与长三角、珠三角城市群协同发展。加强省级层面统筹协调，强化福州、厦漳泉大都市区自身内在联系和功能互补，加快同城化步伐，推进基础设施互联互通、生态环境联防联治、产业发展协同协作、市场要素对接对流和社会保障共建共享，实现集约、联动、互补发展，建设引领全省城镇化发展和辐射带动周边地区经济发展的高地。

做大做强福州、厦门、泉州三大中心城市，加快漳州、三明、莆田、南平、龙岩和宁德等区域中心城市发展，优化中心城市的城市风貌、产业结构和城市空间布局，推动城市功能更新、精明增长，增强综合承载能力。其中，国家新型城镇化综合试点为莆田、晋江、邵武、永安。国家中小城市综合改革试点为三明、石狮。国家级建制镇示范试点为翔安区新圩镇、晋江市金井镇、涵江区江口镇、仙游县榜头镇。

（3）促进城乡一体化发展，建设和谐宜居城市。优化城乡路网结构，完善城乡干道与高速公路、国省干线的联系，健全干支协调、结构合理、高效快捷的公共交通系统。实施“海岛交通便民工程”，解决海岛居民出行难问题。持续推进公路安保工程、危桥改造等，全面改善居民出行条件。完善城市步行和自行车交通系统，推进城市公共停车场、充电桩、充电站等配套服务设施建设。到 2020 年大城市公交分担率达到 30％，中小城市达到 20％以上。

加强供水、污水垃圾处理设施建设。加快自来水厂工艺提升、供水管网和二次供水设施改造与建设，推进应急备用水源建设、区域联网供水和城乡统筹供水，逐步实现城乡供水“同网、同质、同价、同服务”。到 2020 年全省市县污水处理率达到 90％、生活垃圾无害化处理率达到 98%以上。

加快划定城市“绿线”，提升城市绿地功能。结合城乡环境整治、城中村改造、弃置地生态修复等，加大社区公园、儿童公园、森林公园、郊野公园、海洋公园、立体绿化、街头绿化、绿道绿廊、慢道系统等规划建设力度，推进城市湿地保护与公园、城市植物园建设，规划建设一批城市绿心，完善生态园林指标体系，推动森林城市和生态园林城市建设。到 2020 年城市建成区绿地率达 39%以上。

（三）健全现代基础设施体系

（1）构建现代化综合交通运输体系，推进公路交通路网、推进新一轮民航发展、发展壮大海西港口群。统筹规划和建设福州、厦漳泉两大都市区城际线网主骨架，建设城际轨道交通网络。加快福州、厦门、泉州三大中心城市轨道交通建设，全面提升城市轨道交通公交化水平。到 2020 年铁路运营里程突破 5000 公里，其中快速铁路突破 3000 公里；城际轨道交通运营和在建里程突破 500 公里，城市轨道交通运营和在建里程突破 300 公里。到 2020 年高速公路通车里程约 6000 公里，普通国省道二级及以上公路达到 8800 公里。力争各设区市建成一个立体综合客运枢纽，到 2020 年全省各县级市和较大县城城市综合客运枢纽覆盖率达 50%。

优化调整“干支协调、军民融合”的机场布局，加快推进厦门翔安和福州机场二期等门户枢纽机场建设和武夷山机场迁建，加快建设福州临空经济区、厦门临空经济区和武夷山机场临空产业园。积极推进泉州新机场、义序机场迁建和莆田、漳州军民合用机场前期工作，实施龙岩冠豸山机场扩能改造，加快建设平潭、东山、宁德通勤机场，以及福清、沙县等通用航空基地、福建省警用通航服务中心和森林航空护林站等项目。到 2020 年，全省民航旅客吞吐量达 6000 万人次。

发展壮大海西港口群。积极推动港口资源优化整合，优化港区发展布局，发展壮大以东南国际航运中心为重点的海西港口群。加快“两集两散两液”核心港区规模化、集约化、专业化开发，发挥厦门国际贸易集装箱干线港、国际邮轮母港作用，强化罗源湾和湄洲湾北岸港区大宗散货接卸转运能力、古雷和湄洲湾南岸港区石化基地服务能力、江阴港区集装箱运输和整车进口口岸能力，加快三都澳港区开放开发。全面振兴闽江内河航运，加快实施闽江航道整治工程，实现闽江干流马尾至三明航道正常通航，初步形成以闽江干流高等级航道为骨架的江海联运体系。加快重点港区航道、停泊水域等公共设施建设。大力发展现代港口物流，加强港口与临港物流园区联动发展，拓展港口服务腹地。到 2020 年，全省沿海港口货物吞吐量达到 7 亿吨，其中集装箱吞吐量 1600 万标箱。

（2）通过合理布局电力建设、发展新能源和可再生能源、加强能源储运能力建设，建成东南沿海能源重要基地。科学规划电源点，完善提升电网建设，在更大范围配置能源资源，到 2020 年，力争全省电力装机达 7000 万千瓦左右。力争到 2020 年全省风电装机规模比 2015 年翻一番。推进分布式能源项目建设，积极发展光照资源较好地区的屋顶太阳能光伏发电系统和建筑一体化技术。力争到 2020 年全省输气管线达 3600 公里，实现天然气“县县通”。

（3）增强水利保障和防灾减灾能力。到 2020 年，县级以上城镇饮用水源地水质达标率达95%，农村集中供水覆盖率达到85%以上。加快防洪防潮工程建设，推进"五江一溪"、重要独流入海及中小河流重点河段防洪治理，实施江河湖库水系综合整治，提高防御洪水能力。

（4）加快构建新一代信息基础设施。争取国家在闽设立国家级互联网骨干直联点。到2020年，固定宽带家庭普及率达到77%，移动宽带用户普及率达到85%，城市和农村家庭宽带接入能力分别达到100M和30M，广电网络双向覆盖率达到80%。

四、生态建设：建设生态文明先行示范区

建立以主体功能区规划为基础，统一衔接、功能互补、相互协调的空间性规划体系，推进城乡、土地利用、生态环境保护等空间规划"多规合一"。推进市县"多规合一"，构建市县空间规划衔接协调机制，统一编制市县空间规划，形成一个市县一本规划、一张蓝图，持之以恒加以落实。

（一）加大生态保护和环境治理力度

提升推广"长汀经验"，加强水土流失治理，水土流失面积占土地面积控制在8%以内。推进矿山生态环境恢复治理。实施沿海岸线整治与近岸海域生态环境景观恢复，自然岸线保有率不低于37%。加强外来入侵物种防控。

落实水污染防治行动计划工作方案，实施"河长制"，实行流域共治，推进"六江两溪"重点流域差异化管理，重点推进城乡生活污染、工业污染、畜禽养殖污染治理。

实行省以下环保机构监测监察执法垂直管理制度。健全污染源在线监控体系，推进监控设施第三方委托运营。建立资源环境承载能力监测预警机制，对资源消耗和环境容量接近或超过承载力的地区，实行限制性措施。

（二）促进资源节约和低碳发展

到2020年用水总量控制在223亿立方米以内。坚持最严格的节约集约用地制度，调整建设用地结构，降低工业用地比例，适度开发利用低丘缓坡地，加大农村土地整治、城乡建设用地增减挂钩实施力度，推进城镇低效用地再开发和工矿废弃地复垦，清理处置闲置土地。严格控制农村集体建设用地规模。鼓励和规范城镇地下空间开发利用。倡导合理消费，力戒奢侈浪费。在生产、流通、仓储、消费各环节落实全面节约。

主动控制碳排放，有效控制电力、钢铁、建材、化工等重点行业碳排放，支持福州、厦门、泉州中心城区等优化开发区域率先实现碳排放峰值目标，实施近零碳排放区示范工程。积极推进碳排放权交易市场体系建设，加强能源、温室气体排放、森林碳汇、物种保护等统计监测核算能力建设，完善数据核算制度办法。增加森林、农田、草地、湿地等生态系统碳汇，探索利用海洋生物固碳，不断提高碳汇能力。推进厦门、南平国家低碳城市和三明生态新城国家低碳城（镇）试点，以及低碳工业园区、低碳社区试点建设。大力发展低碳交通，实施新能源汽车推广计划。

（三）加强生态文明制度建设

（1）健全资源有偿使用和生态补偿机制。健全自然资源资产产权制度，清晰界定

全部国土空间各类资源资产的产权主体。建立将资源所有者权益和生态环境损害等纳入自然资源及其产品价格形成机制。推进生态产品市场化建设，全面建立全省一盘棋的主要污染物排污权交易制度，积极开展用能权、用水权、碳排放权交易。大力发展绿色金融。探索建立有效调节工业用地和居住用地合理比价机制。探矿权采矿权原则上实行市场化出让。探索建立海洋资源价值评估机制和初始产权有偿取得机制，推动成立中国海洋产权交易中心。

(2) 完善资源环境保护和管理制度。完善重要矿产资源勘查开发准入、监管制度和矿山生态环境恢复治理保证金制度。健全水资源总量控制、用水效率控制、水功能区限制纳污和责任考核制度。推行林地定额管理、用途管制和生态公益林管护制度。严格实行生态环境损害赔偿制度。探索建立陆源污染物排海总量控制和溯源追究制度。积极推进武夷山国家公园体制试点。完善企业环境信用评价制度，推动环境高风险领域建立环境污染强制责任保险制度。建立陆海统筹的生态系统修复与污染防治区域联防联动机制。推行环境污染第三方治理。

(3) 建立生态文明绩效评价体系。制定实施与生态文明先行示范区建设相适应的经济社会评价体系和干部考核办法，提高资源消耗、环境损害、生态效益等指标权重。对限制开发的农产品主产县（市）和重点生态功能区，分别实行农业优先和生态保护优先的绩效评价。建立领导干部任期生态文明建设责任制，完善节能减排目标责任考核及问责制度。强化地方环保“党政同责”、部门环保“一岗双责”。探索编制自然资源资产负债表。开展领导干部自然资源资产离任审计，建立生态环境损害责任终身追究制。建立环境保护督察制度。

五、开放发展：建设自由贸易试验区、21 世纪海上丝绸之路核心区，推进福州新区开发

坚持“走出去”与“引进来”结合，全面推进自由贸易试验区和 21 世纪海上丝绸之路核心区建设，以更加开放的姿态深度融入世界经济，主动参与全球资源配置，推动对外经济发展方式转变，再造开放型经济新红利，培育国际合作和竞争新优势。

（一）建设自由贸易试验区

完善以负面清单管理为核心的投资管理制度、以贸易便利化为重点的贸易监管制度、以金融服务业开放为目标的金融创新制度、以政府职能转变为核心的事中事后监管制度，建立与国际投资贸易规则相适应的体制机制，营造法治化、国际化、便利化营商环境。创新两岸合作机制，率先推动与台湾地区投资贸易自由，推进与台湾自由经济示范区的合作对接，促进货物、服务、资金、人员等要素自由流动。以推进两岸金融合作为重点，在扩大人民币跨境使用、资本项目可兑换、跨境投融资等方面开展金融开放创新试点。发挥自贸试验区溢出效应，加快创新成果复制推广，形成区内区外联动发展局面。

（二）加快建设 21 世纪海上丝绸之路核心区

(1) 建设互联互通的重要枢纽。加强海上通道建设，推进与“海丝”沿线国家和地区的港口港航合作，争取开通福建—台湾—香港—东盟邮轮航线。强化航空枢纽和

空中通道建设，积极拓展境外航线。完善陆海联运通道，推动以港口集疏运体系为重点的陆路通道建设。健全口岸通关体系，加快口岸基础设施建设。推动信息通道建设，打造与东盟国家互联互通的信息走廊。积极打造服务全国、面向世界的21世纪海上丝绸之路核心区战略通道和综合枢纽。

（2）构筑经贸合作的重要平台。重点拓展与东盟的经贸合作，积极开拓南亚、西亚、非洲东海岸等印度洋沿岸地区新兴市场。推进重点商品出口基地、商品市场和商贸园区建设，探索与东南亚国家互设产业园区。办好“海丝”博览会和“福建品牌海丝行”等相关展博会，拓展沿线国家市场。鼓励企业抱团赴境外投资。联合沿线国家和地区打造“海丝”旅游经济走廊和环南海旅游经济圈。

（3）形成人文交流的重要纽带。与“海丝”沿线国家和地区间相互增设一批友好城市，推动建立“海丝”城市联盟、国际文化交流基地、多边商务理事会，构建多层次常态化交流合作机制。办好丝绸之路国际电影节、“海丝”（福州）国际旅游节以及“海丝”相关论坛、艺术节等重大活动。积极开展海上丝绸之路文化遗产保护和申遗工作，建设“海上丝绸之路数字文化长廊”。广泛开展教育、科技、旅游、卫生、体育等领域交流合作，共同打造“海丝”高端智库和学术交流平台。

（4）创新开放合作新机制。传承商贸人文历史，发挥海上海外优势，努力成为推进“一带一路”建设的主力军。加强与广东、浙江等周边省区市合作共建国内21世纪海上丝绸之路建设协作网络，推动闽台携手拓展对外合作。积极为“走出去”企业在海上丝绸之路沿线国家和地区开展资本、产能合作提供信息、金融等服务。

（三）大力推进福州新区开放开发

（1）高起点规划建设福州新区。围绕“三区一门户一基地”的战略定位，落实国家级新区发展战略，集成放大“四区叠加、一区毗邻”的独特优势，致力改革开放创新，深化海峡两岸交流合作，在更高起点上加快建设闽江口金三角经济圈，打造带动全省加快发展的新引擎。坚持“整体规划、一体发展、分片实施”，加快重点组团建设，提升完善交通、市政和公共服务设施，加大对外招商推介力度，布局和实施一批重大项目，尽快形成集聚效应。

（2）大力推进产城融合发展。科学规划产业布局，推进福州新区产业转型升级，引导重大项目、重点工程向新区聚集。大力发展总部经济、金融、会展、服务外包、电子商务、特色旅游等现代服务业，集聚壮大高端电子信息制造、新能源装备、新材料等战略性新兴产业，大力发展海洋经济，做强文化产业，实现产业有序分工、功能互补和品牌效应。支持建设福州空港综合保税区、福州临港产业区、国家级海洋生态文明示范区、国家级海洋公园和国家现代物流创新发展城市试点。

（3）积极探索体制机制创新。探索建立职能综合、扁平高效的行政管理体制，加快形成上下联动、协同推进的工作格局。探索与国有企业、民营企业、金融机构等开展多形式合作，搭建新区开发建设和投融资平台，形成多渠道投入、多层次开发、多方面收益的开发建设机制。

（4）全方位扩大对外开放。率先复制推广福建自贸试验区各种创新举措，推进投资、金融、贸易便利化等改革，推动开展市场准入负面清单制度改革试点，完善与国际化城市相适应的标准体系。推动平潭综合实验区的政策优惠、政策创新功能辐射到新区，推进与平潭综合实验区一体化联动发展，共同加强与台湾产业深度对接融合，加强对台航运中心、航空联系枢纽等建设，促进对台交流向纵深拓展。深化与珠三角、长三角合作，加强与海上丝绸之路沿线国家和地区特别是东南亚国家的经贸合作，探索建设一批经贸合作示范园区，促进周边区域协调发展。

六、区域特色：推动闽台深度融合

充分发挥海峡西岸经济区优势，着眼于建设两岸命运共同体和利益共同体，切实负起推进两岸关系和平发展的历史重任，打造两岸直接往来的主通道，全面深化闽台经贸合作、文化交流，推动两岸形成良性互动、合作共荣的新局面。

（一）促进经贸深度合作

促进双向投资和贸易，加强现代服务业、先进制造业、特色农业合作，强化涉台载体建设。以共建平台、共创品牌、共拓市场为重点，深化与台湾百大企业、行业龙头企业、科技型中小企业对接，密切与台湾六大工商团体、“三三企业交流会”等行业协会常态化联系。简化赴台投资管理，扩大对台投资领域和规模。深化闽台产业对接升级计划，推进闽台产业合作由中低端向研发创新、打造品牌、制定标准转变。积极落实《海峡两岸经济合作框架协议》（ECFA），推动《海峡两岸服务贸易协议》中大陆对台开放措施在我省率先实施，扩大闽台货物贸易、服务贸易规模，推动两岸货物贸易自由化。

鼓励台湾优势现代服务业来闽投资。继续扩大金融对台开放，在放宽持股比例、降低准入门槛、开展跨境人民币业务等方面先行先试，支持在闽台资金融机构、闽台合资全牌照证券公司发展，支持海峡股权交易中心开展大陆台资企业上柜融资业务。支持有条件的企业赴台发行人民币债券。继续推动开展闽台职业培训资格考试和职业认证试点，推动闽台职业证书互认。推动闽台养老护理转诊合作，引进台湾知名养老服务集团和连锁机构，打造海峡两岸养老服务合作开发示范基地。积极承接台湾先进制造业转移，引进一批产值超千亿台资产业链项目。加强与台湾石化产业深度合作，加快推进精密机械、集成电路设计制造及物联网等合作。建设两岸新一代信息技术产业合作聚集区，推动设立国际信息服务专区。深入开展绿色能源、生物科技等新兴产业对接合作，推动建立两岸环保产业合作示范基地。

集成推广台湾农业良种及其配套技术，重点建设对台引种创新基地，建设海峡两岸农作物育繁推一体化合作平台。推进闽台农业合作推广示范县建设，开展台湾农民专业合作社试点，培育一批闽台农业合作优势产业。深化两岸特色乡镇农业产业对接，加强海峡两岸新型农民培训交流基地建设，打造两岸农产品快捷通道和集散中心。

提升台商投资区、海峡两岸农业合作试验区、海峡两岸（三明）现代林业合作实验区、台湾农民创业园等载体建设水平，推动设立漳州深化两岸产业合作示范区和古雷深化两岸石化产业深度合作示范区。发挥海峡两岸电子商务经济合作实验区辐射作用，联合打造跨境电商公共服务平台。

（二）深化人文交流交融

加强祖地文化传承，闽台文创、媒体、学术交流，密切青少年交流交往。秉持“两岸一家亲”，深化两岸妈祖文化、闽南文化、客家文化、族谱文化、船政文化、朱子文化、闽都文化、畲族文化等交流。发挥海峡论坛、海峡两岸交流基地等平台作用，做大世界妈祖文化旅游节、保生慈济文化节、福建文化宝岛行等一批精品活动品牌。推动闽台文化项目建设，实施涉台文物、档案保护工程。

加强闽台文化创意产业合作，继续办好海峡两岸文化创意产业展和海峡两岸（厦门）文化产业博览会等活动，提升闽台文创园区集聚集约水平，吸引台湾文创设计人才和企业来闽创业，进一步完善闽台文创产业常态化合作机制，探索两岸文创产业合作先行先试政策。广泛开展两岸文艺交流，持续办好海峡诗会、海峡两岸合唱节、校园戏曲交流等活动。

加强青年精英交流，办好海峡青年节、万名台湾青少年学子来闽修学旅游等活动，加快构建两岸青年联盟。打造闽台青少年文化交流基地，开展闽台青少年体育交流赛事，完善闽台青少年交流平台。大力推动两岸市、县基层青年社团和学生结对互动，扩大台湾青年来闽创业规模，办好台湾青年创业基地。

（三）推动两岸直接往来

推进闽台互通对接，推动旅游深度融合，创新通关合作模式。推动放宽闽台航班额度限制和启用闽台空中直线航路，提升“小三通”航线服务品牌，拓展海上客运、货运直航，推动开展对台海运业试点，推动两岸机动车辆通过客滚航线互通行驶。加快金门供水供气供电工程建设。加快对台邮件处理中心建设，发展对台海运快件业务，提升福建对台邮件中转能力。发展两岸货物快捷运输通道，建成辐射华东、华南和台湾地区的海运快捷网络。

在海峡两岸旅游合作政策上先行先试，争取实现全省赴台“个人游”全覆盖、“小三通”政策新突破。加强我省电子口岸与台湾关贸网路的对接，推动闽台海关合作，创新口岸监管服务机制，开展货物通关、贸易统计、原产地核查等方面合作，逐步实现信息互换、监管互认和执法互助。探索建设两岸通关信息交流合作的全国示范性平台。

（四）加快平潭开放开发

全力打造两岸共同家园，积极构建新兴产业区，加快建设国际旅游岛。落实好中央关于“打造平潭等对台合作平台”决策部署，以经济、文化、社会“三个融合”为核心，推进建设“闽台合作窗口”，打造两岸人文交流、互联互通、产业合作、社会融合四大平台，吸引台湾青年在平潭就业创业。完善两岸互联互通设施，促进台车入闽、双向互通常态化。积极探索更加开放的合作方式，实施更加自由、便利对台政策。到2020年，基本实现与台湾地区经济全面对接、文化深度交流、社会融合发展。

用好用活综合实验区和自贸试验区特殊政策，加快建设高新技术产业园、保税物流园、台湾创业园等，探索设立“产城合一”的“台湾专区”，专区内人员、资本、货物对台自由流动，实行台胞自主管理。持续办好“8·16”平潭创业对接会，积极引进国内国际资本。拓展新兴贸易业态，密切与“海丝”沿线国家的经贸合作、人文交流，办好免税市场，建成对外开放窗口。

高标准推进国际旅游岛建设，构建海峡旅游廊道、陆海旅游环、旅游核心体验区、旅游融合互动基地和服务保障基地的“一廊两环五区多基地”开发格局。争取到2020年境内外游客和旅游收入比2015年分别增长2倍。

（五）推进厦门深化两岸交流合作综合配套改革试验

创新两岸产业合作发展新机制，创新两岸贸易合作新机制，建设两岸区域性金融服务中心。围绕建设两岸新兴产业及现代服务业合作示范区，探索建立有利于两岸产业合作的体制机制。大力发展服务外包产业，推进国家服务外包示范城市建设。支持在厦门设立两岸产业投资基金，投资服务两岸的基础设施和涉台重点产业项目。创新两岸产学研合作机制，加强两岸科技交流合作平台建设。

围绕建设两岸贸易中心和东南国际航运中心，加强台湾商品展示交易平台和对台集疏体系建设，打造两岸冷链物流产业交流合作的重要基地。大力发展两岸转口贸易、保税展示交易、商业保理、文化保税、物联网、供应链金融、物流增值等服务贸易新业态、新模式。推动两岸海关、检验检疫、食品安全、质量标准认证等监管互认、执法互助、信息互换。

围绕建设两岸区域性金融服务中心，扩大金融对台开放，突出金融创新功能和金融服务相对接，推动两岸金融合作体制创新。进一步开展对台贸易人民币结算业务，扩大跨境贸易人民币结算规模。建立和完善适应离岸投资贸易发展的宽松可控的存贷款制度、税收制度、外债管理制度和外汇资金结算便利制度，逐步形成对台离岸金融市场。推动与台湾跨境双向人民币贷款试点，扩大厦门企业向台湾金融机构借入人民币资金规模。支持引进台资银行、新设综合类证券、证券投资基金、产业基金。发展离岸再保险市场。

七、实施路径：推动科技创新、积极人才政策及深化体制机制改革

福建省将以在创新驱动发展以及深化体制机制改革的指引下，为“十三五”发展提供制度保障。

把创新摆在发展全局的核心位置，发挥科技创新在全面创新中的引领作用，强化自主创新能力建设，激发各类人才创造活力，推进大众创业、万众创新，打造发展强劲动力。

（一）推动科技创新为核心的全面创新，健全鼓励创新的体制机制，构建科学灵活人才体系

（1）推动科技创新为核心的全面创新，要提升创新基础能力、激发企业创新活力、健全创新服务体系。围绕产业链布局创新链，加强产学研结合的中试基地和共性研发平台建设，构建开放共享互动的创新网络。到2020年，省级以上工程（技术）研究中心、重点（工程）实验室、企业技术中心总数分别达800个、240个、500个。其中，科技创新重大工程包括：创建一批重大平台：国家技术转移海峡中心、国家知识

产权局专利局专利审查协作北京中心福建分中心、加速器驱动先进核能系统宁德研发基地、福建基因检测技术应用示范中心、国家农业科技园区中药材研发基地、“数字福建”产业发展研究院、福建省康复产业研究院、省运动鞋面料产业技术创新研究院等；提升一批重大平台：“6·18”虚拟研究院、中科院海西研究院、机械科学研究总院海西分院、国家传染病诊断试剂与疫苗工程技术研究中心、国家空气污染治理设备产品质量监督检验中心、厦门大学石墨烯工业技术研究院、省食用菌产业技术重大研发平台、省化药技术重大研发平台等；设立一批知名研发机构：推动中国科学院、清华大学、同济大学、哈尔滨工业大学、机械科学研究总院等来闽新设研发机构；实施一批重大科技行动：科技引领产业提升工程、科技小巨人企业培育行动计划、“数控一代”机械产品创新应用示范工程、现代农业科技创新行动等。

(2) 健全鼓励创新的体制机制，加快推进科技管理体制改革、健全促进科技成果转化机制、加强知识产权运用和保护。建立部门科技创新沟通协调机制，统筹创新规划制定、任务安排、项目实施等，优化科技资源配置。整合省级科技计划、专项或基金等，实行分类管理、分类支持。推广中关村国家自主创新示范区政策，加快下放符合条件的科技成果使用权、处置权和收益权。实行以增加知识价值为导向的分配政策，提高科研人员成果转化收益分享比例。取消知识产权、科技成果等非经营性资产划转为经营性资产的规模限制。健全省、市、县三级知识产权行政执法体系，加强知识产权司法保护、行政保护和维权援助。提升知识产权管理效能，培育发展代理、评估、拍卖、转化和法律等知识产权服务。

构建科学灵活人才体系，引进培养创新创业人才、推进科研人才双向流动、加快高等院校和科研事业单位去行政化。具体人才发展重大工程包括，高端人才聚集工程：推进人才特区、特色人才聚集区、产业人才聚集基地、企事业人才高地、留学回国人员创业园、人才工作平台建设，每年引进和支持300名高层次人才。

人才兴企工程：构建惠才惠企人才政策体系，建立规范化标准化的人才服务机制，全面发挥企业的主体作用。

闽台人才交流合作工程：吸引和支持台湾同胞来闽创业创新，形成闽台人才深度融合格局，建设两岸人才交流合作示范区。

自贸试验区人才建设工程：探索创新人才优先发展的体制机制，精准引进、培养自贸试验区所需高层次人才，推广复制自贸试验区人才工作经验。

（二）全面深化体制机制改革，激发市场主体活力，建设阳光高效服务型政府

坚持社会主义市场经济改革方向，发挥市场在资源配置中决定性作用和更好发挥政府作用，加大重要领域和关键环节改革力度，以经济体制改革为重点，带动全面深化改革攻坚突破，推进生产要素自由流动、公平交换，建设富有创造力、充满活力的先行省份。

(1) 通过健全市场准入退出制度、深化国有企业改革、改善民营经济发展环境、有效发挥市场中介作用，激发市场主体活力。第一，全面实行准入前国民待遇加负面清单管理制度，促进内外资企业一视同仁、公平竞争。深化商事制度改革，加强事中事后监管。健全优胜劣汰市场化退出机制，完善企业破产制度，简化和完善企业注销

流程。建立高效的要素投入产出考评机制。强化节能节地节水、环境、技术、安全等市场准入标准。第二，加快发展混合所有制经济，推进国有资本、集体资本、非公有资本等交叉持股、有序流转、相互融合。建立公益类和商业类国有企业分类管理体系。以管资本为主完善国有资产管理体制，加快改组组建国有资本投资、运营公司。第三，改善民营经济发展环境。废除各种形式的不合理规定和隐性壁垒。第四，有效发挥市场中介作用。加快中介服务市场化改革，推进中介服务机构与行业主管部门脱钩。

（2）通过加快政府职能转变、深化行政审批制度和财税体制改革，建设阳光高效服务型政府。第一，理顺部门职责关系，优化政府组织结构和行政区划设置，推进乡镇管理体制改革。贯彻实施法治政府建设实施纲要，到 2020 年基本建成职能科学、权责法定、执法严明、公开公正、廉洁高效、守法诚信的法治政府。第二，严格控制新设行政许可，规范非行政许可审批。加大取消和下放行政审批事项力度，精简前置审批环节和中介服务事项。推进行政审批标准化、信息化，完善全省网上办事大厅并深化应用。第三，深化财税体制改革。推进各项税制改革，合理划分政府间事权与支出责任，进一步理顺收入划分。建立全面规范、公开透明预算制度，完善政府预算体系，实施跨年度预算平衡机制和中期财政规划管理。建立规范的地方政府举债融资体制。

地方战略规划解读篇

重庆工业经济发展展望

重庆市工业经济联合会

一、2015 年工业经济发展情况

2015 年，重庆 GDP 累计达 1.57 万亿元，增长 11%，较全国高 4.1 个百分点，连续第 8 个季度增速位居全国第一，这在全国经济下行压力背景下实属不易。三次产业结构比重分别为 7.3：45：47.7。

重庆作为全国六大老工业基地之一，通过不断地改造和提升，工业经济迅猛发展，形成了汽车、电子、装备、材料、化医、能源和消费品等“6+1”支柱产业。2015 年，重庆规模工业经济总量首次突破 2 万亿元大关，达 2.14 万亿元，增长 12.4%；全市规模工业增加值增长 10.8%，增速位列全国第二；全口径工业增加值 5557.5 亿元，增长 10.5%，占地区 GDP 的比重为 35.4%，工业对地区 GDP 增长的贡献率达 36.9%，拉动经济增长 4.1 个百分点。

二、重庆工业经济发展展望

重庆在“一带一路”和长江经济带战略背景下，将围绕“科学发展、富民兴渝”总任务，大力实施五大功能区域发展战略，加快转换发展动力，进一步提高发展质量和效益，经济保持年均增长 9%左右，到 2020 年全市 GDP 迈上 2.5 万亿元新台阶，基本建成长江上游地区经济中心。工业预期目标为实现工业总产值 4 万亿元，年均增长 11%左右；工业增加值 1 万亿元左右，年均增长 10%左右；工业投资累计 2.5 万亿元。

2016 年是实施“十三五”规划的第一年。我们将抓住经济全球化机遇，主动对接“一带一路”和长江经济带建设战略，适应经济发展新常态，坚持稳中求进工作总基调，加快培育发展新动能，改造提升传统比较优势，着力加强供给侧结构性改革，增有效供给、去无效供给，提高供给体系的质量和效率，增强持续增长动力，力争全市生产总值增长 10%左右。规模以上工业实现产值 2.4 万亿元，增长 12%；规模工业增加值增长 10.5%；规模工业利润增长 12%。

为开好局、起好步，将着力抓好以下工作。

（一）优化产业布局

根据国家“一带一路”和长江经济带建设战略有关规划部署以及实施方案、重庆五大功能区域划分和差异发展、特色发展要求，加强统筹协调和分类指导，推动都市功能核心区生产性服务业提档升级，加快都市功能拓展区战略性新兴产业发展，加速培育壮大城市发展新区主导性、支柱性产业，充分发挥工业主战场作用，助推成渝经济带建设；引导渝东北、渝东南依托资源禀赋，发展专、精、特、新产业；大力推动

“万开云”等板块发展，打造区域产业聚集区，推动五大功能区域特色差异联动发展。同时强化长江经济带地区间产业合作，做好集群式承接长三角地区产业转移，支持区县与沿江省市合理构建研究优势产业联盟，与四川合力打造汽车、IT 零部件产业走廊、石油天然气化工走廊、特色资源加工产业走廊，支持渝黔双方企业开展煤电、汽车零部件等产业领域合作。

（二）调整产业结构

抓住推动实施“一带一路”和长江经济带建设的战略机遇，加快发展新兴产业，巩固提升传统优势产业集群，力争构建起 20 个左右千亿级现代产业集群，推动实现“6＋1”支柱产业更高水平发展。一是巩固提升传统产业。加快传统产业结构调整、技术进步和企业重结构、拓展产业链条、创新商业模式，提高企业效益，全面提升重庆制造整体影响力和竞争力。紧紧围绕“6＋1”优势产业，支持汽车、电子信息、装备产业做大做强，拓展发展空间和领域，力争全年汽车产量达到 320 万辆，笔记本电脑 6000 万台、手机 2.2 亿部、打印机 1500 万台、显示器 2000 万台；促进化工、材料等产业调整结构，提档升级；促进食品、纺织等消费品产业和能源产业提质增效。二是大力发展新兴产业。瞄准全球以及“一带一路”沿线国家科技、产业发展趋势，立足重庆资源、技术和市场条件，对接《中国制造 2025》，加快发展电子核心部件、机器人及智能装备、高端交通装备等十大战略性新兴产业。重点培育电子终端产品制造和集成电路、平板显示等核心零部件产业集群，大力发展机器人、智能制造装备、智能家居、智能穿戴设备等智能硬件产业。积极发展新能源汽车及智能汽车。加快新兴产业集群发展，力争在高端交通装备、新材料、生物医药、物联网、环保、精细化工、页岩气开发及关联产业发展等领域取得更大突破。紧扣重大科技突破和新兴市场需求，不断拓展新的产业领域，延伸产业链条，形成集群发展、多点支撑的战略性新兴产业发展格局。力争全年新兴产业实现产值 2800 亿元，到 2020 年力争实现 1 万亿元规模。三是大力发展云计算、大数据等软件和信息服务业。加速推进两江国际云计算产业园、渝北仙桃大数据谷等特色园区建设。务实推进中新 ICT 领域项目。全面推动“互联网＋”在教育、医疗、社区服务、文体、旅游等领域深入应用。

（三）加强创新驱动

加强与“一带一路”沿线国家和地区合作，集聚和利用好全球创新资源，推动产业发展方式转变和动能转换。一是构建良好创新生态体系。力争在新能源汽车、机器人等领域率先建成国家级制造业创新中心，推动有条件的市级企业技术中心成为国家级企业研发机构，在 3D 打印、物联网等领域建设一批产学研协同创新联盟，推广以互联网为基础的众创、众包、众扶、众筹的创新模式，完善项目甄别、培训指导、风险投资、成果交易、哺育上市等创新创业全服务链，激发创新活力和创造潜能。二是加大新产品开发力度。滚动实施 100 项重点新产品研发及产业化计划，重点推动新型 SUV、纯电动轿车、智能制齿机床、高铁牵引齿轮箱、石墨烯薄膜等一批重大新产品加快研发并实现产业化。三是实施工业强基工程。围绕全市产业发展方向，推动企业加强核心基础零部件、先进基础工艺、关键基础材料和产业技术基础的研发和攻关，依托国家科技计划和相关工程，在电子、汽车、装备等行业，引导整机企业和“四基”企业协同发展，提升重大装备自主可控水平。四是实施质量品牌工程。围绕汽车、电子、装备等重点支柱产业，深入开展“专家百团千企行”质量诊断提升行动，强化整机企业与核心零部件企业的协作互动，实现全产业链质量同步提升。引导支持企业加强品牌培育，厚植品牌文化，培育一批市场广泛认同的驰名商标和名牌产品。推动企业积极参与制修订国家、行业或地方标准。

（四）综合施策去产能

坚持企业主体、政府推动、市场引导、依法处置的原则，因地制宜、分类有序处置，积极稳妥推进去产能工作。一是促进本地消纳。通过上下游产业链整合，提高本地配套比例，重点支持装备、冶金、建材、化工等行业企业与本地下游企业结成战略联盟，促进产品就地消纳。二是优化存量产能。支持有较大潜力的困难企业加大技改挖潜和新产品开发投放力度，提高生产能效和产品质量，帮助企业恢复活力。三是加强国际产能合作。充分利用我市在“一带一路”和长江经济带的区位优势，帮助电子、汽车、摩托车、装备、化工等行业企业通过建立工厂、设立区域销售中心等方式走出去。四是积极稳妥处置“僵尸企业”和“空壳公司”。坚决停止“输血”和各类保护，引导优势企业对产业关联度高的企业实施兼并重组。对确实无法恢复生气的企业，依法进行破产清算，实现市场出清。妥善安置企业职工，切实维护社会稳定。五是严控新增产能。把好项目准入关，对明显过剩和有过剩趋势的产业项目，一律不再审批，从源头上阻止新增过剩产能。

（五）提高开放水平

主动融入“一带一路”和“长江经济带”建设，统筹利用好两种资源、两个市场、两种机遇，助推重庆工业更好发展。一是大力推动“走出去、引进来”战略。结合我市优势及特点，研究全球产业转移趋势，特别是英、德、日等“一带一路”沿线国家产业发展趋势，积极引进液晶面板、汽车、高端装备等方面产业、技术以及矿石、油气等战略资源。同时鼓励本土企业“走出去”，积极参与全球市场竞争，适时扩大汽摩、电子、装备等产品外销和对俄罗斯、伊朗、东南亚等地区投资。二是加快构建便捷畅通开放通道。向东，依托长江黄金水道，加快建成长江上游航运中心，布局完善沿江货运铁路，构建成渝城市群出海大通道；向西，提升和完善“渝新欧”国际铁路联运大通道功能，提高利用效率，增加开行密度，打造内陆地区连接丝绸之路经济带的国际贸易主通道；向南，打通重庆连接东盟国家的物流大通道，积极参与东盟经济圈，构建向南开放、融入21世纪海上丝绸之路的新格局。三是充分发挥“渝新欧”国际铁路联运大通道综合功能。完善“渝新欧”国际班列运行机制，着力提升物流信息化水平，优化通关便利化措施，布局完善境内外分拨点和仓储中心，强化长江经济带周边地区、华南地区以及沿线国家和地区货物组织，全面增强国际物流集散功能。充分利用“渝新欧”国际铁路联运大通道，促进国际产业合作，推进总部贸易和转口贸易发展，培育跨境电商等新兴产业，努力抢占内陆开放制高点。

福建省“十三五”规划纲要解读及在“一带一路”战略中的定位

福建省企业与企业家联合会　工业经济工作委员会

一、对《福建省国民经济和社会发展第十三个五年规划纲要》的解读

《福建省国民经济和社会发展第十三个五年规划纲要》（以下简称《纲要》），是今后五年福建省建设机制活、产业优、百姓富、生态美的新福建的行动纲领。

（一）突出三个重点：重大政策、重大项目、重大措施

福建省“十三五”规划《纲要》分十七章，第一章为“开启加快发展新征程”，主要总结“十二五”发展成就，分析面临的发展环境，提出“十三五”时期经济社会发展的指导思想和发展目标；第二章至第十六章，从15个方面阐述“十三五”时期经济社会发展的主要任务，强调保持经济中高速增长、全力推进产业转型升级、实施创新驱动战略、大力推进农业现代化、全面推进脱贫攻坚、推进新型城镇化和区域协调发展、健全现代基础设施体系、建设生态文明先行示范区、全面深化体制机制改革、深化全方位开放合作、推动闽台深度融合、努力建设文化强省、共建共享幸福美好生活、推进社会治理能力现代化、推进法治福建建设；第十七章为确保规划顺利实施的保障措施，通过完善规划实施机制、强化重大项目支撑、健全监测考评体系等，确保《纲要》确定的各项任务落到实处。

《纲要》突出“三重”：重大政策、重大项目、重大措施，力求更有针对性和操作性。设置28个专栏，将重大项目列入专栏，形成26类重大工程，作为今后实施“十三五”规划的重要支撑。与之配套的，还有可以滚动更新的具体项目库。在编制过程中，还积极争取国家部委支持，有的项目已列入国家规划纲要和有关部委专项规划。与此同时，还积极推进27个省级重点专项规划编制，细化深化规划纲要确定的目标、任务和具体项目。

（二）落实五大发展理念：创新、协调、绿色、开放、共享

根据省委九届十五次全会审议通过的“十三五”规划《建议》，规划《纲要》明确了福建省“十三五”时期经济社会发展的指导思想。坚持发展是第一要务，着力创新发展、协调发展、绿色发展、开放发展、共享发展；认真落实中央支持海峡西岸经济区建设和福建加快发展的重大决策部署，以保持经济稳定较快增长为目标，以转型升级为主线，以提高发展质量和效益为中心，推动经济社会发展再上一个新台阶，努力建设机制活、产业优、百姓富、生态美的新福建。

《纲要》贯彻了“创新、协调、绿色、开放、共享”的发展理念，提出“十三五”时期经济社会发展遵循五个基本要求：一是坚持创新，推动转型升级。以创新为核心

基点，为的是培育发展动力，实现从要素投入转向创新驱动。二是坚持协调，促进均衡发展。以协调为内在要求，为的是破解"一条腿长、一条腿短"的矛盾，形成平衡发展结构。三是坚持绿色，实现低碳生态。以绿色为必要条件，为的是改善生态环境，形成人与自然和谐的可持续发展新格局。四是坚持开放，深化合作共赢。以开放为必由之路，为的是加强内外联动，形成合作共赢大格局。五是坚持共享，体现和谐公平。以共享为本质要求，为的是增进人民福祉，形成促进公平正义的发展导向。这"五个坚持"相互联系、相互促进，体现了经济社会发展必须遵循的基本要求，明确了加快发展的努力方向和工作重点。

《纲要》围绕贯彻落实创新、协调、绿色、开放、共享五大发展理念，体现全面小康在所有领域、人口和区域的全覆盖，体现推动经济社会发展再上一个新台阶，努力建设机制活、产业优、百姓富、生态美的新福建的内在要求。同时，突出发展阶段特征，注重发展质量效益、补短板，以此来研究确定福建省"十三五"时期的发展目标。

对于发展总目标，《纲要》提出"十三五"时期福建省地区生产总值年均增长8.5%，主要基于以下几个方面考虑：一是与中央提出的2020年全面建成小康社会目标相衔接；二是与中央关于进一步加快福建经济社会发展的要求相衔接；三是从福建省经济增长趋势看，经济增长区间将下移至中高速增长；四是考虑了福建自贸试验区、21世纪海上丝绸之路核心区、生态文明先行示范区以及福州新区建设等为福建省经济发展新常态下孕育出新的机遇，中央支持福建加快发展的政策叠加效应将逐步显现，为福建省加快发展增强了动力。

（三）保持经济中高速增长，统筹发挥投资消费出口作用

根据省委九届十五次全会精神，"十三五"福建省要把稳增长放在首要位置，努力保持一个较快的增长速度，这是进一步加快经济社会发展的必然要求，也是建设新福建、再上新台阶的题中要义。

首先要发挥投资对增长的关键作用。投资对福建省经济增长的贡献率超过七成，在国内经济"三期叠加""四降一升"的背景下，扩大有效投资对于实现全省稳增长目标，意义仍然重大。福建省钢铁、煤炭、水泥等过剩产能相对较少，新兴产业起步较晚，基础设施、民生领域、产业升级都有较大的投资空间。要进一步明确扩大投资的主攻方向，拓展新的投资领域、挖掘新的投资项目。要更加注重调结构、补短板、惠民生，围绕公共服务供给、新型城镇化、产业转型升级等新的增长点，扩大有效投资，优化投资结构。要积极衔接国家重大工程包、专项建设基金、"十三五"重点专项规划，争取更多的项目纳入国家盘子，获得国家资金支持。要发挥政府投资的杠杆效应，进一步加大债券市场融资力度和PPP模式推广力度，引导和带动社会资本加大投资。要进一步激发民间资本的活力和潜力，有效发挥福建省民间资本雄厚的优势。

其次要发挥消费对增长的基础作用。随着居民收入的提高和消费结构的变化，"十三五"时期消费业态、消费热点的变化将越发明显。随着供给侧结构性改革的推进，消费将更好地发挥对增长的基础作用，为我国经济结构优化升级提供回旋余地和腾挪空间。"十三五"福建省要着眼于提高供给结构对需求变化的适应性和灵活性，顺应消费升级规律，拓展旅游、养老、健康、信息、教育等新的消费热点。拓展农村消费市

场，全面改善优化消费环境，培育和释放农业转移人口等新兴消费群体的消费潜力。加快完善物流环境，发展跨境电子商务，把闽货品牌打得更响、市场打得更广。

第三要发挥出口对增长的促进作用。“十三五”时期，世界经济低速增长态势难以改观，国际产业分工格局发生新变化，新一轮科技革命和产业变革蓄势待发，全球产业链、供应链、价值链加速整合，国际规则体系面临深刻变革，这些新变化给福建省参与国际经济合作和竞争带来复杂而深刻的影响，对福建省扩大对外开放提出了更高要求。福建省要更好统筹国际国内两种资源，把握自贸试验区和“海丝”核心区建设契机，优化对外贸易结构，提升对外贸易国际竞争力，促进闽货销售，引导过剩优势产能“走出去”，妥善防范外贸风险，努力拓展经济发展新空间。

二、福建在“一带一路”国家战略中的定位

（一）福建：“21 世纪海上丝绸之路核心区”

国家发展改革委、外交部、商务部 6 月联合发布的《推动共建丝绸之路经济带和21 世纪海上丝绸之路的愿景与行动》中提出，“支持福建建设 21 世纪海上丝绸之路核心区”。要抓住经济体制改革这个重点，用好自由贸易试验区这个平台，融入“一带一路”规划。

福建改革的重点是要激发体制活力，打造良好的发展环境，“十三五”时期，以改革促开放、以开放促改革的方向没有变，落实全面深化改革任务的自觉性要更强，推动新一轮对外开放的步伐要更大。要抓住经济体制改革这个重点。突出市场导向，坚持放管结合，建设统一开放、竞争有序的市场体系，让各类要素在更宽广的领域能够自由流动，让福建的投资环境更加公平、更加高效，让福建成为海内外投资者的福地。

要用好自贸区试验区这个平台。要以制度创新为核心，探索行政管理体制新模式，推进外商投资准入前国民待遇加负面清单管理模式，推动金融领域开放创新，推动福建自贸试验区建设取得更大突破。抓紧在全省复制推广自贸区试验成果，营造国际化、法制化的营商环境。

要深度开拓市场扩出口，结合国家“一带一路”战略，稳定美欧日等传统市场，加大对新兴市场、“海丝”沿线国家地区及其他自贸区市场的开拓力度，积极应对 TPP 协定、汇率变化等对出口的影响，推动出口市场多元化。巩固传统商品出口优势地位，通过产品换代升级，提高出口产品附加值，进一步增强出口竞争力。要支持企业抱团“走出去”投资，带动福建省产品的出口。要推进通关便利化，积极推进“单一窗口”建设，实现企业报关、报检以及查验、放行“一站式”服务，推动与周边省市“单一窗口”的对接，加强与内陆地区口岸通关协作，加强与中西部内陆地区物流对接，提高口岸大通关效率。要加快推进海陆空及信息通道建设，打造与海丝沿线国家和地区互联互通的重要枢纽。创新利用外资方式和工作机制，推动优势产能“走出去”重点拓展与东盟的经贸合作，办好与海丝有关的博览会、艺术节、电影节、旅游节等，形成经贸与人文交流的重要平台和纽带。

（二）福建在“一带一路”国家战略中的产业布局

贯彻实施“一带一路”国家战略，推动装备、技术、标准、服务走出去，深度融

入全球产业链、价值链、物流链，更好利用两个市场、两种资源。深化工业领域供给侧结构性改革，着力去产能、降成本、补短板，实现资源优化再配置，提高供给体系质量和效率。具体而言：

依托“一带一路”促进制造业产能合作。结合制造业发展优势和“一带一路”沿线国家的资源禀赋，推进海外市场布局，实现富余产能转移，吸收国外工程机械产品技术，开发适应市场需要的新产品。深化与沿线国家和地区在集成电路、光电、工程机械等领域的合作，吸引有技术优势的企业来闽投资；在有条件的国家和地区建设一批境外制造业合作园区，加强能源资源合作，提高就地加工转化率；鼓励建材、化工、船舶、轻纺、汽车、矿产资源开发等行业“走出去”建设产业集聚区，参与国际产能合作与竞争。支持制造企业拓展海外融资渠道，通过债权、股权、创业投资、资产证券化等多种方式实现扩张，培育一批国际化大企业。

打造自贸试验区高端制造板块。依托自贸试验区优势，加快发展电子信息、生物医药、高端装备、新材料、新能源等高端制造业，吸引全球知名制造企业、国内龙头企业设立区域总部和研发中心，实现高端制造企业区内外联动发展；大力发展高端生产性服务业，为省内企业提供研发设计、信息系统集成、供应链物流、融资租赁、电子商务等服务。

推动闽台产业深度对接。瞄准台湾百大企业、优质中小企业，推进集成电路、工业设计、光电、生物医药、精密机械、环保、新材料等产业深度对接；加强闽台专业园区建设，整合厦门、福州、泉州、漳州等地台商投资区资源，加快推进漳州古雷深化两岸石化产业合作示范区、厦门国家半导体照明产业基地、南安光伏产业基地、福州青口汽车基地等一批合作专业园区建设。

增强协调性　提高整体性　决胜"十三五"
——学习《中共河北省委关于制定河北省经济和社会发展第十三个五年规划的建议》的一点体会

河北省工业经济联合会党组书记、副会长　陈建民

协调发展是以习近平为总书记的党中央提出的"五大发展理念"之一，是我国经济社会持续健康发展的内在要求。"十三五"是我国全面建成小康社会的决胜时期，是从中等收入国家迈入高收入国家（人均GDP超过12000美元）门槛的关键时期。要夺取全面建成小康社会的伟大胜利，高度重视并认真践行协调发展理念是必须坚持的基本遵循之一。《中共河北省委关于制定河北省国民经济和社会发展第十三个五年规划的建议》（以下简称《建议》）第五大部分对全省协调发展问题做出了全面系统部署，要求"围绕增强发展协调性、均衡性，大力实施京津冀协同发展战略，进一步优化区域生产力布局，优化城乡发展结构，优化两个文明建设格局，加快建成良性互动、协调共进、融合发展的新局面。"这必将对河北省构筑平衡发展新格局产生重大而深远影响。

改革开放以来，我国进入经济腾飞和快速发展阶段。从1978年人均GDP不足200美元到2000年超过800美元，用20多年时间增加了500多美元；从2000年开始，仅用15年时间人均GDP从800美元增加到8000美元，增加了7200多美元。但在让世界为之惊叹的快速发展中，我国发展的不协调问题也格外突出。特别是城乡和区域之间发展的不协调不平衡成为突出短板。从河北省情况看，这个短板尤为突出。一是区域发展不平衡不协调。在地理位置上，河北省虽处于东部，但经济发展特别是主要经济指标人均占有量都是中部的水平；虽处于京津冀发达经济区，但与京津的发展差距在扩大，特别是京津周边的张家口、承德地区，存在一个近两万贫困人口的集中区。从省内区域看，北部和南部，沿海和内地，平原和山区的发展水平、增长速度、城乡建设和产业基础等方面存在着明显差异，而且这种发展差距还在扩大。二是城乡发展不协调问题严重，城乡居民收入水平差距较大。2015年河北省农民人均收入11051元，而城镇居民人均可支配收入为26152元，两者之比接近2.4：1。全省目前还有310万贫困人口。三是经济增长与资源短缺、环境恶化的矛盾突出。河北省经济可持续发展动力落后于经济发展，可持续发展总能力居全面中下游水平，资源、环境对经济的支持相对脆弱，水资源短缺和水污染加剧导致的水危机，大气污染导致的雾霾天，已成为制约经济社会可持续发展最突出的环境问题。四是经济与社会发展不同步，相对于经济发展水平而言，社会发展水平低下，存在"一条腿长，一条腿短"的问题，如社保体系不健全、教育水平较低，人才总量和结构跟不上经济发展的要求。在文化建设上，精神文明建设还需要进一步加强，文化事业和文化产业的发展还处于低水平等。

由此可见，经济社会发展不协调不平衡已成为河北省未来发展的严重瓶颈制约。这个问题不解决，“十三五”全面建成小康社会就是一句空话。因此，《建议》把坚持协调发展作为一大部分专门论述，且站位高远、重点突出，指向明确、措施有力，得到了全省上下的一致拥护。其主要有以下几个亮点。

第一，围绕京津冀协同发展国家战略推进协调发展。作为一项国家战略，京津冀协同发展将对河北“十三五”乃至今后相当长一个时期的经济社会发展，带来全方位历史性的推动和积极影响。大力推进京津冀协同发展既是河北省必须担负的政治责任，也是难得的最宝贵的历史机遇。《建议》一是把“精准推进京津冀协同发展任务落实”作为推进全省协调发展的首要任务进行部署，要求“立足京津冀区域整体功能定位和河北‘三区一基地’定位，精准确定功能分区，精准承接北京非首都功能疏解和产业转移，精准打造发展平台和载体，以交通、生态环保、产业三个重点领域率先突破为着力点，聚焦承接疏解、补齐短板”。提出了“合作推进京冀曹妃甸协同发展示范区、芦台协同发展示范区、北京新机场临空经济区、京冀中关村（正定）集成电路产业基地等共建园的建设；着力推进交通一体化发展，全力构建中心城市与卫星城市半小时交通圈、京津冀核心区域一小时交通圈、相邻城市 1.5 小时交通圈。二是加快补齐短板，尽快形成新的整体优势。就发展沿海经济提出，高标准推进唐山湾生态城、黄骅新城和滨海新城建设；以循环经济方式重点发展大钢铁、大化工、大装备、大物流等临港产业和战略性新兴产业、生产性服务业及海洋经济，形成滨海产业聚集带和城镇发展区。就优化提升城市经济结构提出，发挥大城市高端要素聚集优势，构建以服务经济为主的产业结构；发挥中小城市连接城乡的地缘优势，加快发展生产性服务业、先进制造业和特色产业。就打造城市经济增长点提出，中心城市要建成高端服务聚集区；老城区要升级改造，拓展城市经济发展空间；新城新区要推进功能混合和产城融合，推动产业园区由单一生产功能向城市综合功能转型，成为城市经济发展的重要支撑。就县域经济发展提出，把产业园区建设和民营经济作为重要抓手，实施“百千万亿”计划，推动大多数县（市、区）生产总值超过百亿元，一批产业园区主营业务收入超过千亿元，力争形成万亿元园区（新区）。三是对做好 2020 年冬奥会筹办工作进行部署，要求科学推进张家口赛区冬奥会场馆（地）及残奥设施规划建设，加快京张高铁及崇礼支线、张家口机场改扩重大项目建设，推动冰雪产业、休闲旅游、会议会展等产业向国际水平迈进。

第二，围绕优化区域生产力布局推进协调发展。《建议》要求“在京津冀协同发展的大格局下，实施主体功能区战略，按照主体功能区定位，构建要素有序、自由流动、主体功能约束有效、基本公共服务均等、资源环境可承接的区域协调发展格局”。一是打造环京津核心功能区。保定、廊坊要着力提升非首都功能承接能力，着力建设白洋淀科技城和北京新机场临空经济区，加快形成功能互补、协调联动、产业层次高、创新能力强，引领京津冀协同发展的核心区域。二是打造沿海率先发展区。主要是推动唐山、沧州、秦皇岛沿海三市发挥沿海开放优势，着力建设曹妃甸区、渤海新区、北戴河新区。三是打造冀中南功能拓展区。推动石家庄、邯郸、邢台、衡水等市强化先进制造业发展、科技成果产业化、高新技术产业发展和农业产业供给功能，着力建设正定新区、冀南新区、邢东新区、滨湖新区。四是打造冀西北生态涵养区。推动张家口、承德及太行山区着力提升生态保障、水源涵养、旅游休闲、绿色食品供给等功能，建设全国生态先进示范区。

第三，围绕城乡统筹推动协同发展。《建议》要求，围绕打造京津冀世界级城市群、建设全国新型城镇化与城乡统筹示范区，健全城乡一体化发展机制，完善农村基础设施投入长效机制，推动城镇公共服务向农村延伸，推进新型城镇化和农业现代化，逐步实现城乡居民基本权益平等，城乡公共服务均等化、城乡居民收入均衡化、城乡要素配置合理化、城乡产业发展融合化。一是实施新型城镇化战略，强调以人的城镇化为核心，聚焦制度和政策，要求调整完善户籍、教育、医疗、社保、就业等方面和制度政策，推进城镇基本公共服务常住人口全覆盖。二是优化城镇布局，做大做强区域中心城市，强化节点城市支撑作用，提升县城建设质量和水平，支持环首都 15 县建设特色卫星城，推动大中小城市和小城镇协调发展。三是支持石家庄提升省会功能，支持唐山率先发展，支持保定加速提升创新动力，支持邯郸加速产业转型升级，支持张家口加快绿色崛起，支持承德走生态保护和绿色发展双赢之路，支持廊坊创新发展、高端发展，支持秦皇岛突出滨海、生态、旅游、科技特色加快转型升级，支持沧州加快新型工业化与新型城镇化融合发展，支持邢台加快发展和转型步伐，支持衡水加快壮大经济实力，支持定州、辛集打造京津冀城市群特色功能节点城市等，全面提升设区市发展水平。四是实施县城三年攻坚行动，加强市政基础设施和公共服务建设，推进产城新融合，突出特色、提升品位，打造有历史记忆、地域特征、山清水秀、宜居宜业的美丽县城。

《建议》同时提出，要把美丽乡村建设作为农村现代化的综合抓手，与扶贫攻坚、现代化农业发展、山区综合开发、乡村旅游业发展统筹推进，建设富有河北特色的美丽乡村。

第四，围绕狠抓精神文明建设推动协调发展。主要是加强先进思想文化引领，用习近平总书记系列重要讲话精神武装头脑、指导实践、推动工作，巩固全省人民团结奋斗共同思想基础；实施文化强省战略，大力繁荣发展社会主义文艺；实施哲学社会科学创新工程，加强新型智库建设，传承弘扬中华优秀传统文化，打造河北特色文化符号；推动文化体制改革，促进传统媒体与新型媒体深度融合，确保国有文化企业把社会效益放在首位、实现社会效益和经济效益相统一的体制机制。

通过以上分析，我们可以看出，《建议》对河北省未来五年协调发展的部署具有很强的针对性和可操作性，对处理好局部与全面、当前和长远、重点和非重点的关系，整体发力，制胜全局，具有重要指导意义。完全可以相信，随着《建议》的全面落实，特别是协调发展的落地生根，河北省经济社会发展的整体性将大大增强，全面建成小康社会的奋斗目标一定能够如期实现。

山西省“十三五”工业经济和信息化发展规划解读

山西省经济和信息化委员会　山西省工业经济联合会

一、“十二五”时期发展回顾

“十二五”时期，山西面对复杂严峻的经济形势，在省委、省政府的正确领导下，综合施策，着力破解发展难题，工业新型化进程迈上新的台阶。一是产业结构进一步优化。非煤产业增加值占全部工业增加值比重逐年上升，由2010年的41.6%上升至2015年的53.2%。二是经济发展方式进一步转变。工业增加值能耗五年累计下降29.2%，超额完成“十二五”目标。三是企业创新体系进一步完善。全省共建成国家级企业技术中心26家，省级企业技术中心224家，建成山西省研究生教育创新中心43户、产学研合作基地3个和行业技术中心15户。四是两化融合水平进一步提高。科学确立了全省两化融合的贯标体系和架构，在区域、行业、企业三个层次上推动实施试点。五是信息化水平进一步提升。2015年，全省固定宽带家庭用户普及率达50.84%，居全国第10位。六是中小企业发展进一步加快。2015年年底，全省共有中小微企业（法人单位）18.25万户，全年完成营业收入2.33万亿元。

在取得成绩的同时，山西工业经济发展仍存在着工业结构不够合理、产业层次较低、技术水平落后、经济发展的可持续性不强等突出问题。

二、指导思想和主要目标

（一）指导思想和主要目标

全面贯彻落实中央和省委、省政府的重大战略部署，主动适应经济发展新常态，以加快转变经济发展方式为主线，以推进经济结构战略性调整为重点，以新一代信息技术为支撑，以《中国制造2025》为统领，努力做好煤与非煤两篇大文章，优化空间布局，强化产业集聚，促进融合发展，构建新型、多元、绿色的现代工业产业体系，全力打造国家新型能源和重要的现代制造业基地。

（二）主要目标

“十三五”时期的总体目标是：工业经济总量得到较快增长；工业结构调整取得重大进展；工业绿色发展持续推进；自主创新能力显著增强；两化深度融合成效明显；信息基础设施支撑能力进一步夯实。

三、发展重点

（一）加速改造传统产业

推动传统产业采用先进适用技术和信息化技术改造提升，逐步构建具有山西特色的工业循环经济发展模式，促进传统产业生产集约化、利用清洁化、发展高端化。

煤炭工业。围绕“市场主导型、清洁低碳型、集约高效型、延伸循环型、生态环保型、安全保障型”的“六型”发展要求，全力推动煤炭消费革命、供给革命、科技革命、管理革命，重点推进晋北、晋中、晋东三大煤炭基地提质，全力打造煤炭产业升级版。

冶金工业。以分行业控制、补齐短板、延伸链条、优化配置、改造提升、打造园区为重点，着力推进产业结构调整和优化升级。重点发展不锈钢、铝、镁、铜合金等深加工材及其制品，提高资源就地转化率和产品附加值，降低原材料、能源和中间产品物流等综合成本，提升全省冶金行业整体竞争力。

焦化工业。坚持“稳焦上化，以化补焦，焦化并举，上下联产”，加快转变焦化产业发展方式。培育壮大化产品深加工产业，严格控制新增产能，进一步优化产业布局，鼓励行业内外联合重组，加快基地化、园区化、大型化改造，打造全国一流新型焦化产业基地。

电力工业。坚持科学布局、节约优先、绿色低碳、创新驱动原则，以建设大型煤电基地、扩大晋电外送能力、节能减排为重点，推动电力产业优化升级。

（二）振兴发展新支柱产业

“十三五”时期，要重点发展装备制造和煤化工两大新支柱产业。

装备制造业。以促进创新发展为主题，以装备制造园区为载体，整合现有资源，重点发展轨道交通装备、煤机装备、煤层气装备、煤化工装备、节能环保装备、农机装备、基础工艺装备、智能制造装备和新能源汽车等先进装备制造，将山西建设成为国家装备制造业重要基地。

煤化工产业。立足资源禀赋和产业基础，按照高碳产业低碳发展要求，推进“分质分级、能化结合、集成联产”的新型煤化工转化进程，通过优化布局、产业耦合、技术创新、节能降耗等方式，科学发展现代煤化工，巩固传统煤化工，大力推动煤基精细化工、化工新材料发展。

（三）加快发展潜力产业

“十三五”期间，要重点发展新材料、节能环保、食品、医药、轻工、纺织等产业基础好、发展潜力大、带动作用强的潜力产业。

新材料产业。以提高传统材料产业深加工附加值为方向，以提高产业科技创新能力为突破口，加快推进新型金属材料、新型化工材料、新型无机非金属材料和前沿新材料等四大领域向高端化、规模化和集约化方向发展。

节能环保产业。要以节能环保产品、装备、技术、服务为抓手，培育壮大节能产业，推进清洁生产和资源综合利用，建设节能环保装备制造基地，培育形成重要的新兴支柱产业。

食品产业。依托我省特色食品优势，发挥龙头企业和知名品牌引领带动作用，着力提高创新能力，促进食品产业集聚发展。做强做优传统食品产业，做精做细特色食品产业，培育壮大现代食品产业。

医药产业。以重点企业、园区、项目为载体，全面实施创新战略，加强自主创新能力提升和创新体系建设。不断优化产业布局，提高龙头企业规模和产业集中度，着力打造生物制药、化学药新品种、中成药等三大领域具有核心竞争力拳头和优势产品。

（四）大力发展信息产业

加快推进新一代信息技术产业发展，突出两化深度融合，实施“互联网＋”战略，助推全省经济转型发展。

优势产业。结合我省信息产业发展基础，重点发展电子设备制造、太阳能光伏、LED、信息安全、新型电子材料、软件和信息技术服务、通信等我省具有比较优势的信息产业。形成以太原为中心，覆盖晋中、阳泉、吕梁、长治的新一代信息技术产业带，建设光伏、LED两大产业集群。

新兴融合产业。适应信息技术向制造、金融等行业渗透融合，推动云计算、大数据、物联网、北斗产业等新兴融合产业发展。

四、加大改革创新力度

（一）优化空间布局

培育产业集群集聚发展，发挥大园区承载作用，培育和创建一批新型工业化产业示范基地和重点工业园区。积极打造特色板块经济，鼓励各地、各级、各类板块经济发展。加快建设经济技术开发区，加快经济技术开发区转型升级创新发展。

（二）转变发展方式

强化低碳绿色发展，探索高碳产业低碳发展新模式，提升工业清洁低碳绿色发展水平。强化资源综合利用，推进资源综合利用示范基地建设，在重点行业推行清洁生产技术。强化企业技术改造，引导支持重点行业、重点产业、重点企业建立技术改造长效机制。

（三）提升创新能力

完善产业技术创新体系，实施创新主体强化、创新体系完善、创新人才培育、创新能力提升、创新环境优化等五大技术创新工程。促进创新成果转化应用。培育创新平台，加快山西科技创新城建设，推动全省中小企业创新创业基地建设。

（四）推进融合发展

推进两化深度融合，重点围绕煤炭、焦化、冶金、电力、煤化工等传统优势产业，充分利用先进信息技术，加速改造升级，促进企业提质增效。推进服务业和制造业融合，推动制造业服务化。推进军民产业融合，完善促进国防科技工业军民融合发展的政策措施。

（五）扩大对外开放

深化区域合作，全面推进交流合作，拓展全省开放发展新空间。加大商务合作，探索招商引资工作新机制，注重产业链配套，实施集群式引进、专题性推介、区域性对接。加快口岸建设，推进航空口岸、陆路口岸（铁路口岸）和电子口岸建设发展。

（六）提升信息化发展水平

加快信息基础设施建设，加大信息网络基础投入，全面实施“光进铜退”行动。推进“互联网＋”行动，大力拓展互联网与工业经济各领域融合的广度和深度。推动互联网与制造业融合，推动互联网与能源利用融合，推进电子商务与其他产业融合发展。强化信息安全保障，加强“互联网＋”关键领域、工业控制领域、国家关键基础设施重要信息系统的安全保障。

上海“十三五”规划解读

上海社会科学院数量经济研究中心　朱平芳
上海社会科学院经济研究所　马立政

“十三五”时期是全面建成小康社会决胜阶段，是上海基本建成“四个中心”和社会主义现代化大都市决定性时期。《中共上海市委关于制定上海市国民经济和社会发展第十三个五年规划的建议》（以下简称《建议》）奠定了上海市始于2016年的“十三五”规划的主基调。《建议》确定了上海市“十三五”期间的奋斗目标：到2020年，形成具有全球影响力的科技创新中心基本框架，走出创新驱动发展新路，为推进科技创新、实施创新驱动发展战略走在全国前头、走到世界前列奠定基础；适应社会主义市场经济发展，建立健全更加成熟、更加定型的国际化、市场化、法治化制度规范，基本建成国际经济、金融、贸易、航运中心和社会主义现代化国际大都市，在更高水平上全面建成小康社会，让全市人民生活更美好。

《建议》紧紧围绕奋斗目标，以改革创新为动力，契合中央提出的创新、协调、绿色、开放、共享五大发展理念，紧密联系上海实际。本文以五大发展理念为重要路径，对主要内容逐一做简要解读。

一、关于“推进创新发展，激发城市发展新动力”

在后金融危机的背景下，当前中国处于“三期”叠加的关键时期，应该继续坚持改革，以创新驱动作为未来经济引擎。“十三五”期间，上海主要在以下两方面逐步推进创新发展。

1. 全面提升“四个中心”整体水平

《建议》明确提出打造经济实力雄厚、产业能级高、集聚辐射能力强的国际经济中心，建设与我国综合经济实力和人民币国际地位相适应的国际金融中心，建设具有国际国内两个市场资源配置功能的国际贸易中心，推进以枢纽港地位和功能提升为依托的国际航运中心建设。

《建议》对“四个中心”的明确定位意味着在“十三五”期间，上海市的改革更具有方向性，发展更具有目标性，“四个中心”建设本质上是相辅相成的。国际经济中心的建设不但与上海自身经济结构密切相关，也与世界经济格局密切相关，上海市在调整经济结构时着力不断改造、优化、提升现有产业，培育新兴战略产业，特别应该着力打造先进制造业（如芯片制造、大飞机等），正如《建议》提出制造业增加值占全市生产总值比重力争保持在25％左右的目标，这是上海近些年来第一次对制造业增加值比重提出明确要求。此外，应该打通传统产业和新兴产业之间产业间壁垒，通过产业间融合提升竞争力。与此同时，在中国经济规模不断扩大和质量不断提升的同时，特别是一方面我国的国际贸易规模不断扩大，另一方面人民币国际化进程不断推进，建立具有国际金融市场影响力和定价权的国际金融中心就十分必要。在全球化的背景下，国际航运中心和国际贸易中心相互依赖。国际航运的主要目的就是为了国际贸易，国际贸易的发展离不开国际航运。国际贸易中心的建立有利于国际国内资源的合理、高效利用，更好的服务上海、长三角乃至于全国的经济发展，国际航运中心是围绕国际贸易中心服务的同时，不断创新服务手段、不断提高服务效率、不断拓展其服务半径。

2. 推进科创中心建设、着力推进制度创新

《建议》从建立健全的创新机制和营造良好的创新创业环境着手在此基础上，上海以张江核心区和紫竹、杨浦、漕河泾、嘉定、临港等科技创新中心为重要承载区，积极推进创新改革试验。

在建立健全的创新机制过程中坚持发挥市场配置创新资源的决定性作用，在营造良好的创新创业环境过程中更好地发挥政府的作用，使上海科创中心的建设更具有确定性。创新的本质就是转变经济发展方式，通过理论创新、制度创新、技术创新等不但能够提升全要素生产率，而且可以优化资源配置。改革的过程中离不开创新，创新不仅是新一轮经济增长的核心引擎，更是提升国际综合竞争力的利器。

二、关于“推进协调发展，整体优化城市发展格局”

“十三五”期间，上海主要通过推动区域协调发展，推进城乡协调发展，协同提升城市建设和管理水平，增强城市文化软实力这四方面着手推进协调发展，整体优化城市发展格局。

在推进协调发展，整体优化城市发展的过程中，可以解读为两个方面，一方面是区域、城乡发展战略，一方面是城市管理。

1. 上海市“二元结构”现状决定了区域、城乡发展战略主要是合理规划市区与郊区发展，统筹城镇与乡村发展

市区的发展应该更加注重资源科学、合理利用，郊区在承接市区部分产业转移的基础上，进一步发挥自身比较优势。统筹城镇与乡村发展重点是促进城乡协调发展，增强城镇和乡村在发展过程中的整体性和互补性。

2. 城市管理是政府规划系统化和精细化的体现

上海市城市管理的主体是政府，政府通过建立合理规划、严格执行、循环反馈等手段，运用先进信息技术和长效管理机制，以增强城市文化软实力为导向，提升城市管理水平。

三、关于“推进绿色发展，改善城市生态环境”

“十三五”期间，上海主要通过下决心调整淘汰低效落后产能，用更大力气推进绿色低碳循环发展，大力建设和整治生态环境，完善体制机制法治保障四方面着手推进绿色发展，改善城市生态环境。

推进绿色发展，改善城市生态环境意味着“十三五”期间上海市主要通过发展新能源和可再生能源产业，淘汰落后低效产业实现绿色发展。随着工业化的不断发展，特别是发展中国家，生态问题已经成为人民健康生活的重要威胁。正如《建议》提出

“十三五”期间上海市能源消费总量控制在年均1.25亿吨标准煤，上海市从制度建设、具体方案、法治保障等多管齐下，为改善城市生态环境做出了科学规划。

四、关于“推进开放发展，建成开放型经济新体制”

正如《建议》里所说“改革是发展的强大动力，开放是上海最大的优势”，上海在当前改革攻坚期，以开放促改革，“十三五”期间，其主要任务包括以下四方面。

1. 努力建设高度开放的自贸试验区

高度开放的自贸试验区是中国进一步推进改革、开放的实验田。在全球化进程不断推进的背景下，国际贸易已经从原来的货物贸易自由化向服务贸易自由化与投资自由化发展，TPP（跨太平洋关系协定）和TTIP（跨太平洋贸易与投资伙伴协议）就是这种发展趋势的写照。在此转变的过程中，中国必须顺应时代潮流，抓住机遇，以上海自由贸易试验区为试点，积极参与全球化进程。

2. 整体提升开放型经济发展水平

随着全球化的不断推进，我国经济已经深度融入世界经济，只有进一步提升开放型经济发展水平，才能有效提高我国在全球经济治理中的制度性话语权，构建广泛的利益共同体。

3. 积极参与、主动服务长三角地区发展、长江经济带和“一带一路”建设

上海作为中国沿海的最东面，作为长江经济带的龙头，将从国际国内两个维度进一步开放。在国际维度下，“一带一路”是从海洋文明到陆地文明的新起点，是一项重要的中长期国家发展战略，其需要投资、建设、运营、服务等一系列的配套，上海积极参与“一带一路”能有效的利用上海的资金优势、人才优势、基建优势等，在参与过程中不仅能提升上海国际综合竞争力，还有利于国家战略顺利实现。在国内维度下，上海作为长三角地区、长江经济带的龙头，其积极参与长三角地区发展和长江经济带建设，有益于打造区域性经济大平台，通过区域内的协调发展和沿长江产业链的合理布局，使得上海一个点撬动长江整条经济带，进而辐射包括长三角在内的长江沿岸发展。

4. 全力做好对口支援和合作交流工作。

对外开放是开放，对内开放也是开放。对外开放是提升上海自身竞争力的手段，对内开放是上海发展溢出效应的最好体现。通过对口支援和合作交流可以使得上海的优势高效地帮扶支援地区，利用上海的发展经验和先进技术、理念等促进支援区、合作区的发展。

五、关于“推进共享发展，更好地保障和改善民生”

“十三五”期间，上海主要通过率先实现教育现代化，努力实现更加充分、更高质量的就业，建立合理有序的收入分配体系，建立更加公平、更可持续的社会保障制度，提升市民健康水平，提供更加普惠便利的养老服务六方面着手推进共享发展，更好地保障和改善民生。

发展的目的是为了人民生活福利水平的提高，使得人民在发展的工程中共享发展

成果，获得发展的成就感，激发进一步发展的原动力。推进共享发展，更好地保障和改善民生，也为全面小康社会的实现提供了机制保证。《建议》提出力争到 2020 年居民人均可支配收入比 2010 年翻一番。

创新、协调、绿色、开放、共享这五大发展理念是相互联系相互促进的，在全面落实《建议》的基础上，应充分发挥自身优势、克服困难应对挑战。

从实际情况看，上海自身发展面临人口结构不合理、老龄化趋势明显；资源环境约束逐渐加大；科技、创新性人才比重较低，创新活力不足；在全球后金融危机以及中国新常态背景下，经济转型升级挑战增多等问题。但上海也具有优异的地理位置带来便利的贸易条件，优惠的中央政策激发的经济活力，相对成熟的市场环境吸引大量跨国公司，金融中心以及自贸区、科创中心等一系列契合全球趋势的试验田等优势。上海在正视“短板”、整合“优势”的基础上，按照中共中央的系列指导意见，从实际出发，合理地在《建议》中提出来五年发展目标。以下可通过几组数据简单梳理：“十三五”期间上海市新增建设用地只有约 60 平方千米；力争到 2020 年居民人均可支配收入比 2010 年翻一番；常住人口总量不超过 2500 万等，相对于以往，《建议》并没有给出太多硬性指标，但是本次规划上海从实际出发，不片面追求 GDP 增速和总量，为创新发展、结构调整、经济转型升级营造宽松环境、留出更大空间。

整体上《建议》紧密联系了上海实际发展情况，理顺了政府和市场的关系，坚持创新改革为动力，大力推进开放力度，以自贸区为试验田、以科创中心为创新平台，以创新、协调、绿色、开放、共享的发展理念，全力打造“四个中心”和社会主义现代化国际大都市，为全面建成小康社会指明了道路。

抓重点　抓落实　促云南工业和信息化工作健康发展

云南省工业经济联合会

2015年，云南省工业和信息化发展是“十二五”以来最为困难的一年，工业经济下行压力从原材料行业进一步向制造业延伸传导。全省工业和信息化坚持稳中求进、稳中有为、稳中提质，全年实现了平稳发展。2016年是实施“十三五”规划纲要的第一年，也是充满希望和挑战的一年。云南将围绕“十三五”规划纲要，全面贯彻落实党的十八届三中、四中、五中全会精神和省委、省政府的安排部署，围绕新型工业化跨越发展的目标，按照开放型、创新型和绿色化、信息化、高端化的要求，以提高经济发展质量和效益为中心，坚持转方式调结构，大力做强装备制造产业；加快发展电子信息、新材料、石油化工等新兴产业；优化提升医药、食品、消费品等特色产业；巩固延伸烟草、电力、有色及钢铁等优势产业，积极发展生产性服务业。按照产业、基地、企业、项目“四位一体”的要求，抓好运行调控、技术创新、园区转型、企业培育、云南制造、“互联网＋”、开放发展、绿色工业等重点工作，强化体制机制、规划引领、分类指导、人才培养、要素保障、发展环境等保障措施，加快产业转型升级，形成多元增长极，构建完善的现代产业体系，打造我省工业经济发展的升级版。

一、抓好八项重点工作

狠抓运行调控、云南制造、技术创新、园区转型、企业培育、“互联网＋”、开放发展、绿色发展八个重点。

（一）抓好运行调控，促进产业平稳发展

运行调控是稳增长的重要手段，也是促进产业转型升级的重要举措。要围绕重点产业、重点企业、重点产品和重点项目，强化调度分析，适时出台预调、微调政策，解决实际运营中的困难和问题。按照“互联网＋”的思维，积极运用信息技术和大数据、云计算分析国内外和省内行业、产业的经济动向，从需求侧角度做好经济运行要素监测和协调保障服务，实施精准调节，加强煤、电、油、运等生产要素综合协调，确保重点行业、重点企业正常运行。

（二）推动云南制造，增加产业发展动力

制造业是工业的主体，也是推动产业转型升级的主角。一要以项目为载体，加大工业投资工作力度，以投资带动工业产业转型升级，要组织实施好省级工业转型升级续建、新开工和竣工“3个100”重点项目计划，带动和引导各地和企业集团实施一大批工业转型升级项目。完善《云南省工业转型升级重点项目库》，对项目库实施动态管

理。二要完善体制机制。成立领导小组，明确目标和责任，抓好《中国制造 2025》的落实，制定《云南省人民政府关于贯彻中国制造 2025 的实施意见》及推动中国制造 2025 行动计划，推动云南向“工业 4.0”发展，树立“云南制造”的品牌，强化工业基础能力，促进产业转型升级。

（三）推动技术创新，增强产业发展动力

技术创新是增强核心竞争力，抢占竞争制高点，谋求未来发展的主动权的必由之路。一要完善以企业为主体，市场为导向，政产学研相结合的技术创新体系，强化企业技术中心省、州市二级培育体系。支持装备制造、生物制药、新材料等领域的骨干企业与高等院校、科研院所共建产业创新联盟，开展产学研用协同创新，促进创新驱动发展。二要实施智能制造、4G、基础材料、核心基础零部件、工业基础技术、产业技术基础等领域的重大关键共性技术攻关专项。三要开展质量品牌和标准化专项行动。深入实施质量兴省和标准化发展战略，着力抓好中小企业质量管理体系和产品质量诚信体系建设。

（四）促进园区转型，提高产业集聚水平

工业园区是工业的主战场，是产业基地建设和产业集群化发展的重要载体。一要完善《云南省工业园区产业发展空间布局规划》，搞好顶层设计，着力研究相关政策，推动园区按主导产业定位，一个园区原则上确定 2～3 个主导产业，以龙头企业为依托，抓住关键产品、环节和项目，带动产业向上下游延伸，促进产业集聚、关联配套。二要绿色集约发展，节约集约高效利用土地，严把新上工业项目建设容积率和亩均投资强度标准，鼓励多层标准厂房建设，强化项目用地监管。鼓励园区创建国家级循环化改造示范试点园区、低碳工业园区、生态工业园区、新能源应用示范产业园区等绿色园区。三要建立体制顺畅、渠道多元的园区投融资体系，破解资金难题。大力推进技术创新，构建技术创新平台和公共服务平台，提升园区面向南亚东南亚的辐射能力。四是要加大招商引资力度。针对园区发展缺大项目、好项目的问题，完善园区“五个一批项目”建设工作机制，积极策划项目并进行产业链招商。

（五）强化企业培育，激发产业发展活力

企业是市场经济的主体，推进企业转型升级是实现产业转型升级的重要基础。一是加快大企业培育，促进企业做大做强，助推企业转型升级，着力在产业结构调整、加快自主创新、改进管理方式上下工夫，增强核心竞争力。二是要促进中小微企业发展，鼓励创业，催生中小微企业“铺天盖地”涌现，激发创业创新活力。要继续实施“两个 10 万元”微型企业培育工程，掀起大众创业、万众创新浪潮。要继续实施中小企业成长工程，激发民营经济发展活力和创造力。三是推动发展混合所有制经济，研究制定非国有资本参与省属企业投资项目的办法，引导民间资本进入公共服务领域和特许经营领域。四是建立完善公共性、公益性、商业性三个层次的社会化服务体系，为民营企业提供全方位的服务。通过企业培育，努力形成一批“顶天立地”、核心竞争力强的大企业和充满活力、“铺天盖地”的小企业。

（六）实施“互联网＋”，创新产业发展模式

“互联网＋”是当前世界经济发展的一种新的经济形态和模式，也是推动产业转型升级的重要手段。要坚持“开放共享、融合创新，变革转型、引领跨越”的原则，一是推动“互联网＋制造”，着眼于全产业链，从产品设计、原材料采购、生产、销售及管理各个环节，不断提升智能化、网络化和数字化水平。二是推动“互联网＋企业”，以互联网作为支撑和驱动，完善服务体系，提升服务质量，推动创业创新，激发市场活力。三是推动“互联网＋园区”，对我省“10＋50”个重点园区，实施信息化改造，打造数字示范园区，构建园区发展新格局，推动园区转型升级。四是推动“互联网＋服务”，利用大数据、物联网和云计算等技术提升运行监测的有效性、项目管理的综合性和能源监测的及时性，不断优化工业服务水平。加快推进工业大数据中心建设，并以此为基础，探索构建“在线集成创新—过程实时监测—指标分析对比—自动优化调整—产品紧跟需求—市场细分供应—智能物流调度”的智能制造产业链。通过实施“互联网＋”，不断创新发展模式，为产业发展注入新的活力，为全省工业和信息化持续健康发展增添新的动力。

（七）促进开放发展，拓展产业发展空间

开放型发展是我省融入国家“一带一路”战略，建设面向南亚东南亚辐射中心，促进经济结构和产业结构转型升级的重要举措。一是要构建开放型的产业，要放眼世界，发展产业要从单一省内资源转向省内和南亚东南亚“两种资源”，从单一的国内市场转向国内、国外，特别是南亚东南亚“两个市场”，用国际的眼光和高度来进行产业布局。二是建设开放型的基地，依托国家级和省级工业园区，以重大项目和配套项目建设为抓手，集中力量，建设50个左右的产业基地，形成产业特色突出，分工明确、优势互补、竞相发展的格局。加强与南亚东南亚国家在工业园区建设上的合作，探索互建“飞地型”工业园区。三是要培育开放型的企业。加快实施企业“走出去”战略，鼓励企业走出去发展。针对周边国家市场广阔以及基础设施建设提速、资源开发加快的实际，鼓励和支持原材料工业“走出去”发展。加大粗钢、建筑钢材、化肥、农药等当地紧缺产品的出口，以产品输出带动产业输出，开展对外产能合作。依托汽车及零部件、建材、装备制造、家电、纺织服装等产业发展优势，鼓励企业到南亚东南亚设立加工生产基地，建立销售市场和生产基地。通过发展开放型产业，融入国家发展战略，不断扩大生产力布局，拓展产业发展空间。

（八）发展绿色工业，强化和谐发展理念

绿色发展已经成为全球发展的大势所趋，也是“两型三化”的重要内涵，要推动我省产业转型升级，必须要实现绿色发展。一是实施制造业绿色改造行动计划。组织实施钢铁、有色、化工、建材等传统产业能效提升、清洁生产、节水治污、循环利用等专项技术改造，加快节能环保新技术新产品新工艺推广应用。实施电机、变压器、锅炉、窑炉等终端用能设备专项能效提升计划。加快淘汰落后机电产品和耗能装置。开展节能环保、资源综合利用、再制造、低碳技术产业化示范；实施重点地区、园区、行业、企业清洁生产水平提升计划。积极建设绿色数据中心、绿色机房、绿色基站。

实施能源利用清洁化工程，大力实施天然气、生物质能替代燃煤，水电替代火电，不断提高清洁能源在工业能耗中的比重。二是全面推进绿色制造体系建设。支持企业开发绿色产品，推行生态设计，显著提升产品节能环保低碳水平，引导绿色生产和绿色消费。建设绿色工厂，实现厂房集约化、原料无害化、生产洁净化、废物资源化、能源低碳化。发展绿色园区，推进工业园区产业耦合，实现近零排放。打造绿色供应链，加快建立以资源节约、环境友好为导向的采购、生产、营销、回收及物流体系，落实生产者责任延伸制度。壮大绿色企业，支持企业实施绿色战略、绿色标准、绿色管理和绿色生产。强化绿色监管，健全绿色产品、绿色工厂、绿色园区、绿色企业标准体系及评价机制，开展绿色评价。三是积极发展节能环保产业。以节能环保工程带动产业发展，围绕节能、环保、资源综合利用、再制造，建设 1～3 个技术先进、配套健全、发展规范的节能环保产业示范基地，打造一批拥有知识产权和竞争力的装备和产品，形成以骨干企业为龙头、广大中小企业为配套，研发、生产、推广、运营、服务等上下游协同推进、配套健全的产业发展格局。到 2020 年，绿色制造水平显著提升，绿色制造体系初步建立；传统制造业资源消耗、污染物排放显著下降，主要产品单耗达到国内先进水平。

二、抓好六大工作措施

强化体制机制创新，坚持规划为引领，加强对各产业的分类指导，加强人才培养，要素保障和环境的营造。

（一）推动体制机制创新

以深化改革为动力，努力构建充满活力、富有效率、更加开放、有利于科学发展的体制机制。一要提高审批效率。针对工业发展较为突出的融资难、用地难、用电难等问题，进一步取消和下放行政审批事项，优化审批流程，简化审批程序，按照“同步受理、同步介入、同步审查、限时办结”的要求，推行重大工业项目“全程代办制”，加快立项、土地、规划、环评等审批事项办理进度，严禁增加行政许可条件和程序。二要降低项目审批成本。对现有行政审批前置环节的技术审查、评估、鉴证、咨询等有偿中介服务事项进行全面清理，坚决取消不合理服务项目；确需保留的，要规范时限和收费，并向社会公示。打破中介垄断，搭建投资项目审批中介服务信息平台，提升中介服务水平和效率，降低服务成本。三要转变管理方式。从对单个企业的管理向整个行业和平台的管理转变，改变财政资金使用的管理方式，设立负面清单，改变传统的项目审批方式，转变职能、下放权力，减少政府对企业生产经营活动的直接干预，打破市场分割与垄断，消除制约转型发展的体制机制障碍。

（二）注重规划引领

用规划引领产业发展，是推进经济转型升级的重要手段，对协调区域经济关系，发挥区域优势，建立合理的区域经济结构具有十分重要的意义。要切实做好《云南省“十三五”工业和信息化发展规划纲要》及相关专项规划编制的工作。一是切实贯彻落实国家和省的各项战略部署，把准产业发展的方向，要做好规划与上位规划的有效衔接。二是紧密结合产业发展方向，注重与新业态、新模式、新技术，如大数据、“互联网+”等的衔接。三是围绕产业、基地、企业、项目等重点优化布局，以此统筹区域和产业协调发展、错位发展、特色发展，形成分工合理、优势互补，各具特色的区域经济发展新格局。

(三) 强化分类指导

根据产业发展方向和重点环节，对工业产业实行分类指导。一是对大力做强、加快发展、积极发展的产业，集中资源、集中要素、集中力量，优先满足和保障产业发展需求，加快其做大总量和增强实力。二是对巩固延伸的产业，积极推进企业兼并重组和升级搬迁，加快调整产业结构、产品结构和区域布局，优先安排实施技术改造重大专项，加快淘汰落后产能，加快其优化结构和增强竞争力。三是对优化提升的产业，加快引进和培育龙头企业，支持加强技术创新，突破产业链关键环节与核心技术，延伸产业链，积极引进上下游配套企业，大力推进产业集聚，加快其做优产品和做精做特。

(四) 强化人才培养

充分发挥人才在增强工业和企业核心竞争力、促进转型升级中的关键作用，为转型升级和工业跨越发展提供全方位人才支撑。一是继续实施工业党政领导干部能力提升工程、工业企业经营管理人才开发工程、工业技术人才培养工程、工业技能人才培养工程、工业人才引进聚集工程、紧缺型工业人才培养工程，促进创新型、应用型、复合型工业各类人才生成和集聚。二是建立校企联合培养人才新机制，完善工业人才市场服务体系，完善智力兼职、人才租赁、项目合作等柔性引才机制，重点培养和引进一批我省产业发展急需的紧缺型企业经营管理人才、技术带头人和高技能人才。三是搭建人才服务公共平台，完善合理的人才激励机制，加大力度对我省工业发展壮大和转型升级做出突出贡献的人才进行表彰奖励。

(五) 加强要素保障

充分运用传统和信息手段，创新支持模式，发挥要素的支撑和保障作用。一是做好传统生产要素的调度，确保重点产业和重点企业煤、电、油、运等需求。二是要抓好政策服务，要建立完善领导联系重点企业制度，积极协调企业在财税、融资、用工、技术等方面的困难和问题，要创新思路，充分运用好产业基金、风投基金和众创基金。二是要创新要素保障方式。运用“互联网+”的方式，积极推进电子商务，促进产业发展模式的转变，形成线上线下互动的新模式；建立跨行业、跨区域的物流信息服务平台，提高物流供需信息对接和使用效率；大力加强企业综合服务体系建设，完善企业公共服务平台网络；加快互联网与政府公共服务体系的深度融合，构建面向公众的一体化在线公共服务体系。

(六) 营造发展环境

环境是产业发展的土壤。要切实转变职能，创行行政管理方式，增强政府的服务意识，提高办事效率，要为产业发展营造良好的发展环境、服务环境。一是要加强与有关产业发展部门之间要协调配合，切实提高行政审批效率。二是要进一步简政放权，推动权力清单、责任清单和负面清单管理新模式。三是要加快构建和完善公共性、公益性、商业性三个层次的社会化服务体系，为企业发展提供全方位的引导、帮助和服务。四是要严格落实国家减轻企业负担相关政策措施，狠抓全省各项产业发展扶持政策措施落实。

海南“十三五”规划纲要解读
——海南在国家发展战略中的定位及产业布局

海南省工业经济联合会

海南省国民经济和社会发展第十三个五年（2016—2020 年）规划纲要，根据《中共海南省委关于制定国民经济和社会发展第十三个五年规划的建议》编制，主要体现省委、省政府的战略意图和“多规合一”改革要求，着重阐述未来五年的指导思想、发展目标、主要任务和政策措施，是“十三五”时期海南经济社会发展的宏伟蓝图，是全省人民共同奋斗的行动纲领。

“十三五”时期，海南将以全面建成小康社会为总目标、总牵引，坚持发展是第一要务，以提高发展质量和效益为中心，到 2020 年与全国同步全面建成小康社会，基本建成国际旅游岛，努力将海南建设成为全省人民的幸福家园、中华民族的四季花园、中外游客的度假天堂。

——经济保持中高速增长。在提高发展平衡性、包容性、可持续性基础上，主动适应和引领经济发展新常态，保持经济中高速增长。全省地区生产总值年均增长 7%，到 2020 年实现地区生产总值和城乡居民收入比 2010 年翻一番以上。着力提升服务业比重，农业现代化取得明显进展，三次产业比重趋近 20：20：60。消费对经济增长贡献明显提高，社会消费品零售总额年均增长 8%；固定资产投资年均增长 10%；地方一般公共预算收入年均增长 8%；常住人口城镇化率提高到 60%。

——创新驱动有良好的提升。加快形成促进创新的体制架构，塑造更多依靠创新驱动、更多发挥先发优势的引领型发展。科技进步对经济增长的贡献率大幅上升，研究与试验发展经费支出占地区生产总值比重逐年提高，每万人口发明专利拥有量提高到 4.5 件。

——人民生活水平和质量明显提高。确保居民收入增长和经济增长同步、劳动报酬提高和劳动生产率提高同步，完善工资水平决定机制，缩小收入差距，中等收入人口比重明显上升。农村居民人均可支配收入年均增长 8%，城镇居民人均可支配收入年均增长 7%。城镇登记失业率控制在 4.0%以内。确保全省 47.7 万农村贫困人口全部脱贫（含 20 万人巩固提升），5 个贫困县全部摘帽。

——生态环境质量巩固提升。倡导绿色低碳生产生活方式，节约集约使用土地，能源和水资源消耗、碳排放和主要污染物排放的总量和强度严格控制在国家下达的计划目标之内。主体功能区布局和生态安全屏障基本形成。陆域生态保护红线区占陆域面积的 33.5%，近岸海域生态保护红线范围占近岸海域面积的 12.3%，湿地保护面积保持在 480 万亩以上，森林覆盖率不低于 62%，大气、水体和近岸海域等环境质量保持全国一流。非化石能源占一次能源消耗比重达到 15%。

——社会治理管理能力大幅提高。社会治理成效显著，人民民主更加健全，法治政府基本建成，司法公信力明显提高。人权得到切实保障，产权得到有效保护。开放型经济新体制基本形成。党的建设制度化水平进一步提高。国民素质和社会文明程度普遍提高。

“十三五”时期，海南将全面融入国家“一带一路”战略，推动海南与沿线国家和地区港口、航空交通基础设施互联互通，推进临港经济区、临空经济区建设，致力将海南打造成“一带一路”国际交流合作大平台、海洋发展合作示范区、中国（海南）—东盟优势产业合作示范区。扩大对外经贸合作，发展边贸经济，实施“走出去、引进来”战略，推进优势企业开展跨境经济技术合作，拓展与泛珠三角、长三角、环渤海、京津冀和港澳台等区域合作。为此，海南要着力构建、发展壮大 12 个重点特色产业体系。

——高水平发展旅游业。推动旅游业向更高层次发展，加速旅游要素国际化改造，创新旅游业态与旅游产品，深度开发富有魅力的度假休闲旅游产品和精品线路，推进旅游与免税购物、医疗康体养生、演艺娱乐、邮轮游艇、高尔夫、文体会展、婚礼节庆等融合发展，加快构建“旅游＋”，强力优化旅游环境，努力建设旅游业改革创新的试验区和世界一流的海岛休闲度假旅游目的地。到 2020 年，全年接待旅游总人数超过 8000 万人次，接待入境游客达到 120 万人次以上；旅游总收入达到 1000 亿元以上；过夜游客人均停留 4.2 天，过夜游客人均消费 3500 元；旅游业直接从业人数达 50 万，带动间接从业人员达 200 万人。

——做强做优热带特色高效农业。坚持把农业作为农村奔小康、特色城镇化及农民持续增收的重要产业支撑不动摇。高标准建设国家冬季瓜菜基地、南繁育制种基地、热带水果基地、天然橡胶基地、海洋渔业基地和无规定动物疫病区“五基地一区”，力争五年内创办 100 个高标准的省级现代农业示范基地。把热带特色高效农业打造成海南富足农民、服务全国的王牌产业。

——全力推进互联网产业。实施网络强省战略和“互联网＋”行动计划，重点发展电子商务、游戏动漫和服务外包等应用服务产业，大数据、研发设计、数字内容、物联网和卫星导航等平台支撑产业和“互联网＋”产业集群，加快海南互联网产业升级，加强互联网人才引进和培养，引进国际国内互联网龙头企业，搭建产业平台，建立孵化体系，培育标杆企业，加强与企业的科研开发、产业合作，打造独具海南特色的互联网产业发展高地。

——培育发展医疗健康产业。推动医疗健康产业跨越发展，加快开放医疗健康服务市场，用足用好国家赋予博鳌乐城国际医疗旅游先行区特殊政策并逐步扩大到全岛，培育医疗健康产业集群。到 2020 年，医疗健康产业总产值达到 1000 亿元。

——加快发展金融服务业。加快金融创新步伐，增强金融业对实体经济的支撑力和渗透力，全面提升金融服务国际旅游岛建设的能力和水平。到 2020 年，金融资源配置效率和水平明显提升，金融服务实体经济能力显著增强，力争全省金融业增加值占地区生产总值比重达 10％左右，全省银行业各项贷款余额超过 1 万亿元，直接融资比重提高到 45％左右。

——发展壮大会展业。加快会展业的升级改造，推进会展业服务标准化，培育会展品牌，将会展业打造成扩大内需、拉动消费的重要产业。到2020年，海南会展产业总产值达到400亿元。

——发展现代物流业。加强物流通道建设，完善物流网络空间布局，推动物流服务设施建设，支持各类型物流业态及经营主体健康发展。到2020年，全省物流业增加值达到345亿元，形成2至3个营业额超100亿元的大型物流园区。

——发展油气产业。发挥我省区位优势，抓住“一带一路”建设、南海开发等机遇，以更加严格的环保标准发展油气产业。以油气加工产业优化、化工新能源、化工新材料、传统化工产业升级作为主要发展方向，不断优化产业结构，走“专精特新”的道路，往下延伸产业链，配套发展高端精细化工、油品和化工品储备及工业服务业。

——发展医药产业。抓住国家实施医改、博鳌乐城医疗旅游先行试验区等重要机遇，创新医药企业的经营模式，提升企业自主研发、质量管理和市场营销能力，壮大医药产业规模。到2020年，实现医药产业产值500亿元左右，年均增速达到20%以上。

——发展低碳制造业。坚持集约、集群、低碳、节能、园区化、高技术的发展方向，着力发展新能源汽车制造、新兴绿色食品加工、新能源新材料、海洋装备制造、新型网络化制造等低碳制造业。

——转型升级房地产业。积极调整房地产产品结构，科学安排房地产开发时序，促进房地产业提质增效、转型发展。以本岛长居型居住地产为基本、经营性房地产为主导，构建多元化、多层次的房地产产品供应体系与住房保障体系。

——培育发展高新技术产业、文化体育产业。积极培育和壮大高新技术企业队伍，加强科技支撑条件和创新能力建设，加大关键技术攻关和科技成果产业化力度，加大科技创新资源、高新技术企业和高新技术项目引进，优化产业结构，培育新的经济增长点，促进高新技术产业高速发展，高新技术产业产值占全省规模以上工业总产值的50%以上。着力推动文体产业结构调整、优化升级、加速发展，重点扶持发展影视制作产业、动漫游戏产业、旅游演艺产业和体育产业。到2020年，文化体育产业占地区生产总值的比重达到5%以上。

——加快六类产业园区建设。规范高效运营旅游园区、高新技术及信息产业园区、物流园区、临空产业园区、工业园区、健康教育园区等六类省级重点产业园区，引导向关联产业集聚集群发展、形成产业优化升级的主要平台。推动园区复制自贸区优惠政策，实施园区“准入清单”，逐步实现重点园区建设项目零审批，构建高效运转的园区运行体制。把海南生态软件园、博鳌乐城国际医疗旅游先行区、海口美安科技新城作为试点园区，大胆进行制度创新，积极探索可复制、可推广的经验，逐步应用到六类产业园区。

注：文章撰写时，海南省“十三五”规划纲要尚未出台，参照省委的《建议》撰写。

抓住丝绸之路经济带建设机遇
加快郑州国际商都发展

郑州市工业经济联合会　唐运龙

一、郑州市基本市情和经济社会发展概况

郑州是河南省省会，地处中华腹地，九州之中，十省通衢，北临黄河，西依嵩山，东、南接黄淮平原。现辖6区5市1县（其中巩义市为省直管县）及航空港实验区、郑东新区、郑州高新技术产业开发区、郑州经济技术开发区和郑州出口加工区。全市总面积1010平方公里，建成区面积382.7平方公里，城镇化率67%，常住人口903.1万人。是国家历史文化名城、国家卫生城市、国家园林城市、国家森林城市、全国文明城市、全国绿化模范城市、全国优秀旅游城市、全国科技进步先进城市和全国"双拥"模范城市。

郑州是一座历史悠久和文化底蕴深厚的城市。早在3600年前，这里就是商王朝的重要都邑，郑州是中国八大古都之一和"世界历史都市联盟"成员。郑州历史悠久，是中华民族的发祥地之一，孕育了中华民族及其光辉灿烂的文化，曾5朝为都、8代为州。表明郑州地区在历史上相当长的时期内曾是国家的政治中心。

郑州是一座区位和交通优势凸显的城市。郑州处于丝绸之路经济带西向、南向和连接海上丝绸之路的交汇点，基本形成了"三纵四横"国铁干线网和"十二横九纵六放射"高速公路网，向西可直达中亚、中东欧、波斯湾，向南可通达广东等沿海地区直抵东南亚，向东可通过上海、连云港等港口便捷连接海上丝绸之路，是中国东部产业转移、西部资源输出、南北经贸交流的桥梁和纽带。高速公路通车里程连续多年保持全国第一位。以郑州为中心的"米"字形高速铁路网和航空运输中转中心加快形成。郑州机场开通航线183条，其中国际（地区）货运航线32条，占中部地区总数的95%，已覆盖除非洲、南美洲以外的全球主要经济体；国际物流中心的地位持续上升。

郑州是一座自然和人力资源丰富的城市。目前，已探明的矿藏有煤炭、铝矾土、耐火黏土、油石等34种，是全国最大的油石基地之一。作为全国近亿人口大省的省会，劳动力资源丰富；拥有科学研究与技术开发机构538个，国家级企业技术中心9个，研究生培养单位11个，普通高校51所。

郑州是一座充满生机和极具发展活力的城市。近年来，郑州市全面贯彻党的十八大、十八届三中四中全会精神，坚持稳中求进工作总基调，坚持以提高经济发展质量和效益为中心，围绕加快推进"大枢纽、大产业、大都市和建设中心城市"的"三大一中"战略定位，抢抓"一带一路"战略机遇，以航空港实验区为统揽，持续推进新型城镇化、现代产业体系构建和坚持依靠群众推进工作落实三大主体工作，抓改革创新、强投资开放、促结构转型、求民生改善，强力推进郑州都市区建设，经济社会发

展保持了良好的态势。工业增加值总量跃居全国前列。2014 年，全市规模以上工业完成增加值 3094 亿元，在全国 27 个省会城市中居第 5 位，在 35 个大中城市中居第 11 位；规模以上工业总产值完成 1.35 万亿元，居中部六省省会城市首位，在 27 个省会城市中居第 3 位，在 35 个大中城市中居第 9 位。2015 年工业增加值完成 3312.3 亿元，比上年增长 10.2%，增速比全国高 4.1 个百分点，比全省高 1.6 个百分点；比上年前移 2 位。

郑州是一座极具吸引力和影响力的城市。近年来，郑州市坚持高起点规划、高质量建设、高水平管理，不断加大城市建设与管理的投入力度，城市的枢纽地位不断强化，综合承载能力和城市品位显著提升。航空港实验区建设取得重大进展。航空港实验区是全国首个上升为国家战略的航空港经济发展先行区，规划面积 415 平方公里，战略定位为国际航空物流中心、以航空经济为引领的现代产业基地、内陆地区对外开放重要门户、现代航空都市、中原经济区核心增长极。力争到 2025 年，航空货邮吞吐量达到 300 万吨，航空关联高端制造业主营业务收入超过 1 万亿元，进出口总额达到 2000 亿美元，建成全国航空港经济发展先行区，着力打造我国内陆地区扩大对外开放新高地。郑东新区建设取得突破性进展。郑东新区自 2003 年开建以来，先后实现了“三年出形象”“五年成规模”“十年建新城”的目标，已经成为河南省城市化的重要标志和展示城市新形象的“窗口”和“名片”。

二、郑州纳入国家丝绸之路经济带的现实基础

历经历史多年的漫长岁月，郑州乃至河南在丝绸之路的形成、发展和繁荣进程中发挥了无可替代的重要作用，为古代中国的发展、为中西方的经济文化的交流和繁荣作出了重要贡献。时至今日，郑州乃至河南在全国发展的战略布局中地位更加突出，作用更加重要。

（一）国家对中部地区和中原地区发展的大力支持为郑州乃至河南纳入国家丝绸之路经济带提供了重大机遇

改革开放以来特别是近年来，党中央、国务院高度重视中部地区的发展，出台了一系列的政策措施，大力推动中原崛起、河南振兴，努力促进了中部崛起。一是中部崛起战略的实施。2009 年 9 月，国务院通过了《促进中部地区崛起规划》，经过近一段时期的快速发展，中部地区经济发展水平显著提高，粮食生产基地、能源原材料基地、现代装备制造及高技术产业基地，综合交通运输枢纽“三个基地、一个枢纽”地位进一步提升；经济发展活力明显增强；可持续发展能力不断提升。二是中原经济区上升为国家战略。2012 年 11 月，国务院批复了《中原经济区规划》（2012—2020 年）。中原经济区是以郑州为核心、中原城市群为支撑、涵盖河南全省延及周边地区的经济区域，地处中国中心地带，全国主体功能区明确的重点开发区域，地理位置重要、市场潜力巨大、文化底蕴深厚，在全国改革发展大局中具有重要战略地位。战略定位为：国家重要的粮食生产和现代农业基地，全国工业化、城镇化、信息化和农业现代化协调发展示范区，全国重要的经济增长板块，全国区域协调发展的战略支点和重要的现代综合交通枢纽，华夏历史文明传承创新区。三是航空港实验区成为全国首个上升为

国家战略的航空港经济发展先行区。2013年3月，国务院批复了《郑州航空港经济综合实验区发展规划（2013—2025年）》。规划提出，郑州航空港经济综合实验区的战略定位为国际航空物流中心、以航空经济为引领的现代产业基地、内陆地区对外开放重要门户、现代航空都市、中原经济区核心增长极，为郑州朝着国际航空物流中心、国际化陆港城市、国际性的综合物流区方向发展提供了载体。2013年10月，国家批准郑州新郑综合保税区、郑州出口加工区开展保税货物结转试点。大大提高了申报和通关的效率。

（二）省委、省政府的重大战略决策为郑州乃至河南纳入国家丝绸之路经济带提供了有力政策保障

河南位居中原，十省通衢，拥有丰富的自然资源，便捷通达的交通网络，优越的区位优势，雄厚的工业基础，齐全的产业门类，是全国重要的交通枢纽和新兴经济大省。但长久以来，中部货物进出口只能通过航运和转口海运中转过境，货运周期长，成本高，严重影响了中部地区货物进出口业务的发展。为扩大对外开放、加快承接产业转移、打造全国重要的现代综合交通枢纽和物流中心，河南省积极谋划，先后作出大力推进中原城市群发展、加快郑洛工业走廊建设、大力推进郑汴新区建设等重大战略部署，提出了以郑州为中心，带动中部地区国际物流业发展的战略决策。一是构建中原城市群经济隆起带战略构想。2003年，河南省提出了中原城市群发展战略构想。中原城市群是河南省乃至中部地区承接发达国家及中国东部地区产业转移、西部资源输出的枢纽和核心区域之一，并将成为促进中部崛起、辐射带动中西部地区发展的重要增长极，中原城市群的形成为中原经济区建设打下了坚实的基础，提供了有力支撑。二是郑洛城市工业走廊发展规划。2005年1月河南省通过的《郑洛城市工业走廊发展规划》。郑洛城市工业走廊东起郑州，西至三门峡义，区域总长240千米，宽80千米，将形成拉动中原崛起的城市工业密集带。三是推进郑汴一体化发展战略。2009年11月，河南省通过了《郑汴新区总体规划》（2009—2020年），规划范围包括郑州新区和开封新区，总面积约2077平方公里，总人口规模将达到700万左右。发展目标是建设“五区一中心”，即建设成为现代产业集聚区、现代复合型新区、城乡统筹改革发展实验区、对外开放示范区、环境优美宜居区和区域服务中心，在全省工业化和城镇化进程中发挥引领作用。四是郑州丝绸之路桥头堡建设。省委、省政府高度重视，在省委经济工作会议作出了：加快推进郑州航空港经济综合实验区建设，搭建内陆省份在全球化背景下的对外开放平台和参与国际经济循环的窗口，形成带动全省产业发展的发动机和核心增长极，争取构筑“丝绸之路经济带”重要桥头堡的战略决策。省委九届六次全会通过的《中共河南省委关于科学推进新型城镇化的指导意见》，更是明确提出，要加强郑欧班列等对外联系通道建设，争取把郑州建设成“丝绸之路经济带”桥头堡。

（三）郑州市纳入国家丝绸之路经济带具备了雄厚的基础和巨大的潜力

近年来，郑州市紧抓中原经济区和航空港经济综合实验区建设机遇，充分发挥区位优势和产业基础条件，依托现代综合交通枢纽，围绕“两港两区两个国际物流中心”

建设，以五大特色行业物流和六大物流集聚区建设工程为抓手，大力发展航空物流、保税物流和集装箱运输，构建覆盖中西部、辐射全国、连通世界的国家现代物流中心，形成大枢纽促大物流、大物流带大产业、大产业塑大都市的发展格局，取得了显著成效。一是区位交通优势。郑州作为近亿人口大省河南的省会，地处“丝绸之路经济带”的核心位置，贯通全国的铁路、航空、高速公路、电力、电信主干线在此交汇，是我国极其重要的综合性交通枢纽，1.5 小时航程可覆盖中国 2/3 的主要城市和 3/5 人口，陆空衔接高效。二是现代物流优势。随着电子商贸物流的急速发展，以及郑州跨境贸易电子商务服务试点的启动，未来通过物流将生产商的供应链与销售商的供应链完整连接起来，从而打造全球供应链的中心和价值链的高端。依托郑州二线城市的发展，带动河南四线、五线城市，中原城市群与中小城镇的发展，整合我省的人力优势、资源优势和三产基础，发挥综合效益，构建立体发展。三是郑欧班列的开通。2013 年 7 月 18 日开通了首班郑欧班列，2013 年，郑欧班列已成功开行 19 班，形成常态化运营，并在全国首先实现从欧洲满载化返程，货源集散已逐步从中西部辐射至长三角，珠三角，班列的稳定性、安全性、时效性、成本性均得到市场认可，效益远超国内其他城市。截至目前郑欧班列货物种类达 101 种，货物总值近 3000 万美元，其中涵盖 DELL 笔记本电脑、光伏玻璃、医疗器械等高附加值产品，货源覆盖范围已扩大到珠三角、长三角、环渤海地区 12 个省份和直辖市，转口货源呈现出逐渐增多的趋势。2014 年，郑欧班列计划每周开行 2 班以上，增加 11 个目的地站，成为率先实现多口岸出境、多目的地到达、多货源集聚、多联运方式运行的内陆国际班列，并与国内外有影响力的物流运营商建立了稳定合作关系，形成了海关、国检、铁路等多部门的协调工作机制，其影响力、带动力已经初步显现。郑欧国际铁路货运班列将真正成为连通中国、中亚和欧洲国家的经贸大动脉。正如省委书记郭庚茂指出的，新丝绸之路经济带的关键是物流，要通过交通来带动物流，用物流带动城市，用城市带动整个经济，最后形成一个经济带。那么物流的起点哪里最好呢，是郑州。实践就是郑欧班列，作为物流集中的起点，郑州位置最佳。郑州位处中原腹地，有利于周边省份、地区的货物集散，四周货物向郑州集中成本低，交通方便。从经济规律来讲，郑州来当新丝绸之路桥头堡，是个最佳位置。

三、郑州纳入国家丝绸之路经济带的战略定位

一是国家丝绸之路经济带物流枢纽城市。丝绸之路经济带是国家向西开放的重要区域战略，郑州作为中部物流区域中心城市及全国性物流节点城市，具备中部地区承东启西、贯通南北的区位优势，纳入丝绸之路经济带有利于打通东西物流通道，发挥中部物流区域的辐射和集聚作用，促进西部与东部物流区域的有机衔接。依托郑州建设的航空港经济综合实验区、综合保税区、航空物流园区等，为郑州融入丝绸之路经济带物流通道，提供了陆空联运的重要载体和支撑。郑欧班列常态化运营为跨国制造企业在郑州设立基地奠定了物流基础。现代物流企业、物流设施、物流园区的发展，以及航空港特色产品物流为打造丝绸之路经济带物流枢纽城市集聚了物流资源和产业优势。郑州是丝绸之路布局的最佳物流节点。

二是国家丝绸之路经济带商贸中心城市。郑州市是中国首批确定的三个商贸试点城市之一，郑州商品交易所是中国第一家成立的商品交易所，目前已成为以农产品为主的交易平台，其期货产品是国际市场核心价格指导价之一，产业基础雄厚、市场需求旺盛，资本、技术、人才等配套生产要素充足，与中亚以及欧洲诸国的经贸合作空间十分广阔。依托跨境电子商务试点和国家电子商务示范城市建设，可为丝绸之路经济带沿线省市区提供货物快速通关、结汇配备，是丝绸之路经济带最佳商贸中心城市。

四、几点建议

当前，国家发改委正着手编制丝绸之路经济带规划，郑州作为中原经济区的核心增长极，将牢牢把握机遇，乘势而上，全力以赴，努力作为，深化与丝绸之路经济带沿线国家在能源、旅游、商贸等领域的合作，积极扩大教育、科技、文化等方面的交流，将郑州打造成国家丝绸之路经济带商贸物流核心城市，在国家丝绸之路经济带建设中承担更大的使命，发挥更大的作用。

（一）建议将郑州纳入国家丝绸之路经济带战略

充分考虑中原经济区发展的实际需要和郑州独特的区位交通优势，恳请中央支持郑州建设国家丝绸之路经济带商贸物流核心城市，建设中国区域内的丝绸之路经济带经济中心，与西安等城市形成错位发展、优势互补。

（二）建议支持郑州加快建设综合交通枢纽城市建设

一是支持郑州机场基础设施建设，增强新郑国家机场的辐射功能；支持郑州构建国际国内航线、干支航线紧密衔接的“轮辐式”中枢航线网络。二是支持郑州进一步强化铁路交通枢纽地位。将中原经济区范围内的铁路管辖权重新调整划入郑州铁路局管辖；在铁路货运运营权方面制定政策时向河南倾斜；支持郑州建设“米”字形高速客运网络。

（三）建议支持郑欧班列、E 贸易等实体项目建设

一是郑欧班列进一步做大总量、加强辐射、提升品牌。二是加大以 E 贸易电子商务服务试点力度，在通关、支付、行邮税征收、退税方面给予政策支持。支持郑州建设口岸开放门户。三是支持在郑州航空港经济综合实验区设立药品、食品、奢侈品、鲜活农产品进口口岸，加快相关项目建设进度。

企业转型升级篇

坚持创新驱动　打造中药国际化的“升级版”

全国人大代表、天士力控股集团有限公司董事局主席　闫希军

一、中医药迎来良好机遇，但严峻形势并存

党的十八大提出，要实施创新驱动发展战略，强调科技创新是提高社会生产和综合国力的战略支撑，必须摆在国家发展全局的核心位置。党的十八届五中全会把“创新发展”放在五大发展理念之首，提出创新是引领发展的第一动力。国家“十三五”规划中，全面贯彻了创新驱动的作用，把发展基点放在创新上，推动全方位创新。

推进健康中国建设，是国家在“十三五”时期的重大战略举措。“十三五”规划中提出，“促进中医药继承与发展”。在这一战略引领下，中医药展现出前所未有的开放性、融合性、持续性和适应性，这一文化瑰宝的魅力受到越来越深度的关切。让中医药走向现代化、走向国际化，正展现出中华民族对中医药的强大自信心和坚定性。

屠呦呦荣获 2015 年度诺贝尔生理学或医学奖，把中医药的创新成果推向世界科技荣誉殿堂，也进一步激发了国内外对中医药的兴趣和热情，对中医药寄予了更多关注和更大期待，国内外掀起一股“掘金”中医药的热潮。

中医药，作为我国独特的卫生资源、潜力巨大的经济资源、具有原创优势的科技资源、优秀的文化资源、重要的生态资源，将有助于探寻生命健康领域的“中国式解决方案”。

中医药所蕴含的巨大创新潜能，也吸引着国际社会越来越重视中医药的价值，欧美等发达国家正在利用资金、人力和技术的优势，抢占中医药科研高地。由于国际范围内资本、技术、人才、资源等要素的自由流动，国际竞争日益深入，中医药不可能长期处于孤立和封闭的状态。许多国家的科研机构和跨国公司加大对中药新药的研发，抢占发掘中药新药资源，抢先注册中医药国际专利，抢占市场先机，曾有人称为这是“一场悄无声息的战争”，整体形势严峻逼人。

所以，在这种形势下，既要保持乐观的态度、坚定的信念，又要果敢行动。根本的出路在于以科学的态度，坚持创新，勇于实践：实现产品、技术和标准的创新，占领空白点、制高点；做强产业，确立优势；争取话语权，掌握主动机。

面临新形势、新机遇，我们对中医药的发展思路也更加清晰：用“现代化”与“现代话”的融合过程，实现“两个带动”（带动国际化标准，带动全产业链的提升）。对于中医来说，是从“现代话”到“现代化”的过程，就是将中医先进的理念、经验、技术，转化成现代科技语言，彰显中医的科学性、先进性，借助“现代话”，通向“现代化”。对于中药来说，就是从“现代化”到“现代话”的过程。应用现代科技手段和方法，经过现代实验科学的深入研究和临床验证，实现中药的循证性、追溯性、可靠

性，转化成“能说现代话”（科技语言、数字语言）的现代中药。

二、中药国际化：一路坚持，矢志不移

自从国家倡导和推动中药国际化战略行动以来，已经走过20多年的历程；天士力从1996年开始，就积极响应国家倡导和推动中医药现代化的战略部署，现代中药复方丹参滴丸开启了申报美国FDA（美国食品药品监督管理局），历经了从摸索、坚持到积累、创新再到稳步推进的艰难历程，取得了中药国际化的重大突破，也带动现代中药取得了一系列创新成果和发展成就。

中药国际化是一个不断探索的过程，在这个过程中，根据国际市场不同需求，分类突破，分类覆盖，分类普及；在不同类别当中，找到定位，找到路径，找到突破口，创造不同企业在国际化之路上的定位和角色。

国际市场上，不同区域的市场特点是不同的。针对不同的区域市场，应采取不同的策略，分别以处方药、传统植物药或草药、食品补充剂和保健品三大类产品身份，形成三类市场联动的格局。

中药国际化要采取“三步走”的战略。第一步是“走出去”，就是要走出国门，体现中药产品和中药企业的一种创新精神；第二步是“走进去”，就是要实现中医药科技和标准的国际化对接，实现技术升级，使中药真正成为“国际药品”；第三步，要“走上去”，走上高端市场，成为国外医生、患者和医保机构都能够接受并使用的临床一线用药。通过这三个步骤，中药才能达到通过国际药政注册，技术标准接轨，语言文化无障碍，产品有亲和力，消费者有信赖感。

（一）让中药“走出去”，直面国外消费者

天士力以应用传统药物比较广泛的东亚、东南亚地区，以及经济欠发达、医药资源紧张的非洲地区为主，建立国际营销体系，在局部区域市场，搭建中药企业和中药产品走向世界的通路，以处方药、保健品进入更为恰当。因这些国家或地区有应用传统药物的历史，对天然药物有较高的认同感，人均医疗保障水平低，对“简便验廉”的天然药物有较强接受性。

截至2015年年底，有复方丹参滴丸、养血清脑颗粒、荆花胃康胶丸、穿心莲内酯滴丸、复方蒿甲醚片、藿香正气滴丸6种药物作为处方药，进入俄罗斯、古巴、蒙古、越南、菲律宾等8个国家；复方丹参滴丸作为非处方药，进入韩国、阿联酋；复方丹参滴丸、藿香正气滴丸、柴胡滴丸、人参胶囊、天美素胶囊、复方虫草胶囊、天士茶7种药物作为中成药，进入新加坡和中国香港地区。在不同地区，中药作为处方药、OTC药、传统药、食物补充剂销售，积累针对不同地域、不同种族人群的市场认可度和临床应用效果。

（二）让中药“走进去”，进入发达国家主流医药市场的注册和研究体系

“走进去”，是技术、标准、监管的融入和接轨的过程。中药要融入到目标国家的医疗卫生体系之中，实现技术标准的接轨，达到安全有效、质量稳定可控的现代制剂要求，使中药真正成为具有药品属性和合法资格的特殊商品。

在欧美发达国家市场，应以新药申报、传统药申报为主。因为这类市场需求巨大，有发达的经济社会条件，有强力的消费水平，而对一些慢性病、疑难病缺乏有效治疗药物。而且，这些国家和地区有完备的药政法规体系和医疗保障体系，行业标准化程度高。中药新药主攻技术高端、标准高端、市场高端的处方药，挑战药品标准的“极限”，能够真正促进中药创新的“含金量”。同时，利用欧美植物药政策开放和调整的有利时机，以传统天然药物或草药申报，进入医疗体系，可以抢占市场先机。

天士力的中药国际化走过了一段艰难曲折而又坚持不懈的历程。1996 年，国家明确推行中药现代化战略，挑选有代表性的中成药，进军国际市场，天士力作为被选中的中药企业之一，复方丹参滴丸也被推选为第一例复方中成药申报美国 FDA。1997 年底，获得 FDA 临床研究许可 IND。从第一步迈出国门，看到了差距和差异，也找到了努力的方向。在此后的几年时间里，天士力重在苦练内功，着重提升产品质量标准，完善现代中药产业链的系统化建设，以及开展国内上市的临床研究。直到 2004 年，复方丹参滴丸在具备条件的基础上，重新启动国际化Ⅱ期临床试验，2006 年 6 月第二次取得美国 FDA 的临床试验批件。2009 年 12 月，顺利完成Ⅱ期临床试验，试验结果证明中药具有科学性，复方丹参滴丸安全有效，质量可控；中药能够挑战科学试验的“金标准”。

复方丹参滴丸顺利完成申报美国 FDA 的二期临床试验是一个重大历史性突破，具有重要的里程碑意义：创新了一种研究方法，突破了一些研究瓶颈，搭建了一个研究平台，建立了一条对话通道，锻炼了一支人才队伍，创造了一个药物新剂型。

Ⅱ期临床试验的成功结题，给天士力以极大的振奋。2010 年 7 月 22—23 日，与美国 FDA 召开了Ⅱ期临床研究结题会，美国 FDA 充分认可复方丹参滴丸的研究结果，同意进入Ⅲ期临床试验。

Ⅲ期临床是关键性研究，难度高，更侧重于临床方案设计的合理性、科学性、安全性、系统性、逻辑性。FDA 认可中药成分复杂、质控难度大、药理药效复杂、人用经验多等特点，在复方丹参滴丸Ⅲ期临床方案中得到了体现。

历时 2 年，反复沟通，精心设计，同美国 FDA 就复杂问题达成一致方案；授予天士力 SPA 许可（Special Protocol Assessment），按双方认可的临床方案完成试验后，即可批准上市。

2016 年 3 月 16 日，天士力制药集团股份有限公司发布公告，复方丹参滴丸在全球开展的国际化多中心Ⅲ期临床试验，已经顺利完成，全部临床工作进入“临床中心关闭访查”的阶段，开始锁定数据库、分析数据，后续完成分析结果解盲，形成临床试验总结报告。

三、中药国际化带动产业升级

从现代中药复方丹参滴丸的国际申报过程，我们也体会到国际社会的药政部门，比如美国 FDA，对中药的国际申报态度是积极的，评审过程具有开放性、探讨性、互动性；对中药的标准是科学的、严格的，与化学药有同等程度的标准要求。中药的临床效果受到特别尊重，以临床的安全性、有效性作为根本，作为评价的依据。国外药审机构特别重视临床试验的原则、方案设计和系统控制。在一些具体问题上，策略又是灵活的，可以探讨、争论、协商。

在复方丹参滴丸国际化研究的带动下，以大平台为基础，继续推动更多国际化项目。现在国际化研发项目达到13项，其中重点项目8项，主要分为面向申报美国FDA的国际化研发模式，以及面向欧盟申报的研发模式。复方丹参滴丸、柴胡滴丸、芪参益气滴丸、藿香正气滴丸、穿心莲内酯滴丸、水飞蓟宾胶囊已经注册批准成为加拿大天然健康品。2016年1月，天士力的丹参胶囊顺利获得欧盟植物药品注册批件，成功以药品身份进入欧洲市场，揭开了中药进入欧盟市场的新篇章。

天士力的国际化研发实践也为其他中药企业提供了示范。在国家中医药管理局指导下，依托国家重大新药创制专项的支持，由12家企业、6家科研院所联合组成，以市场化模式，搭建中药国际化科研平台。已有7家单位8个产品依托联盟的力量进入国际申报，形成中药国际化的集团军。

国际化研发也带动了研究水平的突破。根据国际化产品研发实践，设计创新中药关键技术研究方向与路线，于2015年10月，天士力成功获批国家科技部“创新中药关键技术国家重点实验室”，为创新中药研发、中药国际化奠定技术支撑平台。

让中药“走上去”，走向产业高端，走向临床一线

“走上去”的过程，就是要使中药成为国际临床一线用药，成为医生和患者都能接受和使用的药物，能够被医保机构接纳，进入医疗保险用药目录体系。

“走上去”的过程，也是现代中药全产业链优化升级的过程，带动全产业链先进制造的提升，也带动中医药文化走出去，走向国际化。

现代中药国际化带动了多组分药物质量控制标准体系的建立。从Ⅲ期临床研究和CMC（Chemical，Manufacturing and Control，化学、制造和质量控制）研究，都始终紧紧围绕着“安全、有效、质量一致”的主题，天士力在这些研究领域都取得了长足的进展。

贯彻了“质量源于设计”的理念。按照ICH（人用药品注册技术要求国际协调会，下同）和FDA的指南，将药品的生产质量控制体系在研发阶段就予以设计并进行确认。

基于质量管控风险。本着“基于风险”和“基于科学”两大原则，项目中的工艺变更、标准变更和设备设施的变更，都要有利于降低产品质量风险。关键质量属性和关键工艺参数的确定，也是基于工艺过程的风险分析。

强化了过程控制。药材、辅料、内外包装材料以及工艺过程中所用溶剂和物料，基于风险评估基础上，采用全面质量控制，达到法规要求。

实施全面验证。按照产品生命周期设计进行验证，从“纸工厂”到新车间建设运行，技术转移及工艺验证覆盖各个专项工作，对工作标准和逻辑性进行严格控制。

遵循国际标准。按照FDA、欧盟、ICH、ISPE（国际制药工程协会）等国际化标准和指南，从临床样品生产阶段，就全面实施cGMP质量管理。

从源头保障药材质量。将道地药材与数字科技相融合，将中药材电子交易、中药材第三方检测和产品溯源三大核心功能进行融会贯通，破解中药产业链的“瓶颈”，按

国际化要求倒逼药材质量提升。

现代中药国际化也带动了中药制药技术和制药装备的创新。经过持续不懈的工艺摸索和装备研发，天士力逐步打造出国际水平的现代中药先进技术制造平台；智能化装备使数据集成化，保证了制药技术数据的完整性。

创造微滴丸胶囊新剂型及其制剂装备。创新微滴丸高速滴制与深冷气体成型技术与装备，建设了全新的提取与制剂（含无菌制剂）生产线，建立中药生产数控模型，实现药品生产和质控信息的数字化，形成常规滴丸及微滴丸国际化 OEM 生产基地。

集成化高速微滴丸技术系统。持续开展工艺、装备、生产制造新技术改进与创新，实现中药先进制造关键技术突破，于 2016 年 1 月成功获批国家发改委“中药先进制造技术国家地方联合工程实验室”。中药国际化的研究与创新，要达到中药的有效物质基础一致性，中药质量评价的一致性，中药临床疗效的一致性，将现代中药制药技术和制药装备推进到一个新水平；逐步建立中国独有知识产权的现代中药集成化技术体系与制药装备体系，通过技术信息化，推动中国中药智能制造走向世界，打造中药国际化的“升级版”。

借得春风布春雨　健康中国大有为
——从慈铭体检实践看中国健康服务业未来发展

慈铭健康管理集团总裁　韩小红

从2006年新医改肇始，到2010年进一步鼓励和引导社会资本举办医疗机构，再到2013年国务院发布《关于促进健康服务业发展的若干意见》，继而，在十八届五中全会上“健康中国”首次确定为国家战略，10年来，中国大健康产业东风劲吹，百花竞放，给行业内外带来无限机遇。2015年，在传统产业发展速度呈明显颓势的情况下，大健康产业保持2位数以上的强劲发展势头，从而率领服务业首次占据GDP半壁江山，对向好的宏观政策做出积极响应，巨大的发展潜力显而易见，未来将成为中国经济新一轮结构调整和保持高速增长的新引擎。习近平总书记指出，没有全民健康就没有全面小康。健康服务业既关乎国计民生，又关乎经济结构性调整和拉动内需，把握产业内在的发展规律和未来趋势，将有助于推进中国经济以高品质持续高速发展，加快实现“健康中国”国家战略。本文将着眼于典型代表意义的企业，从微观视角展望我国健康产业发展未来。

一、健康体检是国家健康战略的入口

长期以来，我国医疗体系存在着“重医轻防”的倾向，民众预防疾病意识普遍薄弱，健康素养偏低，是“人满为患”“就医难”的主要成因之一。中国传统医学有“上医治未病，不治已病”的古训，立足预防不仅构筑全民健康坚实的前哨防线，同时填补我国“健康经济”结构中的空白，拉动内需促进国民经济发展。慈铭体检是国内第一家专业健康体检连锁机构，成立于2002年，由留德医学博士韩小红创立。SARS之后，随着民众防病意识的增强，发展势头逐步走强。十年后的2012年实现营收6.7亿元，上缴利税2629万元；2015年实现营收10.2亿元，上缴利税3561万元；年复合增长率接近30%。截止2015年，在49个城市建立90家体检中心，年体检量240万。日均检出疑似肿瘤26.8例。2014年获得证监会上市批准（002710），后因故终止发行。2015年与美年大健康合并借壳上市成功，成为第一家登陆A股的健康体检企业（002044）。在慈铭体检的示范效应下，社会资本和传统医院纷纷投身健康体检，从而开创了一个中国健康体检模式和一个崭新的行业。行业兴起的同时，普及了健康科普，培养了良好的健康习惯。根据统计年鉴，2015年全国体检总量已达3.8亿人次，按照人均消费150元计，健康体检行业产值达570亿元，以美国医学会颁布的每在健康管理投入1元，将节省9元治疗费用的研究成果为准，将为国家和个人节省医疗支出5130亿元。2012年5月，慈铭体检作为中国健康医疗服务界唯一代表受邀参加首届中国（北京）国际服务贸易交易会（京交会），受到政府及海内外代表的高度肯定和赞许。之后又连续三届受邀参加京交会，成为健康医疗服务与国际接轨的重要窗口企业。根据发达国家经验，例行健康体检使日本70%肿瘤患者得以在早期被发现，挽救生命的同时节省了大量后期治疗费用和社会公共资源。德国的健康体检普查制，20年内使国民平均寿命增长显著。随着宏观政策进一步开放，起点较低的健康体检将成为社会资本关注的热点，其潜力将呈现井喷式释放。目前我国尚未将健康体检纳入社会医保体系，未来如有相关政策支持，覆盖全民的健康体检以及借此而生的全民健康档案，将为健康国家战略释放更多经济和人力红利。

二、健康管理是国家健康战略的必由路径

健康管理，诞生于美国，在以商业保险主导的机制下，以健康体检为基础，对参保人员的健康进行过程干预。在实践中起到了良好的防止疾病发生、控制保费支出的作用。在我国，健康管理具备良好的理念基础，传统医学中的“上医治未病”正是健康管理的导向。但由于“重治疗、轻预防”的观念长期处于主导地位，我国的健康管理市场鱼龙混杂、良莠不齐，尚未形成规范有序发展的产业业态。以慈铭体检1500万健康体检数据为依据发布的《中国城市健康状况大调查白皮书》显示，我国城市居民亚健康占比为97%，根据国家卫生计生委公布数字，我国现有确诊慢性病患者2.6亿，慢性病负担占总疾病负担的70%。慢性病城市和农村死亡比例分别为85.3%和79.5%，已成为我国城乡居民死亡的主要原因。2012年，基于多年积累的健康大数据和专业团队，慈铭体检创建了中国第一家不以治病为目标的健康管理医院——慈铭奥亚健康管理医院，开始中国式健康管理模式探索。慈铭奥亚健康管理医院以“上医治未病”为理念，以系统体检数据为基础，结合传统医学经验与现代先进医疗技术，通过个性化私人医生服务，从运动、膳食、心理等多维度对亚健康及慢性病人群加以干预，已达到长期维护身心健康的目标。2014年由中国医师协会、北京市健康保障协会以慈铭奥亚健康管理医院数据为基础发布的报告显示，经过系统性、科学性、个性化的健康管理方案干预，59%的患病隐患得以纠正，避免了疾病的发生。70%的慢性疾病得以良好控制，健康状况明显好转。11%的人群在私人医生团队帮助下延缓疾病发展，免于发生严重并发症。这些数据，客观地反映了健康管理的社会和经济价值。纵观全局，慈铭奥亚健康管理医院在我国医疗健康服务体系中仍属凤毛麟角。如在政策优惠、保险结合、资源配置、标准建立等方面加以鼓励和规范，健康管理将成为国家健康战略的有效手段，填补我国健康服务产业链缺失的环节，经济潜能十分可观。同时，健康管理将为新医改的分级诊疗提供科学的基础数据。

三、医疗健康十互联网是国家健康战略的效率倍增器

移动技术的日臻成熟，为医疗健康服务转型与创新带来了无限机遇。一方面，移动技术的便捷、高效使得有限的医疗资源得以放大，让更多的人群受益；有数据显示，一个私人医生在线下满负荷可以同时管理10人，而在移动互联环境里，同时可以为100人提供专业服务，效率增长10倍。另一方面，低成本优势将释放更多的潜在市场，拉动内需发展。2016年1月，乘移动医疗春风，韩小红博士宣布再次创业，推出“记

健康”移动健康管理平台。韩小红博士认为，慈铭奥亚健康管理医院是健康管理的成功模式，但也存在管理流程复杂、费用成本高、医疗资源效率低、复制性门槛高等缺陷，只能服务于少数人群。互联网、大数据、云等先进的技术手段使移动健康管理成为可能，可以为广大的客户提供全面的健康数据，从而帮助客户进行精准、个性、定制化的健康管理。记健康立足于慈铭体检和美年大健康累积的巨量客户，由测健康、记健康、管健康、保健康四个核心部分组成，链接客户、医师、保险、药品等资源，为客户提供快速便捷的个性化轻检测、连续健康档案、私人 e 生、健康解决方案、用药就医指导等专业服务。高效带来的较低成本优势，吸引了更多健康需求人群。未来，记健康在慢病管理和居家养老方面，也具有广阔的应用前景，对应对我国慢性病高发和老龄社会将发挥积极作用。为此，记健康应邀参加了由李克强总理亲自倡导的中关村“万人创业、万众创新”成果展，受到参会领导及各方代表的高度评价移动健康相对于移动医疗，应用场景更为广泛、市场需求更为广阔，对国家健康战略的实现更具有前瞻意义，由于对传统医疗体制的触动较小，创新成本较低，已成为社会资本投入的热点。预计将在未来 5～10 年间，成为中国健康医疗服务体系内的生力军，其社会效益也将在人口健康素养、人均寿命、疾病发病率、人均卫生费用支出等方面呈现。移动医疗发展，也为国际医疗带来战略发展契机。2016 年年初，韩小红博士在海南博鳌乐城医疗旅游先行区投资建设慈铭奥亚健康管理妇产康复医院，积极响应国家号召布局互联网＋国际医疗新业态。

李克强总理在 3 月 25 日视察海南博鳌乐城医疗旅游先行区时，盛赞互联网＋医疗创新所带来的转型红利。慈铭体检的微观实践证明，未来，立足于预防疾病的健康服务，借助互联网＋的大潮，不但会释放出巨大的经济潜能，也将成为提升综合国力和劳动力、竞争力的重要着力点，为实现强国梦贡献价值。

向"死亡之海"要财富
——国投新疆罗布泊钾盐有限责任公司创业纪实

罗布泊位于新疆东南部塔克拉玛干沙漠边缘，每年 7 级以上大风多达两百多天；年降水量仅有 39 毫米，蒸发量却超过 4800 毫米；干涸的地表上结着泛白的盐壳，没有淡水、没有生命。然而，20 世纪 90 年代末，在这块被称作"死亡之海"的土地上，发现了世界上最大的硫酸盐型含钾卤水矿床。一批国内最前沿的化工科研人才为此放弃舒适安逸的生活工作条件，义无反顾地扎进罗布泊。

从新疆哈密驱车向无人区罗布泊进发，400 多千米的路程中，汽车行驶在高低起伏的盐壳上，犹如江河中的一叶扁舟。突然间，眼前出现一座机器轰鸣的现代化工厂；一条条采卤渠，汩汩流出卤水；水天一色的盐田里，现代化采盐船不断将从卤水中提取的原料运往车间……这里就是国投新疆罗布泊钾盐有限责任公司的生产基地。

国投罗钾公司党委书记、总经理李守江是创业亲历者，他介绍，硫酸钾是化肥的重要品种，当时中国钾矿资源严重匮乏，70%以上的钾肥要依靠进口，长期受制于人，直接威胁到我国粮食安全。"罗布泊已查明的钾资源量占全国总量的 30%左右，它的发现与开发将从根本上改变中国钾肥严重依赖进口的现状。这是干一番事业、实现人生价值的好机会！"他说。

怀抱"让中国农民用上全世界最优质的钾肥"的愿望，1999 年冬，创业者们挺进生命禁区，扎根于罗布泊腹地，向"死亡之海"要财富。

来到罗布泊后发现，与世界上其他盐湖不同，罗布泊卤水资源中钾、硫比例严重失衡，开发难度异常之大。要生产出硫酸钾必须要从外部添加氯化钾来解决两者比例失调的难题。可罗布泊位于无人区，方圆 300 千米内没有任何社会支撑，从几百公里以外购置氯化钾必然提升生产成本，整个开发计划将无法进行。

"罗布泊的开发在全世界都没有可以借鉴的成功经验，有外国专家听了直摇头，说我们不可能在这样的环境下生产出硫酸钾。"国投罗钾公司副总经理雷光元介绍，这迫使他们自主研发，展开了罗布泊开发史上最系统、最全面、最切合实际，并且也是最艰苦卓绝的加工工艺试验研究。

"没有路、没有淡水、没有电，为了专心研究，我们索性住在帐篷或者临时搭的地窝子里，一住就是四五十天不出去。"罗钾公司试验厂职工周德敏回忆，当时包括水在内的所有物资都要从 400 千米以外的哈密去拉，路上要十几个小时。一天四五个人洗脸吃饭只有一桶水，吃住都是挑战。

经过 1 年多反复试验攻关，科研人员成功利用罗布泊地下卤水生产出硫酸钾的主要原料—氯化钾，从而解决了罗布泊卤水钾、硫比例严重失调的难题，并攻克了用微咸水代替淡水生产优质硫酸钾的关键性技术。

“我们采用自主研发的新工艺，从罗布泊地下100多米的卤水中获得不含游离酸、世界上不可多得的无氯优质钾肥，生产每吨硫酸钾的用水量仅及传统工艺的三分之一，在国内外独一无二。”雷光元介绍，这项拥有完全自主知识产权的工艺技术获得2004年国家科学技术进步一等奖。

2003年7月，第一袋“罗布泊”牌硫酸钾产品问世，所有员工欢呼雀跃。“公司用了4年时间在罗布泊腹地完成了探索性试验、小试、中试和工业性试验，达到了年产4万吨硫酸钾的生产能力，走完了美国犹他州大盐湖15年、青海察尔汗盐湖25年的建设历程!”李守江动情回忆。

2012年，罗钾硫酸钾年产量达到137万吨，成为世界最大的硫酸钾生产商。截至目前，罗钾累计获得包括“罗布泊盐湖120万吨/年硫酸钾成套技术开发”“工业化应用水陆两栖式采盐船”等方面专利32项。公司也由最初几十人的创业团队，成长为现有职工近4000人的企业，锻造出一支优秀的管理团队和技术研发队伍。

艰难困苦，玉汝于成。如今，在厂区的入口，最初创业团队扎营的一排排“地窝子”被保留下来，成为新时代艰苦创业的鲜活“教材”。

现代化工业的进驻，使罗布泊不再是生命禁区。罗钾盐田中碧绿的卤水和结晶的盐体在无人区构成美丽的“人造海滩”，被罗钾职工戏称为“马尔代夫”。

截至目前，国投罗钾公司累计生产硫酸钾超过1000万吨，累计销售硫酸钾超900万吨，占国内钾肥市场45%。中国钾肥自给率也从16年前的30%提高到了50%。

“我们正让昔日的‘死亡之海’变成服务中国三农的‘幸福之海’。”李守江自豪地说。

（原载：新华网）

企业简介：

国投新疆罗布泊钾盐有限责任公司（以下简称公司）成立于2000年9月，2004年成为国家开发投资公司的控股企业，公司现有资产总额69亿元，以开发罗布泊天然卤水资源制取硫酸钾为主业。

公司成立后，依靠自身科技实力、借鉴国内外盐湖开发经验，在艰难中起步、探索中前进，研究出了具有国际先进、国内领先、拥有自主知识产权的工艺技术，“用含钾硫酸镁亚型卤水制取硫酸钾的方法”获国家知识产权局中国专利优秀奖。2002年，开展了工业试验性项目建设，经两次技改，至2005年年底产能达到10万吨。2004年，公司“罗布泊地区钾盐资源开发利用研究”项目获得国家科技进步一等奖。2006年4月，开展了120万吨/年硫酸钾项目建设。2008年11月，建成并一次性投料试车成功。2011年11月，达到月度设计生产能力。2012年6月，项目通过国家发改委组织的竣工验收。目前，公司硫酸钾产量达到150万吨，是世界最大的硫酸钾生产商，产量占世界总产量25%以上。

科技创新管理经验：

1. 围绕产业化目标进行统筹规划

研究始终围绕产业化目标，采用统筹规划、分步实施的办法，结合各个阶段特点，逐一攻克技术瓶颈和工业化技术难题。

2. 以人为本，抓好人才队伍建设

坚持“以人为本，科技为先，务实创新，追求卓越”的经营理念，采用引进人才、外聘顾问、大力培养等方式，配套相应的激励机制，营造宽松的创业氛围，打造和培养了一支技术过硬、水平一流、甘于奉献、勇于探索的专业团队。

3. 采用产学研模式，有效突破关键技术

依托技术中心平台，与国内众多知大学和科研单位建立了长期的合作关系，以产学研模式，开展强强联合，对突破关键技术难题提供了有力的技术保障，为产业化打下了坚实基础。

经营管理特色：

1. 加强管理体系建设，构建完整的内部体系

公司将基础管理、专业管理作为重要支撑，以管理方针为引领，以全面风险管理为核心，加强管理体系建设，构建了“制度＋流程＋权限＋风险数据库＋评价手册”完整的内部控制体系，实现了质量、安健环、设备和效益的协同发展。

2. 加强班组建设，激发员工活力

公司开展了以激发员工活力为目标的班组建设工作，学习借鉴国内外先进的班组建设理念和管理方法，强调以人为本的“全员、全方位、全过程”管理，构建了班组管理的新模式，打造一支稳定、高技能、高素质的员工队伍。

3. 推进品牌战略，提升企业竞争力

始终把客户的需求和满意作为企业发展的动力，把树企业品牌、创行业名牌，作为提升竞争力的重要途径，积极参与世界钾盐方面的国际性研讨，让公司了解世界的同时，也让世界更多的认识罗钾；多渠道开展产品推介会，提升了客户对“罗布泊”牌农业用硫酸钾产品的认可度和信赖程度。

走出中关村 转型发展在路上
——北京神州英豪科技有限公司的转型之路

笔者一直对中关村的兴衰很感兴趣，因为笔者自高中时代起就对电脑和智能手机很感兴趣，作为“中国硅谷”的中关村自是得到了我长久以来的深入关注，可以说我对电脑硬件知识的全面了解极大地依赖于中关村在线这个网站，中关村早已成为广大电脑硬件爱好者慕名朝拜的圣地。

笔者家在外地，大学毕业后来到北京工作，自然是要好好逛逛中关村的。当中关村不知不觉没落的时候，我越发好奇到底发生了什么，几经辗转我有幸采访到中关村曾盛极一时的一家公司——北京神州英豪科技有限公司（以下简称神州英豪）的总裁王献先生，目的就是想探究中关村的前世今生，不期而至的却是一家中关村传统企业的成功转型。

2014 年 12 月 16 日，经过慎重的考虑，北京神州英豪科技有限公司总经理王献毅然关闭中关村旧有的业务，转而进军专营中国移动 4G 业务。

时间证明，这一变革使王献完全避开了中关村零售行业的萧条，也彻底将公司打造成了北京移动 4G 推广的主力军。回想起当时的决定，王献仍唏嘘老中关村经营模式没落速度的不可思议，当然更多的是为自己能够成功转型感到幸运。

不过，从 2014 年转型至今，初期的阵痛加上对陌生领域的认识不足都让神州英豪走了不少弯路，交了不少学费。但今天，神州英豪所取得的成就确是中关村不可多得的一个成功的典型。

这还得简单回忆下中关村的历史。在 2010 年以前，中关村一直是高端科技产片的集散地，其影响力广泛、成交额惊人，但在 2011 年年中开始，在电商的冲击和自身盈利模式老旧的双重打击下，大批销售公司、渠道商纷纷倒闭，当然其中不乏一些不法商家的推波助澜，欺诈客户的丑闻频传，更让这个号称“中国硅谷”的中关村雪上加霜。当时的神州英豪和许多同期规模庞大的销售公司一样，开始感到阵阵寒流，所不同的是，神州英豪在中关村发展已久，有着许多独家资源，同时注重信誉的经营行为积累了不错的口碑，更重要的是，当时神州英豪还兼营着房地产、风投等一些在当时还算不错的业务，所以才有体力撑到了 2014 年年底。在讲述这段不堪的历史时，王献表情凝重，看得出来他对中关村有着深厚的感情，中关村变成这样，让他心情十分沉重。

在 2014 年的 12 月，一个很偶然的机会，王献收到了北京移动伸出的橄榄枝，希望神州英豪能凭借自身实力和地缘优势帮助北京移动完成中关村 4G 业务布局。说起这段机缘，王总笑了起来，坦率地说，他当时也不知道 4G 是个什么东西，但当他受邀去体验移动 4G 产品的超高速网络传输能力之后，他就义无反顾地带领企业完全投入到了移动4G在中关村的全面建设中来。

目前，神州英豪在北京移动体系中有着举足轻重的地位，在北京市多个区域都投入了大量的4G建设生力军，在4G网络知识普及、4G网络覆盖、4G号卡推广、4G资费业务服务、移动家庭宽带业务辐射等各项事业中都做得有声有色。说起这些，这位来自河南的北漂创业者不禁自豪起来。现在的他对4G这个非常前沿的通信技术概念已然非常了解，说起来头头是道。他说，4G的普及，让中国的经济迅速进入了移动互联网时代，通过手机来工作和消费，已成为大多数人的生活方式，并涵盖了衣、食、住、行等关系到国计民生的方方面面。4G的推广，代表着我国通信产业的又一次质的跃变。这次变革对未来产生着不可估量的影响，甚至可以说对经济结构都进行了一次调整。许多前所未有的行业和商机不断涌现，令人目不暇接，许多企业的盈利模式也因此而发生了根本性的改变。听完他对新通信技术应用的这些认识，让人意识到他的成功是必然的。

以下摘自神州英豪公司简介：公司创立之初，即确定了："博观约取，厚积薄发"，这八字发展观，高度契合中国移动4G布局的战略思想，同时阐明了公司自身发展的经营理念：不断开阔眼界，洞悉市场需求；专注4G业务，满足客户需求；服务力求完美，服务铸造品牌！基于对市场脉搏的准确感知，和对服务为本的深刻认识，短短时间内，公司4G事业从无到有、从弱到强；从简单业务开展、到核心业务领军，公司一步一个脚印，紧跟移动互联网的飞速发展，在北京市海淀、朝阳等区域成为4G产品的核心服务提供商。目前，公司进驻北京地区中国移动营业厅50余家，建设自有4G产品门店80余家，在建门店30余家，各类4G产品推广点、合作分销点百余个，基本全面覆盖北京市4G产品需求最旺盛的区域。公司立足中关村，在4G产品的分销和市场的辐射占领上，具有得天独厚的优势，依托长期积累的渠道优势，保证了中国移动4G产品的旺盛市场需求能迅速得到满足。

其中不难看出短短两年间，神州英豪正借着最新通信技术的革新不断的壮大着自己。当问道王总，"博观约取，厚积薄发"这句话的意思时，他咧嘴笑了笑，说："简单地说就是多看少说，闷声实干，总会成功。"听完不禁令人莞尔，多么朴实的言语却包含着创业成功者对艰辛付出的理解。王总继续畅谈着对未来发展的憧憬，如何加强核心竞争力一直是他非常注重的，人才的发现与任用被神州英豪认为是核心中的核心，而服务水平的高低被认为是甄别人才的唯一标准。这个观点让人有些不解，王总娓娓道来："超水平的服务代表着消费领域与客户的极致化沟通，服务到位了就说明沟通到位了，沟通到位了成功自然不期而至"。想来确实很有道理，王总顺势说了这么个插曲，一个新员工在3个月内连续收到了4次客户的表扬信，都是称赞其服务热情周到，公司觉得这不是偶然，便派人假扮客户与此员工接触，经过确认，发现这位员工确实服务态度好、业务技能强，遂被破格委以重任，果然他没有让公司失望，该员工在新的岗位上连连取得骄人的成绩，现在已成为公司的中流砥柱。这样的知人善任在神州英豪绝非个案，说起这些千里马，王总脸上总是洋溢着会心的微笑，人才梯队的建设保证了公司的成功绝不会昙花一现，而是会长久稳定的高速发展下去！

当被问及是否准备上市，这个对于企业来讲非常敏感的话题时，王总略作思考说：

“其实在2015年年底的时候，公司的应收就大大超过了上新三板的要求，凭借目前公司的规模和实力上创业板也毫不费力，因为公司还有一系列不完美的地方需要改进，或者说，取得更大的成功直接冲击主板，才是我们神州人的目标所在。关键是，我们要走出自己的风格和道路，公司上下千余人，有很多都是学历不高、出身贫寒的青年。就如我当年选择来北京创业时，我找到了中关村，并站稳了脚跟，很难想象如果公司上市了，这些没文凭没关系的孩子们要在这样的经济环境中如何发展，恐怕要生存下去都是难事儿。只要我还说了算，公司就会手把手地教这些孩子们去不断提高自己，带他们走出个未来。中关村成就了我，我不忍在中关村最落寞的时候离开，这也是我一直不愿意把公司搬出中关村的原因所在，我希望着再次见证中关村的辉煌，我相信还有很多和我一样对中关村有着深厚感情的人仍在为了崛起在努力，所以我想以公司的发展，来多多少少为曾经成就了我的中关村做点什么。”令人吃惊的回答，气氛有些低落，短短不言之后，王总乐观地说：“中关村曾经走出去很多大佬，这是块宝地，萧条只是暂时的，会好起来的。”

访谈，因王总的外事活动而结束，非常感谢王总能够在百忙之中抽出时间和笔者畅谈中关村的前世今生，在他身上我看到了真正创业者的坚韧不拔和做良心企业的赤诚之心，希望神州英豪能够越做越好。

（原稿为杂志对北京神州英豪科技有限公司总经理王献的采访稿）

融合工业电子商务和集团集采信息化系统 实现优化企业资源配置

沃库工业网

企业在物资采购过程中，为了采购到质优价廉的好产品，往往采用互联网便捷手段，70%的企业用过互联网搜索、电子商务手段采购工业产品，但大都得不到有价值的信息和服务，现有的互联网和电商问题较多，比如现有的搜索引擎，大都是商业化排名，企业想要的价值信息不多；目前工业电商能够实现交易的是部分低价值的标准产品，且品质较高的品牌基本没有，不能实现交易。

工业产品、工程物资 80%以上都是非标准产品，价格组成相对复杂；工业产品品种较多，交易复杂，多为集采，合约履行，专业化服务成为目前工业电商成功的壁垒，在互联网高速发展的今天，互联网已经从生活办公服务向生产建设服务方向发展，目前国内每年工程物资、工业产品需求量已突破 40 万亿元人民币。大数据、个性定制、智能制造、物联网将造就新的工业体系，工业电子商务将成为工业互联网、大数据的重要部分，作为智能制造前端和后端流通交易环节，将助推中国向制造强国转型。

为了使工业电子商务和集团采购信息化充分落地，并解决企业采购和营销实际存在的问题和痛点，北京向导科技有限公司 2011 年度启动研发沃库工业网（VOCOOR.COM），2015 年 3 月正式上线，沃库工业网根据 16 年的互联网电商经验和 12 年的工业制造及营销经验打造而成，是大型工业电子商务综合交易服务平台，也是企业采购过程信息化平台，是全球第一家非标工业产品在线选型订购的大型电商平台，根据工业产品无标准化、定制因素等引起的价格变化而变化的电商平台，沃库工业网也是真正实现企业物资直采、在线招投标采购、竞价采购、采购管理的平台。

沃库工业网的业务核心建设了企业供应大数据和采购大数据，通过在线选型采购、在线招投标、竞价采购、供需匹配工具实现了两方数据的充分对接；通过四位一体服务充分落地，挖掘采购和营销企业的供需的最大价值，沃库工业网目标是做全球最具价值的工业电商，打造全球工业生态链，产品入驻原则为国内同类产品排名前 20 名，国际排名前 10 名的知名品牌。

在响应国务院提出的“中国制造 2025”发展战略、互联网+创新发展方向的同时，增强了国际综合竞争力，同时能够为集团带来采购和营销过程信息化系统应用，加快企业优化资源配置，降低企业采购成本，提高供需对接交易效益，沃库工业网为大型企业提供集团网上集采、工业电子商务服务，目前已经与金自天正、神华港务公司、北京城建集团、北安集团、太钢集团、金自天正集团、四川高宇集团、中国机械工业联合会、中国化工管理协会、渤海新区三大工业园等 500 多家企业形成采购信息化合作，合作效果非常明显。如图 1 所示。

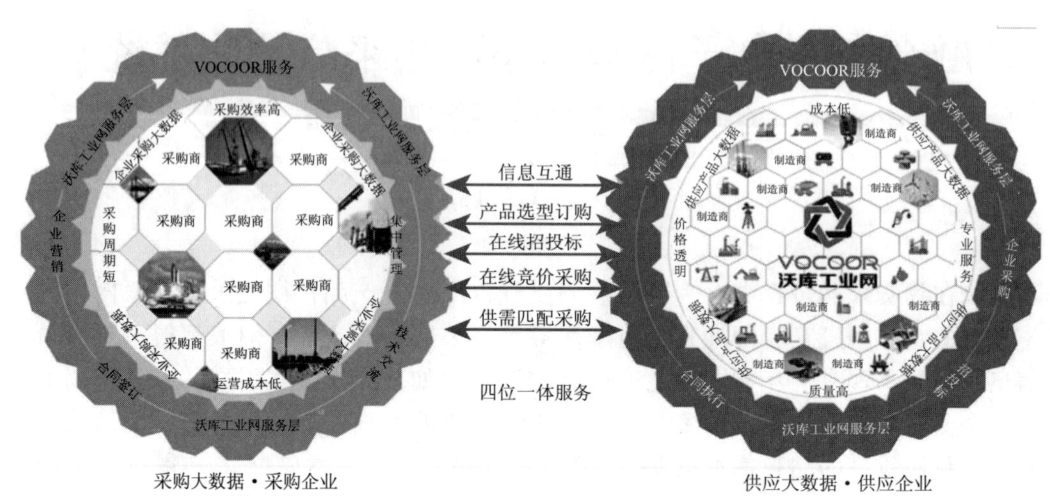

图 1　企业营销＋企业采购大数据的实现及交易的对接

1. 为集团解决物资采购信息化平台，优化集团及下属企业资源配置

集团物资采购信息化平台主要特点是实现了工程物资、工业设备非标产品在线选型订购问题，解决在线批量物资自动生成合同，过程审批，实现物资直接采购、在线招投标采购、竞价采购等，实现采购管理、供应商管理；实现为集团二级单位、下属企业定制各自的采购信息化专网，同时为集团的供应商企业也可以在采购平台上建立供应商企业工业电子商务品牌专区，方便采购企业直接选型采购。因此最终达到了集团物资集中采购和下属单位各自集采的目标，再加上沃库工业网供应大数据的互通应用，直接实现在线选型订购，与全球全国各个制造商形成交易对接，每年可以为集团节约巨额采购成本，提高采购效率 5 倍以上，实现采购流程和细节的过程监管监察问题。具体服务如图 2 所示。

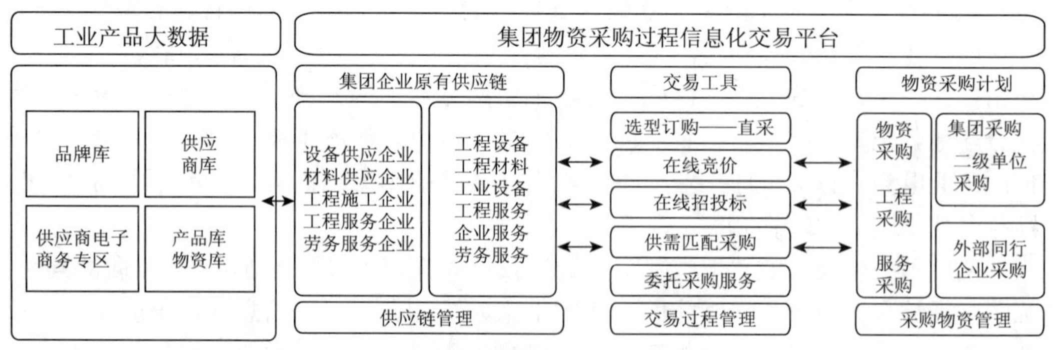

图 2　集团物资采购过程信息化交易平台示意

2. 帮助集团供应商企业实现电子商务，供需对接交易服务

为供应商企业实现集团集采平台的产品选型报价，实现直接订购，还为企业定制工业电子商务专网，实现产品分类、选型订购，企业信誉展示、品牌介绍，从而方便采购企业采购。为企业带来供需业务对接、交易流、业务流，同时赠送企业采购信息化专网服务，企业可以实现物资采购、在线招投标采购、竞价采购和供应商管理等。

沃库工业网由互联网及工业制造行业精英专家贺三龙先生创立，2011 年带领团队启动研发，2015 年 3 月 1 日正式上线运营，2015 年 9 月 20 日多国语言版上线运行。目前企业取得 41 项著作权、专利，4 项互联网独有技术（非标品在线选型订购、供需匹配采购、视频咨询、电商智能物联云系统）。

目前，沃库工业网每年向 5 万余家企业提供采购和营销服务，未来 5 年，年交易规模超过万亿元人民币。

沃库工业网根据工业产品、服务分类重点做 15 个专业站点，服务领域主要为工程建设、设备制造、石油、化工、电力、建筑、市政、煤炭、矿山、建材、环保、水处理、食品制药、工程 EPC 等工程建设及生产领域。

工业电商服务模式最重要的环节体现在专业化，根据工业产品技术特殊化，配备线上线下多元化的技术咨询人员及线下服务人员，实现线上订单自动生成合同，及线下技术服务等，以及在线竞价、招投标、匹配采购，实现企业物资订购一站式服务。

未来的沃库工业网，是企业资源与全球资源进行优化配置，整合世界上最好的产品、技术、服务、信息等，打造全球工业生态链，使全球经济发展具有可持续性，符合国家“走出去，引进来”的战略发展方向，肩负国家、民族工业重任，争做行业梦想的开拓者。

专注工业大数据　“工经云”助力中国工业经济

2015 年 8 月 19 日，国务院总理李克强主持召开国务院常务会议，通过《关于促进大数据发展的行动纲要》(以下简称《纲要》)。《纲要》是到目前为止我国促进大数据发展的第一份权威性、系统性文件，从国家大数据发展战略全局的高度，提出了我国大数据发展的顶层设计，是指导我国未来大数据发展的纲领性文件。《纲要》指出，坚持创新驱动发展，加快大数据部署，深化大数据应用，已成为稳增长、促改革、调结构、惠民生和推动政府治理能力现代化的内在需要和必然选择。

工业作为国民经济的主导行业，具有极其重要的地位。一个国家的工业发展水平，直接决定着这个国家的技术水平和经济发展水平。工业从手工业发展到机器大工业，进而发展到以高、新技术为先导的现代化工业，经过了漫长的年代和剧烈的变革。随着互联网、云计算和大数据技术的迅猛发展，工业生产与服务模式又必将朝着高度数据化、网络化、智能化方向发展，也就是现在常说的工业 4.0。事实上，无论工业 4.0 还是工业互联网，其主要特征都是智能和互联，而主旨都在于通过充分利用信息通讯技术，把产品、机器、资源和人有机结合在一起，推动制造业向基于大数据分析与应用基础上的智能化转型。智能制造时代的到来，也意味着工业大数据时代的到来。

可以说，工业大数据是互联网、大数据和工业产业结合的产物，是中国制造 2025、工业互联网、工业 4.0 等国家战略在企业的落脚点。工业大数据的应用，将成为未来提升制造业生产力、竞争力、创新能力的关键要素，也是目前我国工业转型必须面对的重要课题。在此背景下，中国工业经济联合会为满足工业企业用户利用云计算实现价值创新的需求，充分发挥作为全国工业行业协会联合组织的独特优势，全面对接《中国制造 2025》“一带一路”等国家重大战略，提出建设工业云平台，以帮助工业企业抓住云计算和大数据的契机实现推动企业业务的创新与发展，迅速适应业务的快速变化，降低成本、提升生产效率，促进工业企业在互联网和大数据时代的集约化、智能化发展。

2015 年 12 月，中国工业经济联合会控股成立中工经云数据（北京）有限公司，主要提供工业领域的互联网＋和大数据服务，是一家专注于工业大数据的高科技公司。公司提出建立超兼容性、超组织工业经济云平台的总体目标，按照“小核心、大合作”的战略发展思路，积极整合包括互联网领域、智能制造领域、协同创新领域内多合作伙伴的资源，共同打造建立面向各级政府、工业、企业、园区的工业互联网服务平台。

经贸形势报告会简介

经贸形势报告会是为政府与行业企业之间搭建的“解读国家政策、探寻发展机遇、倾听行业声音、反映企业诉求”的权威性、高层次、公益性面对面交流沟通平台，每年4月定期举办，邀请国务院各部委的领导作专题报告，旨在认真贯彻每年的全国“两会”精神，落实好党中央提出的一系列战略举措；帮助各行业协会和企业准确理解政策、把握发展大局、科学正确决策。

经贸形势报告会自2009年起已连续成功举办了七届，由中国工经联负责筹备组织。七年来，国务院多位领导同志对报告会作了重要批示，给予了肯定和关怀。国务院有关部门也给予了大力支持和指导，国家发展和改革委、科技部、工信部、财政部、环保部、商务部、中国人民银行、国务院国资委、海关总署、国家税务总局、国家质量监督检验检疫总局等部委的20余位部长、副部长都曾应邀出席作专题报告。行业协会和企业反响热烈，覆盖行业和地区范围逐年扩大，来自全国25个省区市40多个行业7000余代表聆听了报告。报告会已成为行业协会、企业了解国内外经贸形势重要的权威平台。

在举办报告会的同时，为更好地听取各方面的反映和意见，中国工业经济联合会每年组织多个调研组分赴全国多个省区市进行专题调研，实时了解地方工业经济发展情况、行业企业遇到的困难和问题以及对政府相关政策的建议等，成效显著。目前已累计形成调研报告30余份，向有关部门反映诉求和建议10余件。

经贸形势报告会领导批示：

2009年，时任温家宝总理作出重要批示：“……赞成把报告形式固定下来，每年一次。国务院有关部门认真准备，并注意听取各方面的反映和意见……”。

2013年，马凯副总理作出重要批示：“……国务院各有关部门要继续支持中国工业经济联合会的工作，并重视发挥好他们的作用。”

2014年，马凯副总理作出重要批示：“请国务院各有关部门继续支持中国工业经济联合会的工作，并发挥好其作用。”

2014年，李克强总理作出重要批示：“请肖捷、绍史、吉喆同志阅。”

2015年，马凯副总理作出重要批示：“工经联和各行业协会紧紧围绕党中央、国务院对经济工作的部署，主动作为，开展工作应当充分肯定。希望在推进《中国制造2025》中发挥更大作用。也希望工信部善于发挥好这支力量的重要作用。”